瑞达法考客观题系列

2024 国家统一法律职业资格考试

刑法精讲

①

◎刘凤科 编著

中国民主法制出版社

图书在版编目（CIP）数据

2024国家统一法律职业资格考试．刑法精讲．1／刘凤科编著．—北京：中国民主法制出版社，2023.10
（瑞达法考客观题系列）
ISBN 978-7-5162-3399-3

Ⅰ．①2… Ⅱ．①刘… Ⅲ．①刑法-中国-资格考试-自学参考资料 Ⅳ．①D920.4

中国国家版本馆CIP数据核字（2023）第185258号

图书出品人：刘海涛
责任编辑：陈　曦　张雅淇　李　郎　魏敬仁

书　　名／2024国家统一法律职业资格考试·刑法精讲1
作　　者／刘凤科　编著

出版·发行／中国民主法制出版社
地址／北京市丰台区右安门外玉林里7号（100069）
电话／（010）63055259（总编室）　63058068　63057714（营销中心）
传真／（010）63055259
http：//www.npcpub.com
E-mail：mzfz@npcpub.com
经销／新华书店
开本／16开　787毫米×1092毫米
印张／29　**字数**／670千字
版本／2023年11月第1版　2023年11月第1次印刷
印刷／三河市鑫鑫科达彩色印刷包装有限公司

书号／ISBN 978-7-5162-3399-3
定价／88.00元

目　录

第一章
刑法概说

第一节　法考复习中刑法学知识特点及其应当注意的问题

一、理论性强

1. 犯罪成立条件是人为建构的标准

例如，盗窃罪、抢夺罪、抢劫罪与诈骗罪等，都是侵犯他人财产的犯罪，立法者经过对不同行为类型的归纳、总结，构建了不同的犯罪构成要件。学习刑法，得遵从刑法规定。

2. 以刑法规范的目的作为指引

任何犯罪的认定，都得遵从刑法制度设定的目的。例如，诈骗罪、抢劫罪的因果关系判断，诬告陷害罪法益对构成要件的影响。

3. 合理性取向

刑法问题不是真理性判断的问题，不关涉正误，而是涉及价值观的问题，即注重合理性。刑法理论注重观点的学习和掌握。例如，根据违法性判断的标准不同，形成行为无价值论与结果无价值论的分歧。

二、注重经验性

1. 实践性学科注重问题意识

每个理论都是解决特定的实践问题，学习任何制度都要有强烈的问题意识。例如，共同犯罪理论因果关系的问题。

2. 注重案例类比

法律适用本质上是案例类比适用的过程。需要熟练掌握经典案例的要点、认定思路和结论，并以此为准判断拟解决的案件定性问题。

三、总则知识的系统性

1. 总则知识的结构：刑法概说、犯罪论与刑罚论。
2. 犯罪论：犯罪构成、故意犯罪形态、共犯与罪数。
3. 犯罪构成体系：坚持从客观到主观、从外在到内在、从事实到价值的认定思路。
4. 理解法条结构。

《刑法》第 264 条　【盗窃罪】盗窃公私财物，数额较大的，或者多次盗窃、入户盗窃、携带凶器盗窃、扒窃的，处三年以下有期徒刑、拘役或者管制，并处或者单处罚金；数额巨大或者有其他严重情节的，处三年以上十年以下有期徒刑，并处罚金；数额特别巨大或者有其他特别严重情节的，处十年以上有期徒刑或者无期徒刑，并处罚金或者没收财产。

四、分则内容的碎片化

1. 总则与分则的关系：总则是分则内容的概括和总结，分则是具体犯罪的表现，是总则内容的具体化。

2. 法益内容广泛，罪名众多。加强体验式学习，将生活经验与法律知识结合，以生活经验为基础掌握法律规定，以法律规定的内容熟悉生活经验。

第二节　罪刑法定原则

第三条	【刑罚权的确定与罪刑法定原则】法律明文规定为犯罪行为的，依照法律定罪处刑；法律没有明文规定为犯罪行为的，不得定罪处刑。

一、含义

法无明文规定不为罪，法无明文规定不处罚。

二、本质要求

通过限制国家刑罚权，以更好地保护国民的自由和人权。

三、思想渊源

（一）三权分立学说

国家权力分为立法权、司法权与行政权，三者相互分立，相互制衡，以保证权力得到监督。由于立法者负责制定法律，司法者负责适用法律，故刑法领域就应当采取罪刑法定原则。该学说并未完全成为现代民主国家的政治实践，故无法用其充分解释和论证罪刑法定原则，权力分立与制衡的思想渗透到了刑事立法和司法的实践之中。

（二）心理强制说

人是趋利避害的动物，如果事先规定什么行为成立犯罪以及所受到的处罚，可以促使行为人权衡犯罪获得的好处与受到的处罚，哪个更有利于自己，从而作出行为选择，以更好地实现刑法一般预防犯罪的功能。但犯罪学研究表明，这种观点缺乏实证数据的支撑。

四、理论基础

（一）民主主义

刑事立法必须体现国民的意志。但定罪量刑时坚持“以事实为根据、以法律为准绳”就是对国民意志的最大的尊重，司法实践不得以民意为借口甚至以网民们的意见为定罪量刑的根据。

（二）尊重人权主义（国民预测可能性）

对于国民权利和自由而言，法无禁止即自由。无论在立法上，还是在司法实践中，都不允许以事后修改的法律去处罚先前没有认为是犯罪的行为，不利于行为人的类推解释或者类推适用刑法的做法更是被禁止。

五、制约对象

罪刑法定原则约束立法者、司法者和执行者，其内容、精神和理念贯穿刑事立法、司法和执行，任何机关、单位与个人都没有超越法律的特权。

六、内容

（一）成文的罪刑法定

刑法的渊源包括刑法典（含十一个刑法修正案）、一个单行刑法。

行政法规与规章、习惯或者习惯法、指导性案例（判例）、立法解释与司法解释、国际条约与国际公约等不属于刑法的渊源，不能规定新的刑罚法则，但可能成为理解构成要件要素的资料。

（二）事前的罪刑法定

刑法只禁止不利于行为人的溯及既往（事后法），允许有利于行为人的溯及既往（事后法）。

（三）严格的罪刑法定

刑法解释必须遵从法条使用的语言文字可能具有的含义。但为了更好地限制国家刑罚权、保护国民权利，刑法只禁止不利于行为人的类推解释，允许有利于行为人的类推解释。

（四）确定的罪刑法定

1. 明确性原则

明确性的实现与罪状的规定模式没有关系，即简单罪状、叙明罪状、引证罪状、空白罪状都是允许的罪状模式。

明确性是刑事立法与刑法解释学都必须贯彻的原则，立法解释、司法解释、指导性案例、起诉书与判决书均要遵守明确性原则。

2. 罪的法定

刑法禁止处罚不当罚的行为：没有严重侵犯国家、社会、他人利益而仅涉及国民私生活的行为不成立犯罪。

3. 刑的法定

刑法禁止残酷的、不均衡的、不文明的、不人道的刑罚方法。

（1）没有犯罪，就没有刑罚：犯罪是刑罚适用的前提、刑罚是犯罪的法律后果。

（2）没有刑罚，就没有犯罪：刑法禁止绝对不定（期）刑，现代刑法主要采取相对确定的法定刑。

七、正确运用三段论推理

大前提是法律规定，小前提是案件事实，二者不能颠倒，否则可能随意出入人罪。

1. 一般的三段论推理，大前提固定，但定罪时，作为法律规范的大前提的含义并不固定，其含义是在社会生活中不断发现的，是通过审理案件被发现的。

2. 一般的三段论推理，小前提清楚明白，但在定罪时，作为小前提的案件事实，具有多侧面、多属性，对之可以做出多重归纳与判断。

3. 一般的三段论推理，结论最后形成，但定罪时，通常会出现先有结论（预判）、后寻找大前提（即三段论的倒置）的情况。

注意

如果案件事实要素少于构成要件要素的，一定不符合构成要件；如果案件事实要素多于构成要件要素的，当然符合构成要件，但是在这种情况，同一行为可能还触犯其他罪名，属于法条竞合或者想象竞合。

练练手

1. 关于罪刑法定原则，下列哪些选项是正确的？[1]

A. 罪刑法定原则的本质是通过限制国家刑罚权，更好地保护国民的自由与人权，这符合刑法“保护人民”的任务要求

B. 罪刑法定原则的理念和内容贯穿并规制制刑权、求刑权、量刑权以及执行权，任何司法机关与个人都没有超越法律的特权

C. 个案裁判过程中法官享有自由裁量权，法官可以在合理范围内突破法律规定，这是罪刑法定原则灵活性的表现

D. 为贯彻民主主义，司法人员处理案件过程中应以民意弥补法律规定的滞后性，这是实现司法公平、公正的需要

2. 关于罪刑法定原则，下列哪一选项是正确的？[2]

A. 罪刑法定原则的思想基础之一是民主主义，而习惯最能反映民意，所以，将习惯作为刑法的渊源并不违反罪刑法定原则

B. 罪刑法定原则中的“法”不仅包括国家立法机关制定的法，而且包括国家最高行政机关制定的法

C. 罪刑法定原则禁止不利于行为人的溯及既往，但允许有利于行为人的溯及既往

D. 刑法分则的部分条文对犯罪的状况不做具体描述，只是表述该罪的罪名。这种立法体例违反罪刑法定原则

---

〔1〕 答案：AB。
〔2〕 答案：C。

第三节 刑法的解释

一、刑法解释的分类

根据解释主体的不同，刑法解释可以分为立法解释、司法解释与学理解释。

（一）概念

立法解释是由全国人民代表大会常务委员会在“需要明确法律含义”的情形下对法律所作的解释。司法解释是由最高人民法院、最高人民检察院对“法律具体应用问题”所作的解释。

（二）注意要点

1. 立法解释与司法解释属于正式的刑法解释，具有法律效力；而知名学者的学理解释属于非正式的解释，没有法律效力，但对刑事司法乃至刑事立法具有重要的参考价值。

2. 立法解释的效力高于司法解释，其效力等同于法律，但不是法律本身。

3. 立法机关制定法律时，可以作出拟制性规定，但不得违反罪刑法定原则；立法机关解释法律时，不能进行拟制性解释，因其解释对象是法律本身，否则会混淆立法活动与解释活动。

4. 具体解释方法与根据解释主体所做的分类属于不同的问题，一种解释方法不会因为解释主体的不同而改变。

二、刑法解释的目标

存在客观解释论与主观解释论的分歧。对此，应采取客观解释论（遵循法律规范的客观含义），不能采取主观解释论（遵循立法原意或立法本意）。

三、刑法解释的态度

（一）基本立场

应采取严格解释（按照语言文字可能具有的含义）与灵活解释（结合社会生活理解法律语言文字的含义）相统一的态度，二者统一于罪刑法定原则。

（二）存疑时有利于行为人的原则

该原则不适用于刑法的解释，即解释法律不能按照有利于行为人的角度解释，而应遵守公平合理原则解释刑法。该原则仅仅针对案件证据和事实的判定，即证据存在疑问的时候（不能达到排除合理怀疑程度），案件事实应该作出有利于行为人的判断，即“疑罪从无”“疑罪从轻”“孤证不能定罪”。

例：①不能将贩卖毒品罪中的“贩卖”解释成只能是买来再卖，从而认为捡拾毒品再出卖的行为不成立贩卖毒品罪（合理解释刑法）。

②甲声称自己猥亵乙，或者乙声称甲猥亵自己，但没有其他证据的，不能认定甲成立犯罪（孤证不能定罪）。

③甲的行为致使乙死亡，但无法证明甲是杀人故意还是伤害故意的，甲只能负故意伤害罪的刑事责任（疑罪从轻）。

④甲、乙无共谋同时向丙开枪，但查不清是谁射出的子弹击毙了丙，则甲、乙的行为与丙的死亡结果之间都没有因果关系，甲、乙仅负故意杀人罪未遂的责任（疑罪从轻）。

四、刑法解释的方法

解释方法提供解释结论，包括平义解释、扩大解释、缩小解释、反对解释、补正解释。

（一）平义解释

针对法律中的日常用语，按照该用语最平白的字义进行的解释；但对法律术语不能进行平义解释。例如“持枪抢劫”中的枪仅指真枪，不包括假枪、仿真枪，就是平义解释的结论。

（二）扩大解释（扩张解释）

扩大解释是对用语通常含义的扩张，不能超出用语可能具有的含义；如果完全超出用语可能具有的含义，则是类推解释。

刑法中常见的扩大解释有：

（1）将“携带凶器抢夺”中的“凶器”解释为包括用法上的凶器。
（2）将抢劫金融机构中的“金融机构”解释为包括运钞车和自动取款机。[1]
（3）将信用卡诈骗罪中的“信用卡”解释为包括借记卡等。
（4）将遗弃罪中的“负有扶养义务的人”解释为包括家庭成员以外的负有扶养义务的其他人。
（5）将特殊自首（准自首）中的“被采取强制措施的”解释为包括被行政拘留的行为人。[2]
（6）将走私武器、弹药罪中的“弹药”解释为包括可以组装并使用的弹头、弹壳。
（7）将出售珍贵、濒危野生动物制品罪中的“出售”解释为包括以营利为目的的加工利用行为；将倒卖文物罪中的“倒卖”解释为包括“出售”和“为出售而购买、储存、运输”。[3]
（8）将刑讯逼供罪中的“犯罪嫌疑人”解释为任何涉嫌构成犯罪的人，将暴力取证罪中的“证人”解释为包括被害人，具有证人资格的人，民事、行政案件的证人以及不具有作证资格的人。
（9）将帮助毁灭、伪造证据罪中的“证据”解释为包括证据资料。
（10）司法解释将“在公共场所起哄闹事，造成公共场所秩序严重混乱”（《刑法》第293条第1款第4项）中的“公共场所”解释为包含“信息网络”，将“公共场所秩序”解释为“公共秩序”，至少是扩大解释（甚至类推解释）。[4]

---

〔1〕例如，压制运钞员反抗抢劫运钞车中的银行资金的，或者压制银行工作人员反抗后强取自动取款机里的银行资金，都属于“抢劫金融机构”的情形。

〔2〕司法解释认为该情形属于一般自首的范畴。

〔3〕司法解释将刑法中多个犯罪中的“出售”“销售”都作了扩大解释，往往包括为出售而购买、为出售而加工或者单纯有偿使用的行为。

〔4〕按照张明楷教授的观点，司法解释的上述结论属于类推解释。根据同类解释规则，刑法分则条文使用的“公共场所”只能是公众身体可以进入的场所。例如，《刑法》第236条第3款第3项“在公共场所当众强奸妇女”；第237条第2款“聚众或者在公共场所当众犯前款罪（强制猥亵、侮辱罪）的”；第292条第1款第3项“在公共场所或者交通要道聚众斗殴，造成社会秩序严重混乱”以及第130条、第291条的规定。参见张明楷：《简评近年来的刑事司法解释》，载《清华法学》2014年第1期。

（三）缩小解释（限制解释）

刑法条文的字面通常含义比刑法的真实含义广，于是限制字面含义，使其符合刑法的真实含义。

常见的缩小解释有：

（1）将为境外窃取、刺探、收买、非法提供国家秘密、情报罪中的“情报”解释为仅指关系国家安全和利益、尚未公开或者依照有关规定不应公开的事项，属于缩小解释。
（2）将犯罪预备规定中“为了犯罪”中的“犯罪”解释为实行犯罪，属于缩小解释。
（3）将不解救被拐卖、绑架的妇女、儿童罪中的“绑架”解释为以出卖为目的的绑架，属于缩小解释。

（四）反对解释

根据刑法条文的正面表述，推导出其反面含义。法条确定的条件是法律效果的全部条件并是必要条件，才能适用这种解释方法。

常见的反对解释有：

（1）“判处死刑缓期执行的，在死刑缓期执行期间，如果没有故意犯罪，2 年期满以后，减为无期徒刑”，那么，未满 2 年的，不得减为无期徒刑。
（2）法条规定“告诉的才处理”，那么，没有告诉的，不得处理。
（3）“收买被拐卖的妇女、儿童，对被买儿童没有虐待行为，不阻碍对其进行解救的，可以从轻处罚；按照被买妇女的意愿，不阻碍其返回原居住地的，可以从轻或者减轻处罚”，那么，收买被拐卖的妇女、儿童，阻碍对其解救或者阻碍其返回原居住地的，不得从宽处罚。

（五）补正解释

刑法条文表述有明显错误，只有通过补正来阐明其真实含义。补正解释的核心在于“正”，而非“补”。

常见的补正解释有：

（1）《刑法》第 99 条规定“本法所称以上、以下、以内，包括本数”，但第 63 条规定“犯罪分子具有本法规定的减轻处罚情节的，应当在法定刑以下判处刑罚”，后者中的“以下”就不能包括本数。
（2）把《刑法》第 191 条洗钱罪规定中的“没收”解释为追缴（包括没收或者返还被害人），属于补正解释。

注意

1. 一般来说，各种解释方法相互排斥，某一刑法条文中特定用语的解释结论，只能采取一种解释技巧或方法；同一词语在不同条文中可以运用不同的解释方法，进而做不同的理解。

2. 解释方法被允许，不意味着相应的解释结论被允许，即可能违反罪刑法定原则。这需要解释理由证明结论的合理性。

五、刑法解释的理由

解释理由，是对解释结论合理性的论证，是指刑法解释凭借的条件、材料或者途径，具体包括文理解释与论理解释，后者还包括目的解释、历史解释、比较解释与体系解释（含合宪性解释）等等。

1. 文理解释与论理解释并不矛盾。语言文字是法律的载体，故文理解释是最基本的解释理由，其他解释理由（论理解释）都必须以文理解释为前提。如果文理解释的结论具有唯一性，或者文理解释的结论公平、合理，就不允许通过论理解释推翻文理解释的结论；如果文理解释结论具有多重性，则需要论理解释确定法律的含义。故各种解释理由之间并非相互排斥，而应彼此配合，以探求合理的解释结论。

2. 同一语词在不同法条中可能具有不同含义：暴力、胁迫、侮辱、伪造、出售（销售、贩卖）、买卖、倒卖、犯罪（罪）等。

3. 对“等”“以及其他”“或者其他”含义的理解，须遵循同类解释的规则，即概括规定的内容必须与刑法明文列举的内容具有同质性、严重程度至少具有等价性。

4. 当然解释。既是解释理由，也是解释方法。

（1）入罪时举轻以明重（当然解释）：即某个轻微的行为被明文规定为犯罪，那么，一个性质相同、危害程度更高的行为更应该认定为犯罪。“举轻以明重”追求结论的合理性，但必须符合犯罪构成要件，否则属于不利于行为人的类推解释，违反罪刑法定原则。

例如，《刑法》第329条第1款规定的抢夺、窃取国有档案罪，但抢劫国有档案的行为，可以当然解释为成立抢夺国有档案罪（如果同时成立抢劫罪，则属于想象竞合犯）；抢劫财物后为抗拒抓捕使用暴力，将被害人打成重伤的，当然符合《刑法》第269条规定的转化型抢劫（之前的抢劫行为符合盗窃罪构成要件）。

再如，醉酒驾驶机动车在道路上行驶的，成立危险驾驶罪；但吸毒后驾驶机动车的，即使认为危害较大，但现有刑法条文无法包含该行为，不能以当然解释之名认定为危险驾驶罪。

（2）出罪时举重以明轻（当然解释）：即某个严重的行为被刑法明确否定成立犯罪，那么，一个性质相同、危害更轻的行为更不应该认定为犯罪。“举重以明轻”不需要刑法条文对此有明文规定，因为刑法允许有利于行为人的类推解释。

例如，累犯（《刑法》第65条第1款）较毒品犯罪中的特别再犯制度（《刑法》第356条）更为严重。既然更为严重的累犯不适用于不满18周岁的人，那么，较轻的毒品犯罪特别再犯（《刑法》第356条）也不适用于不满18周岁的人；同理，18周岁之前的过失犯罪、一般违法行为与其他不良表现，不得作为从重处罚的情节；18周岁之前没有犯罪的被告人，即使18周岁之后表现不良，也不得从重处罚。

再如，《刑法》第389条第3款规定，因被勒索而给予国家工作人员以财物，未获取不正当利益的，不成立行贿罪。据此，根据当然解释，《刑法》第164条规定的对非国家工作人员行贿的，如果因被勒索而给予公司、企业或者其他单位工作人员以财物，未获取不正当利益的，也不成立对非国家工作人员行贿罪。

练练手

关于刑法的解释，下列哪一选项是正确的?[1]

A. 按照体系解释，传播淫秽物品罪与传播性病罪的“传播”含义一致

B. 招摇撞骗罪是指冒充国家机关工作人员招摇撞骗。将副乡长冒充市长招摇撞骗解释为“冒充”国家机关工作人员招摇撞骗，不符合文理解释

C. 虐待被监管人罪是指殴打或体罚虐待被监管人。将其中的“体罚虐待”解释为“体罚或者虐待”，不符合文理解释

D. 依据论理解释，倒卖文物罪中的“倒卖”是指以牟利为目的，出售或为出售而购买、运输、储存国家禁止经营的文物

第四节　刑法的适用范围

一、空间效力

（一）国内犯：属地管辖原则

第六条	【属地管辖】凡在中华人民共和国领域内犯罪的，除法律有特别规定的以外，都适用本法。 【旗国主义】凡在中华人民共和国船舶或者航空器内犯罪的，也适用本法。 【犯罪地】犯罪的行为或者结果有一项发生在中华人民共和国领域内的，就认为是在中华人民共和国领域内犯罪。
第十一条	【外交豁免】享有外交特权和豁免权的外国人的刑事责任，通过外交途径解决。
第九十条	【民族自治地方的变通或者补充规定】民族自治地方不能全部适用本法规定的，可以由自治区或者省的人民代表大会根据当地民族的政治、经济、文化的特点和本法规定的基本原则，制定变通或者补充的规定，报请全国人民代表大会常务委员会批准施行。

1. 我国领域，即我国领土，包括领陆、领水与领空。

补充原则：旗国主义，即凡在中华人民共和国船舶或者航空器内犯罪的，不管其航

[1] 答案：D。

行或者停放在何处，适用我国刑法，但不包括国际长途汽车或者火车。

2. 在我国领域内犯罪，即犯罪地在我国，指犯罪行为和犯罪结果有一项发生在我国领域内。

3. 中国刑法适用的例外：享有外交特权和豁免权的外国人的刑事责任，通过外交途径解决，不适用我国刑法。

注意

发生在我国港澳台地区的犯罪，不适用内地刑法的规定；立法机关制定的特别刑法应当优先于刑法典条文适用；少数民族地区的补充或者变通规定应当优先适用。

（二）国外犯

1. 属人管辖原则

第七条	【属人管辖】中华人民共和国公民在中华人民共和国领域外犯本法规定之罪的，适用本法，但是按本法规定的最高刑为三年以下有期徒刑的，可以不予追究。 中华人民共和国国家工作人员和军人在中华人民共和国领域外犯本法规定之罪的，适用本法。

中国人在国外实施犯罪，原则上适用我国刑法。国家工作人员或者军人无条件适用我国刑法，其他人犯轻罪（法定最高刑为3年以下有期徒刑）的可以不追究刑事责任。

2. 保护管辖原则

第八条	【保护管辖】外国人在中华人民共和国领域外对中华人民共和国国家或者公民犯罪，而按本法规定的最低刑为三年以上有期徒刑的，可以适用本法，但是按照犯罪地的法律不受处罚的除外。

同时满足以下条件：（1）外国人侵犯我国国家或者公民利益；（2）按照我国刑法规定属于重罪（法定最低刑为3年以上有期徒刑）；（3）犯罪地法律也认为是犯罪（双重犯罪原则）。

3. 普遍管辖原则

第九条	【普遍管辖】对于中华人民共和国缔结或者参加的国际条约所规定的罪行，中华人民共和国在所承担条约义务的范围内行使刑事管辖权的，适用本法。

同时满足以下条件：（1）行为人所犯罪行属于国际条约规定的罪行；（2）我国缔结或参加了相关条约（声明保留的条款除外）；（3）我国刑法将这种行为也规定为犯罪；（4）原则上要求罪犯出现在我国境内。

4. 我国对外国刑事判决的消极承认：独立定罪，可以免除或者减轻处罚

第十条	【域外刑事判决的消极承认】凡在中华人民共和国领域外犯罪，依照本法应当负刑事责任的，虽然经过外国审判，仍然可以依照本法追究，但是在外国已经受过刑罚处罚的，可以免除或者减轻处罚。

二、时间效力：溯及力

第十二条	【刑法的溯及力】中华人民共和国成立以后本法施行以前的行为，如果当时的法律不认为是犯罪的，适用当时的法律；如果当时的法律认为是犯罪的，依照本法总则第四章第八节的规定应当追诉的，按照当时的法律追究刑事责任，但是如果本法不认为是犯罪或者处刑较轻的，适用本法。 本法施行以前，依照当时的法律已经作出的生效判决，继续有效。

（一）刑法的溯及力

(1) 行为时的法律不认为是犯罪，而现行刑法认为是犯罪的，适用行为时的法律，即不追究刑事责任，现行刑法没有溯及力。
(2) 行为时的法律认为是犯罪，而现行刑法不认为是犯罪的，适用现行刑法，即不追究刑事责任，现行刑法具有溯及力。
(3) 行为时的法律与现行刑法都认为是犯罪，并且按刑法总则第四章第八节的规定应当追诉的，按照行为时的法律追究刑事责任，即现行刑法没有溯及力（《刑法》第 87 条关于追诉期限的规定具有溯及力）；但是，如果现行刑法的处刑比行为时的法律处刑轻，则应适用现行刑法，即现行刑法具有溯及力。
(4) 刑法施行以前，依照当时的法律已经作出的生效判决，继续有效。此外，按照审判监督程序重新审判的案件，适用行为时的法律。

（二）法律解释的溯及力问题

1. 司法解释立场：立法解释与司法解释存在溯及力问题，适用从旧兼从轻原则。

2. 刑法理论观点：法律解释不存在溯及力问题。

(1) 行为时没有正式解释，审理时具有正式解释的，应当适用正式解释。

(2) 旧的正式解释规定某种行为不构成犯罪，新的正式解释将该行为解释为犯罪的，该行为具有违法性，只是由于行为人不具有违法性认识的可能性，而排除其有责性，不成立犯罪。

(3) 旧的正式解释规定某种行为构成犯罪，新的正式解释将该行为解释为不构成犯罪的，行为人在新的正式解释颁布之前实施该行为的，不成立犯罪，因为该行为并未违反刑法。

(4) 按照行为时的正式解释所做的生效判决，继续有效。

练练手

1. 下列关于中国刑法适用范围的说法哪些是错误的？[1]

A. 甲国公民汤姆教唆乙国公民约翰进入中国境内发展黑社会组织。即使约翰果真进

〔1〕 答案：ABC。

入中国境内实施犯罪行为，也不能适用中国刑法，对仅仅实施教唆行为的汤姆追究刑事责任

B. 中国公民赵某从甲国贩卖毒品到乙国后回到中国。由于赵某的犯罪行为地不在中国境内，行为也没有危害中国的国家或者国民的利益，所以，不能适用中国刑法

C. A国公民丙在中国留学期间利用暑期外出旅游，途中为勒索财物，将在中国的B国留学生丁某从东北某市绑架到C国，中国刑法可以依据保护管辖原则对丙追究刑事责任

D. 中国公民在中华人民共和国领域外实施的犯罪行为，按照刑法规定的最高刑为3年以下有期徒刑的，也可以适用中国刑法追究刑事责任

2. 关于刑法及司法解释的时间效力，下列选项正确的有？[1]

A. 甲在2010年受贿500万元，2016年司法解释规定受贿罪“数额特别巨大”的标准为300万元，2017年司法解释规定受贿罪“数额特别巨大”的标准为600万元，甲在2018年被抓获，应适用新的司法解释，不能认定为受贿“数额特别巨大”

B. 2016年司法解释规定了受贿罪的数额标准，乙于2015—2018年连续受贿多次，乙的所有受贿行为均可以适用该司法解释

C. 1997年《刑法》规定，生产、销售有毒、有害食品罪为具体危险犯，只有造成具体的危险才能定罪。2011年《刑法修正案（八）》将该罪规定为抽象危险犯，只要实施了生产、销售行为，就认为有抽象的危险，应以犯罪论处。丙于2010年实施了生产、销售有毒、有害食品的行为，但并没有造成具体危险状态，于2015年被抓获。丙的行为可以适用《刑法修正案（八）》，应以犯罪论处

D. 2000年最高人民法院出台了针对某一问题的司法解释，该解释不能适用于其生效之前的犯罪行为

[1] 答案：AB。

第二章

犯罪概说

第一节 犯罪分类

第九十八条	【亲告罪】本法所称告诉才处理，是指被害人告诉才处理。如果被害人因受强制、威吓无法告诉的，人民检察院和被害人的近亲属也可以告诉。

一、概念

被害人告诉才处理的犯罪，即立法者将诉权赋予被害人的犯罪。

二、总则中的例外规定

如果被害人因受强制、威吓无法告诉的，人民检察院和被害人的近亲属也可以告诉。

三、具体罪名

1. 侮辱罪、诽谤罪

《刑法》第246条第1款规定的基本犯属于亲告罪，但严重危害社会秩序和国家利益的除外；通过信息网络实施第1款规定的行为，被害人向人民法院告诉，但提供证据确有困难的，人民法院可以要求公安机关提供协助（该规定并未改变亲告罪的性质）。

2. 暴力干涉婚姻自由罪

亲告罪，但致使被害人死亡（包括引起被害人自杀的情形）的除外。

3. 虐待罪

基本犯属于亲告罪（《刑法》第260条第1款）；虐待致使被害人重伤、死亡的除外（《刑法》第260条第2款）；被害人没有能力告诉，或者因受到强制、威吓无法告诉的除外（《刑法》第260条第3款，此为例外规定，转变为非亲告罪）。

4. 侵占罪：属于亲告罪。

第二节 犯罪构成要件要素分类

一、记述的与规范的构成要件要素

1. 记述的构成要件要素：只需要法官的认识活动即可确定的构成要件要素。

2. 规范的构成要件要素：需要法官规范的、评价的价值判断才能认定的构成要件要素。

规范的构成要件要素	法律的评价要素	《刑法》第277条中的“依法”，第306条中的“辩护人”“诉讼代理人”，第345条中的“滥伐”，诸多法条中的“国家工作人员”“司法工作人员”“国家机关工作人员”“公私财产”“不符合……标准”，以及不作为犯罪中作为义务等。
	经验法则的评价要素	《刑法》第114条中的“危险方法”“危害公共安全”，第116条中的“危险”，第137条中的“降低”等。
	社会的评价要素	《刑法》第234条中的“特别残忍”，第237条中的“猥亵”，第152条及相关条文中的“淫秽物品”，第245条中的“住宅”，第280条中的“公文”“证件”，第166条的“明显高于”“明显低于”，以及诸多条文中的“较大”“巨大”“特别巨大”“严重”“特别严重”“恶劣”“特别恶劣”等。

二、积极的与消极的构成要件要素

刑法中大多数构成要件都是积极的构成要件要素，消极的构成要件要素极为罕见。消极的构成要件要素可以当作积极的构成要件要素理解。

例如，《刑法》第389条第3款的规定：“因被勒索给予国家工作人员以财物，没有获得不正当利益的，不是行贿。”

三、客观的与主观的构成要件要素

行为、对象、结果和构成身份，属于客观构成要件要素或者违法构成要件要素；故意、过失或者目的、动机，属于主观构成要件要素或者责任构成要件要素。

例1：《刑法》第20条第1款规定的正当防卫，“为了使国家……免受正在进行的不法侵害”，如果主张其属于主观目的，则成立正当防卫要求防卫意识（防卫意识必要说）；如果主张其属于客观事实，即表达原因，则成立正当防卫不要求防卫意识（防卫意识不要说）。

例2：《刑法》第111条规定的为境外窃取、刺探、收买、非法提供国家秘密、情报罪中“为境外机构、组织、个人”，相对于窃取、刺探、收买行为而言，属于主观目的，属于责任要素；但相对于非法提供行为而言，属于客观事实，属于违法要素。

例3：《刑法》第191条规定的洗钱罪中“为掩饰、隐瞒其来源和性质”属于客观行为的内容。

例4：《刑法》第385条规定的受贿罪中“为他人谋取利益的”，旧客观要件说指客观上有为他人谋取利益的行为；主观要素说指主观上具有为他人谋取利益的目的；新客观说指许诺为他人谋取利益（通说）。

四、成文的与不成文的构成要件要素

常见的不成文要素：盗窃罪中的“非法占有目的”“他人占有的财物”“完全违反占有者的意志”，诈骗罪中“非法占有目的”“被骗人基于错误认识处分财产”。

五、共同的与非共同的构成要件要素

共同的构成要件要素，如行为主体、行为；非共同的构成要件要素，如目的、动机、构成身份等。

六、真正的与表面的构成要件要素

为违法性提供根据的要素，属于真正的构成要件要素；不为违法性提供根据，只是为了区分相关犯罪（包括同一犯罪的不同处罚标准）界限所规定的要素，属于表面的构成要件要素，又叫虚假的构成要件要素、分界要素。表面的构成要件要素不是成立犯罪必须具备的要素，而且是不需要证明的要素，如“未得逞”“尚未造成严重后果”等。

练练手

关于构成要件要素，下列哪些选项是错误的？[1]

A. 传播淫秽物品罪中的“淫秽物品”是记述的构成要件要素、客观的构成要件要素

B. 签订、履行合同失职被骗罪中的“签订、履行”是记述的构成要件要素、积极的构成要件要素

C. “被害人基于认识错误处分财产”是诈骗罪中的主观的构成要件要素、不成文的构成要件要素

D. “国家工作人员”是受贿罪的主体要素、规范的构成要件要素、客观的构成要件要素

[1] 答案：AC。

第三章 犯罪成立条件

第一节 犯罪构成体系

一、四要件犯罪构成体系

1. 犯罪构成要件要素分为四个方面，分别为：

（1）犯罪客体，即刑法规定的、犯罪行为侵犯的社会主义社会关系。

（2）犯罪客观方面，包含危害行为、行为对象、危害结果与因果关系。

（3）犯罪主体，即要求犯罪人达到刑事法定年龄，有的要求具有特定身份。

（4）犯罪主观方面，即要求具有故意或者过失的责任心理，有的要求特定目的与动机。

2. 排除犯罪事由。即符合犯罪构成的前提下，如果不具有排除犯罪事由，才成立犯罪。

（1）正当防卫。

（2）紧急避险。

（3）其他排除犯罪事由。

注意

这种犯罪构成体系不区分违法与责任的要素，认为所有构成要件要素都符合，才属于刑法禁止的违法犯罪行为。

二、违法与有责的二分体系

这种犯罪构成体系区分违法与责任的要素，认为构成犯罪的是行为，受到处罚的是行为人，前者回答刑法禁止什么的违法性问题，后者回答能否处罚行为人的有责性问题。但是，根据违法性判断的标准不同，又分为行为无价值论与结果无价值论的犯罪构成体系。

（一）行为无价值论的二分体系

行为人在犯罪故意、过失支配下并以特定目的、动机实施的行为，才是违法行为。故认为违法要素包含客观与主观的违法要素。

1. 违法性。包含客观违法要素（即危害行为、行为对象、危害结果、定罪身份与因果关系等内容）、主观违法要素（即故意与过失的罪过心理、目的与动机等内容）以及违法阻却事由（即正当防卫、紧急避险与其他违法阻却事由等内容）。

2. 有责性。包含责任能力、刑事法定年龄、期待可能性与违法性认识的可能性等内容。

注意

行为人在犯罪故意、过失支配下并以特定目的、动机实施的行为，才是违法行为。即违法要素包含客观与主观的违法要素。

（二）结果无价值论的二分体系

行为人实施的符合构成要件的行为具有侵犯法律保护的利益的，才属于违法行为。故认为违法的要素仅限于客观的要素，主观方面的内容（故意、过失、目的、动机）不属于违法的要素，而是属于责任的要素。显然，故意、过失、目的与动机是违法的要素还是责任的要素，这是行为无价值论与结果无价值论的显著区别。

1. 违法性，包含构成要件符合性（即危害行为、行为对象、危害结果、因果关系、定罪身份等内容）与违法阻却事由（正当防卫、紧急避险与其他违法阻却事由）。

2. 有责性，包含积极的责任要素（故意与过失的罪过心理、目的与动机）与消极的责任要素（责任能力、刑事法定年龄、期待可能性、违法性认识的可能性）。

注意

行为人实施的符合构成要件的行为具有侵犯法律保护的利益的，才属于违法行为。

第二节 构成要件符合性

一、危害行为

（一）特征

有体性（客观要素）与有害性（实质要素）。

行为无价值论还要求有意性（主观要素），但结果无价值论不要求有意性。

例如，阻止梦游者杀人的行为性质，存在不同观点：

第一，按照行为无价值论，梦游者没有故意、过失，不属于违法行为，阻止者的行为不构成正当防卫，可能成立紧急避险。

第二，按照结果无价值论，梦游者侵犯他人值得保护的利益，属于违法行为，阻止者的行为构成正当防卫。

（二）实行行为

刑法分则规定的、具有法益侵犯急迫可能性并为社会生活所不容许的行为，是刑法主要禁止的、最值得刑罚处罚的行为，罪的法定主要就是通过对实行行为的描述得以实现。

1. 下列行为属于实行行为

（1）制造法益侵犯的危险，增加或者提高了已经存在的法益危险。例如，甲瞄准乙开枪，制造了乙死亡的危险。

（2）改变事先设定的危险发展过程以减少危险，但未能消除全部危险。例如，甲杀乙，事后送乙就医，即使避免了乙的死亡，甲先前行为仍然属于杀人行为。

（3）制造只有通过损害某一法益才能避免对另一法益的危险的因果进程。例如，甲将乙锁在房间，打开煤气灶杀乙，之后为救乙，甲不得已将门窗破坏的，甲破坏门窗的行为属于毁坏财物的违法行为，而非紧急避险。

2. 不属于实行行为的情形

（1）减少或者避免法益侵犯的行为（即使客观上发生了法益侵害结果，由于不存在法律禁止的行为，也不成立犯罪）。

注意

如果没有危害行为，则直接认定无罪，不需要认定为正当防卫、紧急避险或者缺乏期待可能性等情形而认定无罪。

例如，甲发现钱某可能被掉落的砖头砸死，遂推了钱某一把，致使钱某摔成了重伤，但避免了死亡结果。有人认为，甲的行为属于紧急避险；有人认为，甲的行为属于违法行为，因缺乏期待可能性而无罪。但合理的观点认为，甲的行为不属于刑法禁止的危害行为，因而无罪，不需要认定为紧急避险等而宣告无罪，因为认定紧急避险的逻辑前提是存在刑法禁止的危害行为。

（2）对结果的发生没有做出贡献的行为。

（3）对结果的发生虽然做出了贡献，但本身不具有发生结果的危险的行为。

（4）对已经存在的法益危险没有防止结果发生义务的人，没有增加危险的相关行为。

（5）在社会生活中被允许的日常行为。

例如，劝人乘坐飞机，希望他人飞机失事而死亡，结果他人果真飞机失事而死的，劝人乘坐飞机的行为不属于危害行为。再如，正常赠送他人礼物，希望他人使用礼物而死，他人使用礼物时不慎导致自己死亡的，赠送礼物的行为不属于危害行为。

3. 实行行为与其他刑法理论的关联性

（1）实行行为的认定直接影响犯罪未遂、犯罪预备的区分：如果已经着手实行行为，绝对不可能成立犯罪预备。

（2）实行行为影响犯罪未遂与不可罚的不能犯的区分：如果没有开始实行行为，就不可能成立未遂；如果行为根本就没有法益侵犯的可能性，则属于不可罚的不能犯。

（3）实行行为影响因果关系的判断：因果关系是讨论实行行为与实害结果之间的关系，如果没有实行行为，那么实害结果就只能是其他实行行为或者自然事件导致。

（4）实行行为影响共犯人的分类：对于共同犯罪人，根据行为分工的不同，可以分为实行犯、教唆犯与帮助犯。

（三）作为与不作为的基本原理

刑法以处罚作为犯为原则，以处罚不作为犯为例外。

1. 概念

（1）作为，即以积极的身体活动实施刑法所禁止的行为，体现为违反禁止规范。

（2）不作为，即行为人在能够履行自己应尽义务的情况下不履行该义务，体现为违反禁止规范与命令规范。

2. 作为与不作为竞合或者结合

（1）作为与不作为的竞合，即可以分别从作为或者不作为角度解释其成立该罪，一般以作为犯认定即可。

（2）作为与不作为的结合，即客观行为同时包括作为和不作为的行为内容。例如，抗税罪，要求使用暴力、威胁手段不缴纳应当缴纳的税款。因此，我们不能说“抗税罪是作为犯”，也不能说“抗税罪是不作为犯”，更不能说“抗税罪既是作为犯，又是不作为犯”，只能说“抗税罪属于作为与不作为相结合的犯罪”。

3. 不作为的分类

不作为犯要求满足三个条件：一是行为人负有防止危害结果发生的作为义务，即行为人处于保证人地位；二是行为人能够履行义务，即行为人具有“作为的可能性”；三是行为人履行义务本可以避免结果的发生，即行为人具有“结果回避的可能性”。

（1）真正（纯正）不作为犯，是指刑法分则条文明文规定保证人与不作为内容的犯罪。例如，遗弃罪，丢失枪支不报罪，不报、谎报安全事故罪，拒不支付劳动报酬罪，拒不执行判决、裁定罪，巨额财产来源不明罪，不解救被拐卖、绑架妇女、儿童罪等。

（2）不真正（不纯正）不作为犯，是指刑法分则条文明文没有规定保证人与不作为内容，但行为人以不作为实施了通常由作为实现构成要件的犯罪。

注意

有的犯罪只能以作为方式实施，如包庇罪。

（四）不真正不作为犯的成立条件

1. 行为人负有防止结果发生的作为义务

（1）基于对危险源的支配产生的监督义务

第一，对危险物（危险动物、危险物品、危险设置、危险系统等）的管理义务。

例如，动物园管理者在动物咬人时或者宠物饲养者在宠物侵害他人时具有阻止义务；矿山负责人对矿山的安全负有管理义务；广告牌设置人，在广告牌有倒塌危险时，负有防止其砸伤路人的义务；设置防护栏或者在阳台上放置花盆的人，有防止其掉落砸伤他人的义务；机动车所有人负有阻止无驾驶资格的人或者醉酒的人驾驶其机动车的义务；房东发现房屋具有危险的，房东负有告知承租人的义务。

第二，对他人危险行为（他人不能承担刑事责任）的监督义务。

例如，父母、监护人有制止年幼子女、被监护人的法益侵犯行为的义务。爷爷奶奶、外公外婆对于不负责任的（外）孙子女的违法行为没有阻止义务，夫妻之间、成年的兄弟姊妹之间没有阻止对方实施犯罪行为的义务（除非具有监护关系）。但是，如果他人能够承担刑事责任，原则上应由其本人承担刑事责任（责任自负）。

第三，对自己的先前行为引起的法益侵害危险的防止义务。

例如，意外提供有毒食物引起他人中毒，提供者有救助义务；销售了危险商品，具有召回产品的义务；黑夜中将汽车停在高速公路上，有义务防止后面的车辆追尾的义务。但是，恋爱过程中提出分手的一方，对另一方的自杀、自伤没有作为的阻止义务或者救助义务。

判断先前行为引起防止法益侵犯义务时的注意事项：

①下列情形不能成为作为义务的来源：行为人的行为没有增加、制造危险；该危险并不紧迫、微不足道；危险属于被害人自担风险的情形；无关之人偶然经过或者出现在法益侵犯现场。

例 1： 路人甲将路边的弃婴抱到民政局门口的，高速公路上司机乙将被前一车辆撞伤的被害人送到加油站后放置不管的，一同进餐的丙将醉酒者送回其住处的，后来弃婴、被撞伤者、醉酒者死亡的，甲、乙、丙都没有救助义务，不能成立不作为犯罪。

例 2： 甲将自己的匕首递给乙观看时，乙突然持刀伤害丙，无论甲是否在场，甲都没有作为义务，不成立不作为犯罪。

例 3： 甲将吸食毒品的工具借给乙吸食毒品，乙因吸食过量造成身体伤害的，这属于被害人乙自担风险的情形，甲不承担不作为的故意伤害罪的责任。但是，甲将海洛因送给13周岁的乙吸食，造成乙吸毒过量身亡的，甲的行为与乙的死亡有因果关系，成立引诱他人吸毒罪与过失致人死亡罪的想象竞合犯。

②先行行为不要求行为人独立实施先前行为，行为人参与了奠定作为义务基础的先行行为时，就具有防止结果发生的义务。

例如，甲、乙共谋抢劫而捆绑被害妇女，之后乙强奸被害妇女，甲在现场未吭声。甲、乙共谋抢劫，乙实行过限，另构成强奸罪，数罪并罚。甲捆绑妇女时没有强奸故意，不成立强奸罪的共犯。但其捆绑被害妇女使其失去了反抗的能力和机会，故甲负有保护被害妇女防止其受到新的法益侵犯的义务。甲能履行而不履行救助义务，成立强奸罪的不作为方式的共犯。

③先前行为不要求一定是违法行为，包括紧急避险、法令行为、被害人承诺等行为。

注意

正当防卫行为能否成为先前行为，从而引起救助不法侵害人的义务，在刑法理论上存在肯定说与否定说的分歧。

观点一（否定说）认为，正当防卫不可能成为先前行为，因为法秩序所许可的合法的危险前行为不产生保证人义务。

观点二（肯定说，此为通说）认为，正当防卫可以成为先前行为。首先，如果正当防卫造成被害人死亡也不过当，则防卫人无救助义务。其次，如果正当防卫致人伤害，并未过当，而且该伤害不可能导致死亡，即没有过当的危险，防卫人也没有救助义务。最后，如果正当防卫造成了伤害（该伤害本身不过当），但具有死亡的紧迫危险，发生死亡结果就会过当，则防卫人具有救助义务（先前作为与后面的不作为共同导致了防卫过当）。当然，如果能将过当结果独立归属于先前的防卫行为，就没有防卫行为引起义务的问题。

④不作为可以成为先前行为。

例如，房主甲没有留意屋顶所铺的瓦片是否稳固，瓦片掉落下来致使他人受伤的，房主对受伤的他人有救助义务。

⑤一般过失行为、过失犯罪行为、故意犯罪行为都可以成为先前行为。

例 1：甲意外导致被害人重伤，明知不抢救被害人就会死亡，依然不抢救的，可能成立不作为故意杀人罪；乙故意导致被害人重伤，明知不抢救被害人就会死亡，依然不抢救的，更可能成立不作为的故意杀人罪。

例 2：乙登机后，在飞机上安装了定时炸弹，想要和其他乘客同归于尽。飞机上的乘客甲等人在起飞后得悉此事，但无法找到炸弹，遂使用暴力逼迫乙取出炸弹并解除设定。甲等人针对乙的不解除炸弹的不作为违法行为成立正当防卫，以迫使乙履行拆除炸弹的义务为必要限度。

例 3：甲以杀人故意将乙砍成重伤，随后，甲产生悔意，打算呼叫救护车。此时，旁观的路人丙极力劝阻甲，唆使甲放弃救助念头，致使乙流血过多而死亡。甲故意杀人行为引起甲负有救助义务，之后不救助的行为也属于不作为的杀人行为。相应地，路人丙的行为属于教唆甲实施不作为犯罪，成立（不作为）故意杀人罪的教唆犯。

例 4：盗伐林木砸伤他人后，盗伐者具有救助他人的义务。如果明知不救助他人可能导致他人死亡，仍然故意不救助，最终导致他人死亡的，应当以盗伐林木罪与（不作为）故意杀人罪并罚。

例 5：故意伤害他人后，产生救助他人的作为义务，但不履行救助义务，对死亡结果具有故意时，仅成立故意杀人罪（生命法益包含身体法益，不再评价为故意伤害罪）；如果对死亡结果仅具有过失，则成立故意伤害致死的结果加重犯。注意：非法拘禁使用暴力致人死亡的，刑讯逼供致人死亡的，暴力取证致人死亡的，虐待被监管人员致人死亡的，刑法将其拟制为故意杀人罪一罪。

（2）基于与法益的无助（脆弱）状态的特殊关系产生的保护义务。在这种情形中，只有当法律规范、制度或体制、自愿接受使法益保护具体地依赖于特定的人时，此人才具有保证人地位。

①基于法律规范产生的保护义务。

例如，母亲对婴儿有哺乳喂养的义务；执勤的交警对交通事故中的被害人具有救助义务；父母见幼女被人猥亵时具有制止他人猥亵行为的义务；但发现火灾的路人并不具有救助的义务。但是，在通常情况下，爷爷奶奶、外公外婆对孙子女、外孙子女没有保护或者救助义务，丈夫对岳父母、妻子对公婆没有保护或者救助义务。

②基于制度或者体制产生的保护义务。例如，国家机关工作人员对其职责范围内的无助（脆弱）法益负有相应的保护义务；游泳教练对游泳学习者具有保护义务。

③基于自愿（合同或者自愿接受）而产生的保护义务。

例 1：捡拾弃婴回家，婴儿的法益依赖于捡拾者的保护行为，故捡拾者对婴儿有抚养义务。如果事后将婴儿送往民政局或者孤儿院的，不构成犯罪；如果事后将婴儿弃置于偏僻地方等危险场所的，构成遗弃罪。

例 2：成年人带儿童外出游泳，负有保护儿童生命的义务；但在公共场所发现弃婴的，或者在深山老林发现受伤者、弃婴的，没有照顾义务。

例 3：成年人相约游玩，彼此对对方遇到的危险，都没有救助的义务；紧密的危险共同体（如登山队）相互之间具有救助的义务，但各签生死状的，相互之间没有救助的义务。

例4： 婴儿母亲请求路人“我去一下厕所，麻烦你看一下孩子”。路人答应，但婴儿母亲一直没有回来，几小时后路人回家，后来孩子饿死的，路人并未与孩子建立起照顾、照看关系，不具有扶养的义务。

例5： 保姆甲和雇主签订了每天上午8点赶来照看小孩的合同，但甲迟到半小时，雇主又因为临时有事外出，导致小孩死亡的，甲并未实际处于照看孩子的关系中，甲不具有救助义务。

例6： 妻子自杀时，丈夫是否具有救助义务？对此，理论上存在分歧。否定说认为，妻子自杀，是自陷风险的行为，丈夫不阻止或者不救助的，不构成不作为的杀害，因为作为义务的目的在于防止对被害人的法益侵害，而不是在被害人不愿意接受保护时仍然去干涉其意志自由，更不能将保护义务转化为对被保护者的约束和管制。肯定说（此为通说）认为，刑法对生命实行绝对的保护，妻子的自我答责只是意味着妻子对自己的自杀行为不承担刑事责任，并不意味着免除了丈夫的救助义务。当然，法益主体损害自己有权处分的法益时，其他人没有保护义务。

（3）基于对法益的危险发生领域的支配产生的阻止义务。包括对自己支配的建筑物、汽车等场所内的危险的阻止义务，以及对发生在自己身体上的危险行为的阻止义务。在这种场合，只有该领域的支配者可以排除危险时（具有排他性，即前两项义务的保证人能够履行义务，则该领域的支配者不具有阻止义务），才能要求该领域的支配者履行义务。这种排他性的支配，既不排除同时犯（其他人同时可能成立犯罪），也不排除共犯（其他人可能成立共犯）。

例1： 自家封闭院落里突然闯入危重病人或者生活不能自理的儿童，他人难以发现和救助的，院落支配者有救助义务；房主将带着亲生幼儿的精神病妇女带入家中避寒，精神病妇女伤害幼儿的，房主有保护幼儿的义务；基于合同在自己家中抚养他人婴儿，即使合同无效或者过期，仍有抚养义务。

例2： 肇事者将被害人搬入出租车后借故逃离，出租车司机对被害人负有救助义务；出租车被追尾，导致乘客受伤的，出租车司机具有救助义务。而且出租车司机对于在自己车内发生的犯罪行为具有阻止义务。但是，大巴车、公交车、地铁、火车等司机、乘务员或者车站一般工作人员对于车内、站内犯罪行为没有阻止义务；如果是警察或者其他依法维护治安的工作人员等，则有阻止的义务。

例3： 宾馆管理者对在宾馆房间突发疾病的顾客具有救助义务；演出场所的管理者对于他人表演淫秽色情节目时，具有阻止义务。

例4： 卖淫女在自己住处与嫖客发生性关系，嫖客心脏病发作的，卖淫女具有救助义务，但如果在嫖客家中，则卖淫女没有救助义务。反之亦然。

例5： 男子任由幼女对自己实施猥亵行为时，男子负有制止幼女行为的义务；如果男子故意不阻止的，则成立不作为的猥亵儿童罪。

例6： 夫妻俩与丈夫的老母亲共同生活。老母亲患病或者摔倒，则丈夫有救助义务；如果丈夫不在家，则妻子具有救助义务。如果丈夫杀害其母，则妻子没有救助义务；如果丈夫患有精神疾病，妻子作为丈夫的监护人具有阻止义务。

2. 作为可能性

（1）基本含义。作为可能性，是指负有作为义务的人具有履行义务的可能性，因为“法律不强人所难”。只要履行义务对行为人没有生命危险，行为人就应尽其所能防止法益侵犯危险的现实化。例如，孩子落水遇到生命危险，其父母虽有救助义务，但不会游泳，如果进行救助将会存在生命危险，则其父母就不可能履行救助义务。

（2）认识错误。如果保证人具有作为的可能性，但没有认识到需要履行作为义务，或者因未能想出作为可能性而没有履行作为义务的，虽然具有不作为，但缺乏犯罪故意，只可能成立过失犯罪。如果事实上没有作为的可能性，但保证人误以为有作为的可能性进而没有作为的，属于不能犯，不成立犯罪。

3. 结果回避可能性

（1）基本含义。只有当行为人不履行作为义务，造成或可能造成危害结果的，才可能成立不作为犯罪。即只有当行为人履行作为义务可以避免结果发生时，其不作为才可能成立犯罪。

例 1：甲意外导致乙重伤而逃离现场，但乙伤情严重，根据客观情势判断，即使甲救助也不能救活乙的，则甲不救助的行为与乙的死亡结果之间不具有因果关系，不成立不作为犯罪。

例 2：甲违章驾驶将乙撞成重伤后逃逸，3 分钟后救护车赶到现场，将乙送往医院抢救，乙因伤重抢救无效死亡。本案中，即使甲救助乙，也不可能防止乙的死亡结果，因为救护车及时赶到现场也未能成功救助乙，表明对于乙的死亡而言，甲不存在结果回避的可能性。故只能将死亡结果归属于违章驾驶行为，而不能归属于甲不救助（即逃逸）行为。

（2）认识错误。如果在客观上没有结果回避的可能性，而行为人误以为具有回避可能性，但没有履行作为义务的，因为其不作为不具有导致结果发生的危险性，而属于不可罚的不能犯。如果在客观上具有结果回避的可能性，而行为人误以为没有结果回避的可能性而没有履行作为义务，进而导致结果发生的，可能成立过失的不作为犯罪。

（五）认定不作为的注意事项

1. 不作为与作为的等价性。这取决于行为人应当阻止危险但未排除或者控制既存的危险。但等价性的判断并不是不作为的独立构成要件，而是不作为成立条件的整体效果。

例 1：虽然《消防法》规定，任何人发现火灾都有报警义务，但路人单纯发现火灾不报警，之后火灾导致严重后果的，由于法益保护并不具体地依赖于发现火灾的路人，路人没有刑法上实质的法义务，其不报警的行为与作为方式的放火行为之间并无等价性，故路人不构成不作为的放火罪。

例 2：警察甲发现乙正在疯狂杀害妻子，在履行保护、救助义务具有容易性、可能性的场合，拒不履行保护、救助义务，最后被害人死亡的，由于甲的行为与不作为的玩忽职守罪具有等价性，与作为的故意杀人罪之间通常不具有等价性，故甲成立渎职罪

（如玩忽职守罪）。

例 3： 消防队员甲接到救火报告后，基于泄愤报复的恶意，明确拒绝前往火灾现场，导致重大人身、财产损失的，由于甲对火灾结果的发生没有实质的、排他的支配，其拒绝救火的行为与不作为的放火不具有等价性，故甲成立渎职罪（玩忽职守罪）。

例 4： 医生甲接到病人的求救电话，拒不出诊救助病人的，由于医生甲出诊只是单纯的行为义务，而非防止他人死亡的义务，故甲的行为不成立不作为的故意杀人罪。但是，如果是医院病房的值班医生接到病房住院病人病危报告而不救助的，则有可能成立不作为犯罪。

例 5： 司机甲明知被自己撞的乙流血不止，生命垂危，仍然自行从交通肇事现场逃逸，乙得不到及时救助而死亡。

①如果证明甲交通肇事后单纯逃逸导致被害人死亡的，原则上成立交通肇事罪，属于"逃逸致人死亡"的情形。

②如果证明甲交通肇事后，将被害人移往他人难以发现的场所，或者将其带离现场后抛弃，或者将被害人抱上自己的汽车后拒不送到医院，在大街上驾车兜圈子导致被害人死在车上的，成立不作为的故意杀人罪。

③如果证明被害人受伤后流血不止，若不立即救治就会很快死亡的，或者被害人受伤后躺在人迹罕至的山路上的，或者交通肇事发生在深夜，或者在寒冷的冬季的，肇事者对被害人放任不管就包含着对被害人生命的现实危险性，故成立不作为的故意杀人罪。

④如果证明甲交通肇事后，倒车碾压被害人，或者将被害人沉入江中，从而杀害被害人的，则成立作为方式的故意杀人罪。

⑤如果查不清是肇事行为致人死亡还是逃逸行为致使被害人得不到及时救助而死亡的，则应将死亡结果归于肇事行为，成立交通肇事罪，而不属于"逃逸致人死亡"的情形。

2. 刑法用语的限制。有的犯罪对行为描述的动词只能以作为实施，而不能以不作为实施。例如，非法吸收公众存款罪中的"吸收"，包庇罪中"作假证明包庇的"，就不包括不作为的方式；[1]但是，脱逃罪、侵占罪等大多数犯罪都包含不作为方式。

3. 不作为成立条件与不作为犯罪的构成要件的区别。行为符合不作为的一般客观条件，并不直接成立犯罪，只是表明案件事实符合了危害行为要素，其是否成立犯罪，还需要判断案件事实是否符合行为对象、危害结果、罪过心理等要素，即只有当某种不作为符合具体犯罪构成时才成立犯罪。换言之，不能以不作为的条件代替不作为的犯罪构成要件。

4. 不作为方式犯罪的成立范围。不作为犯罪可能成立故意犯（可能既遂或者未遂），也可能成立过失犯。

（六）持有行为

1. 行为性质

持有属于作为而非不作为，即支配、控制特定违禁品，与行为人是否依法上交特定

---

[1] 非法侵入住宅罪中的"侵入"一词包含"未经允许而强行进入"的作为方式，对此刑法理论没有异议；但从词义上能否包含"经要求退去而不退去"的不作为方式，理论上存在分歧。故如果将"侵入"解释为包含"经要求退去而不退去"，则至少属于扩大解释，甚至属于类推解释。

违禁品无关。

2. 基本含义

只要处于行为人支配和控制的领域、场景，包括让第三者保管（第三者知情的，则可能成立共犯），就可以认定“持有”，而不限于行为人握在手里或者自己管理等；但如果将特定违禁品置于广场、马路边等他人容易发现的公共场所，则难以认定“持有”。

3. 罪数

故意持有多种犯罪对象，成立多个持有型犯罪的，应当数罪并罚。与此相类似，同时故意走私多种对象，成立多个走私犯罪的，应当数罪并罚；同时故意生产、销售多种伪劣产品，成立多个生产、销售伪劣产品犯罪的，应当数罪并罚。

4. 罪过心理

（1）持有型犯罪属于故意犯罪。行为人行为时认识到特定对象的存在。如果行为人认识到持有的物品“要么是假币、要么是毒品”，但实际上是假币的，仅成立持有假币罪，不成立非法持有毒品罪未遂（不可罚的不能犯）。

（2）事实认识错误。如果行为人以为持有的是假币，但实际上是毒品的，属于抽象的事实认识错误，按照法定符合说（通说），主客观内容没有一致的内容，不成立故意犯罪；但按照抽象符合说，可能成立持有假币罪未遂。

（3）兜底情形。如果他人将包裹交给行为人，并谎称是盗窃的假币，但实际上是其盗窃的毒品的，行为人不成立非法持有毒品罪、持有假币罪，但至少成立掩饰、隐瞒犯罪所得罪。

练练手

1. 甲的邻居乙家中着火，甲便冲入乙家救火。因火势太大，甲无法将位于乙家中的婴儿丙（1岁）带出，甲便将丙从二楼窗户扔了下去。后甲自己从大火中逃出，赶紧将被摔伤的丙送往医院，最终造成丙重伤。关于甲的行为，下列哪一选项是正确的？[1]

A. 甲的行为属于正当防卫

B. 甲的行为属于紧急避险

C. 甲的行为在客观上不属于危害行为，不需要通过正当防卫、紧急避险等排除犯罪性事由将其从犯罪中排除出去，故甲的行为不属于紧急避险，不构成犯罪

D. 甲的行为成立过失致人重伤罪

2. 关于不作为犯罪，下列哪些选项是正确的？[2]

A. 丈夫在岳母家看见妻子伤害岳母，丈夫没有阻止的，构成不作为的故意伤害罪

B. 哥哥看到成年弟弟在杀自己的父亲而不阻止的，构成不作为的故意杀人罪

C. 外祖母看到女儿遗弃其孩子，不管不问的，构成不作为的遗弃罪

D. 父亲看见12岁的儿子盗窃而不制止的，构成不作为的盗窃罪

---

[1] 答案：C。
[2] 答案：BD。

二、行为对象

（一）概念

实行行为所作用的物（有形物与无形物）、人（人的身体、身份或者状态）与组织（法人、非法人团体与机构）。通说认为，行为对象并不是所有犯罪都要求的构成要件要素。

（二）对象不能犯

对行为对象有特殊要求的犯罪，如果客观上不可能存在行为对象，则行为不可能侵犯法益，属于对象不能犯，按照结果无价值论的观点，可能不成立犯罪；按照行为无价值论，可能成立未遂。

例如，故意杀人罪的行为对象是“人”，如果没有“人”的存在，即使误以为存在“人”而实施“杀人”行为，属于不能犯。按照结果无价值论，不构成犯罪；按照行为无价值论，构成犯罪未遂。

（三）相关概念

行为对象不同于组成犯罪行为之物、行为孳生之物、作为犯罪行为的报酬取得之物、供犯罪行为使用之物（主要表现为犯罪工具）。

组成犯罪行为之物	贿赂（受贿罪）、赌资（赌博罪）不属于受贿罪、赌博罪的行为对象，而属于犯罪行为的组成之物，即存在贿赂，国家工作人员的行为才叫“受贿”行为；有了赌资，行为人的行为才叫“赌博”行为。
行为孳生之物	行为人伪造的文书、伪造的假币、制造的毒品不属于伪造国家机关公文罪、伪造货币罪、制造毒品罪的行为对象。但这些内容可能成为其他犯罪的行为对象。
	例如，伪造的货币不是伪造货币罪的行为对象（相应的真货币可谓其指向的行为对象），而是其孳生之物，但可以成为出售、购买、运输假币罪的行为对象；制造的毒品不是制造毒品罪的行为对象，而是其孳生之物，但可以成为走私、贩卖、运输毒品罪的行为对象。
作为犯罪行为的报酬取得之物	行为人杀人后从雇请者处得到的酬金或者物品，不是行为对象，而是犯罪行为的报酬。
	如果行为人一开始就打算骗取对方酬金，而没打算履行约定内容的，则可能成立诈骗罪，所谓的“报酬”就属于诈骗罪的行为对象（骗取不法原因给付物也可能成立诈骗罪）。
供犯罪行为使用之物	主要表现为犯罪工具。例如，使用伪造的信用卡进行诈骗时，伪造的信用卡是供犯罪行为使用之物；使用老虎钳、扳手等盗窃他人汽车的，汽车属于盗窃罪的行为对象，但老虎钳、扳手等属于犯罪工具。

三、危害结果

（一）概念

危害行为给刑法所保护的法益所造成的现实侵害事实与现实危险状态，即包括实害结果与危险结果。

（二）分类

1. 属于构成要件要素的危害结果与不属于构成要件要素的危害结果。前者影响定罪，后者影响量刑。例，成立故意杀人罪，要求死亡结果或者导致死亡的危险结果，而轻伤、重伤等结果不影响故意杀人罪的认定，但影响量刑。

2. 侵害犯、具体危险犯与抽象危险犯

（1）侵害犯。即将对法益的现实侵害作为处罚根据的犯罪。所有的过失犯罪以及故意犯罪的既遂都属于侵害犯，故意犯罪的预备、未遂与中止形态都属于危险犯。

（2）具体危险犯。即以发生法益侵犯的具体危险为处罚根据的犯罪。具体危险，是在司法上以行为当时的具体情况为根据，认定行为具有发生侵害结果的危险。例，放火罪，爆炸罪，破坏交通工具罪，生产、销售不符合安全标准的食品罪，危险驾驶罪的第1款第4项规定，妨害药品管理罪等。

（3）抽象危险犯。即以实施刑法描述的行为（直接认定具有法益侵犯的抽象危险）作为处罚根据的犯罪。抽象危险，是在司法上以一般的社会生活经验为根据认定行为具有发生侵害结果的危险（即成立这种犯罪，对危险结果不做要求）。例，盗窃、抢夺枪支、弹药、爆炸物罪，生产、销售有毒、有害食品罪，生产、销售假药罪，危险驾驶罪第1款前三项的规定等。

（三）法定刑升格条件（加重情节）

1. 结果加重犯

法律规定的一个犯罪行为（基本犯罪），由于发生了严重结果而加重其法定刑的情况（如故意伤害致死的情形）。

2.（狭义的）加重构成要件

属于违法类型，即在特定地点或者针对特定对象或者以特定方式实施犯罪行为，刑法因此提高了法定刑的情形（入户抢劫、持枪抢劫等）。

3. 结合犯

即将两个独立的犯罪行为结合为一个犯罪，进而提高法定刑的情形。例如，拐卖妇女、儿童又奸淫被拐卖的妇女，绑架杀害被绑架人，或者故意伤害被绑架人，致使其重伤或者死亡的情形。

4. 量刑规则

属于违法性加重的情形，即刑法规定发生特定的客观事实而导致法定刑提高的情形。例如，刑法分则条文单纯以情节（特别）严重、情节（特别）恶劣以及首要分子、多次、违法所得数额巨大、犯罪行为孳生之物数量（数额）巨大作为法定刑升格条件。

（四）结果加重犯的成立条件

1. 客观特征

行为人实施基本犯罪行为，造成了加重结果，基本犯罪行为与加重结果之间具有直接因果关系。

（1）行为对象

结果加重犯应是对基本犯罪行为对象造成加重结果，如果发生对象错误或者方法错误，不影响结果加重犯的认定；但是，少数犯罪对结果加重犯的对象有特殊要求。

例1： 抢劫致人死亡中的“人”包括财物的占有者、管理者、所有者及其近亲属、阻止行为人取得财物的路人等。但是，甲抢劫丙的财物，丙边呼救边激烈反抗，甲拔刀意图刺死丙，丙躲闪，甲将路人乙刺死的，甲的抢劫行为与乙的死亡存在刑法上的因果关系，但属于打击错误，按照法定符合说，甲对乙的死亡具有犯罪故意；按照具体符合说，甲对乙的死亡具有犯罪过失。但“抢劫致人死亡”包含抢劫行为故意或者过失致使被害人死亡，故甲的行为成立抢劫罪，属于抢劫致人死亡的结果加重犯。

例2： 强奸致使被害人重伤、死亡中的“被害人”仅限于被害妇女本人，不包括被害妇女的家人或者前来阻止强奸行为的路人；非法行医罪致人死亡的结果加重犯，其对象仅限于“就诊人”。

（2）基本行为

成立结果加重犯，要求基本犯行为有导致加重结果的高度危险性。

（3）加重结果

加重结果必须是和基本犯罪结果在性质上相关联，并在程度上更严重。

例1： 甲殴打乙，乙逃跑过程中不小心撞上电线杆而死亡。由于甲的行为通常不可能导致乙死亡，乙的死亡由乙自担风险，故甲不成立故意伤害致死。

例2： 甲在强奸中或者强奸之后害怕被害妇女的呼救引来他人的抓捕，于是直接将其掐死。死亡结果不是强奸罪的基本犯罪行为（手段与目的行为）导致，而是甲另起犯意，实施了与强奸罪基本犯罪行为和基本犯罪结果无关的故意杀人行为，应数罪并罚（强奸罪与故意杀人罪）。

例3： 破坏交通设施罪、破坏交通工具罪的结果加重犯，要求发生公共交通工具倾覆、毁坏结果，并因此致人重伤、死亡或者造成公司财产重大损失的结果。

（4）因果关系

基本犯罪行为与加重结果之间具有直接因果关系。即只有当具有造成加重结果高度危险的基本行为直接造成了加重结果时，才能认定为结果加重犯。

第一，对被害人实施基本行为之时或之后，被害人自杀、自残或因自身过失等造成严重结果的，不成立结果加重犯。例如，甲对乙实施轻伤行为，乙在逃跑过程中不慎从二楼窗户掉下摔死的，甲不成立故意伤害致死。但暴力干涉婚姻自由罪、虐待罪的结果加重犯包括引起被害人自杀的情形。

第二，基本行为结束后，行为人的其他行为导致严重结果发生的，不成立结果加重犯。例如，甲拐卖妇女乙，之后在关押场所抽烟，并随意丢弃烟头，烟头引起火灾将乙烧死的，甲的行为不成立拐卖妇女罪的结果加重犯，而是拐卖妇女罪与过失致人死亡罪（或者失火罪）并罚。

第三，死亡等加重结果由医生的重大过失行为导致的，或者由第三者的故意或者过失行为导致的，或者由意外发生的自然事件导致的，不能认定前行为与加重结果之间具有因果关系。例如，甲伤害乙致其重伤，路过的丙发现仇人乙受伤而直接将其打死的，或者乙去医院途中被雷电劈死的，甲的伤害行为与乙的死亡没有因果关系，不属于故意伤害致死。甲重伤乙后潜逃，并无通谋的甲的亲属阻止乙的亲属救助乙，导致乙流血过多而死亡的，甲的伤害行为与乙的死亡没有因果关系，不成立故意伤害致死。

第四，犯罪行为必然引发的行为正常导致加重结果的，犯罪行为与加重结果之间存在因果关系；如果犯罪行为所引发的行为偶然而异常导致结果发生的，犯罪行为与加重结果之间不存在因果关系。例如，甲非法拘禁或者拐卖妇女或儿童后，必然引起警方解救，如果正常的解救行为造成被害人伤亡的，甲成立相应的结果加重犯。甲放火引起火灾，消防人员正常的灭火行为仍然不能避免被害人死亡的，甲成立放火致人死亡；如果警察、消防员判断失误，导致严重结果发生的，则不能将严重结果归于犯罪人。

2. 主观特征

行为人对基本犯罪具有故意或者过失，对加重结果至少有过失。对基本犯为故意的结果加重犯而言，行为人必须对为基本行为的高度危险性提供基础的事情具有认识。

例如，甲冲撞乙，但乙身后是很陡的台阶，乙跌倒后经抢救无效死亡。①如果甲认识到乙身后是台阶，明知可能导致乙死亡，而希望或者放任乙死亡的，则甲成立故意杀人罪既遂；②如果甲认识到乙身后是台阶，以伤害故意冲撞乙，过失导致乙死亡的，则甲成立故意伤害（致死）罪；③如果甲没有认识到乙身后是台阶，以伤害故意冲撞乙，即使过失导致乙死亡的，甲的行为也仅成立故意伤害罪的基本犯与过失致人死亡罪的想象竞合犯；④如果甲对乙的死亡连过失也没有，则死亡属于意外事件，甲对此不负责任。

3. 法定性

刑法就发生加重结果加重了法定刑。遗弃罪，强制猥亵、侮辱罪，拐骗儿童罪，绑架罪没有规定结果加重犯。

例如，绑架行为（过失）致人死亡的，或者强制猥亵、侮辱他人致使被害人死亡的，成立绑架罪，强制猥亵、侮辱罪与过失致人死亡罪的想象竞合犯，从一重罪处罚。再如，由于诈骗罪没有规定结果加重犯，故骗取他人财物致使被害人自杀身亡的，不能认定为诈骗罪的结果加重犯。

注意

（1）结果加重犯与基本犯罪的罪名相同，但刑法分则可能将有的结果加重犯规定为另一种独立犯罪，这属于法律拟制，属于特殊法条，应当优先适用。

例如，刑讯逼供、暴力取证、虐待被监管人员致人伤残、死亡的，或者聚众斗殴致人重伤、死亡的，刑法将其拟制为故意伤害罪、故意杀人罪，从重处罚。

（2）行为人过失造成加重结果的，成立相关犯罪的结果加重犯与过失致人重伤（死亡）罪的法条竞合，适用相关犯罪的结果加重犯（特殊法条）论处。

但是，行为人故意造成加重结果的，刑法理论上存在不同观点。

观点一认为，结果加重犯属于特殊法条，仅以结果加重犯论处。

观点二（通说）认为，仅认定为结果加重犯，不足以充分、全面评价案件事实，应以想象竞合犯论处，从一重罪论处。

例如，为抢劫财物而故意杀害被害人的，观点一认为，抢劫致人死亡也是故意杀人罪的特殊法条，仅成立抢劫罪的结果加重犯。观点二认为，抢劫致人死亡成立抢劫罪，虽然属于加重情节，但并未完整评价故意杀人的法益侵害内容，故应以抢劫罪的结果加重犯与故意杀人罪既遂的想象竞合犯论处。

练练手

关于结果加重犯，下列哪些选项是正确的？[1]

A. 甲、乙共同持刀抢劫丙的财物，甲未砍中丙，却将乙砍成重伤，丙趁机逃走的，即使认定甲成立抢劫致人重伤，乙也仅负抢劫罪基本犯未遂的刑事责任

B. 甲意图强奸乙女，但遭到路人丙阻止，甲遂将丙打成重伤的，甲成立强奸（致使被害人重伤）罪与故意伤害（重伤）罪，应当数罪并罚

C. 甲为索要赌债而将乙非法扣押，对乙声称"两天内不给钱，将把你变成人彘"。乙非常恐惧，遂跳楼自杀的，甲不成立非法拘禁罪，但成立抢劫罪的结果加重犯

D. 甲反对其女乙与丙男结婚，长期对乙实施暴力行为，致使丙男绝望中自杀身亡的，甲成立暴力干涉婚姻自由罪，但对丙的死亡不负刑事责任

四、因果关系与结果归属

（一）概念

如何确定具体行为与具体结果是否属于同一犯罪，取决于（广义的）因果关系判断，具体内容包括（狭义的）因果关系与结果归属。其中（狭义的）因果关系，是基于存在论的事实判断；结果归属则是基于刑法目的的规范判断。

1. 原因

作为原因的危害行为，是指类型化的实行行为，不包括预备行为。（1）如果行为本身不具有法益侵害的危险甚至减少了法益侵害的危险，就不是实行行为，因而不可能将结果归属于该行为。（2）如果缺乏结果回避可能性，就可以直接否认实行行为，因而可以直接否认因果关系。

例1：甲目睹坠落物即将砸到乙的头部，便推了一下乙，使坠落物砸在乙的手上，致使乙手受伤，即使甲希望乙手受到伤害，也不能将伤害结果归属于甲的行为。

例2：甲以杀人故意劝乙乘坐高铁，即使乙乘坐高铁出车祸死亡，也不能将乙的死亡结果归责于甲。

例3：甲向快要决堤的河里倒了一盆水，由于不能肯定一盆水增加了决堤的危险，故不能将决堤的结果归责于甲。

例4：甲在5楼阳台发现乙从10楼掉下来，遂伸手去抓乙却没抓住，但致使乙坠落轨迹发生偏离，乙摔死在2楼阳台上的，不能将乙的死亡结果归责于甲。

例5：工厂消毒员甲没有按照规定对进口的劳保服进行消毒，导致职工感染病毒死亡。但事实证明，即使甲按照规定对进口的劳保服进行消毒，也不能发现该病毒（系新型病毒），即甲未消毒的行为并没有实现不被允许的危险，故不能将事故归责于甲。

2. 结果

因果关系中的"结果"是指具体的、特定样态、特定规模、特定发生时间与地点的法益侵害结果（具体结果观），而不是抽象意义上结果。

---

〔1〕 答案：AD。

例 1： 即使是被害人死亡，也要分清是毒死还是渴死，是被摔死还是被淹死，是被烧死还是心脏病发作而死，是流血过多死亡还是窒息死亡，是被合法处死还是被非法处死，如此等等。

例 2： 在著名医院门口砍人，由于抢救及时，被害人没死。不能据此否认深山老林砍人致人死亡的因果关系。注意：行为人实施的行为通常不足以致人死亡，当被害人存在特殊体质（例如，患有脑血栓、血友病、心脏病等）时，该行为直接引发疾病发作致使被害人死亡的，应当肯定因果关系。

（二）特征

1. 客观性。因果关系的有无，属于客观存在的问题，不以人的意志而转移。危害行为与危害结果具有因果关系，行为人不一定承担刑事责任，还要考察行为人是否具有故意、过失的罪过心理等。

2. 顺序性。原因在前，结果在后，而不可能颠倒。

3. 相对性。刑法上的原因与结果具有特定的内容。

4. 规律性，行为有导致结果的内在规律性：考虑自然的科学法则、经验法则与盖然性法则。

5. 复杂性。存在一因一果、多因一果（二重的因果关系、重叠的因果关系或者共犯）、一因多果（想象竞合犯）、多因多果等现象。

（三）事实因果关系

1. 基本原则

（1）条件说的因果关系，即实行行为与结果之间存在着“没有前者就没有后者”的条件关系时，前者就是后者的原因，二者之间具有因果关系。此为经验判断。

（2）合法则的因果关系，即实行行为合法则（符合客观规律必然）地造成了结果时，就应将结果归属于实行行为，肯定二者之间的因果关系。此为科学判断。

注意

第一，事实因果关系有无的判断，无论采取条件说，还是合法则的因果关系说，只要能得出肯定的结论，都可以认定存在因果关系。第二，对于渎职犯罪，即使证明不了合法则的因果关系，但采取条件说，就能肯定事实上的因果关系。如果既没有条件关系，也没有合法则的条件关系，则应否定因果关系。

2. 特殊情形

（1）假定的因果关系

甲行为导致了结果发生，即使没有甲行为，由于其他原因也会导致结果发生。无论采取合法则的条件说，或者采取具体结果观的条件说，都可以得出甲的行为与结果之间具有因果关系的结论。

例如，甲毒杀丙，正要实施相同行为的乙发现丙必将死亡，就没有再投毒，后来丙死亡。错误的说法：没有甲的行为，乙也会毒死丙，故甲的行为与丙的死亡没有因果关系。正确的说法：甲的投毒行为合法则地引起了丙的死亡，“没有甲的投毒行为丙就不会被毒死”，故甲的行为与丙的死亡具有因果关系。

(2) 可替代的充分条件

例如，在丙出发去沙漠旅行之前，甲潜入丙的居所，在丙的水囊里面投放了致死量100%的毒药。随后乙也潜入丙的居所，在丙的水囊底部钻了一个孔。丙后来在沙漠旅行中渴死。按照合法则的条件说和具体结果观的条件说，乙的钻孔行为致使丙渴死，即乙的行为合法则地导致了死亡结果的发生，“没有乙的行为就不会有丙渴死的结果”，故乙的行为与丙的死亡存在因果关系，乙成立故意杀人罪既遂；而甲投放毒药的行为与死亡结果之间不存在因果关系（没有丙被毒死的证据），甲成立故意杀人罪未遂。

(3) 二重的因果关系（择一的竞合）

例如，甲、乙二人没有意思联络，分别向丙的食物中投放了100%致死量的毒药，而且毒药同时起作用，导致丙死亡；甲、乙没有共谋，同时向丙开枪，均击中了丙的心脏，致使丙死亡。

①条件说（否定说）认为：没有甲的行为丙会死亡，没有乙的行为丙也会死亡，故甲、乙的行为与丙的死亡都没有因果关系。

②合法则的条件说认为：甲、乙的行为合法则地竞合在一起导致了丙被毒死或者丙心脏被击中而死亡，故甲、乙的行为与丙的死亡都有因果关系。

a. 如果证明乙的行为还没发挥作用时丙就已经死亡，则甲的行为与死亡之间存在因果关系，而乙的行为与死亡结果之间不存在因果关系。

b. 如果查明只是一个行为起作用，但查不清是甲还是乙的行为导致丙死亡，根据存疑时有利于行为人的原则，甲、乙两人的行为与死亡结果之间都没有因果关系。

c. 如果甲、乙二人成立共犯，无论谁的行为导致死亡结果，无论能否证明谁的行为导致死亡结果，甲、乙二人的行为与死亡结果之间都存在因果关系。

(4) 重叠的因果关系

两个以上的行为单独都不能导致结果发生（具有导致结果发生的危险），合并在一起导致了结果的发生。两个以上的行为与结果都有因果关系，可谓多因一果的情形。

例如，甲、乙二人没有意思联络，分别向丙的食物中投放了50%致死量的毒药，导致丙死亡。甲、乙两人的行为与丙的死亡之间都存在因果关系。

(5) 救助性因果流程的中断

已经存在的某个条件原本可能阻止结果的发生，但行为人消除这种条件，导致结果发生。显然，中断救助性因果流程的行为与结果之间具有因果关系。

例如，甲将正在救助受伤者丙的乙打跑，致使丙死亡，事后查明，乙的救助行为完全可以救活丙，则甲的行为与丙的死亡具有因果关系。

(6) 因果关系的回溯禁止

例如，甲给丙注射了一剂毒药，在毒药刚开始发作时，乙对丙实施暴力，丙由于中毒而无力逃避乙的暴力，因而死亡。通说认为甲的行为与丙的死亡之间存在事实上的因果关系（但可能因为异常的介入因素而中断因果关系，即不存在结果归属）。

(四) 结果归属

1. 基本含义

行为与结果的关系只有满足了刑法规范所要求的特定结构，才能确定刑法上的结果归属问题。结果归属是一种规范评价，只有当行为与结果具有事实因果关系时，才确定结果归属问题。只有结果应当归属于实行行为的，行为人才能对结果承担责任。

2. 危险的现实化判断

（1）行为与结果之间具有条件关系，而且行为的危险已经现实化为侵害结果时，才能将该侵害结果归属于行为。

①没有结果回避可能性时，不能将结果归属于行为。

例：护士没有进行皮试就注射抗生素，致使患者死亡；但事后发现，即使进行皮试，患者也不会有任何反应。护士的注射行为与患者的死亡具有条件关系，但不能将患者的死亡归属于护士的行为。

②危险没有现实化时，不能将结果归属于行为（介入因素判断规则）。

第一，如果A行为引起了B行为，B行为导致了C结果，则C是A制造的危险可能引发的结果，应将C归属于A，肯定刑法上的因果关系。

第二，如果B并非A引发，而是异常的介入因素，则根据B的作用力大小判断：B对C的发生起决定作用，则中断了A与C的因果关系，A与C没有因果关系；如果A对C的发生起决定作用，则应将C归属于A，A与C依然具有因果关系；如果A与B对C均起了关键作用，则A、B与C均有因果关系。

例1：甲点燃乙身穿的衣服，乙跳入水中溺死或者心脏停搏死亡的；甲对乙的住宅放火，乙为了抢救婴儿进入住宅被烧死的；甲在楼梯上对乙实施严重暴力，乙急速下楼逃跑时摔死的；甲向站在悬崖边的乙开枪，乙听到枪声后坠崖身亡的；甲瞄准湖中的小船开枪，船上的乙为躲避而落入水中溺死的；甲在悬崖边杀乙致其休克而离开，乙醒后不慎摔下山崖死亡的；甲在沙滩上将乙打晕，乙吸入沙子过量窒息死亡的；甲追杀乙，乙无路可逃，跳入河中溺死的，或者跳下悬崖或高楼摔死的，或者进入高速公路被车撞死的；甲为强奸妇女乙，将乙强行拖进高速行驶的汽车中，挣扎的乙被甩出车外，后面行驶的汽车刹车不及，将乙撞死的，都应当将乙的死亡归属于甲。

例2：甲拿起丙的花瓶砸向乙，乙用手阻挡，导致花瓶粉碎的；甲将乙突然推倒在高速公路上，或者甲将乙推下车，或者甲交通肇事将乙撞昏在马路中间，导致被害人被其他车辆轧死的；甲将一颗即将爆炸的手雷扔到乙的身边，乙立即将其踢开，将丙炸死的，应将危害结果归属于甲的行为。

例3：游泳池没有明显区分深水池和浅水池，行为人（教练员）没有履行职责，致使不会游泳的练习者进入深水池溺死的；非法行医的甲让身患肺炎的患者到药店购买感冒药治疗疾病，导致患者没得到及时正确的治疗而死亡的，应将死亡结果归属于甲的行为。比较：在寒冷的冬天，甲为了取乐将50元纸币扔入河中，乙为了取得50元跳入河中而死亡的；甲犯罪后逃跑，乙见义勇为追赶甲，乙不小心撞上电线杆，身受重伤的，不应将结果归属于甲的行为。

例4：甲伤害乙，乙在住院治疗期间没有卧床休息，最终伤情恶化而死亡的；甲将在外旅行的乙打伤，乙为了尽快回到居住地，导致治疗不及时而死亡的，应将死亡结果归属于甲的行为。比较：甲向乙的食物投放毒药，乙中毒后不至于死亡，但因中毒疼痛难忍，便上吊自杀身亡的；甲杀乙，乙仅受轻伤，但乙因迷信鬼神，而以香灰涂抹伤口，致毒菌侵入体内死亡的；甲对乙毁容，乙自感无“脸”见人，遂自杀身亡的；生气的妻子甲在寒冷的夜晚不让丈夫进屋，丈夫原本可以找到安全场所过夜，但为了表示对妻子的悔意和爱意一直站在门外，结果被冻死的，不应将死亡归属于甲的行为。同理，甲将毒品交付给吸毒者乙，乙注射毒品后死亡的，只要乙知道注射毒品的危险，就不能将死亡结果归属于甲（当然，如果法律规定教唆、帮助他人自杀成立犯罪，则肯定结果归属）。

例5： 甲投放100%致死量的毒药毒杀乙，2小时后乙必死无疑。在1小时50分钟的时候，张某开枪将乙击毙（因果关系断绝的情形），不应将死亡归属于甲的行为，甲成立故意杀人罪未遂；而应将死亡归属于张某的行为，张某成立故意杀人罪既遂。同理，甲过失导致乙重伤，之后甲为逃避责任，直接开枪将乙打死的，应将死亡归属于甲的故意杀人行为，甲成立过失致人重伤罪与故意杀人罪（既遂），数罪并罚。

例6： 甲杀害儿童后逃离，儿童的父亲乙发现后能够救助而不救助，导致儿童失血过多而死亡的，应将死亡归属于甲的作为与乙的不作为。同理，甲乘坐公交车时和司机乙发生争吵，狠狠踹了乙后背一脚。乙返身打甲时，公交车失控，冲向自行车道，撞死了骑车人丙，应将丙的死亡归属于甲、乙的行为。

例7： 甲以杀人故意杀害乙，致使其昏迷，甲误以为乙死亡，为了毁尸灭迹，将乙扔到水中，导致乙最终溺水死亡的，通说认为，应将死亡归属于故意的前行为（因果关系错误中的事前故意情形）。比较：甲以杀人故意对乙女实施杀害行为，以为乙女已经死亡而实施了“奸尸”行为。尸检表明，乙女死于甲的“奸尸”行为，不应将死亡归属于甲的杀人行为，甲构成侮辱尸体罪与过失致人死亡罪的想象竞合犯，再与故意杀人罪未遂并罚。

③行为没有引起注意规范的保护目的所指向的结果时，不能将结果归属于行为。交通肇事罪，行为人的违章行为制造了不被法律允许的交通危险，该危险现实化为特定的交通事故，才能认定违章行为与特定交通事故之间存在因果关系。

例1： 甲超过规定时速驾驶机动车，结果撞上了逆向行驶的乙的机动车，致使乙重伤的，交通事故的发生并非甲的违章行为直接导致，并非甲违章行为引发的危险的现实化，故不能将交通事故归属于甲。

例2： 甲酒后在封闭的高速公路上驾驶机动车，撞死了突然横穿公路的乙。禁止酒后驾驶的规范，是为了防止因丧失或降低控制车辆的能力而造成伤亡结果，所以，不能将乙死亡的结果归责于甲。

例3： 甲遵守交通规则的驾驶行为致人死亡的，不能将死亡结果归属于甲；但是，如果甲驾驶没有经过年检的汽车，由于汽车故障而发生交通事故的，应将交通事故归属于甲。

例4： 甲抢夺他人财物后超速驾驶机动车逃跑，路人乙见义勇为，随后开车追赶甲。乙在追赶中，由于车速过快而追尾他人机动车，致使乙重伤。甲虽然违反交规，但禁止超速行驶是为了防止刹车不及时发生伤亡结果，而乙的重伤并非甲超速行驶造成的结果，故不能将乙重伤的结果归属于甲。

（2）只有发生了属于构成要件效力范围的行为与结果，才可能将其中的结果归属于行为，这也是对实行行为和危害结果的特殊要求。

①诈骗罪

第一，行为人的欺骗行为使被骗人产生认识错误，被骗人基于该认识错误处分财产，从而造成财产损失的，只有对象同一，才能认定诈骗行为与财产损失之间存在因果关系。

第二，如果被骗人没有被骗，而是基于怜悯等心理或者出于配合警方抓捕行为人的需要而处分财产给行为人，则行为人的欺骗行为与取得财产之间不存在因果关系，最多只能认定为诈骗罪的未遂，而不成立诈骗罪既遂。

第三，如果被骗人基于错误认识而将财物处分给第三人，行为人的欺骗行为与财产损失之间虽然存在因果关系，但行为人并未因此取得财物，只能认定为诈骗罪未遂。

②敲诈勒索罪

第一，行为人的恐吓行为使被害人陷入恐惧心理，被害人基于恐惧心理处分财产，从而造成财产损失，只有对象同一，才能认定敲诈行为与财产损失之间存在因果关系。

第二，如果被害人根本没有陷入恐惧心理，而是基于同情或者为了抓捕犯罪人而处分财产，那么，行为人的敲诈行为与财产损失之间不存在因果关系，最多只能认定敲诈勒索罪的未遂。

第三，如果被害人产生恐惧心理之后处分财产给第三人的，虽然敲诈行为与财产损失之间存在因果关系，但行为人并未因此取得财物，只能认定为敲诈勒索罪未遂。

③抢劫罪

行为人的暴力、胁迫或者其他方法行为压制被害人反抗，强行劫取财物，才能认定抢劫手段行为与取财的目的行为之间存在因果关系。如果行为人取得对方的财物并不是基于压制反抗强行取得，那么抢劫行为与取得财物之间就没有因果关系，不成立抢劫罪既遂，只能成立抢劫罪未遂与其他犯罪并罚。

例 1： 甲为了抢劫乙的财物，对乙追打，乙在逃跑过程中钱包不慎掉落，甲发现以后拾取该钱包而离去。甲的抢劫行为与取得财物之间没有因果关系，甲成立抢劫罪未遂与侵占罪（并罚）。

例 2： 甲以实施暴力相威胁，乙本可以制服甲，但为了扶持“新人”，坚定其抢劫的信心，遂交付财物与甲。甲的胁迫行为与取得财物之间没有因果关系，甲仅成立抢劫罪未遂。

例 3： 甲为取财而潜入乙家，将乙卧室房门反锁。在甲搬运财物的过程中，乙一直未醒来。甲将乙锁在房间的行为与取得财物之间没有因果关系，甲成立抢劫罪未遂与盗窃罪既遂（并罚）。如果乙醒来，但因不能出来阻止甲取得财物的，则甲将乙锁在房间的行为与取得财物之间具有因果关系，甲成立抢劫罪既遂一罪。

（3）在防止结果的发生属于他人负责的领域时，该结果不能归属于行为人的行为。

例如，甲酒后开车被查，交警乙指挥甲停车不当，致丙的车撞上甲车，丙身亡的，由于防止事故发生的义务已经转移给现场指挥的警察乙，故不能将丙的死亡归属于甲。

再如，甲伤害乙，警察赶到现场，警察在将乙送往医院的途中，车辆出现故障，导致乙长时间未得到救助而流血过多死亡，不应将死亡归属于甲的行为。

（4）在结果不是构成要件禁止内容时，排除结果归属。

例如，故意杀人行为造成的社会影响不是故意杀人罪构成要件禁止的结果，故不能将其归属于杀人行为。

练练手

1. 关于刑法中的因果关系的判断，下列哪一选项是正确的？[1]

A. 甲为抢劫而殴打章某，章某逃跑，甲随后追赶。章某在逃跑时钱包不慎从身上掉落，甲拾得钱包后离开。甲的暴力行为和取得财物之间存在因果关系

B. 乙基于杀害的意思用刀砍程某，见程某受伤后十分痛苦，便将其送到医院，但医生的治疗存在重大失误，导致程某死亡。乙的行为和程某的死亡之间没有因果关系

C. 丙经过铁路道口时，遇见正在值班的熟人项某，便与其聊天，导致项某未及时放下栏杆，火车通过时将黄某轧死。丙的行为与黄某的死亡之间存在因果关系

D. 丁为杀害李某而打其头部，使其受致命伤，2小时之后必死无疑。在李某哀求下，丁开车送其去医院。20分钟后，高某驾驶卡车超速行驶，撞向丁的汽车致李某当场死亡。丁的行为和李某的死亡之间存在因果关系

2. 关于因果关系，下列哪些选项是正确的？[2]

A. 甲以杀人故意用铁棒将刘某打昏后，以为刘某已死亡，为隐藏尸体将刘某埋入雪沟，致其被冻死。甲的前行为与刘某的死亡没有因果关系

B. 乙夜间驾车撞倒李某后逃逸，李某被随后驶过的多辆汽车碾轧，但不能查明是哪辆车造成李某死亡。乙的行为与李某的死亡没有因果关系

C. 丙将海洛因送给13周岁的王某吸食，造成王某吸毒过量身亡。丙的行为与王某的死亡有因果关系

D. 丁以杀害故意开车撞向周某，周某为避免被撞跳入河中，不幸溺亡。丁的行为与周某的死亡有因果关系

五、自然人的特定身份

行为人在身份上的特殊资格，以及其他与一定的犯罪行为有关的，行为人在社会关系上的特殊地位或者状态。

（一）定罪身份

1. 即构成身份，影响犯罪成立与否。定罪身份属于违法构成要件要素。

2. 要求定罪身份才成立犯罪的，属于真正的身份犯。

3. 在真正的身份犯中，定罪身份只是针对该犯罪的实行犯（即正犯，包括直接正犯与间接正犯）而言；不具有定罪身份的人，可以成为真正身份犯的帮助犯或者教唆犯，或者成为其他不要求定罪身份的犯罪的实行犯。

例：A公司出资100万元设立B化工厂（独立法人），甲任厂长。A公司购买了一辆

---

〔1〕答案：B。

〔2〕答案：CD。

汽车，配发给B化工厂使用，产权属A公司，A公司购车后向保险公司办理保险，投保人和受益人均为A公司。后因B化工厂拖欠某工程队工程款20余万元，某工程队负责人乙将汽车强行开走。甲遂向公安局刑警队报案，谎称汽车丢失，后又向A公司谎报，A公司遂向保险公司索赔，保险公司向A公司支付理赔款20万元。

对于甲的行为的定性，实践中存在四种观点：成立保险诈骗罪；成立诈骗罪（间接正犯）；不成立犯罪；成立保险诈骗罪的教唆犯与诈骗罪的间接正犯的想象竞合犯。最后一种观点具有合理性，理由如下：

①A公司人员没有诈骗故意，不成立犯罪；甲没有投保人、被保险人与受益人的身份，不成立保险诈骗罪的正犯，当然更不可能成立保险诈骗罪的间接正犯。

②甲成立保险诈骗罪的教唆犯。虽然保险诈骗罪是真正的身份犯，但教唆犯与帮助犯不要求身份。教唆犯的成立仅需要引起被教唆者实施符合客观构成要件的违法行为，而不要求被教唆者产生犯罪故意。甲引起了A公司人员实施了符合保险诈骗罪客观构成要件的违法行为；甲向A公司谎报，表明其明知A公司会向保险公司索赔，造成保险公司损失，至少放任该结果发生。故甲具有保险诈骗的教唆行为与教唆故意。

③甲成立诈骗罪的间接正犯。A公司的保险诈骗行为在客观上同时符合诈骗罪的构成要件，而诈骗罪不属于身份犯，甲支配、控制了A公司的行为，故甲成立诈骗罪的间接正犯。

④由于甲只实施了一个行为，故甲的行为成立保险诈骗罪的教唆犯与诈骗罪的间接正犯的想象竞合犯，以诈骗罪的间接正犯论处。

（二）量刑身份

1. 又称加减身份，仅影响量刑。量刑身份属于责任的内容。

2. 规定有量刑身份的犯罪，属于不真正身份犯。

3. 量刑身份影响责任，但其他没有身份的人不受影响。例如，国家机关工作人员犯诬告陷害罪的，从重处罚。

（三）确立身份的时间

身份必须是在行为主体实施犯罪行为前就已经具有的特殊资格或者已经形成的特殊地位或者状态。行为主体在实施犯罪行为后才形成的特殊地位，或者因为实施犯罪行为所形成的特殊地位，不属于特殊身份。例如，首要分子、积极参加者、主犯、从犯等，不属于身份的内容。

（四）身份持续的时间

特殊身份既可能是终身具有的身份（如性别或者国籍），也可能是一定时期或临时具有的身份（如国家工作人员、国家机关工作人员、司法工作人员等）。

六、单位犯罪

第三十条	【单位犯罪的概念】公司、企业、事业单位、机关、团体实施的危害社会的行为，法律规定为单位犯罪的，应当负刑事责任。

续表

第三十一条	【单位犯罪的刑事责任】单位犯罪的，对单位判处罚金，并对其直接负责的主管人员和其他直接责任人员判处刑罚。本法分则和其他法律另有规定的，依照规定。

单位犯罪，是指公司、企业、事业单位、机关、团体为本单位或者本单位全体成员谋取非法利益，由单位的决策机构按照单位的决策程序决定，由直接责任人员具体实施的犯罪。

（一）单位犯罪的特征

1. 单位主体

单位犯罪是单位本身犯罪，而不是单位的各个成员的犯罪之集合，也不是单位和单位成员之间的共同犯罪。

（1）以下四种情形应以自然人犯罪定罪处罚，而不能以单位犯罪论处：

①个人为进行违法犯罪活动而设立的公司、企业、事业单位实施犯罪的；

②公司、企业、事业单位设立后，以实施犯罪为主要活动的；

③盗用单位名义实施犯罪，违法所得由实施犯罪的个人私分的；

④没有取得法人资格的独资、私营等企业实施犯罪的。

（2）在审理单位故意犯罪案件时，对其直接负责的主管人员和其他直接责任人员，可不区分主犯、从犯，按照其在单位犯罪中所起的作用判处刑罚。

（3）以单位的分支机构或者内设机构、部门的名义实施犯罪，违法所得亦归分支机构或者内设机构、部门所有的，应认定为单位犯罪。不能因为单位的分支机构或者内设机构、部门没有可供执行罚金的财产，就不将其认定为单位犯罪，而按照个人犯罪处理。

2. 单位意志

（1）单位犯罪是由单位的决策机构按照单位的决策程序决定，由直接责任人员实施的，并且与其经营、管理活动具有密切关系的犯罪。

（2）通常单位负责人为单位利益所做的决定，可以认定为单位意志。

（3）挂靠情形：甲个人挂靠某单位，如果甲个人犯罪或者以某单位名义实施犯罪，只要不能评价为某单位的意志体现，就只能认为是甲个人犯罪。

（4）单位犯罪包括故意犯罪与过失犯罪。

3. 为单位利益

单位犯罪是为本单位谋取非法利益，或者以单位名义（不是绝对的）为本单位全体成员或者多数成员谋取非法利益的行为。故以单位名义实施犯罪，违法所得归单位所有的，是单位犯罪。注意区分私分国有资产罪与贪污罪，前者是单位犯罪，后者是个人犯罪。

4. 法定性

（1）按照（2014 年 4 月 24 日的）关于《刑法》第 30 条的立法解释，公司、企业、事业单位、机关、团体等单位实施刑法规定的危害社会的行为，刑法分则和其他法律未规定追究单位的刑事责任的，对组织、策划、实施该危害社会行为的人依法追究刑事责任。例如，单位实施贷款诈骗行为或者实施贷款诈骗的帮助行为，应追究自然人贷款诈骗罪正犯或者帮助犯的刑事责任。

（2）纯正的自然人犯罪：在法律规定单位不能成立的犯罪中，单位不能成立正犯，也不可能成立教唆犯或者帮助犯。

（3）纯正的单位犯罪：法律明确规定只有单位才能成立的犯罪，自然人不可能单独成立该罪。例如，自然人不可能单独成立私分国有资产罪、挪用特定款物罪。

（二）单位犯罪的刑事责任

1. 双罚制

即既处罚单位，也处罚直接责任人员。对单位只能判处罚金，而不能科处其他刑罚。

（1）涉嫌犯罪的单位被撤销、注销、吊销营业执照或者宣告破产的，应当根据刑法关于单位犯罪的相关规定，对实施犯罪行为的该单位直接负责的主管人员和其他直接责任人员追究刑事责任，对该单位不再追诉。

（2）人民检察院起诉时该犯罪企业已被合并到一个新企业的，仍应依法追究原犯罪企业及其直接负责的主管人员和其他直接人员的刑事责任。人民法院审判时，对被告单位应列原犯罪企业名称，但注明已被并入新的企业，对被告单位所判处的罚金数额以其并入新的企业的财产及收益为限。

2. 单罚制

只处罚直接责任人员，而不处罚单位本身。即存在着只处罚自然人的单位犯罪，但不存在只处罚单位的单位犯罪。

注意

（1）行为人诬告单位犯罪而可能使自然人受到刑事追究的，可能成立诬告陷害罪。

（2）在追究自然人刑事责任时，仅追究负责任的主管人员和其他直接责任人员的刑事责任，其他人员即使对单位犯罪起了作用，也不得追究。

练练手

关于单位犯罪，下列哪些选项是正确的？[1]

A. 就同一犯罪而言，单位犯罪与自然人犯罪的既遂标准完全相同

B.《刑法》第170条未将单位规定为伪造货币罪的主体，故单位伪造货币的，相关自然人不构成犯罪

C. 经理赵某为维护公司利益，召集单位员工殴打法院执行工作人员，拒不执行生效判决的，成立单位犯罪

D. 公司被吊销营业执照后，发现其曾销售伪劣产品20万元。对此，应追究相关自然人销售伪劣产品罪的刑事责任

---

〔1〕答案：ACD。

第三节 违法阻却事由

一、正当防卫

第二十条	【一般正当防卫】为了使国家、公共利益、本人或者他人的人身、财产和其他权利免受正在进行的不法侵害，而采取的制止不法侵害的行为，对不法侵害人造成损害的，属于正当防卫，不负刑事责任。 【防卫过当】正当防卫明显超过必要限度造成重大损害的，应当负刑事责任，但是应当减轻或者免除处罚。 【特殊正当防卫】对正在进行行凶、杀人、抢劫、强奸、绑架以及其他严重危及人身安全的暴力犯罪，采取防卫行为，造成不法侵害人伤亡的，不属于防卫过当，不负刑事责任。

正当防卫正当化的理由和根据在于制止不法侵害、保护法益。《刑法》第 20 条第 1 款与第 2 款中的"正当防卫"意思不同，前者要求符合正当防卫的所有成立条件，后者不符合限度条件；但第 3 款中的"防卫行为"与第 2 款中"正当防卫"意思相同，不要求限度条件。注意：《刑法》第 20 条第 3 款与第 1、2 款之间不是对立关系，而是特殊规定与一般规定的关系。

（一）起因条件：存在现实的不法侵害

1. 不法

即违法行为，包括犯罪行为、一般违法行为（如殴打行为）以及"黑吃黑"的行为。对于正当的、合法的行为，第三人只能接受或者忍受，不允许对其进行正当防卫或者紧急避险。

（1）范围。不法侵害既包括针对本人的不法侵害，也包括危害国家、公共利益或者针对他人的不法侵害。对于正在进行的拉拽方向盘、殴打司机等妨害安全驾驶、危害公共安全的违法犯罪行为，可以实行防卫。

（2）程度。不法行为要求具有攻击性、破坏性、紧迫性，而且采取正当防卫可以减轻或者避免危害结果的违法行为，即防卫行为要求具有必要性。如果采取防卫行为根本不能减轻或者避免不法侵害（例如，针对假冒注册商标罪、重婚罪、贿赂犯罪、单位犯罪本身等），则不允许正当防卫，可能构成相关犯罪。

（3）针对未达到法定年龄、不具有责任能力的人的侵害，能否进行正当防卫，刑法理论存在不同观点。

观点一：按照传统的"四要件"犯罪论体系，不法侵害是指达到刑事法定年龄、具有刑事责任能力的人在故意、过失心理支配下实施的侵害行为。按照该观点，只要侵害者未达到刑事法定年龄、不具有刑事责任能力，其行为就不属于不法侵害，对其就不允许正当防卫，只能进行紧急避险。而且防卫者只有在明知不法侵害人具有刑事责任能力、达到刑事法定年龄时，才可能成立正当防卫。

观点二：按照不法与有责二分的犯罪论，无论侵害者是否达到刑事法定年龄、是否具有责任能力，只要侵害者的行为在客观上可能侵犯法益（结果无价值的观点），或者侵害者故意或者过失实施该侵害行为，其行为都属于不法行为，对其允许进行正当防卫。换言之，即使侵害者没有达到刑事法定年龄、没有责任能力，也无论防卫者对此是否具有认识，防卫者的行为都可能成立正当防卫。

例如，甲为阻止精神病患者乙正在实施的杀人行为，而将乙打伤。如果按照观点一，由于乙没有责任能力，其行为不属于不法侵害，甲打伤乙不成立正当防卫，但有可能成立紧急避险。如果按照观点二，即使乙对自己实施的行为不负刑事责任，但其行为侵犯他人利益，具有违法性，属于不法侵害，故甲打伤乙的行为可能成立正当防卫。

（4）不法侵害的认定是否要求侵害者具有故意或者过失的责任心理，存在不同观点。

观点一：按照行为无价值论的立场，故意、过失属于违法要素，即只有具有故意、过失心理的行为才可能属于违法行为，而意外事件不属于不法侵害行为，故对属于意外事件的行为不能进行正当防卫（但可能成立紧急避险）。

观点二：按照结果无价值论的立场，故意、过失只是责任要素，而非违法要素，只要客观行为可能侵犯法益，就属于违法行为；意外事件的行为只要可能侵犯法益，就属于不法侵害行为，对其可以进行正当防卫。

例如，聋哑人甲在狩猎时，误将前方的张某当作野兽正在瞄准即将射击；与甲一同狩猎、处在甲身后较远的乙发现了聋哑人甲的行为，于是向甲开枪，打伤其胳膊，保护了张某的生命。事后证明，甲不可能预见张某的存在。甲客观上实施的行为可能导致张某死亡，但甲主观上没有故意或者过失。按照观点一，甲的行为不属于不法侵害，故乙的行为不属于正当防卫（可能成立紧急避险）；按照观点二，甲的行为可能侵犯张某的生命，无论甲是否具有故意或者过失，甲的行为都属于不法侵害，故乙的行为成立正当防卫。

2. 侵害

对法益的威胁。

（1）法益范围。能否对侵害公法益的行为进行正当防卫，存在不同观点。观点一：可以进行正当防卫。观点二：不能进行正当防卫。观点三：只要同时侵害了个人法益，就可以进行正当防卫。按照我国刑法条文的表述，对侵害公法益的行为，可以进行正当防卫（观点一）。但是，刑法理论主流观点对此作了限制，认为侵害公法益的行为，只有同时侵害了个人法益，才可以进行正当防卫。

（2）侵害方式。不法侵害行为包括作为的不法侵害和不作为的不法侵害。针对不作为的违法行为，只要迫使不法侵害人履行其义务就能减少、避免不法侵害的，就可以对其进行正当防卫。

例如，乙非法侵入甲的住宅，经要求退去而不退去，甲对其强行驱逐并导致乙受伤的；或者乙的幼女丙落水，乙能救不救，甲使用暴力迫使乙救助丙的；或者甲使用暴力迫使撞伤丙且准备逃逸的司机乙将丙送往医院抢救的，甲的行为都成立正当防卫。

（3）侵害主体。不法侵害只能是人实施的不法侵害。

①如果法益遭受野生动物侵害而进行反击的，不是正当防卫，有可能成立紧急避险。

②如果饲主故意利用动物或者因过失导致动物致人伤害的，可以正当防卫，视为以给不法侵害人造成财产损害的方式进行的正当防卫。

③如果动物自发地侵害他人，饲主对此没有故意、过失时，即狭义地对物防卫，行为无价值论主流观点认为成立紧急避险，不成立正当防卫；但结果无价值论认为成立正当防卫（饲主存在不作为的疏忽行为）。

④限制情形。对自己招致的不法侵害通常不能进行正当防卫（例如防卫挑拨的情形）。如果轻微过失或者无过错地引起对方的侵害，或者预想只会引起对方的轻微反击，对方却对重大法益（例如生命）进行侵害时，有进行正当防卫的可能。

3. 现实性

客观上真实存在不法侵害，而非主观臆测。如果客观上并无现实的不法侵害，行为人误认为存在而进行"防卫"行为的，属于假想防卫。假想防卫属于事实认识错误问题，不成立故意犯罪；如果行为人主观上有过失，成立过失犯罪；没有过失，则属于意外事件。行为人故意针对合法行为进行反击的，不是假想防卫，成立相应的故意犯罪。

例如，甲犯罪后逃跑，因身上有血迹，甲被便衣警察程某盘查。程某上前拽住甲的衣领，试图将其带走。甲怀疑遇上劫匪，与程某扭打。甲的朋友乙开黑车经过此地，见状停车，和甲一起殴打程某。程某边退边说："你们不要乱来，我是警察。"甲对乙说："别听他的，假警察该打。"程某被打成轻伤。本案中，甲、乙误以为存在不法侵害，但实际上并不存在，其行为属于假想防卫，不成立故意犯罪。由于程某表明其系警察，甲、乙应当预见不存在不法侵害，故主观上有过失，过失导致轻伤的，不成立犯罪。

（二）时机条件：不法侵害必须正在进行（紧迫性）

对于不法侵害是否已经开始或者结束，应当立足防卫人在防卫时所处情境，按照社会公众的一般认知，依法作出合乎情理的判断，不能苛求防卫人。对于防卫人因为恐慌、紧张等心理，对不法侵害是否已经开始或者结束产生错误认识的，应当根据主客观相统一原则，依法作出妥当处理。

1. 开始时间。实质标准：结合案情，不法侵害已经形成现实、紧迫危险。

2. 结束时间。不法侵害已经不可能（继续）侵害或者威胁法益，意味着不法侵害的结束；不法侵害的结束不等于犯罪既遂。

（1）即成犯：不法侵害结束通常意味着不法侵害行为结束。例如，不法侵害人已被制服或者已经丧失了侵害能力；不法侵害人已经自动中止了不法侵害或者已经逃离现场；不法侵害行为已经造成了危害结果并且不可能继续造成更严重的危害结果。

（2）状态犯：财产性不法侵害的特例问题。财产性不法侵害行为虽然已经既遂（结束），但不法侵害状态依然存在，在现场还来得及挽回损失的（即现场发现并追赶不法侵害人的过程中，直到不法侵害人建立稳定的占有关系为止），应当认为不法侵害尚未结束，可以实行正当防卫。例如，陈某抢劫出租车司机甲，用匕首刺甲一刀，强行抢走财物后下车逃跑。甲发动汽车追赶，在陈某往前跑了40米处将其撞成重伤并夺回财物。

甲的行为成立正当防卫。

(3) 继续犯：不法侵害属于继续犯时，只要行为还在继续，不法侵害就没有结束，对其均可进行正当防卫。例如，乙拐卖妇女甲，在将妇女甲卖出去之前，拐卖行为一直持续进行，甲对乙的拐卖行为都可以进行正当防卫。

(4) 隔时犯：即使客观行为已经终了，但只要结果还没有发生，就有可能进行正当防卫。例如，乙在某幢大楼安置了定时炸弹，甲为了迫使其说出炸弹的准确位置或者解除炸弹装置，可以对其进行正当防卫。

3. 防卫装置

事先设立防卫装置的，可能存在以下几种结局：

(1) 如果防卫装置本身危害公共安全，则为法律所禁止，成立相应犯罪。例如，私拉电网，危害公共安全的，成立以危险方法危害公共安全罪。

(2) 如果防卫装置针对正在进行的不法侵害发挥作用制止了不法侵害，并且没有超过必要限度的，成立正当防卫。

(3) 如果没有不法侵害存在，该装置导致无辜者伤亡的，设立防卫装置的行为所造成的风险应由设立者承担，设立者承担相应的法律责任（可能成立过失犯罪或者意外事件）。

4. 防卫不适时

(1) 防卫不适时包括事前加害（事前防卫）与事后加害（事后防卫）行为，可能成立故意犯罪、过失犯罪或者意外事件。

例如，宋某持三角刮刀抢劫王某财物，王某夺下宋某的三角刮刀，并将宋某推倒在水泥地上，宋某头部着地，当即昏迷。王某随后持三角刮刀将宋某杀死。王某将宋某推倒在地致其昏迷的行为是正当防卫，之后将宋某杀死的行为属于事后加害行为，成立故意杀人罪。

(2) 一体化的防卫行为，是指在不法侵害已经结束后实施的防卫行为，但与结束前的防卫行为具有一体化。一体化的防卫行为，不属于防卫不适时，如果没有超过必要限度，则成立正当防卫；如果超过了必要限度，则成立防卫过当，但不成立独立犯罪。

例如，乙持铁棒对甲实施不法侵害，甲为了保护自己的身体而持刀砍乙，在乙受伤倒地后，甲继续用刀砍乙，致使乙死亡。甲的行为属于一体化的防卫行为，即使认定明显超过必要限度造成了重大损害的，也应认定为防卫过当，而不能认定为独立的普通故意杀人罪；如果不能查明过当结果由哪一行为导致，至少应认定为防卫过当。

（三）对象条件：针对不法侵害人本人进行防卫

1. 必要性。防卫行为要有必要性，即足以制止不法侵害、保护法益；但不要求具有补充性，即不要求不得已而实施。

2. 防卫对象

(1) 防卫行为只能针对不法侵害人本人进行；对于多人共同实施不法侵害的，既可以针对直接实施不法侵害的人进行防卫，也可以针对在现场共同实施不法侵害的人进行防卫。

例如，甲、乙追杀丙，甲持刀砍向丙。情急之下，丙将乙猛地一拽，将其挡在身前，甲砍伤乙。丙的行为属于利用甲砍伤乙的行为制止乙的正在进行的不法侵害，构成正当防卫，而非紧急避险。

（2）防卫对象可以是不法侵害人的人身或者财产。针对财物防卫时，要求不法侵害人将其财产作为不法侵害的手段或者工具，通过毁损其财物可以制止不法侵害、保护法益。

（3）针对第三人进行的“防卫”行为

例如，甲被乙追杀，在逃跑过程中捡起一块石头扔向身后的乙，把乙砸成重伤，同时把正好从这里经过的丙也砸成重伤。针对乙的重伤结果，甲成立正当防卫；针对丙的重伤结果，甲的行为评价存在不同观点：

观点一认为：甲导致丙重伤的行为成立正当防卫，因为甲的行为的正当性并不因为导致第三者丙的重伤而丧失。

观点二认为：甲导致丙重伤的行为成立紧急避险，因为甲在遭受生命危险时，不得已将风险转嫁给第三者丙。

观点三认为：甲导致丙重伤的行为成立假想防卫，不成立故意犯罪，原则上成立过失致人重伤罪，因为甲在具有防卫意识的情况下，针对没有不法侵害的丙实施了“防卫”行为。

观点四认为：甲导致丙重伤的行为缺乏期待可能性，因为甲在遭受生命威胁的紧急危险时，不能期待甲不侵害他人的权利，故即使认为甲的行为具有违法性，也缺乏期待可能性而阻却责任。

3. 防卫效果

（1）防卫行为可能给不法侵害人造成人身或者财产的实际损害，也可能只具有造成损害的危险（当然解释）。

（2）防卫行为不限于“单纯避免”或者“单纯制止”不法侵害，还包括造成伤亡的行为；如果行为排除了不法侵害，但不可能被视为犯罪的客观行为时，不具有犯罪性，没必要认定为正当防卫（如大喊一声吓走不法侵害人）。

（3）即使防卫行为没有排除不法侵害，但只要防卫时具有减少、避免不法侵害的可能性与必要性，也可能成立正当防卫。

（四）防卫限度

1. 限度条件

没有明显超过必要限度造成重大损害（不适用于特殊正当防卫）。

（1）“重大损害”：通常指重伤或者死亡，不包括轻伤。但不能认为只要导致不法侵害人重伤或者死亡就一定过当。

（2）“必要限度”：以制止不法侵害、保护法益的合理需要为标准，同时考虑不法侵害的程度、缓急以及不法侵害的权益。正当防卫造成的损害可以大于不法侵害所造成的损害。

（3）“没有明显超过”必要限度：其中“明显”属于规范的要素。注意：只有在造成重大损害的情况下，才存在明显超过必要限度的问题，不存在“手段过当”而“结果不过当”或者相反的情形。

注意

正当防卫造成的损害可以大于不法侵害所造成的损害。

2. 防卫过当

防卫行为明显超过必要限度造成重大损害的，应当酌情减轻或者免除处罚。

（1）成立犯罪的根据

防卫过当是防卫行为与造成的过当损害结果相结合构成的犯罪，而非过当结果本身单独成立的犯罪。防卫过当不是独立罪名，应根据其符合的具体犯罪构成要件确定罪名。

（2）罪过心理

①如果防卫人具有防卫意识，其行为明显超过了必要限度造成重大损害的，一般成立过失犯罪（过失致人重伤罪或者过失致人死亡罪），特殊情况下可能成立故意犯罪（虽有防卫意识，但对过当结果具有认识并有希望、放任的态度，或者明知不法侵害人已经丧失侵害能力仍然防卫，导致过当的情形）。

②如果行为人没有防卫意识，同时肯定偶然防卫也是正当防卫，则偶然防卫过当的责任形式既可以是过失，也可以是故意（包括直接故意）。

③假想防卫过当。假想防卫本身不可能成立故意犯罪，可能成立过失犯罪或者意外事件；但假想防卫过当可能成立过失犯罪，也可能成立故意犯罪。假想防卫过当不属于《刑法》第20条第2款规定的防卫过当，不能直接适用该款的规定，只可能类推适用该款规定，也应当酌情减轻或者免除处罚。

（五）主观条件：防卫意识

1. 概念。防卫意识即主观的正当化要素，包含两个层面：防卫认识与防卫意志。

（1）防卫认识。指防卫人认识到不法侵害正在进行。

（2）防卫意志。指防卫人出于保护国家、公共利益、本人或者他人的人身、财产和其他权利免受正在进行的不法侵害的目的。

2. 法律依据

《刑法》第20条第1款："为了使国家、公共利益、本人或者他人的人身、财产和其他权利免受正在进行的不法侵害……"

按照文理解释，对上述法条存在两种理解。

（1）表达主观目的。即采取防卫意识必要说，认为成立正当防卫要求防卫意识。但对防卫意识具体内容的要求也不一样，有的主张要求防卫认识即可，有的主张仅要求防卫意志，有的主张既要求防卫认识也要求防卫意志。

（2）表明客观原因。即采取防卫意识不要说，认为成立正当防卫不要求防卫意识。

例如，乙基于强奸故意正在对妇女实施暴力，甲出于义愤对乙进行攻击，客观上阻止了乙的强奸行为。

观点：

①正当防卫不需要有防卫认识

②正当防卫只需要防卫认识，即只要求防卫人认识到不法侵害正在进行

③正当防卫只需要防卫意志，即只要求防卫人具有保护合法权益的意图

④正当防卫既需要有防卫认识，也需要有防卫意志

结论：

a. 甲成立正当防卫

b. 甲不成立正当防卫

就上述案情，观点与结论对应正确的是哪一选项？

A. 观点①观点②与 a 结论对应；观点③观点④与 b 结论对应

B. 观点①观点③与 a 结论对应；观点②观点④与 b 结论对应

C. 观点②观点③与 a 结论对应；观点①观点④与 b 结论对应

D. 观点①观点④与 a 结论对应；观点②观点③与 b 结论对应

注意

几种特殊情形。

首先，防卫挑拨（即故意挑逗对方进行不法侵害而借机加害不法侵害人的行为）原则上不成立正当防卫。

其次，相互斗殴中，斗殴双方的行为都不具有正当性，都不成立正当防卫（斗殴无防卫）。如果一方停止斗殴、求饶或者逃跑，或者一方手段突然升级而可能导致重大身体伤害或者死亡的，有成立正当防卫的余地。如果双方斗殴，导致对方轻伤的，由于轻伤承诺有效，故双方都不成立故意伤害罪。

例如，因琐事发生争执，双方均不能保持克制而引发打斗，对于有过错的一方先动手且手段明显过激，或者一方先动手，在对方努力避免冲突的情况下仍继续侵害的，还击一方的行为一般应当认定为防卫行为。再如，双方因琐事发生冲突，冲突结束后，一方又实施不法侵害，对方还击，包括使用工具还击的，一般应当认定为防卫行为。不能仅因行为人事先进行防卫准备，就影响对其防卫意图的认定。

最后，偶然防卫（故意或者过失侵害他人法益的行为，但符合了正当防卫客观条件的情况）的情形存在不同的处理意见。例如，甲故意枪击乙时，乙刚好正在持枪瞄准丙实施故意杀人行为，但甲对乙的行为一无所知。按照防卫意识不要说，甲成立正当防卫；按照防卫意识必要说，甲不成立正当防卫。

3. 理论根据

关于违法性的根据，存在结果无价值论与行为无价值论之争。

（1）结果无价值论：只有客观事实才可能侵犯法益，才能说明违法性的有无及其程度；故意、过失不属于违法要素，而是责任的要素。

（2）行为无价值论：只有在犯罪故意或者过失的罪过心理支配下实施刑法禁止的行为才具有违法性；故意、过失属于违法要素。

对于偶然防卫案件，存在以下不同观点：

第一，行为无价值论的既遂说：传统的行为无价值论的观点。

第二，行为无价值论的未遂说：正当防卫的成立要求防卫意识，偶然防卫造成了正当的结果，缺乏结果无价值，但存在行为无价值，因而成立犯罪未遂。

第三，结果无价值论的未遂说：缓和的结果无价值论的观点。

第四，结果无价值论的无罪说：彻底的结果无价值论的观点。偶然防卫在客观上没有侵犯值得刑法保护的法益，故无罪。

例：丙正在杀丁时，甲与乙没有意思联络却同时开枪射击丙，丙的心脏被两颗子弹击中而死亡。事后证明，甲明知丙正在实施杀人行为，是为阻止其杀人行为而开枪；乙对此不知情。

本案中，丙正在杀人，属于现实的正在发生的不法侵害。甲、乙二人开枪打死丙，制止了丙的不法侵害。甲存在防卫意识，其行为成立正当防卫。乙的行为虽然客观上起到了防卫效果，但乙主观上没有防卫意识，属于偶然防卫，其行为性质存在不同的处理意见：

观点一认为，按照二元的行为无价值论，乙没有防卫意识，而是具有杀人故意，其行为属于违法行为，构成故意杀人罪；但是，该行为偶然阻止了丙的不法侵害，缺乏结果无价值，即没有导致刑法禁止的、值得保护的生命被侵犯，故成立故意杀人罪未遂。

观点二认为，按照彻底的结果无价值论，甲、乙二人的行为在客观上都阻止了正在发生的不法侵害，保护了值得保护的利益，没有侵犯值得保护的利益，客观上没有侵犯法益，没有违法性，不成立犯罪。甲的行为成立正当防卫，乙的行为在客观上和甲的行为完全一致，同样成立正当防卫。如果因为乙具有杀人故意并欠缺防卫意识，就认定乙成立故意杀人罪，则对乙有主观归罪的嫌疑。

（六）特殊正当防卫

1. 无过当防卫。特殊正当防卫即使导致不法侵害人伤亡的，也不属于防卫过当。但不能因此认为，一般正当防卫只要导致不法侵害人伤亡的，就属于防卫过当。

2. 特殊与一般正当防卫的关系。特殊正当防卫必须满足一般正当防卫的起因条件、时机条件、对象条件、主观条件（结果无价值论不要求主观条件），但不要求满足一般正当防卫中的限度条件。

3. 防卫对象的本质要求：严重危及人身安全的暴力犯罪。

（1）“暴力犯罪”。其中“犯罪”与“不法侵害”同义，是指违法行为，是否要求不法侵害者具有责任，行为无价值论与结果无价值论存在分歧。其中“暴力”是对不法侵害行为方式的要求，即要求对人身行使不法有形力，因此特殊正当防卫不适用于非暴力犯罪以及作为一般违法行为的暴力行为。

（2）“严重危及人身安全”即对不法侵害行为程度的要求，仅限于生命与重大的身体健康安全，即具有导致死亡或者严重重伤（一般重伤不算，例如砍掉大拇指）的紧迫危险。

（3）“杀人、抢劫、强奸、绑架”。即对暴力犯罪的列举。对于转化型杀人、抢劫等，只要符合严重危及人身安全的特征，也可以进行特殊正当防卫。

（4）“其他严重暴力犯罪”。对于其他严重暴力犯罪，必须属于严重危及人身安全的暴力犯罪，才能适用特殊正当防卫的规定（同类解释规则）。

（5）“行凶”。按照司法解释的规定，下列行为应当认定为“行凶”：使用致命性凶器，严重危及他人人身安全的；未使用凶器或者未使用致命性凶器，但是根据不法侵害的人数、打击部位和力度等情况，确已严重危及他人人身安全的。虽然尚未造成实际损害，但已对人身安全造成严重、紧迫危险的，可以认定为“行凶”。

练练手

1. 关于正当防卫，下列哪一选项是错误的？[1]

A. 制服不法侵害人后，又对其实施加害行为，成立故意犯罪

B. 抢劫犯使用暴力取得财物后，对抢劫犯立即进行追击的，由于不法侵害尚未结束，属于合法行为

C. 动物被饲主唆使侵害他人的，其侵害属于不法侵害；但动物对人的自发侵害，不是不法侵害

D. 基于过失而实施的侵害行为，不是不法侵害

2. 关于正当防卫，下列哪些选项是正确的？[2]

A. 甲使用暴力逼迫不作为的不法侵害人履行其应当履行的义务，以防止危害结果的，成立正当防卫

B. 甲因担心被人殴打而事先准备好水果刀，只要后来制止了他人的殴打行为，就应认定为正当防卫

C. 甲将强奸妇女既遂后仍然关押妇女的不法侵害人打伤，并救出被害妇女的，成立正当防卫

D. 甲发现乙盗窃他人财物而追赶，将乙打伤后并夺回财物的，尽管乙成立盗窃罪既遂，但甲成立正当防卫

二、紧急避险

第二十一条	【紧急避险】为了使国家、公共利益、本人或者他人的人身、财产和其他权利免受正在发生的危险，不得已采取的紧急避险行为，造成损害的，不负刑事责任。 紧急避险超过必要限度造成不应有的损害的，应当负刑事责任，但是应当减轻或者免除处罚。 第一款中关于避免本人危险的规定，不适用于职务上、业务上负有特定责任的人。

正当防卫是“正对不正”（对不法侵害的防卫）的行为，紧急避险是“正对正”（法益冲突）的行为。紧急避险的本质是避免现实危险、保护较大或同等法益。分洪是典型的紧急避险。

（一）法益面临现实危险（前提条件）

1. 法益范围：国家、公共法益与他人、本人的人身或者财产法益。

---

〔1〕答案：D。
〔2〕答案：ABCD。

2. 危险来源：自然力量，动物侵袭，危害行为，饥饿、疾病等特殊情况。其范围比正当防卫前提条件中的“侵害”更广。

3. 危险限定：现实危险不包括职务上、业务上负有特定责任的人所面临的对本人的危险。

①自己招致的针对本人的危险。如果行为人有意识地制造自己与他人的法益冲突，引起紧急避险状态的，视为行为人放弃了自己的法益，不允许行为人紧急避险；如果行为人虽然故意、过失或者意外实施了某种违法犯罪行为，但不是故意制造法益之间的冲突，却发生了没有预想到的重大危险时，结合具体情形，可以进行紧急避险。

②自己招致的针对他人的危险。允许紧急避险。*例如，甲的行为导致乙有生命危险，允许甲对第三者造成一定损害以避免对乙的生命危险。*

4. 危险的现实性：如果客观上不存在现实危险，但行为人错误地认为存在现实的危险，进而实施避险行为的，是假想避险，属于事实认识错误，不成立故意犯罪，但可能成立过失犯罪或者意外事件。

（二）危险正在发生（时机条件）

1. 法益处于紧迫威胁中。不同于正当防卫中的不法侵害“正在进行”，这里的“危险正在发生”仅指危险状态的存在。

2. 如果在危险尚未发生或者已经消除的情况下实施避险行为的，属于避险不适时，可能成立故意犯罪、过失犯罪等。

（三）不得已而损害另一法益（补充性条件）

1. “不得已”：对于正在发生危险，没有其他合理的方法排除危险，只能损害另一法益，才能保护面临危险的法益。

2. “损害另一法益”：通常是指损害第三者的合法法益（包括不法侵害人的其他合法利益以及国家利益），而不是针对危险来源本身造成损害。为了保护非法利益，不允许进行紧急避险。

（四）避险意识（主观条件）

1. 避险意识包括避险认识和避险意志。

2. 故意引起危险后，以紧急避险为借口侵犯他人法益的，属于故意犯罪，而不是紧急避险。

3. 偶然避险。即没有避险意识，故意或者过失实施的侵害行为符合紧急避险客观条件，与偶然防卫的处理原则相同：按照行为无价值论，偶然防卫属于违法行为，成立故意或者过失犯罪；按照结果无价值论，偶然避险不成立犯罪，甚至属于紧急避险。

（五）没有超过必要限度造成不应有的损害（限度条件）

1. 传统理论：紧急避险行为所引起的损害应小于所避免的损害，即保护利益大于牺牲利益。

2. 主流理论：没有超过必要限度造成不应有的损害。

（1）保护的利益大于损害的利益，如果超过必要限度造成不应有的损害，也有可能超过必要限度。例如，为防止森林火灾蔓延，根据具体情形，砍伐10米左右的树木制造隔离带即可，但行为人下令砍伐树木500米以制造隔离带的，超过必要限度造成了不应有的损害，成立避险过当。

（2）就财产法益等而言，不得已损害同等法益的，也不一定超过了必要限度。因为如果保护甲法益的唯一方法就是损害同等的乙法益，则这种行为没有实质意义，没有法益侵犯，不构成犯罪。

（3）就生命法益而言，牺牲某人保护他人生命的行为，通常具有违法性，无辜的第三者可以对其进行正当防卫；在符合紧急避险其他条件的情况下，只能认为避险者没有责任，属于超法规的阻却责任的紧急避险。注意：只有当某人承诺牺牲自己，或者唯有某人处于被牺牲者的地位等时，才能将牺牲其生命保护其他人的生命的行为认定为阻却责任的紧急避险。

例：①甲、乙落水，同时抓住一块木板，但该木板只能承重一人。甲为了自己活命而将乙打开，导致乙溺水而亡。甲将乙打开的行为属于违法行为，乙可以对其实施正当防卫；甲的行为不具有期待可能性，属于超法律的阻却责任的紧急避险。②火车正常行驶会导致铁轨上的五个小孩死亡，为了避免该结果，司机转向另一条轨道，导致一个小孩死亡。司机的行为属于超法律的阻却责任的紧急避险。③即使用一个人的肝脏可以供五个肝病患者进行肝脏移植进而能够挽救五个人的生命时，也不允许任意取出一个健康人的肝脏进行移植，否则成立故意杀人罪或者故意伤害罪。

（4）避险过当的，应当酌情减轻或者免除处罚。

练练手

鱼塘边工厂仓库着火，甲用水泵从乙的鱼塘抽水救火，致鱼塘中价值2万元的鱼苗死亡。仓库中价值2万元的商品因灭火及时未被烧毁。甲承认仓库边还有其他几家鱼塘，为报复才从乙的鱼塘抽水。关于本案，下列哪些选项是错误的？[1]

A. 甲出于报复动机损害乙的财产，缺乏避险意图

B. 甲从乙的鱼塘抽水，是不得已采取的避险行为

C. 甲未能保全更大的权益，不符合避险限度要件

D. 对2万元鱼苗的死亡，甲成立故意毁坏财物罪

三、其他违法阻却事由

（一）法令行为

1. 法律基于政策理由排除犯罪性的行为，如依法发行彩票。
2. 职权（职务）行为，如司法工作人员对犯罪嫌疑人实行逮捕。
3. 权利（义务）行为，如普通国民扭送现行犯。

（二）正当业务行为

正常的新闻报道、遵守规则的职业体育活动、律师的辩护活动、治疗行为（要求是

〔1〕答案：ACD。

医学上允许的方法，实质上具有安全性、有效性与必要性，有患者承诺或者推定承诺）。人体实验不属于正当业务行为。

（三）自救行为

1. 法益已经受到了违法侵害。

2. 行为人具有需要实现的请求权。

3. 通过法律程序、依靠国家机关不可能或者明显难以恢复受侵害的法益；通过自救行为如果不可能恢复受侵害的法益，则不能实施自救行为。

4. 救济行为的手段具有适当性，所造成的侵害与救济的法益具有相当性。

（四）被害人承诺

1. 承诺者对被侵害的法益具有处分权限（承诺范围）

（1）任何人对国家法益、社会公共法益与他人法益都不能承诺。但对于他人利益，如果行为人享有代理权限，则代理承诺有效。

例如，在刑事诉讼中，即使经过犯罪嫌疑人同意，帮助其毁灭无罪证据或者伪造不利于犯罪嫌疑人的证据，仍然妨害了刑事司法的客观公正性，成立帮助毁灭证据罪。

（2）被害人原则上只能承诺自己的个人法益。

首先，个人财产、名誉、自由、轻伤害通常均可以承诺。但是，被害人承诺行为人毁坏自己财物，但危及公共安全或者侵犯其他法益的，成立相应的其他犯罪。

其次，已满 14 周岁者的性权利可以承诺。但是，已满 14 周岁未满 16 周岁的未成年女性同意与对自己负有照护职责人员发生性关系的，虽然行为人不成立强奸罪，但成立负有照护职责人员性侵罪。

再次，重伤承诺通常无效。已满 18 周岁的人自愿捐献器官给他人的，承诺有效；但不满 18 周岁的未成年人自愿捐献器官的，其承诺无效。

最后，就生命的承诺而言，消极的安乐死（患者让家人将药物拿走，后来患者病死的）无罪；但积极的安乐死（患者让他人将自己杀死的）具有违法性，成立故意杀人罪。

2. 承诺者对所承诺的事项的意义与范围具有理解能力（承诺能力）。例如，患有精神疾病的妇女对与他人发生性关系，缺乏理解能力，其承诺无效；针对儿童实施强奸、猥亵、拐卖等行为，儿童的承诺无效。

3. 承诺者既承诺行为，而且承诺行为的结果（承诺对象）。例如，甲明知乙酒后驾驶，仍然坐在乙的车上，乙发生交通事故导致甲重伤，甲没有承诺重伤的结果，其承诺无效。

4. 基于被害人真实意思而承诺，戏言性承诺、基于强制或者威压作出的承诺无效。

（1）欺骗行为引起他人错误的情形

第一，如果欺骗行为使被害人对于法益的有无、性质与范围产生错误而作出承诺的，承诺无效。例如，甲欺骗乙使其误以为没有法益侵害，但却造成了法益侵害的，或者乙误以为只有轻微法益侵害，但却造成严重法益侵害的，或者乙误以为仅有财产损失，但却造成人身伤害的，乙的承诺无效。

第二，如果被害人承诺的重要目的得以实现，承诺有效；如果被害人承诺的重要目的没有实现，则承诺无效。

例1：甲欺骗乙向地震灾区捐款，乙为了救济灾民而捐款，但甲将所得捐款据为己有的，乙的承诺无效，甲成立诈骗罪。

例2：甲欺骗乙，声称其子女需要移植眼角膜，乙献出了眼角膜，但甲将乙的眼角膜改作他用的，乙的承诺无效，甲成立故意伤害罪。

例3：甲冒充监狱管理人员，欺骗妇女乙，只要与甲发生性关系，甲便可以将其丈夫从监狱释放，但发生关系后甲并没有释放其丈夫的，乙的重要目的没有实现，其承诺无效，但由于甲的行为不符合强奸罪的手段行为（未达到使被害人明显难以反抗的程度），不成立强奸罪。

第三，如果欺骗行为使被害人不可能行使自己决定权，因而不可避免陷入错误时，被害人承诺无效。

例1：甲对乙谎称其饲养的藏獒正在咬人，征得其同意后将正在熟睡的藏獒打死，乙的承诺无效，甲成立故意毁坏财物罪。

例2：电梯司机甲在乙进入电梯后，突然将电源关闭，谎称电梯事故，使乙同意自己被关在电梯内，乙的承诺无效，甲成立非法拘禁罪（甲欺骗乙使其误以为无论同意与否都会受到法益侵害）。

例3：吴某某自创“华藏功”，利用“气功大师”的身份，以“男女双修可以使人达到学佛的最高境界”“可以迅速提高修行”“能增强法力”等为名，引诱数十名女弟子与其发生性关系。行为人利用邪教教义致使被害人陷于不知反抗的状态，被害人的承诺无效，吴某某成立强奸罪。

（2）被害人自己产生错误的情形

第一，当被害人自己产生动机错误进行承诺时，这种发生在被害人自身权利领域内的动机错误并不是他人干扰或限制被害人自治而导致的结果，故应当认定被害人承诺仍然有效。即便行为人明知被害人陷入了动机错误，也同样如此。此时行为人故意依被害人承诺实施行为的，不负刑事责任。

第二，若行为人以作为或不作为的方式引起了被害人的动机错误，并致使其因此进行了法益处分，这种法益处分就不再是被害人自主决定的结果。此时行为人侵入了被害人的自治领域，致使其承诺无效，若行为人再依被害人承诺实施行为，就可能构成犯罪。

例1：经营马场的甲饲养着一匹名贵的赛马，后该马感染疾病，久治不愈。甲担心疾病继续发展，心爱的赛马会饱受痛楚而死，为使赛马免受痛楚，遂请求朋友乙注射药物使赛马安乐死。乙明知市场上其实能够买到可以治愈该疾病的药物，但也未向甲说明，而是按照甲的要求杀死其赛马。被害人甲基于自身动机错误作出的承诺原则上仍然是其自主决定的结果，具有法律效力。

例2：年迈的被害人在回家时将自家房屋阁楼里的灯光误认为是火光，以为房屋失火。由于来不及叫消防队也找不到房门钥匙，便请求路人闯入屋内灭火。路人明知屋内没有着火，但觉得这是趁机进入被害人家中盗窃的好机会，遂出于盗窃意图撞破被害人的房门闯入屋中。被害人基于自身动机错误作出的承诺原则上仍然是其自主决定的结果，具有法律效力。

例3：患者长期忍受头痛之苦，医生也无法查明病因。于是该患者坚定地认为，头痛肯定是因自己被补过的牙齿所引起的，要求牙医将自己补过的牙齿全部拔除。牙医劝解无效，在患者强烈要求之下，为其拔除了五颗牙齿。患者没有相应的判断能力，患者承诺无效，牙医成立故意伤害罪。

例4：行为人违反被害人的意志为其修缮房屋，或者先将商品价格调高一倍，再谎称半价促销售予顾客的，虽然被害人承诺无效，但因客观上未对被害人的财产造成损害而不能构成故意毁坏财物罪或诈骗罪。

5. 承诺时间

（1）如果被害人在结果发生前变更承诺的，原来的承诺无效。

（2）结果发生之后的承诺无效，先前行为成立犯罪，即事后承诺绝对无效。

6. 必须存在现实的承诺

（1）假想的被害人承诺。行为人误以为存在被害人承诺而实施了客观侵害行为，属于事实认识错误，不成立故意犯罪，可能成立过失犯罪或者意外事件。

（2）偶然的被害人承诺。

意思方向说（结果无价值论）认为，只要被害人具有现实的承诺，即使没有表示于外部，行为人没有认识到被害人承诺，也是有效的承诺。

意思表示说（行为无价值论）认为，承诺的意思必须以语言、举动等方式向行为人表示出来，通常还要求行为人认识到被害人承诺。

例如，甲以强奸故意对乙实施奸淫行为，但乙对甲早已芳心暗许，容许甲对其实施了奸淫行为的，按照意思方向说，乙的承诺有效，甲的行为不成立强奸罪；按照意思表示说，乙的承诺无效，甲成立强奸罪（未遂）。

7. 承诺限制

（1）经承诺的行为不得超出承诺的范围。例如，甲同意乙砍掉自己的一个小手指，而乙砍掉了甲的两个手指，乙的行为成立故意伤害罪。

（2）经承诺的实施的行为本身不违反法律；如果侵犯其他法益的，可能构成其他犯罪。例如，已满14周岁未满16周岁的未成年女性同意与对自己负有照护职责人员发生性关系的，虽然行为人不成立强奸罪，但成立负有照护职责人员性侵罪。

（五）推定的承诺

推定被害人得知真相后会承诺，以一般人的合理意愿为标准，而不以被害人之后的实际意愿为标准；如果被害人的价值观念不同于一般人的价值观念的，只能根据被害人的价值观念为准。

在事先不能知道被害人是否承诺的场合，只能从事后的立场确认被害人的意志。如果事后判明行为人的行为违反法益主体的真实意志，则该行为具有违法性。即便如此，行为人也可能因缺乏故意或者过失的罪过心理而不承担刑事责任。

例1：甲误以为楼上乙家没有关闭水龙头，为防止乙家财产受损而撬门进入乙家，却发现乙是因为装修房屋而在洗手间作防水试验。甲侵入乙住宅的行为具有非法性，但存在事实认识错误，而没有犯罪故意。

例2：患者乙昏迷不醒，如果不立即截肢就有生命危险，医生甲无法联系乙的家属，甲基于推定的承诺而为乙截肢，乙清醒后反对截肢的，甲的行为具有构成要件符合性，但可能属于紧急避险；即使认为甲的行为具有违法性，也因为缺乏犯罪故意或者过失而不成立犯罪。

（六）自损行为

自己损害自己法益的行为，阻却违法性（有的阻却构成要件符合性）。

1. 如果同时损害其他法益的，不阻却针对其他法益的违法性，如战时自伤罪。

2. 如果教唆他人实施阻却违法性的自损行为，不具有违法性。

3. 如果未成年人或者严重的精神病患者自伤的，负有保护义务的保证人不履行保护义务的，可能成立不作为犯罪。

（七）危险接受

1. 狭义的自发的自己危险化行为

行为人明知自己的行为会侵犯自己的法益，仍然实施该行为，给自己造成了实际损害的，该行为在刑法上没有意义。例如，甲认识到可能摔伤的危险，爬树采摘水果，果真摔成重伤的，不存在犯罪问题。

2. 自己危险化的参与行为

被害人意识到并实施了危险行为，并遭受了侵害结果，但行为人的参与行为与侵害结果之间具有物理的或者心理的因果性（行为人参与了被害人的自发的自己危险化）。

被害人的行为是导致侵害结果的直接原因，即被害人自己支配了侵害结果的发生，行为人只是参与了被害人的自己危险化。被害人是正犯，其自冒风险的行为不符合构成要件，也不具有违法性；行为人属于共犯，按照共犯从属性的原理，正犯行为不符合构成要件，不管在从属性程度上采取何种学说，都不能将侵害结果归属于共犯行为，共犯行为（教唆行为与帮助行为）都不成立犯罪。

例1：甲明知乙是吸毒者，而应乙的要求将注射器给乙使用，乙利用该注射器注射海洛因而死亡。乙的行为不符合过失致人死亡罪的构成要件，按照从属性原理，甲的行为也不成立帮助犯。但是，如果乙毒瘾发作，失去控制能力，甲将大量毒品交给乙吸食，乙吸食后死亡的，甲的行为不属于自己危险化的参与，而是成立过失致人死亡罪。

例2：乙让自己的妹妹甲给自己买一瓶农药，准备少喝一点农药，佯装自杀，以便吓唬丙。但乙在喝农药时不小心喝多了，丙发现后立即将乙送往医院，但乙因抢救无效而死亡。甲的行为属于帮助乙实施自己危险化的行为，乙过失导致自己死亡，但不符合过失致人死亡罪的构成要件（行为对象要求是“他人”），故对甲过失提供帮助的行为不得以过失致人死亡罪论处。

例3：①甲知道自己患有严重性病，但隐瞒真相，与对方性交时不使用安全套，使对方感染严重性病的，不属于自己危险化的参与，而是成立故意伤害罪。②女嫖客乙明知男妓甲患有严重性病，但垂涎甲的“美色”，而未采取预防措施而与之性交，进而感染了严重性病的，就甲的行为是否成立过失致人重伤罪而言，属于危险接受问题；即使否认甲的行为成立过失致人重伤罪，也不能否认甲的行为成立传播性病罪。

3. 基于合意的他者危险化行为

行为人的行为给被害人造成了损害结果，但被害人认识到并且同意行为人的行为给自己造成的危险；换言之，被害人仅承诺了危险，而没有承诺侵害结果。

（1）如果行为人的行为支配了侵害结果的发生，行为人是正犯、被害人是共犯，故行为人可能成立犯罪。

（2）如果被害人成为侵犯自己法益的间接正犯时，其行为不符合任何犯罪的构成要件，按照共犯从属性原理，行为人的参与行为也不可能符合构成要件。

例1： 甲、乙在河面冰层游玩，甲提议开车到河对岸，乙同意。车到河中间时，因冰层破裂而落入水中，乙溺水而亡。本案中，乙虽然认识到行为的危险，但是，危险完全掌握在甲手中，甲的过失行为引发了死亡结果的危险，并且使危险现实化，支配了侵害结果的发生。甲的行为符合过失致人死亡罪的构成要件，不存在违法阻却事由与责任阻却事由，故甲的行为成立过失致人死亡罪。

例2： ①乙明知洪水泛滥，仍然再三请求摆渡船工甲送自己过河，结果船到河中间，由于浪大导致船翻，乙溺水而亡。甲对渡河具有优越的知识，负有使乘客安全渡河的义务；即使甲因乙的请求才驾船，但乙信赖甲会安全使自己渡河，乙仅承诺了甲的行为，而未承诺侵害结果，故甲的行为成立过失致人死亡罪。②乘客乙为赶飞机，要求出租车司机甲超速行驶，甲超速行驶过失导致乙死亡的，乙仅承诺了甲超速行驶，而未承诺侵害结果，甲的行为成立交通肇事罪（或者过失致人死亡罪）。

例3： 执行交通检查的警察乙扣留无证驾驶无牌照摩托车的甲，并责令甲驾驶该车搭载自己前往派出所接受处理。甲驾驶摩托车车速过快，操作不当，摩托车摔倒，致使乙重伤。本案属于基于合意的他者危险化的行为。执勤警察乙明知甲无证驾驶，仍然要求甲继续驾驶并搭乘自己，这是一种强制行为；而甲不可能拒绝乙的要求，故乙的行为支配了结果的发生。乙自己使自己受伤的行为不符合过失致人重伤罪的构成要件，按照共犯从属性的原理，甲的行为也不成立犯罪。相反，如果甲身受重伤，乙可能成立犯罪。

练练手

关于被害人承诺，下列哪些选项是正确的？[1]

A. 甲征得17周岁的赵某同意，摘取其眼角膜捐献给其崇拜的歌星的，赵某的承诺无效，甲成立故意伤害罪

B. 乙征得15周岁的养女钱某同意，让钱某为其手淫的，即使认为钱某的承诺有效，乙只是不成立强制侮辱罪，但应追究乙负有照护职责人员性侵罪

C. 丙发现孙某错将自己当作王某而将10万元交付给自己，丙未提醒孙某而接过现金后离开的，孙某的承诺有效，丙的行为不成立诈骗罪

---

〔1〕 答案：AC。

D. 丁非法行医，如果每次都是患者及其家属主动要求丁为其诊疗的，患者及其家属的承诺有效，丁不成立非法行医罪

第四节　有责性

一、罪过的基础观念

（一）行为与责任同时存在原则

按照责任主义原理，责任与行为应当同时存在（同时存在原则）。

1. 罪过必须表现在一定的危害行为中，罪过只能是行为时的心理态度，罪过的有无以及罪过的形式与内容都应以行为时为准，而不以行为前或者行为后为准。例如，甲以杀人故意赶往乙家中，因违章而撞死行人，事后发现死者正是乙的，甲为杀人实施了犯罪预备行为，但致使被害人死亡时缺乏杀人故意，甲不可能成立故意杀人罪既遂，而是故意杀人罪预备与过失致人死亡罪的想象竞合犯。

2. 目的犯中的目的或者动机犯中的动机必须同时存在于违法行为实施之际。例如，甲透支后产生非法占有目的，经发卡银行两次催收，超过三个月不还的，甲不成立信用卡诈骗罪，因为甲透支时不具有非法占有目的，事后不还款的，属于逃避债务的行为，不成立犯罪。

3. 责任能力必须存在于行为时，行为人只对在具有责任能力的状态下所实施的行为及其结果承担责任，不能追究其丧失责任能力状态下所实施的行为及其结果的责任。同理，行为人在行为时必须达到法定年龄、具有期待可能性与违法性认识的可能性。例如，甲精神疾病发作期间实施的违法行为，经法定程序鉴定确认的，不负刑事责任。

（二）罪过的基本原理

1. 我国刑法以处罚故意犯罪为原则，以处罚过失犯罪为例外。

（1）刑法对过失犯罪规定了较故意犯罪轻得多的法定刑。

（2）同一犯罪，要么是故意犯罪，要么是过失犯罪，不存在复合罪过。

2. 任何犯罪故意必须同时存在认识因素与意志因素，而且意志因素以认识因素为前提，行为人所认识到的结果与所希望或者放任发生的结果必须具有法定的同一性，即要求刑法规范意义上的同一性，而非具体的同一性。

3. 犯罪故意的认识因素要求行为人认识到符合构成要件的违法事实，所以任何犯罪故意的认识内容都是特定的。认识内容不同，意志因素也不同。

4. 所有的过失犯罪都要求发生实际的危害结果（所有的过失犯罪都是侵害犯），过失犯罪不处罚未遂、中止与预备。

5. 犯罪过失表明行为人反对危害结果的发生。行为人已经预见或者应当预见的内容都是符合构成要件的违法事实。

6. 无论是故意犯罪还是过失犯罪，其成立都要求实行行为（故意犯罪预备除外）与结果回避的可能性。

（三）故意与过失的关系

观点一：对立关系。即认为故意和过失相互排斥，不能将故意行为认定为过失犯罪；在行为人的心理状态不明的情况下，也不能认定为过失犯罪。

观点二：位阶关系。即认为故意与过失之间的关系，是回避可能性的高低度关系，是责任的高低度关系，也是刑罚意义的高低度关系。

观点二是当前理论界的通说。按照该观点，同一违法事实，如果过失情形被规定为犯罪，则故意情形一定被规定为犯罪；如果故意情形被规定为犯罪，过失的情形是否成立犯罪，取决于“法律有规定的才负刑事责任”；在不清楚一个行为是出于故意还是出于过失时，即在故意和过失之间存在疑问的时候，根据存疑时有利于被告人的原则，能够认定为过失犯罪。

例 1： 甲致乙死亡，无法证明甲是故意还是过失导致乙死亡的，按照观点一，甲无罪；按照观点二，甲成立过失致人死亡罪。

例 2： 甲引发火灾，无法证明甲是故意还是过失引发火灾的，按照观点一，甲无罪；按照观点二，甲成立失火罪。

例 3： 司法人员甲值班期间，被关押的犯罪嫌疑人乙脱逃，无法证明甲是故意放跑乙还是由于严重不负责任致使乙脱逃的，按照观点一，甲无罪；按照观点二，甲成立失职致使在押人员脱逃罪。

例 4： 国家机关工作人员甲一次玩忽职守行为，致使国有财产损失 18 万元，另一次玩忽职守行为致使国有财产损失 15 万元；国家机关工作人员乙一次滥用职权行为造成国有财产损失 18 万元，另一次玩忽职守行为造成国有财产损失 15 万元。司法解释规定，滥用职权造成财产损失 30 万元以上的，成立滥用职权罪（故意犯罪），玩忽职守造成财产损失 30 万元以上的，成立玩忽职守罪（过失犯罪）。显然，无论按照观点一还是观点二，甲的行为都成立玩忽职守罪，造成财产损失 33 万元；但是按照观点一，乙的行为既不成立滥用职权罪，也不成立玩忽职守罪，结局是无罪；按照观点二，乙的行为成立玩忽职守罪，造成经济损失 33 万元，因为滥用职权符合玩忽职守的构成要件，即可以将滥用职权造成的经济损失评价为玩忽职守造成的经济损失。

例 5： 行为人致使被害人死亡。判断行为人的责任形式，首先要判断行为人对死亡有没有故意，如有，则认定为故意杀人罪，不需要考虑其他犯罪；如无，则进一步判断行为人是否有伤害的故意，如有，且行为人对死亡具有预见可能性，则认定为故意伤害（致死）罪；如果没有伤害故意，则再判断行为人对死亡有无过失，如有，则认定为过失致人死亡罪；如无，则认定为意外事件。

二、故意的分类

（一）直接故意

1. 认识因素。直接故意的认识因素是明知自己的危害行为对特定对象造成危害结果，而非指单纯认识危害结果的发生。

（1）一般认识内容

①明知自己行为的内容与社会意义。个别犯罪（例如，非法狩猎罪、非法捕捞水产品罪）还要求认识到行为发生的特定时间、地点、方法。但行为的违法性（形式的违法性）认识不属于故意的认识内容。

②对行为对象的认识。大多数犯罪对行为对象有特殊要求，成立故意犯罪要求行为人认识到其特定对象。例如，窝藏罪的成立要求行为人明知自己所窝藏的是或者可能是犯罪的人，拐骗儿童罪的成立要求行为人明知自己拐骗的是或者可能是儿童，贩卖毒品罪的成立要求行为人明知自己贩卖的是或者可能是毒品（不要求认识到毒品的种类和名称），盗窃枪支罪要求行为人明知自己盗窃的是或者可能是枪支等等。

③对危害结果（包括侵害结果与危险结果）的认识。即要求行为人认识到构成要件的结果，而不要求非常具体。对危害结果的明知包括明知危害结果必然发生与可能发生两种情况；行为人所明知的是哪一种情况，应以行为人自身的认识为准，不以客观事实为准。

④对特定构成身份的认识。对于故意的真正身份犯而言，行为人认识到其具有的定罪身份，才可能成立故意犯罪。

⑤对不存在违法阻却事实的认识。假想防卫、假想避险等不成立故意犯罪的原因就是因为行为人没有认识到不存在违法阻却事实。如果明知他人假想防卫而故意“帮助”他人的，成立故意犯罪的间接正犯。

⑥因果关系具体发展过程是否属于故意的认识内容，存在不同的观点。

观点一认为，由于因果关系属于构成要件要素，故只有行为人认识到具体因果发展进程才可能成立故意。

观点二（通说）认为，由于因果关系不属于构成要件要素，成立故意不要求行为人认识到具体的因果发展进程，至多只要求行为人认识到自己的行为会导致结果的发生。

（2）对符合规范要素事实的认识

①对于符合记述的构成要件要素的事实，行为人在认识到单纯事实的同时，就能认识行为的社会意义，进而认识行为的实质违法性乃至形式违法性。

②对于符合规范的构成要件要素的认识，不需要行为人认识到作为判断标准的法律法规、经验法则或者一般人的价值观念，但要求行为人认识到作为判断基础的事实。

第一，就经验法则的评价要素和法律的评价要素而言，只要行为人认识到作为评价基础或者判断资料的事实，就应当认定行为人认识到了规范的构成要件要素。

例1：只要甲认识到了自己的行为会使大量的对象物燃烧，或者认识到火势会蔓延到其他对象物，就能肯定甲认识到自己的行为会“危害公共安全”。

例2：只要甲认识到自己所破坏的是正在使用中的公共汽车的关键部位（如刹车装置等），就能肯定甲认识到了自己的行为“足以使汽车发生倾覆、毁坏危险”。

例3：只要甲认识到自己的财产处于国家机关管理、使用、运输中，就能肯定甲认识到了该财产属于公共财产（《刑法》第91条第2款）。

例4：只要甲认识到警察持逮捕证逮捕嫌疑人，就能肯定甲认识到了警察在“依法”执行职务。

例5：对于不真正不作为犯中的作为义务，只要行为人对产生作为义务的事实具有认识，就应认定其对作为义务有认识。①只要甲明知自己的幼女掉入河中，就可以认定其对作为义务具有认识，其能够救助却不救助的行为成立不作为的故意犯罪；②只要甲明知自己的幼女掉入河中，即使其误以为自己没有救助义务的，也应认为其对作为义务具有认识，应肯定故意的成立；③如果甲误以为掉入河中的是与自己无关的乙的幼女，因而没有救助的，则因为缺乏对规范的构成要件要素的认识，而不成立故意犯罪（如果应当预见这一事实，则可能成立过失犯罪）。

第二，就社会评价要素而言，不要求行为人了解规范概念的法律定义，只要求行为人认识到刑法规范的保护所涉及的事实关系即可，或者说，行为人以自己的认识水平理解了具体化在规范概念中的立法者的评价即可。

例1：甲虽然不明知《刑法》第237条的“猥亵”的规范意义，却认识到自己实施的是“占妇女便宜”的行为时，就能认定行为人具有猥亵妇女的故意。

例2：只要行为人明知自己的行为使对方“感觉难堪”，就能认定行为具有侮辱对方的故意。

例3：甲不明知“淫秽”的法律概念，不确定其贩卖的是“淫秽”物品，但认为其贩卖的是黄色物品、下流物品、毛片、A片、色情片、“岛国片”等，客观上贩卖的确实是淫秽物品时，就能认定甲认识到了自己贩卖的是淫秽物品。

例4：甲不认为其贩卖的是淫秽物品，也不认为其贩卖的是黄色物品、下流物品，但购买者均将其视为淫秽物品，客观上甲贩卖的的确是淫秽物品的，可以认定甲认识到了自己所贩卖的是淫秽物品（间接故意）。

（3）不需要认识的内容

①结果加重犯中的加重结果，不需要行为人认识，但至少要求行为人具有认识的可能性。

②客观的超过要素：有的客观构成要件要素，不需要与之相对应的主观内容，即不要求行为人对该要素有认识，只要求具有认识的可能性。

例1：盗窃罪客观条件中的“数额较大”和“多次盗窃的”性质不同：“数额较大”属于客观构成要件要素，只有行为人认识到“数额较大”才能成立盗窃罪；[1]“多次盗窃的”属于客观的超过要素，成立盗窃罪不要求行为人认识到这一要素。

例2：滥用职权罪的成立要求“致使公共财产、国家和人民利益遭受重大损失”，这属于客观的超过要素。

例3：警察甲与警察乙一起出差，途中，甲丢失了枪支，打算立即报告。但乙反复劝说甲不要报告，甲没有及时报告，最终导致发生严重结果。对丢失枪支不报罪中“造成严重后果”的理解不同，存在两种观点：过失犯罪说与故意犯罪说。通说认为，丢失枪支不报罪是故意犯罪，“造成严重后果”是客观的超过要素。如果将丢失枪支不报罪确定为故意犯罪，甲成立丢失枪支不报罪的正犯，乙成立教唆犯。如果认为丢失枪支不

---

〔1〕盗窃罪中的“数额较大”属于规范的构成要件要素，不要求行为人认识到具体数额的多少，只要行为人认识到财物的自然属性或者认识到财物“比较值钱”，该财物客观上又达到了数额较大的标准，就可以认定行为人认识到“数额较大”。

报罪为过失犯罪，则甲成立丢失枪支不报罪（故意可以评价为过失），但乙不成立教唆犯，也不成立间接正犯，可能只能得出无罪的结论。

例 4：当刑法分则条文使用“非法”一词只是对违法性的提示（或者说提示可能存在违法阻却事由）时，不要求行为人认识到自己的行为“非法”。例如，《刑法》第 238 条第 1 款“非法拘禁”“非法剥夺他人人身自由”中的“非法”，只是对违法性的提示，不是故意的内容，即只要行为人认识到自己的行为剥夺了他人的人身自由，也无违法阻却事由的认识，就具备了故意的认识因素；如果行为人误以为自己剥夺吸毒者人身自由的行为是合法的，则属于违法性认识错误，不影响故意的成立。

2. 意志因素

即希望危害结果的发生。

3. 直接故意的类型

（1）行为人明知自己的行为可能发生危害社会的结果，并且希望、追求这种结果发生。

（2）明知自己的行为必然发生危害社会的结果而继续实施行为，而不论意志因素。

（二）间接故意

1. 含义。认识因素是明知自己的行为可能发生危害社会的结果；意志因素是放任危害结果的发生。

2. 间接故意的三种情况

（1）行为人为了实现某种非犯罪意图而放任危害结果的发生。例如，猎人甲为了击中野兔而对可能击中旁边的小孩持放任态度。

（2）行为人为了实现某种犯罪意图而放任另一危害结果的发生。包括：①为了追求某种危害结果而对同一对象可能造成的另一危害结果持放任态度。②对某一对象实施犯罪行为时，放任对另一对象造成危害结果。例如，妻子为了毒杀丈夫，在丈夫的食物中投放毒药，明知孩子可能分食食物，仍然放任孩子死亡。

（3）在瞬间情绪冲动下，不计后果地实施危害行为，放任危害结果发生的情况。例如，实践中发生的突发性“捅刀子”案件，行为人对于导致被害人死亡或者重伤或者轻伤都有认识并放任其发生，无论导致哪种结果，都属于间接故意。

（三）直接故意与间接故意的关系

1. 二者不是对立关系，二者在法律上的地位相同。因此，不能说“有的犯罪只能由直接故意构成，不能由间接故意构成”，也不能说“有的犯罪只能由间接故意构成，不能由直接故意构成”。

2. 只要证明行为人认识到了构成要件事实，并对危害结果具有放任态度，即使无法证明行为人希望结果的发生，或者不能证明行为人是否认识到危害结果必然发生，也应认定为间接故意。

（四）特殊故意形式

1. 概括故意

认识到结果确实发生，但结果发生的行为对象的个数或者具体哪个对象不确定，或者行为人不清楚自己的第一个行为是否导致结果发生，为了确保结果发生，又实施第二个行为。行为人对具体结果存在故意。

例1：在电话亭里放置加入了毒药的饮料，导致拾取并饮用了该饮料的人死亡的，成立故意杀人罪。

例2：甲以杀人故意将乙推下悬崖，但不确定乙是否死亡，于是用石头砸乙。事后查明，乙系被砸死。甲成立故意杀人罪既遂。

2. 择一故意

行为人认识到数个行为对象中的某一个对象确实会发生结果，但不确定哪个行为对象会发生结果。

例如，逃犯甲的手枪内仅有一发子弹，明知可能只击中警察乙或者明知只可能击中乙带着的警犬，但不可能同时击中乙和警犬（或者甲明知可能只击中警察乙或者也可能只击中警察丙，但不可能同时击中乙和丙）。客观上存在以下可能：①仅打中警犬（或者丙）；②仅打中乙；③既没打中乙也没打中警犬（或者丙）；④同时打中乙和警犬（或者丙）。

观点一认为：甲只对发生的危害结果成立故意犯罪既遂。情形①仅成立故意毁坏财物罪既遂（或者仅对丙成立故意杀人罪既遂）；情形②仅对乙成立故意杀人罪既遂；情形③不成立犯罪；情形④成立对乙的故意杀人罪既遂与故意毁坏财物罪既遂（或者对丙的故意杀人罪既遂）。

观点二认为：只处罚一个（既遂或者未遂的）重罪。情形①②③的结论与观点一相同，情形④仅成立故意杀人罪既遂，而不评价故意毁坏财物的事实（但无法区分杀乙和杀丙的轻重）。

观点三（通说）认为：行为人对两个构成要件结果都有认识（行为人对数个结果有故意，而非数个故意），故当行为导致两个结果时，行为人应对两个结果承担故意责任；如果行为仅导致轻罪结果发生但存在导致重罪结果的危险时，行为人也应对重罪的未遂犯承担责任。由于行为人仅有一个行为，应以想象竞合犯论处。

3. 犯意转化

由此罪转化为彼罪，不能数罪并罚。

（1）行为人以此犯意实施犯罪的预备行为，却以彼犯意实施犯罪的实行行为。（通说）认为，应认定为想象竞合犯，从一重罪论处。

（2）在实行犯罪的过程中犯意改变，但要求两个行为所侵犯的法益具有包容关系。其处理原则是犯意升高者，从新意（变更后的意思），犯意降低者，从旧意（变更前的意思），但有成立中止的可能性。

例如，甲在故意伤害他人的过程中，改变犯意，杀死他人的，成立故意杀人罪。再如，乙见他人携带装有现金的提包，起抢夺之念，在抢夺过程中转化为对人使用暴力，将他人打倒在地，抢走提包的，成立抢劫罪。又如，丙本欲杀死他人，在杀害过程中，发现已将他人打伤，遂改变犯意，停止侵害行为的，成立故意杀人罪中止。

4. 另起犯意

在前一犯罪已经既遂、未遂或中止后，又另起犯意实施另一犯罪行为，应当成立数罪。

例如，甲对乙实施伤害行为，致乙昏迷。此时，甲发现乙戴有首饰，见财起意将乙的首饰转移为自己占有。由于甲所侵犯的两个法益之间没有包容关系，则属于另起犯意，成立故意伤害罪与盗窃罪，数罪并罚。

5. 行为对象转换

行为人在实行犯罪的过程中，有意识地转换行为对象。

（1）如果行为对象体现了相同法益，而且不属于专属法益，应成立一罪。例如，甲原本打算盗窃乙的财物，侵入了乙、丙合住的房间，仅盗窃了丙的财物的，虽然财产法益主体不同，但财物不属于专属法益，故甲仅成立盗窃既遂一罪。

（2）如果行为对象虽然体现相同法益，但属于专属法益的，应成立（同种）数罪（司法实践中，对于同种数罪，通常以一罪论处）。例如，甲为了强奸乙女，在其饮食中投放了麻醉药。但甲意外发现乙女与丙女均昏迷，而且丙女更漂亮，于是仅奸淫了丙女。由于性的自主决定权属于个人专属法益，故甲的行为成立对乙女的强奸罪中止和对丙女的强奸罪既遂。

（3）如果行为对象分别体现了不同法益，则应数罪并罚（属于另起犯意）。例如，甲为了抢劫普通财物，而对乙实施暴力，在强取财物时，发现乙的提包内不仅有财物而且有枪支，便使用强力仅夺取了枪支。由于普通财物与枪支具有不同的法益性质，故甲的行为成立抢劫罪中止与抢劫枪支罪既遂，数罪并罚。

练练手

关于罪过，下列哪些选项是错误的？[1]

A. 甲的玩忽职守行为虽然造成了公共财产损失，但在甲未认识到自己是国家机关工作人员时，就不存在罪过

B. 甲故意举枪射击仇人乙，但因为没有瞄准，将乙的名车毁坏。甲构成故意杀人未遂

C. 甲翻墙入院欲毒杀乙的名犬以泄愤，不料该犬对甲扔出的含毒肉块不予理会，直扑甲身，情急之下甲拔刀刺杀该犬。甲不构成故意毁坏财物罪，而属于意外事件

D. 甲因疏忽大意而致人死亡，甲应当预见而没有预见的危害结果，既可能是发生他人死亡的危害结果，也可能只是发生他人重伤的危害结果

三、具体事实认识错误

行为人的认识内容与客观构成事实不一致。认识错误理论所要解决的问题是，能否让行为人对现实发生的结果承担故意责任，即事实认识错误理论解决故意问题。无论采取何种学说，都不得使不符合客观构成要件的事实演变为符合客观构成要件的事实。

事实认识错误分为具体的事实认识错误与抽象的事实认识错误。

具体的事实认识错误，又称同一犯罪构成内的错误，即行为人所认识的事实与现实

---

〔1〕答案：ACD。

所发生的事实虽然不一致，但没有超出同一犯罪构成的范围，即行为人只是在某一犯罪构成的范围内发生了对事实的认识错误。

对于具体的事实认识错误，存在具体符合说与法定符合说的分歧。具体符合说认为，行为人所认识的事实与实际发生的事实具体地相一致时，才成立故意犯罪。法定符合说（通说）认为，行为人所认识的事实与实际发生的事实，只要在犯罪构成范围内是一致的，就成立故意犯罪。

（一）对象错误

1. 概念。行为人误把甲对象当作乙对象加以侵害，而甲对象与乙对象体现相同的法益，行为人的认识内容与客观事实仍然属于同一犯罪构成的情况。

2. 处理原则

（1）一般认为，具体符合说与法定符合说的结论一致，即该错误不影响犯罪故意的认定，只成立故意犯罪一罪。

例如，甲意图杀死乙，当其得知乙当晚在单位值班室值班时，即放火将值班室烧毁，其结果却是将顶替乙值班的丙烧死。

本案中，甲错将丙当作乙杀死，属于对象错误。

观点一认为，按照法定符合说，甲客观上杀人，主观上有杀人故意，在故意杀人罪范围内主客观一致，甲成立故意杀人罪既遂（直接故意）。

观点二认为，按照具体符合说，客观上甲针对眼前这个特定的人实施了杀人行为，主观上也有杀死眼前这个特定的人的故意，在杀死眼前这个特定的人的事实范围内，甲的行为主客观一致，甲成立故意杀人罪既遂（直接故意）。

换言之，无论按照法定符合说还是具体符合说，甲对丙都成立故意杀人罪既遂，而对乙不成立犯罪，因为甲对乙不存在犯罪行为。

（2）在选择性罪名中，如果行为人就选择性事项出现事实认识错误的，具体符合说和法定符合说的结论并不一致。

例如，甲误将15周岁的少女当作13周岁的男童而拐卖给他人。

本案中，甲误以为15周岁的少女是不满14周岁的男童而拐卖的，适用具体事实认识错误中对象错误的处理原则。

观点一认为，按照具体符合说，行为人想拐卖的是“那个男童”，但事实上却拐卖了“那个妇女”；儿童与妇女虽然都是人，但是《刑法》第240条（拐卖妇女、儿童罪）并没有使用“人”这个上位概念。所以，按照具体符合说，甲构成拐卖儿童罪未遂（或者不能犯），对拐卖妇女属于过失，不构成犯罪。

观点二认为，按照法定符合说，妇女、儿童都是本罪的对象，法律性质与法定刑一样，以客观事实定罪，甲构成拐卖妇女罪既遂。

（二）打击错误（方法错误）

由于行为本身的差误，导致行为人所欲攻击的对象与实际受害的对象不一致的情况，但这种不一致仍然没有超出同一犯罪构成。打击错误在本质上属于结果错误，即发生了行为人之前并无认识的其他结果。

例如，甲意图杀乙，因未瞄准乙而打死附近的丙。

本案中，甲的行为属于打击错误。存在不同观点：

观点一认为，按照具体符合说，甲对乙构成故意杀人罪未遂；对丙缺乏杀人故意，仅构成过失致人死亡罪，属于想象竞合犯，从一重罪论处。该观点尊重甲仅有一个杀人故意的事实，但最终甲无法承担杀人既遂的责任，有扭曲事实嫌疑，无法实现罪刑相适应原则。

观点二认为，按照法定符合说中的数故意说，甲对乙构成故意杀人罪未遂，对丙构成故意杀人罪既遂，因为甲以杀人故意实施的行为，对导致他人死亡的结果均存在杀人故意，二者属于想象竞合犯。该观点的处理结论合理，但如何解释行为人对乙、丙均具有杀人故意，是个难题，有扭曲事实嫌疑。

观点三认为，按照法定符合说中的一故意说，甲对乙构成故意杀人罪未遂，对丙构成过失致人死亡罪，二者属于想象竞合犯。该观点与具体符合说的结论一致，具有类似的不足。

观点四认为，按照非难重点说，甲以杀人故意杀人，发生了丙死亡的实害结果，从违法、责任的角度来说，甲应对丙承担故意杀人罪既遂的刑事责任。因甲仅有一个杀人行为、一个杀人故意，故甲对其他人无法从规范评价层面认定故意犯罪，仅存在过失，而甲对乙未导致其他实害结果，故不构成犯罪。相比较而言，该观点避免了前述其他观点的不足，更具有合理性。

注意

对象错误的情形通常客观上只有一个行为、一个对象、一个结果，即只有一个违法事实，只是行为人主观上对行为对象的认识发生了偏差。而方法错误通常表现为一个行为、多个对象、多个结果，即客观行为的偏差导致其他结果的出现，故方法错误通常存在想象竞合的问题。对象错误和方法错误按照具体符合说和法定符合说会得出不同的结论。

（三）因果关系错误

行为人侵害的对象没有错误，但造成侵害的因果关系的发展过程与行为人所预想的发展过程不一致，以及侵害结果推后或者提前发生的情况。

1. 狭义的因果关系错误

结果的发生不是按照行为人对因果关系的发展所预见的进程来实现的情况。

（1）认定狭义的因果关系错误，要求实行行为与危害结果之间在客观上必须具有因果关系；如果实行行为与危害结果之间没有因果关系，那就无所谓错误问题。

（2）通说认为，因果关系本身不属于构成要件要素，相应地，故意的认定不要求行为人明确认识因果发展的具体样态，而只要求认识到自己的行为会发生危害结果即可，即行为人有实现同一结果的故意，现实发生的结果与行为人所实施的行为具有因果关系，就应肯定行为人对现实结果具有故意。换言之，狭义的因果关系错误不影响故意犯罪的成立。

例1：甲以杀人故意将乙推入井中，但井中无水，乙被摔死的，甲没有对象错误，也没有方法错误，但甲致使乙死亡的因果进程偏离了甲的认识，甲对乙的死亡存在故意，甲的杀人行为与乙的死亡之间存在因果关系，故甲对乙的死亡应成立故意杀人罪既遂。

例2：①甲以杀人故意砍伤乙，由于乙是血友病患者，乙流血不止死亡。②甲为了使乙溺水死亡，而从桥上将乙推下，不想乙却在桥墩上摔死。③甲为了杀害站在悬崖边上的乙，而向乙开枪射击，不料乙受惊吓摔下悬崖死亡。在上述案件中，甲的行为与乙的死亡之间存在因果关系，但与甲预想的因果发展进程不一致，属于狭义的因果关系错误，不影响故意犯罪的认定，故甲成立故意杀人罪既遂。

2. 事前故意

（1）基本概念。行为人误认为第一个行为已经造成危害结果，出于其他目的实施了第二个行为，但实际上是第二个行为才导致预期的结果发生的情况。

（2）处理意见。焦点在于第一个行为与死亡结果是否存在因果关系。肯定说认为，二者存在因果关系，则该情形属于因果关系错误，不影响故意犯罪的成立，第一个行为成立故意犯罪既遂。否定说认为，二者不存在因果关系，则第一个行为成立故意犯罪未遂，第二个行为可能成立过失犯罪。有的主张择一重罪处罚，有的主张数罪并罚。

（3）典型案例与观点介绍

例如，甲以杀人故意对乙实施了杀人行为，误以为乙已死亡，遂实施了毁尸灭迹的行为。证据表明，乙死于毁尸灭迹行为。

本案中，甲的行为属于事前故意，存在不同处理意见：

观点一认为，甲的第一个行为成立故意杀人未遂，第二个行为成立过失致人死亡罪，其中有人认为成立想象竞合犯，有人主张成立数罪。该观点尊重了案件客观事实，但违反了社会的一般观念：行为人以杀人的故意杀害了所要杀害的人，却成立杀人未遂。

观点二认为，将甲的前后两个行为视为一个行为，将支配行为的故意视为概括的故意，故只成立一个故意杀人既遂。这种观点的处理结论合理，但有歪曲事实的嫌疑。

观点三认为，类似案件分两种情形：如果甲在实施第二个行为之际，对于死亡持未必的故意（或间接故意），则整体上成立一个故意杀人既遂；如果在实施第二个行为之际，相信死亡结果已经发生，则成立故意杀人未遂与过失致人死亡罪。该观点存在疑问，客观事实完全相同，只因行为人是否误信结果发生，就决定是否将行为分割为两个行为，缺乏理由。

观点四认为，甲造成乙休克的行为具有导致乙死亡的可能性，属于杀人的实行行为，杀人后毁尸灭迹的行为具有通常性，不属于异常的介入因素。甲的第一个行为与死亡结果之间具有因果关系，只是客观的因果发展进程与行为人预想的因果进程不一样，这属于因果关系错误，而因果关系错误不影响故意的认定，即现实发生的结果与行为人意欲实现的结果完全一致，故应以故意杀人罪既遂论处。

注意

如果介入了异常、罕见、偶然的因素独立导致结果发生，则不属于事前故意。例如，甲故意杀乙，误以为乙已经死亡，遂对乙实施“奸尸”行为，但尸检报告表明：“奸尸”行为导致乙死亡。本案中，杀人后的奸尸行为属于异常、偶然、罕见的介入因素，并独立导致了死亡结果的发生，故甲的杀人行为与乙的死亡之间不存在因果关系，不属于事前故意的情形。甲成立故意杀人罪未遂、侮辱尸体罪既遂与过失致人死亡罪（其中侮辱尸体罪与过失致人死亡罪属于想象竞合犯），应当数罪并罚。

3. 犯罪构成的提前实现

（1）基本概念，行为人本想第二个行为导致危害结果，但第一个行为却导致了危害结果，即提前实现了行为人所预想的结果。

（2）处理意见。第一个行为能不能评价为着手实行犯罪的行为以及行为人是否具有着手实行的意思。

例1： 甲想杀害身材高大的乙，打算先用安眠药使乙昏迷（第一个行为），然后勒乙的脖子（第二个行为），致其窒息死亡。由于甲投放的安眠药较多，乙吞服安眠药后死亡。

本案中，甲的行为属于犯罪构成的提前实现。

观点一认为，甲的第一个行为具有导致乙死亡的具体、紧迫危险性，属于类型化的杀人行为；该行为导致了乙的死亡，二者之间具有刑法上的因果关系。甲在实施该行为时，明知自己的行为可能导致乙死亡，仍然实施该行为，至少放任乙的死亡，表明甲具有杀人既遂的故意。虽然甲预想的杀人进程与实际发生的因果流程不一致，但这只是因果关系错误的问题，不影响杀人故意的认定，故甲成立故意杀人罪既遂一罪。

观点二认为，甲的第一个行为虽然具有导致乙死亡的具体、紧迫危险性，属于杀人的实行行为。但甲在实施该行为时并无以此剥夺乙生命的故意，即缺乏既遂的故意，故甲不承担故意杀人罪既遂的责任，而是成立故意杀人罪未遂。虽然甲对于乙的死亡不承担故意杀人罪既遂的责任，但甲对于第一个行为致使乙死亡至少存在过失的罪过心理，应承担过失致人死亡罪的责任，与故意杀人罪未遂属于想象竞合犯。

观点三认为，甲的第一个行为只是为杀人而实施的预备行为，甲缺乏着手杀人的故意，甲成立故意杀人罪预备。甲的第一个行为导致了乙的死亡，二者之间具有因果关系，但甲不承担故意责任，而应对致人死亡的事实承担过失的责任，故甲成立过失致人死亡罪，与故意杀人罪预备属于想象竞合犯。

例2： 妻子为杀害丈夫，准备有毒咖啡打算等丈夫回家后给丈夫喝。在丈夫回家前，妻子去超市购物。但在妻子回家前，丈夫提前回家喝了咖啡而死亡。妻子准备有毒咖啡的行为，只是属于故意杀人罪的预备行为；丈夫偶然提前回家喝咖啡死亡时，妻子没有实行杀人的故意，故对丈夫的死亡只能成立过失致人死亡罪。换言之，妻子的行为成立故意杀人罪预备与过失致人死亡的想象竞合犯。

例3： 甲准备将乙的贵重物品搬至院墙外毁坏，但刚拿起贵重物品时，贵重物品从手中滑落而摔坏。如果认为甲拿起财物只是故意毁坏财物的预备行为，则甲的行为属于故意毁坏财物的预备（不可罚）与过失毁坏财物（不可罚）；如果认为甲拿起财物属于故意毁坏财物的实行行为，则甲成立故意毁坏财物罪既遂。

四、抽象的事实认识错误

抽象的事实认识错误，又称不同犯罪构成间的错误，即行为人所认识的事实与现实所发生的事实，分别属于不同的犯罪构成，即行为人所认识的事实与所发生的事实跨越了不同的犯罪构成。包括对象错误、方法错误，不存在因果关系错误。

1. 抽象符合说。在行为人所认识的构成要件事实与现实发生的构成要件事实相一致的限度内，承认故意犯的既遂。一般认为，应在轻罪的限度内认定故意。

（1）以甲轻罪的故意实现了乙重罪的事实时，是甲轻罪的既遂与乙重罪的过失的想象竞合。例如，以毁坏财物的故意致人死亡时，是毁坏财物罪的既遂与过失致人死亡罪的想象竞合。

（2）以乙重罪的故意实现了甲轻罪的事实时，是对乙重罪的未遂（或不能犯）与对甲轻罪的故意犯的既遂，将二者合一按较重一方的罪（杀人罪）的未遂（在不能犯的场合，按毁坏财物罪的既遂）处断。

2. 法定符合说（通说）。不同犯罪构成之间的错误原则上阻却故意的成立或者仅成立故意犯罪未遂。但是，即使构成要件不同，如果犯罪是同质的，那么，在重合的范围内，成立轻罪的故意既遂犯。换言之，不能仅根据行为人的故意内容或仅根据行为的客观事实认定犯罪，而应在故意内容与客观事实相符合的范围内认定犯罪。

3. 具体表现

（1）主客观没有重合内容。

例如，甲将头痛粉冒充海洛因欺骗乙，让乙出卖"海洛因"，然后二人均分所得款项。乙出卖后获款4000元，但还未来得及分赃，就被公安机关查获。甲利用不知情的乙实施了诈骗行为，甲成立诈骗罪的间接正犯。乙主观上具有贩卖毒品的故意，客观上是诈骗行为。按照抽象符合说，乙成立贩卖毒品罪未遂（或主张不能犯）与诈骗罪既遂的想象竞合犯；按照法定符合说，乙的行为主客观不具有一致性，不成立犯罪。

（2）主观上想犯轻罪，客观上却触犯重罪。如果客观事实在法律评价上能评价为轻罪的客观事实，则按照轻罪的故意犯罪既遂处理。该种情形不可能成立重罪的故意犯罪既遂，因为行为人没有认识到重罪的客观事实（但对重罪事实可能成立过失犯罪，与轻罪既遂成立想象竞合犯）。

例1：甲想盗窃普通财物，客观上盗窃了枪支。按照抽象符合说，甲成立盗窃罪。按照法定符合说，甲盗窃枪支的行为符合盗窃枪支罪的客观要件，同时也符合盗窃罪的客观要件（枪支也可以评价为财物），但主观上只有盗窃罪的故意，故甲在盗窃罪范围内主客观一致，成立盗窃罪；甲的行为不构成盗窃枪支罪，因为甲没有盗窃枪支的故意。

例2：甲误将他人占有的财物当作遗忘物而非法据为己有。本案中，甲虽然在客观上实施的是盗窃行为（重罪），具有盗窃罪的违法性。但主观上仅具有侵占遗忘物（轻罪）的故意，缺乏盗窃罪的有责性。由于可以将他人占有的财物评价为遗忘物，故甲的行为在侵占罪范围内主客观一致，成立侵占罪。

（3）主观上想犯重罪，客观上却发生轻罪的结果。按照法定符合说，如果主观故意在法律评价上包含轻罪的故意，那么，根据案件具体情形是否成立重罪未遂，存在有两种处理结论：①当案件存在重罪的实行行为，并导致了重罪的危险结果时，则成立重罪未遂，同时也成立轻罪（既遂）的，应认定为重罪未遂与轻罪（既遂）的想象竞合犯，从一重罪处罚。②如果没有重罪的实行行为，或者没有重罪的危险结果，则不成立重罪未遂，只是成立轻罪（既遂）。

例1：甲本欲射杀乙，但因没有瞄准，而将乙身边的珍贵文物打坏。甲成立故意杀人罪未遂与过失损毁文物罪，属于想象竞合犯，从一重罪处罚。如果毁坏的是其他贵重财物（如汽车等），由于过失毁坏财物不成立犯罪，故只成立故意杀人罪未遂一罪。

例2：甲意图盗窃警察配枪，但仅窃取到警察其他财物。由于甲有盗窃枪支的可能性，故甲成立盗窃枪支罪未遂与盗窃罪既遂，属于想象竞合犯，从一重罪处罚。如果甲误以为乙持有枪支而盗窃，但只盗窃了乙的普通财物，而且乙根本没有枪支的，由于不存在重罪的危险，不成立盗窃枪支罪。但盗窃枪支的故意可以评价为盗窃财物的故意，故在盗窃罪范围内主客观一致，仅成立盗窃罪。

例3：甲误将他人的遗忘物当作他人占有的财物“盗”走。甲成立侵占罪一罪，而不成立盗窃罪，因为客观上盗窃罪的对象即他人占有的财物并不存在。对甲盗窃罪的故意来讲，属于不可罚的（对象）不能犯。

例4：甲误以为乙的提包内装的是枪支，而实施抢夺行为，但取得的只是数额较大的普通财物。一方面，甲的行为符合抢夺罪的客观要件；另一方面，枪支可以评价为财物，甲抢夺枪支的故意也就包含了抢夺财物的故意，因此，甲成立抢夺罪。对甲抢夺枪支的故意来讲，属于不可罚的（对象）不能犯。

例5：甲误将劣药当作假药而销售，造成严重后果。甲主观上是销售假药罪的故意，客观上是销售劣药罪的行为。按照抽象符合说，甲成立销售假药罪未遂（或主张不能犯）与销售劣药罪既遂的想象竞合犯。按照法定符合说，甲的行为在销售劣药罪范围内主客观一致，仅成立销售劣药罪。

五、其他事实认识错误

（一）违法阻却事由的认识错误

1. 假想的正当行为。假想的正当行为，不属于违法性认识错误，而是事实错误，阻却故意。如果行为人主观上存在过失，则成立过失犯罪，否则属于意外事件。

2. 利用假想正当行为的情形。如果甲明知乙假想防卫而故意“帮助”乙的，甲的行为属于利用乙的过失行为（或者意外事件）的间接正犯。当然，如果甲的行为不符合间接正犯的成立条件，可能是乙的违法行为的帮助犯（乙的行为属于违法行为，因为故意不属于违法要素）。

（二）故意与认识错误认定中的几个特殊问题

1. 同一犯罪的不同加重构成要件之间的认识错误。应视为具体的事实认识，按照法定符合说处理，不影响故意的认定与加重法定刑的适用。例如，误将抢险物资当作军用物资，或者误将军用物资当作金融机构资金抢劫的，不影响加重法定刑的适用（可谓具体的对象错误）。

2. 同一犯罪的普通构成要件与加重构成要件之间的认识错误。按照抽象的事实认识错误处理，只能认定为普通情形。例如，以为是普通财物而抢劫，但事实上抢劫了军用物资的，只能认定为普通抢劫罪，不能适用加重的法定刑。

练练手

1. 关于认识错误的判断，下列哪些选项是错误的?[1]

A. 甲为使被害人溺死而将被害人推入井中，但井中没有水，被害人被摔死。这是方法错误，甲行为成立故意杀人罪既遂

B. 乙准备使被害人吃安眠药熟睡后将其勒死，但未待实施勒杀行为，被害人因吃了乙投放的安眠药死亡。这是构成要件提前实现，乙行为成立故意杀人罪既遂

C. 丙打算将含有毒药的巧克力寄给王某，但因写错地址而寄给了汪某，汪某吃后死亡。这既不是对象错误，也不是方法错误，丙的行为成立过失致人死亡罪

D. 丁误将生父当作仇人杀害。具体符合说与法定符合说都认为丁的行为成立故意杀人罪既遂

2.（1）甲想打电话诈骗有钱的乙，不料打给了丙。甲未听出丙的声音，以为是乙，对丙诈骗了5万元。根据X，甲构成诈骗罪既遂。（2）甲误以为15周岁的女孩乙是不满14周岁的男童，将其拐卖，根据Y，甲构成拐卖儿童罪未遂。下列哪一选项是正确的?[2]

A. X是具体符合说，Y是法定符合说

B. X是法定符合说，Y是抽象符合说

C. X、Y均可以是法定符合说

D. X、Y均可以是具体符合说

六、犯罪过失

（一）过于自信的过失

又称有认识的过失，是指行为人已经预见自己的行为可能发生危害社会的结果，但轻信能够避免，以致发生这种结果的心理态度。

1. 其中“已经预见”包含以下内容：行为人能够预见结果可能发生；行为人曾预见过结果的发生，而且由于行为人否认了结果的发生，故从结局或者整体上说没有认识结果的发生。

2. 其中“轻信能够避免”属于表面的构成要件要素，是行为人继续实施行为的主观原因。行为人在已经预见危害结果的同时还实施该行为，是因为行为人凭借一定的主客

---

〔1〕答案：AC。
〔2〕答案：D。

观条件，相信自己能够避免结果的发生，但所凭借的主客观条件并非真实可靠（过高估计自己的主观能力、不当地估计了现实存在的客观条件对避免危害结果的作用或者误以为结果发生的可能性很小而可以避免危害结果的发生）。

注意区分间接故意：间接故意反映了行为人对法益的积极蔑视态度；过于自信的过失反映了行为人对法益消极不保护的态度。

①间接故意的行为人在行为时“明知”结果发生的可能性，而过于自信过失的行为人是暂时地“预见”结果发生的可能性，在行为时又否认了结果发生的可能性。

②间接故意通常是为实现其他意图而实施行为，主观上根本不考虑是否可以避免结果的发生，而过于自信过失的行为人之所以实施其行为，是因为考虑到可以避免结果的发生。

③间接故意是放任结果的发生，结果的发生符合行为人的意志，而过于自信的过失不要求行为人放任结果发生。

例1：甲贩运假烟，驾车路过某检查站时，被市场监督执法部门拦住检查。检查人员乙正登车检查时，甲突然发动汽车夺路而逃。乙抓住汽车车门的把手不放，甲为摆脱乙，在疾驶时突然急刹车，导致乙头部着地身亡。本案中，甲在认识到乙有死亡的可能性的时候，没有采取防止结果发生的措施，而是放任死亡结果的发生，故甲对乙死亡的心理态度属于间接故意。

例2：甲意图杀害妻子乙。某日早晨，甲在给乙炸油饼时投放了可以致死的“毒鼠强”。甲为防止其6岁的儿子丙吃饼中毒，将丙送到幼儿园，并嘱咐其子等他来接。不料乙当日提前下班后将其子接回，并与其子一起吃油饼。甲闻讯赶回家中，乙、丙已中毒身亡。本案中，甲明知其行为有导致乙死亡的可能性，但仍然实施该行为，积极追求、希望乙死亡，所以甲对乙的死亡具有直接故意。甲实施行为时预见丙可能死亡，为防止该结果，“将其子送到幼儿园，并嘱咐其子等他来接”，甲认为这一举措可以避免丙死亡，但最终丙仍然死亡，故甲对丙的死亡不是间接故意，而是过于自信的过失。

例3：甲为毒杀其妻乙，在其妻食物中投放毒药，看着其子丙与其妻分食食物而不做任何表示，乙、丙均中毒死亡。本案中，甲在认识到其子可能被毒死的情况下，没有采取任何可能防止结果发生的措施，对其子的死亡结果听之任之，采取了放任的态度，属于间接故意。须注意：甲对丙的死亡并非认识到必然发生，而只是认识到死亡可能发生，故甲对丙的死亡不是直接故意。

例4：甲、乙二人站在山顶，见山下有一老人，甲对乙说：“你说将这块石头推下去能否砸着那老头？”乙说：“能有那么巧？”于是二人合力将一块石头推下山，结果将老人砸死。观点一认为，间接故意的“放任”并不完全等同于听任，而是在认真地估算之后所作的“听任”；如果没有进行认真估算就贸然行动，即使表面上看像“听任”结果发生，也不能评价为放任。故甲、乙二人属于过于自信的过失。观点二认为，因为甲、乙二人无论对结果持漠不关心的无所谓态度，还是内心决定由推石头的客观行为任意决定老人死亡与否，甲、乙都接受了老人死亡的结果，虽然不希望老人死亡，但也不反对老人死亡，故应认定为间接故意。

（二）疏忽大意的过失

又称无认识的过失，是指行为人应当预见自己的行为可能发生危害社会的结果，因为疏忽大意而没有预见，以致发生这种结果的责任形式。

1.“应当预见”，是指行为人有预见义务，其核心在于判断行为人是否具有结果的预见可能性（应当预见的内容是法定的危害结果，即构成要件意义上的实害结果，而非任何结果。判断行为人能否遇见的基础是行为人的智能水平、行为本身的危险程度以及行为时的客观环境）。

2.“因为疏忽大意而没有预见”，属于表面的构成要件要素，在行为人是故意还是过失存在疑问的场合，只要认定行为人“没有预见”，就表明行为人没有故意，只能成立过失。

注意区分意外事件：意外事件，是指行为在客观上虽然造成了损害结果，但不是出于故意或者过失，而是由于不能预见的原因引起的情形，不成立犯罪。意外事件表现为不能够预见结果，疏忽大意过失表现为能够预见结果。

例1：过失致人死亡罪中，行为人应当预见的就是自己的行为可能导致他人死亡的危害结果，而非导致他人重伤的结果。而过失致人重伤罪中行为人应当预见的结果才是自己的行为可能导致他人重伤的结果。

例2：甲在人迹罕至的深山老林打猎，误把药农乙当作猎物打死的，甲不可能预见其行为可能导致他人死亡的危害结果，故甲不存在过失，属于意外事件。

练练手

下列哪些案件不构成过失犯罪？[1]

A. 老师因学生不守课堂纪律，将其赶出教室，学生跳楼自杀

B. 汽车修理工恶作剧，将高压气泵塞入同事肛门充气，致其肠道、内脏严重破损

C. 路人见义勇为追赶小偷，小偷跳河游向对岸，路人见状离去，小偷突然抽筋溺毙

D. 邻居看见6楼儿童马上要从阳台摔下，遂伸手去接，因未能接牢，儿童摔成重伤

七、目的与动机

（一）目的

犯罪目的，是指犯罪人主观上通过犯罪行为所希望达到的结果（包括犯罪行为所形成的状态等）。

目的在部分犯罪中具有区分罪与非罪的机能，在部分犯罪中具有区分此罪与彼罪的机能。按照主流观点，目的犯不仅存在于直接故意犯罪中，也存在于间接故意犯罪中。

1. 目的犯中的目的包括成文与非成文两种情形。例如，贷款诈骗罪、集资诈骗罪中的“非法占有目的”属于成文的构成要件要素，信用卡诈骗罪、盗窃罪等的“非法占有目的”属于不成文的构成要件要素。

---

〔1〕答案：ABCD。

2. 目的犯分为三种情形

（1）存在与目的相对应的客观事实，这种情形不属于主观的超过要素。其中目的的规定部分可以删除，而不会影响犯罪的认定。如高利转贷罪中的“以转贷牟利为目的”。

（2）行为人实施符合构成要件的行为就可以（但并非必然）实现的目的（断绝的结果犯）。如贷款诈骗罪中“非法占有贷款的目的”。

（3）行为人实施符合构成要件的行为后，还需要行为人或第三者实施其他行为才能实现的目的（短缩的二行为犯），而且不要求行为人自己具有确定的目的。在这种目的犯中，目的实现与否，既不影响犯罪的成立，也不影响犯罪既遂的认定，即这种目的犯的既遂与未遂，应以第一个行为的结果发生与否为标准。如绑架罪中“以勒索财物为目的”，属于这种情形。

（二）动机

犯罪动机，是指刺激、促使犯罪人实施犯罪行为的内心起因或思想活动。如徇私枉法罪、徇私舞弊不移交刑事案件罪中的“徇私”。

八、消极的责任要素

（一）责任能力

第十八条	【精神状态对责任能力的影响】精神病人在不能辨认或者不能控制自己行为的时候造成危害结果，经法定程序鉴定确认的，不负刑事责任，但是应当责令他的家属或者监护人严加看管和医疗；在必要的时候，由政府强制医疗。 间歇性的精神病人在精神正常的时候犯罪，应当负刑事责任。 尚未完全丧失辨认或者控制自己行为能力的精神病人犯罪的，应当负刑事责任，但是可以从轻或者减轻处罚。 醉酒的人犯罪，应当负刑事责任。
第十九条	【听说、视觉机能对责任能力的影响】又聋又哑的人或者盲人犯罪，可以从轻、减轻或者免除处罚。

行为人对自己行为的辨认能力与控制能力。

1. 完全无责任能力

精神病人在不能辨认或者不能控制自己行为的时候造成危害结果，经法定程序鉴定确认的，不负刑事责任。其中“经法定程序鉴定确认”，判断时要坚持医学标准与心理学标准。行为人患有某种精神疾病，但对其辨认和控制能力没有任何影响，行为人就属于完全责任能力者，该精神疾病不能成为责任阻却事由。

2. 限制责任能力

行为人患有精神疾病，但并未完全丧失辨认、控制能力，而是降低辨认、控制能力的，应当负刑事责任，但是可以从轻或者减轻处罚。

3. 部分责任能力

行为人因患某种精神疾病，对有的违法行为没有责任，但对其他违法行为可能具有责任能力，对这些违法行为应当承担刑事责任。

4. 间歇性精神病人

（1）如果行为人在精神正常的情况下实行终了，但在结果发生时丧失责任能力的，行为人应当承担既遂的责任。

（2）如果实行行为尚未终了，行为人在实施后半部分行为时精神病发作。

观点一认为，只要开始实施实行行为时具有责任能力，并对全部实行行为及其结果具有故意、过失，丧失责任能力后所实现的是同一构成要件，而且结果应当归属于行为人的行为，即使结果是在其丧失责任能力的情况下发生，行为人也应当承担既遂的责任，而不能认定为未遂。

观点二认为，行为人具有责任能力时，未导致危害结果；行为人丧失责任能力后发生的危害结果，行为人不负刑事责任，故行为人仅负未遂的刑事责任。

（3）如果行为人开始实施实行行为时具有责任能力和故意、过失，丧失了责任能力，随之实现的是其他构成要件的行为，并由后一行为导致结果发生的，则根据案情，行为人仅对前一行为承担未遂或者既遂的责任。

5. 其他生理缺陷

聋哑人或者盲人犯罪的，可以从轻、减轻或者免除处罚。

6. 醉酒与责任能力

（1）生理性醉酒的行为人具有责任能力。首次病理性醉酒的行为人没有责任能力，但是知道自己存在病理性醉酒而饮酒，故意或者过失导致危害结果的，具有责任能力。按照当然解释，吸毒的人犯罪的，应当负刑事责任。

（2）原因自由行为

具有责任能力的行为人，故意或者过失使自己一时陷入丧失或者尚未完全丧失责任能力的状态（原因行为），并在该状态下实施了符合构成要件的违法行为（结果行为）。处罚原因自由行为，与同时存在原则并不矛盾。

第一，在行为人起先没有实施暴行等结果行为的意思，但由于饮酒等原因行为而产生了该意思时，由于如果没有原因行为就没有结果行为，故可以肯定原因行为与结果之间存在因果关系。

第二，在行为人事先就有实施结果行为的意思，出于鼓起勇气等动机而饮酒导致丧失责任能力，进而在该状态下实施了结果行为时，可以肯定原因行为与结果之间的因果关系。

第三，在故意的原因自由行为的场合，要使行为人对结果承担责任，要求其结果行为实现了故意内容，即要求原因行为时的故意支配了结果行为。

第四，原因自由行为的认识错误发生在同一构成要件内的，不影响犯罪既遂的认定。

（二）刑事责任年龄

第十七条[1]	【年龄对责任能力的影响】已满十六周岁的人犯罪，应当负刑事责任。 已满十四周岁不满十六周岁的人，犯故意杀人、故意伤害致人重伤或者死亡、强奸、抢劫、贩卖毒品、放火、爆炸、投放危险物质罪的，应当负刑事责任。 已满十二周岁不满十四周岁的人，犯故意杀人、故意伤害罪，致人死亡或者以特别残忍手段致人重伤造成严重残疾，情节恶劣，经最高人民检察院核准追诉的，应当负刑事责任。 对依照前三款规定追究刑事责任的不满十八周岁的人，应当从轻或者减轻处罚。 因不满十六周岁不予刑事处罚的，责令其父母或者其他监护人加以管教；在必要的时候，依法进行专门矫治教育。
第十七条之一	已满七十五周岁的人故意犯罪的，可以从轻或者减轻处罚；过失犯罪的，应当从轻或者减轻处罚。

1. 绝对无刑事责任时期（完全无刑事责任时期）

不满 12 周岁的人，不承担刑事责任。按照客观的违法性论，不满 12 周岁的人实施的杀人行为属于违法行为，可以对其进行正当防卫；不满 12 周岁的人和他人可能成立共同犯罪，但不满 12 周岁的人由于未达到刑事法定年龄，不负刑事责任。

2. 相对负刑事责任时期

（1）已满 12 周岁不满 14 周岁的人，犯故意杀人、故意伤害罪，致人死亡或者以特别残忍手段致人重伤造成严重残疾，情节恶劣，经最高人民检察院核准追诉的，应当负刑事责任。

（2）已满 14 周岁不满 16 周岁的人，犯故意杀人、故意伤害致人重伤或者死亡、强奸、抢劫、贩卖毒品、放火、爆炸、投放危险物质罪的，应当负刑事责任。

注意

这里的"犯罪"，是指具体犯罪行为，而不是具体的罪名，即行为人所实施的某种行为包括了上述列举的犯罪行为时，应当根据触犯的具体罪名追究刑事责任。

3. 完全负刑事责任时期

已满 16 周岁的人犯罪，应当负刑事责任。

4. 减轻刑事责任时期

（1）已满 12 周岁不满 18 周岁的人犯罪，应当从轻或者减轻处罚。因不满 16 周岁不予刑事处罚的，责令其父母或者其他监护人加以管教；在必要的时候，依法进行专门矫治教育。

---

〔1〕 本条为 2020 年 12 月 26 日全国人大常委会通过的《刑法修正案（十一）》第 1 条所修正。原法条为："已满十六周岁的人犯罪，应当负刑事责任。已满十四周岁不满十六周岁的人，犯故意杀人、故意伤害致人重伤或者死亡、强奸、抢劫、贩卖毒品、放火、爆炸、投毒罪的，应当负刑事责任。已满十四周岁不满十八周岁的人犯罪，应当从轻或者减轻处罚。因不满十六周岁不予刑事处罚的，责令他的家长或者监护人加以管教；在必要的时候，也可以由政府收容教养。"

（2）犯罪时（非审判时）已满 75 周岁的人故意犯罪的，可以从轻或者减轻处罚；过失犯罪的，应当从轻或者减轻处罚。

5. 刑事法定年龄的认定

（1）法定年龄应以周岁为计算原则，以实足年龄为准，自过生日的第二天起才为已满 14 周岁或 16 周岁。

（2）法定年龄以实施行为时为基准进行计算。但是，如果行为人在发生结果时具有防止结果发生的义务，则可能根据不作为犯罪的时间进行计算法定年龄。

（3）如果确定行为人已经达到刑事法定年龄，但无法确定生日或者具体年龄，不影响刑事责任的判断。

（4）对于继续犯，只要行为持续期间行为人达到法定年龄，就应当追究其刑事责任。

（三）期待可能性

1. 概念

根据具体情况，有可能期待行为人不实施违法行为而实施其他适法行为，行为人就具有责任；如果不能期待行为人实施其他合法行为，就不能对其进行法的非难，因而不存在刑法上的责任。

例 1： 已婚妇女甲，因自然灾害流落异乡，因生计无着落，再与他人形成事实婚姻的，或者配偶外出，长期下落不明，致使家庭生活困难，再与他人形成事实婚姻的，或者因强迫、包办婚姻、因婚后受虐待而外逃，与他人形成事实婚姻的，或者已婚妇女因被拐后与他人形成事实婚姻的，虽然客观上甲实施了重婚行为，主观上具有重婚的故意（明知重婚的违法事实必然发生），但如果追究其刑事责任，有悖情理，因为在行为当时法律不可能期待甲实施合法行为，甲的重婚行为属于不具有期待可能性的行为，不应成立犯罪。但是，如果甲与他人前往婚姻登记机关登记结婚的，则具有期待可能性。

例 2： 甲盗窃他人汽车后，对该汽车实施隐藏、改变外观、出售等掩饰、隐瞒行为的，甲掩饰、隐瞒犯罪所得的行为不具有期待可能性，不成立犯罪。

例 3： 甲为配偶或者其他近亲属作伪证的，或者帮助其毁灭、伪造证据的，或者窝藏、包庇配偶或者其他近亲属的，或者甲原本无罪，但被司法机关错误关押后单纯脱逃的，缺乏期待可能性，不成立犯罪。

2. 性质

期待可能性不是故意的要素，而是有责性阻却要素。即期待可能性，是独立于故意、过失之外的、故意犯与过失犯共同的责任要素；缺乏期待可能性时，不阻却故意、过失，但阻却责任。

3. 类型

期待可能性不仅存在着有无的问题（是否阻却责任），而且存在程度问题（是否减轻责任）。

4. 判断思路

根据行为人当时的身体的、心理的条件和附随情况，通过与具有行为人特性的其他多数人的比较，判断能否期待当时的行为人通过发挥其能力而不实施违法行为。

5. 期待可能性的认识错误

（1）积极错误

原本不存在丧失期待可能性的情形，但行为人误认为存在。

例1：帮助其他当事人毁灭、伪造证据的，成立帮助毁灭、伪造证据罪；如果自己毁灭、伪造自己的犯罪证据，因缺乏期待可能性而不成立犯罪。甲误将他人的犯罪证据当作自己的犯罪证据而毁灭的，由于没有认识到是其他当事人的犯罪证据，故缺乏构成要件故意，不成立犯罪。

例2：甲误认为自己的生命存在紧迫危险，并误认为唯一办法是针对乙的生命进行紧急避险，进而杀害乙的，如果能期待甲当时不产生这种错误，则不能阻却责任，甲应成立故意杀人罪；如果不能期待行为人当时不产生这种错误，则阻却责任。

（2）消极错误

原本存在丧失期待可能性的事情，但行为人误以为不存在。

例：甲一直以为自己毁灭的是他人的犯罪证据，但实际上是自己的犯罪证据的，由于客观上甲的行为不具有期待可能性，故不承担帮助毁灭证据罪的责任。

（四）违法认识的可能性

1. 违法性认识

认识到自己的行为违反刑法，即对形式的刑事违法性的认识。违法性认识不属于故意的认识对象。在特殊情况下，如果行为人由于不知法而不能认识行为的社会意义与危害结果时，则不成立故意。

2. 违法性认识错误（禁止的错误）

行为人认识到了符合构成要件的事实，但不知道自己的行为被法律所禁止。

（1）直接的禁止错误，是指对禁止规范的存在有认识错误，即误将违法行为当作合法行为而实施的情形。

（2）间接的禁止错误，是指行为人虽然认识到行为被法律禁止，但错误地认为，在其具体案件中存在正当化规范，因而不违法，即行为人错误地为自己的违法行为建立起不存在的正当化基础。

（3）涵摄的错误（包摄的错误），是指错误地解释构成要件要素，误认为自己的行为不符合构成要件要素的情形。

（4）有效性错误，是指行为人知道禁止规范，但误以为该规范无效的情形。

3. 违法性错误回避可能性的判断标准

主观、个别化标准。

（1）因对法的状况产生疑问而产生的违法性错误通常可以避免，行为人原则上具有责任。

例1：因听信了规范性法律文件、司法解释、法院的判决书或者司法机关的权威性答复，而产生的违法性认识错误，通常属于不可避免的违法性认识错误，阻却责任；因听信律师、学者等个人的答复而产生的违法性认识错误，原则上是可以避免的错误，不阻却责任。如果行为人不可能获得司法机关、主管机关的意见，只能信任律师、法律学者的意见时，而产生的违法性认识错误，属于不可避免的错误，阻却责任。

例 2： 甲在从事生产经营的过程中，不知道某种行为是否违法，于是以书面形式向法院咨询，法院正式书面答复该行为合法。于是，甲实施该行为，但该行为实际上违反刑法。在本案中，甲不知道该行为是否违法，咨询权威机关法院，法院正式书面答复该行为合法。在这种情况下，甲不可能认识到这种行为的违法性，所以甲主观上没有责任，不能成立犯罪。

（2）行为人知道自己要在法的特别规制领域进行活动时，应该努力收集相关法律信息；如果产生违法性错误的，原则上属于可以避免的违法性错误，不阻却责任。

例如，从事证券交易等业务的人员，对于证券交易等领域的犯罪行为具有违法性认识的可能性，不阻却责任。

（3）行为人知道自己的行为侵害个人、社会法益，即使存在违法性错误，也属于可避免的违法性错误，不阻却责任。

例如，行为人私自关押他人，即使认为该行为合法，其违法性错误也可以避免，不阻却责任。

注意

（1）如果行为人误将自己实施的合法行为当作是刑法所禁止的犯罪行为，属于幻觉犯，不构成犯罪。

（2）行为人对自己实施的犯罪行为在罪名、罪数、量刑等方面有不正确的理解，不影响故意、过失的成立，不影响责任的判断，也不影响量刑。

4. 事实错误与违法性错误的界限

如果行为人的认识错误是通过对事实的认真观察、仔细判断就能够克服的，这属于事实错误；如果行为人的认识错误是通过对刑法规定的进一步了解就能够克服的，则属于违法性错误。

练练手

1. 关于责任年龄与责任能力，下列哪些选项是错误的？[1]

A. 甲在不满 14 周岁时安放定时炸弹，炸弹于甲已满 14 周岁后爆炸，导致多人伤亡。甲对此不负刑事责任

B. 乙在精神正常时着手实行故意伤害犯罪，伤害过程中精神病突然发作，在丧失责任能力时抢走被害人财物。对乙应以抢劫罪论处

C. 丙将毒药投入丁的茶杯后精神病突然发作，丁在丙丧失责任能力时喝下毒药死亡。对丙应以故意杀人罪既遂论处

D. 戊为给自己杀人壮胆而喝酒，大醉后杀害他人。戊不承担故意杀人罪的刑事责任

[1] 答案：ABD。

2. 关于故意与违法性的认识，下列哪些选项是错误的？[1]

A. 甲误以为买卖黄金的行为构成非法经营罪，仍买卖黄金，但事实上该行为不违反刑法。甲有犯罪故意，成立犯罪未遂

B. 甲误以为自己盗窃枪支的行为仅成立盗窃罪。甲对刑法规定存在认识错误，因而无盗窃枪支罪的犯罪故意，对甲的量刑不能重于盗窃罪

C. 甲拘禁吸毒的陈某数日。甲认识到其行为剥夺了陈某的自由，但误以为刑法不禁止普通公民实施强制戒毒行为。甲有犯罪故意，应以非法拘禁罪追究刑事责任

D. 甲知道自己的行为有害，但不知是否违反刑法，遂请教中学语文教师乙，被告知不违法后，甲实施了该行为。但事实上刑法禁止该行为。乙的回答不影响甲成立故意犯罪

---

〔1〕 答案：AB。

第四章
故意犯罪形态

第一节　犯罪预备

第二十二条	【犯罪预备】为了犯罪，准备工具、制造条件的，是犯罪预备。 对于预备犯，可以比照既遂犯从轻、减轻处罚或者免除处罚。

一、成立条件

1. 主观上为了实行犯罪（限制解释）。

（1）为了预备犯罪而做的准备行为，不属于犯罪预备行为。

（2）为了实行犯罪，既包括为了自己实行犯罪（“自己预备罪”），也包括为了他人实行犯罪（“他人预备罪”）。

（3）犯意的形成、犯意的表示不是预备行为。

（4）为了实行犯罪，不是一种独立的罪过，只表明属于犯罪故意的范畴。

2. 客观上实施了犯罪预备行为（为实行行为制造条件的行为）。

3. 事实上未能着手实行犯罪。

4. 未能着手实行犯罪是由于行为人意志以外的原因。如果未能着手实行犯罪是由于意志以内的原因，则是（预备阶段的）犯罪中止。

二、分类

（一）从属预备犯

刑法将准备行为作为基本犯罪构成要件行为（即实行行为）之前的行为予以规定的情形，该情形由刑法总则规定，适用刑法总则的规定。

（二）独立预备犯

刑法将预备行为规定为独立的犯罪类型的情形，属于预备行为的实行行为化，或者预备犯的既遂化，该情形由刑法分则规定。如《刑法》第120条之二规定的准备实施恐怖活动罪。

1. 对于独立预备罪，不得适用刑法总则关于犯罪预备的规定。

2. 教唆、帮助他人实施独立预备罪的，成立教唆犯、帮助犯；当然，按照共犯从属性说，要求被教唆者、被帮助者实施了值得处罚的违法行为。

3. 独立预备罪的预备犯：为实行独立预备罪行为而实施的准备行为，如果按照刑法总则关于从属预备罪的规定值得处罚，则以预备罪处罚。

4. 为他人预备罪的处罚条件。为他人做准备的，要求他人可能实施相关犯罪（至少要有犯罪预备行为），否则属于不可罚的不能犯。

5. 独立预备罪存在未遂。

三、刑事责任

1. 对于预备犯，可以比照既遂犯从轻、减轻处罚或者免除处罚。

2. 为实行加重犯而进行的犯罪预备的处罚：

（1）如果只是量刑规则性质的加重犯，就只能适用基本犯的法定刑，并同时适用《刑法》第22条的规定。

（2）如果为了实现加重的犯罪构成，则应适用加重的法定刑，并同时适用《刑法》第22条的规定。

练练手

关于准备实施恐怖活动罪，下列哪些选项是错误的？[1]

A. 由于准备实施恐怖活动行为属于恐怖活动的预备行为，故应当适用刑法总则关于预备犯的处罚规定

B. 为实施恐怖活动进行策划或者做其他准备行为的，属于准备实施恐怖活动罪的实行行为，成立准备实施恐怖活动罪

C. 教唆他人实施“组织恐怖活动培训”的，无论他人是否实施组织恐怖活动培训的行为，都成立准备实施恐怖活动罪的教唆犯

D. 误以为他人将要实施恐怖活动，而为其准备凶器，但他人根本不实施恐怖活动的，成立准备实施恐怖活动罪的未遂

第二节 犯罪未遂

第二十三条	【犯罪未遂】已经着手实行犯罪，由于犯罪分子意志以外的原因而未得逞的，是犯罪未遂。 对于未遂犯，可以比照既遂犯从轻或者减轻处罚。

一、处罚根据

（一）主观未遂论

未遂犯的处罚根据在于显示出犯罪人的性格危险性的、与法相敌对的犯罪意思。主观的未遂论主张刑法处罚行为人，刑法重视社会防卫，并主张刑法的必罚主义。主观的

[1] 答案：ACD。

未遂论所导致的结论是未遂犯、预备犯都应与既遂犯同等处罚。这种理论源于主观主义的犯罪观。

（二）客观未遂论

客观的未遂论主张刑法处罚行为，刑法重视国民的自由保障，并主张刑法的谦抑主义，故未遂犯的处罚根据是行为在客观上具有法益侵害危险性。我国《刑法》第23条的规定采取客观的未遂论。

1. 形式的客观说主张，以各刑罚法规规定的构成要件为基准进行形式的判断，只要发生构成要件结果的现实危险性或者实现犯罪的现实危险性，就成立未遂犯。

2. 实质的客观说主张，将法益侵害的危险作为未遂犯的处罚根据。实质的客观说又分为以下三种学说：

（1）行为危险说认为，作为未遂犯处罚根据的危险是“行为的危险”（行为的属性），即行为所具有的侵害法益的危险性。这是行为无价值论的立场。

（2）结果危险说认为，作为未遂犯处罚根据的危险是“作为结果的危险”，即行为所造成的危险状态。这是结果无价值论的立场，属于当前法考理论界的主流观点。

（3）综合的危险说认为，行为的危险与作为结果的危险是未遂犯的处罚根据。这是二元论的立场。

二、成立条件

（一）已经着手实行犯罪

1. 着手是未遂犯处罚的根据。根据未遂的处罚根据的不同，着手的判断时间点存在不同观点。

（1）行为无价值论或者主张形式的客观说，或者主张实质的客观说的行为说认为，开始实施刑法分则规定的实行行为就是着手。

（2）结果无价值论主张实质的客观说中的结果说认为，行为产生了侵害法益的具体危险状态就是着手，故主张未遂犯都是具体的危险犯。这是理论界的通说。

注意

就大多数犯罪而言，两种学说没有分歧，其主要的分歧在于隔离犯的场合。

例如，甲为杀乙而向乙邮寄有毒饮料，但快递员将有毒饮料错投给了乙的邻居丙，致使丙喝饮料后死亡。

在本案中，甲的杀人行为与丙的死亡结果之间存在刑法上的因果关系。

观点一：如果认为甲邮寄有毒饮料为杀人行为的着手（行为无价值论，寄送主义），则甲对乙成立故意杀人罪未遂。甲毒死丙属于方法错误，按照法定符合说，甲成立故意杀人罪既遂，与针对乙的故意杀人罪未遂属于想象竞合犯；按照具体符合说，甲成立过失致人死亡罪，与针对乙的故意杀人罪未遂属于想象竞合犯；按照非难重点说，甲仅对丙构成故意杀人罪既遂。

观点二：如果认为丙将喝饮料时为杀人行为的着手（结果无价值论，到达主义），则甲杀死丙属于对象错误，无论按照法定符合说还是具体符合说，甲对丙均成立故意杀人罪既遂。由于甲对乙没有着手杀人的行为，故不成立故意杀人罪未遂，最多成立故意杀人罪的预备。

2. “着手”不是犯罪行为的起点（犯罪行为的起点是犯罪预备行为），一般认为其属于实行行为的起点。

（1）实行的着手既可能前置于实行行为，也可能后置于实行行为。

例1：盗窃罪的实行行为是将他人占有的财物转移给自己或者第三者占有，但是，行为人进入办公室开始物色财物时，就可以认定盗窃罪的着手。这属于实行的着手前置于实行行为的情形。

例2：甲以杀人故意寄送毒药给乙，虽然寄送毒药的行为属于杀人罪的实行行为，但只有当毒药寄送到乙处时，甚至乙即将服用时，才属于故意杀人罪的着手。这属于实行的着手后置于实行行为的情形。这是结果无价值的观点。

（2）实行行为由刑法分则条文加以规定，但刑法分则条文规定的并非都是实行行为，有的只是该罪的预备行为。例如，保险诈骗罪条文中规定了制造保险事故等预备行为，诬告陷害罪，诽谤罪，损害商业信誉、商品声誉罪条文中都规定了“捏造事实”这一预备行为。

（3）预备行为与实行行为的界限具有相对性，即某一犯罪的预备行为可能是其他犯罪的实行行为，反之亦然。

第一，如果仅有一行为，则可能成立想象竞合犯。例如，保险诈骗罪中制造保险事故的行为，既是保险诈骗罪的预备行为，也是其他具体犯罪的实行行为（例如故意伤害罪、故意杀人罪、放火罪等等）。

第二，如果存在两个行为，而且分别成立两个不同犯罪，通常应当并罚。

第三，如果两个行为存在手段与目的的关系，而且这种关系在社会生活中具有极高的并发性，可能成立牵连犯，从一重罪处罚。

例1：为了杀人而盗窃枪支的行为，既是故意杀人罪的预备行为，也是盗窃枪支罪的实行行为。如果甲为了杀人仅仅实施了盗窃枪支的行为，则成立故意杀人罪预备与盗窃枪支罪既遂的想象竞合犯；如果甲盗窃了枪支并实施了杀人行为，则成立故意杀人罪（未遂或者既遂）与盗窃枪支罪既遂，数罪并罚。

例2：为了进行诈骗而伪造相关证件，并实施诈骗行为的，其中伪造证件的行为既是诈骗罪的预备行为，也是伪造证件犯罪的实行行为。但伪造证件的行为与诈骗行为之间存在牵连关系，从一重罪处罚。

（4）复行为犯。有的犯罪的实行行为有多个环节或者多种形式，行为人实施任何一个环节或者任何一种形式都应认定为着手。

例1：抢劫罪的实行行为包括以暴力、胁迫或者其他方法强行劫取财物的行为，只要行为人开始实施暴力等行为时，就是抢劫罪的着手。

例2：拐卖妇女、儿童罪的实行行为包括拐骗、绑架、收买、贩卖、接送、中转等行为，只要行为人以出卖为目的，开始实施上述任一行为，就是拐卖妇女、儿童罪的着手。

（5）对于隔地犯、间接正犯、不作为犯、结合犯等特定类型犯罪，其“着手”的判断以是否具有法益侵犯的紧迫危险作为判断标准。

例 1：甲从 A 地邮局寄送爆炸物至 B 地，只要爆炸物随时可能爆炸，那么，寄送爆炸物时就是着手（隔地犯）。

例 2：甲令精神病患者乙窃取他人财物，当乙现实地开始盗窃时，就能认定甲着手实行盗窃（间接正犯）。

例 3：甲的孩子落水，甲不救助的行为导致孩子有死亡的紧迫危险（危险结果）时，就是杀人行为的着手（不作为犯）。

例 4：甲意图控制妇女乙，然后强奸乙，再将其出卖的，如果甲还没来得及实施强奸行为就被抓获的，只能认定为拐卖妇女罪既遂；如果甲着手实施强奸行为而未得逞的，成立拐卖妇女并奸淫被拐卖妇女的未遂（结合犯）。换言之，在结合犯中，行为人着手实行被结合的犯罪行为时，才是结合犯的着手。

（二）未得逞

犯罪未得逞是犯罪未遂与犯罪既遂相区别的基本标志，指行为人所希望或者放任的、行为性质所决定的危害结果没有发生（结果发生说），应限定于实行行为的性质本身所能导致的构成要件结果（行为的逻辑结果），而非任何结果。

1. 特定行为结构的要求。在侵害结果必须经由特定因果发展进程而造成的犯罪中，如果结果并非经由特定因果发展进程而造成，属于“未得逞”。

例 1：甲将自己的汽车藏匿，以汽车被盗为由向保险公司索赔。保险公司认为该案存有疑点，随即报警。在掌握充分证据后，侦查机关安排保险公司向甲“理赔”。甲到保险公司二楼财务室领取 20 万元赔偿金后，刚走到一楼即被守候的多名侦查人员抓获。由于诈骗罪、抢劫罪、敲诈勒索罪对行为结构的因果发展进程有特殊要求，只有满足了特定的发展过程才可能认定为犯罪既遂。本案中，保险公司员工未陷入错误认识，并非因被骗而处分财产，故甲的欺骗行为与取得赔偿金之间不存在刑法上的因果关系，甲的行为成立保险诈骗罪未遂。

例 2：甲以强奸故意将妇女乙扑倒在地，致使乙轻微伤。乙看出甲的意图后，害怕受到更严重的伤害，就佯称自己很长时间没有性行为，愿意和甲性交。甲信以为真，以为自己先前的暴力未起作用，而是乙愿意与自己性交，在后来的性交中，乙没有任何反抗。表面上看，甲已经得逞，但甲在性交时缺乏强奸罪的故意，只能认定为强奸罪未遂，因为在强奸罪中，只有当奸淫行为违反被害人意志，且行为人也明知奸淫行为违反被害人意志时，才能成立强奸罪既遂。

2. 目的犯中的目的是否实现，原则上不影响犯罪既遂的成立。

例 1：诬告陷害罪以诬告行为达到了使司法机关可能采取刑事强制措施为既遂标准，不要求司法机关事实上追究了被害人的刑事责任。

例 2：绑架罪的既遂不要求勒索财物的目的实现，只要行为人以勒索财物为目的，开始实施绑架行为就是着手，达到以实力控制他人的程度就可以认定为既遂（通说；少数说的观点认为，只有勒索到财物才可能成立既遂）。同样，走私淫秽物品罪的既遂也不要求行为人牟利或者传播的目的得以实现。

例 3： 拐卖妇女、儿童罪的既遂原则上不要求出卖妇女、儿童，只要行为人以出卖为目的，实际上控制、支配了妇女、儿童即为既遂；如果出卖亲生子女、捡拾儿童或者收买妇女、儿童后又出卖的，只有将妇女、儿童卖出去，才能认定既遂。

3. 抽象的危险犯与具体的危险犯的既遂标准也要求发生特定的侵害结果。

例如，盗窃、抢夺危险物质罪属于具体危险犯，但刑法以"行为人控制危险物质"替代危害公共安全这一具体危险，故行为人控制危险物质为既遂，否则属于"未得逞"。

注意

"未得逞"属于表面的构成要件要素，并不为违法性、有责性提供根据，即不需要证明实行行为未得逞，只要已经着手又没有既遂的，就属于"未得逞"。

（三）因意志以外原因未得逞

1. 抑止犯罪行为的原因。例如，行为人实施犯罪行为时被第三者制止、抓获。

2. 抑止犯罪结果的原因。例如，行为人打昏被害人后将其扔进水中，以为被害人会死亡，但路人救之。

3. 抑止犯罪意志的原因。例如，抢劫时听见警笛声，以为警察前来抓捕自己而逃离现场。

三、成立范围

（一）结果加重犯

结果加重犯是否存在未遂，刑法理论上存在否定说和肯定说的分歧，其中肯定说是通说。

1. 结果加重犯的未遂：基本犯既遂，结果加重犯未遂。有的结果加重犯对加重结果包含故意，如果加重结果没有实现的，成立结果加重犯的未遂，适用结果加重犯的法定刑，同时适用刑法总则关于未遂的处罚规定。

例如，甲为抢劫财物而故意杀人，即使没有导致被害人死亡的，也要适用抢劫致人死亡的法定刑，但同时适用未遂犯的规定（抢劫罪基本犯罪既遂）。当然，这种情形同时触犯故意杀人罪未遂与抢劫（致人死亡）罪的未遂，属于想象竞合犯。

2. 未遂的结果加重犯：基本犯未遂，结果加重犯既遂。加重结果出现，但基本犯罪未遂的，适用结果加重犯的法定刑，同时适用总则关于未遂犯的规定。如果同时构成其他犯罪，成立想象竞合犯，从一重罪处罚。

例 1： 甲以强奸故意对妇女乙实施伤害行为，且过失导致乙死亡，但未能实施奸淫行为的，甲成立强奸罪，适用结果加重犯的法定刑，但同时适用刑法总则关于未遂的处罚规定；甲的行为还成立故意伤害（致死）罪，与强奸罪属于想象竞合犯，从一重罪故意伤害（致死）罪处罚。[1]

例 2： 甲为抢劫财物杀死了乙，但未能取得财物的，成立抢劫罪，适用结果加重

---

〔1〕之所以故意伤害致死的情形更严重，因为本案中认定为故意伤害（致死）罪，不适用未遂的规定，而强奸罪的结果加重犯要适用未遂的规定。

犯的法定刑，但同时适用刑法总则关于未遂的处罚规定（结果加重犯既遂、基本犯未遂）；甲的行为还成立故意杀人罪（既遂），与抢劫罪属于想象竞合犯，从一重罪故意杀人罪（既遂）处罚，不适用未遂犯的处罚规定。

（二）结合犯

故意犯罪的结合犯，存在适用结合犯的法定刑并适用未遂犯规定的情形。刑法分则有特殊要求的，以刑法分则规定为准（“绑架杀害被绑架人”是否存在未遂，存在分歧）。

例如，甲在拐卖妇女的过程中又强奸妇女，但被人阻止的，成立拐卖妇女罪基本犯罪的既遂，但属于“奸淫被拐卖的妇女”的未遂，即适用结合犯的法定刑，同时适用未遂的处罚规定。

（三）（狭义的）加重构成要件

刑法分则条文因为行为、对象等构成要件要素的特殊性使行为类型发生变化，进而导致违法性增加，并加重法定刑时，属于加重的犯罪构成（或构成要件）。加重构成要件存在适用加重的法定刑并适用未遂犯规定的情形。

例 1： 入户抢劫未遂的，在公共交通工具上抢劫未遂的，持枪抢劫未遂的等等，适用抢劫罪加重的法定刑，同时适用刑法总则关于未遂犯的规定。

例 2： 在公共场所当众强奸妇女未遂的，以聚众方式或者在公共场所当众强制猥亵、侮辱他人未遂的等等，适用相应的加重法定刑，同时适用刑法总则关于未遂犯的规定。

（四）量刑规则

刑法分则条文单纯以情节（特别）严重、情节（特别）恶劣以及数额或数量（特别）巨大、首要分子、多次、违法所得数额巨大、犯罪行为孳生之物数量（数额）巨大作为法定刑升格条件的，属于量刑规则。量刑规则不可能存在未遂，即只有当案件事实完全符合某个量刑规定时，才能按照该规定量刑。

注意

“数额巨大”“数额特别巨大”是否存在未遂，存在不同观点。

①否定说（刑法理论）认为，数额巨大、数额特别巨大的情形属于量刑规则，只有符合与否的问题，不存在未遂等形态。

②肯定说（司法解释）认为，数额巨大、数额特别巨大的情形属于加重构成要件，存在未遂问题。**在数额犯中，犯罪既遂部分与未遂部分分别对应不同法定刑幅度的，应当先决定对未遂部分是否减轻处罚，确定未遂部分对应的法定刑幅度，再与既遂部分对应的法定刑幅度进行比较，选择适用处罚较重的法定刑幅度，并酌情从重处罚；二者在同一量刑幅度的，以犯罪既遂酌情从重处罚。**

例如，甲实施欺骗行为，意图诈骗他人财物 60 万元，但仅骗取了 2 万元的。①如果认为诈骗“数额特别巨大”属于量刑规则，则甲不属于诈骗数额特别巨大的未遂，而仅成立普通诈骗罪既遂（数额 2 万元）；②如果认为诈骗“数额特别巨大”

属于加重构成要件（司法解释），则甲成立诈骗数额特别巨大的未遂，即适用加重情节的法定刑，同时适用未遂的规定，而诈骗2万元的事实成立诈骗罪数额较大情形的既遂，按照想象竞合犯的原则择一重情形论处。

四、分类

1. 实行终了的未遂与未实行终了的未遂。二者对法益侵犯的程度不同。
2. 没有侵害结果的未遂与存在侵害结果的未遂。二者的法益侵害程度不同。

五、不可罚的不能犯

（一）未遂犯与不能犯的区别

未遂犯属于具体的危险犯，具有法益侵犯性，可能成立犯罪；不能犯没有导致法益侵犯的危险，即没有法益侵犯性，不可能成立犯罪。

（二）不能犯的分类

不能犯分为对象不能犯、手段不能犯与主体不能犯。

例：甲在荒郊野外误将枯枝当作仇人开枪射杀的（对象不能犯）；乙以杀人故意误将营养粉当作毒药投进李某的饮料中的（手段不能犯）；丙误以为自己是国家工作人员而“收受贿赂”（主体不能犯）。

（三）不能犯处理的不同观点

1. 纯粹的主观说：主张以行为人认识到的事实为基础，并以行为人的认识为基准判断危险性的有无。按照该学说，上述案例中的甲、乙、丙都成立犯罪未遂（迷信犯除外）。

2. 抽象的危险说：传统理论。行为人误认为自己的手段可能产生侵害结果，事实上其手段不可能产生侵害结果时，成立未遂犯；行为人误认为犯罪客体存在，以致实施了危险行为的，成立未遂犯。按照该学说，上述案例中的甲、乙、丙都成立犯罪未遂。

3. 具体的危险说（新客观说）：行为无价值论。主张以行为时行为人特别认识到的事实以及一般人可能认识到的事实为基础，站在行为时的立场预测该行为是否会发生结果（事前判断）。“对一个仅仅因为碰巧而没有导致结果发生的行为，如果能够假定在其他时空条件重演，结果发生的概率很大，法益被侵害的危险性极大，应该成立未遂犯，而不是不能犯。”按照该学说，上述案例中的甲、乙、丙都成立犯罪未遂。

4. 修正的客观危险说：结果无价值论。此为通说。当行为人主观上具有故意，客观上实施的行为具有侵害法益的紧迫危险时，才能认定为犯罪未遂；行为人主观上具有犯意，其客观行为没有侵害法益的任何危险时，就应认定为不可罚的不能犯，不以犯罪论处（如果具有侵犯其他法益的可能性，则可能成立其他犯罪）。按照该学说，上述案例中的甲、乙、丙不成立犯罪。

例1：甲用力推乙（4岁），导致乙倒地，头部刚好碰在一块石头上，流出鲜血，一动不动。甲认为乙已经死亡，将其置于偏僻处，离开时发现乙动了一下，以为乙没死，遂用石头猛砸乙的头部，之后用一块大石头压在乙的身上后离去。事后法医鉴定表明，甲在用石头砸乙之前，乙已经死亡。对于本案中甲用石头砸乙的行为，按照抽象危险说，甲成立故意杀人罪未遂；按照具体危险说，甲以为乙是活人，一般人也认为乙是活人，甲成立故意杀人罪未遂；按照修正的客观危险说，乙已经死亡，甲的行为在客观上没有致人死亡的任何可能性，属于不能犯，不成立故意杀人罪。

例2：甲深夜潜入乙家行窃，发现留长发穿花布睡衣的乙正在睡觉，意图奸淫，便扑在乙身上强脱其衣。乙惊醒后大声喝问，甲发现乙是男人，慌忙逃跑后被抓获。按照抽象危险说，甲成立强奸罪未遂；按照具体危险说，甲以为对方是妇女，一般人也认为存在妇女的，甲成立强奸罪未遂（如果一般人认为不存在妇女的，则成立不能犯）；按照修正的客观危险说，本案客观上不存在妇女，甲的行为没有侵犯妇女性的自主决定权的可能性，属于不能犯，甲不成立强奸罪（但可能成立非法侵入住宅罪，或者强制猥亵、侮辱罪等）。

例3：①邮局的清洁工误以为自己是邮政工作人员，私自开拆了他人信件的，是私自开拆邮件罪的不能犯，但可能成立侵犯通信自由罪；②误将男子当作妇女实施所谓"强奸""猥亵"行为的，或者误以为是幼女经同意后与之性交，但对方已满14周岁的，属于强奸罪的不能犯，可能成立其他犯罪；③误以为是军人配偶而与之结婚或者同居的，是破坏军婚罪的不能犯（符合重婚罪的犯罪构成的，则成立重婚罪）。

例4：①原本属于自己占有的财物，但误以为是他人占有的财物而"窃取""骗取"的，属于不能犯；②将交通卡当作信用卡在自动取款机中取款的，属于不能犯；③误将面粉等当作毒品出售的，属于不能犯，不成立贩卖毒品的未遂犯；④拦路抢劫，但被害人身无分文的，属于未遂犯；⑤在公共汽车上实施扒窃行为，但碰巧所扒窃的口袋或者提包内没有财物的，属于未遂犯。

例5：①在荒山野外将稻草人当作活人开枪的，属于不能犯（如果稻草人附近有其他人，行为有导致其他人死亡的危险，则可能成立未遂犯）；②误将尸体当作活人杀害的，属于不能犯；③以为被害人在睡觉而向床上开枪，但被害人不在家的，属于不能犯，如果被害人原本在床上睡觉，而碰巧上卫生间不在床上时，则属于未遂犯；④在热闹的大街误将街头雕塑当作仇人而开枪的，因周围有人，属于未遂犯；⑤误将他人当作仇人而杀害的，属于对象错误，成立既遂犯。

例6：①误将不可能致人死亡的食物等（如食盐、面粉、头发等）当作毒药使他人食用的，属于不能犯；②以杀人的故意使他人食用不可能致人死亡的硫黄的，是故意杀人罪的不能犯（可能成立故意伤害罪）；③倘若150毫升敌敌畏才能致人死亡，为了杀人只故意投放1毫升敌敌畏的，属于不能犯；④通常1分钟内向他人静脉注射120毫升空气会致人死亡，行为人以为注射3毫升空气就能致人死亡，便只注射了3毫升空气的，属于不能犯；⑤打开被害人家中的天然气阀门使之泄漏，但由于他人及时发现而没有致人死亡的，属于未遂犯；⑥将足以致人死亡的毒药投放在他人的食物中，他人发现食物异常而没有食用的，属于未遂犯。

例7：①使用没有子弹的枪支向他人射击的，属于不能犯；②使用装有子弹的枪支瞄准被害人扣动扳机，但由于偶然的故障没有造成死亡结果的，属于未遂犯；③乙站在某地未动，甲瞄准其头部开枪，但甲刚扣动扳机时，乙移动了身体，甲的子弹没有打中乙的，或者甲向乙开枪射击，乙因为身穿防弹衣而毫发未损的，都属于未遂犯；④对准被害人胸部射击，但被害人身穿防弹背心，毫发无损的，属于未遂犯。

练练手

下列哪些选项是错误的？[1]

A. 甲、乙二人合谋抢劫出租车，准备凶器和绳索后拦住一辆出租车，谎称去郊区某地。出租车行驶到检查站，检查人员见甲、乙二人神色慌张便进一步检查，在检查时甲、乙意图逃离出租车被抓获。甲、乙二人的行为构成抢劫（未遂）罪

B. 甲深夜潜入某银行储蓄所行窃，正在撬保险柜时，听到窗外有响动，以为有人来了，因害怕被抓就悄悄逃离。甲的行为构成盗窃（未遂）罪

C. 甲意图杀害乙，经过跟踪，掌握了乙每天上下班的路线。某日，甲准备了凶器，来到乙必经的路口等候。在乙经过的时间快要到时，甲因口渴到旁边的小卖部买饮料。待甲返回时，乙因提前下班已经过了路口。甲等了一阵儿不见乙经过，就准备回家，在回家路上因凶器暴露被抓获。甲的行为构成故意杀人（未遂）罪

D. 甲意图陷害乙，遂捏造了乙受贿10万元并与他人通奸的所谓犯罪事实，写了一封匿名信给检察院反贪局。检察机关经初查发现根本不存在受贿事实，对乙未追究刑事责任。甲欲使乙受到刑事追究的意图未能得逞。甲的行为构成诬告陷害（未遂）罪

第三节　犯罪中止

第二十四条	【犯罪中止】在犯罪过程中，自动放弃犯罪或者自动有效地防止犯罪结果发生的，是犯罪中止。 对于中止犯，没有造成损害的，应当免除处罚；造成损害的，应当减轻处罚。

一、减免处罚的根据

1. 刑事政策说认为，中止是为了期待、鼓励行为人放弃犯罪，并对放弃犯罪的人给予奖励，以此来保护法益。

2. 违法性减少说认为，按照行为无价值论，故意是违法要素，故基于自己的意志而中止犯罪，使得违法性减少或者消灭。

3. 责任减少说认为，按照结果无价值论，基于自己的意思而中止犯罪，使得有责性减少或者消灭。

4. 综合说认为，与既遂犯相比，中止犯的违法性与有责性均有所减少，仅此就能够减轻处罚；由于中止犯自动回到合法性的立场，导致特殊预防必要性的丧失，故应当免除处罚。

[1] 答案：ACD。

二、成立条件

（一）时间性

1. 犯罪中止既可以发生在预备阶段，也可以发生在实行阶段，还可以发生在实行行为结束之后但在既遂之前。

2. 中止前的行为必须属于犯罪行为。

3. 犯罪既遂后自动恢复原状的，不成立犯罪中止；成立犯罪预备与未遂后，也不可能有犯罪中止；同一犯罪，不可能出现两种以上的终局形态。

例1： 国家工作人员收受他人财物，承诺为他人谋取利益但未得逞，于是将收受的财物退还给他人，并到纪委主动交代了自己受贿事实的，成立受贿罪既遂，不成立犯罪中止。

例2： 甲替乙购买胃药，却将毒药交给乙，意图杀害乙。当晚，乙服药时发现不对，遂将药扔掉。次日，甲因后悔给乙打电话告诉其真相。甲成立故意杀人罪未遂，而非中止。

例3： 甲以杀人故意在乙饮料里投放毒药，甲发现喝了饮料的乙很难受，遂将其送往医院抢救，但事后发现甲即使不送乙去医院，乙也不会死亡的，甲成立故意杀人罪中止。

例4： 甲绑架乙，在以实力控制乙之后，尚未勒索到财物就案发的，或者因乙的家人不配合，甲只好将乙释放的，甲不成立绑架罪未遂或者中止，仅成立绑架罪既遂。

例5： 甲以出卖为目的拐卖妇女乙，但之后无人收买乙，甲只好将乙送回家中的，甲不成立拐卖妇女罪未遂，也不成立拐卖妇女罪中止，而是成立拐卖妇女罪既遂。

（二）自动性

1. 判断思路

自动性的判断存在限定主观说、主观说、客观说等不同观点。按照不同观点，同一案件可能得出不同结论。刑法理论通说认为，各种学说皆有可取之处，应以综合说的思路判断自动性。

首先，采取限定主观说进行判断，即行为人基于悔悟、同情等对自己的行为持否定评价的规范意识、感情或者动机而放弃犯罪的，表明行为人回到了合法性轨道，具有自动性。

其次，在根据限定主观说得出了否定结论时，再根据主观说，采用弗兰克公式（能达目的而不欲，为中止；欲达目的而不能，为未遂）进行判断。即只要行为人认为可能既遂而不愿达到既遂的，即使客观上不可能既遂，也是中止（不能犯除外）；反之，只要行为人认为不可能既遂而放弃的，即使客观上可能既遂，也是未遂。

例1： ①甲精心准备工具，深夜潜入银行盗窃，但站在保险柜前试了几下，发现是“保险”牌保险柜，用自己携带的工具无法打开，遂离开现场。②乙以伤害的意思与人打斗，却发现对方是高手，打斗技巧远胜于自己，如果继续争斗只会吃亏，便逃走。甲、乙二人都是认为不可能既遂而放弃行为，不具有自动性，都成立未遂。

例 2：①甲欲杀乙，将乙打倒在地，掐住脖子致乙深度昏迷。30 分钟后，甲发现乙未死，便举刀刺乙，第一刀刺中乙腹，第二刀扎在乙的皮带上，刺第三刀时刀柄折断。甲长叹："你命太大，整不死你，我服气了。"遂将乙送医，乙得以保命。经查，第一刀已致乙重伤。本案中，甲认为自己已经不可能杀死对方而放弃，不具有自动性，应成立故意杀人罪未遂。②甲欲枪杀仇人乙，但早有防备的乙当天穿着防弹背心，甲的子弹刚好打在防弹背心上，乙毫发无损。甲见状一边逃离现场，一边气呼呼地大声说："我就不信你天天穿防弹背心，看我改天不收拾你！"本案中，甲放弃杀人行为不具有自动性，应成立故意杀人罪未遂。

最后，在根据主观说得出的结论不符合犯罪中止的法律性质（减免处罚的根据），或者难以得出合理结论时，再以客观说为标准进行判断，即以社会上的一般人的认识为准判断：一般人认为能够继续实施行为，行为人放弃行为的，具有自动性；一般人认为不可能继续实施行为，行为人放弃行为的，不具有自动性。

例 1：甲已经近距离地将枪对准了乙的头部，正欲扣动扳机时，警察在 100 米外喊"住手"，甲便逃走。甲成立故意杀人罪未遂。

例 2：①甲在外地打工期间，于黑夜里实施抢劫行为，抢劫过程中发现对方是自己的胞兄，于是停止了抢劫行为。②乙携带凶器拦路抢劫，黑夜中遇到丙便实施暴力，丙发现是自己的熟人乙，便喊乙的名字，乙一听便住手，还向丙道歉说："对不起，认错人了。"案件①中的甲在物理上或者客观上可能继续实施抢劫，但从心理角度不可能继续抢劫其胞兄，故应认定甲的行为成立抢劫罪未遂；案件②中的乙无论从物理上还是从心理上完全可能继续抢劫一般熟人，故应认定乙的行为成立抢劫罪中止。

例 3：赵某妻子万某得知赵某犯罪劝其自首，不然就离婚并且带走两个孩子，赵某恼羞成怒欲杀死万某，遂用皮带勒住万某脖子，妻子大声呼叫，引来他们二人的两个孩子，赵某认为，在孩子面前杀害妻子对小孩影响不好，于是停止了杀人行为，最终仅造成轻微伤结果。赵某的行为成立犯罪未遂还是中止？为什么？

本案中，赵某在杀妻过程中，担心在孩子面前杀妻影响不好而放弃杀人行为的，成立故意杀人罪未遂还是中止，取决于对自动性的判断采取何种学说。

如果采取主观说，赵某杀妻时，自认为可以继续杀人或者能够杀死其妻，只是担心对孩子影响不好而放弃杀人行为的，成立故意杀人罪中止。因其行为仅导致轻微伤，即未造成任何轻罪的实际损害结果，故应当免除处罚。

如果采取客观说，在一般人看来，当着自己孩子的面杀死自己的妻子也就是孩子的母亲的，对孩子的负面和消极的影响是终身性的，出于对自己孩子的基本的伦理情感，一般人实难在这种情形下继续实施杀人行为。故赵某放弃实施杀人行为，源于情感上的障碍，成立故意杀人罪未遂。

认定赵某的行为成立故意杀人罪未遂，更具有合理性。一方面，这符合中止制度设定的目的，因为赵某是在存在外在障碍的情况下放弃犯罪行为，不存在值得法律奖赏和奖励的理由；另一方面，认定赵某成立中止，应当免除处罚，无法实现罪刑相适应，做不到公平合理处理案件，而且不利于一般预防与特殊预防的实现。

2. 特殊情形

（1）基于惊愕、恐惧、嫌恶之情而放弃犯行的，具有自动性。但是，如果因嫌弃、厌恶之情压制了行为意志，导致其被迫放弃犯罪，则宜认定为犯罪未遂。

（2）担心被当场发觉而使自己名誉受到损害、担心日后被告发、逮捕与受处罚而放弃犯罪行为的，具有自动性。如果担心被当场发觉而不可能继续实施犯罪的，或者担心被当场逮捕而放弃犯罪行为的，不具有自动性。

（3）基于目的物的障碍而放弃犯罪行为，不具有自动性。同理，因缺乏期待利益而放弃犯行的，不具有自动性。

例1：①甲意图窃取特定财物，但发现不存在特定财物的，即使没有窃取其他财物，也不成立中止犯，而是未遂犯。

②甲为窃取女士衣服进入女生宿舍，没有发现适合自己的衣服，但发现了现金而不窃取的，由于现金具有通用性以及甲改变计划的容易性，应认定甲成立中止犯。如果甲意图盗窃女士衣服，但发现根本不存在女士衣服而只好离开的，应认定为未遂犯。

③甲没有盗窃特定财物的意图，只是想窃取一般财物时，如果因为财物价值不高（达到了刑法上的数额较大）而不窃取的，成立中止犯。

④甲原本打算抢劫巨额现金，发现对方只有极少量现金，而放弃抢劫的，不成立中止犯，而是未遂犯。

例2：①甲受雇杀乙，举枪瞄准后及时发现对方并非乙而放下枪支，但枪支走火致使乙死亡的，成立故意杀人罪未遂与过失致人死亡罪，数罪并罚；如果甲觉得乙可怜而放下枪支，但枪支走火致使乙死亡的，成立故意杀人罪中止与过失致人死亡罪，数罪并罚。

②甲持刀欲砍死躺在床上的前妻乙，砍了几刀后发现是自己的女儿丙，甲随即将女儿送往医院抢救脱险。本案属于具体事实错误中的对象错误，不影响故意的判断，甲对丙成立故意杀人罪未遂，对乙没有违法行为，不成立犯罪。

（4）即使已经实现构成要件外的目标而放弃犯行，只要行为人还可以继续实施行为而放弃的，可以认定自动性。

例如，甲为阻止乙与自己的女儿丙谈恋爱，以杀人故意向乙开枪，但没打中乙，乙随即承诺不再与丙交往，甲没有继续开枪。虽然甲实现了阻止乙与丙交往的目的，但构成要件结果没有实现，甲在还能继续开枪的情况下放弃了开枪行为，成立故意杀人罪中止。

（5）因不能满足特定倾向而放弃犯罪的，不具有自动性。

例如，具有性虐待倾向的甲意图强奸乙，乙意识到无法反抗，为避免受到严重伤害，同意与甲性交。但乙的反应使得甲的性虐待倾向无法实现，甲遂放弃了奸淫行为。本案中甲并没有自动地回到合法性轨道，不具有自动性，因而只能认定为犯罪未遂。

（三）客观性

1. 未实行终了的中止

在犯罪预备阶段或者实行行为尚未终了，只要不继续实施行为就不会发生犯罪结果的情况下，中止行为表现为放弃继续实施犯罪行为。行为人必须是真实地放弃犯罪行为，而不是等待时机继续实施该行为。

例如，甲进入仓库后发现财物过多，打算回去开车来窃取的，不是中止行为。甲打算窃取现金，但因有宝石，而只窃取宝石、不窃取现金的，不能认定为盗窃现金的中止，而是盗窃的既遂，因为现金、宝石都属于财物，不属于专属法益，应当统一评价。

2. 实行终了的中止

在实行终了、不采取有效措施就会发生犯罪结果时，中止行为表现为采取积极措施有效防止结果发生。在这种情况下，中止行为必须是一种足以避免结果发生的、真挚的努力行为，但不以行为人单独实施为必要；没有做出真挚努力的，不成立中止。

例如，行为人在其放火既遂前喊了一声“救火呀！”，然后便逃走的，即使他人将火扑灭，也不是中止行为。再如，甲砍了乙两刀，看到乙流血不止又后悔，给乙伤口放了些纸巾便离去，乙最终死亡的，不是中止行为。

注意

不作为犯罪的中止，一般表现为履行自己原本应当履行的义务。

3. 放弃可重复侵害的行为

如果行为人放弃可重复侵害行为的，存在个别行为说（未遂论）、整体考察说（中止论）与犯行计划说（折中说）的分歧。通说坚持修正的整体考察说。按照该观点，放弃重复侵害的行为是否成立中止犯，取决于前阶段是否已经形成犯罪未遂的结局与后行为是否符合中止犯的成立条件。

例1：甲为杀害乙，趁乙毫无防备之机使用暴力将乙推下山崖。5小时后，甲下山回家时，发现滚下山崖砸在巨石上的乙流血不止，情状惨烈，没有继续实施杀害行为，而是出于同情将其送到医院抢救脱险。本案中，由于时间的间隔较长，使得后面放弃的行为与前面的行为丧失了构成要件行为的单一性，故前面的行为成立犯罪未遂。如果甲一直在场关注乙是否死亡，则之后救助乙的行为也可能成立犯罪中止。

例2：甲与妻子在私家车内发生矛盾后，顿起杀妻之念，于是在车内用啤酒瓶砸妻子的头部，但由于空间狭小，砸的力度不够大，难以砸死，于是甲便改用手掐妻子的脖子。此时妻子求情，甲顿生怜悯之心，松开手向妻子赔礼道歉。甲在车内不能使用啤酒瓶时，随之改用掐脖子的方法，具有选择的通常性，而且时间、场所具有密切关联性，应当认为前行为并没有形成犯罪未遂形态。甲随后自动放弃掐脖子的行为，没有发生妻子死亡结果的，应认定为中止犯。

例3：甲因为妻子与乙通奸，就试图强奸乙的妻子丙，以解心头之恨。在对被害人实施暴力行为压制其反抗之后，发现被害人不是丙，因而放弃了奸淫行为。由于甲放弃奸淫的行为并不表明其已经回到合法性轨道（甲还具有强奸丙的可能性），因而依然具有特殊预防的必要性，不能认定为强奸中止。

（四）有效性

中止的有效性，即成立中止，必须没有导致行为人原本所希望或者放任的、行为性质所决定的犯罪结果（侵害结果）；否则，应当成立犯罪既遂。实害结果未发生，可以是中止行为独立防止，也可以是中止行为和其他行为共同防止，也可能主要由于其他原因防止。

1. 行为原本实行终了但行为人误认为没有实行终了，只是单纯放弃犯行而没有防止结果发生的，应当认定既遂。

例如，甲原本打算投毒五次杀死乙，投毒两次后，甲放弃了进一步投毒行为，以为乙不会死亡，但乙因两次食用毒药而死亡。观点一认为，由于甲没有既遂的故意，故成立故意杀人罪中止，同时成立过失致人死亡罪，属于想象竞合犯。观点二（通说）认为，客观上乙的死亡结果应归属于甲前两次的投毒行为，主观上甲投毒时具有杀人故意，即甲有杀人既遂的故意，故甲成立故意杀人罪既遂。

2. 行为人为防止犯罪结果的发生做出了积极努力，但其行为本身偶然不能使犯罪结果发生或者由于他人行为防止了犯罪结果发生时，也成立中止犯。即不要求中止行为与结果没有发生之间必须存在因果关系。

例1：甲开枪射击乙，乙受惊吓而昏厥，甲误以为乙中弹倒地，又顿生悔意，将乙送往医院急救。虽然不予急救也不至于发生死亡结果，但也认定为犯罪中止，而非犯罪未遂，也不是犯罪未遂与犯罪中止的竞合。

例2：甲以杀人故意向乙投放毒药后，心生悔意，立即拨打120急救电话。但邻居丙在救护车到来之前将乙送往医院，乙经抢救脱险。甲的行为应当成立犯罪中止。当然，如果救护车一直没有到达或者即使等救护车到达乙的生命也得不到救助的，即使乙因丙的救助而未死亡，也应认定甲的行为成立犯罪未遂。

3. 行为人实施甲犯罪行为，随之实施了足以防止甲犯罪结果发生的乙行为，但乙行为独立导致了甲犯罪的侵害结果，如果应将侵害结果归属于乙行为，则甲犯罪成立中止犯；如果应将侵害结果归属于甲行为，则甲犯罪成立既遂犯。

例如，甲以杀人故意实施了杀人行为，甲随后开车将被害人乙送往医院治疗，由于甲违章驾驶发生交通事故，致使乙当场死亡。事后证明，甲将乙送往医院抢救的行为完全可能将乙救活。如果认为甲的杀人行为与乙的死亡结果之间存在刑法上的因果关系，则甲成立故意杀人罪既遂一罪；因违章行为未导致严重的交通事故，不成立犯罪。如果认为甲的杀人行为与乙的死亡结果之间不存在刑法上的因果关系，而应将死亡结果归属于甲的违章行为的话，则甲成立故意杀人罪中止与交通肇事罪，应当数罪并罚。

三、特殊类型的中止

（一）结果加重犯的中止

甲意图杀死乙后劫取其财物，但在着手杀人行为后，乙苦苦哀求甲不要杀死自己，甲便放弃了杀人行为（未造成伤害），仅取得了乙的财物。甲成立抢劫罪，属于抢劫致人死亡的情形，同时适用中止的处罚规定（应当减轻处罚）。

（二）中止的结果加重犯

甲为强奸乙而对其实施暴力，在将乙打成重伤后，甲自动放弃了奸淫行为。甲成立强奸罪，属于强奸致使被害人重伤的结果加重犯，同时适用中止的处罚规定（应当减轻处罚）。

（三）加重情节的中止

甲以抢劫故意，持枪（显示枪支）对被害人实施胁迫行为，在还没有压制被害人反抗时，突然觉得使用枪支不合适，就自动将枪支抛在30多米外，然后对被害人拳打脚踢，压制被害人的反抗并强取财物。甲成立抢劫罪，属于"持枪抢劫"中止，因未造成任何损害结果，应当免除处罚；但对甲应以抢劫罪基本犯既遂论处。

四、中止犯的处罚

对于中止犯，没有造成损害的，应当免除处罚；造成损害的，应当减轻处罚。

（一）造成损害

造成了一定侵害结果，但没有造成行为人原本所希望或者放任的、行为性质所决定的犯罪结果（即没有既遂）。只有当行为符合了某种重罪的中止犯的成立条件，同时又构成了某种轻罪的既遂犯时，才能认定为中止犯中的"造成损害"。

（二）损害范围

1."损害"仅限于行为造成的刑法规范禁止的侵害结果，包括物质性结果与非物质性结果，但不包括行为造成的抽象或者具体危险。

2."损害"仅限于对他人（包括被害人及其亲属、无关的第三者）造成的损害，而不包括对自己造成的损害。

3."损害"必须是能够主观归责的结果，而不包括意外造成的结果。

例1： ①使用暴力强奸妇女，在奸淫之前实施了猥亵行为，后来放弃奸淫行为的，应认定为"造成损害"。②着手入户盗窃后中止盗窃行为的，如果入户行为造成了非法侵入住宅罪所要求的构成要件结果，就应认定为"造成损害"。

例2： ①甲中止杀人或抢劫行为，但其行为造成了被害人暂时的身体疼痛或者轻微伤害的，不应认定为"造成损害"。②乙向特定个人实施诈骗或者敲诈勒索行为，使被害人受骗或者产生了恐惧心理，但后来乙自动放弃犯罪，不要求被害人交付财物的，不应认定为"造成损害"。

（三）损害原因

中止行为与中止前的着手实行并非同一个行为，而是两个性质不同的行为，故"造成损害"的行为只能是着手实行行为，而非中止行为；中止行为本身并不是造成法益侵害结果的行为，而是避免法益侵害结果的行为。

例1： ①甲将被害人锁在屋内并打开天然气后，离开现场。但后来又产生中止之意，在室外将被害人家的门窗砸破，挽救了被害人的生命，却给被害人造成价值近万元的财产损失。甲的行为成立故意杀人罪中止（"没有造成损害"，应当免除处罚），另成立故意毁坏财物罪[1]。

---

〔1〕 当行为人设定了只能通过损害A法益才能避免B法益受到侵害的因果进程时，必须将侵害A法益的结果归属于其行为。如果行为人故意设定了这一因果进程，就必须对A法益的损害承担故意责任。此即"原因中的违法行为"。但是，如果行为人对因果进程并没有故意与过失，则不能追究其刑事责任。

②乙向丙的食物投放了毒药，丙疼痛难忍，没有取得驾驶证的乙顿生悔意，立即开车将丙送往医院，但途中过失导致汽车撞向电线杆，使丙身受重伤，丙被送往医院后，经抢救脱险。乙的行为成立故意杀人罪中止（“没有造成损害”，应当免除处罚），另成立过失致人重伤罪（或者交通肇事罪）[1]。

③丙向被害人的食物投放了毒药，被害人疼痛难忍，丙顿生悔意立即请邻居丁帮忙开车将被害人送往医院，自己扶着被害人，但丁过失驾车撞到电线杆上，导致被害人身亡。丙成立故意杀人罪的中止犯（“没有造成损害”，应当免除处罚），丁单独成立过失致人死亡罪（或交通肇事罪）。

④丁实施故意杀人行为，导致被害人重伤后顿生悔意，正要将被害人送往医院抢救时，路经此地的戊却使用暴力阻止丁的抢救行为，导致丁未能完成抢救行为，致使被害人死亡。丁成立故意杀人罪中止（造成了重伤结果，应当减轻处罚），戊成立故意杀人罪既遂，因为戊阻止了合法行为，而且阻止的是救助被害人生命的行为，该阻止行为与被害人的死亡结果之间具有因果关系，故应当将被害人的死亡结果归属于戊的阻止行为。

例 2：甲以强奸故意对乙使用暴力，乙为了避免被强奸，提出将自己的5000元现金给甲，甲拿走5000元现金后，放弃了强奸行为。由于甲只要单纯放弃强奸行为就可以成立强奸罪中止，而不需要采取积极措施防止结果发生，但是，单纯放弃强奸的中止行为，不可能造成他人财产损害，故甲的行为应成立强奸罪中止（“没有造成损害”，应当免除处罚），获得5000元现金不成立犯罪（如果达到侵占罪数额较大的标准，可能成立侵占罪）。

（四）定罪处罚

行为人自动放弃重罪或者自动有效地防止重罪的结果，但造成了轻罪的“既遂”的，仍应认定为重罪的中止犯。同理，成立重罪未遂，但造成轻罪既遂的，也只成立重罪未遂，而不成立轻罪既遂。如果中止行为或者中止过程中的行为造成了损害，构成其他犯罪的，只能另外定罪量刑。

例 1：①甲以强奸故意对被害妇女实施了暴力和奸淫前的猥亵行为，但自动中止了奸淫行为的，应认定为强奸罪中止（“造成损害”），而不能认定为强制猥亵、侮辱罪既遂。②甲在对被害妇女实施强奸时，被害妇女求情，希望甲仅实施猥亵行为，甲放弃奸淫行为而仅实施猥亵行为的，甲的行为成立强奸罪的中止与强制猥亵、侮辱罪既遂。

例 2：甲故意杀人，被害人虽然身受重伤，但被他人救助未死亡的，甲只成立故意杀人罪未遂，而不成立故意伤害罪既遂。

---

〔1〕如果乙的投毒行为本身没有导致被害人受伤的法益侵害结果，则仅处罚过失致人重伤罪（或交通肇事罪）。如果交通事故导致被害人死亡的，也应认定为故意杀人罪的中止犯与过失致人死亡罪（或交通肇事罪）。交通事故致人死亡的结果，不能归属于先前的投毒行为，所以，对投毒行为不能认定为故意杀人罪既遂。

练练手

1. 关于犯罪中止，下列哪些选项是正确的？[1]

A. 甲欲杀乙，埋伏在路旁开枪射击但未打中乙。甲枪内尚有子弹，但担心杀人后被判处死刑，遂停止射击。甲成立犯罪中止

B. 甲入户抢劫时，看到客厅电视正在播放庭审纪实片，意识到犯罪要受刑罚处罚，于是向被害人赔礼道歉后离开。甲成立犯罪中止

C. 甲潜入乙家原打算盗窃巨额现金，入室后发现大量珠宝，便放弃盗窃现金的意思，仅窃取了珠宝。对于盗窃现金，甲成立犯罪中止

D. 甲向乙的饮食投放毒药后，乙呕吐不止，甲顿生悔意急忙开车送乙去医院，但由于交通事故耽误1小时，乙被送往医院时死亡。医生证明，早半小时送到医院乙就不会死亡。甲的行为仍然成立犯罪中止

2. 关于犯罪中止，下列哪些选项是错误的？[2]

A. 国家工作人员甲收受乙10万元，当天将10万元上交纪委，并主动交代了自己受贿事实的，甲成立受贿罪中止

B. 甲欲抢劫银行，在告知银行职员乙自己要抢劫之后，乙完全不理会，甲在柜台前站了8分钟之后只好自行离去的，甲成立抢劫罪中止

C. 甲将乙锁在屋内并打开煤气灶，出门后甲心生悔意，不得已在室外将乙家的门窗砸破，挽救了乙的生命，却造成2万元的财产损失的，甲成立故意杀人罪中止，毁坏财物的行为属于紧急避险

D. 甲黑夜进入某仓库盗窃，将价值1万元的金属工具扛在肩上，正要搬出仓库时顿生悔悟，在将其还回原处时，不小心砸死了熟睡的管理人员的，甲成立盗窃罪中止，属于“造成损害”的情形，应当减轻处罚

---

〔1〕答案：AB。
〔2〕答案：ABCD。

第五章
共同犯罪

第一节　共同犯罪的基本原理

第二十五条	【共同犯罪的概念】共同犯罪是指二人以上共同故意犯罪。 二人以上共同过失犯罪，不以共同犯罪论处；应当负刑事责任的，按照他们所犯的罪分别处罚。

一、立法宗旨

共同犯罪理论存在两种学说：主客观相统一的共犯理论与违法层面的共犯理论。后者是刑法理论的通说。

（一）主客观相统一的共犯理论

1. 主体：二人以上，并要求达到刑事法定年龄、具有刑事责任能力的人（包括自然人和单位）。

2. 客观行为：共同的犯罪行为，即共犯人的行为指向同一犯罪，相互联系、相互配合，形成一个犯罪整体。

3. 主观内容：共同的犯罪故意，即共犯人具有相同的犯罪故意，而且具有犯意联络和沟通。

注意

主客观相统一的共犯理论的特征：

（1）不区分不法和责任，混合认定共同犯罪是否成立。

（2）不区分正犯与狭义的共犯，整体认定共同犯罪是否成立。

（3）仅判断共犯人是否实施了共同的犯罪行为，而不分别考察共犯人的行为与结果之间是否具有因果性，抽象认定共同犯罪是否成立。

（二）违法层面的共犯理论

共同犯罪与不法相联，与责任无关：共同犯罪只是解决违法层面的问题，即将违法事实归属于哪些参与人的行为，而非解决责任层面的问题。

从本质上说，共同犯罪就是解决因果关系判断的问题。按照这种学说，只要成立共同犯罪，无论各参与者能否承担责任，只要参与人的行为与结果之间具有物理的因果性或者心理的因果性，即使查明侵害结果由其中一人直接造成，或者不能查明具体的结果由谁的行为直接造成，也要将法益侵害结果归属于各参与者的行为。

具体表现为：

1. 成立共犯与故意内容、罪名是否一致无关：成立共同犯罪，不需要共同犯罪人具有相同的犯罪故意，也不需要成立相同的罪名。

2. 共犯的成立与是否具有责任阻却事由无关：成立共犯与共犯人是否具有刑事责任能力、刑事法定年龄、是否具有期待可能性以及是否具有不可避免的违法性认识错误等责任要素无关，有责任能力者与无责任能力者可以成立共犯。

二、认定思路

两种共犯理论在一般案件中都能解决共犯问题，处理结论具有相似性。

1. 主客观相统一的共犯理论认定共犯的思路：先判断责任，再判断违法内容，最后又判断责任。其判断思路存在不妥。

2. 违法层面的共犯理论认定共犯的思路：

先判断是否存在符合构成要件且违法的行为，认定正犯（包括共同正犯），确定正犯之后，就必须将结果或者危险结果归属于正犯行为。

再判断哪些参与人的行为与正犯结果之间具有因果性，只要有因果性，就可以肯定其为不法层面的共犯。

接下来才判断各参与人的责任（如刑事法定年龄、责任能力、故意内容等），进而确定参与人所触犯的罪名。

最后按照我国刑法关于主犯、从犯、胁从犯、教唆犯的处罚原则，分别给予参与人量刑。

简言之，司法人员在处理共同犯罪案件时，应当首先从客观违法层面"连带地"判断是否成立共同犯罪，然后从责任层面"个别地"判断各参与人是否有责任以及具有何种责任。

例1：甲、乙共谋"报复丙"，共同对丙实施暴力，导致丙死亡。事后查明，甲具有杀人的故意，乙仅具有伤害的故意。尸检报告表明，丙身上仅有一处致命伤，查不清楚是甲的行为还是乙的行为所致。

（1）按照主客观相统一的共犯理论，甲、乙虽然都符合主体条件，共同实施了犯罪行为，但二者的故意内容不同，各自触犯的罪名不同，故很难认定二人成立共犯；如果因为甲、乙故意内容不同而不认定共犯，就应适用存疑时有利于行为人的原则，则丙的死亡结果不能归属于任何人。该观点明显不妥当。

（2）按照违法层面的共犯理论，甲、乙实现了符合构成要件并且违法的行为（即共同对丙实施暴力的行为），甲、乙属于共同正犯，其行为与丙的死亡结果存在因果关系，应将致使丙死亡的违法事实归属于甲、乙二人。按照有责性内容，甲具有杀人故意，不具有责任阻却事由，故甲成立故意杀人罪既遂；乙仅有伤害故意，不具有责任阻却事由，乙成立故意伤害罪，因其对死亡存在过失，故乙成立故意伤害致死的结果加重犯。该观点具有合理性。

例2：①甲、乙共同对被害人实施暴力，导致被害人死亡，但不能查明是谁实施了致命的行为。事后查明，乙是不具有责任能力的精神病患者，但甲对此并不知情。

②16 周岁的甲应邀为 15 周岁的乙的入户盗窃行为望风，乙窃取了 1 万元财物。

③18 周岁的甲与 13 周岁的乙共同轮奸了妇女。

④15 周岁的乙谎报年龄而被“正式”录用为警察，在办案过程中，与不具有司法人员身份的联防队员甲共同使用暴力逼取证人证言。

按照主客观相统一的共犯理论，在上述案件中，由于乙没有责任能力或者没有达到法定年龄，即存在责任阻却事由，故甲、乙不成立共犯，不能将危害结果归属于甲，甲不成立故意杀人罪既遂（案件①）、不成立盗窃罪（案件②）、不能适用轮奸的法定刑（案件③）、不能单独成立暴力取证罪（案件④）；此外，甲既无间接正犯的故意，更无间接正犯的行为，故不成立间接正犯。

按照违法层面的共犯理论，甲、乙共同实现了符合构成要件且违法的事实（杀人、盗窃、轮奸、暴力取证），存在正犯行为，甲、乙共同为违法事实的实现提供了因果联系。在不法层面，甲、乙成立共犯，应将危害结果归属于甲、乙。由于责任具有个别性，应当具体判断。案件①中乙因患有精神疾病，不承担刑事责任，而甲成立故意杀人罪既遂；案件②中乙是正犯，但没有达到法定年龄，不承担刑事责任，而甲成立盗窃罪的帮助犯，按照从犯论处；案件③中乙没有达到法定年龄，不负刑事责任，而甲成立强奸罪既遂，属于轮奸的情形；案件④乙没有达到法定年龄，不负刑事责任，而甲虽然不具有司法工作人员的身份，但成立暴力取证罪的帮助犯。

例 3： 乙教唆甲杀丁，丙知道真相后，将一把西瓜刀借给甲，甲持西瓜刀将丁杀死。首先，在本案中甲杀害了丁，属于正犯，对丁的死亡具有故意，并具有其他责任条件，无论如何甲的行为都成立故意杀人罪既遂。其次，甲的杀人行为系乙教唆行为所致，乙成立教唆犯，应将丁的死亡结果归属于乙的教唆行为；乙主观上以杀人故意教唆甲杀丁，乙应成立故意杀人罪既遂。当然，如果乙仅有伤害故意，并对死亡结果具有过失，则乙成立故意伤害（致死）罪。显然，不需要我们讨论教唆犯与正犯构成共同犯罪的条件，只需要讨论教唆犯的成立条件。最后，丙的行为帮助了甲的杀人行为，为丁的死亡结果的出现做出了贡献，在不法层面丙成立帮助犯，应将丁的死亡结果归属于丙；丙具有帮助杀人的故意，故丙成立故意杀人罪既遂的帮助犯。

三、共犯分类

（一）任意共犯

取决于总则法条规定的共犯，应当适用总则关于共犯的规定。

（二）必要共犯

取决于分则条文规定的共犯，其处罚范围与处罚原则完全遵循分则条文的规定，原则上不能适用总则的共犯规定。

1. 对向犯

对向犯，是指以存在二人以上相互对向的行为为要件的犯罪。当双方都实施了符合构成要件的违法行为时，双方具有共犯关系（罪名可能不同）；当只有一方的行为被规定为犯罪行为时，双方不具有共犯关系。

（1）双方的罪名与法定刑相同。

例如，重婚罪，代替考试罪，非法买卖枪支、弹药罪。在重婚罪中，如果行为人明知对方有配偶而与之结婚的，都成立重婚罪，双方具有共犯关系；在代替考试罪中，如果应考人与替考人都成立犯罪的，都成立代替考试罪，双方具有共犯关系。当然，也可能仅有一方最终成立犯罪。

（2）双方的罪名与法定刑都不同。

例如，行贿罪与受贿罪、利用影响力受贿罪与对有影响力的人行贿罪、出售假币罪与购买假币罪等。在贿赂犯罪中，如果双方行为分别符合行贿罪或者受贿罪的构成要件，分别成立行贿罪与受贿罪，具有共犯关系，但不能认定为对方所触犯的罪名的共犯，即不能认定为行贿罪的共犯或者受贿罪的共犯。当然，存在着只有行贿者或者只有受贿者才成立犯罪的情形。

（3）只处罚一方的行为（片面的对向犯）。必要参与人之外的第三者参与侵害任何法益的，可能成立共犯。但是，必要参与人只要不具备共犯的处罚根据，就不得以共犯论处。

例如，销售伪劣产品的犯罪，贩卖毒品罪，贩卖淫秽物品牟利罪，非法出租、出借枪支罪，违法发放贷款罪等等。在这些犯罪中，只处罚销售者、贩卖者，不处罚单纯的购买者，双方不具有共犯关系。因此，①购买者即使主动请求卖主出售给自己，无论数量多少、单价如何，既不能按照分则法条认定犯罪，也不得按照总则法条认定为教唆犯或者帮助犯，即单纯购买行为无罪；②如果对方并不销售、贩卖特定违禁品，而购买者积极地推动对方，劝导其出售特定违禁品给自己的，购买者的行为超出了购买行为的定型，只要销售者、贩卖者的行为属于违法行为，符合正犯条件，则购买者成立贩卖淫秽物品罪的教唆犯。

2. 聚众共同犯罪

由首要分子组织、策划、指挥众人所实施的共同犯罪。聚众犯罪与聚众共同犯罪不是等同的概念，聚众犯罪不一定是共同犯罪。

（1）属于共同犯罪的聚众犯罪。如《刑法》第292条的聚众斗殴罪，仅处罚首要分子与积极参加者。其他参加者不成立犯罪，更不能以总则中从犯的规定处罚其他参加者。但是，教唆他人积极参加聚众犯罪的，仍然适用共犯规定。

（2）聚众犯罪是否属于共同犯罪，则要依案件的具体情况而定。例如，《刑法》第291条的聚众扰乱公共场所秩序、交通秩序罪，只处罚首要分子，而不处罚其他参与人。如果首要分子为二人以上，则构成共同犯罪；如果首要分子仅为一人，当然不成立共犯。

3. 集团共同犯罪

简称集团犯罪，是指三人以上有组织地实施的共同犯罪。集团共同犯罪既可能是必要的共犯，也可能是任意的共犯。例如，《刑法》第120条的组织、领导、参加恐怖组织罪，《刑法》第294条第1款的组织、领导、参加黑社会性质组织罪，属于必要的共犯，直接根据分则规定的法定刑处罚各种参与人。但集团性的杀人、抢劫、诈骗等，则是任意的共犯；在处罚任意的集团犯罪的各种参与人时，应适用刑法总则的规定。

练练手

1. 甲（15周岁）求乙（16周岁）为其抢夺作接应，乙同意。某夜，甲抢夺被害人的手提包（内有1万元现金），将包扔给乙，然后吸引被害人跑开。乙害怕坐牢，将包扔在草丛中，独自离去。关于本案，下列哪一选项是错误的?[1]

A. 甲不满16周岁，不构成抢夺罪

B. 甲与乙构成抢夺罪的共犯

C. 乙不构成抢夺罪的间接正犯

D. 乙成立抢夺罪的中止犯

2. 下列哪些选项中的双方行为人构成共同犯罪?[2]

A. 甲见卖淫秽影碟的小贩可怜，给小贩1000元，买下200张淫秽影碟

B. 乙明知赵某已结婚，仍与其领取结婚证

C. 丙送给国家工作人员10万元，托其将儿子录用为公务员

D. 丁帮助组织卖淫的王某招募、运送卖淫女

3. 关于共同犯罪的论述，下列哪些选项是错误的?[3]

A. 无责任能力者与有责任能力者共同实施危害行为的，有责任能力者均为间接正犯

B. 持不同犯罪故意的人共同实施危害行为的，不可能成立共同犯罪

C. 在片面的对向犯中，双方都成立共同犯罪

D. 共同犯罪是指二人以上共同故意犯罪，但不能据此否认片面的共犯

第二节　正　　犯

一、正犯分类

按照犯罪事实支配理论（通说），正犯是指对侵害结果或者危险结果的发生起支配作用的行为或者行为人。正犯并非仅存在于共同犯罪之中，只是表明其对法益侵害事实起到支配作用而已。集团犯罪与聚众共同犯罪中的首要分子，通常认定为正犯。

（一）直接正犯

行为人自己直接实施符合构成要件的行为并造成法益侵害、危险结果。直接正犯可能单独成立犯罪，也可能存在于共犯之中。

（二）间接正犯

通过支配他人的行为造成法益侵害、危险结果。对此，应将被利用者的行为直接归属于间接正犯。

[1] 答案：D。
[2] 答案：BCD。
[3] 答案：ABC。

（三）共同正犯

共同对造成法益侵害、危险结果起实质的支配作用。按照“部分实行全部责任原则”，应将危害结果归属于所有参与共同正犯的人。

（四）同时正犯

二人以上没有共谋同时侵犯同一法益。如果无法证明谁导致危害结果的，应当适用存疑时有利于行为人的原则。同时正犯不属于共犯，不适用共犯的原则。例如，甲、乙没有共谋同时向丙开枪，其中一发子弹导致丙死亡，但查不清是谁射出的子弹。本案就属于同时正犯，由于查不清是谁导致了丙死亡，按照存疑时有利于行为人的原则，不能将丙的死亡归属于甲、乙的行为，甲、乙仅成立故意杀人罪未遂。

二、共同正犯

又称简单共同犯罪，是指二人以上共同实行犯罪的情况。

（一）本质

二人以上的行为在哪些方面是共同的才成立共同犯罪，此即共同犯罪中“共同”的理解和判断问题。刑法理论上存在三种观点：（完全）犯罪共同说、部分犯罪共同说与行为共同说。

1. 完全犯罪共同说

完全犯罪共同说认为，二人以上只能就完全相同的犯罪成立共同犯罪。

例如，甲以杀人故意、乙以伤害故意，共同对丙实施暴力行为导致了丙死亡。①少数说认为，甲、乙都是正犯，但各自触犯的罪名不同，不成立共同正犯，只能分别以单独犯论处。该说法忽略了法益侵害的事实。②多数说认为，甲、乙成立故意杀人罪的共同正犯，但对乙只能判处故意伤害致死的刑罚（因为不能超越行为人的责任科处刑罚）。该说法扩大了共犯成立的范围，同时割裂了罪名与刑罚。完全犯罪共同说已经被淘汰。

2. 部分犯罪共同说

部分犯罪共同说认为，二人以上虽然共同实施了不同的犯罪，但当这些不同的犯罪之间具有重合的性质时，则在重合的限度内成立共犯。在成立共犯的前提下，存在分别定罪的可能性。

例如，甲以杀人故意、乙以伤害故意，共同对丙实施暴力行为导致了丙死亡的，甲、乙在故意伤害罪的范围成立共同犯罪，乙成立故意伤害罪，但甲成立故意杀人罪（不成立数罪）。再如，乙教唆甲盗窃，但甲实施了抢劫行为的，甲、乙在盗窃罪的范围内成立共同犯罪，但甲成立抢劫罪（不成立数罪）。

3. 行为共同说

行为共同说（事实共同说）认为，共同犯罪是指数人共同实施了违法的构成要件该当的行为（非前构成要件的或前法律的自然行为），而不是共同实施特定的犯罪。换言之，各人以共同行为实施各人的犯罪时也成立共同正犯。即在“行为”方面，只要行为在构成要件上具有共同性就可以成立共同犯罪，不要求共同实施特定的犯罪行为；在

“意思联络”方面，只要就实施行为具有意思联络就可以成立共同犯罪，不要求数人必须具有共同实现犯罪的意思联络。

注意
当前考试中，按照部分犯罪共同说、行为共同说得出的结论正确，那么该命题或者论断就是正确的。

（二）成立条件

客观上有共同行为的事实（行为的分担），主观上有共同的行为意思（意思的联络）。

1. 共同实施行为的事实，是指分担了导致结果发生的重要行为，或者说行为人对构成要件的实现起到了重要或者关键作用，而不要求行为人分担了构成要件的实行行为。

2. 共同的行为意思，是指共同实现构成要件的意思，不要求二人以上具有共同的犯罪故意，只要求行为人具有和他人共同实施行为的意思，而且也不要求数人直接形成共同的行为意思，通过某个行为人分别向其他行为人联络的，也具有共同的行为意思。

（三）归责原则

1. 部分实行全部责任（部分行为全部责任）

（1）“部分实行”：不是指形式上部分地实施了构成要件行为，而是指实质上对构成要件的实现起到了重要或者关键作用。

（2）“全部责任”：既不是指主观责任，也不是指作为法律后果的刑事责任，而是指对结果的客观归属，也就是说，即使共同正犯人只实施了部分行为，也要将全部结果归属于其行为（即解决因果关系的归属问题）。

例1：①甲、乙二人共同故意杀害丙，甲射出的子弹打死了丙，甲、乙成立共同正犯，按照部分实行全部责任原则，甲、乙的行为与丙的死亡结果之间都存在因果关系，甲、乙均成立故意杀人罪（既遂）。

②甲、乙基于意思联络同时向丙开枪，都没有击中要害部位，但由于两个伤口同时出血，导致丙失血过多死亡的，甲、乙成立共同正犯，按照部分实行全部责任原则，甲、乙的行为与丙的死亡结果之间都存在因果关系，甲、乙均成立故意杀人罪既遂。

③甲、乙二人共同故意伤害丙，不知道谁的行为导致了丙重伤（或者死亡），甲、乙成立共同正犯，按照部分实行全部责任原则，甲、乙的行为与丙的死亡结果之间都存在因果关系，甲、乙均成立故意伤害罪（致人重伤或者死亡）。

④甲、乙共同故意对丙实施暴力，导致丙死亡，但仅有一个致命伤，查不清是谁导致，而且事后发现甲持杀人故意、乙持伤害故意。甲、乙成立共同正犯（行为共同说），或者在故意伤害罪的范围内成立共犯（部分犯罪共同说），按照部分实行全部责任原则，甲、乙的行为与丙的死亡结果之间都存在因果关系，甲成立故意杀人罪既遂，乙成立故意伤害（致死）罪。如果查不清楚甲、乙二人谁具有杀人故意或者伤害故意，则按照存疑时有利于行为人的原则，甲、乙均不成立故意杀人罪；由于杀人行为可以评价为伤害行为，故甲、乙均成立故意伤害（致死）罪。

例2：①甲、乙、丙三人共同贪污（或者受贿）100万元，甲分得99万元，乙分得

1万元，丙分文未取，甲、乙、丙成立共同正犯，每人的犯罪数额都为100万元。

②甲、乙共谋盗窃，甲到里屋盗窃5000元、乙到外屋盗窃1万元，分赃时甲说只盗窃了500元，乙说只盗窃了100元，两人分了600元后离开。甲、乙成立共同正犯，盗窃数额都为1.5万元。

③甲、乙二人以共同实行抢劫的意思，甲对丙以暴力相威胁，夺走丙身上的现金2000元，其间乙到丙的另一房间取走财物3000元的，甲、乙成立共同正犯，抢劫数额都为5000元。

2. 责任自负

“区别对待、罪责自负”原则，即各共犯人只能在自己有责的范围内对共同造成的违法事实承担责任，对他人超出共同故意实行的犯罪不承担责任（实行过限）。

例如，甲、乙共谋入户盗窃，但乙在里屋盗窃时强奸妇女，甲发现后未吭声。

本案中，甲、乙成立盗窃罪的共犯。乙另起犯意实施强奸行为，成立强奸罪，与盗窃罪并罚。对于乙超出共同犯罪故意实施的强奸行为（实行过限），甲不负刑事责任。理由如下：一方面，甲、乙事先无强奸共谋，甲未参与乙的强奸行为，甲不存在作为的共犯行为；另一方面，甲没有救助被害妇女的义务，也没有阻止乙强奸妇女的义务，乙的强奸行为也不是发生在甲控制的领域或者场所，即甲不存在强奸罪的不作为的共犯行为，故甲不构成强奸罪的不作为方式的共犯。

3. 违法的相对性

如果能够确定有的行为人的行为对危害结果的发生没有因果联系，则不能将该结果归属于该行为人；或者对有的行为人而言，客观上存在阻却违法性的事由，也不能将该违法事实归属于该行为人。

例如，甲、乙合谋杀害丙。甲、乙二人将丙殴打致昏迷后，以为丙已经死亡。甲先行离开，让乙打扫现场。乙在打扫现场时发现丙尚有气息，遂向丙胸口踢了一脚，致丙死亡。

本案中，甲成立故意杀人罪未遂，乙成立故意杀人罪既遂。理由如下：

(1) 甲、乙合谋杀丙，共同实施了杀人行为，成立故意杀人罪的共同正犯。甲、乙误以为丙已经死亡，甲离开现场，乙打扫现场，表明甲、乙的共同杀人行为与共同杀人故意就此终了。但甲、乙的共同杀人行为因意志以外的原因未得逞，故二人均成立故意杀人罪未遂。

(2) 乙打扫现场时发现丙未死，另起犯意，实施了杀人行为，致使丙死亡，成立故意杀人罪既遂。因乙先前杀人未遂的行为与之后杀人既遂的行为针对同一对象，而且时空距离近，应按照吸收原则，仅以既遂论处。

(3) 乙杀人既遂的行为超出了甲的先前犯意，甲也未指使乙打扫现场时“如果发现丙未死，就杀死他”，故不能将乙杀人既遂的事实归属于甲，即甲的杀人行为与丙的死亡结果之间不存在刑法上的因果关系，甲对丙的死亡不负刑事责任。

注意如下变化：第一，如果甲指使乙确保丙死亡，则二人均构成故意杀人罪既遂。第二，如果乙掩埋“尸体”致使丙死亡，则甲、乙属于事前故意，按照事前故意的原则处理。

（四）特殊类型

1. 共谋共同正犯

二人以上共谋实行某犯罪行为，但只有一部分人基于共同的意思实行了犯罪，没有直接实行犯罪的共谋人构成所共谋之犯罪的共同正犯。

例如，甲、乙二人共谋杀丙，相约次日晚到丙家共同下手，届时乙未去，甲一人将丙杀死。本案中，乙对直接正犯甲实行犯罪和造成结果至少具有心理上的因果性，故应对甲的行为与结果承担责任。在甲既遂的情况下，共谋者乙必须承担故意杀人罪既遂的责任。

2. 过失的共同正犯

第二十五条第二款	二人以上共同过失犯罪，不以共同犯罪论处；应当负刑事责任的，按照他们所犯的罪分别处罚。

共同过失犯罪能否认定为共同犯罪，刑法理论存在肯定说和否定说。

（1）否定说认为，由于主张共同故意犯罪才成立共同犯罪，故共同过失犯罪不成立共同犯罪，按照单一正犯的原则处理，如果成立犯罪的，分别按照相应的过失犯罪定罪处罚（可能成立同时犯）。

（2）肯定说认为，共同犯罪是违法类型，是为了将违法事实归属于各共犯人，即是否适用部分实行全部责任原则，而无论是故意的共同实行行为还是过失犯的共同实行行为，都可能适用部分实行全部责任原则。

注意

如果肯定过失的共同正犯，就可以肯定结果加重犯的共同正犯。

例 1：甲、乙共同推一块石头下山，碰巧将路人丙砸死。由于甲、乙二人的行为与丙的死亡之间均存在因果关系，无论认定甲、乙是否成立共犯，甲、乙的行为都成立过失致人死亡罪。

例 2：甲、乙共谋后各推一块石头下山，其中一块碰巧将路人丙砸死，但查不清是谁推的石头。如果认定甲、乙成立共犯，则甲、乙二人的行为与丙的死亡之间均存在因果关系，甲、乙的行为都成立过失致人死亡罪；如果认为甲、乙不成立共犯，则适用存疑时有利于行为人的原则，甲、乙的行为与丙的死亡不存在因果关系，甲、乙均不成立过失致人死亡罪。

例 3：甲、乙各自推一块石头下山，其中一块碰巧将路人丙砸死，但查不清是谁推的石头。无论按照什么学说，甲、乙不成立共犯。按照存疑时有利于行为人的原则，甲、乙的行为与丙的死亡不存在因果关系，甲、乙均不成立过失致人死亡罪。

练练手

1. 甲、乙、丙、丁四人预谋杀戊，甲、乙用铁棒打，丙徒手，丁拿着刀在一边助威呐喊。最后造成戊死亡，尸检报告表明，只有一处头部致命伤，且是遭利器所致。无法证明是甲、乙二人谁的行为导致了戊死亡，但肯定不是丙、丁的行为导致。下列说法正确的是？[1]

A. 丙、丁的行为没有导致戊死亡，故二者的行为成立故意杀人罪未遂

B. 甲、乙的行为导致了戊死亡，但无法查清是谁的行为导致了戊死亡的结果，故甲、乙二人的行为均成立故意杀人罪未遂

C. 甲、乙、丙、丁四人的行为均成立故意杀人罪既遂，因为四人系故意杀人罪的共同犯罪

D. 认定四人成立故意杀人罪既遂与存疑有利于被告人的原则并不矛盾

2. 甲和秘书乙去KTV唱歌，甲和保安发生争吵，乙遂叫了A、B、C、D四人携带枪支到KTV大堂。甲下楼时发现乙叫了人过来，遂对乙说："教训一下他们（甲不知四人携带枪支）。"乙遂下令让A、B、C、D四人上膛并开枪，A、B两人朝天开枪，C朝地开枪，D对准保安丙开枪，导致丙当场死亡。下列哪些选项是正确的？[2]

A. 乙成立故意杀人罪

B. A、B、C成立故意伤害（致人死亡）罪

C. A、B、C、D均成立故意杀人罪既遂

D. 如果认为《刑法》第292条规定的"聚众斗殴致人重伤、死亡的，以故意伤害罪、故意杀人罪定罪处罚"属于法律拟制，则甲的行为成立故意杀人罪

三、间接正犯

（一）概念

1. 概念。行为人通过强制或者欺骗手段支配直接实施者，从而支配构成要件实现的情形。肯定间接正犯，意味着间接正犯必须对被利用者所造成的法益侵害结果承担责任。

2. 意义。间接正犯不否定共犯的成立。间接正犯的认定，是为了解决幕后操纵者虽然没有直接实施犯罪事实，但因其支配了犯罪事实，故也应当认定为正犯的问题。利用者与被利用者完全可能成立共犯，当然，双方可能成立不同罪名。

（二）类型

1. 被利用者欠缺构成要件要素

真正的身份犯要求正犯具有特定身份，故有身份者利用无身份者实施真正身份犯行为的，如果利用者没有参与实施支配构成要件实现的行为，则属于间接正犯；如果利用者参与实施了支配法益侵害事实的行为，则属于直接正犯。

例如，国家工作人员甲指使知情的妻子乙接受贿赂。

对于甲、乙行为的评价，刑法理论上存在四种观点：

观点一认为，由于甲利用了不具有国家工作人员身份的乙受贿，故甲成立间接正犯，乙成立帮助犯。

---

〔1〕 答案：CD。
〔2〕 答案：ABD。

观点二认为，由于乙存在故意，甲并未支配乙的行为，故甲成立教唆犯，乙成立帮助犯。

观点三认为，如果甲支配了乙的行为，甲是间接正犯，乙是帮助犯；如果甲、乙共同协力，则甲、乙成立共同正犯。

观点四认为，由于受贿罪的成立要求财物与职务行为的交换，而非单纯收受财物，故甲是直接正犯，乙是帮助犯。

其中，观点四是当前理论界的主流观点，因为甲直接支配了对职务行为不可收买性的侵害，因而是直接正犯；乙缺乏侵犯职务行为不可收买性的国家工作人员身份，不能成为正犯，仅成立帮助犯。

2. 被利用者具有违法阻却事由

（1）利用他人的正当防卫、紧急避险、法令行为等合法行为。

例1：甲以杀害相威胁，迫使乙杀丙，并将乙要杀丙的事实告知丙，后来丙果真在正当防卫时打死了乙的，甲支配了犯罪事实，乙、丙都是甲的工具，故甲成立故意杀人罪的间接正犯。

例2：甲诱使乙杀丙，丙正当防卫杀害了乙的，丙的行为是正当防卫，甲未支配犯罪事实，而是乙支配了案件事实，故甲不成立故意杀人罪的间接正犯，仅成立乙的故意杀人罪的教唆犯。

例3：甲诬告陷害乙犯故意杀人罪，后来司法机关判处乙死刑立即执行，甲成立故意杀人罪的间接正犯与诬告陷害罪的想象竞合犯。

（2）利用被害人的自我侵害行为。当利用者使被害人丧失自由意志，或者使被害人对结果缺乏认识或产生其他法益关系的错误，导致被害人实施了损害自己法益的行为时，由于不能认定被害人对自己的法益侵害具有违法性，故应认定利用者成立间接正犯。

例1：甲强迫乙自杀的，或者兽医甲谎称乙饲养的狗是疯狗，使乙杀死该狗的，或者医生甲欺骗其病人乙身患绝症，致其自杀的，甲分别成立故意杀人罪间接正犯、故意毁坏财物罪的间接正犯与故意杀人罪的间接正犯。当然，如果甲单纯教唆或者帮助乙自杀的，难以成立故意杀人罪的间接正犯。

例2：丈夫甲和妻子乙吵架后离家出走，有杀乙故意的邻居丙告诉乙："你假装上吊，我马上打电话叫甲回来看看，吓吓他，让他以后不敢再和你争吵。"乙听从丙的意见，将搭在房梁上的绳子套在脖子上，丙便离开，乙很快吊死。丙成立故意杀人罪的间接正犯。

3. 利用欠缺故意的行为

（1）利用缺乏故意的行为，属于利用不知情者的间接正犯。被利用者对任何一个构成要件要素缺乏认识时，利用者都可能成立间接正犯；但在选择性要素的场合，由于各种要素具有等价性，利用者对被利用者实施欺骗行为的，不成立间接正犯。

例1：甲欺骗乙家中的钟点工丙，声称自己是乙的秘书，要求丙将乙的公文包交给自己带给乙，丙信以为真，将公文包交给了甲。由于丙没有处分财产的权限，所以甲只成立盗窃罪的间接正犯。比较：如果甲欺骗乙家中的保姆丙的，由于丙具有处分财产的权限（转移财物占有的权限，而非处分所有权的权限），所以甲成立诈骗罪（三角诈骗）的直接正犯。

例2： 甲明知前方为人，却对乙谎称前方有野兽，将自己的猎枪给乙射击，乙开枪射击导致他人死亡。本案中，乙成立过失致人死亡罪，甲是故意杀人罪的间接正犯。

例3： 甲将一把装有子弹的手枪递给乙，谎称枪中无子弹，只是吓唬丙，乙在吓唬丙时开枪将丙打死。无论乙是否存在过失，甲都成立故意杀人罪既遂的间接正犯。当然，甲明知乙误将丙当作稻草人，当乙向甲借枪时，仍将枪支借给乙，乙将丙打死。如果认为帮助犯的成立要求被帮助者具有故意，则甲成立间接正犯而非帮助犯；如果采取结果无价值论与共犯的限制从属性说，则甲不成立故意杀人罪的间接正犯，而是帮助犯。

例4： 甲拐骗了已满14周岁的少女丙后，谎称丙是不满14周岁的男童，让乙将丙出卖给他人。因为无论是已满14周岁的少女还是男童，都属于拐卖妇女、儿童罪的对象，乙的认识错误属于选择性要素的错误，适用具体事实认识错误中的对象错误处理原则，不影响故意的认定，故甲、乙都成立拐卖妇女罪的直接正犯。

例5： ①医生将毒针交给护士，吩咐其给病人注射，护士不知情而照办的，医生是故意杀人罪的间接正犯。

②医生将毒针交给护士，吩咐其给病人注射，护士本应按规定检查针剂，但因为过于相信医生的权威而未检查并照办。医生是故意杀人罪的间接正犯，护士属于过失致人死亡罪（或者医疗事故罪）。

③医生将毒针交给护士，吩咐其给病人注射，护士发现针剂有问题，遂问医生，医生说："打死了无所谓。"护士注射后导致病人死亡的，护士成立故意杀人罪的直接正犯，医生成立故意杀人罪的教唆犯。

④医生将毒针交给护士，吩咐其给病人注射，护士发现针剂有问题，可能导致病人死亡，仍然给病人注射并导致其死亡的，护士成立故意杀人罪的直接正犯，医生成立故意杀人罪的教唆犯。

⑤医生误以为护士想杀死某个病人，遂将毒针交给护士，护士不知情，在注射后导致病人死亡的，护士原则上不成立犯罪，但由于客观上实施了违法行为，故医生成立故意杀人罪的帮助犯（医生仅有帮助故意）。

（2）被利用者虽然具有其他犯罪的故意，但缺乏利用者所具有的故意时，利用者可能成立间接正犯。

例如，乙不知道丙坐在高档穿衣镜后面，而甲知道，甲为了杀死丙，唆使乙向穿衣镜开枪，穿衣镜被打碎，丙也中弹身亡。本案中，乙虽然有毁坏财物的故意，但没有杀人故意，故意杀人罪的结果应当归责于甲，甲成立故意杀人罪既遂的间接正犯。乙成立故意毁坏财物罪，如果对死亡结果存在过失，则与过失致人死亡罪属于想象竞合。

（3）如果行为人对加重犯中的加重要素必须要求故意时，被利用者对加重要素缺乏故意，则利用者可能成立加重犯的间接正犯。

例如，乙知道抢劫救灾物资可能被判处死刑而决意不抢劫救灾物资。甲为了让乙抢劫救灾物资，对乙谎称丙运送的是普通物资，乙遂实施了抢劫救灾物资的行为，但一直误认为自己抢劫的是普通物资。本案中，乙因为没有认识到加重要素而不可能承担抢劫救灾物资的责任，只能承担普通抢劫的责任，但甲应当承担抢劫救灾物资的间接正犯。

（4）在真正的身份犯中，一般人故意利用有身份的不知情者实施违法行为的，被利用者因没有故意而不成立该故意犯罪，利用者不能成立间接正犯，但可能成立教唆犯，因为真正身份犯中的身份是对正犯（包括间接正犯）所做的要求。

例如，普通公民甲欺骗国家工作人员乙，声称需要现金购买住房，10天内可以归还。乙将公款挪用给甲，甲却用于贩卖毒品，并在10天内将公款归还。如果乙明知甲借用公款贩卖毒品，则乙成立挪用公款罪（甲、乙成立共犯）；如果乙不知道甲借用公款贩卖毒品，则乙缺乏故意，不成立挪用公款罪，但甲不成立挪用公款罪的间接正犯，而是教唆犯（乙客观上实施了挪用公款的违法行为）。

4. 利用欠缺目的的行为

在目的犯中，由于目的属于责任要素，缺乏该目的的行为不构成目的犯；行为人利用他人实现该目的犯的行为，即使被利用者有故意，但只要缺乏特定目的，利用者就该目的犯成立间接正犯。

例1：甲以牟利目的利用没有牟利目的的乙传播淫秽物品的，乙没有牟利目的，也不知道甲有牟利目的。乙因欠缺牟利目的，仅成立传播淫秽物品罪；甲支配了犯罪事实，成立传播淫秽物品牟利罪的间接正犯。当然，如果乙不知道传播的是淫秽物品，则乙不成立犯罪；如果乙有牟利目的或者知道甲有牟利目的，则甲、乙成立传播淫秽物品牟利罪的共犯。

例2：甲欺骗乙说："丙欠我100万元，你帮我把他关起来要债。"乙信以为真，关押了丙，甲随后向丙的亲属勒索财物。甲、乙成立共同犯罪，甲成立绑架罪的间接正犯，乙成立非法拘禁罪。

5. 利用无责任能力者的行为

无责任能力者缺乏辨认、控制能力，对其行为不具有期待可能性，只能将结果归责于背后的利用者，即肯定利用者的行为支配了犯罪事实。但达到法定年龄的人与未达到法定年龄的人共同犯罪时，达到法定年龄的人不一定成立间接正犯，只有当其支配了犯罪事实时，才可能被认定为间接正犯。

例1：甲利用幼儿、严重精神病患者的身体活动实现杀人行为的，属于甲利用事实上没有责任能力者的身体活动杀人，成立间接正犯。但达到法定年龄的人与未达到法定年龄的人共同犯罪时，达到法定年龄的人不一定成立间接正犯，只有当其支配了犯罪事实时，才可能被认定为间接正犯。

例2：18周岁的甲唆使15周岁的乙抢夺他人财物，乙虽然未达到法定年龄，不负刑事责任，但具有一定的辨认、控制能力，难以认定甲支配了犯罪事实，故甲不成立间接正犯，而是成立教唆犯。

6. 利用他人不可避免的违法性错误与利用他人缺乏期待可能性的行为

例如，甲以杀害胁迫乙，强迫乙伤害丙，乙对丙实施了伤害行为。甲、乙成立共同犯罪，但甲是故意伤害罪的间接正犯，乙是直接正犯（可能不负责任）。

练练手

1. 关于间接正犯，下列哪些选项是正确的（不考虑数额和情节）?[1]

A. 甲对在丙家中打扫卫生的钟点工乙谎称“丙让我将其落在家中的公文包带给他”，乙信以为真，将丙的公文包递给甲的，甲成立盗窃罪的间接正犯

B. 甲在机场捡到丙的行李寄存牌，然后向行李寄存处的保管员乙出示寄存牌，乙遂将丙寄存的行李箱交给甲的，甲成立诈骗罪的间接正犯

C. 甲对国家工作人员乙谎称需要10万元购置住宅，乙将其管理的10万元挪给甲，甲却用于赌博，但5天后归还的，乙不成立挪用公款罪，但甲成立挪用公款罪的间接正犯

D. 国家工作人员甲在丙为谋取不正当利益而给与自己财物时，指使乙收受该财物，乙在知道真相后欣然接受财物的，甲成立受贿罪的直接正犯而非间接正犯

2. 甲在乙骑摩托车必经的偏僻路段精心设置路障，欲让乙摔死。丙得知甲的杀人计划后，诱骗仇人丁骑车经过该路段，丁果真摔死。关于本案，下列哪些选项是正确的?[2]

A. 甲的行为和丁的死亡之间有因果关系，甲有罪

B. 甲的行为属对象错误，构成故意杀人罪既遂

C. 丙对自己的行为无认识错误，构成故意杀人罪既遂

D. 丙利用甲的行为造成丁死亡，可能成立间接正犯

第三节 狭义的共犯

一、狭义共犯的处罚根据

狭义的共犯，是指教唆犯和帮助犯。

（一）共犯从属性说

共犯的处罚根据是共犯通过正犯行为间接地侵害了法益，即共犯诱使、促成了正犯实施符合构成要件的法益侵害行为。此为通说。

1. 教唆犯或者帮助犯的处罚根据是共犯通过正犯行为间接地侵害了法益，即共犯诱使、促成了正犯实施符合构成要件的法益侵害行为。正犯必须实施了符合构成要件的违法行为，否则，不能处罚教唆者与帮助者。

2. 如果正犯侵犯的法益，不是教唆者、帮助者必须保护的法益，即共犯具有违法阻却事由或者责任阻却事由的，则正犯成立犯罪，教唆者、帮助者不成立犯罪。

例1： 如果甲教唆乙伤害丙，乙实施了伤害的违法行为，成立故意伤害罪的直接正犯，甲成立故意伤害罪的教唆犯。如果甲唆使乙自残的，因乙的自伤、自残行为不违

---

〔1〕 答案：AD。
〔2〕 答案：ABCD。

法，故甲的唆使行为也不违法。如果甲请求乙重伤害自己，乙对甲实施重伤行为的，甲的重伤承诺无效，乙的行为违法，成立故意伤害罪，但甲属于自伤行为，不成立犯罪

例 2：甲女教唆乙男强奸丙女，但乙男误将甲女当作丙女强奸。乙客观上实施了强奸既遂行为，主观上存在具体事实认识错误中的对象错误，无论按照法定符合说还是具体符合说，不影响强奸罪故意的认定，成立强奸罪既遂。甲虽然引起了乙强奸既遂的违法事实，但针对乙侵犯的甲的利益，并非甲必须保护的法益，故甲不成立乙强奸甲的违法行为的教唆犯，甲仅成立引起乙实施强奸丙女的犯罪预备的教唆犯。

例 3：犯罪人甲教唆乙窝藏自己的，乙成立窝藏罪，但甲窝藏自己的行为无罪，故甲唆使乙窝藏自己的行为也不成立犯罪。

例 4：甲帮助乙盗窃他人财物，但乙却盗窃了甲的财物，乙成立盗窃罪既遂，但甲不可能成立盗窃罪既遂的帮助犯。结合案情，可能成立盗窃罪预备或者未遂的帮助犯（主要看乙是否着手实施盗窃他人财物的具体、紧迫危险）。

（二）共犯独立性说

共犯的可罚性在于共犯的行为本身，共犯成立犯罪不一定要求正犯者着手实行犯罪。共犯独立性结论并不合理。

例 1：甲教唆乙犯罪，乙没有听教唆的，或者乙听了教唆，但没实施任何行为的，或者乙仅实施了预备行为的，按照共犯独立性说，虽然乙不成立犯罪（一般预备行为不处罚），但甲都成立犯罪；按照共犯从属性说，由于乙没有实施违法行为，故甲的行为不可罚。

例 2：甲教唆乙犯罪，乙在实行过程中中止的，或者未遂的，或者既遂的，无论按照共犯独立性说还是从属性说，乙分别成立中止、未遂或者既遂，但甲成立未遂（乙中止犯罪，对甲来说属于意志以外的原因未得逞）或者既遂。

例 3：甲教唆乙犯罪，乙实施了性质相同的更为严重的犯罪，无论按照共犯独立性说还是从属性说，乙成立更为严重的犯罪，甲成立轻罪（甲所教唆之罪）。

例 4：甲教唆乙犯罪，乙实施了性质类似但更轻微的犯罪，按照共犯独立性说，乙成立轻罪，甲成立重罪（甲所教唆之罪）；按照共犯从属性说，甲、乙都成立轻罪，不成立甲所教唆之罪。

例 5：甲教唆乙犯罪，但乙实施了与教唆之罪完全无关的犯罪，按照共犯独立性说，乙成立所实施之罪，甲成立教唆之罪；按照从属性说，乙成立其实施之罪，甲不成立犯罪。

例 6：甲教唆乙犯罪，乙实施了转化之罪，无论按照共犯独立性说还是共犯从属性说，乙成立转化之罪，甲成立基本犯罪的教唆犯。

二、教唆犯

“教唆他人犯罪的”，即故意唆使并引起他人实施符合构成要件的违法行为的，是教唆犯。

（一）成立条件

1. 教唆对象

（1）教唆对象是否要求达到法定年龄、具有责任能力？

①极端从属性说认为，共犯的成立以正犯具备构成要件符合性、违法性与有责性为条件，教唆对象必须是有责任能力的人。

②限制从属性说认为，教唆对象可以是无责任能力的人，但必须是有一定规范意识的人，否则成立间接正犯。此为通说。

例如，甲唆使15周岁的警察乙（因篡改年龄而成为警察）刑讯逼供，乙接受教唆后实施了刑讯逼供行为。按照观点①，由于乙没有责任能力，甲不成立刑讯逼供罪的教唆犯；甲又缺乏司法工作人员的身份，不成立刑讯逼供罪的间接正犯，其结局是甲无罪。按照观点②，具有规范意识的乙实施了刑讯逼供的违法行为，故甲成立刑讯逼供罪的教唆犯，而非间接正犯，其中乙只是未达到法定年龄，不负刑事责任而已。

（2）教唆对象是否包括已有犯意的犯罪人？

在被教唆者已经产生犯罪决意的情况下，不可能再成立教唆，只能成立帮助犯。例如，甲教唆乙杀丙，但乙早有杀丙之心，后来乙杀害丙的，由于乙已有犯意，甲并未引起乙的犯意，而是从心理上强化了乙的犯意，故甲成立帮助犯。

①如果他人具有附条件的故意，原本不具备该条件，但行为人制造条件或者谎称具备条件，使他人故意实现构成要件的，成立教唆犯。

例如，丙欠甲的债，甲对乙说："你去问丙是否还债，如果不还债，我就关押他的妻子。"乙明知丙会立即还债，但仍然对甲说："丙不还债。"于是，甲关押了丙的妻子。甲是非法拘禁罪的直接正犯，乙是非法拘禁罪的教唆犯，因为乙使附条件故意中本来不存在的条件完全实现，引起甲实施了犯罪行为。

②如果他人有基本犯罪的故意，行为人唆使他人实施加重构成要件行为的，成立加重犯的教唆犯；如果他人有基本犯罪的故意，行为人唆使他人实施量刑规则的情形，则成立帮助犯；行为人说服或者建议已决意实施加重犯罪的人实施了基本犯罪的，行为人不成立教唆犯，可能成立帮助犯或者无罪（降低法益侵犯）。

例如，如果乙已有盗窃犯意，甲唆使其抢劫的，甲成立抢劫罪的教唆犯。如果乙已有盗窃犯意，只想盗窃数千元，而甲唆使其盗窃数万元的，甲只成立帮助犯，不成立教唆犯。如果乙打算抢劫普通财物，而甲唆使其入户抢劫的，甲不成立帮助犯，而成立（入户抢劫的）教唆犯。如果甲劝说决意持枪抢劫的乙仅实施普通抢劫行为的，甲不成立普通抢劫的教唆犯，但可能成立普通抢劫的帮助犯。

③行为人唆使打算将来犯罪的人立即实施犯罪，他人因此而实施了犯罪的，行为人成立教唆犯。

2. 教唆行为

教唆行为必须引起他人实施符合构成要件的违法行为的意思（不等于犯罪故意），进而使之实行犯罪。

（1）故意唆使他人实施过失犯罪的，成立间接正犯。例如，甲欺骗乙实施假想防卫行为，将丙打成重伤的，乙成立过失致人重伤罪（或者意外事件），甲成立故意伤害罪的间接正犯。

（2）教唆方式、方法不限，但不作为方式不能构成教唆行为。如果威胁、强迫导致被教唆者完全丧失意志自由的，成立间接正犯。

（3）教唆犯的成立是否要求正犯必须具有犯罪故意，刑法理论上存在肯定说与否定说的分歧。

①肯定说认为，只有当被教唆者因为受教唆产生了实行犯罪的故意，并且着手实行犯罪，才成立教唆犯；如果被教唆者没有因为受教唆而产生故意，教唆者就不可能成立教唆犯

②否定说认为，教唆犯的成立不以被教唆者产生故意为条件、帮助犯的成立也不以被帮助者具有故意为前提，因为正犯行为只是就符合客观构成要件的违法行为而言，因此，只要使他人实施了正犯行为，即使他人没有产生犯罪的故意，也具备了教唆犯的处罚根据。同样，只要使符合构成要件的正犯行为更为容易，就具备了帮助犯的处罚根据。

例1：甲教唆乙说："丙是坏人，你将这个毒药递给他喝。"乙却听成了"丙是病人，你将这个土药递给他喝"，于是将毒药递给丙，丙喝下毒药后死亡，但乙没有杀人故意。

按照观点一（肯定说），由于被教唆者乙没有产生杀人故意，或者说，甲没有引起乙的杀人故意，故甲不成立教唆犯。即使认定甲在不法层面属于间接正犯，但甲主观上不具有间接正犯的故意，也不成立间接正犯。结局是甲不成立任何犯罪。

按照观点二（否定说），乙客观上实施了符合构成要件的违法行为，甲的教唆行为引起了乙实施该行为，而且甲主观上具有教唆杀人的故意，故甲成立故意杀人罪的教唆犯。

例2：甲为普通公民，乙为国有公司出纳（国家工作人员），二人关系密切。甲谎称购房需要首付，唆使乙将公款挪给自己使用，并谎称两周后自己的定期存款到期，即可归还。乙信以为真，便将公款50万元挪出交给甲。甲使用该公款贩卖毒品获利后，两周内将50万元归还给乙所在的国有公司。

按照观点一（肯定说），甲的行为客观上引起了乙实施挪用公款的行为，但没有引起乙挪用公款罪的故意，即乙的行为在客观上属于挪用公款进行非法活动，但没有挪用公款进行非法活动的故意，故甲不成立挪用公款罪的教唆犯。由于甲没有国家工作人员的身份，也不能成立挪用公款罪的间接正犯。最终只能认定甲无罪。

按照观点二（否定说），乙客观上实施了挪用公款的违法行为，甲故意引起乙实施了该违法事实，甲成立挪用公款罪的教唆犯，即在真正身份犯中，有间接正犯的故意并造成了间接正犯事态，但缺乏特殊身份的人，可以认定为教唆犯。

3. 教唆故意

教唆犯的故意内容是，认识到自己的教唆行为会使被教唆人产生犯罪意图进而实施犯罪，以及被教唆人的行为会发生危害社会的结果，希望或者放任被教唆人实施犯罪行为及其危害结果的发生。显然，过失教唆不可能成立教唆犯。

未遂的教唆，是指教唆者故意教唆他人实施不可能既遂的行为。如果教唆者所唆

使的行为是不能犯，则不问教唆者的故意内容如何，均不成立犯罪；如果教唆者所唆使的行为是可能导致结果发生的未遂犯，则需要判断教唆犯是否具有教唆犯罪的故意来确定其是否成立犯罪。

（二）教唆犯的认定

1. 责任范围。教唆犯只对与自己的教唆行为具有心理因果性联系的结果承担责任。

例如，甲教唆乙杀害丙，乙在寻找丙的过程中遇见自己的情敌丁，进而杀死丁的，乙对丁的死亡承担故意杀人罪既遂的责任，属于直接正犯；甲对丁的死亡不负刑事责任，因为甲的教唆行为与丁的死亡之间不具有因果性。但是由于乙已经开始实施值得处罚的杀丙的预备行为，故甲仅对乙杀人预备的行为承担教唆犯的责任。

2. 教唆犯的罪名。对教唆犯，应当依照他所教唆的罪定罪，而不能笼统定教唆罪。

（1）如果被教唆的人对被教唆的罪产生误解，实施了其他犯罪，或者在犯罪时超出了被教唆之罪的范围，教唆犯只对自己所教唆的犯罪承担责任。

（2）教唆犯教唆他人实施几种较为特定犯罪中的任何一种犯罪时，对教唆犯按被教唆者具体实施的犯罪定罪。

例1：①甲教唆乙实施抢劫行为，但乙到达现场后只实施了盗窃行为的，乙成立盗窃罪，对甲也只能认定为盗窃罪的教唆犯。②甲教唆乙实施盗窃行为，但乙实施了抢劫行为的，乙虽然成立抢劫罪，但对甲也只认定为盗窃罪的教唆犯。

例2：甲教唆乙抢劫财物，乙却实施了抢劫军用物资的，乙超出了甲教唆的内容，实施了抢劫罪的加重情节，故甲虽然成立抢劫罪的教唆犯，但不能适用加重情节的法定刑，仅承担普通抢劫的责任。

例3：甲唆使乙盗窃、诈骗或者抢夺财物，但乙仅实施诈骗的，甲成立诈骗罪的教唆犯。

3. 间接教唆。间接教唆也成立教唆犯；教唆帮助他人犯罪的，成立帮助犯。

例如，甲教唆乙去教唆丙实施了犯罪行为的，丙是直接正犯，乙是直接教唆犯，甲是间接教唆犯。但是，甲唆使乙去帮助丙犯罪的，丙是直接正犯，乙是帮助犯，甲同样是帮助犯。

4. 教唆行为的正犯化。当刑法分则条文将教唆他人实施特定犯罪的行为规定为独立犯罪时（共犯的正犯化），对教唆者不能依所教唆的罪定罪，而应依照刑法分则条文规定的犯罪定罪，不适用刑法总则关于教唆犯的规定。例如，妨害作证罪。

三、帮助犯

（一）概述

帮助犯，是指帮助正犯实行犯罪的人。其成立条件包含：（1）帮助行为；（2）帮助故意；（3）按照共犯从属性说，要求被帮助者实行了犯罪；（4）帮助行为起到了物理或者心理的帮助作用。

（二）帮助行为

1. 帮助方式。包括作为方式和不作为方式。

例如，公司法务部经理甲与公司客户乙相勾结欲诈骗公司财物，乙提供有陷阱的合同，甲审查时未做说明。甲便是不作为的帮助犯。再如，剧场负责人目睹演员演出淫秽节目而不制止，就成立不作为的帮助犯。又如，停车场保安发现小偷偷车而不制止的，成立不作为的帮助犯。

2. 帮助内容。包括物理性帮助和心理性帮助。不包括帮助降低危险的行为。例如，甲绑架一婴儿，后雇请妇女乙帮忙照看婴儿的，即使乙知道案件真相，乙也不构成帮助犯，因为乙的行为只是单纯帮助降低婴儿死亡危险的行为。

3. 帮助时机。包括预备的帮助犯、与实行行为同时的帮助犯（伴随的帮助犯）以及承继的帮助犯（中途参与帮助）。事后帮助行为不成立共犯，即事前无通谋的窝藏、包庇行为，以及事前无通谋的掩饰、隐瞒犯罪所得及其产生的收益的行为，不成立帮助犯；如果事前有通谋的，则成立帮助犯。

（三）帮助故意与从属性

共犯的从属性，是指共犯对正犯的违法事实的从属性，而非对正犯故意的从属性（否定说，通说）。因此，只要正犯的行为是符合构成要件的违法行为，即使正犯没有故意，以帮助故意实施帮助行为者，成立帮助犯。

例如，乙误以为一位妻子甲想杀死其丈夫，便将毒药交给甲。甲虽然给丈夫喂了毒药并且造成了丈夫死亡的结果，但她在行为时却误以为自己喂的是一种治病的药物。由于甲客观上实施了符合构成要件的违法行为，故乙依然成立故意杀人罪的帮助犯（通说）。

（四）帮助效果

只有当帮助行为从物理上或者从心理上促进、强化了正犯结果时，才能为帮助犯的处罚提供正当化的根据。

1. 物理的帮助与心理的帮助，不等于物理的因果性与心理的因果性。存在着物理的帮助行为却起到了心理的因果性作用的情况。

例如，丙决意杀丁，知情的甲、乙二人并无意思联络，却均向丙提供了性能相同的枪支，丙使用甲提供的枪支杀害了丁。本案中，甲提供的枪支合法则地引起了丁死亡的结果，故甲的行为与丁的死亡之间具有物理的因果性；乙的行为与丁的死亡虽然没有的物理的因果性，但促进、强化了丙的犯意，与丁的死亡之间具有心理的因果性。

2. 帮助犯是对正犯的帮助，故单纯针对帮助行为进行帮助的，不成立帮助犯。但只要帮助行为与正犯结果之间具有因果性，即使正犯没有意识到这种帮助行为，也应认定对正犯的帮助，成立（片面）帮助犯。

例如，①甲入户盗窃时邀约乙在楼下望风，乙担心被害人回家时来不及告诉甲，便让丙在小区门外帮忙望风，丙在小区门外发现被害人后立即告诉乙，乙让甲拿走财物后迅速逃离。丙的帮助行为与甲的正犯结果之间具有因果性，属于对正犯的帮助，成立帮助犯。②如果丙知道乙为甲望风，而给乙一张被害人的照片，但被害人并没有出现的，丙的帮助行为与正犯结果之间既没有物理的因果性，也没有心理的因果性，不成立帮助犯。

3. 关联情形

（1）未遂的教唆或者未遂的帮助。即故意教唆或者帮助他人实施不可能侵犯法益的行为。按照共犯从属性说，因正犯缺乏违法行为，故教唆者或者帮助者不成立教唆犯或者帮助犯。

例如，甲唆使乙将毒药投入丙的茶杯，事后发现没有毒药存在的，或者甲以为乙在犯罪而为其望风，但乙并未实施违法行为的，甲的行为属于未遂的教唆或者未遂的帮助，按照共犯从属性说，不成立犯罪。

（2）教唆未遂或者帮助未遂。教唆或者帮助他人犯罪，但他人并未实施犯罪或者实施的犯罪与教唆之罪或者帮助之罪毫无关系，属于教唆未遂或者帮助未遂，按照共犯从属性原则，教唆者或者帮助者不成立教唆犯或者帮助犯。

例如，甲教唆乙犯罪，但乙未听教唆，或者乙听了教唆但未实施违法行为，或者乙实施的行为不值得刑法处罚，或者乙实施的行为与教唆的行为之间没有关系的，甲属于教唆未遂。再如，甲以帮助故意帮助乙实施犯罪，虽然乙实施了犯罪行为，但甲的帮助行为并未起到任何帮助效果的，甲属于帮助未遂。按照共犯从属性说，甲也不成立犯罪。

（3）未遂（犯）的教唆犯或者未遂（犯）的帮助犯。如果被教唆者或者被帮助者实施了相应的犯罪行为，但并未既遂的，教唆者或者帮助者引起或者帮助了未遂的违法事实，属于未遂犯的教唆犯或者帮助犯，无论按照什么学说，均成立犯罪。

例如，甲教唆乙实施杀人行为，或者帮助乙实施杀人行为，乙虽然实施了杀人行为，但并未既遂的，甲成立故意杀人罪未遂犯的教唆犯（适用《刑法》第29条第2款的规定）或者帮助犯（适用《刑法》第23条的规定）。

（五）中立的帮助行为

1. 成立共犯条件。日常生活行为完全可能承担帮助犯的刑事责任：帮助者明知他人正在或者马上要实行犯罪，为其顺利进行提供帮助的，可能成立帮助犯。但是，如果行为人对正犯结果没有提供帮助作用的，不能追究责任。

例1：乙在撬他人保险箱时口干舌燥，甲递给乙一瓶矿泉水，使乙得以继续撬保险箱的，或者出租车司机甲明确得知乘客乙要前往附近某地杀人，仍将其运往目的地，使得乙杀害被害人的，或者商店老板甲看到大街上乙、丙在打架，乙突然进到商店要求买把菜刀，甲明知乙拿菜刀要行凶仍卖给乙，乙果然拿刀将丙砍成重伤的，在客观上，甲的行为帮助了正犯结果的实现，完全可能承担帮助犯的刑事责任。

例2：甲、乙、丙组成盗窃团伙，租住在出租屋，每天到附近饭馆吃饭。饭馆老板丁明知他们吃完饭要外出盗窃仍给他们提供服务。丁并未帮助甲等人的盗窃行为，故不构成帮助犯。

2. 帮助犯与正犯的竞合

如果行为人既有中立的帮助，还有正犯行为，都侵害同一法益的，应按正犯论处，而不能以中立的帮助为由开脱罪责。如果行为人提供的设备、方法等具有正当用途，但正犯利用该设备、方法实施犯罪的，事先提供该设备、方法的人，不成立帮助犯。

例如，甲公司在网络上提供了某种播放器，网民可以通过该播放器下载、上传淫秽影片，播放器同时对淫秽影片予以缓存，使得其他网民能够迅速观看该淫秽影片的。相对于上传淫秽物品的人来说，甲公司的行为属于“中立的帮助”。但甲公司缓存淫秽影片的行为属于“陈列”行为，这是传播淫秽物品的正犯行为。故对甲公司应以传播淫秽物品罪的正犯论处。

四、共犯的正犯化

（一）帮助犯的绝对正犯化

帮助犯已经被刑法分则条文提升为正犯。《刑法》第107条规定的资助危害国家安全犯罪活动罪、《刑法》第120条之一第1款规定的帮助恐怖活动罪就属于这种情形。

1. 扩大处罚范围。帮助犯被正犯化后，其成立犯罪与否不再以其他正犯实施符合构成要件的不法行为为前提。

2. 提升处罚程度。帮助犯被正犯化后，其量刑不再适用《刑法》总则规定的从犯处理（不再适用《刑法》第27条规定），而必须直接按照刑法分则条文规定的法定刑处罚，该“帮助”行为本身不存在免除处罚的可能。

3. 共犯适用规则。帮助犯被正犯化后，教唆他人实施该正犯行为的，成立对该正犯的教唆犯（而非帮助犯），帮助他人实施该帮助行为的，也成立对该正犯的帮助犯。

例如，甲明知乙是恐怖活动组织，而为其提供物质等资助的，无论乙是否实施相关犯罪，只要甲实际已经资助了乙，甲都成立帮助恐怖活动罪既遂，并按照该罪的法定刑处罚，不再适用刑法总则关于从犯的处罚规定，也不能因为甲实施的资助行为而免除处罚。如果丙教唆或者帮助甲予以资助，只要甲实际实施了该资助，丙都成立帮助恐怖活动罪的教唆犯或者帮助犯。

（二）帮助犯的相对正犯化

帮助犯是否被提升为正犯，需要独立判断帮助行为是否值得科处刑罚。在没有其他正犯的场合，这种帮助犯是否值得处罚，取决于该帮助行为本身是否侵害法益以及侵害的程度。《刑法》第358条第4款规定的协助组织卖淫罪就属于这种情形：对于组织卖淫的正犯或者教唆犯，按照组织卖淫罪论处；对于组织卖淫的帮助犯，以协助组织卖淫罪论处；双方具有共犯关系。

（三）帮助犯的量刑规则

帮助犯没有被提升为正犯，帮助犯依然是帮助犯，但刑法分则为其规定了独立的法定刑，而不再适用刑法总则关于帮助犯（即从犯）的处罚规定的情形。《刑法》第244条第2款规定的强迫劳动罪、《刑法》第284条之一第2款规定的组织考试作弊罪、《刑法》第287条之二第1款规定的帮助信息网络犯罪活动罪都属于这种情形。

1. 处罚范围不变。这些法条规定的行为依然是帮助行为，其成立犯罪以正犯实施了不法行为为前提。

2. 行为性质不变。教唆他人实施这些帮助行为的，不成立教唆犯，而是帮助犯；单纯帮助他人实施这些帮助行为，对正犯结果没起作用的，不成立犯罪。

3. 处罚程度提升。如果这些帮助行为成立犯罪，不能适用刑法总则第27条的规定，应直接适用刑法分则条文的规定。

4. 罪数问题。如果这些行为同时构成其他犯罪的共犯，应按照想象竞合犯，从一重罪论处。

例如，甲明知乙意图利用信息网络实施集资诈骗犯罪，而为其主动提供互联网技术支持，但乙尚未实施诈骗行为就被查获的，或者乙并未利用甲提供的互联网技术实施诈骗的，甲的行为没有直接或者间接侵犯法益，不成立帮助信息网络犯罪活动罪。如果乙在甲的帮助下实现了集资诈骗的不法事实，甲成立帮助信息网络犯罪活动罪，与集资诈骗罪的帮助犯属于想象竞合犯，从一重罪论处。

五、共犯行为的关系

教唆犯、帮助犯与间接正犯不是对立关系，而是包容关系。

客观上引起他人实施了符合客观构成要件的违法行为：如果正犯具有故意时，引起者成立教唆犯；如果正犯没有故意时，引起者具有间接正犯故意的，成立间接正犯；正犯没有故意时，引起者不具有间接正犯故意的，仅成立教唆犯。

练练手

1. 关于共犯，下列哪些选项是正确的？[1]

A. 甲、乙共谋杀丙，同时向丙开枪，都未击中丙，但甲射出的子弹击中乙，致使乙死亡的，甲属于偶然防卫，具有方法错误，只要按照法定符合说，甲就成立故意杀人罪既遂

B. 甲教唆乙杀丙，但乙误将丁当作丙杀害的，由于乙属于对象错误，故按照共犯从属性理论，甲也属于对象错误，无论按照法定符合说还是具体符合说，甲、乙都成立故意杀人罪既遂

C. 甲指着丙家门口的石狮子对乙说："这是我家的财物，卖给你。"乙明知是丙的财物，仍然支付1万元后将石狮子运走的，甲不成立盗窃罪的间接正犯

D. 甲唆使乙入户抢劫，但乙仅实施了普通抢劫行为的，乙成立抢劫罪的基本犯，按照共犯从属性理论，甲也仅成立抢劫罪基本犯的教唆犯

2. 关于共同犯罪，下列哪些选项说法是正确的？[2]

A. 乙在偷车时被保安甲发现，保安甲想让小偷既遂，于是没有制止乙的偷车行为。甲成立盗窃罪的共犯

B. 甲看到乙要去丙家盗窃，甲并不认识乙，但是自发帮乙望风。望风过程中，甲发现丙将要回家，于是甲跟丙聊天拖延时间，让乙盗窃成功。甲构成盗窃罪的共犯

C. 甲答应乙杀人后帮助其脱罪潜逃，后甲后悔，不想再帮助乙实施潜逃行为，但是并未告知乙。乙杀人后，甲没有实施帮助乙潜逃的行为。甲构成故意杀人罪的共犯

---

[1] 答案：CD。
[2] 答案：ABC。

D. 甲看到朋友乙要去丙家盗窃，自发帮乙望风，但是乙不知道甲帮他望风。乙盗窃成功后得知甲一直在帮自己望风，随手甩给甲100元。甲、乙构成盗窃罪的共犯

第四节 共犯的几种特殊类型

一、承继的共犯

（一）概念

先行为人已实施一部分正犯行为，后行为人以共同犯罪的意思参与正犯行为或提供帮助行为，并对正犯结果起到了重要作用或者促进正犯结果的作用的情形。

（二）成立范围

成立承继共犯，要求客观上先前行为仍在持续，主观上后行为人存在共犯意思。除了持续犯（继续犯），犯罪既遂并且行为结束之后不可能有承继的共犯，之后提供帮助的可能成立窝藏、包庇罪，掩饰、隐瞒犯罪所得、犯罪所得收益罪等。但事前通谋的，以通谋之罪的共犯论处。

（三）罪名确定

原则上讲，后行为人参与的行为性质与前行为人的行为性质相同。例如，中途参与他人抢劫行为的，成立抢劫罪。

1. 诈骗罪、敲诈勒索罪

观点一（通说）：前行为人实施了欺骗、恐吓行为之后，后行为人只是参与接受财物的，可认定为承继的帮助犯。这是因为诈骗罪行为与敲诈勒索罪行为包含欺骗行为或者敲诈行为、对方产生处分财物的错误认识或者恐惧心理、对方因此处分财产、行为人或者第三人取得财产以及被害人遭受财产损失，而且这个行为结构是一个不可分割的有机整体。在这个过程中，其他人以共犯意思参与犯罪的，应认定为承继共犯。

观点二：诈骗行为或者敲诈行为实施完毕之后，后行为人单纯参与取财的，不成立诈骗罪或者敲诈勒索罪的共犯，而是成立侵占罪或者盗窃罪等。这是因为诈骗罪行为或者敲诈勒索罪行为指的是欺骗行为或者恐吓行为之后取财的行为，单纯取财的行为不是诈骗行为或者敲诈勒索行为，应当独立评价。故其他人仅参与取财的，应按照其取财的方式判断成了什么犯罪。

2. 抢劫罪

观点一（通说）：抢劫罪是一个独立的犯罪类型，即压制反抗强行取财，这是一个不可分割的有机整体，无论手段行为还是目的行为，都属于抢劫行为的范畴。所以，前行为人实施了暴力、胁迫等行为，后行为人参与了取走财物的行为的，后行为人参与的是抢劫行为，成立抢劫罪，根据其所起的实质作用，认定是承继的共同正犯或者承继的帮助犯。

观点二：抢劫罪是手段行为与目的行为的结合，单纯参与取得财物的行为不属于抢劫行为的范畴，应该独立评价。因此，后行为人仅参与取财行为的，根据财物是否属于

他人占有，后行为人成立盗窃罪或者侵占罪。

例如，甲盗窃财物后被被害人追赶，知道真相的乙为了使得甲逃脱，遂与甲一起针对被害人实施暴力，但未造成被害人伤亡。本案中，如果认为乙不成立承继的共犯，就只能认定乙不成立犯罪。如果认为乙成立承继的共犯，则乙也负事后抢劫的责任。理由如下：①甲先前行为导致的是盗窃结果，但乙的参与行为使得甲、乙最终造成了抢劫罪的结果，乙的参与行为与抢劫结果具有物理的因果性。②乙的参与行为并非纯粹的暴力，而是使甲的盗窃行为转化为事后抢劫行为的行为。③乙参与甲的事后抢劫行为，而且具有事后抢劫的故意和特定目的。④乙应当承担事后抢劫的责任，属于事后抢劫的共同正犯，但从整体上看，仅起到了次要作用，应当按照从犯论处。

3. 在结合犯的情形中，承继者仅参与后一犯罪的，不构成结合犯，仅成立其参与的后一犯罪。因为结合犯是两个独立的犯罪类型的结合，故应该分别认定各参与人的行为性质。

例如，甲绑架乙后，没有参与绑架的丙与甲共同杀害乙的，甲属于“绑架杀人”，丙仅成立故意杀人罪，不适用“绑架杀害被绑架人”的法定刑，但甲、丙二人（在故意杀人罪范围内）成立共犯关系。

（四）责任范围

共犯人对正犯结果提供物理或者心理因果联系的，才能承担共犯责任。承继共犯也应当遵循这一原则。

1. 原则之一：先前行为导致的结果不能归属于后行为人，因为后行为人只能对与自己的行为具有因果性的结果承担责任，即后行为人对其参与之前的先行为人的行为产生的结果不承担责任。

2. 原则之二：只要能够证明是后行为人参与后共同行为引发的结果，无论是先行为人还是后行为人导致的结果，也无论是否查清是谁导致的结果，都要归属于先前行为人与后行为人。

3. 原则之三：如果查不清楚是先行为人先前行为导致的结果还是后行为人参与后引发的结果，但能确定是其中之一引发的结果的，只能将该结果归属于先前行为人，不能归属于后行为人（后行为人不对先前行为导致的结果负责；案件事实存在疑问，应作有利于行为人的判断）。

例1：甲为抢劫丙的财物，向丙的心脏踢了一脚，乙知道真相后参与进来也向丙的心脏踢了一脚，后丙经抢救无效而死亡。

本案中，甲以非法占有为目的，对丙实施了压制反抗强行取财的行为，成立抢劫罪；乙明知甲抢劫财物，以共犯意思参与抢劫行为，成立抢劫罪的承继共犯，属于承继的共犯。

（1）如果事后查明甲先前的一脚导致丙死亡，则甲对死亡结果承担责任，属于抢劫致人死亡的情形。乙作为承继的共犯，其参与行为与死亡之间没有因果性，不需对死亡结果承担责任，仅承担抢劫罪基本犯的刑事责任。

（2）如果事后查明丙的死亡是由甲、乙共同导致的或者由乙参与犯罪后的行为导致的，则按照部分实行全部责任的原则，甲、乙的行为与死亡结果都具有因果性，对死亡结果都承担责任，成立抢劫致人死亡的情形。

(3) 如果事后无法查明丙的死亡结果是由谁导致的，则仅甲对死亡结果承担责任，因为无论是甲还是乙导致的死亡结果，按照部分实行全部责任原则，甲均应承担刑事责任，属于抢劫致人死亡的情形。但是，乙作为承继的共犯，只对自己参与后的行为导致的结果负责，而本案查不清死亡结果是甲先前行为还是乙参与之后的行为导致，按照存疑时有利于行为人的原则，乙不需对丙的死亡结果承担责任，乙仅承担抢劫罪基本的刑事责任。

例2： 甲入户抢劫过程中，电话通知乙为自己抢劫望风，乙到户外为甲望风的，甲成立抢劫罪，适用"入户抢劫"的法定刑；乙的望风行为与甲的入户抢劫行为没有因果性，仅成立普通抢劫的共犯。

二、片面共犯

（一）概念

片面共犯，是指参与同一犯罪的人中，一方认识到自己是在和他人共同犯罪，而另一方没有认识到有他人和自己共同犯罪。

（二）分类

片面共犯包括片面的共同实行（片面的共同正犯）、片面的教唆与片面的帮助。片面共犯仅对知情的一方适用共犯的处罚原则，对不知情的一方不适用共犯的处罚原则。在能够认定间接正犯时，不用认定为片面共犯。

1. 片面的帮助犯成立共犯。刑法理论承认片面的帮助犯成立共犯。

例1： 甲发现乙在追杀丙，在丙逃跑路上设置路障，乙随后顺利将丙杀死。甲属于片面的帮助犯。

例2： 某日晚上，乙发现曾多次实施盗窃行为的甲将要潜入丙家盗窃，乙在甲不知情的情况下，主动为甲望风。在望风过程中，乙发现丙回来，于是与丙聊天，拖延丙回住宅的时间，待甲窃取财物从丙家出来后，乙才离开。本案中，如果没有乙的行为，甲的盗窃就不能得逞，故乙的行为与甲的盗窃结果之间具有物理的因果性，应将盗窃结果同时归属于乙的行为，主观上乙具备帮助的故意等，故乙成立盗窃罪（片面的帮助犯）。

2. 片面的共同正犯属于共犯。是否承认片面的共同正犯，存在理论分歧。通说认为，片面的共同正犯成立共犯。

例1： 甲知道乙计划前往丙家抢劫，为帮助乙取得财物，便暗中先赶到丙家，将丙打昏后离去（丙受轻伤）。乙来到丙家时，发现丙已昏迷，以为是丙疾病发作晕倒，遂从丙家取走价值5万元的财物。若承认片面共同正犯，甲对乙的行为负责，对甲应以抢劫罪论处，对乙以盗窃罪论处；若否定片面共同正犯，甲既构成故意伤害罪，又构成盗窃罪，应从一重罪论处，但乙无须对甲的故意伤害行为负责，对乙应以盗窃罪论处。

例2： 甲明知乙打算强奸丙，遂在乙实施强奸行为之前，先将丙打伤，之后乙顺利实施了奸淫行为。本案中，乙成立强奸罪的直接正犯，甲的暴力行为为乙的强奸事实起到了重要作用，成立片面的共同正犯。如果甲在乙离开后又强奸丙的，甲不仅对自己的强奸事实负责任，还要对乙的强奸事实负责任，即甲是具有轮奸情节的片面共同正犯，但乙仅承担普通强奸的责任。如果否认片面共同正犯的概念，则甲的行为成立故意伤害罪与强奸罪的帮助犯，属于想象竞合犯。

3. 片面的教唆犯成立共犯。是否承认片面的共同正犯，存在理论分歧。通说认为，如果教唆者引起了他人实施符合构成要件的不法行为，并具备教唆故意等责任要素，即使被教唆者没有意识到自己的行为意思是由他人教唆行为引起，教唆者也成立教唆犯。

例如，甲将乙的妻子与他人通奸的照片和一支手枪放在乙的桌子上，乙发现后怒火中烧，将其妻打死。甲成立故意杀人罪的教唆犯。

三、不作为的共犯

（一）对不作为的共犯

成立对不作为的共犯，以正犯具有作为义务为前提。根据限制从属性说，只有当正犯的不作为属于符合构成要件的违法行为时，教唆者与帮助犯才能对不作为犯成立共犯；而不具有作为义务的人，只能成立不作为犯的教唆犯或者帮助犯。

例如，甲教唆乙不扶养因吸毒而没有独立生活能力的乙妻丙，乙接受教唆拒绝扶养丙，情节严重的，乙属于遗弃罪的正犯，甲属于遗弃罪的教唆犯。

（二）不作为方式的共犯

要成立不作为方式的共犯，必须要求行为人具有作为义务。不作为犯与作为犯可以成立共同正犯，但不作为行为不能成为教唆犯，可以成立帮助犯。不作为行为是成立帮助犯还是成立正犯，取决于履行作为义务对防止结果发生所起的作用。

例如，甲知道乙追求丙女被拒绝，就对乙开玩笑地说："要是你强奸了丙，生米煮成熟饭，丙自然就会跟你谈恋爱。"乙将甲的玩笑当真，于是强奸了丙女。本案中，乙是强奸罪的正犯。甲的行为客观上引起了乙的强奸犯意，乙也实施了强奸行为，甲虽然没有教唆故意，但这一先前行为引起了阻止乙强奸的义务。如果甲能履行阻止义务而不履行义务的，可以根据其不作为对正犯结果发生的重要程度，分别认定为不作为方式的帮助犯或者共同正犯，但不可能成立不作为方式的教唆犯，因为乙的犯意并不是甲的不作为引起的。

（三）共犯人的作为义务

行为人的先前行为致使被害人不知、不能、不敢反抗，使得被害人的法益处于紧迫危险中，因而产生了保护被害人的法益不受他人侵犯的作为救助义务。

例如，甲、乙二人共同入户抢劫，甲捆绑了被害人丙女的手脚，乙在一旁搜寻财物。随后，乙打算强奸丙女，甲发现后没有进行阻止。甲、乙不仅成立抢劫罪的共犯，还成立强奸罪的共犯，因为甲捆绑丙女的行为致使丙的性自主决定权处于危险之中，甲负有阻止乙的强奸行为义务，甲能阻止未阻止的，成立乙强奸罪的不作为方式的帮助犯（从作为角度无法解释甲的行为成立帮助犯）。

四、共犯与身份

（一）无身份者与有身份者的共同犯罪

1. 真正身份犯中的身份要求仅仅针对正犯而言，对教唆犯与帮助犯不需要定罪身份，故普通主体教唆、帮助具有定罪身份的人实施以定罪身份为构成要件要素的犯罪的，以共犯论处。

（1）无身份者教唆、帮助有身份者实施犯罪，如果没有触犯其他犯罪，则只能按照身份犯触犯的罪名定罪量刑。

（2）有身份者与无身份者成立共犯，但有身份者成立甲罪的正犯（可能是乙罪的从犯），无身份者为乙罪的正犯（可能是甲罪的从犯），即无身份者与有身份者的共犯行为同时触犯了两个以上罪名的，应认定为较重罪的共犯。

例 1：保险事故财产评估中介组织人员甲故意提供虚假的证明文件，为乙诈骗保险金提供条件的，甲是保险诈骗罪的帮助犯，也是提供虚假证明文件罪的正犯，从一重罪处罚。

例 2：出租车司机甲从乙手中购得一辆已保险的轿车，因车辆交易费过高而未在交警部门办理过户手续，也没有向保险公司申请办理变更手续。后来，甲因经济拮据产生诈骗保险金的意图。甲将车卖至外省后，欺骗原车主乙一起向公安机关、保险公司报案，骗得保险金 8 万元。

本案中，如何认定受益人的范围，会产生不同观点。

观点一认为，如果将甲认定为车辆保险的受益人（将刑法上的受益人做不同于保险法上的受益人的解释），则甲的行为构成保险诈骗罪的直接正犯。

观点二认为，如果按照保险法解释受益人（将刑法上的受益人作等同于保险法上的受益人的解释），则甲不是受益人（更非投保人与被保险人），不成立保险诈骗罪的直接正犯或者间接正犯，仅成立普通诈骗罪的直接正犯。当然，如果甲利用不知情的原车主乙向保险公司实施了骗取保险金的行为，甲成立保险诈骗罪的教唆犯与诈骗罪的直接正犯，属于想象竞合犯。

2. 在不真正身份犯中，量刑身份只针对具有该身份的犯罪人起作用。

（二）不同身份者的共同犯罪

具有不同身份的人各自利用自己的身份共同实施违法行为的，存在两种观点：

观点一（司法解释的观点）认为，公司、企业或者其他单位中，不具有国家工作人员身份的人与国家工作人员勾结，分别利用各自的职务便利，共同将本单位的财产非法占为己有的，按照主犯的犯罪性质定罪。

观点二（刑法理论主流观点）认为，不具有国家工作人员身份的甲与国家工作人员乙相勾结，分别利用各自的职务便利，共同将本单位的财产非法占为己有时，甲、乙都同时触犯了贪污罪与职务侵占罪，应按贪污罪的共犯论处。

例 1：甲为非国家工作人员，是某国有公司控股的股份有限公司主管财务的副总经理；乙为国家工作人员，是该公司财务部主管。甲与乙勾结，分别利用各自的职务便利，共同侵吞了本单位的财物 1000 万元。如果按照观点一，应以职位较高者甲的行为性质认定共犯，即甲、乙成立职务侵占罪的共犯。但是，（1）如果乙利用自己的职务之便，将该公司资金非法据为己有的，则成立贪污罪，根据案情，可能被判处死刑。（2）如果乙和其他人员丙勾结，利用乙的职务之便，将该公司资金非法据为己有的，则乙、丙成立贪污罪的共犯，根据案情，对乙有可能判处死刑。（3）如果甲、乙勾结，利用各自的职务之便，共同将该公司资金非法据为己有，倘若以主犯的性质认定共犯罪名，则甲、乙可能成立职务侵占罪的共犯，对乙不可能判处死刑；如果主张甲、乙成立贪污罪与职务侵占罪的想象竞合犯，则对乙的处罚能与（1）（2）的处理结论相协调。**注意**：如果甲、乙仅利用了国家工作人员乙的职务便利，成立贪污罪的共犯；如果甲与乙仅利用了甲的职务便利，则乙的身份没有意义，成立职务侵占罪的共犯。

例2：投保人与国有保险公司工作人员相互勾结骗取保险金的，投保人成立保险诈骗罪的正犯与贪污罪的共犯，国有保险公司工作人员成立贪污罪的正犯与保险诈骗罪的共犯，二人成立重罪即贪污罪的共同犯罪，但各自按照处罚重的犯罪论处。

五、共犯的事实认识错误

（一）同一共犯形式内的认识错误

对于一般的事实认识错误，按照认识错误原则处理。

例如，甲教唆乙杀丙，但乙错将丁当作丙杀害。乙属于对象错误，无论按照法定符合说还是具体符合说，乙均成立故意杀人罪一罪。按照共犯从属性说，应将乙杀丁的事实归属于甲，但甲存在打击错误（非对象错误），按照法定符合说，甲成立故意杀人罪既遂的教唆犯；按照具体符合说，甲成立故意杀人罪预备的教唆犯（对丙）与过失致人死亡罪正犯或者意外事件（对丁），属于想象竞合犯。

（二）不同共犯形式间的认识错误

共犯形式的不同并不影响罪质，故不同共犯形式的错误，应当在有责的违法限度内，成立其中较轻的共犯形式。

1. 以间接正犯的故意，产生了教唆或者帮助的结果，成立教唆犯或者帮助犯。

2. 以教唆犯的故意，产生了帮助的结果，成立帮助犯。

3. 以教唆犯的故意，产生了间接正犯的结果的，或者以帮助犯的故意，产生了教唆的结果或者间接正犯的结果的，不属于不同共犯形式的错误，而是共犯从属性的问题，按照共犯理论可以解决。

例1：医生甲意图杀死患者丙，将毒药给不知情的护士乙，乙后来发现是毒药，但仍然给丙注射了该毒药。甲的行为引起了乙实施符合构成要件的违法行为的意思，故属于教唆行为，甲主观上是间接正犯的意思，由于间接正犯的故意符合教唆犯的故意，故对甲的行为应以故意杀人罪的教唆犯论处。

例2：如果甲以帮助的故意实施心理的帮助，事实上起到了教唆作用的，按照共犯从属性理论，甲只成立帮助犯。如果甲误以为乙具有责任能力，教唆乙杀人，实际上乙没有责任能力，乙在无责任能力的状态下杀死了人的，按照共犯的从属性理论，甲是故意杀人罪的教唆犯。

六、共犯与犯罪形态

（一）基本原则

1. 共犯的既遂。如果法益已经发生实际损害的，原则上各共犯人都是既遂。如果有的共犯人为危害结果的发生没有提供物理或者心理联系，则该结果不能归属于该共犯人。

2. 共犯的未遂。按照共犯从属性原则，只要有正犯着手实行犯罪，其他正犯也着手实行犯罪，相应地，教唆犯、帮助犯也进入着手实行阶段；如果正犯因意志以外的原因未得逞，成立未遂，教唆犯、帮助犯也成立未遂。

3. 共犯的中止。共犯中止，必须符合中止犯的成立条件，即只有当共犯人自动消除了自己的行为与结果之间的因果性，才能成立中止。

例1：甲欲前往张某家中盗窃。乙送甲一把擅自配制的张家房门钥匙，并告诉甲，“张家装有防盗设备，若钥匙打不开就必须放弃盗窃，不可入室”。甲用钥匙开张家房门，无法打开，本欲依乙告诫离去，但又不甘心，思量后破窗进入张家窃走数额巨大的财物。乙的帮助行为的影响仅延续至甲着手开门盗窃时，故乙成立盗窃罪未遂的帮助犯，而非盗窃罪的帮助未遂。

例2：甲、乙、丙三人共谋敲诈勒索丁10万元，三人找到丁之后，以揭发丁的犯罪行为相威胁，让丁交付10万元。丁当时没有10万元，甲、乙、丙要求丁次日准备10万元，丁被迫同意。次日，丙自动放弃共同向丁所要10万元的行为，但没有采取措施阻止甲、乙的行为。甲、乙次日在向丁索要10万元的过程中，因第三者的劝说而放弃敲诈勒索行为。本案中，甲、乙构成犯罪中止，丙也是犯罪中止，因为中止犯的成立以结果未发生为前提，而不要求中止行为与结果的不发生之间具有因果关系。

（二）共犯的脱离

共犯关系的脱离，是指行为人同时消除自己的共犯行为与结果之间的物理的因果性和心理的因果性，但不要求具有自动性；如果具有自动性，成立中止，否则，成立未遂或者预备。

例1：①甲与乙共谋盗窃汽车，甲将盗车所需的钥匙交给乙。但甲后来向乙表明放弃犯罪之意，让乙还回钥匙。乙对甲说：“你等几分钟，我用你的钥匙配制一把钥匙后再还给你。”甲要回了自己原来提供的钥匙。后乙利用自己配制的钥匙盗窃了汽车（价值5万元）。甲、乙成立盗窃罪既遂的共犯，甲不属于共犯关系的脱离。②甲、乙共谋盗窃，由甲提供钥匙，由乙具体实施。甲将钥匙交给乙后，又后悔，想退出犯罪活动，便向乙要回了钥匙。乙无奈只好一人前往盗窃，并取得财物。由于甲消除了自己帮助行为的作用和影响，属于共犯关系的脱离，由于具有自动性，成立盗窃罪中止（预备阶段）。

例2：已经开始为正犯的着手盗窃望风的帮助者，中途默默离开的，不成立中止犯。即使明确告诉正犯自己要离开现场，但如果先前承诺望风的行为对正犯决意实施盗窃起到了促进作用的，也不成立中止犯。

例3：甲邀约乙为自己的入户盗窃望风，在甲入户物色财物的过程中，乙打电话告诉甲自己不再实施望风行为。甲知道乙离开后继续实施盗窃行为，窃取数额较大财物。本案中，乙的帮助行为与正犯甲实施盗窃行为本身具有因果性，乙在甲着手实行后自动消除了其行为对既遂结果可能具有的因果影响力，故甲成立既遂，乙成立中止。

例4：甲、乙共谋杀害丙，并就杀人细节密谋，无论乙是否向甲表示退出犯罪，只要甲随后杀害丙的，甲、乙都成立故意杀人罪既遂共犯；如果甲只是邀请乙为自己杀人望风，但乙未到现场的，根据乙是否在甲既遂前向甲表示自己退出犯罪，认定其成立中止犯或者预备犯。

练练手

1. 甲知道乙计划前往丙家抢劫，为帮助乙取得财物，便暗中先赶到丙家，将丙打昏后离去（丙受轻伤）。乙来到丙家时，发现丙已昏迷，以为是丙疾病发作晕倒，遂从丙家取走价值5万元的财物。关于本案的分析，下列哪些选项是正确的？〔1〕

A. 若承认片面共同正犯，甲对乙的行为负责，对甲应以抢劫罪论处，对乙以盗窃罪论处

B. 若承认片面共同正犯，根据部分实行全部责任原则，对甲、乙二人均应以抢劫罪论处

C. 若否定片面共同正犯，甲既构成故意伤害罪，又构成盗窃罪，应从一重罪论处

D. 若否定片面共同正犯，乙无须对甲的故意伤害行为负责，对乙应以盗窃罪论处

2. 关于共同犯罪与犯罪形态，下列哪一说法是错误的？〔2〕

A. 甲、乙欲共同抢劫丙的财物。在去往丙家途中，甲忽然肚子疼，便让乙继续前往。乙进入丙家中，进行抢劫，丙哀求，乙便放弃抢劫。甲构成抢劫罪的犯罪未遂

B. 甲得知乙想杀仇人丙。夜里，丙尚未出现，丁出现。甲欲杀害丁，指着丁对乙讲："那个人就是丙，可以开枪。"乙便开枪，打死了丁。甲、乙构成故意杀人罪的共同犯罪

C. 甲、乙合谋抢劫丙。使用暴力后，发现丙身上没带钱，甲、乙便押着丙前往丙家中取钱。途中，甲因临时有事要离开，便让乙继续前往丙家。乙到了丙家，发现丙生活困难，于心不忍，遂放弃。甲构成抢劫罪的犯罪未遂

D. 甲、乙合谋杀害丙。甲、乙二人将丙殴打致昏迷后，以为丙已经死亡。甲先行离开，让乙打扫现场。乙在打扫现场时发现丙尚有气息，遂向丙胸口踢了一脚，致丙死亡。甲构成故意杀人罪既遂

---

〔1〕 答案：ACD。
〔2〕 答案：D。

第五节 共犯人的分类及其处罚原则

一、主犯

第二十六条	【主犯】组织、领导犯罪集团进行犯罪活动的或者在共同犯罪中起主要作用的，是主犯。 三人以上为共同实施犯罪而组成的较为固定的犯罪组织，是犯罪集团。 对组织、领导犯罪集团的首要分子，按照集团所犯的全部罪行处罚。 对于第三款规定以外的主犯，应当按照其所参与的或者组织、指挥的全部犯罪处罚。

（一）概念

“组织、领导犯罪集团进行犯罪活动的”与“在共同犯罪中起主要作用的”，即主犯。主犯不一定都是首要分子，首要分子也不一定是主犯。因为聚众犯罪也有首要分子，如果只处罚首要分子且仅有一人时，无所谓主犯。

（二）犯罪集团的首要分子

犯罪集团的首要分子应当对集团所犯罪行承担刑事责任，但并非对集团成员实施的犯罪承担责任。具体表现为：

1. 集团犯罪概括故意范围内的行为，首要分子负责任。但是，超出集团犯罪故意的行为，首要分子不负责任。
2. 与集团犯罪重合范围内的行为，首要分子负责任。
3. 容易转化的转化类型犯罪，首要分子负责任。
4. 集团犯罪中加重情形的行为，首要分子负责任。

注意

犯罪集团的首要分子对犯罪集团犯罪行为负责任，并不意味着一定承担主要责任。首要分子的刑事责任不能重于具体实施犯罪行为的人的刑事责任，但可以轻于或者等于具体实施犯罪行为的人的刑事责任。

（三）其他主犯的刑事责任

对于组织、指挥共同犯罪的其他主犯（如聚众共同犯罪中的首要分子），应当按照其组织、指挥的全部犯罪处罚；对于没有从事组织、指挥活动但在共同犯罪中起主要作用的人，应按其参与的全部犯罪处罚。

注意

现行刑法没有规定对主犯“从重处罚”，而是按照单独犯罪处罚。

二、从犯

第二十七条	【从犯】在共同犯罪中起次要或者辅助作用的，是从犯。 对于从犯，应当从轻、减轻处罚或者免除处罚。

1. 从犯起次要或者辅助作用。（1）起次要作用的包括实行犯或者教唆犯，即实行犯、教唆犯可以是主犯、也可以是从犯（包括胁从犯）；（2）起辅助作用的就是帮助犯，即帮助犯不能是主犯，只能是从犯（包括胁从犯）。

2. 在共犯中，可能只有主犯而没有从犯，但不可能只有从犯而没有主犯；在既有主犯又有从犯的情形，可能只处罚从犯而不处罚主犯，也可能出现相反的情形。

3. 从犯应当对其参与实施的所有犯罪行为承担责任，只是应当从轻、减轻或者免除处罚。

三、胁从犯

第二十八条	【胁从犯】对于被胁迫参加犯罪的，应当按照他的犯罪情节减轻处罚或者免除处罚。

胁从犯，是指被胁迫参加犯罪而且在共同犯罪中起次要或者辅助作用的人。如果完全被压制了意志自由，则属于他人犯罪的工具，不成立犯罪。

四、教唆犯

第二十九条	【教唆犯】教唆他人犯罪的，应当按照他在共同犯罪中所起的作用处罚。教唆不满十八周岁的人犯罪的，应当从重处罚。 如果被教唆的人没有犯被教唆的罪，对于教唆犯，可以从轻或者减轻处罚。

（一）处罚原则

1. 教唆他人犯罪的，应当按照他在共同犯罪中所起的作用处罚。起主要作用的，认定为主犯；起次要作用，认定为从犯（也有可能成立胁从犯）。

2. 在被教唆的人只是实施了犯罪预备行为的情况下（以处罚犯罪预备为前提），教唆犯与被教唆者成立共同犯罪，对教唆犯适用本规定的同时，还应适用《刑法》第 22 条第 2 款（犯罪预备的处罚规定）的规定。

（二）从重处罚情节

教唆不满 18 周岁的人犯罪的，应当从重处罚。

1. 成立范围

（1）按照限制从属性说，“不满 18 周岁的人”包括没有达到法定年龄的人，即如果教唆未达到刑事法定年龄的人犯罪的，也应当从重处罚。即使认定这种行为成立间接正犯，但由于间接正犯与教唆犯并不是对立关系，这种情形的间接正犯完全符合教唆犯的成立条件，故应当对其从重处罚（当然解释）。

（2）按照极端从属性说，“教唆不满18周岁的人犯罪”，仅指教唆已满16周岁不满18周岁的人实施任何故意犯罪、教唆已满14周岁不满16周岁的人实施《刑法》第17条第2款规定的犯罪以及教唆已满12周岁不满14周岁的人实施《刑法》第17条第3款规定的犯罪。

2. 法条竞合

如果刑法分则条文作了特殊规定的，应适用分则规定（特殊法条优先），如《刑法》第347条第6款：“利用、唆使未成年人走私、贩卖、运输、制造毒品的，从重处罚。”

（三）从宽处罚规定

被教唆的人没有犯被教唆的罪，对于教唆犯，可以从轻或者减轻处罚。

1. 共犯独立性说

教唆未遂。包括被教唆人拒绝教唆犯的教唆、被教唆人接受教唆后没有实施犯罪行为、被教唆人实施的犯罪不是教唆行为所致、被教唆人所犯之罪的性质与教唆犯所教唆的犯罪性质完全不同。

2. 共犯从属性说

未遂（犯）的教唆犯。被教唆者（正犯）已经着手实施了值得处罚的违法行为，只是没有既遂。这种情形中的教唆者构成犯罪，可以从轻或减轻处罚（适用《刑法》第29条第2款之后，不再适用未遂犯的处罚规定）；对于被教唆者，如果犯罪未遂的，则适用《刑法》第23条未遂犯的处罚规定。

例如，甲教唆乙杀人，乙并未实施杀人行为的，按照共犯独立性说，甲属于教唆未遂，成立故意杀人罪的教唆犯，按照《刑法》第29条第2款的规定，可以从轻、减轻处罚；按照共犯从属性说，教唆未遂不成立犯罪，故甲无罪。如果乙接受教唆后实施杀人行为，因意志以外的原因未得逞的，乙成立故意杀人罪未遂，属于正犯，适用《刑法》第23条未遂犯的处罚规定；但甲属于未遂犯的教唆犯，成立故意杀人罪，适用《刑法》第29条第2款的规定，可以从轻、减轻处罚。

练练手

1. 四位学生在课堂上讨论共同犯罪时先后发表了以下观点，其中正确的选项是?[1]

A. 甲：对于犯罪集团的首要分子，应当按照集团所犯的全部罪行处罚，即应当对集团成员所实施的全部犯罪承担刑事责任

B. 乙：在共同犯罪中起主要作用的是主犯，对于犯罪集团首要分子以外的主犯，应当按照其所参与的或者组织、指挥的全部犯罪处罚；对从犯的处罚应当轻于主犯，所以，对于从犯不得按照其所参与的全部犯罪处罚

C. 丙：犯罪集团的首要分子都是主犯，但聚众犯罪的首要分子不一定是主犯，因为聚众犯罪不一定成立共同犯罪

---

〔1〕答案：CD。

D. 丁：一开始被犯罪集团胁迫参加犯罪，但在着手实行后，非常积极，成为主要的实行人之一，在共同犯罪中起主要作用的，应认定为主犯

2. 关于共同犯罪人，下列哪些选项是错误的？[1]

A. 所有的首要分子都是主犯，但主犯不一定是首要分子

B. 盗窃集团的首要分子对其成员实施的抢劫行为至少要负盗窃罪的刑事责任

C. 对于从犯，应当比照主犯从轻、减轻或者免除处罚，故共犯中主犯一定承担刑事责任

D. 只要被胁迫参加犯罪，即使失去自由决定行为选择的可能性，也应当认定为胁从犯

〔1〕 答案：ACD。

第六章 罪 数

第一节 概 述

一、一行为的罪数问题

第一，如果一行为（自然意义上的行为）、一对象、一结果、一法益，仅符合一个犯罪构成的，则成立一罪；如果符合两罪的犯罪构成，即两罪的构成要件内容重复规定（存在包容关系），则属于法条竞合，即法律的竞合。

第二，如果一行为（自然意义上的行为）、二对象、二结果、二法益或者同一行为具有双重法律性质，符合两罪犯罪构成，而且评价为任何一罪不足以完整、全面评价案件事实，则应评价为两罪，属于想象竞合犯，即事实的竞合。

二、数行为的罪数问题

第一，如果存在两个（自然意义上的行为）行为，但仅侵犯一个法益，仅符合一个犯罪构成的，仅成立一罪；如果符合两个犯罪构成，但仅侵犯一个法益（造成一个损失）的，属于（狭义的）包括的一罪，择一重罪处罚。

第二，如果两个行为分别成立两个犯罪，侵犯不同法益，但罪名相同的，属于同种数罪（包括连续犯），原则上以一罪论处（酌情从重处罚）；符合加重情节的（数额犯、情节犯与多次犯），适用加重情节的法定刑。如果按照一罪论处做不到罪刑相适应的，应当并罚。

第三，如果两个行为成立的罪名不同的，分别侵犯不同法益的，原则上数罪并罚。但可能成立吸收犯或者牵连犯，其区分取决于两个行为之间的关系是必然经过或者必然结果的关系还是类型性的牵连关系，前者属于吸收犯，后者属于牵连犯。当然，如果后行为没有侵犯新的法益，或者行为人没有责任，则属于不可罚的事后行为，不成立犯罪。

第二节 一行为的罪数问题

一、继续犯

（一）概念

继续犯，是指犯罪既遂后，危害行为与法益侵犯的不法状态还在持续进行。如非法拘禁罪，绑架罪，拐卖妇女、儿童罪，危险驾驶罪，持有假币罪，非法持有毒品罪等。

状态犯与继续犯相对，指不法状态虽然还在持续，但行为已经结束。如盗窃罪等财产犯罪。

（二）意义

1. 共犯问题

在继续犯中，只要犯罪行为还在持续进行，他人参与犯罪的，都成立共犯；在状态犯中，行为结束后，他人不能成立共犯，可能成立妨害司法活动的犯罪。

2. 溯及力问题

继续犯行为持续到新法生效期的，直接适用新法，不存在溯及力问题；状态犯行为在新法生效前结束，即使不法状态还在继续，要适用从旧兼从轻的溯及力原则。

3. 追诉时效问题

继续犯与连续犯追诉时效的期限从犯罪行为终了之日开始起算；状态犯追诉时效的期限通常从犯罪行为成立之日开始起算。

二、法条竞合

一个行为同时符合了数个法条规定的犯罪构成，但从数个法条之间的逻辑关系来看，只能适用其中一个法条，排除适用其他法条的情况。法条竞合是法条之间的竞合（重合）关系，而非犯罪的竞合。包含特别关系和补充关系。

（一）特别关系

A 法条记载了 B 法条的全部特征和要素，但较之 B 法条至少还多出一个特别的特征和要素，使之与 B 法条存在区别。A 法条属于特殊法条，B 法条属于普通法条。

1. 成立条件

（1）逻辑的包容性

通过对构成要件的解释就可以发现一个构成要件包容了另一构成要件的全部内容。如果只能借助特定案件事实才能使两个法条之间产生关联，脱离案件事实两个法条处于中立关系甚至对立关系的，不属于法条竞合。

例如，滥用职权罪与徇私枉法罪属于法条竞合关系，破坏交通工具罪与盗窃罪不具有法条竞合关系。

（2）法益的同一性

当两个法条的保护法益同一时，适用一个法条能充分、全面评价行为的不法内容，才能认定为法条竞合。如果行为侵犯了数个犯罪不同法益，仅适用一个法条就不足以充分、全面评价行为的不法内容，不属于法条竞合。

例如，故意杀人罪与故意伤害罪虽然属于法条竞合，但同一行为分别侵犯了不同法益主体的生命或者健康时，不属于法条竞合，而是想象竞合。

（3）不法的包容性

在法益同一时，只有当适用一个法条能充分、全面评价行为的不法内容（程度）且法条之间具有包含关系，才能认定法条竞合，否则属于想象竞合。

例如，走私国家禁止进出口的货物、物品罪“情节严重的”处五年以上有期徒刑，走私普通货物、物品罪“数额特别巨大或者有其他特别严重情节的”处十年以上有期徒刑和无期徒刑，如果行为人走私国家禁止进出口的货物、物品数额特别巨大的，就要认定行为人成立走私国家禁止进出口的货物、物品罪与走私普通货物、物品罪的想象竞合而非法条竞合，才能充分、全面评价行为人的不法内容。

2. 具体表现

（1）加重构成要件

加重构成要件成立独立罪名，与基本犯罪属于特殊法条和普通法条的关系。对此，优先适用属于特殊法条的规定。例如，强奸罪与强制猥亵、侮辱罪，强制猥亵、侮辱罪与猥亵儿童罪，破坏军婚罪（与现役军人结婚的情形）与重婚罪。

（2）减轻构成要件

如果刑法将减轻构成要件规定为独立罪名，其与基本犯罪的规定属于法条竞合关系。例如，伪造、变造、买卖身份证件罪与伪造、变造、买卖国家机关公文、证件、印章罪，两者是特殊法条与普通法条的关系。

（3）结合犯的构成要件

数个原本独立的犯罪行为，根据刑法的明文规定，结合成为一个犯罪的情况。例如，绑架后杀害被绑架人的，或者绑架后故意伤害被绑架人，致人重伤、死亡的；拐卖妇女又奸淫被拐卖的妇女的。

①相对于被结合的犯罪，结合犯属于特殊法条，优先适用特殊法条的规定，不能数罪并罚，也不属于想象竞合犯。

②结合犯所结合的犯罪行为内容必须严格依照法条的规定理解，不能超出法条用语随意扩大结合犯的成立范围。

③结合犯存在未遂或者中止的可能性，即适用结合犯的法定刑，同时适用未遂或者中止的处罚规定。当然，如果分则条文存在特殊规定的，适用特殊规定。

④如果他人中途参与被结合的犯罪行为的，他人仅成立被结合的犯罪，在此范围内双方成立共犯。

（4）加重责任要素

特殊法条增加特定责任要素（目的），以区别于普通法条的，优先适用特殊法条。例如，传播淫秽物品牟利罪与传播淫秽物品罪、贷款诈骗罪与骗取贷款罪、集资诈骗罪与非法吸收公众存款罪等，前者属于特殊法条，后者属于普通法条，应优先适用特殊法条。

3. 法条适用规则

（1）基本原则：优先适用特殊法条。

（2）如果适用特殊法条导致犯罪分子不受处罚的，或者为了确保量刑公平的，可以适用普通法条；而且在共同犯罪中，存在着有的犯罪人适用特殊法条、有的适用普通法条的情形。例如，甲中止了持枪抢劫，但成立普通抢劫的，因持枪抢劫中止免除处罚，故应成立普通抢劫罪。

（3）在普通法条已经规定而特殊法条没有规定的行为，如果完全符合普通法条规定的构成要件，应当适用普通法条；当然，如果特殊法条的内容是为了限制处罚的范围，则不法、责任程度不值得处罚，不得适用普通法条。

例如，盗窃、抢夺、毁灭国家机关公文、证件、印章罪与盗窃、抢夺武装部队公文、与证件、印章罪，对毁灭武装部队、公文、证件的行为应以毁灭国家机关、公文、证件罪论处；但盗窃、抢夺、毁灭居民身份证等证件的行为，不构成盗窃、抢夺、毁灭国家机关证件罪。

（4）司法解释导致特殊法条不周全时，只要司法解释具有法律效力，就可以适用普通法条。

例如，如果信用卡诈骗罪以数额5000元为起点，普通诈骗罪以3000元为起点，那么，行为人信用卡诈骗4000元的，如何处理？刑法理论上存在以下观点：修改司法解释规定的数额标准；宣告无罪；以信用卡诈骗罪的未遂论处；成立普通诈骗罪。主流观点认为，如果行为人进行信用卡诈骗时，主观上打算、客观上也足以诈骗数额较大或者巨大的财物，由于意志以外的原因未得逞的，以信用卡诈骗罪未遂论处；如果行为人主观上没有打算以信用卡诈骗数额较大的财物，客观上没有达到信用卡诈骗数额较大以上，但达到了普通诈骗数额较大标准的，应以普通诈骗罪论处。

（二）补充关系

补充法条所规定的构成要件要素，少于或者低于基本法条的要求，或者存在消极要素的规定。补充法条规定的犯罪的不法程度必然轻于基本法条的犯罪，属于兜底构成要件。

例如，《刑法》第141—148条规定了生产、销售特定的伪劣产品的犯罪，《刑法》第140条规定了生产、销售伪劣产品罪，后者是对前者的补充，属于兜底条文。如果行为人实施的行为仅成立生产、销售伪劣产品罪，或者仅成立生产、销售特定伪劣产品的犯罪，那就按照行为触犯的罪名定罪处罚。如果行为人生产、销售特定的伪劣产品，既成立生产、销售伪劣产品罪（《刑法》第140条），也成立生产、销售特定伪劣产品罪（《刑法》第141—148条），应按照重法条定罪处罚（《刑法》第149条明文规定）。

三、想象竞合

想象竞合，又称想象的数罪、观念的竞合、一行为数法，是指一个行为触犯了数个罪名的情况。

（一）特征

1. “一个行为”。即基于自然的观察，在社会的一般观念上被认为是一个行为，而不是从构成要件的评价上看是一个行为。当某个行为还能被分成两个行为时，符合构成要件的各自然行为的主要部分重合，就是一个行为。

注意

在不作为中，当一个积极行为可以履行数个作为义务时，一个积极行为可以防止数个法益侵害结果时，就是一个行为；如果行为人违反了数个作为义务，就属于想象竞合。如果行为人负有数个作为义务，且需要数个积极行为才能履行其义务的，则是数行为，不属于想象竞合。

2. “触犯数罪名”。即因为该行为具有多重属性或者造成多重结果，在构成要件的评价上符合数罪的构成要件。其中的“数罪”包括同种类数罪和异种类数罪，包括故意犯罪和过失犯罪。

（二）意义

对于想象竞合犯，不能只适用一个法条，而是同时适用行为所触犯的数个法条，在判决书中应当明示行为人的行为触犯的数个罪名。

1. 保护法益。行为人的行为侵犯了数个法益，而仅适用一个法条，就不能充分、全面评价其行为，不利于刑法保护法益机能的实现。

2. 明示功能。坚持想象竞合的明示机能，有助于发挥刑法行为规范的功能，实现特殊预防与一般预防，而且不仅对被害人的心理起安抚作用，还能合理解决被害人的赔偿问题。

（三）想象竞合与法条竞合的区别

1. 从形式上看，法条竞合并不取决于案件事实，而是取决于法条之间是否存在包容关系。而想象竞合则取决于案件事实，即现实行为触犯了两个不同的法条，不同法条之间不一定具有包容关系。按照任何一个法条的规定都不足以全面评价一个行为，只有评价为符合两个以上法条规定的犯罪构成，才能全面评价案件的，属于想象竞合。

2. 从实质上说，法条竞合时，行为仅侵害了一个犯罪的保护法益。想象竞合时，行为侵害了两个以上犯罪的保护法益。法条竞合与想象竞合之间是对立关系。

（四）想象竞合的具体表现

1. 如果两个法条之间只存在交叉关系，则二者之间属于想象竞合，不可能是法条竞合。例如，《刑法》第266条规定的诈骗罪与《刑法》第279条规定的招摇撞骗罪，只可能属于想象竞合关系。

2. 两个法条在通常情况下是法条竞合关系，但可能在特定情况下（适用一个法条不能充分、全面评价行为有责的不法内容）属于想象竞合。

（1）如果甲重罪的既遂与乙轻罪属于法条竞合，则甲重罪的未遂与乙轻罪可能是想象竞合。

例如，故意杀人罪与故意伤害罪原则上属于特殊法条与普通法条的关系，应优先适用特殊法条。甲以特别残忍手段实施杀人行为致人重伤造成严重残疾，按照故意杀人罪未遂论处，可以比照既遂犯从轻、减轻处罚。这样处理并未充分评价“以特别残忍的手段致人重伤造成严重残疾”的不法内容和程度。如果认定为故意杀人罪未遂与故意伤害罪的想象竞合犯，则可以适用故意伤害罪中“十年以上有期徒刑、无期徒刑或者死刑”的法定刑，而且不适用未遂犯的处罚规定。

（2）甲罪与乙罪的基本条款是法条竞合，但甲罪与乙罪的加重条款可能是想象竞合。如果从法定刑与量刑规范的角度判断，甲罪或者乙罪的法条都不足以全面、充分评价行为的不法内容和程度，就应当认定为想象竞合。

例如，即使认为盗伐林木罪与盗窃罪通常是法条竞合关系，但盗伐林木数额特别巨大并可能判处无期徒刑的，则盗伐林木罪不足以充分、全面评价该行为，应该认定为想象竞合。

再如，保险诈骗罪法定最高刑为十五年有期徒刑，诈骗罪法定最高刑为无期徒刑。关于二者的关系，刑法理论存在不同观点。**法条竞合说**认为，保险诈骗罪与诈骗罪属于法条竞合关系，凡是成立保险诈骗罪的，按照保险诈骗罪的法条定罪处罚，即使保险诈骗数额特别巨大的，也不适用诈骗罪的法条（诈骗罪规定“本法另有规定的，依照规定”），但可以合同诈骗罪定罪处罚。**想象竞合说**认为，保险诈骗罪与诈骗罪存在交叉关系，但法益内容并不完全相同，二者不属于法条竞合，而是想象竞合。**折中说**认为，即使认为保险诈骗罪的一般情形与诈骗罪属于法条竞合，但保险诈骗数额特别巨大，按诈骗罪可能判处无期徒刑的，无论评价为保险诈骗罪还是诈骗罪，都不足以全面评价不法行为，故应当认定保险诈骗罪与诈骗罪为想象竞合犯。

（3）结果加重犯与基本犯是特别关系的法条竞合，但结果加重犯与加重结果所触犯的犯罪之间则是想象竞合犯。如果形式上属于加重结果，但刑法没有加重其法定刑，即没有规定为结果加重犯的，也属于想象竞合。

例如，抢劫致人死亡与抢劫的基本犯是法条竞合，但抢劫致人死亡与故意杀人罪或者过失致人死亡罪是想象竞合。

（五）处理原则

法条竞合处理原则的目的，主要是为了防止对行为的重复评价，而想象竞合处理原则的目的，主要是为了防止对行为的双重处罚。

想象竞合成立数罪，在判决书中应当逐一列出行为所触犯的犯罪，仅按其中较重犯罪的法定刑处罚（科处一个刑罚）。但是，在选择较重犯罪的法定刑之后，对想象竞合的量刑不得低于较轻犯罪的法定最低刑。

刑法分则规定存在例外，即《刑法》第204条第2款，纳税人缴纳税款后，采取前款规定的欺骗方法（骗取出口退税款），骗取所缴纳的税款的，依照本法第201条的规定（逃税罪）定罪处罚；骗取税款超过所缴纳的税款部分，依照前款的规定（骗取出口退税款罪）处罚。

练练手

1. 关于法条关系，下列哪些选项是错误的（不考虑数额）？[1]

A. 即使认为盗窃与诈骗是对立关系，一行为针对同一具体对象（同一具体结果）也完全可能同时触犯盗窃罪与诈骗罪

B. 即使认为故意杀人与故意伤害是对立关系，故意杀人罪与故意伤害罪也存在法条竞合关系

C. 如认为法条竞合仅限于侵害一犯罪客体的情形，冒充警察骗取数额巨大的财物时，就会形成招摇撞骗罪与诈骗罪的法条竞合

D. 即便认为贪污罪和挪用公款罪是对立关系，若行为人使用公款赌博，在不能查明其是否具有归还公款的意思时，也能认定构成挪用公款罪

---

〔1〕答案：ABC。

2. 关于诈骗犯罪与其他犯罪的关系，下列哪些选项是正确的（不考虑数额和情节）?[1]

A. 甲签订保险合同后，编造未曾发生的保险事故骗取数额特别巨大的保险金的，成立保险诈骗罪与合同诈骗罪，从一重罪论处

B. 乙使用假币骗取他人财物的，成立使用假币罪与诈骗罪，属于想象竞合犯，从一重罪论处

C. 丙冒充国家机关工作人员招摇撞骗，骗取数额较大财物的，成立招摇撞骗罪与诈骗罪，应适用特殊法条招摇撞骗罪论处

D. 丁制作、出售假冒他人署名的美术作品，骗取他人财物的，成立侵犯著作权罪与诈骗罪，属于想象竞合犯，从一重罪论处

第三节 数行为的罪数问题

一、狭义的包括一罪

两个行为，分别触犯不同的犯罪，但两个行为仅侵犯一个法益，或者仅导致一个财产损失，属于狭义的包括一罪，从一重罪处罚。

例如，甲盗窃乙的财物，事后乙向甲索要财物，甲使用暴力手段迫使乙放弃其财产返还请求权的，甲针对财物本身成立盗窃罪，针对财产性利益成立抢劫罪，由于仅造成一个财产损失，属于狭义的包括一罪，从一重罪论处。

再如，甲盗窃了乙的电脑，事后以找回电脑为由骗取乙5000元的，甲针对电脑成立盗窃罪，针对5000元成立诈骗罪，乙仅有一个财产损失，属于狭义的包括一罪，从一重罪论处。

二、连续犯

基于同一的或者概括的犯罪故意，连续实施性质相同的数个行为，触犯同一罪名的犯罪。对于连续犯，原则上以一罪处罚。如果数罪并罚才能实现罪刑相适应的，应当并罚。例：连续伤害多人，触犯数个故意伤害罪的情形。

三、数额犯

刑法按照数额多少设定加重法定刑的情形，例如“数额巨大”“数额特别巨大”加重法定刑的规定。由于数额可以累积计算，并能做到罪刑相适应的，故应评价为包括的一罪。

四、多次犯

刑法明确规定多次实施某种犯罪行为，按照加重情形处罚的情形。例：多次抢劫的

[1] 答案：ABD。

情形，对此也应评价为一罪。这种情形不同于“多次盗窃”“多次抢夺”的情形，因为后者是成立犯罪的基本构成要件，属于单纯的一罪。

五、情节犯

将情节严重、情节特别严重作为法定刑升格条件的情形。即使行为人数次实施这种犯罪行为的，也应评价为一罪。这种情形不同于刑法规定“情节严重”成立犯罪的情形，因为后者是成立犯罪的基本构成要件。

六、职业犯

犯罪构成预定将一定的犯罪作为职业或业务反复实施的犯罪。例如，非法行医罪，职业犯不要求以营利为目的。

七、营业犯

犯罪构成预定以营利为目的反复实施一定犯罪的行为。例如，赌博罪、开设赌场罪。

八、共犯竞合

教唆他人犯罪，又共同实行犯罪或者又帮助实施犯罪的，按照主行为论处，只成立一罪。主行为判断顺序为：优先正犯行为；其次为教唆行为；最后为帮助行为。

九、吸收犯

多个行为触犯不同犯罪，但具有前后发展关系，即前行为是后行为的必经阶段，后行为是前行为发展的当然结果的（吸收关系）。对此，应重罪吸收轻罪，以重罪论处。

例如：非法制造枪支、弹药后非法持有枪支、弹药的，伪造货币之后持有、出售、运输假币的，制造毒品后非法持有毒品的，明知是枪支、假币或者毒品而盗窃、抢夺的。但必须要求两个行为指向的对象具有同一性，否则数罪并罚。

十、不可罚的事后行为

在状态犯的场合，在不法状态存续期间，又实施了形式上触犯其他犯罪、但没有侵犯新法益或者没有责任的行为，后行为就属于不可罚的行为。

经典案例：

①甲侵占代为保管的他人财物，谎称财物被盗的，后面欺骗的行为没有侵犯新的法益，属于不可罚的事后行为。

②甲盗窃、抢夺、抢劫、诈骗或者敲诈勒索（以下仅表述盗窃）他人财物之后又毁坏该财物的，毁坏财物的行为没有侵犯新的法益，属于不可罚的事后行为。但是，甲盗窃他人文物后，为逃避侦查而毁坏文物或者出售文物的，应当数罪并罚。

③甲盗窃财物之后，出售自己非法获取的赃物的，出售赃物的行为虽然侵犯新的法益（即妨害司法活动顺利进行），但缺乏责任（没有期待可能性），属于不可罚的事后行为，不成立赃物犯罪。这种情形中，不可罚的事后行为仅针对本犯而言，故其他仅仅参

与事后行为的人，依然可能成立赃物犯罪。

④甲将盗窃的文物仿真品（价值数额较大）冒充文物出卖给他人，骗取财物的，成立盗窃罪与诈骗罪，数罪并罚（事后行为侵犯新的法益，且对行为人不缺乏期待可能性，则应认定为数罪）。

⑤甲盗窃财物后隐瞒真相单纯出售赃物的行为是否成立诈骗罪，取决于是否对赃物适用善意取得制度：如果适用善意取得制度，购买者无财产损失，甲不成立诈骗罪；如果不适用善意取得制度，购买者存在财产损失，甲成立诈骗罪，与盗窃罪数罪并罚。

十一、牵连犯

行为人为实现同一犯罪目的，实施了两个触犯不同罪名的犯罪行为，但二者存在手段行为—目的行为或者原因行为—结果行为的关系（牵连关系）。成立牵连犯，不仅要求在客观上、主观上能认定牵连关系，而且这种关系在社会生活中还必须具有通常性，即某种手段行为通常用于某种犯罪，或者某种原因行为通常导致某种结果行为（即类型性的牵连关系）。刑法理论上一般认为，对牵连犯应从一重处罚，或者从一重从重处罚。

常见的牵连犯情形：

（1）伪造证件材料进行诈骗犯罪。例如：伪造、变造、买卖国家机关公文、证件，伪造公司、企业、事业单位印章，伪造、变造、买卖身份证件，伪造、变造金融票证，以虚假身份证明骗领信用卡（妨害信用卡管理罪），然后进行普通诈骗、合同诈骗、金融领域的诈骗犯罪的，属于典型的牵连犯关系。但是，盗窃、抢夺国家机关证件后诈骗或者招摇撞骗的，不属于牵连犯，应当并罚。

（2）伪造、变造、买卖身份证件后组织考试作弊、代替考试、冒名顶替或者实施其他诈骗犯罪的，成立伪造、变造、买卖身份证件罪与组织考试弊罪、代替考试罪、冒名顶替罪或者诈骗犯罪的牵连犯。

（3）非法侵入住宅杀害、伤害、强奸、强制猥亵、侮辱被害人的，成立非法侵入住宅罪与故意杀人罪，故意伤害罪，强奸罪，强制猥亵、侮辱罪的牵连犯。注意：入户盗窃、入户抢劫不属于牵连犯。

（4）绑架后勒索到数额较大财物的，成立绑架罪与敲诈勒索罪的牵连犯。

（5）以牟利或者传播为目的，走私淫秽物品入境后贩卖、传播牟利的，成立走私淫秽物品罪与贩卖、传播淫秽物品牟利罪的牵连犯。

（6）盗窃财物后，为了顺利销赃而伪造公司、企业发票的，成立盗窃罪与伪造公司、企业印章罪的牵连犯。

例 1：甲绑架丙后，向丙的家人乙勒索到数额较大以上的财物。关于甲的行为性质，存在以下观点：

观点一认为：甲绑架丙，构成绑架罪既遂，之后勒索财物的行为属于绑架罪的应有内容，不构成新的犯罪。该观点将绑架罪理解为财产犯罪，并不合理。

观点二认为：甲绑架丙，构成绑架罪既遂，之后勒索财物的行为构成敲诈勒索罪，与绑架罪应当并罚。该观点将绑架罪理解为侵犯人身犯罪，与侵犯财产犯罪分别评价，具有合理性。但该观点无视绑架与敲诈勒索之间通常的手段目的关系，不合理。

观点三认为：甲绑架丙，构成绑架罪既遂，之后勒索财物的行为构成敲诈勒索罪。二者之间具有类型性的牵连关系，成立牵连犯。该观点尊重绑架罪的行为性质，全面评价了案件事实，同时考虑到了两个犯罪之间通常的手段目的关系，具有合理性。

例2：郑某成立了一家公司，但经营不善，一直亏损。于是郑某伪造各种贷款材料，欺骗某保险公司的工作人员，让保险公司对其贷款提供担保，保险公司未能识破骗局而同意。郑某从银行取得600万元贷款后逃匿。贷款到期后银行向保险公司追偿，保险公司就银行贷款本息进行了赔付。关于郑某的行为性质，存在不同的处理意见：

观点一认为，郑某的行为仅构成保险诈骗罪。理由是郑某欺骗保险公司为其提供担保，使得保险公司产生了消极的财产利益，构成保险诈骗罪。郑某虽然诈骗了银行贷款，但银行通过向保险公司追偿了贷款本息，不存在财产损失，故不构成贷款诈骗罪。这种观点的不足之处在于无视郑某贷款诈骗的事实，对案件事实的评价不完整、不全面，因为郑某以虚假担保骗取银行贷款，一旦获得贷款就已经既遂，即使之后银行得以追偿，也不影响郑某犯罪既遂的认定。

观点二认为，郑某的行为构成保险诈骗罪与贷款诈骗罪的牵连犯。理由是郑某欺骗保险公司为其提供担保，使得保险公司产生了消极的财产利益，构成保险诈骗罪，犯罪数额600万元。郑某以非法占有为目的，欺骗银行，骗取了银行贷款，构成贷款诈骗罪既遂，犯罪数额为600万元。二者之间具有明显的手段与目的的关系，属于牵连犯，从一重罪论处。这种观点的不足之处在于认为郑某成立两个独立犯罪，其犯罪数额均为600万元，但又以牵连犯从一重罪论处，这无视了郑某的行为仅造成一个财产损失的事实，反而将其行为认定为造成两个600万元的损失，有扭曲案件事实的嫌疑。

观点三认为，郑某的行为构成保险诈骗罪与贷款诈骗罪属于狭义的包括一罪。理由是从案件事实来看，郑某欺骗银行贷款的行为构成贷款诈骗罪，犯罪数额600万元。郑某欺骗保险公司提供担保的行为属于骗取财产性利益的行为，构成保险诈骗罪，犯罪数额为600万元，由于郑某的行为实际只造成了一个财产损失，即只侵犯了一个法益，不能数罪并罚，而是属于狭义的包括一罪，应当从一重罪处罚。这种观点既评价了郑某的行为构成两个犯罪的事实，也尊重了只造成一个财产损失的事实，具有合理性。

练练手

1. 对下列哪一情形应当实行数罪并罚？[1]

A. 在走私普通货物、物品过程中，以暴力、威胁方法抗拒缉私的

B. 在走私毒品过程中，以暴力方法抗拒检查，情节严重的

C. 在组织他人偷越国（边）境过程中，以暴力方法抗拒检查的

D. 在运送他人偷越国（边）境过程中，以暴力方法抗拒检查的

〔1〕 答案：A。

2. 下列哪些情形不成立牵连犯（不考虑数额和情节）？[1]

A. 甲为杀人而盗窃枪支、弹药，并杀死他人的

B. 乙盗窃军车后，冒充军人招摇撞骗的

C. 丙伪造居民身份证后，组织他人在法律规定的国家考试中作弊的

D. 丁伪造国家机关公文后担任国家工作人员，并利用职务之便非法收受财物的

---

〔1〕 答案：ABD。

第七章

刑罚体系

第一节　刑事附带民事赔偿与非刑罚处罚措施

一、刑事附带民事赔偿

第三十六条	【赔偿经济损失与民事优先原则】由于犯罪行为而使被害人遭受经济损失的，对犯罪分子除依法给予刑事处罚外，并应根据情况判处赔偿经济损失。 承担民事赔偿责任的犯罪分子，同时被判处罚金，其财产不足以全部支付的，或者被判处没收财产的，应当先承担对被害人的民事赔偿责任。

犯罪分子赔偿由于犯罪行为而使被害人遭受的经济损失（不包括精神损失）。其中的“经济损失”不包括《刑法》第60条规定中的“正当债务”。

注意

1. 相比较罚金或者没收财产的执行，刑事附带民事赔偿应当优先履行。

2. 该规定不同于《刑法》第60条的规定，没收财产以前（即没收财产判决生效前）犯罪分子所负的正当债务，需要以没收的财产偿还的，经债权人请求，应当偿还。

二、非刑罚处罚措施

第三十七条	【免予刑事处罚与非刑罚处罚措施】对于犯罪情节轻微不需要判处刑罚的，可以免予刑事处罚，但是可以根据案件的不同情况，予以训诫或者责令具结悔过、赔礼道歉、赔偿损失，或者由主管部门予以行政处罚或者行政处分。

人民法院根据案件的不同情况，对犯罪分子直接适用或者建议有关部门适用的刑罚以外的其他处理方法的总称。非刑罚处罚措施的适用前提是对犯罪分子免予刑事处罚。所谓免予刑事处罚，是指对犯罪情节轻微不需要判处刑罚的行为作有罪宣告，但对行为人不给予刑罚处罚。包括：

1. 教育措施：训诫、具结悔过、赔礼道歉。

2. 民事处罚：民事性质的非刑罚处罚措施，是指人民法院对免予刑事处罚的犯罪人，责令其向被害人支付一定数额的金钱的处理方法。注意：责令赔偿损失并不以被害人提起民事诉讼为前提，被害人没有提起民事诉讼的，法院也可以根据案件的具体情况，责令犯罪人赔偿损失。

3. 行政处罚：行政处分、行政处罚。

三、从业禁止

第三十七条之一[1]	【从业禁止】因利用职业便利实施犯罪，或者实施违背职业要求的特定义务的犯罪被判处刑罚的，人民法院可以根据犯罪情况和预防再犯罪的需要，禁止其自刑罚执行完毕之日或者假释之日起从事相关职业，期限为三年至五年。 被禁止从事相关职业的人违反人民法院依照前款规定作出的决定的，由公安机关依法给予处罚；情节严重的，依照本法第三百一十三条的规定定罪处罚。 其他法律、行政法规对其从事相关职业另有禁止或者限制性规定的，从其规定。

因利用职业便利实施犯罪，或者实施违背职业要求的特定义务的犯罪被判处刑罚的，人民法院可以根据犯罪情况和预防再犯罪的需要，禁止其自刑罚执行完毕之日或者假释之日起从事相关职业，期限为 3 年至 5 年。

（一）对象

因利用职业便利实施犯罪，或者实施违背职业要求的特定义务的犯罪被判处刑罚的犯罪分子。其中“利用职业便利”包括但不限于利用职务之便。

1. 被判处拘役或者有期徒刑的犯罪分子，可以宣告从业禁止；

2. 被判处管制的犯罪分子，如果没有适用禁止令的，可以宣告从业禁止；

3. 被判处无期徒刑或者死缓的犯罪分子，在减刑后刑罚执行完毕或者假释后，可以宣告从业禁止。

（二）期限

从业禁止的期限为 3 年至 5 年，自刑罚执行完毕之日或者假释之日起开始计算。但是，如果其他法律、行政法规对从业禁止的期限另有规定的，人民法院应根据其他法律、行政法规规定宣告从业禁止的时间。

（三）适用主体

其他法律、行政法规对其从事相关职业另有禁止或者限制性规定的，在行为构成犯罪的情况下，由人民法院根据犯罪情节与预防再犯罪的需要，按照其他法律、行政法规规定的条件与期限，宣告从业禁止，而不是由其他机关宣告从业禁止。

（四）责任

被禁止从事相关职业的人违反人民法院依法作出的决定的，由公安机关依法给予处

---

[1] 本条为 2015 年 8 月 29 日全国人大常委会《刑法修正案（九）》第 1 条所增设。这是关于从业禁止的规定。

罚；情节严重的，按照拒不执行判决、裁定罪论处。

（五）溯及力

对于2015年10月31日以前因利用职业便利实施犯罪，或者实施违背职业要求的特定义务的犯罪的，不适用修正后《刑法》第37条之一第1款的规定。其他法律、行政法规另有规定的，从其规定。

四、没收

第六十四条	【犯罪所得之物、所用之物的处理】犯罪分子违法所得的一切财物，应当予以追缴或者责令退赔；对被害人的合法财产，应当及时返还；违禁品和供犯罪所用的本人财物，应当予以没收。没收的财物和罚金，一律上缴国库，不得挪用和自行处理。

没收，即强制性地将不属于国家所有的财物无偿收归国有、上缴国库。

（一）没收违法所得的财物

“犯罪分子违法所得的一切财物，应当予以追缴或者责令退赔”。对于违法所得的财物，如果属于被害人的合法财产，应当责令退赔被害人，及时返还；如果属于非法财产，应当予以追缴，无偿收归国有、上缴国库。

1. “违法所得”是指符合犯罪构成要件的违法行为所得，而非一般违法行为所得，但不要求行为人具有责任。“犯罪分子”包括自然人、犯罪组织与犯罪单位，但不要求具有责任。

2. 没收违法所得的“财物”包括：一是犯罪行为所得之物及其产生的收益（扩大解释），如赌博犯赢取的赌资，受贿犯收受的贿赂；二是作为犯罪行为的报酬而得到的财物，如受雇杀害他人所得到的酬金。

3. “追缴”对象是现实存在的违法所得，包括犯罪分子占有的违法所得的财物和转移至他人但应当追缴的违法所得的财物。

被执行人将刑事裁判认定为赃款赃物的涉案财物用于清偿债务、转让或者设置其他权利负担，具有下列情形之一的，人民法院应予追缴：

（1）第三人明知是涉案财物而接受的；

（2）第三人无偿或者以明显低于市场的价格取得涉案财物的；

（3）第三人通过非法债务清偿或者违法犯罪活动取得涉案财物的；

（4）第三人通过其他恶意方式取得涉案财物的。

第三人善意取得涉案财物的，执行程序中不予追缴。作为原所有人的被害人对该涉案财物主张权利的，人民法院应当告知其通过诉讼程序处理。

（二）没收违禁品

违禁品，是指因对社会具有危险性而被禁止个人持有的物品，如毒品、枪支、弹药、假币等。违禁品的认定，与持有者的行为是否构成犯罪或者是否承担责任无关，只要属于违禁品，均予没收。

（三）没收供犯罪所用的本人财物

1. “供犯罪所用的本人财物”包括犯罪工具与组成犯罪行为之物，不要求属于法律、法规明文规定的违禁品，但该财物是行为人主要或者通常用于犯罪的财物。

2. “供犯罪所用的本人财物”包括已经用于犯罪的财物和以犯罪为目的而准备的财物，包括供符合构成要件的行为使用的财物和之后当场为确保犯罪结果而使用的财物，但只能是犯罪分子（包括共犯）本人所有的财物，不包括之后由第三者善意取得的财物。

3. “供犯罪所用的本人财物”只能是故意犯罪中使用的财物，而不包括在过失犯罪中起作用的财物。例如，交通肇事罪中肇事的机动车，不属于“供犯罪所用的本人财物”，不应没收。

4. “供犯罪所用的本人财物”与违禁品具有相当性。

（1）财物基本上没有生活用途，而是通常被用于犯罪（如窃听器材、麻醉他人的迷药）。

（2）财物虽有生活用途，但行为人将其长期或者通常用于犯罪（如反复、多次、长期醉驾所用的本人的汽车），但不包括在犯罪过程中偶然使用的财物，即没有供犯罪所用的意思而使用的财物（如踢伤他人所穿的皮鞋）。

5. 赌资的没收

（1）行为人将贪污、挪用的公款当作赌资的，不应没收，而应追缴后返还被害单位。

（2）通过赌博赢得的款物属于违法所得，应当没收。

（3）正用作赌资的款物等，属于组成犯罪行为之物，如果与违禁品具有相当性，应当没收。

（4）行为人已经输掉的款物，不得从行为人处没收对应数额的财物，而应当从赢取方没收该款物。

（5）行为人随身携带的尚未使用直接用于赌博的金钱，一般不应没收。

练练手

《刑法》第64条前半段规定：“犯罪分子违法所得的一切财物，应当予以追缴或者责令退赔”。关于该规定的适用，下列哪一选项是正确的？[1]

A. 甲以赌博为业，但手气欠佳输掉200万元。输掉的200万元属于赌资，应责令甲全额退赔

B. 乙挪用公款炒股获利500万元用于购买房产（案发时贬值为300万元），应责令乙退赔500万元

C. 丙向国家工作人员李某行贿100万元。除向李某追缴100万元外，还应责令丙退赔100万元

---

[1] 答案：B。

D. 丁与王某共同窃取他人财物30万元。因二人均应对30万元负责，故应向二人各追缴30万元

第二节 刑罚体系

一、刑罚体系

第三十二条	【刑罚的种类】刑罚分为主刑和附加刑。
第三十三条	【主刑的种类】主刑的种类如下： （一）管制； （二）拘役； （三）有期徒刑； （四）无期徒刑； （五）死刑。
第三十四条	【附加刑的种类】附加刑的种类如下： （一）罚金； （二）剥夺政治权利； （三）没收财产。 附加刑也可以独立适用。
第三十五条	【驱逐出境】对于犯罪的外国人，可以独立适用或者附加适用驱逐出境。

（一）具体的刑罚种类

1. 主刑。又称本刑、基本刑罚、单独刑，是指只能独立适用的主要刑罚方法。

（1）主刑包括管制、拘役、有期徒刑、无期徒刑与死刑。

（2）主刑只能独立适用，不能附加适用；一个犯罪只能适用一个主刑，不能同时适用两个以上的主刑；同一犯罪人在数罪并罚的情形下可能被判处并适用两种主刑（有期徒刑与管制，或者拘役与管制）。

2. 附加刑。又称从刑，是指补充主刑适用的刑罚方法。

（1）《刑法》第34条规定了罚金、剥夺政治权利与没收财产三种附加刑，第35条规定了适用于犯罪的外国人的驱逐出境附加刑。

（2）附加刑既可以附加主刑适用，也可以独立适用。

（3）同一犯罪行为可能同时适用两种以上的附加刑，对同一犯罪行为不能同时适用罚金与没收财产，但同一犯罪人在并罚时可以同时适用罚金与没收财产。

（二）刑罚体系的特点

体系完整、结构严整；宽严相济、目标统一；内容合理，方法人道。

二、主刑

（一）管制

第三十八条[1]	【管制的期限、禁止令与社区矫正】管制的期限，为三个月以上二年以下。 判处管制，可以根据犯罪情况，同时禁止犯罪分子在执行期间从事特定活动，进入特定区域、场所，接触特定的人。 对判处管制的犯罪分子，依法实行社区矫正。 违反第二款规定的禁止令的，由公安机关依照《中华人民共和国治安管理处罚法》的规定处罚。
第三十九条	【管制犯的义务、劳动报酬】被判处管制的犯罪分子，在执行期间，应当遵守下列规定： （一）遵守法律、行政法规，服从监督； （二）未经执行机关批准，不得行使言论、出版、集会、结社、游行、示威自由的权利； （三）按照执行机关规定报告自己的活动情况； （四）遵守执行机关关于会客的规定； （五）离开所居住的市、县或者迁居，应当报经执行机关批准。 对于被判处管制的犯罪分子，在劳动中应当同工同酬。
第四十条	【管制的解除】被判处管制的犯罪分子，管制期满，执行机关应即向本人和其所在单位或者居住地的群众宣布解除管制。
第四十一条	【刑期的计算与折抵】管制的刑期，从判决执行之日起计算；判决执行以前先行羁押的，羁押一日折抵刑期二日。

管制是限制而非剥夺犯罪人人身自由的刑罚。

1. 管制期限：3 个月以上 2 年以下，数罪并罚时不超过 3 年。

2. 禁止令

（1）性质。禁止令不是管制的内容，也不是管制的执行方法，而是一种保安处分措施。

（2）适用对象。只有被判处管制或者宣告缓刑的犯罪分子，才可以适用禁止令。

（3）具体内容。禁止犯罪分子在执行期间从事特定活动，进入特定区域、场所，接触特定的人。其适用，以特殊预防的需要为根据，但不能限制犯罪人的正常生活。

例如，对于未成年人因上网诱发犯罪的，可以禁止其在一定期限内进入网吧等特定场所；对于利用从事特定生产经营活动实施犯罪的，禁止其从事相关生产经营活动；对于危险驾驶的罪犯，可以禁止其驾驶机动车；对于某些寻衅滋事的犯罪人，可以禁止其进入夜总会、酒吧、迪厅等娱乐场所以及举行大型群众性活动的场所；对于侵犯儿童的

---

[1] 本条为 2011 年 2 月 25 日全国人大常委会《刑法修正案（八）》第 2 条所修正。本次修正增加了第 2 款、第 4 款，并将 1997 年《刑法》原条文第 2 款“被判处管制的犯罪分子，由公安机关执行”作为现在的第 3 款，修改为“对判处管制的犯罪分子，依法实行社区矫正”。

罪犯，可以禁止其接触儿童；附带民事赔偿义务未履行完毕，违法所得未追缴、退赔到位，或者罚金尚未足额缴纳的，可以禁止其从事高消费活动。

（4）期限。①禁止令的期限可以与管制或者缓刑考验期限相同，也可以短于管制或者缓刑考验期限，但判处管制的，禁止令的期限不得少于3个月，宣告缓刑的，禁止令的期限不得少于2个月。②判处管制的犯罪分子在判决执行以前先行羁押以致管制执行的期限少于3个月的，禁止令的期限不受前述规定的最短期限的限制。③禁止令的执行期限，从管制（缓刑）执行之日起计算。

3. 社区矫正

判处管制的，依法实行社区矫正。对被判处管制、宣告缓刑、假释或者暂予监外执行的罪犯，依法实行社区矫正，由司法行政机关社区矫正机构（司法所）负责执行。

4. 应当遵守的义务

（1）与被宣告缓刑（《刑法》第75条）、假释（《刑法》第84条）的犯罪分子相比，被判处管制的犯罪分子应当遵守的规定多了如下内容："未经执行机关批准，不得行使言论、出版、集会、结社、游行、示威自由的权利"。其他义务内容基本相同。

（2）"离开所居住的市、县或者迁居"的，其批准机关不同：判处管制的情形，应当报经"执行机关"批准；宣告缓刑的情形，应当报经"考察机关"批准；宣告假释的情形，应当报经"监督机关"批准。

5. 劳动待遇：判处管制的，在劳动中应当同工同酬。这不同于拘役的规定，后者是"可以酌量发给报酬"。

6. 刑期计算与折抵

（1）管制刑期，从判决执行之日计算。"判决执行之日"是指人民法院签发执行通知书之日。

（2）因同一犯罪事实被先行羁押（包括刑事拘留、逮捕、行政拘留、劳动教养、海关扣留、被指定居所监视居住等）的，应折抵刑期。折抵原则为：剥夺自由1日折抵管制刑期2日，指定居所监视居住1日折抵管制刑期1日。

（二）拘役

第四十二条	【拘役的期限】拘役的期限，为一个月以上六个月以下。
第四十三条	【拘役的执行】被判处拘役的犯罪分子，由公安机关就近执行。 在执行期间，被判处拘役的犯罪分子每月可以回家一天至两天；参加劳动的，可以酌量发给报酬。
第四十四条	【刑期的计算与折抵】拘役的刑期，从判决执行之日起计算；判决执行以前先行羁押的，羁押一日折抵刑期一日。

拘役，是指短期内剥夺犯罪人人身自由的刑罚方法。

1. 拘役期限。1个月以上6个月以下，数罪并罚时不超过1年。

2. 执行机关。拘役由公安机关就近执行。

3. 劳动待遇。判处拘役的犯罪分子，参加劳动的，可以酌量发给报酬。

4. 刑期折抵。因同一犯罪事实，在判决执行以前被先行羁押的，羁押1日折抵拘役刑期1日，指定居所监视居住2日折抵拘役刑期1日。

（三）有期徒刑与无期徒刑

第四十五条	【有期徒刑的期限】有期徒刑的期限，除本法第五十条、第六十九条规定外，为六个月以上十五年以下。
第四十六条	【有期徒刑与无期徒刑的执行】被判处有期徒刑、无期徒刑的犯罪分子，在监狱或者其他执行场所执行；凡有劳动能力的，都应当参加劳动，接受教育和改造。
第四十七条	【刑期的计算与折抵】有期徒刑的刑期，从判决执行之日起计算；判决执行以前先行羁押的，羁押一日折抵刑期一日。

有期徒刑剥夺犯罪人一定时间的自由，无期徒刑是剥夺犯罪人终身自由，二者均实行强迫劳动改造的刑罚方法。

1. 有期徒刑的期限。6个月以上15年以下，数罪并罚时总和刑期不满35年的，最高不得超过20年；总和刑期35年以上的，最高不超过25年；死缓减为有期徒刑时，有期徒刑的期限为25年。

2. 刑罚的执行内容。有期徒刑、无期徒刑的基本内容是对犯罪人实行劳动改造。

（1）无期徒刑不可能孤立适用，即对于被判处无期徒刑的犯罪分子，应当附加剥夺政治权利终身（《刑法》第57条第1款）。

（2）检举揭发他人犯罪或者提供线索抓捕其他犯罪人（其犯罪行为可能判处无期徒刑或者死刑的），属于重大立功。

（3）《刑法》第383条第4款和第386条规定，因贪污、受贿数额特别巨大，并使国家和人民利益遭受特别重大损失，被判处死刑缓期执行的，“人民法院根据犯罪情节等情况可以同时决定在其死刑缓期执行二年期满依法减为无期徒刑后，终身监禁，不得减刑、假释”。

3. 刑期计算与折抵。因同一犯罪事实被判处有期徒刑，并在判决执行以前被先行羁押的，羁押1日折抵有期徒刑刑期1日，指定居所监视居住2日折抵有期徒刑刑期1日。注意：被判处无期徒刑的，不存在折抵刑期的问题。

（四）死刑

第四十八条	【死刑条件、执行方式与核准程序】死刑只适用于罪行极其严重的犯罪分子。对于应当判处死刑的犯罪分子，如果不是必须立即执行的，可以判处死刑同时宣告缓期二年执行。 死刑除依法由最高人民法院判决的以外，都应当报请最高人民法院核准。死刑缓期执行的，可以由高级人民法院判决或者核准。

续表

第四十九条[1]	【不得适用死刑的对象】犯罪的时候不满十八周岁的人和审判的时候怀孕的妇女，不适用死刑。 审判的时候已满七十五周岁的人，不适用死刑，但以特别残忍手段致人死亡的除外。
第五十条[2]	【死缓的法律后果】判处死刑缓期执行的，在死刑缓期执行期间，如果没有故意犯罪，二年期满以后，减为无期徒刑；如果确有重大立功表现，二年期满以后，减为二十五年有期徒刑；如果故意犯罪，情节恶劣的，报请最高人民法院核准后执行死刑；对于故意犯罪未执行死刑的，死刑缓期执行的期间重新计算，并报最高人民法院备案。 对被判处死刑缓期执行的累犯以及因故意杀人、强奸、抢劫、绑架、放火、爆炸、投放危险物质或者有组织的暴力性犯罪被判处死刑缓期执行的犯罪分子，人民法院根据犯罪情节等情况可以同时决定对其限制减刑。
第五十一条	【死缓期间与减为有期徒刑的刑期计算】死刑缓期执行的期间，从判决确定之日起计算。死刑缓期执行减为有期徒刑的刑期，从死刑缓期执行期满之日起计算。

死刑，又称极刑、生命刑，即剥夺犯罪分子生命的刑罚。我国刑法对死刑坚持“保留死刑、严格控制死刑”的态度。

1. 死刑执行方式。包括死刑立即执行与死刑缓期两年执行（死缓）。死刑采用枪决或者注射等方法执行。

2. 死刑适用对象。死刑仅适用于罪行极其严重的犯罪分子。以下情形不得适用死刑（死刑立即执行与死刑缓期两年执行）：

（1）对犯罪的时候不满18周岁的人，不得适用死刑。即凡是犯罪的时候不满18周岁，任何时候审理该案件，对犯罪分子都不能判处死刑。

（2）对审判的时候怀孕的妇女，不得适用死刑。即凡是在羁押期间怀孕的妇女，就该犯罪事实来说，无论什么时候判决，都不能判处死刑。其中“审判的时候”是指羁押期间，即从被采取强制措施到执行死刑期间；其中“怀孕的妇女”是指存在过怀孕现象，包括分娩、流产（含自然流产与人工流产）。

（3）审判的时候已满75周岁的人，不适用死刑，但以特别残忍手段致人死亡的除外。①只要审判的时候年满75周岁就属于这种情形，不要求犯罪时已满75周岁。

---

[1] 本条第2款为2011年2月25日全国人大常委会《刑法修正案（八）》（2011年5月1日生效）第3条所增设。

[2] 本法条经历过两次修改。本条为2015年8月29日全国人大常委会《刑法修正案（九）》第2条所修正。本次修正将原条文第1款中“如果故意犯罪，查证属实的，由最高人民法院核准，执行死刑”修改为“如果故意犯罪，情节恶劣的，报请最高人民法院核准后执行死刑；对于故意犯罪未执行死刑的，死刑缓期执行的期间重新计算，并报最高人民法院备案”，该修改提高了死缓罪犯执行死刑立即执行的门槛。在这之前，2011年2月25日全国人大常委会《刑法修正案（八）》第4条将1997年《刑法》原条文第1款中“如果确有重大立功表现，二年期满以后，减为十五年以上二十年以下有期徒刑”修改为“如果确有重大立功表现，二年期满以后，减为二十五年有期徒刑”，并增设了第2款。

②“以特别残忍手段致人死亡的除外”，是指具体的行为表现，通常指以暴力方式实施的故意杀人、故意伤害致人死亡等，而非一定成立故意杀人罪；根据案件情形，可能成立故意杀人罪、故意伤害（致死）罪、抢劫罪、绑架罪等。

3. 死刑的核准程序

（1）最高人民法院判决的死刑案件不需要核准，判决即生效；除此之外的死刑立即执行案件，必须报请最高人民法院核准。

（2）死缓可以由高级人民法院判决，也可以由中级人民法院、最高人民法院判决；死缓可以由高级人民法院核准，但不能由中级人民法院核准。

4. 死缓及其法律效果

（1）死缓的性质。死缓不是独立的刑种，而是死刑的执行方式之一。

（2）死缓的法律效果。

①在2年考验期间内没有故意犯罪的，死缓考验期结束后，减为无期徒刑。

②在2年考验期间内不但没有故意犯罪反而有重大立功的，死缓考验期结束后，减为25年有期徒刑。

③在2年考验期间内故意犯罪，情节恶劣的，报请最高人民法院核准，执行死刑。其中“故意犯罪”须经法院判决确定，并非指任何故意犯罪，而是指表明犯罪人抗拒改造情节恶劣的故意犯罪。“报请最高人民法院核准”的原因是这种情形需要执行死刑立即执行。

④在2年考验期间内故意犯罪，情节不恶劣的，重新计算死刑缓期执行期间，并报最高人民法院备案。

（3）死缓中限制减刑的规定。

“对被判处死刑缓期执行的累犯以及因故意杀人、强奸、抢劫、绑架、放火、爆炸、投放危险物质或者有组织的暴力性犯罪被判处死刑缓期执行的犯罪分子，人民法院根据犯罪情节等情况可以同时决定对其限制减刑。”

①其中“累犯”没有犯罪性质的限制。其中“暴力性犯罪”不限于法条列举的7种暴力性犯罪，还包括其他对人实施的暴力性犯罪，如故意伤害、劫持航空器等。

②“限制减刑”的决定是根据犯罪人的犯罪性质与再犯可能性作出的，而非根据死缓执行过程中的表现作出的。

③“可以同时决定对其限制减刑”是指法院不得在宣告死缓判决后，再决定限制减刑，而非意味着法院既“可以同时决定”也“可以事后决定”限制减刑。

④分则特殊法条。《刑法》第383条第4款和第386条规定，因贪污、受贿数额特别巨大，并使国家和人民利益遭受特别重大损失，被判处死刑缓期执行的，人民法院根据犯罪情节等情况可以同时决定在其死刑缓期执行2年期满依法减为无期徒刑后，终身监禁，不得减刑、假释。

5. 死缓期间与减为有期徒刑的刑期计算。死缓执行期间，从判决确定之日起计算。死缓减为有期徒刑的刑期，从死刑缓期执行期满之日起计算。

三、附加刑

（一）罚金

第五十二条	【罚金数额的确定根据】判处罚金，应当根据犯罪情节决定罚金数额。
第五十三条[1]	【罚金的缴纳】罚金在判决指定的期限内一次或者分期缴纳。期满不缴纳的，强制缴纳。对于不能全部缴纳罚金的，人民法院在任何时候发现被执行人有可以执行的财产，应当随时追缴。 【罚金的减免】由于遭遇不能抗拒的灾祸等原因缴纳确实有困难的，经人民法院裁定，可以延期缴纳、酌情减少或者免除。

1. 法定性。（1）财产刑的适用，取决于刑法分则的明文规定。（2）凡法律规定并处罚金或者没收财产的，均应当依法并处。

2. 执行机关。财产刑由第一审人民法院执行。

3. 缴纳方式。包括：（1）限期一次缴纳；（2）限期分期缴纳；（3）期满不缴纳的，强制缴纳；（4）对于不能全部缴纳罚金的，人民法院在任何时候发现被执行人有可以执行的财产，应当随时追缴（由此可见，判处罚金并不受判决时犯罪分子合法拥有财产数额的限制）；（5）延期、减免缴纳，由于遭遇不能抗拒的灾祸等原因缴纳确实有困难的，经人民法院裁定，可以延期缴纳、酌情减少或者免除。

4. 适用方式。包括单科式、选科式、并科式、并科或单科式、可以并科或单科式。

例如，刑法分则某条文规定："犯A罪的，处三年以下有期徒刑，并处或者单处罚金"。被告人甲犯A罪，但情节较轻，且其身无分文。甲、乙、丙、丁法官分别提出以下判决意见：甲法官以被告人身无分文为由，判处有期徒刑6个月；乙法官以被告人身无分文且犯罪情节较轻为由，判处有期徒刑1年，缓期2年执行；丙法官以被告人的犯罪情节较轻为由，判处拘役3个月；丁法官以被告人的犯罪情节较轻为由，判处罚金1000元。其中甲、乙、丙法官的判决意见错误，丁法官的判决意见正确。

（二）没收财产

第五十九条	【没收财产】没收财产是没收犯罪分子个人所有财产的一部或者全部。没收全部财产的，应当对犯罪分子个人及其扶养的家属保留必需的生活费用。 在判处没收财产的时候，不得没收属于犯罪分子家属所有或者应有的财产。
第六十条	【正当债务的偿还】没收财产以前犯罪分子所负的正当债务，需要以没收的财产偿还的，经债权人请求，应当偿还。

没收犯罪分子个人合法拥有的、没有用于犯罪的一部分或者全部财产。

---

〔1〕 本条为2015年8月29日全国人大常委会《刑法修正案（九）》第3条所修正。本次修正将原条文第1款中"如果由于遭遇不能抗拒的灾祸缴纳确实有困难的，可以酌情减少或者免除"修改为"由于遭遇不能抗拒的灾祸等原因缴纳确实有困难的，经人民法院裁定，可以延期缴纳、酌情减少或者免除"，并新增为第2款的内容。

1. 没收对象与范围

（1）以判决时犯罪分子已经拥有、现实存在的合法财产为限，判决时明确指出没收财产的具体财物或者数额，但不能包含犯罪分子可能取得的财产。

（2）没收财产的数额与犯罪分子违法所得财产的数额没有关系。

（3）不得没收属于犯罪分子家属所有或者应有的财产。“应有的财产”，是指家庭共有中应属于家属的财产。

（4）没收财产范围的例外。没收全部财产时，应当给犯罪分子个人及其扶养的家属保留必需的生活费用。注意：这里的被扶养的家属，既包括未成年的子女，还包括没有独立生活能力的成年人。

注意

没收财产不同于没收，即没收对象不同于没收财产刑罚的对象。（1）犯罪分子违法所得的一切财物，应当予以追缴或者责令退赔；（2）对被害人的合法财产，应当及时返还；（3）违禁品和供犯罪所用的本人财物，应当予以没收；（4）没收犯罪工具仅限于没收属于犯罪分子个人财产的犯罪工具（包括属于共犯人的犯罪工具），如果犯罪工具属于非法取得的他人合法财产，则不能没收（《刑法》第64条）。

2. 合法债务的偿还规定

没收财产之前犯罪分子所负正当债务，应当偿还的，经债权人请求，应当偿还。其中“没收财产之前”是指判决没收财产生效之前，而非指执行没收财产之前。

（三）剥夺政治权利

第五十四条	【剥夺政治权利的内容】剥夺政治权利是剥夺下列权利： （一）选举权和被选举权； （二）言论、出版、集会、结社、游行、示威自由的权利； （三）担任国家机关职务的权利； （四）担任国有公司、企业、事业单位和人民团体领导职务的权利。
第五十五条	【剥夺政治权利的期限】剥夺政治权利的期限，除本法第五十七条规定外，为一年以上五年以下。 判处管制附加剥夺政治权利的，剥夺政治权利的期限与管制的期限相等，同时执行。
第五十六条	【剥夺政治权利的适用】对于危害国家安全的犯罪分子应当附加剥夺政治权利；对于故意杀人、强奸、放火、爆炸、投毒、抢劫等严重破坏社会秩序的犯罪分子，可以附加剥夺政治权利。 独立适用剥夺政治权利的，依照本法分则的规定。
第五十七条	【死刑、无期徒刑犯剥夺政治权利的期限】对于被判处死刑、无期徒刑的犯罪分子，应当剥夺政治权利终身。 在死刑缓期执行减为有期徒刑或者无期徒刑减为有期徒刑的时候，应当把附加剥夺政治权利的期限改为三年以上十年以下。

续表

第五十八条	【剥夺政治权利的刑期计算、效力与执行】附加剥夺政治权利的刑期，从徒刑、拘役执行完毕之日或者从假释之日起计算；剥夺政治权利的效力当然施用于主刑执行期间。 被剥夺政治权利的犯罪分子，在执行期间，应当遵守法律、行政法规和国务院公安部门有关监督管理的规定，服从监督；不得行使本法第五十四条规定的各项权利。

1. 政治权利内容。包含：（1）选举权和被选举权；（2）言论、出版、集会、结社、游行、示威自由的权利；（3）担任国家机关职务的权利；（4）担任国有公司、企业、事业单位和人民团体领导职务的权利。

2. 适用对象

（1）应当剥夺政治权利。对危害国家安全的犯罪分子、被判处无期徒刑或者死刑的犯罪分子必需附加剥夺政治权利。

（2）可以剥夺政治权利。对其他严重的犯罪分子可以附加剥夺政治权利。

3. 期限与执行

（1）独立适用的，1年以上5年以下。

（2）附加管制适用的，与管制刑期相同，同时执行。

（3）附加拘役、有期徒刑适用的，1年以上5年以下，从主刑执行完毕之日或者假释之日起算，其效力适用于主刑执行期间。

（4）附加死刑、无期徒刑适用的，剥夺政治权利终身，主刑减为有期徒刑的，剥夺政治权利应减为3年以上10年以下。

（四）驱逐出境

第三十五条	对于犯罪的外国人，可以独立适用或者附加适用驱逐出境。

对于犯罪的外国人，可以独立适用或者附加适用驱逐出境。

练练手

1. 关于刑罚，下列哪些选项是错误的？[1]

A. 甲因故意伤害后妨害公务被行政拘留10天，并因故意伤害罪被判处管制1年，对甲应折抵管制刑期20天

B. 甲因犯罪被判处无期徒刑，被逮捕2个月的时间不能折抵，但无期徒刑减为有期徒刑的，则逮捕期间应当折抵

C. 甲的同一犯罪行为不可能被判处两种主刑，但数罪并罚时可以判处两种主刑，仅执行一种主刑

D. 如果法条规定“处七年以上有期徒刑”，意味着最高可判处15年有期徒刑，但不

---

[1] 答案：ABCD。

能判处无期徒刑和死刑；法条规定“处三年以下有期徒刑或者拘役”，则不可能判处管制

2．关于没收财产，下列哪些选项是错误的？[1]

A．甲受贿100万元，巨额财产来源不明200万元，甲被判处死刑并处没收财产。甲被没收财产的总额至少应为300万元

B．甲抢劫他人汽车被判处死刑并处没收财产。该汽车应上缴国库

C．甲因走私罪被判处无期徒刑并处没收财产。此前所负赌债，经债权人请求应予偿还

D．甲因受贿罪被判处有期徒刑10年并处没收财产30万元，因妨害清算罪被判处有期徒刑3年并处罚金2万元。没收财产和罚金应当合并执行

〔1〕答案：ABC。

第八章 刑罚的裁量

一、裁量原则

（一）量刑原则

第六十一条	【量刑原则】对于犯罪分子决定刑罚的时候，应当根据犯罪的事实、犯罪的性质、情节和对于社会的危害程度，依照本法的有关规定判处。

（二）从重、从轻处罚

第六十二条	【从重、从轻处罚】犯罪分子具有本法规定的从重处罚、从轻处罚情节的，应当在法定刑的限度以内判处刑罚。

从重、从轻处罚，是指在法定刑以内（包含本数）判处刑罚；但与法定刑的“中线”无关：不能认为高于中线就是从重，低于中线就是从轻。

（三）减轻处罚

第六十三条[1]	【减轻处罚】犯罪分子具有本法规定的减轻处罚情节的，应当在法定刑以下判处刑罚；本法规定有数个量刑幅度的，应当在法定量刑幅度的下一个量刑幅度内判处刑罚。 犯罪分子虽然不具有本法规定的减轻处罚情节，但是根据案件的特殊情况，经最高人民法院核准，也可以在法定刑以下判处刑罚。

1. 减轻处罚，是指在法定刑以下（不包括本数，补正解释）判处刑罚。

2. 有数个量刑幅度的，在法定量刑幅度的下一个量刑幅度内判处刑罚。

3. 没有法定减轻处罚情节，但有特殊情况，经最高人民法院核准，也可以减轻处罚。

---

〔1〕 本条第1款为2011年2月25日全国人大常委会《刑法修正案（八）》第5条所修正。本次修正增加了“本法规定有数个量刑幅度的，应当在法定量刑幅度的下一个量刑幅度内判处刑罚”这一规定。

二、累犯

第六十五条[1]	【一般累犯】被判处有期徒刑以上刑罚的犯罪分子，刑罚执行完毕或者赦免以后，在五年以内再犯应当判处有期徒刑以上刑罚之罪的，是累犯，应当从重处罚，但是过失犯罪和不满十八周岁的人犯罪的除外。 前款规定的期限，对于被假释的犯罪分子，从假释期满之日起计算。
第六十六条[2]	【特别累犯】危害国家安全犯罪、恐怖活动犯罪、黑社会性质的组织犯罪的犯罪分子，在刑罚执行完毕或者赦免以后，在任何时候再犯上述任一类罪的，都以累犯论处。

（一）法律效果

应当从重处罚，不得缓刑，不得假释。

（二）一般累犯的成立条件

1．罪过形式：前后罪都是故意犯罪。

2．刑种要求：前罪判处有期徒刑以上刑罚，后罪应当判处有期徒刑以上刑罚。如果后罪是危险驾驶罪（法定最高刑为拘役）或者代替考试罪（法定最高刑为拘役）的，不可能成立累犯。

3．年龄限制：实施前后罪时都已满 18 周岁。

4．时间跨度：后罪必须在前罪有期徒刑以上刑罚执行完毕或者赦免以后 5 年内实施。其中“赦免”是指特赦。注意：缓刑考验期间犯罪、缓刑考验期满之后犯罪、假释考验期间犯罪都不属于“刑罚执行完毕”后再犯罪；但假释考验期满之后犯罪，属于“刑罚执行完毕”后再犯罪。

（三）特别累犯的成立条件

1．罪过形式：前后罪都是故意犯罪。

2．刑种要求：前后罪判处或者应当判处什么刑罚无要求；但是，要求前后罪都是危害国家安全犯罪、恐怖活动犯罪或者黑社会性质的组织犯罪。注意：故意泄露国家秘密罪属于渎职罪，非法获取国家秘密罪属于妨害社会管理秩序罪。

3．年龄限制：实施前后罪时都已满 18 周岁。

4．时间跨度：后罪犯罪时间间隔无要求。但是，要求前罪刑罚必须执行完毕或者赦免以后：如果判处主刑的，必须主刑执行完毕；前罪仅判处附加刑的，要求附加刑执行

---

〔1〕 本条第 1 款为 2011 年 2 月 25 日全国人大常委会《刑法修正案（八）》第 6 条所修正。本次修正增加了不满 18 周岁的人犯罪不构成累犯的规定。按照司法解释，被判处有期徒刑以上刑罚，刑罚执行完毕或者赦免以后，在 2011 年 4 月 30 日以前再犯应当判处有期徒刑以上刑罚之罪的，是否构成累犯，适用修正前《刑法》第 65 条的规定；但是，前罪实施时不满 18 周岁的，是否构成累犯，适用修正后《刑法》第 65 条的规定（从旧兼从轻原则）。

〔2〕 本条为 2011 年 2 月 25 日全国人大常委会《刑法修正案（八）》第 7 条所修正。本次修正增设了恐怖活动犯罪、黑社会性质的组织犯罪的犯罪分子构成特别累犯的规定。按照司法解释，曾犯危害国家安全犯罪，刑罚执行完毕或者赦免以后，在 2011 年 4 月 30 日以前再犯危害国家安全犯罪的，是否构成累犯，适用修正前《刑法》第 66 条的规定。曾被判处有期徒刑以上刑罚，或者曾犯危害国家安全犯罪、恐怖活动犯罪、黑社会性质的组织犯罪，在 2011 年 5 月 1 日以后再犯罪的，是否构成累犯，适用修正后《刑法》第 65 条、第 66 条的规定（该规定有违反从旧兼从轻原则的嫌疑）。

完毕；前罪没有判处刑罚的，不成立累犯。其中“赦免”是指特赦。

三、自首

第六十七条[1]	【自首与坦白】犯罪以后自动投案，如实供述自己的罪行的，是自首。对于自首的犯罪分子，可以从轻或者减轻处罚。其中，犯罪较轻的，可以免除处罚。 被采取强制措施的犯罪嫌疑人、被告人和正在服刑的罪犯，如实供述司法机关还未掌握的本人其他罪行的，以自首论。 犯罪嫌疑人虽不具有前两款规定的自首情节，但是如实供述自己罪行的，可以从轻处罚；因其如实供述自己罪行，避免特别严重后果发生的，可以减轻处罚。

（一）法律效果

对于自首的犯罪分子，可以从轻或者减轻处罚。其中，犯罪较轻的，可以免除处罚。

（二）一般自首的成立条件

1. 自动投案。即在被采取强制措施前主动将自己置于司法机关控制下，表示愿意接受法律审判。

（1）投案时间。自动投案须发生在尚未归案之前（时间限定）。

①在犯罪过程中经警方劝说而放弃犯罪的，符合投案时间条件。

②没有自动投案，在纪检、监察机关、公安、检察机关调查谈话、讯问、采取调查措施或者强制措施期间，犯罪分子如实交代办案机关掌握的线索所针对的事实的，不能认定为自首。

（2）投案行为。自动投案必须有实际行动（客观条件）。

①犯罪嫌疑人自动投案后又逃跑的，不能认定为自首；如果之后又能自动投案、如实供述自己罪行的，也可以认定为自首。但是，犯罪嫌疑人被动归案后又逃跑，之后即使自动投案、如实供述自己罪行的，不能认定为自首。

②罪行未被有关部门、司法机关发觉，仅因形迹可疑被盘问、教育后，主动交代了犯罪事实的，属于自动投案；如果有关部门、司法机关在其身上、随身携带的物品、驾乘的交通工具等处发现与犯罪有关的物品的，不能认定为自动投案。

③犯罪分子因病、因伤或为了减轻犯罪后果，委托他人代为投案，或者先以信件、电报、电话投案，或者在被通缉、追捕的过程中，自动投案，或者经查实犯罪分子确已准备投案，或正在投案的途中，被公安机关逮捕的，属于自动投案。如果犯罪后被群众扭送归案的，或被公安机关逮捕归案的，或者在追捕过程中走投无路当场被捕的，或者经司法机关传讯、采用强制措施被动归案的，不能认为是自动投案。

---

[1] 本条第3款关于坦白的规定为2011年2月25日全国人大常委会《刑法修正案（八）》第8条所增设。2011年4月30日以前犯罪，虽不具有自首情节，但是如实供述自己罪行的，适用修正后《刑法》第67条第3款的规定。

④犯罪后主动报案，虽未表明自己是作案人，但没有逃离现场，在司法机关询问时交代自己罪行的；明知他人报案而在现场等待，抓捕时无拒捕行为，供认犯罪事实的；在司法机关未确定犯罪嫌疑人，尚在一般性排查询问时主动交代自己罪行的；因特定违法行为被采取行政拘留、司法拘留、强制隔离戒毒等行政、司法强制措施期间，主动向执行机关交代尚未被掌握的犯罪行为的，属于自动投案。

⑤交通肇事后保护现场、抢救伤者，并向公安机关报告的；交通肇事逃逸后自动投案，如实供述自己罪行的，属于自动投案，但应依法以较重法定刑为基准，视具体情形决定对其是否从宽处罚以及从宽处罚的幅度。

（3）投案的自动性。自动投案必须是基于犯罪分子本人的自愿意志（主观条件）。

①投案动机不影响自动性的认定。

②在家长、亲友的语言规劝、陪同下投案的，只要犯罪人后来如实供述了自己的罪行，应按自首处理。如果犯罪嫌疑人被亲友采用强制捆绑等手段送到司法机关，或者在亲友带领侦查人员前来抓捕时无拒捕行为，并如实供认犯罪事实的，不能认定为自动投案，按照坦白规定论处。

（4）投案对象。自行投于有关机关或个人。

①其中“有关机关”包括对犯罪负有侦查、起诉、审判职能的公、检、法及其派出单位，其他国家机关以及犯罪人所属单位的保卫部门或乡、镇政府及其治保组织（显然，不要求对其犯罪具有刑事管辖权的机关或与自己有关的机关、单位、组织等）。

②其中“个人”包括司法机关及其他机关、单位的人与某些非国家工作人员（如村主任、治保主任等）。

③投案方式不限于到有关机关或者直接投向有关个人，还包括因病、因伤委托他人代为投案，或者先以信件、电报、电话投案。

（5）投案表现与实质要求。犯罪人必须将自己置于有关机关或个人的控制之下，并主动交代犯罪事实，并承认自己所犯的特定之罪。犯罪人匿名将赃物送回司法机关或者物主处，或者用电话、书信向司法机关报案或指出赃物所在，不成立自首。

2. 如实供述自己的罪行。即犯罪人供述自己的主要犯罪事实（足以证明行为人的行为构成犯罪的基本事实），而不是指犯罪的全部事实细节。

（1）如果犯罪人在供述罪行的过程中推诿责任，保全自己，意图逃避制裁；大包大揽，庇护同伙，意图包揽罪责；歪曲罪质、隐瞒情节，企图蒙混过关；掩盖真相，避重就轻，试图减轻罪责等等，不属于“如实供述自己的罪行”，不能成立自首。

（2）“如实供述自己的罪行”除供述自己的主要犯罪事实外，还包括姓名、年龄、职业、住址、前科等情况。犯罪嫌疑人供述的身份等情况与真实情况虽有差别，但不影响定罪量刑的，应认定为如实供述自己的罪行；否则，不能认定为如实供述自己的罪行。

（3）对于同种罪行，如果投案后没有交代全部犯罪事实，但如实交代的犯罪情节重于未交代的犯罪情节，或者如实交代的犯罪数额多于未交代的犯罪数额，一般应认定为如实供述自己的主要犯罪事实。

（4）共同犯罪案件中的犯罪嫌疑人，除如实供述自己的罪行，还应当供述所知的同案犯的犯罪事实，主犯则应当供述所知其他同案犯的共同犯罪事实。否则，不能认定为自首。

（5）犯罪嫌疑人自动投案并如实供述自己的罪行后又翻供的，不能认定为自首；但在一审判决前又能如实供述的，应当认定为自首。

（6）犯罪人自动投案如实供述自己的罪行后，为自己进行辩护，提出上诉，或者更正、补充某些事实的，应当允许，不能将这些行为视为没有如实供述自己的罪行。犯罪人自动投案后如实供述自己的罪行，但不退还赃物的，原则上也不影响自首的成立。

（三）准自首的成立条件

1. 主体特殊。犯罪人没有自动投案，而是已被采取强制措施或者已在服刑。

2. 如实供述司法机关还未掌握的本人其他罪行。

（1）“司法机关尚未掌握”。即犯罪人已经实施但司法机关不知道、不了解或未掌握的犯罪事实。

①如果该罪行已被通缉，一般应以该司法机关是否在通缉令发布范围内作出判断，不在通缉令发布范围内的，应认定为还未掌握，在通缉令发布范围内的，应视为已掌握。

②如果该罪行已录入全国公安信息网络在逃人员信息数据库，应视为已掌握。

③如果该罪行未被通缉，也未录入全国公安信息网络在逃人员信息数据库，应以该司法机关是否已实际掌握该罪行为标准。

（2）“本人其他罪行”。

①成立准自首，要求新供述的犯罪在犯罪性质或者罪名上与司法机关已经掌握的罪行不同；但如实供述的其他犯罪与司法机关已掌握的犯罪属选择性罪名或者在法律、事实上密切关联，应认定为同种罪行，不成立自首。

②如果被采取强制措施的行为不成立犯罪，供述司法机关还未掌握的其他同种罪行的，成立自首。例如，甲涉嫌受贿罪被捕后，司法机关发现受贿罪不成立。在这过程中，甲又主动供述新的受贿罪事实的，成立自首。

3. 新供述的犯罪成立自首。

（四）单位自首

1. 单位自首的，直接负责的主管人员和直接责任人员未自动投案，但如实交代自己知道的犯罪事实的，可以视为自首；拒不交代自己知道的犯罪事实或者逃避法律追究的，不应当认定为自首。

2. 单位没有自首，直接责任人员自动投案并如实交代自己知道的犯罪事实的，对该直接责任人员应当认定为自首。

（五）坦白

属于法定量刑情节。如实供述自己罪行的，可以从轻处罚；因其如实供述自己罪行，避免特别严重后果发生的，可以减轻处罚。

注意

坦白与自首并非对立关系：任何如实供述自己罪行的，都可谓坦白；但只要符合自首条件的，应认定为自首。

四、立功

第六十八条[1]	犯罪分子有揭发他人犯罪行为，查证属实的，或者提供重要线索，从而得以侦破其他案件等立功表现的，可以从轻或者减轻处罚；有重大立功表现的，可以减轻或者免除处罚。

（一）法律效果

对立功的犯罪分子，可以从轻或者减轻处罚；有重大立功表现的，可以减轻或者免除处罚。

注意

犯罪分子检举、揭发的他人犯罪，提供侦破其他案件的重要线索，阻止他人的犯罪活动，或者协助司法机关抓捕其他犯罪嫌疑人，犯罪嫌疑人、被告人依法可能被判处无期徒刑以上刑罚的，应当认定为有重大立功表现。

（二）立功主体

必须由犯罪分子实施立功行为，才可能成立立功。犯罪分子亲友为使犯罪分子“立功”，向司法机关提供他人犯罪线索、协助抓捕犯罪嫌疑人的，不成立立功。

（三）立功表现

1. “揭发他人犯罪行为，查证属实”

（1）“他人”，包括任何他人；如果是同案犯，则必须揭发同案犯的其他犯罪行为。

（2）“犯罪行为”，指符合违法构成要件的违法行为，包括犯罪人已经死亡的情形，但不包括他人的排除犯罪的行为、不适用中国刑法的行为、告诉才处理的行为。

（3）“查证属实”指有证据证明事实存在即可。

2. “提供重要线索得以侦破其他案件”。线索重要，即是司法机关不知晓或者不可能知晓的线索。

（1）以下情形不成立立功：①犯罪分子通过贿买、暴力、胁迫等非法手段，或者被羁押后与律师、亲友会见过程中违反监管规定，获取他人犯罪线索并“检举揭发”的。②犯罪分子将本人以往查办犯罪职务活动中掌握的，或者从负有查办犯罪、监管职责的国家工作人员处获取的他人犯罪线索予以检举揭发的。

（2）得以侦破其他案件，是指使得其他犯罪分子（包括同案犯）得到刑事追究，其最低要求为使其他犯罪分子被抓获，不要求实际定罪处罚。

3. 其他立功表现

（1）阻止他人犯罪活动。

（2）阻止其他犯罪人的逃跑。

---

[1] 本条原条文第2款“犯罪后自首又有重大立功表现的，应当减轻或者免除处罚”的规定，被2011年2月25日全国人大常委会《刑法修正案（八）》第9条删除。2011年4月30日以前犯罪，犯罪后自首又有重大立功表现的，适用修正前《刑法》第68条第2款的规定。

（3）协助司法机关抓捕其他犯罪嫌疑人（包括同案犯）。

①下列情形属于“协助司法机关抓捕其他犯罪嫌疑人”：按照司法机关的安排，以打电话、发信息等方式将其他犯罪嫌疑人（包括同案犯）约至指定地点，得以抓获其他犯罪分子的；按照司法机关的安排，当场指认、辨认其他犯罪嫌疑人（包括同案犯）的；带领侦查人员抓获其他犯罪嫌疑人（包括同案犯）的；提供司法机关尚未掌握的其他案件犯罪嫌疑人的联络方式、藏匿地址，得以抓获其他犯罪分子的。

②下列情形不属于“协助司法机关抓捕其他犯罪嫌疑人”：犯罪分子提供同案犯姓名、住址、体貌特征等基本情况；犯罪分子提供犯罪前、犯罪中掌握、使用的同案犯联络方式、藏匿地址，司法机关据此抓捕同案犯的。

（4）其他有利于国家和社会的突出贡献的。

五、自首、坦白与立功的竞合

如果如实供述的内容，超出了自首或者坦白的要求，另构成立功，则应同时认定为自首（或坦白）与立功；如果如实供述的内容，既是自首或坦白的表现，也是立功的表现，则只能择一认定（选择最有利于行为人的量刑情节）。

练练手

1. 下列哪一种情形不成立累犯？[1]

A. 张某犯故意伤害罪被判处有期徒刑3年，缓刑3年，缓刑期满后的第3年又犯盗窃罪，被判处有期徒刑10年

B. 李某犯强奸罪被判处有期徒刑5年，刑满释放后的第4年，又犯妨害公务罪，被判处有期徒刑6个月

C. 王某犯抢夺罪被判处有期徒刑4年，执行3年后被假释，于假释期满后的第5年又犯故意杀人罪被判处无期徒刑

D. 田某犯叛逃罪被判处管制2年，管制期满后20年又犯为境外刺探国家秘密罪，被判处拘役6个月

2. 关于自首，下列哪些选项是错误的？[2]

A. 甲绑架他人作为人质并与警察对峙，经警察劝说放弃了犯罪。甲是在“犯罪过程中”而不是“犯罪以后”自动投案，不符合自首条件

B. 乙交通肇事后留在现场救助伤员，并报告交管部门发生了事故。交警到达现场询问时，乙否认了自己的行为。乙不成立自首

C. 丙故意杀人后如实交代了自己的客观罪行，司法机关根据其交代认定其主观罪过为故意，丙辩称其为过失。丙不成立自首

D. 丁犯罪后，仅因形迹可疑而被盘问、教育，便交代了自己所犯罪行，但拒不交代真实身份。丁不属于如实供述，不成立自首

---

〔1〕答案：A。
〔2〕答案：ACD。

第九章 量刑制度

一、数罪并罚

（一）《刑法》第 69 条：一般规定

第六十九条[1]	【判决宣告前一人犯数罪的并罚】判决宣告以前一人犯数罪的，除判处死刑和无期徒刑的以外，应当在总和刑期以下、数刑中最高刑期以上，酌情决定执行的刑期，但是管制最高不能超过三年，拘役最高不能超过一年，有期徒刑总和刑期不满三十五年的，最高不能超过二十年，总和刑期在三十五年以上的，最高不能超过二十五年。 数罪中有判处有期徒刑和拘役的，执行有期徒刑。数罪中有判处有期徒刑和管制，或者拘役和管制的，有期徒刑、拘役执行完毕后，管制仍须执行。 数罪中有判处附加刑的，附加刑仍须执行，其中附加刑种类相同的，合并执行，种类不同的，分别执行。

1. 判处附加刑的，附加刑总是要执行；种类相同的，合并执行（相加原则）；种类不同的，分别执行。

2. 判处死刑或者无期徒刑的，执行死刑或者无期徒刑（吸收原则）。

3. 判处管制、拘役、有期徒刑的，在总和刑期以下、数刑中最高刑期以上判处刑罚；但管制的上限为 3 年，拘役的上限为 1 年，有期徒刑的上限为 20 年（前提是总和刑期不满 35 年）或者 25 年（前提是总和刑期为 35 年以上）。

4. 判处有期徒刑与拘役的，只执行有期徒刑；判处有期徒刑与管制的，或者判处拘役与管制的，先执行有期徒刑或者拘役，再执行管制。

5. 对判决宣告以前一人犯同种数罪的，原则上应以一罪论处；但在以一罪论处不符合罪刑相适应原则，或者前后犯罪相隔时间很长，不宜作为一罪的从重情节或法定刑升格的情节处理时，应实行并罚。

---

[1] ①本条第 2 款为 2015 年 8 月 29 日全国人大常委会《刑法修正案（九）》第 4 条所增设。对于 2015 年 10 月 31 日以前一人犯数罪，数罪中有判处有期徒刑和拘役，有期徒刑和管制，或者拘役和管制，予以数罪并罚的，适用修正后《刑法》第 69 条第 2 款的规定。②本条为 2011 年 2 月 25 日全国人大常委会《刑法修正案（八）》第 10 条所修正。本次修正将“有期徒刑最高不能超过二十年”修改为“有期徒刑总和刑期不满三十五年的，最高不能超过二十年，总和刑期在三十五年以上的，最高不能超过二十五年”，并在第 2 款中增设“其中附加刑种类相同的，合并执行，种类不同的，分别执行”的规定。2011 年 4 月 30 日以前一人犯数罪，应当数罪并罚的，适用修正前《刑法》第 69 条的规定。2011 年 4 月 30 日前后一人犯数罪，其中一罪发生在 2011 年 5 月 1 日以后的，适用修正后《刑法》第 69 条的规定。

（二）《刑法》第 70 条：先并后减

第七十条	【判决宣告后刑罚执行完毕前发现漏罪的并罚】判决宣告以后，刑罚执行完毕以前，发现被判刑的犯罪分子在判决宣告以前还有其他罪没有判决的，应当对新发现的罪作出判决，把前后两个判决所判处的刑罚，依照本法第六十九条的规定，决定执行的刑罚。已经执行的刑期，应当计算在新判决决定的刑期以内。

判决后、刑罚执行完毕之前发现漏罪的，将前后判决按照《刑法》第69条并罚，已执行的刑期计算在并罚判决的刑期内，即“先并后减”。

例如，甲因犯某罪被判处有期徒刑10年，在执行3年以后，发现其尚有其他犯罪（包含同种犯罪）未追究的，对漏罪判处10年有期徒刑，与先前判决结果按照《刑法》第69条的规定并罚，即在10年以上20年以下判决有期徒刑，再减去已经执行的刑期3年，剩余时间则为犯罪人还应执行的刑期。

（三）《刑法》第 71 条：先减后并

第七十一条	【判决宣告后刑罚执行完毕前又犯新罪的并罚】判决宣告以后，刑罚执行完毕以前，被判刑的犯罪分子又犯罪的，应当对新犯的罪作出判决，把前罪没有执行的刑罚和后罪所判处的刑罚，依照本法第六十九条的规定，决定执行的刑罚。

1. 判决后、刑罚执行完毕之前犯新罪的，将后罪的判决与前罪没有执行完毕的刑罚按照《刑法》第69条的规定并罚，即“先减后并”。

例如，甲因犯某罪被判处有期徒刑10年，执行3年以后又犯新罪，新罪被判处10年有期徒刑的，先前判决结果10年减去已经执行的刑期3年，将剩余的7年有期徒刑与新罪判决结果10年按照《刑法》第69条的规定并罚，并罚结果即为甲还应执行的刑期。

2. 相比较“先并后减”原则，“先减后并”原则更不利于犯罪人，实际执行刑期可能突破上限。

3. 判决后、刑罚执行完毕之前既发现漏罪还犯有新罪的，先按照“先并后减”原则并罚，再按照“先减后并”原则并罚。

二、缓刑

第七十二条〔1〕	【缓刑的条件、禁止令与附加刑的执行】对于被判处拘役、三年以下有期徒刑的犯罪分子，同时符合下列条件的，可以宣告缓刑，对其中不满十八周岁的

〔1〕本条为2011年2月25日全国人大常委会《刑法修正案（八）》第11条所修订。1997年《刑法》原条文为：“对于被判处拘役、三年以下有期徒刑的犯罪分子，根据犯罪分子的犯罪情节和悔罪表现，适用缓刑确实不致再危害社会的，可以宣告缓刑。”“被宣告缓刑的犯罪分子，如果被判处附加刑，附加刑仍须执行。”对于2011年4月30日以前犯罪，依法应当判处管制或者宣告缓刑的，人民法院根据犯罪情况，认为确有必要同时禁止犯罪分子在管制期间或者缓刑考验期内从事特定活动，进入特定区域、场所，接触特定人的，适用修正后《刑法》第38条第2款或者第72条第2款的规定。该司法解释的结论有违反从旧兼从轻原则的嫌疑。

续表

第七十二条	人、怀孕的妇女和已满七十五周岁的人，应当宣告缓刑： （一）犯罪情节较轻； （二）有悔罪表现； （三）没有再犯罪的危险； （四）宣告缓刑对所居住社区没有重大不良影响。 宣告缓刑，可以根据犯罪情况，同时禁止犯罪分子在缓刑考验期限内从事特定活动，进入特定区域、场所，接触特定的人。 被宣告缓刑的犯罪分子，如果被判处附加刑，附加刑仍须执行。
第七十三条	【缓刑考验期限】拘役的缓刑考验期限为原判刑期以上一年以下，但是不能少于二个月。 有期徒刑的缓刑考验期限为原判刑期以上五年以下，但是不能少于一年。 缓刑考验期限，从判决确定之日起计算。
第七十四条〔1〕	【不适用缓刑的对象】对于累犯和犯罪集团的首要分子，不适用缓刑。
第七十五条	【缓刑犯应遵守的规定】被宣告缓刑的犯罪分子，应当遵守下列规定： （一）遵守法律、行政法规，服从监督； （二）按照考察机关的规定报告自己的活动情况； （三）遵守考察机关关于会客的规定； （四）离开所居住的市、县或者迁居，应当报经考察机关批准。
第七十六条〔2〕	【社区矫正与缓刑考验合格的处理】对宣告缓刑的犯罪分子，在缓刑考验期限内，依法实行社区矫正，如果没有本法第七十七条规定的情形，缓刑考验期满，原判的刑罚就不再执行，并公开予以宣告。
第七十七条〔3〕	【缓刑考验不合格的处理】被宣告缓刑的犯罪分子，在缓刑考验期限内犯新罪或者发现判决宣告以前还有其他罪没有判决的，应当撤销缓刑，对新犯的罪或者新发现的罪作出判决，把前罪和后罪所判处的刑罚，依照本法第六十九条的规定，决定执行的刑罚。 被宣告缓刑的犯罪分子，在缓刑考验期限内，违反法律、行政法规或者国务院有关部门关于缓刑的监督管理规定，或者违反人民法院判决中的禁止令，情节严重的，应当撤销缓刑，执行原判刑罚。

（一）法律效果

缓刑，是一种附条件不执行原判刑罚的制度（这里的“原判刑罚”仅指拘役、3 年

〔1〕本条为2011年2月25日全国人大常委会《刑法修正案（八）》第12条所修正。本次修正增加了对犯罪集团的首要分子不适用缓刑的规定。

〔2〕本条为2011年2月25日全国人大常委会《刑法修正案（八）》第13条所修正。1997年《刑法》原条文为：“被宣告缓刑的犯罪分子，在缓刑考验期限内，由公安机关考察，所在单位或者基层组织予以配合，如果没有本法第七十七条规定的情形，缓刑考验期满，原判的刑罚就不再执行，并公开予以宣告。”

〔3〕本条第2款为2011年2月25日全国人大常委会《刑法修正案（八）》第14条所修正。本次修正增设了“违反人民法院判决中的禁止令，情节严重的，应当撤销缓刑”的规定，并将第2款原文中“国务院公安部门”修改为“国务院有关部门”。犯罪分子在管制期间或者缓刑考验期内，违反人民法院判决中的禁止令的，适用修正后《刑法》第38条第4款或者第77条第2款的规定。

以下有期徒刑，不包括附加刑，附加刑必须执行）。因此，缓刑考验期间或者期满后再犯罪的，不成立累犯。

（二）成立条件

1. 限制条件。累犯与犯罪集团的首要分子，不得缓刑。注意：“犯罪集团的首要分子”不等于“首要分子”，更不等于“聚众犯罪中的首要分子”。

2. 可以缓刑的条件：（1）宣告刑为拘役、3年以下有期徒刑；（2）犯罪较轻，有悔罪表现，没有再犯危险，宣告缓刑对社区没有重大不良影响。

3. 应当缓刑的条件：（1）满足可以缓刑的条件；（2）判决时犯罪分子是不满18周岁的人、怀孕的妇女或者已满75周岁的人。

（三）保安处分措施

宣告缓刑的，可以在缓刑考验期间同时适用禁止令，还必须适用社区矫正。

（四）缓刑考验期

1. 拘役的缓刑考验期限为原判刑期以上1年以下，但是不能少于2个月。
2. 有期徒刑的缓刑考验期限为原判刑期以上5年以下，但是不能少于1年。
3. 缓刑考验期限，从判决确定之日起计算。

（五）撤销缓刑

1. 缓刑考验期间犯新罪的，无论什么时候发现该罪，都应当撤销缓刑决定，只要新罪没过追诉时效，按照《刑法》第69条数罪并罚，并罚后不得再宣告缓刑。

2. 在缓刑考验期间发现漏罪，撤销缓刑，漏罪没过追诉时效的，按照《刑法》第69条并罚，并罚后可以再次宣告缓刑。缓刑考验期结束后发现漏罪的，不得撤销缓刑决定，仅处罚漏罪。

3. 被宣告缓刑的犯罪人，在缓刑考验期内，违反法律、行政法规或者国务院有关部门有关缓刑的监督管理规定，或者违反人民法院判决中的禁止令，情节严重的，应当撤销缓刑，执行原判刑罚。

练练手

1. 关于数罪并罚，下列哪些选项是符合《刑法》规定的？[1]

A. 甲在判决宣告以前犯抢劫罪、盗窃罪与贩卖毒品罪，分别被判处13年、8年、15年有期徒刑。法院数罪并罚决定执行18年有期徒刑

B. 乙犯抢劫罪、盗窃罪分别被判处13年、6年有期徒刑，数罪并罚决定执行18年有期徒刑。在执行5年后，发现乙在判决宣告前还犯有贩卖毒品罪，应当判处15年有期徒刑。法院数罪并罚决定应当执行19年有期徒刑，已经执行的刑期，计算在新判决决定的刑期之内

C. 丙犯抢劫罪、盗窃罪分别被判处13年、8年有期徒刑，数罪并罚决定执行18年有期徒刑。在执行5年后，丙又犯故意伤害罪，被判处15年有期徒刑。法院在15年以

---

〔1〕 答案：ABCD。

上20年以下决定应当判处16年有期徒刑，已经执行的刑期，不计算在新判决决定的刑期之内

D. 丁在判决宣告前犯有3罪，被分别并处罚金3万元、7万元和没收全部财产。法院不仅要合并执行罚金10万元，而且要没收全部财产

2. 关于缓刑的适用，下列哪一选项是错误的?[1]

A. 被宣告缓刑的犯罪分子，在考验期内再犯罪的，应当数罪并罚，且不得再次宣告缓刑

B. 对于被宣告缓刑的犯罪分子，可以同时禁止其从事特定活动，进入特定区域、场所，接触特定的人

C. 对于黑社会性质组织的首要分子，不得适用缓刑

D. 被宣告缓刑的犯罪分子，在考验期内由公安机关考察，所在单位或者基层组织予以配合

---

〔1〕 答案：D。

第十章

刑罚的执行

一、减刑

第七十八条[1]	【减刑的条件与限度】被判处管制、拘役、有期徒刑、无期徒刑的犯罪分子，在执行期间，如果认真遵守监规，接受教育改造，确有悔改表现的，或者有立功表现的，可以减刑；有下列重大立功表现之一的，应当减刑： （一）阻止他人重大犯罪活动的； （二）检举监狱内外重大犯罪活动，经查证属实的； （三）有发明创造或者重大技术革新的； （四）在日常生产、生活中舍己救人的； （五）在抗御自然灾害或者排除重大事故中，有突出表现的； （六）对国家和社会有其他重大贡献的。 减刑以后实际执行的刑期不能少于下列期限： （一）判处管制、拘役、有期徒刑的，不能少于原判刑期的二分之一； （二）判处无期徒刑的，不能少于十三年； （三）人民法院依照本法第五十条第二款规定限制减刑的死刑缓期执行的犯罪分子，缓期执行期满后依法减为无期徒刑的，不能少于二十五年，缓期执行期满后依法减为二十五年有期徒刑的，不能少于二十年。
第七十九条	【减刑程序】对于犯罪分子的减刑，由执行机关向中级以上人民法院提出减刑建议书。人民法院应当组成合议庭进行审理，对确有悔改或者立功事实的，裁定予以减刑。非经法定程序不得减刑。
第八十条	【无期徒刑减刑的刑期计算】无期徒刑减为有期徒刑的刑期，从裁定减刑之日起计算。

（一）适用对象

减刑只适用于被判处管制、拘役、有期徒刑与无期徒刑的犯罪分子。

（二）减刑条件

1. 可以减刑的条件。①认真遵守监规，接受教育改造，确有悔改表现；②有立功表现。

---

〔1〕 本条第2款为2011年2月25日全国人大常委会《刑法修正案（八）》第15条所修正。1997年《刑法》原条文为：“减刑以后实际执行的刑期，判处管制、拘役、有期徒刑的，不能少于原判刑期的二分之一；判处无期徒刑的，不能少于十年。”2011年4月30日以前犯罪，被判处无期徒刑的罪犯，减刑以后或者假释前实际执行的刑期，适用修正前《刑法》第78条第2款、第81条第1款的规定。

注意

职务犯罪，破坏金融管理秩序和金融诈骗犯罪，组织、参加、包庇、纵容黑社会性质组织犯罪的罪犯，不积极退赃、协助追缴赃款赃物、赔偿损失，或者服刑期间利用个人影响力和社会关系等不正当手段意图获得减刑或者假释的，不能认定为“确有悔改表现”。

2. 应当减刑的条件。即有重大立功表现。

（三）减刑后实际执行刑期的要求

1. 管制、拘役、有期徒刑的实际执行刑期不得少于原判刑罚的一半。其中“实际执行的刑期”，是指原判决发生法律效力，将判决交付执行后，犯罪人实际服刑改造的期间，而不包括判决宣告前先行羁押的日期。

2. 无期徒刑的实际执行刑期不得少于 13 年。

3. 被判处死缓的累犯或者被判处死缓的故意杀人、强奸、抢劫、绑架、放火、爆炸、投放危险物质以及其他有组织的暴力性犯罪分子，如果被限制减刑的，在死缓考验期结束后，减为无期徒刑的，即使再减刑，其实际执行刑期不少于 25 年；如果死缓考验期结束后减为 25 年有期徒刑的，减刑后实际执行刑期不少于 20 年。

（四）减刑程序

减刑由执行机关向中级以上人民法院提出减刑建议书，由人民法院组成合议庭裁定是否减刑。

（五）刑期起算

无期徒刑减为有期徒刑的，从裁定减刑之日计算有期徒刑的刑期。已经执行的刑期以及判决宣告以前先行羁押的日期，不得计算在裁定减刑后的有期徒刑的刑期以内。

（六）减刑后并罚规定

1. 减刑后再犯新罪。减刑后，刑罚执行期间因故意犯罪而数罪并罚时，原判死缓减为无期徒刑、有期徒刑，或者无期徒刑减为有期徒刑的裁定继续有效，但减刑裁定减去的刑期不计入已经执行的刑期。

2. 减刑后发现漏罪。减刑后，刑罚执行期间因发现漏罪而数罪并罚的，原裁定减刑自动失效。如漏罪系罪犯主动交代的，对其原减去的刑期，由执行机关报请有管辖权的人民法院重新作出减刑裁定，予以确认；否则，只能按照法定程序酌情裁定。

注意

（1）死缓考验期间发现漏罪的并罚。被判处死刑缓期执行的罪犯，在死刑缓期执行期内被发现漏罪，依据《刑法》第 70 条的规定数罪并罚，决定执行死刑缓期执行的，死刑缓期执行期间自新判决确定之日起计算，已经执行的死刑缓期执行期间计入新判决的死刑缓期执行期间内，但漏罪被判处死刑缓期执行的除外。

（2）死缓考验期满后发现漏罪的并罚。被判处死刑缓期执行的罪犯，在死刑缓期执行期满后被发现漏罪，依据《刑法》第 70 条的规定数罪并罚，决定执行死刑缓期执行的，交付执行时对罪犯实际执行无期徒刑，死缓考验期不再执行，但漏罪被判处死刑缓期执行的除外。

二、假释

第八十一条[1]	【假释的条件】被判处有期徒刑的犯罪分子，执行原判刑期二分之一以上，被判处无期徒刑的犯罪分子，实际执行十三年以上，如果认真遵守监规，接受教育改造，确有悔改表现，没有再犯罪的危险的，可以假释。如果有特殊情况，经最高人民法院核准，可以不受上述执行刑期的限制。 对累犯以及因故意杀人、强奸、抢劫、绑架、放火、爆炸、投放危险物质或者有组织的暴力性犯罪被判处十年以上有期徒刑、无期徒刑的犯罪分子，不得假释。 对犯罪分子决定假释时，应当考虑其假释后对所居住社区的影响。
第八十二条	【假释程序】对于犯罪分子的假释，依照本法第七十九条规定的程序进行。非经法定程序不得假释。
第八十三条	【假释的考验期限与计算】有期徒刑的假释考验期限，为没有执行完毕的刑期；无期徒刑的假释考验期限为十年。 假释考验期限，从假释之日起计算。
第八十四条	【假释犯应遵守的规定】被宣告假释的犯罪分子，应当遵守下列规定： （一）遵守法律、行政法规，服从监督； （二）按照监督机关的规定报告自己的活动情况； （三）遵守监督机关关于会客的规定； （四）离开所居住的市、县或者迁居，应当报经监督机关批准。
第八十五条[2]	【社区矫正与假释考验合格的处理】对假释的犯罪分子，在假释考验期限内，依法实行社区矫正，如果没有本法第八十六条规定的情形，假释考验期满，就认为原判刑罚已经执行完毕，并公开予以宣告。
第八十六条[3]	【假释考验不合格的处理】被假释的犯罪分子，在假释考验期限内犯新罪，应当撤销假释，依照本法第七十一条的规定实行数罪并罚。 在假释考验期限内，发现被假释的犯罪分子在判决宣告以前还有其他罪没有判决的，应当撤销假释，依照本法第七十条的规定实行数罪并罚。

〔1〕本条为2011年2月25日全国人大常委会《刑法修正案（八）》第16条所修正。1997年《刑法》原条文为："被判处有期徒刑的犯罪分子，执行原判刑期二分之一以上，被判处无期徒刑的犯罪分子，实际执行十年以上，如果认真遵守监规，接受教育改造，确有悔改表现，假释后不致再危害社会的，可以假释。如果有特殊情况，经最高人民法院核准，可以不受上述执行刑期的限制。""对累犯以及因杀人、爆炸、抢劫、强奸、绑架等暴力性犯罪被判处十年以上有期徒刑、无期徒刑的犯罪分子，不得假释。"2011年4月30日以前犯罪，被判处无期徒刑的罪犯，减刑以后或者假释前实际执行的刑期，适用修正前《刑法》第78条第2款、第81条第1款的规定。2011年4月30日以前犯罪，因具有累犯情节或者系故意杀人、强奸、抢劫、绑架、放火、爆炸、投放危险物质或者有组织的暴力性犯罪并被判处10年以上有期徒刑、无期徒刑的犯罪分子，2011年5月1日以后仍在服刑的，能否假释，适用修正前《刑法》第81条第2款的规定；2011年4月30日以前犯罪，因其他暴力性犯罪被判处10年以上有期徒刑、无期徒刑的犯罪分子，2011年5月1日以后仍在服刑的，能否假释，适用修正后《刑法》第81条第2款、第3款的规定。

〔2〕本条为2011年2月25日全国人大常委会《刑法修正案（八）》第17条所修正。本次修正增设了对假释犯进行社区矫正的规定，删除了"由公安机关予以监督"的规定。

〔3〕本条第3款为2011年2月25日全国人大常委会《刑法修正案（八）》第18条所修正。为了落实对假释犯的社区矫正，将第3款原条文"国务院公安部门"修改为"国务院有关部门"。

续表

第八十六条	被假释的犯罪分子，在假释考验期限内，有违反法律、行政法规或者国务院有关部门关于假释的监督管理规定的行为，尚未构成新的犯罪的，应当依照法定程序撤销假释，收监执行未执行完毕的刑罚。

假释，是指附条件提前释放犯罪分子的刑罚执行制度。

（一）假释的条件

1. 适用对象

（1）假释适用于被判处有期徒刑（执行1/2以上刑期）、无期徒刑（实际执行13年以上）的犯罪分子。

（2）最低执行刑期的要求存在例外：有特殊情况，报最高人民法院核准，可以不受最低执行刑期的限制。

（3）判处死缓的，依法减为无期徒刑和25年有期徒刑后，符合假释条件的，可以假释。

2. 实质条件

假释只适用于在刑罚执行期间，认真遵守监规，接受教育改造，确有悔改表现，没有再犯罪的危险的犯罪分子。监狱法规定，如有重大立功表现的，应当假释。

3. 限制条件

对累犯以及因故意杀人、强奸、抢劫、绑架、放火、爆炸、投放危险物质或者有组织的暴力性犯罪被判处10年以上有期徒刑、无期徒刑的犯罪分子，不得假释。因暴力性犯罪被判处死缓，2年考验期满后减为无期徒刑或者25年有期徒刑的，仍然不能假释（当然解释）。

（二）假释的适用

1. 有期徒刑的假释考验期为剩余刑期，无期徒刑的假释考验期为10年。
2. 假释考验期从假释之日起算。
3. 假释考验期间依法适用社区矫正。

（三）假释的效果

假释考验期满，没有发现漏罪，没有犯新罪，没有违反假释规定的，原判刑罚视为执行完毕。故假释考验期满后再犯罪的，可能成立累犯。

（四）假释的程序

假释由执行机关向中级以上人民法院提出假释建议书，由人民法院组成合议庭裁定是否假释。

（五）假释的撤销

1. 假释考验期间犯新罪的，无论什么时候发现该罪，都应当撤销假释决定，只要新罪没过追诉时效，按照《刑法》第71条数罪并罚（先减后并）。
2. 在假释考验期间发现漏罪，撤销假释，漏罪没过追诉时效的，按照《刑法》第

70条并罚（先并后减）；假释考验期满后发现漏罪的，不得撤销假释决定，仅处罚漏罪。

3. 被假释的犯罪人，在假释考验期限内，有违反法律、行政法规或者国务院有关部门有关假释的监督管理规定的行为，尚未构成新的犯罪的，应当依照法定程序撤销假释，收监执行尚未执行完毕的刑罚。

练练手

关于减刑、假释的适用，下列哪些选项是错误的？[1]

A. 对所有未被判处死刑的犯罪分子，如认真遵守监规，接受教育改造，确有悔改表现，或者有立功表现的，均可减刑

B. 无期徒刑减为有期徒刑的刑期，从裁定被执行之日起计算

C. 被宣告缓刑的犯罪分子，不符合“认真遵守监规，接受教育改造”的减刑要件，不能减刑

D. 在假释考验期限内犯新罪，假释考验期满后才发现的，不得撤销假释

〔1〕 答案：ABCD。

第十一章

刑罚的消灭

一、追诉时效

第八十七条	【追诉期限】犯罪经过下列期限不再追诉： （一）法定最高刑为不满五年有期徒刑的，经过五年； （二）法定最高刑为五年以上不满十年有期徒刑的，经过十年； （三）法定最高刑为十年以上有期徒刑的，经过十五年； （四）法定最高刑为无期徒刑、死刑的，经过二十年。如果二十年以后认为必须追诉的，须报请最高人民检察院核准。
第八十八条	【不受追诉期限限制的情形】在人民检察院、公安机关、国家安全机关立案侦查或者在人民法院受理案件以后，逃避侦查或者审判的，不受追诉期限的限制。 被害人在追诉期限内提出控告，人民法院、人民检察院、公安机关应当立案而不予立案的，不受追诉期限的限制。
第八十九条	【追诉期限的计算】追诉期限从犯罪之日起计算；犯罪行为有连续或者继续状态的，从犯罪行为终了之日起计算。 在追诉期限以内又犯罪的，前罪追诉的期限从犯后罪之日起计算。

追诉时效，即刑法规定的对犯罪人进行刑事追诉的有效期限。

（一）期限规定

1. 法定最高刑为不满 5 年有期徒刑的，经过 5 年；

2. 法定最高刑为 5 年以上不满 10 年有期徒刑的，经过 10 年；

3. 法定最高刑为 10 年以上有期徒刑的，经过 15 年；

4. 法定最高刑为无期徒刑、死刑的，经过 20 年。如果 20 年以后认为必须追诉的，须报请最高人民检察院核准。

注意

（1）“不满 5 年”“不满 10 年”是指不包含 5 年或者 10 年；“5 年以上”“10 年以上”，包括 5 年、10 年。

（2）只有法定最高刑为无期徒刑、死刑的，其追诉时效才是 20 年；如果 20 年以后认为必须追诉的，须报请最高人民检察院核准。

（二）追诉时效的起算

1. 追诉期限从犯罪之日起计算，至审判之日结束，即从犯罪成立之日起，在审判之日还没有超过追诉期限的，才能追诉。

2. 犯罪行为有连续或者继续状态的，从犯罪行为终了之日起计算。

（三）追诉时效的延长

1. 侦查机关立案侦查后，或者人民法院受理案件后，犯罪人积极逃避侦查或者审判的案件。其中“逃避侦查、审判”仅限于积极的、明显的、致使侦查、审判工作无法进行的逃避行为。但毁灭证据、串供等，不属于“逃避侦查与审判”。当然，犯罪分子又实施其他犯罪的，其他犯罪仍受追诉期限的限制。例如，行为人的甲罪被司法机关立案侦查，但行为人逃避侦查与审判，其后又犯了乙罪。先前的甲罪虽然不受追诉期限的限制，但后来的乙罪受追诉期限的限制。

2. 被害人在追诉期限内提出控告，公、检、法该立案不立案的案件。

（四）追诉时效的中断

1. 在追诉期限以内又犯罪的，前罪追诉的期限从后罪成立之日起计算。

2. 在前罪的追诉期限从犯后罪之日起计算时，如果后罪的法定最高刑轻于前者，后罪的追诉期限届满，而前罪的追诉期限未满，则只追诉前罪。

3. 共犯时效

（1）共同犯罪应按各共犯人应当适用的法定刑幅度，分别计算追诉期限。

（2）在共同犯罪中，逃避侦查和审判的共犯人不受追诉期限的限制，但其他共犯人仍然受追诉期限的限制。

（3）在共同犯罪中，在追诉期限以内又犯罪的共犯人，其前罪追诉的期限从犯后罪之日起计算；在追诉期限内没有再犯罪的共犯人，其犯罪的追诉期限并不中断。

例如，1980 年初，张某强奸某妇女并将其杀害。1996 年末，张某因酒后驾车致人重伤。两案在 2007 年初被发现。本案中，张某 1980 年犯强奸罪与故意杀人罪，两罪的追诉时效分别为 15 年（普通强奸罪法定最高刑为 10 年有期徒刑）和 20 年（故意杀人罪法定最高刑为死刑）。1996 年末张某又犯交通肇事罪，此时强奸罪已过追诉时效，不再追究刑事责任；但故意杀人罪还没过追诉时效，在追诉时效期间内再犯新罪，前罪从犯新罪之日起重新计算追诉时效，即从犯交通肇事罪之日起重新计算故意杀人罪的追诉时效 20 年。2007 年案发时，交通肇事罪已过追诉时效 10 年（一般情形的交通肇事罪法定最高刑为 3 年；交通肇事逃逸的或者有其他严重情节的，法定最高刑为 7 年），不再追究刑事责任。张某最终只承担故意杀人罪的刑事责任。

二、特赦

特赦由全国人民代表大会常务委员会决定，由国家主席予以发布。新中国成立后，我国共实行过九次特赦。特赦之后再犯罪，符合累犯成立条件的，构成累犯。

练练手

关于追诉时效，下列哪些选项是错误的？[1]

A. 共同犯罪人可能分别适用不同的法定刑，其追诉时效也不同

B. 行为人犯罪之后直接逃匿的，不受追诉期限的限制

C. 非法持有毒品罪的追诉时效应从犯罪成立之日起算

D. 只有在追诉期限内犯不同性质的犯罪，前罪的追诉期限才能从犯新罪之日起重新起算

附一 重要概念的解释性规定

一、民族自治地方的变通、补充规定

【必读法条】

第九十条	【民族自治地方对本法的变通、补充规定】民族自治地方不能全部适用本法规定的，可以由自治区或者省的人民代表大会根据当地民族的政治、经济、文化的特点和本法规定的基本原则，制定变通或者补充的规定，报请全国人民代表大会常务委员会批准施行。

二、公共财产与私人财产

【必读法条】

第九十一条	【公共财产的含义】本法所称公共财产，是指下列财产： （一）国有财产； （二）劳动群众集体所有的财产； （三）用于扶贫和其他公益事业的社会捐助或者专项基金的财产。 在国家机关、国有公司、企业、集体企业和人民团体管理、使用或者运输中的私人财产，以公共财产论。
第九十二条	【私人所有财产的含义】本法所称公民私人所有的财产，是指下列财产： （一）公民的合法收入、储蓄、房屋和其他生活资料； （二）依法归个人、家庭所有的生产资料； （三）个体户和私营企业的合法财产； （四）依法归个人所有的股份、股票、债券和其他财产。

[1] 答案：BCD。

三、国家工作人员

【必读法条】

第九十三条	【国家工作人员的含义】本法所称国家工作人员，是指国家机关中从事公务的人员。 国有公司、企业、事业单位、人民团体中从事公务的人员和国家机关、国有公司、企业、事业单位委派到非国有公司、企业、事业单位、社会团体从事公务的人员，以及其他依照法律从事公务的人员，以国家工作人员论。

国家工作人员属于规范的构成要件要素。

1. 国家机关工作人员。国家工作人员包括国家机关工作人员。国家机关工作人员，是指在国家机关中从事公务的人员，包括在各级国家权力机关、行政机关、司法机关和军事机关中从事公务的人员。在乡（镇）以上中国共产党机关、人民政协机关中从事公务的人员，也应当视为国家机关工作人员。

2. 委派。不论被委派的人身份如何，只要是接受国家机关、国有公司、企业、事业单位委派，代表国家机关、国有公司、企业、事业单位在非国有公司、企业、事业单位、社会团体中从事组织、领导、监督、管理等工作，都可以认定为国家机关、国有公司、企业、事业单位委派到非国有公司、企业、事业单位、社会团体从事公务的人员。

3. 其他依照法律从事公务的人员。具有两个特征：（1）在特定条件下行使国家管理职能；（2）依照法律规定从事公务。具体包括：①依法履行职责的各级人民代表大会代表；②依法履行审判职责的人民陪审员；③协助乡镇人民政府、街道办事处从事行政管理工作的村民委员会、居民委员会等农村和城市基层组织人员；④其他由法律授权从事公务的人员。

4. 村民委员会等村基层组织人员。这些人员协助人民政府从事下列行政管理工作时，属于《刑法》第93条第2款规定的“其他依照法律从事公务的人员”：救灾、抢险、防汛、优抚、扶贫、移民、救济款物的管理；社会捐助公益事业款物的管理；国有土地的经营和管理；土地征收、征用补偿费用的管理；[1]代征、代缴税款；有关计划生育、户籍、征兵工作；协助人民政府从事的其他行政管理工作。

四、司法工作人员

【必读法条】

第九十四条	【司法工作人员的含义】本法所称司法工作人员，是指有侦查、检察、审判、监管职责的工作人员。

〔1〕2009年8月全国人民代表大会常务委员会《关于修改部分法律的决定》决定：将《全国人民代表大会常务委员会关于〈中华人民共和国刑法〉第九十三条第二款的解释》中的“征用”修改为“征收、征用”。

五、重伤的界定

【必读法条】

第九十五条	【重伤的含义】本法所称重伤，是指有下列情形之一的伤害： （一）使人肢体残废或者毁人容貌的； （二）使人丧失听觉、视觉或者其他器官机能的； （三）其他对于人身健康有重大伤害的。

六、“违反国家规定”的含义

【必读法条】

第九十六条	【违反国家规定的含义】本法所称违反国家规定，是指违反全国人民代表大会及其常务委员会制定的法律和决定，国务院制定的行政法规、规定的行政措施、发布的决定和命令。

七、首要分子

【必读法条】

第九十七条	【首要分子的含义】本法所称首要分子，是指在犯罪集团或者聚众犯罪中起组织、策划、指挥作用的犯罪分子。

八、告诉才处理

【必读法条】

第九十八条	【告诉才处理的含义】本法所称告诉才处理，是指被害人告诉才处理。如果被害人因受强制、威吓无法告诉的，人民检察院和被害人的近亲属也可以告诉。

九、以上、以下、以内

【必读法条】

第九十九条	【以上、以下、以内包括本数】本法所称以上、以下、以内，包括本数。

注意

《刑法》第63条减轻处罚中的“在法定刑以下判处刑罚”中的“以下”不包括本数（补正解释）。

十、前科报告

【必读法条】

第一百条[1]	【前科报告】依法受过刑事处罚的人，在入伍、就业的时候，应当如实向有关单位报告自己曾受过刑事处罚，不得隐瞒。 犯罪的时候不满十八周岁被判处五年有期徒刑以下刑罚的人，免除前款规定的报告义务。

十一、总则与分则的关系

【必读法条】

第一百零一条	【总则的效力】本法总则适用于其他有刑罚规定的法律，但是其他法律有特别规定的除外。

附二　刑法分则的注意规定和法律拟制

第一节　注意规定

一、概念

刑法中的确存在一些这样的规定，其内容显得多余，有无该规定都不会影响法律的理解和应用，这就是注意规定，即在刑法已作基本规定的前提下，提示司法人员注意、以免司法人员忽略的规定。

二、特征

1. 注意规定的设置，并不改变相关规定的内容，只是对相关规定内容的重申；即使不设置注意规定，也存在相应的法律适用根据，也应当依照刑法的相关规定定罪处罚。例如，《刑法》第285条与第286条分别规定了非法侵入计算机信息系统罪与破坏计算机信息系统罪，《刑法》第287条规定："利用计算机实施金融诈骗、盗窃、贪污、挪用公款、窃取国家秘密或者其他犯罪的，依照本法有关规定定罪处罚。"即使没有这一规定，对上述利用计算机实施的各种犯罪，也应当依照刑法的相关规定定罪处罚。

---

〔1〕本条第2款为2011年2月25日全国人大常委会《刑法修正案（八）》第19条所增设。根据2018年10月《刑事诉讼法》第286条，犯罪的时候不满18周岁，被判处5年有期徒刑以下刑罚的，应当对相关犯罪记录予以封存。犯罪记录被封存的，不得向任何单位和个人提供，但司法机关为办案需要或者有关单位根据国家规定进行查询的除外。依法进行查询的单位，应当对被封存的犯罪记录的情况予以保密。

2. 注意规定只具有提示性，其表述的内容与相关规定的内容完全相同，因而不会导致将原本不符合相关规定的行为也按相关规定论处。例如，《刑法》第 271 条第 1 款规定了职务侵占罪，第 2 款规定：“国有公司、企业或者其他国有单位中从事公务的人员和国有公司、企业或者其他国有单位委派到非国有公司、企业以及其他单位从事公务的人员有前款行为的，依照本法第三百八十二条、第三百八十三条的规定定罪处罚。”显然，只有当国家工作人员的行为完全符合《刑法》第 382 条所规定的贪污罪的犯罪构成时，才能以贪污罪论处。

三、表现

1.《刑法》第 156 条：（走私罪共犯）与走私罪犯通谋，为其提供贷款、资金、账号、发票、证明，或者为其提供运输、保管、邮寄或者其他方便的，以走私罪的共犯论处。

2.《刑法》第 183 条：（职务侵占罪）保险公司的工作人员利用职务上的便利，故意编造未曾发生的保险事故进行虚假理赔，骗取保险金归自己所有的，依照《刑法》第 271 条的规定定罪处罚。（贪污罪）国有保险公司工作人员和国有保险公司委派到非国有保险公司从事公务的人员有前款行为的，依照《刑法》第 382 条、第 383 条的规定定罪处罚。

3.《刑法》第 184 条：（非国家工作人员受贿罪）银行或者其他金融机构的工作人员在金融业务活动中索取他人财物或者非法收受他人财物，为他人谋取利益的，或者违反国家规定，收受各种名义的回扣、手续费，归个人所有的，依照《刑法》第 163 条的规定定罪处罚。（受贿罪）国有金融机构工作人员和国有金融机构委派到非国有金融机构从事公务的人员有前款行为的，依照《刑法》第 385 条、第 386 条的规定定罪处罚。

4.《刑法》第 185 条：（挪用资金罪）商业银行、证券交易所、期货交易所、证券公司、期货经纪公司、保险公司或者其他金融机构的工作人员利用职务上的便利，挪用本单位或者客户资金的，依照《刑法》第 272 条的规定定罪处罚。（挪用公款罪）国有商业银行、证券交易所、期货交易所、证券公司、期货经纪公司、保险公司或者其他国有金融机构的工作人员和国有商业银行、证券交易所、期货交易所、证券公司、期货经纪公司、保险公司或者其他国有金融机构委派到前款规定中的非国有机构从事公务的人员有前款行为的，依照《刑法》第 384 条的规定定罪处罚。

5.《刑法》第 198 条第 4 款：（保险诈骗罪共犯）保险事故的鉴定人、证明人、财产评估人故意提供虚假的证明文件，为他人诈骗提供条件的，以保险诈骗的共犯论处。

6.《刑法》第 234 条之一第 2 款与第 3 款：（故意伤害罪与故意杀人罪）未经本人同意摘取其器官，或者摘取不满 18 周岁的人的器官，或者强迫、欺骗他人捐献器官的，依照《刑法》第 234 条、第 232 条的规定定罪处罚。（盗窃、侮辱尸体罪）违背本人生前意愿摘取其尸体器官，或者本人生前未表示同意，违反国家规定，违背其近亲属意愿摘取其尸体器官的，依照《刑法》第 302 条的规定定罪处罚。

7.《刑法》第 242 条第 1 款：（妨害公务罪）以暴力、威胁方法阻碍国家机关工作人员解救被收买的妇女、儿童的，依照《刑法》第 277 条的规定定罪处罚。

8.《刑法》第 248 条第 2 款：（虐待被监管人罪）监管人员指使被监管人殴打或者体罚虐待其他被监管人的，依照前款的规定处罚。

9.《刑法》第 259 条第 2 款：（强奸罪）利用职权、从属关系，以胁迫手段奸淫现役军人的妻子的，依照《刑法》第236条的规定定罪处罚。

10.《刑法》第253条第2款：（盗窃罪）犯前款罪（私自开拆、隐匿、毁弃邮件、电报罪）而窃取财物的，依照《刑法》第264条的规定定罪从重处罚。第265条：（盗窃罪）以牟利为目的，盗接他人通信线路、复制他人电信码号或者明知是盗接、复制的电信设备、设施而使用的，依照《刑法》第264条的规定定罪处罚。

11.《刑法》第272条第2款：（挪用公款罪）国有公司、企业或者其他国有单位中从事公务的人员和国有公司、企业或者其他国有单位委派到非国有公司、企业以及其他单位从事公务的人员有前款行为的，依照《刑法》第384条的规定定罪处罚。

12.《刑法》第300条第3款：（强奸罪、诈骗罪）组织和利用会道门、邪教组织或者利用迷信奸淫妇女、诈骗财物的，分别依照《刑法》第236条、第266条的规定定罪处罚。

13.《刑法》第310条：（窝藏、包庇罪）明知是犯罪的人而为其提供隐藏处所、财物，帮助其逃匿或者作假证明包庇的，处3年以下有期徒刑、拘役或者管制；情节严重的，处3年以上10年以下有期徒刑。犯前款罪，事前通谋的，以共同犯罪论处。

14.《刑法》第349条第3款：（走私、贩卖、运输、制造毒品罪）犯前两款罪（包庇毒品犯罪分子罪与窝藏、转移、隐瞒毒品、毒赃罪），事先通谋的，以走私、贩卖、运输、制造毒品罪的共犯论处。

15.《刑法》第350条第2款：（制造毒品罪）明知他人制造毒品而为其提供前款规定的物品（制毒物品）的，以制造毒品罪的共犯论处。

16.《刑法》第382条第3款：（贪污罪）与前两款所列人员（国家工作人员与受委托管理、经营国有财产的人员）勾结，伙同贪污的，以共犯论处。

17.《刑法》第385条第2款：（受贿罪）国家工作人员在经济往来中，违反国家规定，收受各种名义的回扣、手续费，归个人所有的，以受贿论处。即仍然要求国家工作人员利用职务之便。

18.《刑法》第389条第2款：（行贿罪）在经济往来中，违反国家规定，给予国家工作人员以财物，数额较大的，或者违反国家规定，给予国家工作人员以各种名义的回扣、手续费的，以行贿论处。即仍然要求行贿者为谋取不正当利益。

19.《刑法》第394条：（贪污罪）国家工作人员在国内公务活动或者对外交往中接受礼物，依照国家规定应当交公而不交公，数额较大的，依照《刑法》第382条、第383条的规定定罪处罚。即要求国家工作人员利用职务之便。

20.（“明知”的理解）刑法分则关于“明知”的规定，基本属于注意规定，即提醒司法工作人员注意，即使没有“明知”的规定，也应根据总则关于故意的规定，确定必须明知的事实。

第二节 法律拟制

一、概念

法律拟制（或法定拟制），即将原本不符合某种规定的行为也按照该规定处理。据此，即使某种行为原本不符合刑法的相关规定，但在刑法明文规定的特殊条件下也必须按相关规定论处。

例如，《刑法》第269条规定："犯盗窃、诈骗、抢夺罪，为窝藏赃物、抗拒抓捕或者毁灭罪证而当场使用暴力或者以暴力相威胁的，依照本法第二百六十三条的规定定罪处罚。"该条规定的行为原本并不符合《刑法》第263条的构成要件，但《刑法》第269条对该行为赋予与抢劫罪相同的法律效果；如果没有《刑法》第269条的规定，对上述行为就不能以抢劫罪论处，而只能对前一阶段的行为分别认定为盗窃、诈骗、抢夺罪，对后一阶段的行为视性质与情节认定为故意杀人罪、故意伤害罪，或者仅视为前罪的量刑情节。

再如，《刑法》第267条第2款规定："携带凶器抢夺的，依照本法第二百六十三条的规定定罪处罚。"携带凶器抢夺与《刑法》第263条规定的抢劫罪在事实上并不完全相同，或者说，携带凶器抢夺的行为原本并不符合抢劫罪的构成要件，但立法者将该行为赋予与抢劫罪相同的法律效果。如果没有《刑法》第267条第2款的法律拟制，对于单纯携带凶器抢夺的行为，只能认定为抢夺罪，而不能认定为抢劫罪。

二、表现

1.《刑法》第238条第2款后段：（非法拘禁）使用暴力致人伤残、死亡的，依照《刑法》第234条、第232条的规定定罪处罚。

2.《刑法》第241条第5款：（拐卖妇女、儿童罪）收买被拐卖的妇女、儿童又出卖的，依照《刑法》第240条的规定定罪处罚。

3. 第247、248条：（刑讯逼供罪、暴力取证罪、虐待被监管人罪）致人伤残、死亡的，依照《刑法》第234条、第232条的规定定罪从重处罚。

4.《刑法》第289条：（故意伤害罪、故意杀人罪、抢劫罪）聚众"打砸抢"，致人伤残、死亡的，依照《刑法》第234条、第232条的规定定罪处罚。毁坏或者抢走公私财物的，除判令退赔外，对首要分子，依照《刑法》第263条的规定定罪处罚。

5.《刑法》第292条第2款：（故意伤害罪、故意杀人罪）聚众斗殴，致人重伤、死亡的，依照《刑法》第234条、第232条的规定定罪处罚。

6.《刑法》第362条：（包庇罪）旅馆业、饮食服务业、文化娱乐业、出租汽车业等单位的人员，在公安机关查处卖淫、嫖娼活动时，为违法犯罪分子通风报信，情节严重的，依照《刑法》第310条的规定定罪处罚。

7.《刑法》第382条第2款：（贪污罪）受国家机关、国有公司、企业、事业单位、人民团体委托管理、经营国有财产的人员，利用职务上的便利，侵吞、窃取、骗取或者以其他手段非法占有国有财物的，以贪污论。按照司法解释的立场，该条文属于法律拟制。

第十二章
危害国家安全罪

一、间谍罪

第一百一十条	【间谍罪】有下列间谍行为之一，危害国家安全的，处十年以上有期徒刑或者无期徒刑；情节较轻的，处三年以上十年以下有期徒刑： （一）参加间谍组织或者接受间谍组织及其代理人的任务的； （二）为敌人指示轰击目标的。

【犯罪构成：间谍行为（参加间谍组织/接受间谍组织及其代理人的任务/为敌人指示轰击目标）+足以危害国家安全+犯罪故意+已满16周岁并具有责任能力的自然人】

明知是间谍组织而参加或者接受其任务，或者为敌人指示轰炸目标的，成立间谍罪。

间谍罪的行为同时成立为境外窃取、刺探、收买、非法提供国家秘密、情报罪的，属于想象竞合犯。

二、为境外窃取、刺探、收买、非法提供国家秘密、情报罪

第一百一十一条	【为境外窃取、刺探、收买、非法提供国家秘密、情报罪】为境外的机构、组织、人员窃取、刺探、收买、非法提供国家秘密或者情报的，处五年以上十年以下有期徒刑；情节特别严重的，处十年以上有期徒刑或者无期徒刑；情节较轻的，处五年以下有期徒刑、拘役、管制或者剥夺政治权利。

【犯罪构成：对象为涉及国家安全的国家秘密或者情报+为境外机构、组织、人员窃取、刺探、收买、非法提供的行为+犯罪故意+已满16周岁并具有责任能力的自然人】

1.“窃取”包括抢夺、抢劫等方式，“刺探”包含诈骗、敲诈勒索等方式，这属于当然解释。

2.“情报”，是指关系国家安全和利益、尚未公开或者依照有关规定不应公开的事项（缩小解释）。

3.“为境外”，相对于“窃取、刺探、收买”行为，属于主观构成要件要素；相对于“非法提供”，属于客观构成要件要素。

4. 本罪与非法获取国家秘密罪（属于妨害社会管理秩序罪）、故意泄露国家秘密罪（属于渎职罪）不是对立关系。

三、资助危害国家安全犯罪活动罪

第一百零七条[1]	【资助危害国家安全犯罪活动罪】境内外机构、组织或者个人资助实施本章第一百零二条、第一百零三条、第一百零四条、第一百零五条规定之罪的，对直接责任人员，处五年以下有期徒刑、拘役、管制或者剥夺政治权利；情节严重的，处五年以上有期徒刑。

【犯罪构成：主体为境内外机构、组织或者个人+对象为实施《刑法》第102条、第103条、第104条、第105条犯罪的境内外机构、组织或者个人+资助行为+犯罪故意+已满16周岁并具有责任能力的自然人】

1. 行为主体与被资助对象无限制，包括境内外机构、组织或者个人。

2. “资助”属于帮助犯绝对正犯化的情形，不包括单纯精神上的鼓舞。如果同时成立具体犯罪的帮助犯，属于想象竞合犯。

四、叛逃罪

第一百零九条[2]	【叛逃罪】国家机关工作人员在履行公务期间，擅离岗位，叛逃境外或者在境外叛逃的，处五年以下有期徒刑、拘役、管制或者剥夺政治权利；情节严重的，处五年以上十年以下有期徒刑。 掌握国家秘密的国家工作人员叛逃境外或者在境外叛逃的，依照前款的规定从重处罚。

【犯罪构成：主体为国家机关工作人员+在履行公务期间，擅离岗位，叛逃境外或者在境外叛逃的行为/主体为掌握国家秘密的国家工作人员+叛逃境外或者在境外叛逃的行为+犯罪故意+已满16周岁并具有责任能力的自然人】

叛逃后实施其他犯罪的，数罪并罚。

练练手

甲系海关工作人员，被派往某国考察。甲担心自己放纵走私被查处，拒不归国。为获得庇护，甲向某国难民署提供我国从未对外公布且影响我国经济安全的海关数据。关于本案，下列哪一选项是错误的？[3]

A. 甲构成叛逃罪

---

〔1〕本条为2011年2月25日全国人大常委会《刑法修正案（八）》第20条所修正。1997年《刑法》原条文将本罪的资助对象限定为“境内组织或者个人”，本次修正废除了这一限制。

〔2〕本条为2011年2月25日全国人大常委会《刑法修正案（八）》第21条所修正。本次修正删除了原条文第1款中“危害中华人民共和国国家安全”的规定，并将原条文第2款“掌握国家秘密的国家工作人员犯前款罪的”修改为“掌握国家秘密的国家工作人员叛逃境外或者在境外叛逃的”。

〔3〕答案：C。

B. 甲构成为境外非法提供国家秘密、情报罪

C. 对甲不应数罪并罚

D. 即使刑法分则对叛逃罪未规定剥夺政治权利，也应对甲附加剥夺1年以上5年以下政治权利

第十三章 危害公共安全罪

一、以严重危险方法危害公共安全的犯罪

第一百一十四条[1]	【放火罪】【决水罪】【爆炸罪】【投放危险物质罪】【以危险方法危害公共安全罪】放火、决水、爆炸以及投放毒害性、放射性、传染病病原体等物质或者以其他危险方法危害公共安全，尚未造成严重后果的，处三年以上十年以下有期徒刑。
第一百一十五条[2]	【放火罪】【决水罪】【爆炸罪】【投放危险物质罪】【以危险方法危害公共安全罪】放火、决水、爆炸以及投放毒害性、放射性、传染病病原体等物质或者以其他危险方法致人重伤、死亡或者使公私财产遭受重大损失的，处十年以上有期徒刑、无期徒刑或者死刑。 【失火罪】【过失决水罪】【过失爆炸罪】【过失投放危险物质罪】【过失以危险方法危害公共安全罪】过失犯前款罪的，处三年以上七年以下有期徒刑；情节较轻的，处三年以下有期徒刑或者拘役。

【放火罪的犯罪构成：放火行为 + 危害公共安全的具体危险 + 犯罪故意 + 已满 14 周岁并具有责任能力的自然人】

【失火罪的犯罪构成：放火行为 + 危害公共安全的实害结果 + 犯罪过失 + 已满 16 周岁并具有责任能力的自然人】

【投放危险物质罪的犯罪构成：投放行为 + 对象为危险物质 + 危害公共安全的具体危险 + 犯罪故意 + 已满 14 周岁并具有责任能力的自然人】

【以危险方法危害公共安全罪的犯罪构成：放火等以外的其他危险方法 + 危害公共安全的具体危险 + 犯罪故意 + 已满 16 周岁并具有责任能力】

【爆炸罪的犯罪构成：爆炸行为 + 危害公共安全的具体危险 + 犯罪故意 + 已满 14 周岁并具有责任能力的自然人】

---

〔1〕 本条为 2001 年 12 月 29 日全国人大常委会《刑法修正案（三）》（自 2001 年 12 月 29 日起施行）第 1 条所修正。1997 年《刑法》原条文为："放火、决水、爆炸、投毒或者以其他危险方法破坏工厂、矿场、油田、港口、河流、水源、仓库、住宅、森林、农场、谷场、牧场、重要管道、公共建筑物或者其他公私财产，危害公共安全，尚未造成严重后果的，处三年以上十年以下有期徒刑。"

〔2〕 本条第 1 款为 2001 年 12 月 29 日全国人大常委会《刑法修正案（三）》第 2 条所修正。1997 年《刑法》原文第 1 款为："放火、决水、爆炸、投毒或者以其他危险方法致人重伤、死亡或者使公私财产遭受重大损失的，处十年以上有期徒刑、无期徒刑或者死刑。"

（一）具体危险犯

《刑法》第 114 条规定的各罪皆为具体危险犯，其成立要求足以危及不特定或者多数人的生命、健康、财产安全，危及公共安全。

1. 放火行为，是使对象物燃烧、引起火灾（火灾是指在时间上或者空间上失去控制的燃烧所造成的灾害）的行为。包括作为与不作为。烧毁自己财产或者自焚行为，只要危及公共安全，就成立放火罪。

2. 投放危险物质的行为，包括将危险物质投放于供不特定或多数人饮用的食品或饮料中、将危险物质投放于供人、畜等使用的河流、池塘、水井等中以及释放危险物质（如将沙林、传染病病原体释放于一定场所）等行为。

（二）罪数问题

以放火、爆炸等方式杀人，或者故意烧毁财物、破坏交通工具、驾驶车辆碾压他人，只有危害公共安全的，才能构成相应的危害公共安全罪；如果同时还成立故意杀人罪的，属于想象竞合犯。如果没有危害公共安全的，只成立故意杀人罪、故意毁坏财物罪等犯罪。

（三）其他危险方法

1. 同类解释规则。“其他危险方法”，仅限于与放火、决水、爆炸、投放危险物质相当的方法（一旦发生就无法立即控制结果的数量，行为终了后结果范围还会扩大），而不是泛指任何具有危害公共安全性质的方法（限制解释，同类解释）。因为《刑法》将本罪规定在第 114 条与第 115 条之中，根据同类解释规则，它必须与前面所列举的行为相当；根据该罪所处的地位，“以其他危险方法”只是《刑法》第 114 条、第 115 条的“兜底”规定，而不是刑法分则第二章的“兜底”规定。

例 1： 甲抱着“砸着谁谁倒霉”的心理从高楼窗户扔出一块砖头，砸中一位行人，使其身受重伤的，或者甲持匕首随意刺伤他人的，甲的行为没有侵害不特定人的生命、身体安全，不成立危害公共安全罪，仅成立故意伤害罪。

例 2： 甲明知盗窃消防栓铜芯将使消防栓丧失功能，仍将路侧草坪上正在使用的 25 个消防栓铜芯（价值人民币 2000 元）窃走；乙用撬棍将便道上的 25 块地漏箅子（价值人民币 3500 元）盗走。甲、乙的行为成立盗窃罪，不成立以危险方法危害公共安全罪。

2. 如果某种行为符合其他犯罪的构成要件，而且符合罪刑相适应原则的，应认定为其他犯罪，不认定为以危险方法危害公共安全罪。

例如，甲明知自己家中豢养的宠物狗患有严重的狂犬病，但不忍心将狗打死，就将该宠物狗扔到了离自己家很远街区的垃圾箱中。甲的行为成立投放危险物质罪，不成立以危险方法危害公共安全罪。

3. 采用放火、爆炸、决水、投放危险物质的行为方式，却又不能构成放火罪、爆炸罪、决水罪、投放危险物质罪的行为，也不可能成立以危险方法危害公共安全罪。

例如：（1）甲因对拆迁补偿不满，擅自进入某高速公路，用干树枝、树叶在外侧车道点燃了一个火焰高约 0.3 米的火堆，后又把火堆分为东西两堆。过往车辆将火堆轧灭后，甲又重新点燃，最后经民警赶到把火堆扑灭。（2）乙因其劳动争议没有得到解决，为引起相关部门关注，便携带汽油、菜刀、打火机等工具，来到路口交叉处，趁一辆公交车等红灯之际，拦在车前，在自己身上倒上汽油后，手持打火机、菜刀准备自焚。后经民警劝说，乙放弃自焚。甲、乙实施放火行为，不成立放火罪，当然也不可能成立以危险方法危害公共安全罪。

4. 以危险方法危害公共安全罪足以造成或者已经造成的侵害结果，仅限于致人重伤、死亡或者使公私财物遭受重大损失；不足以造成这三类物质性结果的行为，即使造成了其他物质性或者非物质性结果，也不可能成立以危险方法危害公共安全罪。

例如，甲通过新闻得知，炭疽杆菌是一种白色粉末状的病菌，国外已经发生因接触夹有炭疽杆菌的邮件而致人死亡的案件，因此认为，社会公众收到类似的邮件会产生心理恐慌。甲遂将家中粉末状的食品干燥剂装入两个信封内，分别寄给某单位领导乙、丙，造成乙、丙精神上的高度紧张，同时引起周围人们的恐慌。甲不成立以危险方法危害公共安全罪，而是成立投放虚假危险物质罪与编造、故意传播虚假恐怖信息罪的想象竞合犯。

（四）相关司法解释

1. 破坏矿井通风设备，危害公共安全的，以以危险方法危害公共安全罪论处。

2. 在具有瓦斯爆炸高度危险的情形下令多人下井采煤，危害公共安全的，以以危险方法危害公共安全罪论处。

3. 私拉电网，危害公共安全的，以以危险方法危害公共安全罪论处。

4. 在火灾现场破坏消防设施或者器材，危害公共安全的，以以危险方法危害公共安全罪论处。

5. 故意传播突发性传染病病原体，危害公共安全的，以以危险方法危害公共安全罪论处。

6. 邪教组织人员以自焚、自爆或者其他危险方法危害公共安全的，以放火罪、爆炸罪或者以危险方法危害公共安全罪论处。

7. 醉酒驾车，放任危害结果发生，造成重大伤亡事故的，或者酒后、醉酒驾车，发生交通事故后，继续驾车冲撞，造成重大伤亡的，或者醉酒后驾驶机动车在高速公路上逆向高速行驶的，以以危险方法危害公共安全罪论处（不排除成立危险驾驶罪与以危险方法危害公共安全罪的想象竞合犯）。

8. 对行驶中的公共交通工具的驾驶人员使用暴力或者抢控驾驶操纵装置，干扰公共交通工具正常行驶，危及公共安全的，或者上述驾驶人员在行驶的公共交通工具上擅离职守，与他人互殴或者殴打他人，危及公共安全的，成立妨害安全驾驶罪。如果同时成立以危险方法危害公共安全罪的，按照想象竞合犯论处。其中的公共交通工具，是指公共汽车、公路客运车，大、中型出租车等车辆。

注意

乘客在公共交通工具行驶过程中，随意殴打其他乘客，追逐、辱骂他人，或者起哄闹事，妨害公共交通工具运营秩序，以寻衅滋事罪定罪处罚。

9. 从建筑物或者其他高空抛掷物品，情节严重的，成立高空抛物罪。该罪属于妨害社会管理秩序的犯罪。如果同时成立以危险方法危害公共安全罪等其他犯罪的，按照想象竞合犯论处。

10. 盗窃、毁坏窨井盖行为的定性：

（1）盗窃、破坏正在使用中的社会机动车通行道路上的窨井盖，足以使汽车、电车发生倾覆、毁坏危险，尚未造成严重后果的，以破坏交通设施罪定罪处罚。

（2）盗窃、破坏人员密集往来的非机动车道、人行道以及车站、码头、公园、广场、学校、商业中心、厂区、社区、院落等生产生活、人员聚集场所的窨井盖，足以危害公共安全，尚未造成严重后果的，以以危险方法危害公共安全罪定罪处罚。

（3）对于第（1）、（2）项规定以外的其他场所的窨井盖，明知会造成人员伤亡后果而实施盗窃、破坏行为，致人受伤或者死亡的，分别以故意伤害罪、故意杀人罪定罪处罚。过失致人重伤或者死亡的，分别以过失致人重伤罪、过失致人死亡罪定罪处罚。

（4）盗窃第（1）、（2）项规定以外的其他场所的窨井盖，且不属于第（3）项规定的情形，数额较大，或者多次盗窃的，以盗窃罪定罪处罚。故意毁坏这些窨井盖，数额较大或者有其他严重情节的，以故意毁坏财物罪定罪处罚。

（5）在生产、作业中违反有关安全管理的规定，擅自移动窨井盖或者未做好安全防护措施等，发生重大伤亡事故或者造成其他严重后果的，以重大责任事故罪定罪处罚。

（6）知道或者应当知道是盗窃所得的窨井盖及其产生的收益而予以窝藏、转移、收购、代为销售或者以其他方法掩饰、隐瞒的，以掩饰、隐瞒犯罪所得、犯罪所得收益罪定罪处罚。

二、破坏交通工具、设施危害公共安全的犯罪

第一百一十六条	【破坏交通工具罪】破坏火车、汽车、电车、船只、航空器，足以使火车、汽车、电车、船只、航空器发生倾覆、毁坏危险，尚未造成严重后果的，处三年以上十年以下有期徒刑。
第一百一十七条	【破坏交通设施罪】破坏轨道、桥梁、隧道、公路、机场、航道、灯塔、标志或者进行其他破坏活动，足以使火车、汽车、电车、船只、航空器发生倾覆、毁坏危险，尚未造成严重后果的，处三年以上十年以下有期徒刑。
第一百一十八条	【破坏电力设备罪】【破坏易燃易爆设备罪】破坏电力、燃气或者其他易燃易爆设备，危害公共安全，尚未造成严重后果的，处三年以上十年以下有期徒刑。
第一百一十九条	【破坏交通工具罪】【破坏交通设施罪】【破坏电力设备罪】【破坏易燃易爆设备罪】破坏交通工具、交通设施、电力设备、燃气设备、易燃易爆设备，造成严重后果的，处十年以上有期徒刑、无期徒刑或者死刑。 【过失损坏交通工具罪】【过失损坏交通设施罪】【过失损坏电力设备罪】【过失损坏易燃易爆设备罪】过失犯前款罪的，处三年以上七年以下有期徒刑；情节较轻的，处三年以下有期徒刑或者拘役。

【破坏交通工具罪的犯罪构成：破坏行为 + 对象为交通工具 + 危害公共安全的具体危险 + 犯罪故意 + 已满 16 周岁并具有责任能力的自然人】

【破坏交通设施罪的犯罪构成：破坏行为 + 对象为交通设施 + 危害公共安全的具体危险 + 犯罪故意 + 已满 16 周岁并具有责任能力的自然人】

（一）行为对象

1. 破坏交通工具罪的对象为火车、汽车、电车、船只、航空器。其中“汽车”包括用于搭载乘客的大型拖拉机（扩大解释），“电车”包括缆车、电瓶车。

2. 破坏交通设施罪的对象为交通设施本身。

（二）行为性质

两罪均属于具体危险犯。破坏行为具有使公共交通工具倾覆、毁坏的危险，危害公共安全。

1. 交通工具处于飞行中、行驶中、使用中或者已经交付、随时可能使用的状态，而且里面有人。

2. 交通工具处于不需要再检修便可使用的状态，如交付检修的汽车的刹车系统并无故障，但汽车检修人员首先破坏刹车系统，然后只检修其他部件，再交付使用的，仍然构成破坏交通工具罪。

（三）行为内容

破坏交通工具的行为必须足以使火车、汽车、电车、船只或者航空器发生倾覆、毁坏危险。

破坏交通设施的行为要求具有使交通工具发生倾覆、毁坏的危险，包括使交通设施本身遭受毁损和使交通设施丧失应有功能的行为，而不限于对交通设施本身物理性的毁坏。例如，熄灭灯塔上的灯光的行为，将交通信号灯由红色改为绿色的行为，在道路上放置大石头或者在道路上挖大坑的行为，都成立破坏交通设施罪。

（四）犯罪形态

行为人着手实行破坏交通工具的行为后，在使交通工具发生倾覆、毁坏危险的前提下，使交通工具遭到破坏即交通工具的功能丧失或者减损的，构成《刑法》第 116 条规定的既遂；没有导致交通工具的功能丧失或者减损的，构成《刑法》第 116 条的未遂。例如，行为人在破坏汽车刹车装置的过程中被人制止，刹车装置的功能未被破坏的，成立《刑法》第 116 条的未遂。

（五）结果加重犯

造成严重后果。必须是破坏行为使火车、汽车、电车、船只、轮船或者航空器发生倾覆、毁坏危险的现实化，而不是破坏行为造成的任何严重后果。

例如，行为人在砸毁火车的重要部件时，砸掉的金属击中行人头部致人死亡的，不属于破坏交通工具罪造成的严重后果，只能认定为破坏交通工具罪的基本犯（尚未造成严重后果）与过失致人死亡罪的想象竞合犯。

【破坏电力设备罪的犯罪构成：破坏行为＋对象为电力设备＋危害公共电力安全的具体危险＋犯罪故意＋已满16周岁并具有责任能力的自然人】

【破坏易燃易爆设备罪的犯罪构成：破坏行为＋对象为易燃易爆设备＋危害公共安全的具体危险＋犯罪故意＋已满16周岁并具有责任能力的自然人】

盗窃电力设备，危害公共安全，但不构成盗窃罪的，以破坏电力设备罪定罪处罚；同时构成盗窃罪和破坏电力设备罪的，属于想象竞合犯，从一重罪处罚。破坏易燃易爆设备的行为同时成立破坏易燃易爆设备罪与盗窃罪的，属于想象竞合犯。

三、实施恐怖、危险活动危害公共安全的犯罪

（一）组织、领导、参加恐怖组织罪

第一百二十条[1]	【组织、领导、参加恐怖组织罪】组织、领导恐怖活动组织的，处十年以上有期徒刑或者无期徒刑，并处没收财产；积极参加的，处三年以上十年以下有期徒刑，并处罚金；其他参加的，处三年以下有期徒刑、拘役、管制或者剥夺政治权利，可以并处罚金。 犯前款罪并实施杀人、爆炸、绑架等犯罪的，依照数罪并罚的规定处罚。

【犯罪构成：组织、领导或者积极参加或者一般参加＋对象为恐怖活动组织＋犯罪故意＋已满16周岁并具有责任能力的自然人】

1. 必要共犯。组织者、领导者、积极参加者、一般参加者都成立犯罪，但不能适用总则关于共犯的处罚规定（对于教唆犯仍然适用总则规定）。对于被胁迫参加恐怖组织，没有实施恐怖活动的，不成立犯罪。

2. 组织、领导、参加恐怖组织，还实施其他犯罪的，应当数罪并罚。

（二）帮助恐怖活动罪

第一百二十条之一[2]	【帮助恐怖活动罪】资助恐怖活动组织、实施恐怖活动的个人的，或者资助恐怖活动培训的，处五年以下有期徒刑、拘役、管制或者剥夺政治权利，并处罚金；情节严重的，处五年以上有期徒刑，并处罚金或者没收财产。 为恐怖活动组织、实施恐怖活动或者恐怖活动培训招募、运送人员的，依照前款的规定处罚。

---

〔1〕本条第1款为2015年8月29日全国人大常委会《刑法修正案（九）》第5条所修正，增加了财产刑的设置，之前原条文为："组织、领导恐怖活动组织的，处十年以上有期徒刑或者无期徒刑；积极参加的，处三年以上十年以下有期徒刑；其他参加的，处三年以下有期徒刑、拘役、管制或者剥夺政治权利。"原条文为2001年12月29日全国人大常委会《刑法修正案（三）》第3条所修正，1997年《刑法》原条文为："组织、领导和积极参加恐怖活动组织的，处三年以上十年以下有期徒刑；其他参加的，处三年以下有期徒刑、拘役或者管制。"

〔2〕本条为2001年12月29日全国人大常委会《刑法修正案（三）》第4条所增设，为2015年8月29日全国人大常委会《刑法修正案（九）》第6条所修改，增设资助恐怖活动培训行为成立该罪；原法条为："资助恐怖活动组织或者实施恐怖活动的个人的，处五年以下有期徒刑、拘役、管制或者剥夺政治权利，并处罚金；情节严重的，处五年以上有期徒刑，并处罚金或者没收财产。单位犯前款罪的，对单位判处罚金，并对其直接负责的主管人员和其他直接责任人员，依照前款的规定处罚。"

续表

第一百二十条之一	单位犯前两款罪的，对单位判处罚金，并对其直接负责的主管人员和其他直接责任人员，依照第一款的规定处罚。

【犯罪构成：资助行为或者为恐怖活动组织、实施恐怖活动或者恐怖活动培训招募、运送人员+资助对象为恐怖活动组织、实施恐怖活动的个人或者恐怖活动培训+犯罪故意+已满16周岁并具有责任能力的自然人或者单位】

1. 帮助犯的正犯化。“资助”与“为恐怖活动组织、实施恐怖活动或者恐怖活动培训招募、运送人员的”属于帮助恐怖活动罪的正犯行为，而非帮助犯行为，包括特定共同犯罪中的部分帮助行为与不成立共同犯罪的资助行为。

2. 故意犯罪形态。本罪属于抽象危险犯，其成立和既遂都不要求恐怖活动组织或者个人实施具体的恐怖活动，更不要求被招募、运送的人员参与实施恐怖活动犯罪。

3. 共犯。教唆他人实施本罪行为的，成立教唆犯；帮助他人实施本罪行为的，成立帮助犯。

4. 罪数。资助行为同时构成其他犯罪的，属于想象竞合犯，从一重罪处罚。如果超出资助行为之外的其他行为又成立其他犯罪的共犯的，应当数罪并罚。

（三）准备实施恐怖活动罪

第一百二十条之二[1]	【准备实施恐怖活动罪】有下列情形之一的，处五年以下有期徒刑、拘役、管制或者剥夺政治权利，并处罚金；情节严重的，处五年以上有期徒刑，并处罚金或者没收财产： （一）为实施恐怖活动准备凶器、危险物品或者其他工具的； （二）组织恐怖活动培训或者积极参加恐怖活动培训的； （三）为实施恐怖活动与境外恐怖活动组织或者人员联络的； （四）为实施恐怖活动进行策划或者其他准备的。 有前款行为，同时构成其他犯罪的，依照处罚较重的规定定罪处罚。

【犯罪构成：四种行为表现+犯罪故意+三种行为要求“实施恐怖活动”的一般目的+已满16周岁并具有责任能力的自然人】

本罪属于独立预备罪，即预备行为的正犯化（预备犯的既遂化），而非从属预备罪。

1. 犯罪既遂。只要行为人完成了本罪行为，即构成犯罪既遂，不适用总则关于预备犯的规定。

2. 犯罪未遂。行为人已经着手实行本罪的准备行为，由于意志以外的原因而没有完成准备行为的，成立本罪的未遂犯。

3. 犯罪预备。为了实施本罪而实施的准备行为（独立预备罪的预备行为），可能成立本罪的预备，适用刑法总则第22条关于从属预备罪的规定。*例如，为了组织恐怖活动培训，已经联系了讲授人员和参加人员，或者准备了培训场所的，因意志以外的原因未*

〔1〕本条为2015年8月29日全国人大常委会《刑法修正案（九）》第7条所增设。

能继续实施行为的，成立本罪的预备犯，适用刑法总则第22条关于从属预备罪的规定。

4. 狭义共犯。教唆、帮助他人实施了本罪行为的，成立本罪的教唆犯、帮助犯。

5. 不能犯。为他人实施恐怖活动而实施本罪行为，但他人根本不实施恐怖活动犯罪的，属于不可罚的不能犯，不成立犯罪。

6. 想象竞合。准备实施恐怖活动罪的行为同时构成其他犯罪的，属于想象竞合犯，依照处罚较重的规定定罪处罚。其中构成“其他犯罪”包括相应的从属预备罪。例如，甲、乙为实施大规模杀人的恐怖活动进行了策划，准备了大量危险凶器，并且对参加人员进行了培训。在本案中，甲、乙的行为成立准备实施恐怖活动罪（独立预备罪），还成立故意杀人罪的预备犯（从属预备罪），属于想象竞合犯，从一重罪论处。

（四）劫持船只、汽车罪

第一百二十二条	【劫持船只、汽车罪】以暴力、胁迫或者其他方法劫持船只、汽车的，处五年以上十年以下有期徒刑；造成严重后果的，处十年以上有期徒刑或者无期徒刑。

【犯罪构成：劫持行为+对象为船只、汽车+危害公共安全的具体危险+犯罪故意+已满16周岁并具有责任能力的自然人】

1. 本罪属于具体危险犯，要求劫持行为必须具有危害公共安全的性质，否则不成立本罪，只可能成立其他犯罪。例如，行为人使用暴力、胁迫方法逼使出租车司机横冲直撞，或者劫夺后直接驾驶出租车横冲直撞的，成立劫持汽车罪。但如果使用暴力、胁迫方法迫使小型出租车司机开往某地的，通常不认定为劫持汽车罪；倘若行为人以暴力、胁迫方法不支付出租车费用的，可以抢劫罪论处。

2. 劫持对象仅限于船只、汽车；如果劫持火车、电车的，不成立本罪，应以破坏交通工具罪论处。

3. 劫持船只、汽车的行为同时触犯抢劫罪（针对汽车）的，属于想象竞合犯。劫持船只、汽车后，又抢劫船内、车内乘客、司售人员的财物的，成立劫持船只、汽车罪与抢劫罪（属于“在公共交通工具上抢劫”），数罪并罚。

四、涉及枪支、弹药等的犯罪

（一）非法制造、买卖、运输、邮寄、储存枪支、弹药、爆炸物罪

第一百二十五条[1]	【非法制造、买卖、运输、邮寄、储存枪支、弹药、爆炸物罪】非法制造、买卖、运输、邮寄、储存枪支、弹药、爆炸物的，处三年以上十年以下有期徒刑；情节严重的，处十年以上有期徒刑、无期徒刑或者死刑。 【非法制造、买卖、运输、储存危险物质罪】非法制造、买卖、运输、储存毒害性、放射性、传染病病原体等物质，危害公共安全的，依照前款的规定处罚。

〔1〕 本条第2款为2001年12月29日全国人大常委会《刑法修正案（三）》第5条所修正。1997年《刑法》该款原文为：“非法买卖、运输核材料的，依照前款的规定处罚。”

续表

第一百二十五条	单位犯前两款罪的，对单位判处罚金，并对其直接负责的主管人员和其他直接责任人员，依照第一款的规定处罚。

【犯罪构成：非法制造、买卖、运输、邮寄、储存行为＋对象为枪支、弹药、爆炸物＋危害公共安全的抽象危险＋犯罪故意＋已满16周岁并具有责任能力的自然人或者单位】

1. 本罪属于抽象危险犯，即只要行为人实施了符合本罪犯罪构成要件的危害行为，就成立本罪。

（1）非法制造，是指擅自制造（包括改装、配装）。制造行为以实际造出枪支、弹药、爆炸物为既遂标准。

（2）非法买卖，包括买来再卖、单纯买或者卖。买卖行为以实际交易了枪支、弹药、爆炸物为既遂标准。介绍买卖的，成立共犯；交换枪支、弹药的，如果没有增加公共危险，则不成立犯罪。

（3）非法运输，指转移存放地的行为，但必须与制造、买卖相关联，包括境内运输与境内外运输。运输行为以实际进入运输状态为既遂标准。

①走私枪支、弹药的，成立走私武器、弹药罪与非法运输枪支、弹药罪，属于法条竞合，按照特殊法条走私武器、弹药罪论处。

②走私爆炸物的，成立非法运输爆炸物罪与走私普通货物、物品罪，属于想象竞合犯。

（4）非法邮寄，指非法通过邮政部门寄递。邮寄行为以实际交付邮寄行为的完成为既遂标准。

（5）非法储存，既包括为制造、买卖、运输等存放的行为，还包括保存、控制大量枪支、弹药的行为。储存行为以实际控制枪支、弹药、爆炸物为既遂标准。

2. 本罪为故意犯罪，要求行为人认识到行为对象是枪支、弹药、爆炸物。如果行为人在枪支、弹药、爆炸物之间存在事实认识错误，则按照法定符合说，以客观事实定罪，不影响犯罪故意的认定。

（二）非法制造、买卖、运输、储存危险物质罪

【犯罪构成：非法制造、买卖、运输、储存行为＋对象为危险物质＋危害公共安全的具体危险＋犯罪故意＋已满16周岁并具有责任能力的自然人或者单位】

1. 行为性质。本罪属于具体的危险犯，需要结合案件事实判断其行为是否具有危害公共安全的性质。

2. 行为内容。“买卖”包括购买行为，出卖行为，买来再卖的行为；“运输”包括危害公共安全的邮寄行为与走私行为（同时成立走私犯罪的，按照想象竞合犯论处）。

（三）盗窃、抢夺枪支、弹药、爆炸物、危险物质罪

第一百二十七条[1]	【盗窃、抢夺枪支、弹药、爆炸物、危险物质罪】盗窃、抢夺枪支、弹药、爆炸物的，或者盗窃、抢夺毒害性、放射性、传染病病原体等物质，危害公共安全的，处三年以上十年以下有期徒刑；情节严重的，处十年以上有期徒刑、无期徒刑或者死刑。 【抢劫枪支、弹药、爆炸物、危险物质罪】【盗窃、抢夺枪支、弹药、爆炸物、危险物质罪】抢劫枪支、弹药、爆炸物的，或者抢劫毒害性、放射性、传染病病原体等物质，危害公共安全的，或者盗窃、抢夺国家机关、军警人员、民兵的枪支、弹药、爆炸物的，处十年以上有期徒刑、无期徒刑或者死刑。

【犯罪构成：盗窃、抢夺行为 + 对象为枪支、弹药、爆炸物或者危险物质 + 危害公共安全的抽象危险（针对枪支、弹药、爆炸物）或者具体危险（针对危险物质）+ 犯罪故意 + 非法占有目的 + 已满 16 周岁并具有责任能力的自然人】

1. 行为对象：他人占有的枪支、弹药、爆炸物或者危险物质。他人占有是否合法，不影响本罪的成立。"盗窃、抢夺枪支、弹药、爆炸物的"，属于抽象的危险犯；"盗窃、抢夺毒害性、放射性、传染病病原体等物质，危害公共安全的"，属于具体危险犯。

2. 盗窃、抢夺行为。如果骗取、敲诈勒索枪支、弹药、爆炸物、危险物质的，不构成本罪，可按照诈骗罪，敲诈勒索罪，非法运输枪支、弹药、爆炸物、危险物质罪等论处。行为人或者第三者控制了枪支、弹药、爆炸物、危险物质的，成立既遂。

3. 罪过形式为故意。既要求行为人认识到枪支、弹药等特定对象；还要求行为人行为时具有非法占有目的（属于不成文的构成要件要素）。

（1）具体事实认识错误。本罪属于选择性罪名，如果在枪支、弹药等对象之间发生认识错误的，适用具体的事实认识错误的对象错误处理原则，即无论按照具体符合说还是法定符合说，都不影响故意犯罪的认定，以客观事实认定罪名。**例如，误将枪支当作弹药盗窃的，成立盗窃枪支罪。**

（2）抽象事实认识错误。行为人误将枪支当作普通财物盗窃的，或者相反的，属于抽象的事实认识错误，无论按照抽象符合说还是法定符合说，均成立盗窃罪。如果盗窃后非法持有、私藏枪支的，则另构成非法持有枪支、弹药罪，数罪并罚（具有期待可能性的行为）。当然，如果行为人明知是枪支而盗窃、抢夺，进而持有的，只成立盗窃、抢夺枪支罪（仅侵犯一个法益，属于共罚的事后行为）。

---

〔1〕本条为 2001 年 12 月 29 日全国人大常委会《刑法修正案（三）》第 6 条所修正。1997 年《刑法》原条文为："盗窃、抢夺枪支、弹药、爆炸物的，处三年以上十年以下有期徒刑；情节严重的，处十年以上有期徒刑、无期徒刑或者死刑。""抢劫枪支、弹药、爆炸物或者盗窃、抢夺国家机关、军警人员、民兵的枪支、弹药、爆炸物的，处十年以上有期徒刑、无期徒刑或者死刑。"

（四）非法持有、私藏枪支、弹药罪

第一百二十八条 第一款	【非法持有、私藏枪支、弹药罪】违反枪支管理规定，非法持有、私藏枪支、弹药的，处三年以下有期徒刑、拘役或者管制；情节严重的，处三年以上七年以下有期徒刑。

【犯罪构成：非法持有行为＋对象为枪支、弹药＋危害公共安全的抽象危险＋犯罪故意＋已满16周岁并具有责任能力的自然人】

1. 行为对象：枪支、弹药。

2. 行为内容为非法持有、私藏枪支、弹药。如果合法持有枪支、弹药的，不成立犯罪。

（1）“非法持有”，是指不符合配备、配置枪支、弹药条件的人员，违反枪支管理法律、法规的规定，擅自持有枪支、弹药的行为。接受枪支质押进而实际占有或者控制枪支的，属于非法持有枪支。

（2）“非法私藏”，是指依法配备、配置枪支、弹药的人员，在配备、配置枪支、弹药的条件消除后，违反枪支管理法律、法规的规定，私自藏匿所配备、配置的枪支、弹药且拒不交出的行为。

3. 罪过形式为故意，即要求行为人明知持有对象是或者可能是枪支、弹药。非法储存枪支、弹药罪可谓非法持有枪支、弹药罪的特殊法条。

（五）非法出租、出借枪支罪

第一百二十八条 第二、三、四款	【非法出租、出借枪支罪】依法配备公务用枪的人员，非法出租、出借枪支的，依照前款的规定处罚。 【非法出租、出借枪支罪】依法配置枪支的人员，非法出租、出借枪支，造成严重后果的，依照第一款的规定处罚。 单位犯第二款、第三款罪的，对单位判处罚金，并对其直接负责的主管人员和其他直接责任人员，依照第一款的规定处罚。

【犯罪构成：非法出租、出借行为＋对象为枪支＋危害公共安全的抽象危险＋配备公务用枪或者配置枪支的人员＋犯罪故意＋已满16周岁并具有责任能力的自然人或者单位＋造成严重后果（仅限于配置枪支的人员）】

1. 行为内容

（1）非法出租枪支。即违反《枪支管理法》的规定，擅自将公务用枪在一段时间内有偿提供给他人使用的行为；如果是永久性地有偿转让给他人，则成立非法买卖枪支罪。

（2）非法出借枪支。即违反《枪支管理法》的规定，擅自将公务用枪在一段时间内无偿提供给他人使用的行为。

①赠与。如果非法将公务用枪赠与他人的，视为永久性无偿提供给他人使用，应认定为非法出借枪支罪。

②质押。如果依法配备公务用枪的人员，违反法律规定，将公务用枪用作借债质押物，使枪支处于非依法持枪人的控制、使用之下的，按照准司法解释，成立非法出借枪

支罪（不赎回的，成立非法买卖枪支罪），持枪者成立非法持有枪支罪。

2. 行为主体

（1）主体包含依法配备公务用枪的人员与单位和依法配置枪支的人员与单位。

（2）非法持有枪支的人员，非法出租、出借枪支的，不成立本罪。如果非法持有、私藏枪支、弹药的人将枪支、弹药出租、出借给他人的，对双方均以非法持有、私藏枪支、弹药罪论处。

3. 危害结果

（1）抽象危险犯。依法配备公务用枪的人员与单位，只要非法出租、出借枪支，就可以成立非法出租、出借枪支罪。

（2）侵害犯。依法配置枪支的人员与单位，非法出租、出借枪支，造成严重后果的，才成立犯罪。其中“造成严重后果”是客观的超过要素，只要求行为人具有认识的可能性即可。

4. 共犯问题

（1）单纯租用、借用枪支的行为不成立非法出租、出借枪支罪的共犯。

（2）行为人明知他人使用枪支实施杀人、伤害、抢劫、绑架等犯罪行为，而非法出租、出借枪支的，成立本罪与相应犯罪的共犯，属于想象竞合犯，从一重罪处罚。

（六）丢失枪支不报罪

第一百二十九条	【丢失枪支不报罪】依法配备公务用枪的人员，丢失枪支不及时报告，造成严重后果的，处三年以下有期徒刑或者拘役。

【犯罪构成：不及时报告丢失枪支的事实（不作为）+危害公共安全的抽象危险+配备公务用枪的人员+犯罪故意+已满16周岁并具有责任能力的自然人+造成严重后果】

1. 行为主体。仅限于依法配备公务用枪的人员，不包括依法配置枪支的人员。

2. 行为方式。“丢失枪支”是成立本罪的前提，而非本罪的行为，即非基于本意而失去对枪支的控制（扩大解释），包括遗失、被偷、被骗、被抢夺、被抢劫等。“不及时报告”才是本罪的行为，故本罪属于纯正的不作为犯，包括不报告与不及时报告。

3. 罪过形式。本罪为故意犯罪。

4. 客观的超过要素。“造成严重后果”属于客观的超过要素，用以限制处罚范围，要求行为人至少具有预见的可能性。丢失枪支本身不属于“严重后果”。

五、责任事故犯罪

（一）交通肇事罪

第一百三十三条	【交通肇事罪】违反交通运输管理法规，因而发生重大事故，致人重伤、死亡或者使公私财产遭受重大损失的，处三年以下有期徒刑或者拘役；交通运输肇事后逃逸或者有其他特别恶劣情节的，处三年以上七年以下有期徒刑；因逃逸致人死亡的，处七年以上有期徒刑。

【犯罪构成：违章行为 + 重大交通事故（规范保护目的指向的结果）+ 犯罪过失 + 已满 16 周岁并具有责任能力的自然人】

1. 行为主体。本罪不属于身份犯。

（1）单位主管人员、机动车辆所有人或者机动车辆承包人指使、强令他人违章驾驶造成重大交通事故的，成立交通肇事罪（肇事司机如果承担责任，也成立交通肇事罪）。

（2）交通肇事后，单位主管人员、机动车辆所有人、承包人或者乘车人指使肇事人逃逸，致使被害人因得不到及时救助而死亡的，以交通肇事罪（的共犯）论处，指使者成立犯罪与否不以被指使者成立犯罪为前提。

（3）实施"碰瓷"，驾驶机动车对其他机动车进行追逐、冲撞、挤别、拦截或者突然加减速、急刹车等可能影响交通安全的行为，因而发生重大事故，致人重伤、死亡或者使公私财物遭受重大损失，符合《刑法》第 133 条规定的，以交通肇事罪定罪处罚。

2. 行为结构。行为人实施了违反交通运输管理法规，因而发生重大交通事故，致人重伤、死亡或者使公私财产遭受重大损失。

（1）重大交通事故必须发生在交通过程中以及与交通有直接关系的活动中。

（2）交通肇事的结果必须由违反规范保护目的的行为所引起。

3. 危害结果。即致人重伤、死亡或者使公私财产遭受重大损失的交通事故。

（1）交通肇事具有下列情形之一的，处 3 年以下有期徒刑或者拘役：①死亡一人或者重伤三人以上，负事故全部或者主要责任的；②死亡三人以上，负事故同等责任的；③造成公共财产或者他人财产直接损失，负事故全部或者主要责任，无能力赔偿数额在 30 万元以上的。

（2）交通肇事致一人以上重伤，负事故全部或者主要责任，并具有下列情形之一的，以交通肇事罪定罪处罚：①酒后、吸食毒品后驾驶机动车辆的；②无驾驶资格驾驶机动车辆的；③明知是安全装置不全或者安全机件失灵的机动车辆而驾驶的；④明知是无牌证或者已报废的机动车辆而驾驶的；⑤严重超载驾驶的；⑥为逃避法律追究逃离事故现场的。

4. 责任形式。交通肇事罪通常属于过失犯罪。但是，交通肇事罪可能成立危险驾驶罪、妨害安全驾驶罪的结果加重犯，从而与危险驾驶罪、妨害安全驾驶罪属于想象竞合犯。

5. 加重情节。"逃逸"与"因逃逸致人死亡"。

（1）司法解释的立场。

①"逃逸"，是指行为人在发生了构成交通肇事罪的交通事故后，为逃避法律追究而逃跑的行为。该情形的成立要求交通肇事行为符合交通肇事罪基本犯的成立条件。

②"因逃逸致人死亡"，是指行为人在交通肇事后为逃避法律追究而逃跑，致使被害人因得不到及时救助而死亡的情形。该加重情节的成立不要求交通肇事行为成立交通肇事罪的基本犯。

（2）刑法理论的观点。以不救助被害人（不作为）为核心理解和认定"逃逸"与"因逃逸致人死亡"，即只要交通肇事后存在需要救助的被害人，行为人不救助的就属于

"逃逸"，因不救助而导致被害人死亡的就属于"因逃逸致人死亡"。两个加重情节的成立均要求交通肇事行为成立交通肇事罪的基本犯。

> **注意**
> 行为人因不救助被害人导致被害人死亡的行为，可能同时触犯遗弃罪与（不作为的）故意杀人罪；对此，应按照想象竞合犯从一重罪论处。

6. 罪数问题

（1）肇事后转移被害人、弃置被害人，致使被害人得不到及时救助而死亡的，成立故意杀人罪；先前行为如果成立犯罪的，数罪并罚。

（2）误以为肇事行为致人死亡，毁尸灭迹才导致被害人死亡的，成立过失致人死亡罪；先前行为如果成立犯罪的，数罪并罚。

（二）危险驾驶罪

第一百三十三条之一[1]	【危险驾驶罪】在道路上驾驶机动车，有下列情形之一的，处拘役，并处罚金： （一）追逐竞驶，情节恶劣的； （二）醉酒驾驶机动车的； （三）从事校车业务或者旅客运输，严重超过额定乘员载客，或者严重超过规定时速行驶的； （四）违反危险化学品安全管理规定运输危险化学品，危及公共安全的。 机动车所有人、管理人对前款第三项、第四项行为负有直接责任的，依照前款的规定处罚。 有前两款行为，同时构成其他犯罪的，依照处罚较重的规定定罪处罚。

【犯罪构成：在道路上驾驶机动车实施特定的四种危险驾驶行为 + 危害公共安全的抽象危险（前三种行为）或者具体危险（第四种行为）+ 犯罪故意 + 已满 16 周岁并具有责任能力的自然人】

"道路"：记述的构成要件要素，指公路、城市道路和在单位管辖范围内但允许社会机动车通行的地方，包括广场、公共停车场等用于公众通行的场所。

"机动车"：规范的构成要件要素，指以动力装置驱动或者牵引，上道路行驶的供人员乘用或者用于运送物品以及进行工程专项作业的轮式车辆。

1. 追逐竞驶。属于抽象危险犯，即在道路上驾驶机动车追逐竞驶，情节恶劣的行为。

（1）"在道路上"。不限于发生在公共道路（公路）上，还包括发生在道路上，如在校园内、人行道路上、大型厂矿内的道路上、通往停车场的道路上（这不同于交通肇事罪的成立范围）。在没有其他车辆与行人的荒野道路上追逐竞驶的行为，不成立

---

[1] 本条为2011年2月25日全国人大常委会《刑法修正案（八）》第22条所增设，为2015年8月29日全国人大常委会《刑法修正案（九）》第8条所修改，原法条为："在道路上驾驶机动车追逐竞驶，情节恶劣的，或者在道路上醉酒驾驶机动车的，处拘役，并处罚金。有前款行为，同时构成其他犯罪的，依照处罚较重的规定定罪处罚。"

本罪。

（2）“追逐竞驶”。即行为人在道路上高速、超速行驶，随意追逐、超越其他车辆，频繁、突然并线，近距离驶入其他车辆之前的危险驾驶行为。

（3）行为主体。追逐竞驶行为既可能是二人以上基于意思联络而实施（共同正犯），也可能是单个人实施。

（4）责任内容。追逐竞驶的罪过形式为故意，不要求行为人以赌博竞技或者追求刺激为目的。

2. 醉酒驾驶。属于抽象危险犯，即醉酒驾驶机动车的行为。

（1）醉酒标准。驾驶人员血液中的酒精含量大于或者等于80毫克/100毫升的属于醉酒驾驶。

（2）责任内容。故意犯罪，即行为人必须认识到自己是在醉酒状态下驾驶机动车。对于醉酒状态的认识不需要十分具体（不需要认识到血液中的酒精具体含量），只要有大体上的认识即可。

（3）共犯问题。①教唆他人醉酒驾驶的，成立教唆犯。②明知他人即将驾驶机动车，而暗中在其饮料中掺入酒精，驾驶者不知情而驾驶机动车的，掺入酒精者成立危险驾驶罪的间接正犯。

3. 超员、超速行驶。属于抽象危险犯，即从事校车业务或者旅客运输，严重超过额定乘员载客，或者严重超过规定时速行驶的行为。在公路上从事货运业务严重超载或者严重超过规定时速行驶的、吸毒后驾驶机动车的、在高速公路倒车或者调头的等行为，不成立危险驾驶罪。

4. 违规运输危险化学品。属于具体的危险犯，即违反危险化学品安全管理规定运输危险化学品，危及公共安全的行为。如果实施该行为发生重大事故的，可能成立危险驾驶罪与危险物品肇事罪的想象竞合犯。

5. 共犯规定。机动车所有人、管理人对第3项、第4项行为负有直接责任的，成立危险驾驶罪。“直接责任”，是指能够将第3项、第4项的危险驾驶状态归属于机动车所有人、管理人的作为或者不作为的情形。

6. 罪数问题。危险驾驶行为，同时构成其他犯罪的，属于想象竞合犯，依照处罚较重的规定定罪处罚。如果危险驾驶行为应当评价为两个行为与结果时，就不属于“同时”触犯其他犯罪，可能数罪并罚。

例如，醉酒驾驶过失致人伤亡后驾车逃逸的，其逃逸行为是危险驾驶罪与交通肇事罪中的法定刑升格的想象竞合，应以重罪交通肇事罪逃逸情节论处。

再如，甲深夜醉酒驾车回家，发生了交通事故，撞死了正常行走的路人。但是，事故调查发现，并不是因为甲醉酒导致自己控制车辆的能力减弱，而是由于车辆本身存在灯光和刹车故障，才导致他没能及时刹车进而撞死了路人。对于甲的行为，应以危险驾驶罪和交通肇事罪并罚。

（三）妨害安全驾驶罪

第一百三十三条之二[1]	对行驶中的公共交通工具的驾驶人员使用暴力或者抢控驾驶操纵装置，干扰公共交通工具正常行驶，危及公共安全的，处一年以下有期徒刑、拘役或者管制，并处或者单处罚金。
	前款规定的驾驶人员在行驶的公共交通工具上擅离职守，与他人互殴或者殴打他人，危及公共安全的，依照前款的规定处罚。
	有前两款行为，同时构成其他犯罪的，依照处罚较重的规定定罪处罚。

【犯罪构成：妨害行驶中的公共交通工具安全驾驶行为 + 危害公共安全的抽象危险 + 犯罪故意 + 已满 16 周岁并具有责任能力的自然人】

1. 时空环境。“行驶中的公共交通工具”是指行驶中的车辆、船舶、飞机等公共交通工具。如果公共交通工具停靠在车站站台，则不属于“行使中”；公共交通工具不包括小型出租车。

2. 危害行为。“妨害安全驾驶的行为”包括：（1）驾驶人员之外的其他人员（主要是乘客）对行驶中的公共交通工具的驾驶人员使用暴力或者抢控驾驶操纵装置，干扰公共交通工具正常行驶的行为。（2）驾驶人员在行驶的公共交通工具上擅离职守，与他人互殴或者殴打他人的行为。

3. 行为性质。“危害公共安全”是指行为具有危害公共安全的具体危险（不要求特别紧迫）；否则，可能成立其他犯罪。如果具有危害公共安全的具体、紧迫危险，可能同时成立以危险方法危害公共安全罪等犯罪，属于想象竞合犯，依照处罚较重的规定定罪处罚。

（1）如果驾驶人员遭到妨害安全驾驶行为侵害时，为避免公共交通工具倾覆或者人员伤亡等危害后果发生，采取紧急制动或者躲避措施，造成公共交通工具、交通设施损坏或者人身损害，符合法定条件的，成立紧急避险。

（2）如果乘客在公共交通工具行驶过程中，随意殴打其他乘客，追逐、辱骂他人，或者起哄闹事，妨害公共交通工具运营秩序，符合《刑法》第 293 条规定的，以寻衅滋事罪定罪处罚。

（四）重大责任事故罪

第一百三十四条第一款[2]	【重大责任事故罪】在生产、作业中违反有关安全管理的规定，因而发生重大伤亡事故或者造成其他严重后果的，处三年以下有期徒刑或者拘役；情节特别恶劣的，处三年以上七年以下有期徒刑。

[1] 本条为2020年12月26日第十三届全国人民代表大会常务委员会第二十四次会议通过的《刑法修正案（十一）》（2021年3月1日施行）第2条所增加。

[2] 本条为2006年6月29日第十届全国人民代表大会常务委员会第二十二次会议通过的《刑法修正案（六）》（自2006年6月29日起施行）第1条所修订。1997年《刑法》原条文为：“工厂、矿山、林场、建筑企业或者其他企业、事业单位的职工，由于不服管理、违反规章制度，或者强令工人违章冒险作业，因而发生重大伤亡事故或者造成其他严重后果的，处三年以下有期徒刑或者拘役；情节特别恶劣的，处三年以上七年以下有期徒刑。”

【犯罪构成：生产、作业中违反安全管理规定的行为＋重大事故＋生产、作业人员及其管理人员＋犯罪过失＋已满16周岁并具有责任能力的自然人】

1. 重大事故必须发生在生产、作业活动中，并同有关职工、从业人员的生产、作业活动有直接联系。

2. 一般情况下，在航道、公路等公共交通领域，违反交通运输法规驾驶机动车辆或者其他交通工具，致人伤亡或者造成其他重大财产损失，构成犯罪的，应认定为交通肇事罪；在停车场、修理厂、进行农耕生产的田地等非公共交通领域，驾驶机动车辆或者其他交通工具，造成人员伤亡或者财产损失，构成犯罪的，应区分情况，分别认定为重大责任事故罪、重大劳动安全事故罪、过失致人死亡罪等罪名。

（五）危险作业罪

第一百三十四条之一[1]	【危险作业罪】在生产、作业中违反有关安全管理的规定，有下列情形之一，具有发生重大伤亡事故或者其他严重后果的现实危险的，处一年以下有期徒刑、拘役或者管制： （一）关闭、破坏直接关系生产安全的监控、报警、防护、救生设备、设施，或者篡改、隐瞒、销毁其相关数据、信息的； （二）因存在重大事故隐患被依法责令停产停业、停止施工、停止使用有关设备、设施、场所或者立即采取排除危险的整改措施，而拒不执行的； （三）涉及安全生产的事项未经依法批准或者许可，擅自从事矿山开采、金属冶炼、建筑施工，以及危险物品生产、经营、储存等高度危险的生产作业活动的。

【犯罪构成：生产、作业中违反安全管理规定的行为＋危害公共安全的抽象危险＋犯罪故意＋已满16周岁并具有责任能力的自然人】

本罪属于抽象危险犯。如果危险作业行为导致发生重大伤亡事故或者其他严重后果，应以重罪重大责任事故罪等犯罪论处。

（六）不报、谎报安全事故罪

第一百三十九条之一[2]	【不报、谎报安全事故罪】在安全事故发生后，负有报告职责的人员不报或者谎报事故情况，贻误事故抢救，情节严重的，处三年以下有期徒刑或者拘役；情节特别严重的，处三年以上七年以下有期徒刑。

【犯罪构成：对发生的安全事故负有报告职责的人员＋不报或者谎报＋贻误事故抢救＋犯罪故意＋已满16周岁并具有责任能力的自然人】

1. 其中“不报或者谎报事故情况”，表明本罪属于纯正的不作为犯；如果行为人如实报告，则不成立本罪。而且“贻误事故抢救，情节严重的”，才成立犯罪；如果发生

---

〔1〕本条为2020年12月26日第十三届全国人民代表大会常务委员会第二十四次会议通过的《刑法修正案（十一）》（自2021年3月1日起施行）第4条所新增。

〔2〕本条为2006年6月29日全国人大常委会《刑法修正案（六）》第4条所增设。

了没有必要抢救的安全事故（结果不可能加重或者扩大），因为缺乏结果回避的可能性，不成立本罪。

2. 在安全事故发生后，直接负责的主管人员和其他直接责任人员故意阻挠开展抢救，导致人员死亡或者重伤，或者为了逃避法律追究，对被害人进行隐藏、遗弃，致使被害人因无法得到救助而死亡或者重度残疾的，以故意杀人罪或者故意伤害罪定罪处罚。如果行为人对安全事故本身成立重大责任事故罪，而且又实施不报、谎报安全事故成立犯罪的，应当数罪并罚。

练练手

1. 下列哪些行为构成以危险方法危害公共安全罪？[1]

A. 乘客甲在城市公交车行驶中抢夺方向盘，导致车辆失控冲向人行道撞死多人

B. 乙某偷城市道路井盖，致使车辆行驶经过时失控，撞向其他车辆，发生交通事故，死伤多人

C. 公交车驾驶员丙在行驶过程中与乘客发生争吵，继而与乘客斗殴，导致车辆失控，撞死多人

D. 丁高空抛掷燃烧的蜂窝煤，引发火灾，导致多人伤亡

2. 关于危害公共安全罪的论述，下列哪些选项是正确的？[2]

A. 甲持有大量毒害性物质，乙持有大量放射性物质，甲用部分毒害性物质与乙交换了部分放射性物质。甲、乙的行为属于非法买卖危险物质

B. 吸毒者甲用毒害性物质与贩毒者乙交换毒品。甲、乙的行为属于非法买卖危险物质，乙的行为另触犯贩卖毒品罪

C. 依法配备公务用枪的甲，将枪赠与他人。甲的行为构成非法出借枪支罪

D. 甲父去世前告诉甲："咱家院墙内埋着5支枪。"甲说："知道了。"但此后甲什么也没做。甲的行为构成非法持有枪支罪

3. 关于交通肇事罪，下列哪些选项是正确的？[3]

A. 甲超速行驶，乙驾车追尾甲的汽车，乙身受重伤，甲随后驾车逃离现场的，甲成立交通肇事罪

B. 甲酒后驾车将一行人撞成重伤，但仅负次要责任的，甲的行为与交通事故虽然存在条件关系，但不能将交通事故归责于甲的行为

C. 甲违章驾驶致使乙死亡、丙重伤，甲在现场等候交警前来处理，致使丙得不到及时救助而死亡的，按照司法解释，甲不属于交通肇事"逃逸致人死亡"

D. 甲在矿区内驾驶工程车超速行驶，不慎撞死3名工人的，甲成立交通肇事罪

4. ①甲明知乙醉酒，而唆使乙驾车回家，甲、乙成立危险驾驶罪的共犯；②如果乙回家途中因醉酒驾驶而发生重大交通事故的，甲、乙均成立交通肇事罪；③如果乙肇事

---

〔1〕 答案：AC。
〔2〕 答案：ABCD。
〔3〕 答案：BC。

后逃逸致人死亡的，对甲也要适用“逃逸致人死亡”的处罚规定；④如果乙使用暴力阻碍警察依法履行职责的，甲、乙成立妨害公务罪的共犯。

关于上述论断，下列哪些选项是错误的?[1]

A. 第②句正确，第①③④句错误

B. 第①②③句正确，第④句错误

C. 第①句正确，第②③④句错误

D. 第①③句正确，第②④句错误

---

〔1〕答案：ABCD。

第十四章

破坏社会主义市场经济秩序罪

第一节　生产、销售伪劣产品罪

一、生产、销售伪劣产品罪

第一百四十条	【生产、销售伪劣产品罪】生产者、销售者在产品中掺杂、掺假，以假充真，以次充好或者以不合格产品冒充合格产品，销售金额五万元以上不满二十万元的，处二年以下有期徒刑或者拘役，并处或者单处销售金额百分之五十以上二倍以下罚金；销售金额二十万元以上不满五十万元的，处二年以上七年以下有期徒刑，并处销售金额百分之五十以上二倍以下罚金；销售金额五十万元以上不满二百万元的，处七年以上有期徒刑，并处销售金额百分之五十以上二倍以下罚金；销售金额二百万元以上的，处十五年有期徒刑或者无期徒刑，并处销售金额百分之五十以上二倍以下罚金或者没收财产。
第一百四十九条	【本节法条的适用】生产、销售本节第一百四十一条至第一百四十八条所列产品，不构成各该条规定的犯罪，但是销售金额在五万元以上的，依照本节第一百四十条的规定定罪处罚。 生产、销售本节第一百四十一条至第一百四十八条所列产品，构成各该条规定的犯罪，同时又构成本节第一百四十条规定之罪的，依照处罚较重的规定定罪处罚。
第一百五十条	【单位犯本节之罪的处罚】单位犯本节第一百四十条至第一百四十八条规定之罪的，对单位判处罚金，并对其直接负责的主管人员和其他直接责任人员，依照各该条的规定处罚。

【犯罪构成：生产、销售行为 + 对象为伪劣产品 + 销售金额 5 万元以上或者货值 15 万元以上 + 犯罪故意 + 已满 16 周岁并具有责任能力的自然人或者单位】

（一）成立条件

1. 伪劣产品。伪产品是指“以假充真”的产品，“劣产品”是指掺杂、掺假的产品、以次充好的产品以及冒充合格产品的不合格产品。

其中“以次充好”是指以低等级、低档次的产品冒充高等级、高档次的产品。质言之，将未达到某种质量标准的产品谎称为达到该质量标准的，都可谓“以次充好”类型的伪劣产品。例如，用普通口罩宣称为防病毒的 N95 口罩销售的，将普通的白酒声称为高档白酒而销售的，都属于销售伪劣产品的行为。

2. 数额标准。销售金额 5 万元以上，成立既遂。伪劣产品尚未销售或者销售金额不满 5 万元的，是否成立本罪未遂，存在不同观点：

（1）肯定说认为，销售金额 5 万元是对既遂的规定，故销售金额不满 5 万元，一律成立未遂。

（2）否定说认为，只有销售金额达到 5 万元，才成立犯罪，销售金额不满 5 万元的，不成立犯罪。

（3）折中说（司法解释）认为，伪劣产品尚未销售，货值金额达到《刑法》第 140 条规定的销售金额 3 倍（15 万元）以上的，或者伪劣产品销售金额不满 5 万元，但将已销售金额乘以 3 倍后，与尚未销售的伪劣产品货值金额合计 15 万元以上的，以生产、销售伪劣产品罪（未遂）定罪处罚。

（二）事实认识错误

生产、销售伪劣产品犯罪之间不是对立关系，如果出现事实认识错误，则属于抽象的事实认识错误，在法律评价一致的范围内认定犯罪。

例如，生产、销售、提供假药罪与生产、销售、提供劣药罪在生产、销售、提供劣药罪的范围重合；生产、销售有毒、有害食品罪与生产、销售不符合安全标准的食品罪在生产、销售不符合安全标准的食品罪的范围重合；生产、销售伪劣产品罪与其他生产、销售伪劣产品的犯罪可能在生产、销售伪劣产品罪（要考虑销售金额）的范围内重合。

（三）罪数问题

1. 法条竞合。一般认为，生产、销售伪劣产品罪与其他生产、销售特定伪劣产品犯罪之间属于补充关系的法条竞合关系。（1）如果行为仅符合一个犯罪构成，则成立对应犯罪。（2）如果行为成立《刑法》第 140 条规定的生产、销售伪劣产品罪，同时成立其他生产、销售特定伪劣产品犯罪的，适用重法条定罪处罚。

2. 数罪并罚。如果行为人同时生产、销售多种伪劣产品，触犯多个生产、销售伪劣产品犯罪的，应当数罪并罚。

二、生产、销售、提供假药罪，生产、销售、提供劣药罪

第一百四十一条[1]	【生产、销售、提供假药罪】生产、销售假药的，处三年以下有期徒刑或者拘役，并处罚金；对人体健康造成严重危害或者有其他严重情节的，

---

〔1〕本条第 2 款为 2020 年 12 月 26 日全国人大常委会《刑法修正案（十一）》第 5 条所增加，删除了原第 2 款规定："本条所称假药，是指依照《中华人民共和国药品管理法》的规定属于假药和按假药处理的药品、非药品"。本条第 1 款为 2011 年 2 月 25 日全国人大常委会《刑法修正案（八）》第 23 条所修订。1997 年《刑法》原条文第 1 款为："生产、销售假药，足以严重危害人体健康的，处三年以下有期徒刑或者拘役，并处或者单处销售金额百分之五十以上二倍以下罚金；对人体健康造成严重危害的，处三年以上十年以下有期徒刑，并处销售金额百分之五十以上二倍以下罚金；致人死亡或者对人体健康造成特别严重危害的，处十年以上有期徒刑、无期徒刑或者死刑，并处销售金额百分之五十以上二倍以下罚金或者没收财产。"删除了生产、销售、提供假药罪必须"足以严重危害人体健康"的要求，增设了"有其他严重情节"的处罚，并修改了罚金刑的规定。

续表

第一百四十一条	处三年以上十年以下有期徒刑，并处罚金；致人死亡或者有其他特别严重情节的，处十年以上有期徒刑、无期徒刑或者死刑，并处罚金或者没收财产。 药品使用单位的人员明知是假药而提供给他人使用的，依照前款的规定处罚。
第一百四十二条[1]	【生产、销售、提供劣药罪】生产、销售劣药，对人体健康造成严重危害的，处三年以上十年以下有期徒刑，并处罚金；后果特别严重的，处十年以上有期徒刑或者无期徒刑，并处罚金或者没收财产。 药品使用单位的人员明知是劣药而提供给他人使用的，依照前款的规定处罚。

【生产、销售、提供假药罪的犯罪构成：生产、销售、提供行为＋对象为假药＋抽象危险＋药品使用单位及其人员（仅适用于提供行为）＋犯罪故意＋已满16周岁并具有责任能力的自然人或者单位】

【生产、销售、提供劣药罪的犯罪构成：生产、销售、提供行为＋对象为劣药＋对人体造成严重危害＋药品使用单位及其人员（仅适用于提供行为）＋犯罪故意＋已满16周岁并具有责任能力的自然人或者单位】

（一）行为对象

1. 假药。即当行为人将某种物品假冒为对人体使用的药品时，就是假药，而不管这种物品实际上能否用于人体。按照《药品管理法》第98条的规定，假药包括：

（1）药品所含成分与国家药品标准规定的成分不符的；

（2）以非药品冒充药品或者以他种药品冒充此种药品的；

（3）变质的；

（4）药品所标明的适应症或者功能主治超出规定范围的。

2. 劣药。有下列情形之一的，为劣药：

（1）药品成分的含量不符合国家药品标准；

（2）被污染的药品；

（3）未标明或者更改有效期的药品；

（4）未注明或者更改产品批号的药品；

（5）超过有效期的药品；

（6）擅自添加防腐剂、辅料的药品；

（7）其他不符合药品标准的药品。

---

〔1〕本条为2020年12月26日全国人大常委会《刑法修正案（十一）》第6条所修正，第1款删除了比例和倍数罚金刑的规定，删除了原第2款规定，并增加了第2款的特别规定。原法条为："生产、销售劣药，对人体健康造成严重危害的，处三年以上十年以下有期徒刑，并处销售金额百分之五十以上二倍以下罚金；后果特别严重的，处十年以上有期徒刑或者无期徒刑，并处销售金额百分之五十以上二倍以下罚金或者没收财产。本条所称劣药，是指依照《中华人民共和国药品管理法》的规定属于劣药的药品。"

（二）危害行为

生产、销售、提供假药罪属于抽象危险犯（法定刑包含死刑）；生产、销售、提供劣药罪属于侵害犯，“对人体健康造成严重危害的”，才成立犯罪。

1. 生产行为。以生产、销售、提供假药、劣药为目的，合成、精制、提取、储存、加工炮制药品原料，或者在将药品原料、辅料、包装材料制成成品过程中，进行配料、混合、制剂、储存、包装的行为。

注意

根据民间传统配方私自加工药品或者销售上述药品，数量不大，且未造成他人伤害后果或者延误诊治的，或者不以营利为目的的实施带有自救、互助性质的生产、进口、销售药品的行为，不应当认定为犯罪。

2. 销售行为。药品使用单位及其工作人员明知是假药、劣药而有偿提供给他人使用。

3. 提供行为。药品使用单位及其工作人员明知是假药、劣药而无偿提供给他人使用。

（三）罪数问题

1. 以提供给他人生产、销售、提供药品为目的，违反国家规定，生产、销售不符合药用要求的原料、辅料，符合《刑法》第140条规定的，成立生产、销售伪劣产品罪；同时构成其他犯罪的，属于想象竞合犯，从一重罪论处。

2. 实施生产、销售、提供假药、劣药犯罪，同时构成生产、销售伪劣产品罪，侵犯知识产权罪、非法经营罪、非法行医罪、诈骗罪等犯罪的，依照处罚较重的规定定罪处罚。

3. 指使、教唆、授意他人利用医保骗保购买药品，进而非法收购、销售，符合诈骗罪规定的，成立诈骗罪。

4. 明知系利用医保骗保购买的药品而非法收购、销售，金额5万元以上的，成立掩饰、隐瞒犯罪所得罪。利用医保骗保购买药品的行为人是否被追究刑事责任，不影响对非法收购、销售有关药品的行为人定罪处罚。

三、妨害药品管理罪

第一百四十二条之一[1]	违反药品管理法规，有下列情形之一，足以严重危害人体健康的，处三年以下有期徒刑或者拘役，并处或者单处罚金；对人体健康造成严重危害或者有其他严重情节的，处三年以上七年以下有期徒刑，并处罚金： （一）生产、销售国务院药品监督管理部门禁止使用的药品的； （二）未取得药品相关批准证明文件生产、进口药品或者明知是上述药品而销售的； （三）药品申请注册中提供虚假的证明、数据、资料、样品或者采取其他欺骗手段的； （四）编造生产、检验记录的。

[1] 本条为2020年12月26日全国人大常委会《刑法修正案（十一）》第7条所增加。

续表

第一百四十二条之一	有前款行为，同时又构成本法第一百四十一条、第一百四十二条规定之罪或者其他犯罪的，依照处罚较重的规定定罪处罚。

【犯罪构成：妨害药品管理规定的四种行为类型+足以严重危害人体健康（具体危险犯）+犯罪故意+已满16周岁并具有责任能力的自然人或者单位】

1. 行为性质。本罪属于具体危险犯，需要结合案件事实判断行为是否具有严重危害人体健康的具体危险。具体危险的常见表现：

（1）未取得药品相关批准证明文件生产药品或者明知是上述药品而销售，涉案药品属于以下情形的：以孕产妇、儿童或者危重病人为主要使用对象的；属于麻醉药品、精神药品、医疗用毒性药品、放射性药品、生物制品，或者以药品类易制毒化学品冒充其他药品的；属于注射剂药品、急救药品的；

（2）未取得药品相关批准证明文件生产药品或者明知是上述药品而销售，涉案药品的适应症、功能主治或者成分不明的；

（3）未取得药品相关批准证明文件生产药品或者明知是上述药品而销售，涉案药品没有国家药品标准，且无核准的药品质量标准，但检出化学药成分的；

（4）未取得药品相关批准证明文件进口药品或者明知是上述药品而销售，涉案药品在境外也未合法上市的。对于涉案药品是否在境外合法上市，应当根据境外药品监督管理部门或者权利人的证明等证据，结合犯罪嫌疑人、被告人及其辩护人提供的证据材料综合审查，依法作出认定。

2. 罪数问题。实施本罪行为，同时成立生产、销售、提供假药罪，生产、销售、提供劣药罪或者提供虚假证明文件罪的，属于想象竞合犯，从一重罪论处。

四、生产、销售有毒、有害食品罪，生产、销售不符合安全标准的食品罪

第一百四十四条[1]	【生产、销售有毒、有害食品罪】在生产、销售的食品中掺入有毒、有害的非食品原料的，或者销售明知掺有有毒、有害的非食品原料的食品的，处五年以下有期徒刑，并处罚金；对人体健康造成严重危害或者有其他严重情节的，处五年以上十年以下有期徒刑，并处罚金；致人死亡或者有其他特别严重情节的，依照本法第一百四十一条的规定处罚。

〔1〕 本条为2011年2月25日全国人大常委会《刑法修正案（八）》第25条所修订。本次修订将1997年《刑法》原条文中"造成严重食物中毒事故或者其他严重食源性疾患，对人体健康造成严重危害"修改为"对人体健康造成严重危害或者有其他严重情节"，将"销售金额百分之五十以上二倍以下罚金"修改为无限额罚金，取消了基本犯"单处罚金"的规定，并将"对人体健康造成特别严重危害"修改为"有其他特别严重情节"。

续表

第一百四十三条[1]	【生产、销售不符合安全标准的食品罪】生产、销售不符合食品安全标准的食品，足以造成严重食物中毒事故或者其他严重食源性疾病的，处三年以下有期徒刑或者拘役，并处罚金；对人体健康造成严重危害或者有其他严重情节的，处三年以上七年以下有期徒刑，并处罚金；后果特别严重的，处七年以上有期徒刑或者无期徒刑，并处罚金或者没收财产。

【生产、销售有毒、有害食品罪的犯罪构成：生产、销售行为+对象为有毒、有害食品+抽象危险+犯罪故意+已满16周岁并具有责任能力的自然人或者单位】

【生产、销售不符合安全标准的食品罪的犯罪构成：生产、销售行为+对象为不符合安全标准的食品+具体危险+犯罪故意+已满16周岁并具有责任能力的自然人或者单位】

（一）行为对象

食品。应作规范的解释，指各种供人食用或者饮用的成品、原料以及按照传统既是食品又是药品的物品（但不包括烟草和以治疗为目的的物品）。包括：（1）商店出售的食物和自己制造的食物；（2）加工制作的食物和没有经过加工的食物（打捞的水产品）；（3）活着的动物（如活猪）；（4）不适合人食用的物品（如工业酒精、工业猪油）。

（二）危害行为

生产、销售有毒、有害食品罪是抽象的危险犯。

生产、销售不符合安全标准的食品罪属于具体的危险犯，成立犯罪要求其行为“足以造成严重食物中毒事故或者其他严重食源性疾患”。

1. 有毒、有害食品

（1）掺入有毒、有害的非食品原料或者物质；

（2）在畜禽屠宰相关环节，对畜禽使用食品动物中禁止使用的药品及其他化合物等有毒、有害的非食品原料；

（3）用“地沟油”加工、销售食用油。①利用“地沟油”生产“食用油”的，或者明知是利用“地沟油”生产的“食用油”而予以销售的。[2]②无法查明“食用油”是否系利用“地沟油”生产、加工，但犯罪嫌疑人、被告人明知该“食用油”来源可疑而予以销售的，分情形处理。经鉴定，如果检出有毒、有害成分的，成立销售有毒、有害食品罪；如果属于不符合安全标准的食品的，成立销售不符合安全标准的食品罪；如果属于以假充真、以次充好、以不合格产品冒充合格产品或者假冒注册商标，构成犯

[1] 本条为2011年2月25日全国人大常委会《刑法修正案（八）》第24条所修订。本次修订将原条文中“不符合卫生标准的食品”修改为“不符合食品安全标准的食品”，将“销售金额百分之五十以上二倍以下罚金”修改为无限额罚金，取消了基本犯“单处罚金”的规定，增设了“有其他严重情节”的处罚。

[2] “地沟油”犯罪，是指用餐厨垃圾、废弃油脂、各类肉及肉制品加工废弃物等非食品原料，生产、加工“食用油”，以及明知是利用“地沟油”生产、加工的油脂而作为食用油销售的行为。

罪的，成立销售伪劣产品罪或者假冒注册商标罪、销售假冒注册商标的商品罪。

2. 不符合安全标准的食品

（1）生产、销售含有严重超出标准限量的致病性微生物、农药残留、兽药残留、生物毒素、重金属等污染物质以及其他严重危害人体健康的物质的食品。

（2）生产、销售属于病死、死因不明或者检验检疫不合格的畜、禽、兽、水产动物肉类及其制品的食品。

（3）生产、销售属于国家为防控疾病等特殊需要明令禁止生产、销售的食品。

（4）生产、销售特殊医学用途配方食品、专供婴幼儿的主辅食品营养成分严重不符合食品安全标准的食品。

（5）在食品生产、销售、运输、贮存等过程中，违反食品安全标准，超限量或者超范围滥用食品添加剂，足以造成严重食物中毒事故或者其他严重食源性疾病的，或者在食用农产品种植、养殖、销售、运输、贮存等过程中，违反食品安全标准，超限量或者超范围滥用添加剂、农药、兽药等，足以造成严重食物中毒事故或者其他严重食源性疾病的。

（6）在畜禽屠宰相关环节，对畜禽注水或者注入其他物质，足以造成严重食物中毒事故或者其他严重食源性疾病的。注意：如果不足以造成严重食物中毒事故或者其他严重食源性疾病，但符合《刑法》第140规定的，以生产、销售伪劣产品罪定罪处罚。

（三）罪数问题

生产、销售有毒、有害食品罪与生产、销售不符合安全标准的食品罪是法条竞合关系。成立本罪的行为，也必然符合生产、销售不符合安全标准的食品罪的犯罪构成。

1. 符合生产、销售有毒、有害食品罪犯罪构成的行为，应当认定为生产、销售有毒、有害食品罪。

2. 不符合生产、销售有毒、有害食品罪犯罪构成的行为，可能符合生产、销售不符合安全标准的食品罪的犯罪构成。**例如，行为人在生产、销售的食品中掺入非食品原料，没有达到有毒、有害程度，但该食品不符合食品安全标准的，应以生产、销售不符合安全标准的食品罪论处。**

3. 行为人在有毒、有害食品与不符合安全标准的食品之间出现认识错误的，属于抽象的事实认识错误，在重合的范围内认定为生产、销售不符合安全标准的食品罪。

练练手

1. 关于生产、销售伪劣产品罪，下列哪些判决是正确的？[1]

A. 甲销售的假药无批准文号，但颇有疗效，销售金额达500万元，如按销售假药罪处理会导致处罚较轻，法院以销售伪劣产品罪定罪处罚

B. 甲明知病死猪肉有害，仍将大量收购的病死猪肉，冒充合格猪肉在市场上销售。法院以销售有毒、有害食品罪定罪处罚

C. 甲明知贮存的苹果上使用了禁用农药，仍将苹果批发给零售商。法院以销售有

[1] 答案：ACD。

毒、有害食品罪定罪处罚

D. 甲以为是劣药而销售，但实际上销售了假药，且对人体健康造成严重危害。法院以销售劣药罪定罪处罚

2. 关于食品犯罪，下列哪一说法是正确的？[1]

A. 有证据证明丙在生产食品时加入了非食品原料，但检测部门未检测出有毒、有害物质。丙仍构成生产有毒、有害食品罪

B. 丁用工业甲醇兑水，冒充白酒出售，导致数人中毒。丁的行为不构成生产、销售有毒、有害食品罪，而构成投放危险物质罪

C. 甲从山林间拾得许多蘑菇，明知是毒蘑菇还卖给他人，其行为构成销售有毒、有害食品罪

D. 乙欲杀害妻子，在鸡汤中加入毒药，妻子中毒死亡。乙除构成故意杀人罪以外，还构成生产有毒、有害食品罪

第二节　走　私　罪

一、概述

第一百五十四条	【变相走私】下列走私行为，根据本节规定构成犯罪的，依照本法第一百五十三条的规定定罪处罚： （一）未经海关许可并且未补缴应缴税额，擅自将批准进口的来料加工、来件装配、补偿贸易的原材料、零件、制成品、设备等保税货物，在境内销售牟利的； （二）未经海关许可并且未补缴应缴税额，擅自将特定减税、免税进口的货物、物品，在境内销售牟利的。
第一百五十五条[2]	【间接走私】下列行为，以走私罪论处，依照本节的有关规定处罚： （一）直接向走私人非法收购国家禁止进口物品的，或者直接向走私人非法收购走私进口的其他货物、物品，数额较大的； （二）在内海、领海、界河、界湖运输、收购、贩卖国家禁止进出口物品的，或者运输、收购、贩卖国家限制进出口货物、物品，数额较大，没有合法证明的。
第一百五十六条	【走私罪的共犯】与走私罪犯通谋，为其提供贷款、资金、账号、发票、证明，或者为其提供运输、保管、邮寄或者其他方便的，以走私罪的共犯论处。

---

〔1〕 答案：C。

〔2〕 本条为2002年12月28日全国人大常委会《刑法修正案（四）》第3条所修订。1997年《刑法》原条文为："下列行为，以走私罪论处，依照本节的有关规定处罚：（一）直接向走私人非法收购国家禁止进口物品的，或者直接向走私人非法收购走私进口的其他货物、物品，数额较大的；（二）在内海、领海运输、收购、贩卖国家禁止进出口物品的，或者运输、收购、贩卖国家限制进出口货物、物品，数额较大，没有合法证明的；（三）逃避海关监管将境外固体废物运输进境的。"

续表

第一百五十七条[1]	【武装掩护走私、抗拒缉私的处罚】武装掩护走私的，依照本法第一百五十一条第一款的规定从重处罚。 以暴力、威胁方法抗拒缉私的，以走私罪和本法第二百七十七条规定的阻碍国家机关工作人员依法执行职务罪，依照数罪并罚的规定处罚。

（一）走私行为

1. 瞒关。虽然通过设立海关的地点进出国（边）境，但采取隐匿、伪装、假报等欺骗手段，逃避海关监管、检查，非法盗运、偷带或者非法邮寄走私品。

2. 绕关。未经国务院或国务院授权的部门批准，不经过设立海关的地点，非法运输、携带走私品进出国（边）境。

3. 变相走私

（1）未经海关许可并且未补缴应缴税额，擅自将批准进口的来料加工、来件装配、补偿贸易的原材料、零件、制成品、设备等保税货物，在境内销售牟利的（《刑法》第154条，变相走私，存在于走私普通货物、物品罪中）。

（2）未经海关许可并且未补缴应缴税额，擅自将特定减税、免税进口的货物、物品，在境内销售牟利的（《刑法》第154条，变相走私，仅存在于走私普通货物、物品罪中）。

4. 间接走私

（1）直接向走私人非法收购国家禁止进口物品的，或者直接向走私人非法收购走私进口的其他货物、物品，数额较大的行为（同时构成洗钱罪的，属于想象竞合犯）。这种情形要求行为人认识到他人走私的事实。

（2）在内海、领海、界河、界湖运输、收购、贩卖国家禁止进出口物品的，或者运输、收购、贩卖国家限制进出口货物、物品，数额较大，没有合法证明的行为。其中“内海”，包括内河的入海口水域。

5. 共犯行为。与走私罪犯通谋，为其提供贷款、资金、账号、发票、证明，或者为其提供运输、保管、邮寄或者其他方便的，成立走私犯罪的共犯（同时构成洗钱罪的，属于想象竞合犯）。《刑法》第156条属于注意规定，无论是否存在该条文，本条规定的行为都成立走私犯罪。

注意

第1—4项走私行为属于走私犯罪的正犯行为，第5项属于帮助犯行为。如果行为人与走私罪犯通谋，为其提供帮助后又收购走私物品的，适用第4项，属于正犯，而非帮助犯。

（二）既遂标准

符合下列条件之一的，即为走私既遂：

---

[1] 本条第1款为2011年2月25日全国人大常委会《刑法修正案（八）》第28条所修订。1997年《刑法》原条文第1款为：“武装掩护走私的，依照本法第一百五十一条第一款、第四款的规定从重处罚。”《刑法》第151条原第4款在本次修订中已被删除，故相应地对本款作了修改。

1. 在海关监管现场被查获的。

2. 以虚假申报方式走私，申报行为实施完毕的。

3. 以保税货物或者特定减税、免税进口的货物、物品为对象走私，在境内销售的，或者申请核销行为实施完毕的。

（三）事实认识错误

走私犯罪属于故意犯罪。成立走私犯罪，要求行为人认识到特定对象的存在或者可能存在。对于抽象认识错误的案件，只能在故意内容与客观事实重合的限度内认定为轻罪的既遂犯。

（四）罪数问题

1. 以暴力、威胁方法抗拒缉私的，成立妨害公务罪与相关的走私犯罪，应当并罚。

2. 武装掩护走私，以走私的具体对象确定罪名，但适用走私武器、弹药罪的法定刑，并从重处罚。

3. 一次走私多种对象，成立多个走私犯罪的，数罪并罚。

二、走私普通货物、物品罪

第一百五十三条[1]	【走私普通货物、物品罪】走私本法第一百五十一条、第一百五十二条、第三百四十七条规定以外的货物、物品的，根据情节轻重，分别依照下列规定处罚： （一）走私货物、物品偷逃应缴税额较大或者一年内曾因走私被给予二次行政处罚后又走私的，处三年以下有期徒刑或者拘役，并处偷逃应缴税额一倍以上五倍以下罚金。 （二）走私货物、物品偷逃应缴税额巨大或者有其他严重情节的，处三年以上十年以下有期徒刑，并处偷逃应缴税额一倍以上五倍以下罚金。 （三）走私货物、物品偷逃应缴税额特别巨大或者有其他特别严重情节的，处十年以上有期徒刑或者无期徒刑，并处偷逃应缴税额一倍以上五倍以下罚金或者没收财产。 单位犯前款罪的，对单位判处罚金，并对其直接负责的主管人员和其他直接责任人员，处三年以下有期徒刑或者拘役；情节严重的，处三年以上十年以下有期徒刑；情节特别严重的，处十年以上有期徒刑。 对多次走私未经处理的，按照累计走私货物、物品的偷逃应缴税额处罚。

【犯罪构成：走私行为＋对象为任何物品＋偷逃税额较大或者一年内曾因走私被给予二次行政处罚后又走私＋犯罪故意＋已满16周岁并具有责任能力的自然人或者单位】

---

〔1〕第153条第1款为2011年2月25日全国人大常委会《刑法修正案（八）》第27条所修订。1997年《刑法》原条文第1款分别以“偷逃应缴税额在五十万元以上”“偷逃应缴税额在十五万元以上不满五十万元”“偷逃应缴税额在五万元以上不满十五万元”来设置相应的法定刑，本次修订则以“应缴税额较大”“应缴税额巨大”“应缴税额特别巨大”以及相应情节重新设置了走私普通货物、物品罪的法定刑，尤其引人注目的是本次修订废除了走私普通货物、物品罪的死刑。

1. 任何逃避关税的走私犯罪行为在法律评价上都可谓走私普通货物、物品罪的行为。

2. 一年内曾因走私被给予二次以上行政处罚后又走私的，成立走私普通货物、物品罪（不要求数额较大）。

三、走私国家禁止进出口的货物、物品罪

第一百五十一条[1]	【走私武器、弹药罪】【走私核材料罪】【走私假币罪】走私武器、弹药、核材料或者伪造的货币的，处七年以上有期徒刑，并处罚金或者没收财产；情节特别严重的，处无期徒刑，并处没收财产；情节较轻的，处三年以上七年以下有期徒刑，并处罚金。 【走私文物罪】【走私贵重金属罪】【走私珍贵动物、珍贵动物制品罪】走私国家禁止出口的文物、黄金、白银和其他贵重金属或者国家禁止进出口的珍贵动物及其制品的，处五年以上十年以下有期徒刑，并处罚金；情节特别严重的，处十年以上有期徒刑或者无期徒刑，并处没收财产；情节较轻的，处五年以下有期徒刑，并处罚金。 【走私国家禁止进出口的货物、物品罪】走私珍稀植物及其制品等国家禁止进出口的其他货物、物品的，处五年以下有期徒刑或者拘役，并处或者单处罚金；情节严重的，处五年以上有期徒刑，并处罚金。 单位犯本条规定之罪的，对单位判处罚金，并对其直接负责的主管人员和其他直接责任人员，依照本条各款的规定处罚。

【犯罪构成：走私行为 + 对象为国家禁止进出口的其他货物、物品 + 犯罪故意 + 已满 16 周岁并具有责任能力的自然人或者单位】

（一）行为对象

包括：珍稀植物及其制品，仿真枪，管制刀具，古生物化石，有毒物质，来自境外疫区的动植物及其产品，木炭、硅砂等妨害环境、资源保护的货物、物品，旧机动车、切割车、旧机电产品或者其他禁止进出口的货物、物品，运动员及其辅助人员走私的兴奋剂目录所列物质或者其他人员以在体育竞赛中非法使用为目的走私的兴奋剂目录所列物质。

（二）司法解释

1. 未经许可进出口国家限制进出口的货物、物品，构成犯罪的，或者租用、借用或者使用购买的他人许可证，进出口国家限制进出口的货物、物品的，以走私国家禁止进出口的货物、物品罪等罪名定罪处罚；偷逃应缴税额，同时又构成走私普通货物、物品罪的，依照处罚较重的规定定罪处罚。

---

〔1〕 本条第 1 款为 2015 年 8 月 29 日全国人大常委会《刑法修正案（九）》第 9 条所修订，废除了死刑规定。本条为 2011 年 2 月 25 日全国人大常委会《刑法修正案（八）》第 26 条所修订。本次修订删除了 1997 年《刑法》原条文第 4 款“犯第一款、第二款罪，情节特别严重的，处无期徒刑或者死刑，并处没收财产”的规定，重新设置了第 1 款、第 2 款犯罪的法定刑，从而废除了第 2 款走私文物罪、走私贵重金属罪与走私珍贵动物、珍贵动物制品罪的死刑。本条第 3 款为 2009 年 2 月 28 日全国人大常委会《刑法修正案（七）》（自 2009 年 2 月 28 日起施行）第 1 条所修订。1997 年《刑法》原条文第 3 款为：“走私国家禁止进出口的珍稀植物及其制品的，处五年以下有期徒刑，并处或者单处罚金；情节严重的，处五年以上有期徒刑，并处罚金。”

2. 取得许可，但超过许可数量进出口国家限制进出口的货物、物品，构成犯罪的，以走私普通货物、物品罪定罪处罚。

注意

将走私限制进出口的货物、物品认定为走私国家禁止进出口的货物、物品罪，至少属于扩大解释，甚至类推解释。

四、走私武器、弹药罪

【犯罪构成：走私行为 + 对象为武器、弹药 + 犯罪故意 + 已满 16 周岁并具有责任能力的自然人或者单位】

行为对象为武器、弹药。武器包括鉴定为真枪的仿真枪，弹药包括各种弹头、弹壳（扩大解释）。如果走私报废的或者无法组装并使用的各种弹药的弹头、弹壳，构成犯罪的，以走私普通货物、物品罪论处。

五、走私假币罪

【犯罪构成：走私行为 + 对象为假币（伪造的货币）+ 犯罪故意 + 已满 16 周岁并具有责任能力的自然人或者单位】

行为对象仅限于伪造的货币（假币），不包括变造的货币。

六、走私文物罪、走私贵重金属罪

【走私文物罪的犯罪构成：走私出境行为（单向走私）+ 对象为文物 + 犯罪故意 + 已满 16 周岁并具有责任能力的自然人或者单位】

【走私贵重金属罪的犯罪构成：走私出境行为（单向走私）+ 对象为贵重金属 + 犯罪故意 + 已满 16 周岁并具有责任能力的自然人或者单位】

1. 行为方式。单向走私，即仅限于从境内走私到境外。如果从境外走私到境内，成立走私普通货物、物品罪。

2. 认识错误。在走私文物和走私贵重金属出境之间出现认识错误的，因二者具有相同的法律性质和意义，应以客观事实定罪。

七、走私淫秽物品罪

第一百五十二条 第一、三款	【走私淫秽物品罪】以牟利或者传播为目的，走私淫秽的影片、录像带、录音带、图片、书刊或者其他淫秽物品的，处三年以上十年以下有期徒刑，并处罚金；情节严重的，处十年以上有期徒刑或者无期徒刑，并处罚金或者没收财产；情节较轻的，处三年以下有期徒刑、拘役或者管制，并处罚金。 单位犯前两款罪的，对单位判处罚金，并对其直接负责的主管人员和其他直接责任人员，依照前两款的规定处罚。

【犯罪构成：走私行为 + 对象为淫秽物品 + 犯罪故意 + 牟利或者传播目的 + 已满 16

周岁并具有责任能力的自然人或者单位】

1. 责任。故意犯罪，还要求行为人具有牟利或者传播的目的（择一关系，具备其一即可）。但牟利或者传播的目的是否实现，不影响本罪的成立。

2. 罪数。行为人以牟利、传播为目的，从境外走私淫秽物品，然后在境内贩卖、传播走私进境的淫秽物品的，成立走私淫秽物品罪与贩卖、传播淫秽物品罪。二者之间不属于吸收关系，也不属于共罚的事前行为或者事后行为，而是属于类型性的牵连关系，属于牵连犯。

练练手

关于走私犯罪，下列哪一选项是正确的？[1]

A. 甲误将淫秽光盘当作普通光盘走私入境。虽不构成走私淫秽物品罪，但如按照普通光盘计算，其偷逃应缴税额较大时，应认定为走私普通货物、物品罪

B. 乙走私大量弹头、弹壳。由于弹头、弹壳不等于弹药，故乙不成立走私弹药罪

C. 丙走私枪支入境后非法出卖。此情形属于吸收犯，按重罪吸收轻罪的原则论处

D. 丁走私武器时以暴力抗拒缉私。此情形属于牵连犯，从一重罪论处

第三节　妨害公司、企业的管理秩序罪

一、非国家工作人员受贿罪

第一百六十三条[2]	【非国家工作人员受贿罪】公司、企业或者其他单位的工作人员，利用职务上的便利，索取他人财物或者非法收受他人财物，为他人谋取利益，数额较大的，处三年以下有期徒刑或者拘役，并处罚金；数额巨大或者有其他严重情节的，处三年以上十年以下有期徒刑，并处罚金；数额特别巨大或者有其他特别严重情节的，处十年以上有期徒刑或者无期徒刑，并处罚金。 公司、企业或者其他单位的工作人员在经济往来中，利用职务上的便利，违反国家规定，收受各种名义的回扣、手续费，归个人所有的，依照前款的规定处罚。 国有公司、企业或者其他国有单位中从事公务的人员和国有公司、企业或者其他国有单位委派到非国有公司、企业以及其他单位从事公务的人员有前两款行为的，依照本法第三百八十五条、第三百八十六条的规定定罪处罚。

【犯罪构成：公司、企业或者单位工作人员 + 利用职务之便索取或者非法收受数额

[1] 答案：A。

[2] 本条第1款为2020年12月26日全国人大常委会《刑法修正案（十一）》第10条所修正，删除了没收财产的规定，增加了罚金的规定，并提高了法定刑“无期徒刑”。原法条为：“公司、企业或者其他单位的工作人员利用职务上的便利，索取他人财物或者非法收受他人财物，为他人谋取利益，数额较大的，处五年以下有期徒刑或者拘役；数额巨大的，处五年以上有期徒刑，可以并处没收财产。”

本条为2006年6月29日全国人大常委会《刑法修正案（六）》第7条所修订。在1997年《刑法》原条文中，本罪的主体仅限于“公司、企业的工作人员”，2006年《刑法修正案（六）》扩大了本罪的主体，增加了“其他单位的工作人员”的规定。

较大财物＋允诺为他人谋取利益＋犯罪故意＋已满16周岁并具有责任能力的自然人】

1. 真正身份犯。主体是公司、企业或者其他单位的工作人员。国有公司、企业或者其他国有单位中从事公务的人员以及其他国家工作人员利用职务上的便利索取、收受贿赂的，成立《刑法》第385条规定的受贿罪。

（1）医疗机构中医务人员，利用开处方的职务便利，以各种名义非法收受药品、医疗器械、医用卫生材料等医药产品的销售方财物，为医药产品销售方谋取利益，数额较大的，成立本罪。

（2）学校及其他教育机构中的非国家工作人员，在教材、教具、校服或者其他物品的采购等活动中，利用职务上的便利，索取销售方财物，或者非法收受销售方财物，为销售方谋取利益，数额较大的，成立本罪。

（3）学校及其他教育机构中的教师，利用教学活动的职务便利，以各种名义非法收受教材、教具、校服或者其他物品的销售方财物，为教材、教具、校服或者其他物品销售方谋取利益，数额较大的，成立本罪。

2. 利用职务上的便利。即他人有求于行为人的职务行为时，行为人以职务行为或允诺职务行为作为条件，实施受贿行为。

3. 受贿行为

（1）索取他人财物，3万元以上。

（2）非法收受他人财物，3万元以上。

（3）约定受贿：公司、企业或者其他单位的工作人员在经济往来中，违反国家规定，收受各种名义的回扣、手续费，归个人所有的，成立本罪。对合法接受折扣、佣金的，不能认定为受贿。

4. 为他人谋取利益

属于客观违法要素，只是一种允诺行为，不要求行为人实施了为他人谋取利益的行为，也不要求实际上为他人谋取到了利益。

（1）无论索取他人财物与收受他人财物，都必须为他人谋取利益（该规定不同于受贿罪，后者索贿的情形不要求“为他人谋取利益”）。

（2）明知他人有请托事项而接受他人财物的，就应认定为允诺为他人谋取利益。

（3）成立非国家工作人员受贿罪，之后为他人谋取利益的行为构成其他犯罪的，除法律有特殊规定的以外（《刑法》第229条第2款与第399条第4款），应当数罪并罚。

二、对非国家工作人员行贿罪

第一百六十四条[1]	【对非国家工作人员行贿罪】为谋取不正当利益，给予公司、企业或者其他单位的工作人员以财物，数额较大的，处三年以下有期徒刑或者

〔1〕①本条第1款为2015年8月29日全国人大常委会《刑法修正案（九）》第10条所修订，增加了基本情形“并处罚金”的规定。②本条第2款为2011年2月25日全国人大常委会《刑法修正案（八）》第29条所增设。《刑法修正案（八）》相应地将1997年《刑法》原条文中的第2款、第3款修改为现在的第3款、第4款。③本条第1款为2006年6月29日全国人大常委会《刑法修正案（六）》第8条所修订。1997年《刑法》原文第1款为：“为谋取不正当利益，给予公司、企业的工作人员以财物，数额较大的，处三年以下有期徒刑或者拘役；数额巨大的，处三年以上十年以下有期徒刑，并处罚金。”

续表

第一百六十四条	拘役，并处罚金；数额巨大的，处三年以上十年以下有期徒刑，并处罚金。 【对外国公职人员、国际公共组织官员行贿罪】为谋取不正当商业利益，给予外国公职人员或者国际公共组织官员以财物的，依照前款的规定处罚。 单位犯前两款罪的，对单位判处罚金，并对其直接负责的主管人员和其他直接责任人员，依照第一款的规定处罚。 行贿人在被追诉前主动交待行贿行为的，可以减轻处罚或者免除处罚。

【犯罪构成：给予公司、企业或者单位工作人员数额较大财物（3 万元以上）+ 犯罪故意 + 为谋取不正当利益 + 已满 16 周岁并具有责任能力的自然人】

1. 客观行为。“给予公司、企业或者其他单位的工作人员以财物”属于客观行为。“数额较大的”要求 3 万元以上，对方接受财物为既遂。

2. 故意犯罪。还要求“为谋取不正当利益”。其中“不正当利益”属于规范的构成要件要素；正当与否的判断，属于客观判断。如果已经谋取了不正当利益，再给予非国家工作人员财物的，成立本罪；如果尚未谋取不正当利益，但为谋取不正当利益的目的，而给予非国家工作人员财物的，也成立本罪。

3. 从宽处罚情节。行贿人在被追诉前主动交代行贿行为的，可以减轻处罚或者免除处罚。行贿人被追诉后主动交代行贿行为的，按照刑法总则第 67 条第 3 款坦白的规定处罚。

4. 有利于行为人的类推解释。因被公司、企业或者其他单位的工作人员勒索而给予其财物，没有获得不正当利益的，应类推适用《刑法》第 389 条第 3 款的规定，不认定为行贿。这属于当然解释、允许（有利于行为人）的类推解释。

三、签订、履行合同失职被骗罪

第一百六十七条	【签订、履行合同失职被骗罪】国有公司、企业、事业单位直接负责的主管人员，在签订、履行合同过程中，因严重不负责任被诈骗，致使国家利益遭受重大损失的，处三年以下有期徒刑或者拘役；致使国家利益遭受特别重大损失的，处三年以上七年以下有期徒刑。

【犯罪构成：国有公司、企业、事业单位直接负责的主管人员 + 签订、履行合同失职被骗行为 + 致使国家利益遭受重大损失 + 犯罪过失 + 已满 16 周岁并具有责任能力的自然人】

1. 主体为国有公司、企业、事业单位直接负责的主管人员。

2. 行为内容。“因严重不负责任被诈骗”，即只有因严重不负责任导致被诈骗的，才成立本罪。其中的“被诈骗”，包括对方的行为涉嫌刑法上的普通诈骗、金融诈骗与合同诈骗等罪，还包括一般的民事欺诈行为，而且也不以对方已被人民法院认定为诈骗罪或者民事欺诈为前提。

3. 过失犯罪。如果行为人明知对方实施诈骗等行为，仍然给予对方财物的，行为人成立贪污罪等，对方成立诈骗等犯罪未遂（如果只是民事欺诈的，则不成立犯罪）；如果行为人和对方通谋的，则成立贪污罪等的共犯。

四、非法经营同类营业罪

第一百六十五条	【非法经营同类营业罪】国有公司、企业的董事、经理利用职务便利，自己经营或者为他人经营与其所任职公司、企业同类的营业，获取非法利益，数额巨大的，处三年以下有期徒刑或者拘役，并处或者单处罚金；数额特别巨大的，处三年以上七年以下有期徒刑，并处罚金。

【犯罪构成：主体为国有公司、企业的董事、经理＋非法经营同类营业行为＋获取数额巨大利益＋犯罪故意＋已满16周岁并具有责任能力的自然人】

五、为亲友非法牟利罪

第一百六十六条	【为亲友非法牟利罪】国有公司、企业、事业单位的工作人员，利用职务便利，有下列情形之一，使国家利益遭受重大损失的，处三年以下有期徒刑或者拘役，并处或者单处罚金；致使国家利益遭受特别重大损失的，处三年以上七年以下有期徒刑，并处罚金： （一）将本单位的盈利业务交由自己的亲友进行经营的； （二）以明显高于市场的价格向自己的亲友经营管理的单位采购商品或者以明显低于市场的价格向自己的亲友经营管理的单位销售商品的； （三）向自己的亲友经营管理的单位采购不合格商品的。

【犯罪构成：国有公司、企业、事业单位的工作人员＋为亲友非法牟利行为＋致使国家利益遭受重大损失＋犯罪故意＋已满16周岁并具有责任能力的自然人】

罪数问题。为亲友非法牟利的行为同时触犯贪污罪的，属于想象竞合犯，以贪污罪论处。例如，A国有公司原本从B公司购买办公品，但A国有公司总经理甲指使其亲属注册成立C公司，由C公司从B公司购买办公品后高价卖给A国有公司，从而使得C公司获利、A国有公司严重受损。甲的行为成立贪污罪与为亲友非法牟利罪，属于想象竞合犯，从一重罪处罚。

六、徇私舞弊低价折股、出售国有资产罪

第一百六十九条	【徇私舞弊低价折股、出售国有资产罪】国有公司、企业或者其上级主管部门直接负责的主管人员，徇私舞弊，将国有资产低价折股或者低价出售，致使国家利益遭受重大损失的，处三年以下有期徒刑或者拘役；致使国家利益遭受特别重大损失的，处三年以上七年以下有期徒刑。

【犯罪构成：国有公司、企业或者其上级主管部门直接负责的主管人员 + 徇私舞弊低价折股、出售国有资产行为 + 致使国家利益遭受重大损失 + 犯罪故意 + 已满16周岁并具有责任能力的自然人】

罪数问题。如果行为人私自将国有资产低价折股或者低价出售给自己、配偶、子女的，或者形式上低价出售给他人而自己获利的，以及其他符合贪污罪的犯罪构成的行为，成立徇私舞弊低价折股、出售国有资产罪与贪污罪的想象竞合犯，从一重罪论处。

练练手

关于妨害对公司、企业管理秩序的犯罪，下列哪些说法是正确的？[1]

A. 国有公司副总经理甲代表公司与乙签订购销合同时发现，乙既无履行合同的能力，也无履行合同的意思。但甲为报复总经理，仍然签订、履行合同，致使公司被诈骗1000万元。甲成立签订、履行合同失职被骗罪与贪污罪，应当并罚

B. 公立医院院长甲利用职务之便收取所采购医疗设备的回扣100万元，并利用给患者做心脏搭桥手术便利，收取患者红包10万元的，成立非国家工作人员受贿罪与受贿罪，应当并罚

C. 甲、乙为谋取不正当利益，共同向公司人员丙行贿10万元。丙实际上是国家工作人员，乙知情而甲不知情。甲成立对非国家工作人员行贿罪，乙成立行贿罪，甲、乙在对非国家工作人员行贿罪的范围内成立共犯

D. 国有公司经理甲利用职务之便，以远高于市场的价格向自己的亲友经营管理的单位采购商品，使国家利益遭受重大损失的，成立为亲友非法牟利罪与贪污罪，属于想象竞合犯

第四节　破坏金融管理秩序罪

一、伪造货币罪，变造货币罪

第一百七十条[2]	【伪造货币罪】伪造货币的，处三年以上十年以下有期徒刑，并处罚金；有下列情形之一的，处十年以上有期徒刑或者无期徒刑，并处罚金或者没收财产： （一）伪造货币集团的首要分子； （二）伪造货币数额特别巨大的； （三）有其他特别严重情节的。
第一百七十三条	【变造货币罪】变造货币，数额较大的，处三年以下有期徒刑或者拘役，并处或者单处一万元以上十万元以下罚金；数额巨大的，处三年以上十年以下有期徒刑，并处二万元以上二十万元以下罚金。

---

〔1〕答案：BCD。

〔2〕本条为2015年8月29日全国人大常委会《刑法修正案（九）》第11条所修改，废除了伪造货币罪的死刑规定，并将限额罚金改为无限额罚金。原法条为："伪造货币的，处三年以上十年以下有期徒刑，并处五万元以上五十万元以下罚金；有下列情形之一的，处十年以上有期徒刑、无期徒刑或者死刑，并处五万元以上五十万元以下罚金或者没收财产：（一）伪造货币集团的首要分子；（二）伪造货币数额特别巨大的；（三）有其他特别严重情节的。"

【伪造货币罪的犯罪构成：伪造货币行为 + 犯罪故意 + 已满 16 周岁并具有责任能力的自然人】

【变造货币罪的犯罪构成：变造货币 + 数额较大 + 犯罪故意 + 已满 16 周岁并具有责任能力的自然人】

（一）货币

货币，包括正在流通的人民币（含硬币、普通纪念币、贵金属纪念币）、港元、澳门元、新台币以及其他国家及地区的法定货币（世界主义立场）。

但是，以使用为目的，伪造停止流通的货币，或者使用伪造的停止流通的货币的，应以诈骗罪定罪处罚（仅仅伪造停止流通的货币的，只是诈骗罪的预备行为）。

（二）伪造与变造

1. “伪造”货币的本质在于非法使非属于此种货币的材料取得此种货币的形式。

（1）仿照货币的形状、特征、图案、色彩等制造出与真货币的外观相同的假货币的（存在对应的真实货币）。

（2）设计制作一种外观上足以使一般人误认为是货币的假货币的（没有对应的真实货币存在）。

（3）故意伪造“错版”人民币的。

2. “变造”货币的本质在于非法使同一种货币材料改变数额、数量。

（1）对真货币采用剪贴、挖补、揭层、涂改、移位、重印等方法加工处理，改变真币形态、价值的行为，应当认定为“变造货币”。

（2）同时采用伪造和变造手段，制造真伪拼凑货币的行为，以伪造货币罪定罪处罚。

（三）罪数

伪造后持有、使用假币的，属于吸收犯，以伪造货币罪论处；伪造后出售、运输自己伪造的假币的，成立伪造货币罪，从重处罚。

二、持有、使用假币罪，出售、购买、运输假币罪

第一百七十二条	【持有、使用假币罪】明知是伪造的货币而持有、使用，数额较大的，处三年以下有期徒刑或者拘役，并处或者单处一万元以上十万元以下罚金；数额巨大的，处三年以上十年以下有期徒刑，并处二万元以上二十万元以下罚金；数额特别巨大的，处十年以上有期徒刑，并处五万元以上五十万元以下罚金或者没收财产。

续表

第一百七十一条 第一、三款	【出售、购买、运输假币罪】出售、购买伪造的货币或者明知是伪造的货币而运输，数额较大的，处三年以下有期徒刑或者拘役，并处二万元以上二十万元以下罚金；数额巨大的，处三年以上十年以下有期徒刑，并处五万元以上五十万元以下罚金；数额特别巨大的，处十年以上有期徒刑或者无期徒刑，并处五万元以上五十万元以下罚金或者没收财产。 【伪造货币罪】伪造货币并出售或者运输伪造的货币的，依照本法第一百七十条的规定定罪从重处罚。

【持有、使用假币罪的犯罪构成：持有、使用行为 + 对象为假币 + 犯罪故意 + 已满16周岁并具有责任能力的自然人】

【出售、购买、运输假币罪的犯罪构成：出售、购买、运输行为 + 对象为假币 + 数额较大 + 犯罪故意 + 已满16周岁并具有责任能力的自然人】

（一）行为对象

“假币”，即伪造的货币，不包括变造的货币。

（二）危害行为

选择性罪名。

1. 持有、使用

（1）“持有”，是指将假币置于行为人事实上的支配之下，不要求行为人实际上握有假币。

（2）“使用”，是指将假币作为真货币而置于流通，但要求以对方不明知是假币为前提，否则成立出售假币罪（对方可能成立购买假币罪）。

常见的“使用”假币的行为：

①以外表合法的方式使用假币（如购买商品、存入银行、赠与他人，或者将假币用于交纳罚金或者罚款等）；

②以非法的方式使用货币（如将假币用于赌博）；

③将假币交付给不知情的他人使用的（成立使用假币罪的间接正犯）；

④向自动售货机中投入假币以取得商品的；

⑤使用假币兑换另一种真货币的，如在金融机构用假币兑换另一种真货币，或者使用假币与他人进行黑市交易以通常价格兑换另一种真货币的；

⑥国家工作人员收受贿赂（真币）后，立即将相应面值的假币上交给检察机关，以掩盖其受贿事实的。

不属于“使用”假币的行为：

①向知情的人交付假币，或者委托他人保管假币；

②伪造的共犯人之间分配假币；

③向知情的人出售假币的；

④将假币作为证明自己信用能力的资本而给他人察看的。

2. 出售、购买、运输

（1）出售：有偿转让、有偿交付假币。实际交易给购买者为既遂。

（2）购买：有偿取得假币。实际获取假币为既遂。

（3）运输：转移假币的存在地点。实际改变假币存放地点为既遂，即使之后销毁的，不成立中止。

（三）罪数问题

1. 出售、运输假币又使用的，并罚；购买假币又使用的，成立购买假币罪，从重处罚。

2. 使用假币的行为同时触犯诈骗罪或者盗窃罪的，属于想象竞合犯，从一重罪论处；如果存在两个独立行为的，数罪并罚。

（1）存假币，取真币。行为人使用真实有效的信用卡或者存折，通过 ATM 机成功存入假币，然后从其他 ATM 机中取出真币的。存入假币的行为构成使用假币罪，取出真币的行为构成盗窃罪，应当数罪并罚。

（2）行为人使用欺骗手段，使他人交付真币，然后以种种借口将自己持有的假币冒充真币退还给他人的。成立诈骗罪与使用假币罪的想象竞合犯。

例如，甲开超市，通过互联网购得面额 20 元、50 元、100 元的假币 5 万元。在顾客消费结账时，甲以钱缺角、破旧、看似假币等理由，诱骗顾客拿出面额 20 元、50 元、100 元的人民币付款，并在其他销售人员的配合下，采取障眼法趁顾客不注意时将事先准备好的假币与顾客的真币调换，最后又以种种借口将假币退还顾客。甲运用该方法用假币换取真币 1.7 万元。对于甲的行为，存在四种处理意见：成立诈骗罪；成立盗窃罪；成立购买假币罪与使用假币罪，根据相关司法解释，以购买假币罪论处；成立诈骗罪与使用假币罪的想象竞合犯。

第四种处理意见合理。理由如下：①甲使用欺骗手段让顾客拿出面额 20 元、50 元、100 元的人民币付款时，顾客不仅产生了认识错误，而且具有处分意识与处分行为，故甲的行为应当构成诈骗罪。②虽然甲的行为是一种调包行为，但这种行为不同于被害人没有处分意识和处分行为的调包行为，故甲的行为不符合盗窃罪的构成要件。③甲将假币冒充真币退还给顾客的行为，虽然可谓诈骗行为的一部分，但同时也是使假币置于流通的使用行为，故甲的行为同时触犯了使用假币罪。④由于甲的诈骗行为与使用假币的行为的主要部分是重合的，即应评价为一个行为，故甲的诈骗行为与使用假币的行为属于想象竞合犯，不能数罪并罚。

三、高利转贷罪

第一百七十五条	【高利转贷罪】以转贷牟利为目的，套取金融机构信贷资金高利转贷他人，违法所得数额较大的，处三年以下有期徒刑或者拘役，并处违法所得一倍以上五倍以下罚金；数额巨大的，处三年以上七年以下有期徒刑，并处违法所得一倍以上五倍以下罚金。 单位犯前款罪的，对单位判处罚金，并对其直接负责的主管人员和其他直接责任人员，处三年以下有期徒刑或者拘役。

【犯罪构成：套取信贷资金高利转贷他人行为＋违法所得数额较大＋犯罪故意＋转贷牟利目的＋已满16周岁并具有责任能力的自然人或者单位】

1. 高利转贷罪的行为包含“套取金融机构信贷资金”与“高利转贷他人”两部分。其中“信贷资金”包括担保贷款资金与信用贷款资金（扩大解释）。

2. 成立高利转贷罪，要求行为人在套取金融机构信贷资金时就有转贷牟利的目的，否则不成立犯罪。(1) 如果以合法目的获取信贷资金，之后产生转贷牟利目的，再转贷他人牟利的，不成立犯罪。(2) 如果行为人以非法占有目的套取金融机构信贷资金的，以贷款诈骗罪论处。

例如，行为人套取金融机构信贷资金后，表面上将该部分资金用于生产经营，但将自有资金高利借贷他人，如果转贷资金超过自有资金，违法所得数额较大的，成立高利转贷罪（变相高利转贷行为）。

四、伪造、变造金融票证罪

第一百七十七条	【伪造、变造金融票证罪】有下列情形之一，伪造、变造金融票证的，处五年以下有期徒刑或者拘役，并处或者单处二万元以上二十万元以下罚金；情节严重的，处五年以上十年以下有期徒刑，并处五万元以上五十万元以下罚金；情节特别严重的，处十年以上有期徒刑或者无期徒刑，并处五万元以上五十万元以下罚金或者没收财产： （一）伪造、变造汇票、本票、支票的； （二）伪造、变造委托收款凭证、汇款凭证、银行存单等其他银行结算凭证的； （三）伪造、变造信用证或者附随的单据、文件的； （四）伪造信用卡的。 单位犯前款罪的，对单位判处罚金，并对其直接负责的主管人员和其他直接责任人员，依照前款的规定处罚。

【犯罪构成：伪造、变造各种金融票证＋犯罪故意＋使用或者行使的目的＋已满16周岁并具有责任能力的自然人或者单位】

如果行为人伪造、变造金融票证之后，又利用该金融票证实施金融诈骗行为的，属于牵连犯，从一重罪处罚。

例如，乙公司欠甲40万元，在甲反复催讨下，乙公司开出10万元（没填大写）的现金支票给甲。甲持支票向银行询问乙公司账户上的存款数额，银行回答有31万元。甲遂将自己的9万元存入乙公司的账户，然后将支票数额改为40万元，从银行取出40万元。甲虽然没有非法占有目的，但仍然成立变造金融票证罪。

五、非法吸收公众存款罪

第一百七十六条[1]	【非法吸收公众存款罪】非法吸收公众存款或者变相吸收公众存款，扰乱金融秩序的，处三年以下有期徒刑或者拘役，并处或者单处罚金；数额巨大或者有其他严重情节的，处三年以上十年以下有期徒刑，并处罚金；数额特别巨大或者有其他特别严重情节的，处十年以上有期徒刑，并处罚金。 单位犯前款罪的，对单位判处罚金，并对其直接负责的主管人员和其他直接责任人员，依照前款的规定处罚。 有前两款行为，在提起公诉前积极退赃退赔，减少损害结果发生的，可以从轻或者减轻处罚。

【犯罪构成：非法吸收公众存款＋扰乱金融秩序＋犯罪故意＋已满16周岁并具有责任能力的自然人或者单位】

1. 非法吸收公众存款

（1）其中“非法”一般表现为主体不合法（主体不具有吸收存款的资格）或者行为方式、内容不合法（如擅自提高利率吸收存款）。

（2）以下情形属于向“公众”吸收存款：

①在向亲友或者单位内部人员吸收资金的过程中，明知亲友或者单位内部人员向不特定对象吸收资金而予以放任的；

②以吸收资金为目的，将社会人员吸收为单位内部人员，并向其吸收资金的；

③向社会公开宣传，同时向不特定对象、亲友或者单位内部人员吸收资金的。

注意

未向社会公开宣传，在亲友或者单位内部针对特定对象吸收资金的，不属于非法吸收或者变相吸收公众存款。

2. 扰乱金融秩序

（1）如果行为人非法吸收公众存款用于进行货币、资本的经营（如发放贷款），属于扰乱金融秩序。

（2）如果行为人将资金主要用于正常的经营活动，且能够及时清退所吸收资金的，成立本罪，可以免予刑事处罚；情节显著轻微的，不认为是犯罪。

注意

单位或者个人假借开展网络借贷信息中介业务之名，未经依法批准，归集不特定公众的资金设立资金池，控制、支配资金池中的资金，并承诺还本付息的，构成非法吸收公众存款罪。

---

〔1〕本条为2020年12月26日全国人大常委会《刑法修正案（十一）》第12条所修正，删除了关于罚金数额的规定，增加了退赃退赔从宽处罚的规定。原法条为：“非法吸收公众存款或者变相吸收公众存款，扰乱金融秩序的，处三年以下有期徒刑或者拘役，并处或者单处二万元以上二十万元以下罚金；数额巨大或者有其他严重情节的，处三年以上十年以下有期徒刑，并处五万元以上五十万元以下罚金。单位犯前款罪的，对单位判处罚金，并对其直接负责的主管人员和其他直接责任人员，依照前款的规定处罚。”

六、洗钱罪

第一百九十一条[1]	【洗钱罪】为掩饰、隐瞒毒品犯罪、黑社会性质的组织犯罪、恐怖活动犯罪、走私犯罪、贪污贿赂犯罪、破坏金融管理秩序犯罪、金融诈骗犯罪的所得及其产生的收益的来源和性质，有下列行为之一的，没收实施以上犯罪的所得及其产生的收益，处五年以下有期徒刑或者拘役，并处或者单处罚金；情节严重的，处五年以上十年以下有期徒刑，并处罚金： （一）提供资金帐户的； （二）将财产转换为现金、金融票据、有价证券的； （三）通过转账或者其他支付结算方式转移资金的； （四）跨境转移资产的； （五）以其他方法掩饰、隐瞒犯罪所得及其收益的来源和性质的。 单位犯前款罪的，对单位判处罚金，并对其直接负责的主管人员和其他直接责任人员，依照前款的规定处罚。

【犯罪构成：对象为七类特定犯罪所得及其收益＋掩饰、隐瞒来源和性质＋犯罪故意＋已满16周岁并具有责任能力的自然人或者单位（包括本犯）】

（一）行为主体

自然人和单位。上游犯罪的本犯也能成立洗钱罪，即自洗钱的行为成立洗钱罪，与上游犯罪数罪并罚或者属于想象竞合犯。

例1：毒品犯罪分子本人实施洗钱行为的，不仅成立毒品犯罪，也成立洗钱罪，应当数罪并罚。

例2：乙为谋取不正当利益而行贿国家工作人员甲，甲指使乙将行贿款直接汇往境外银行账户的，乙成立行贿罪与洗钱罪的想象竞合犯，甲成立受贿罪与洗钱罪的想象竞合犯。

例3：甲以非法占有为目的，利用职务之便，直接将公款汇往境外的，成立贪污罪与洗钱罪的想象竞合犯。

---

〔1〕本条为2020年12月26日全国人大常委会《刑法修正案（十一）》第14条所修正，删除了比例罚金刑的规定，增加了单位犯罪中负责任的自然人的罚金刑规定。原法条为："明知是毒品犯罪、黑社会性质的组织犯罪、恐怖活动犯罪、走私犯罪、贪污贿赂犯罪、破坏金融管理秩序犯罪、金融诈骗犯罪的所得及其产生的收益，为掩饰、隐瞒其来源和性质，有下列行为之一的，没收实施以上犯罪的所得及其产生的收益，处五年以下有期徒刑或者拘役，并处或者单处洗钱数额百分之五以上百分之二十以下罚金；情节严重的，处五年以上十年以下有期徒刑，并处洗钱数额百分之五以上百分之二十以下罚金：（一）提供资金账户的；（二）协助将财产转换为现金、金融票据、有价证券的；（三）通过转账或者其他结算方式协助资金转移的；（四）协助将资金汇往境外的；（五）以其他方法掩饰、隐瞒犯罪所得及其收益的来源和性质的。单位犯前款罪的，对单位判处罚金，并对其直接负责的主管人员和其他直接责任人员，处五年以下有期徒刑或者拘役；情节严重的，处五年以上十年以下有期徒刑。"

本条为2006年6月29日全国人大常委会《刑法修正案（六）》第16条第二次修订。2001年12月29日全国人大常委会《刑法修正案（三）》第7条对本条进行过一次修订。在1997年《刑法》原条文中，只有"毒品犯罪、黑社会性质的组织犯罪、走私犯罪的违法所得及其产生的收益"才构成洗钱的对象。2001年《刑法修正案（三）》主要是增加了洗钱罪的对象"恐怖活动犯罪所得及其产生的收益"，并对单位犯罪部分增加了"情节严重的，处五年以上十年以下有期徒刑"的规定。2006年《刑法修正案（六）》则进一步将洗钱的对象扩大到"贪污贿赂犯罪、破坏金融管理秩序犯罪、金融诈骗犯罪的所得及其产生的收益"。

（二）行为对象

1. 范围。毒品犯罪、黑社会性质的组织犯罪、恐怖活动犯罪、走私犯罪、贪污贿赂犯罪、破坏金融管理秩序犯罪、金融诈骗犯罪的所得及其产生的收益。

（1）上游犯罪的范围以各种上游犯罪的事实成立为认定前提，不要求罪名一定是洗钱罪上游犯罪的具体罪名（如因想象竞合犯、牵连犯等依法以其他罪名定罪处罚）。

（2）上游犯罪尚未依法裁判，但查证属实的，不影响本罪认定。

（3）上游犯罪事实可以确认，因行为人死亡等原因依法不予追究刑事责任的，不影响洗钱罪认定。

2. 犯罪所得及其产生的收益

（1）"犯罪的所得"，包括犯罪行为的直接所得与间接所得，还包括犯罪行为所取得的报酬（如包庇毒品犯罪分子而从被包庇者那里获得的报酬）。

（2）"产生的收益"，既包括上游犯罪所得产生的收益，也包括没有犯罪所得的上游犯罪行为直接产生的收益（挪用的公款不是犯罪所得，但产生的利息可以成为洗钱罪对象）。

（三）危害行为

"为掩饰、隐瞒……来源和性质"属于客观构成要件中行为的内容，是故意的认识内容。注意：千万别将"为掩饰、隐瞒……来源和性质"理解为洗钱罪的目的。

明知是犯罪所得及其产生的收益而予以掩饰、隐瞒的，构成掩饰、隐瞒犯罪所得、犯罪所得收益罪（《刑法》第312条）。如果掩饰、隐瞒犯罪所得、犯罪所得收益的行为同时构成洗钱罪（《刑法》第191条）的，属于想象竞合犯，依照处罚较重的规定（洗钱罪）定罪处罚。如果掩饰、隐瞒犯罪所得、犯罪所得收益的行为同时成立窝藏、转移、隐瞒毒品、毒赃罪（《刑法》第349条）的，属于法条竞合，适用特殊法条（窝藏、转移、隐瞒毒品、毒赃罪）定罪处罚。

（四）责任内容

罪过形式为故意。

1. 具体事实认识错误。行为人必须明知是前述上游犯罪所得及其产生的收益。如果行为人将《刑法》第191条规定的某一上游犯罪的犯罪所得及其收益误认为是《刑法》第191条规定的上游犯罪范围内的其他犯罪所得及其收益的，适用具体事实认识错误中的对象错误的处理原则，不影响洗钱罪"明知"的认定。

2. 抽象事实认识错误。行为人误将洗钱罪上游犯罪所得及其收益当作其他犯罪所得及其收益，或者相反的，属于抽象事实认识错误，不成立洗钱罪，可能成立掩饰、隐瞒犯罪所得、犯罪所得收益罪等。

（五）没收

"没收实施以上犯罪的所得及其产生的收益"中的"没收"应理解成《刑法》第64条中的"追缴"（限制解释或者补正解释）。

七、骗取贷款、票据承兑、金融票证罪

第一百七十五条之一[1]	【骗取贷款、票据承兑、金融票证罪】以欺骗手段取得银行或者其他金融机构贷款、票据承兑、信用证、保函等，给银行或者其他金融机构造成重大损失的，处三年以下有期徒刑或者拘役，并处或者单处罚金；给银行或者其他金融机构造成特别重大损失或者有其他特别严重情节的，处三年以上七年以下有期徒刑，并处罚金。 单位犯前款罪的，对单位判处罚金，并对其直接负责的主管人员和其他直接责任人员，依照前款的规定处罚。

【犯罪构成：骗取贷款、票据承兑、金融票证等 + 结果为取得贷款等 + 犯罪故意 + 已满16周岁并具有责任能力的自然人或者单位 + 造成重大损失】

1. 其中“其他金融机构”，包括小额贷款公司，即只要依法从事贷款业务即可，不要求具有吸收存款的权限。

2. 骗取贷款罪与贷款诈骗罪之间是法条竞合关系，二者骗取贷款的行为类型一致。因此，如果行为人实施了欺骗行为，即使提供了真实的足额担保的，也可能成立骗取贷款罪或者贷款诈骗罪。

3. 骗取贷款、票据承兑、金融票证罪的成立不要求行为人具有特定目的。如果行为人具有非法占有的目的，则成立金融诈骗罪等：行为人以非法占有为目的，骗取银行贷款的，成立贷款诈骗罪；以非法占有为目的，骗取信用证的，成立信用证诈骗罪。

八、妨害信用卡管理罪

第一百七十七条之一[2] 第一款	【妨害信用卡管理罪】有下列情形之一，妨害信用卡管理的，处三年以下有期徒刑或者拘役，并处或者单处一万元以上十万元以下罚金；数量巨大或者有其他严重情节的，处三年以上十年以下有期徒刑，并处二万元以上二十万元以下罚金： （一）明知是伪造的信用卡而持有、运输的，或者明知是伪造的空白信用卡而持有、运输，数量较大的； （二）非法持有他人信用卡，数量较大的； （三）使用虚假的身份证明骗领信用卡的； （四）出售、购买、为他人提供伪造的信用卡或者以虚假的身份证明骗领的信用卡的。

【犯罪构成：妨害信用卡管理的四种行为类型 + 犯罪故意 + 已满16周岁并具有责任

---

〔1〕 本条第1款为2020年12月26日全国人大常委会《刑法修正案（十一）》第11条所修正，删除了“或者有其他严重情节的”规定。原法条为：“以欺骗手段取得银行或者其他金融机构贷款、票据承兑、信用证、保函等，给银行或者其他金融机构造成重大损失或者有其他严重情节的，处三年以下有期徒刑或者拘役，并处或者单处罚金；给银行或者其他金融机构造成特别重大损失或者有其他特别严重情节的，处三年以上七年以下有期徒刑，并处罚金。”本条为2006年6月29日全国人大常委会《刑法修正案（六）》第10条所增设。

〔2〕 本条为2005年2月28日全国人大常委会《刑法修正案（五）》第1条所增设。

能力的自然人或者单位】

1. 非法购买他人盗窃所得的信用卡后持有的，成立妨害信用卡管理罪与掩饰、隐瞒犯罪所得罪的想象竞合犯。

2. 购买伪造的信用卡或者使用虚假身份证明骗领信用卡后又使用，使用行为构成信用卡诈骗罪或者其他犯罪的，成立妨害信用卡管理罪与信用卡诈骗罪等的牵连犯，从一重罪处罚。

3. 盗窃信用卡的行为定性：

（1）盗窃信用卡并使用的，按照《刑法》第196条第3款的规定，成立盗窃罪。

（2）盗窃信用卡后持有但不使用的，如果成立盗窃罪，则与妨害信用卡管理罪属于吸收犯；如果不成立盗窃罪，则仅成立妨害信用卡管理罪。

（3）盗窃信用卡后部分使用，部分未使用而持有的，成立盗窃罪与妨害信用卡管理罪，应当数罪并罚。

九、窃取、收买、非法提供信用卡信息罪

第一百七十七条之一[1]第二、三款	【窃取、收买、非法提供信用卡信息罪】窃取、收买或者非法提供他人信用卡信息资料的，依照前款规定处罚。 银行或者其他金融机构的工作人员利用职务上的便利，犯第二款罪的，从重处罚。

【犯罪构成：对象为他人信用卡信息资料＋窃取、收买、非法提供行为＋犯罪故意＋已满16周岁并具有责任能力的自然人或者单位】

行为人非法提供信用卡给他人使用的，他人成立妨害信用卡管理罪，行为人成立妨害信用卡管理罪（共犯）与非法提供信用卡信息罪（正犯）的想象竞合犯。

十、内幕交易、泄露内幕信息罪

第一百八十条[2]	【内幕交易、泄露内幕信息罪】证券、期货交易内幕信息的知情人员或者非法获取证券、期货交易内幕信息的人员，在涉及证券的发行，证券、期货交易或者其他对证券、期货交易价格有重大影响的信息尚未公开前，买入或者卖出该证券，或者从事与该内幕信息有关的期货交易，或者泄露该信息，或者明示、暗示他人从事上述交易活动，情节严重的，处五年以下有期徒刑或者拘役，并处或者单

〔1〕本条为2005年2月28日全国人大常委会《刑法修正案（五）》第1条所增设。

〔2〕本条第1款为2009年2月28日全国人大常委会《刑法修正案（七）》第2条第二次修订。本条第4款为《刑法修正案（七）》第2条首次增加。1997年《刑法》原条文第1款仅处罚证券内幕交易、泄露证券内幕信息的行为。1999年12月25日全国人大常委会《刑法修正案（一）》第四条增加了处罚期货内幕交易、泄露期货内幕信息的规定。《刑法修正案（七）》增加了处罚“明示、暗示他人从事上述交易活动”的规定。

续表

第一百八十条	处违法所得一倍以上五倍以下罚金；情节特别严重的，处五年以上十年以下有期徒刑，并处违法所得一倍以上五倍以下罚金。 单位犯前款罪的，对单位判处罚金，并对其直接负责的主管人员和其他直接责任人员，处五年以下有期徒刑或者拘役。 内幕信息、知情人员的范围，依照法律、行政法规的规定确定。 【利用未公开信息交易罪】证券交易所、期货交易所、证券公司、期货经纪公司、基金管理公司、商业银行、保险公司等金融机构的从业人员以及有关监管部门或者行业协会的工作人员，利用因职务便利获取的内幕信息以外的其他未公开的信息，违反规定，从事与该信息相关的证券、期货交易活动，或者明示、暗示他人从事相关交易活动，情节严重的，依照第一款的规定处罚。

【犯罪构成：证券、期货交易内幕信息的知情人员或者非法获取证券、期货交易内幕信息的人员或单位 + 三种内幕交易行为类型 + 情节严重 + 犯罪故意 + 已满 16 周岁并具有责任能力的自然人或者单位】

十一、违法发放贷款罪

第一百八十六条[1]	【违法发放贷款罪】银行或者其他金融机构的工作人员违反国家规定发放贷款，数额巨大或者造成重大损失的，处五年以下有期徒刑或者拘役，并处一万元以上十万元以下罚金；数额特别巨大或者造成特别重大损失的，处五年以上有期徒刑，并处二万元以上二十万元以下罚金。 银行或者其他金融机构的工作人员违反国家规定，向关系人发放贷款的，依照前款的规定从重处罚。 单位犯前两款罪的，对单位判处罚金，并对其直接负责的主管人员和其他直接责任人员，依照前两款的规定处罚。 关系人的范围，依照《中华人民共和国商业银行法》和有关金融法规确定。

【犯罪构成：银行或者其他金融机构的工作人员 + 违法发放贷款 + 数额巨大或者造成重大损失 + 犯罪故意 + 已满 16 周岁并具有责任能力的自然人或者单位】

1. 要求、唆使金融机构违法向自己发放贷款的，不成立骗取贷款罪、贷款诈骗罪，也不成立违法发放贷款罪的共犯；但是，借款人之外的其他人，单纯为违法发放贷款行

〔1〕本条第 1 款、第 2 款为 2006 年 6 月 29 日全国人大常委会《刑法修正案（六）》第 13 条所修订。1997 年《刑法》原文第 1 款、第 2 款为："银行或者其他金融机构的工作人员违反法律、行政法规规定，向关系人发放信用贷款或者发放担保贷款的条件优于其他借款人同类贷款的条件，造成较大损失的，处五年以下有期徒刑或者拘役，并处一万元以上十万元以下罚金；造成重大损失的，处五年以上有期徒刑，并处二万元以上二十万元以下罚金。""银行或者其他金融机构的工作人员违反法律、行政法规规定，向关系人以外的其他人发放贷款，造成重大损失的，处五年以下有期徒刑或者拘役，并处一万元以上十万元以下罚金；造成特别重大损失的，处五年以上有期徒刑，并处二万元以上二十万元以下罚金。"

为提供帮助或者实施教唆行为的，成立违法发放贷款罪的共犯。

例1： 甲为扩大生产规模，多次借用他人身份证，以他人名义到某银行贷款50万元，该银行主管领导乙明知以上贷款属于借名违规贷款，因私情仍予发放。贷款后，甲经营不善，致使本息无法归还。乙的行为成立违法发放贷款罪，但甲的行为不成立犯罪。

例2： 甲为帮助某银行行长乙贷款用于经营，使用伪造的房屋产权证等材料，向该银行申请获得贷款100万元（贷款期限为一年），并将贷款交由乙使用，约定本利均由乙支付。贷款到期后，经银行多次催收，甲一直未归还本息。甲、乙成立违法发放贷款罪的共犯。

2. 银行或者其他金融机构工作人员收受贿赂为他人违法发放贷款的，成立非国家工作人员受贿罪（受贿罪）与违法发放贷款罪，数罪并罚；如果明知他人贷款诈骗而发放贷款的，成立职务侵占罪（贪污罪）。

十二、吸收客户资金不入账罪

第一百八十七条[1]	【吸收客户资金不入帐罪】银行或者其他金融机构的工作人员吸收客户资金不入帐，数额巨大或者造成重大损失的，处五年以下有期徒刑或者拘役，并处二万元以上二十万元以下罚金；数额特别巨大或者造成特别重大损失的，处五年以上有期徒刑，并处五万元以上五十万元以下罚金。 单位犯前款罪的，对单位判处罚金，并对其直接负责的主管人员和其他直接责任人员，依照前款的规定处罚。

【犯罪构成：银行或者其他金融机构的工作人员+吸收客户资金不入账+数额巨大或者造成重大损失+犯罪故意+已满16周岁并具有责任能力的自然人或者单位】

练练手

1. 关于破坏金融管理秩序罪，下列哪些选项是正确的？[2]

A. 国家工作人员甲收受他人贿赂10万美元，随后将10万元假币上交纪委，并交代了受贿事实的，甲成立受贿罪与使用假币罪（并罚）

B. 甲将大额面值的纸币剪碎后拼接成大量小额面值的纸币，或者将金属货币融化后铸造成更多的金属货币的，都成立变造货币罪

C. 甲为炒股，遂以招工为名招募员工，员工未实际参加工作，而是认购“股金”后领取高额分红的，甲成立非法吸收公众存款罪

---

〔1〕本条第1款为2006年6月29日全国人大常委会《刑法修正案（六）》第14条所修订。1997年《刑法》原文第1款为：“银行或者其他金融机构的工作人员以牟利为目的，采取吸收客户资金不入帐的方式，将资金用于非法拆借、发放贷款，造成重大损失的，处五年以下有期徒刑或者拘役，并处二万元以上二十万元以下罚金；造成特别重大损失的，处五年以上有期徒刑，并处五万元以上五十万元以下罚金。”

〔2〕答案：ACD。

D. 甲明知乙骗取贷款而为其将该款项转换为外币，即使无法确定乙是否具有非法占有目的，甲的行为也成立洗钱罪

2. 关于洗钱罪的认定，下列哪一选项是错误的？[1]

A.《刑法》第 191 条虽未明文规定侵犯财产罪是洗钱罪的上游犯罪，但是，黑社会性质组织实施的侵犯财产罪，依然是洗钱罪的上游犯罪

B. 将上游的毒品犯罪所得误认为是贪污犯罪所得而实施洗钱行为的，不影响洗钱罪的成立

C. 上游犯罪事实上可以确认，因上游犯罪人死亡依法不能追究刑事责任的，不影响洗钱罪的认定

D. 单位贷款诈骗应以合同诈骗罪论处，合同诈骗罪不是洗钱罪的上游犯罪。为单位贷款诈骗所得实施洗钱行为的，不成立洗钱罪

第五节　金融诈骗罪

一、集资诈骗罪

第一百九十二条[2]	【集资诈骗罪】以非法占有为目的，使用诈骗方法非法集资，数额较大的，处三年以上七年以下有期徒刑，并处罚金；数额巨大或者有其他严重情节的，处七年以上有期徒刑或者无期徒刑，并处罚金或者没收财产。 单位犯前款罪的，对单位判处罚金，并对其直接负责的主管人员和其他直接责任人员，依照前款的规定处罚。

【犯罪构成：非法集资行为 + 数额较大 + 犯罪故意 + 非法占有目的 + 已满 16 周岁并具有责任能力的自然人或者单位】

罪过形式为故意，要求“以非法占有为目的”，即具有不归还集资款的意思。

1. 行为与责任同时存在。非法占有目的只能存在于使用诈骗方法非法集资之际。如果获取资金之后才产生非法占有目的，欺骗出资人免除自己还本付息义务的，只成立诈

[1] 答案：C。

[2] 本条为 2020 年 12 月 26 日全国人大常委会《刑法修正案（十一）》第 15 条所修正，修改了法定刑，增加了第 2 款，直接规定了单位犯罪。原法条为：“以非法占有为目的，使用诈骗方法非法集资，数额较大的，处五年以下有期徒刑或者拘役，并处二万元以上二十万元以下罚金；数额巨大或者有其他严重情节的，处五年以上十年以下有期徒刑，并处五万元以上五十万元以下罚金；数额特别巨大或者有其他特别严重情节的，处十年以上有期徒刑或者无期徒刑，并处五万元以上五十万元以下罚金或者没收财产。”

集资诈骗罪曾有死刑规定。之前第 199 条规定：“犯本节第 192 条规定之罪，数额特别巨大并且给国家和人民利益造成特别重大损失的，处无期徒刑或者死刑，并处没收财产。”①本条为 2015 年 8 月 29 日全国人大常委会《刑法修正案（九）》第 12 条所删除，故当前刑法规定诈骗类型的犯罪都没有规定死刑。②本条为 2011 年 2 月 25 日全国人大常委会《刑法修正案（八）》第 30 条所修订。本次修订删除了 1997 年《刑法》原条文中“犯本节第一百九十四条、第一百九十五条规定之罪，数额特别巨大并且给国家和人民利益造成特别重大损失的，处无期徒刑或者死刑，并处没收财产”的规定，从而废除了票据诈骗罪、金融凭证诈骗罪、信用证诈骗罪的死刑。

骗罪，不成立集资诈骗罪，也不成立侵占罪。

2. 非法占有目的的认定。行为人通过诈骗的方法非法获取资金，造成数额较大资金不能归还，并具有下列情形之一的，可以认定为具有非法占有的目的：（1）集资后不用于生产经营活动或者用于生产经营活动与筹集资金规模明显不成比例，致使集资款不能返还的；（2）肆意挥霍集资款，致使集资款不能返还的；（3）携带集资款逃匿的；（4）将集资款用于违法犯罪活动的；（5）抽逃、转移资金、隐匿财产，逃避返还资金的；（6）隐匿、销毁账目，或者搞假破产、假倒闭，逃避返还资金的；（7）拒不交代资金去向，逃避返还资金的；（8）其他可以认定非法占有目的的情形。

注意

第一，没有非法占有目的，在特定范围（如面向单位职工）筹集资金，即使有一定欺诈手段的，不成立集资诈骗罪。第二，网络借贷信息中介机构或其控制人，利用网络借贷平台发布虚假信息，非法建立资金池募集资金，所得资金大部分未用于生产、经营活动，主要用于借新还旧和个人挥霍，无法归还所募集资金数额巨大，应认定具有非法占有目的，成立集资诈骗罪。

二、贷款诈骗罪

第一百九十三条	【贷款诈骗罪】有下列情形之一，以非法占有为目的，诈骗银行或者其他金融机构的贷款，数额较大的，处五年以下有期徒刑或者拘役，并处二万元以上二十万元以下罚金；数额巨大或者有其他严重情节的，处五年以上十年以下有期徒刑，并处五万元以上五十万元以下罚金；数额特别巨大或者有其他特别严重情节的，处十年以上有期徒刑或者无期徒刑，并处五万元以上五十万元以下罚金或者没收财产： （一）编造引进资金、项目等虚假理由的； （二）使用虚假的经济合同的； （三）使用虚假的证明文件的； （四）使用虚假的产权证明作担保或者超出抵押物价值重复担保的； （五）以其他方法诈骗贷款的。

【犯罪构成：对象为贷款 + 诈骗行为 + 数额较大 + 犯罪故意 + 非法占有目的 + 已满16周岁并具有责任能力的自然人】

1. 行为对象：贷款。行为人合法取得贷款后，由于某种原因不能还本付息，采取欺骗手段将用于贷款的抵押物隐匿、转移，使贷款人不能对抵押物行使权利的，属于单纯逃避债务的行为，不成立犯罪。但是，如果行为人的欺骗手段使贷款人产生认识错误，进而作出免除债务的处分，则成立普通诈骗罪（骗取财产性利益）。

2. 行为内容：骗取贷款。向银行或者其他金融机构提出贷款申请时，属于着手；获取贷款，即为既遂。如果行为人隐瞒自己不归还贷款的真实意思而骗取银行贷款的，也成立贷款诈骗罪。

3. 行为主体：仅限自然人。如果单位贷款诈骗的，应对组织、策划、实施贷款诈骗行为的自然人以贷款诈骗罪定罪处罚。

4. 罪过形式：故意，要求“以非法占有为目的”，即具有不归还贷款的意思。具有下列情形之一的，应认定为具有非法占有目的：（1）假冒他人名义贷款的；（2）贷款后携款潜逃的；（3）未将贷款按贷款用途使用，而是用于挥霍致使贷款无法偿还的；（4）改变贷款用途，将贷款用于高风险的经济活动造成重大经济损失，导致无法偿还贷款的；（5）为谋取不正当利益，改变贷款用途，造成重大经济损失，致使无法偿还贷款的；（6）使用贷款进行违法犯罪活动的；（7）隐匿贷款去向，贷款到期后拒不偿还的等等。

注意

贷款诈骗罪与骗取贷款罪存在特别关系，而非对立关系，亦即使用欺骗方法获取金融机构贷款的，均符合骗取贷款罪的成立条件；如果证明行为人具有非法占有目的，则以《刑法》第193条规定的贷款诈骗罪论处。

5. 共犯问题

（1）金融机构工作人员利用其管理信贷的职务便利，以假冒他人名义或者虚构姓名等方式骗取本金融机构贷款归个人占有的，认定为贪污罪或者职务侵占罪。

（2）一般公民与金融机构负责贷款的全部人员串通，以非法占有为目的获取贷款的，不成立贷款诈骗罪，应认定为贪污罪、职务侵占罪等罪的共同犯罪。

（3）一般公民与金融机构的贷款最终决定者串通，虽然可能欺骗了信贷员与部门审核人员，但作出处分行为的人并没有陷入认识错误，故不成立贷款诈骗罪，应视有无非法占有目的与行为性质，认定为贪污罪、职务侵占罪、违法发放贷款罪等罪的共同犯罪。

（4）一般公民与金融机构的信贷员或者部门审核人员串通，以非法占有为目的，共同欺骗分管领导等具有处分决定权的人员，使后者产生认识错误并核准贷款的，触犯了贪污罪（或职务侵占罪）与贷款诈骗罪，属于想象竞合犯，应以重罪的共同犯罪论处。

6. 罪数问题

行为人甲采取欺骗手段使乙为其提供担保，从而骗取金融机构贷款，金融机构事后向乙追偿了本息。甲的行为性质存在不同观点：

观点一认为，甲仅构成针对担保人的（合同）诈骗罪（对象为财产性利益），因为金融机构没有损失。

观点二认为，甲构成针对金融机构的贷款诈骗罪（对象为贷款）与针对担保人的（合同）诈骗罪（对象为财产性利益），二者具有牵连犯关系，从一重罪处罚。

观点三认为，甲构成针对金融机构的贷款诈骗罪（对象为贷款）与针对担保人的（合同）诈骗罪（对象为财产性利益），但甲的行为只侵犯了一个财产（造成一个财产损失），属于狭义的包括一罪，从一重罪论处。

注意

如果入户盗窃他人房产证，冒用他人名义与银行签订贷款合同，骗取银行贷款的，则成立盗窃罪与贷款诈骗罪，应当数罪并罚。

三、票据诈骗罪

第一百九十四条 第一款	【票据诈骗罪】有下列情形之一，进行金融票据诈骗活动，数额较大的，处五年以下有期徒刑或者拘役，并处二万元以上二十万元以下罚金；数额巨大或者有其他严重情节的，处五年以上十年以下有期徒刑，并处五万元以上五十万元以下罚金；数额特别巨大或者有其他特别严重情节的，处十年以上有期徒刑或者无期徒刑，并处五万元以上五十万元以下罚金或者没收财产： （一）明知是伪造、变造的汇票、本票、支票而使用的； （二）明知是作废的汇票、本票、支票而使用的； （三）冒用他人的汇票、本票、支票的； （四）签发空头支票或者与其预留印鉴不符的支票，骗取财物的； （五）汇票、本票的出票人签发无资金保证的汇票、本票或者在出票时作虚假记载，骗取财物的。

【犯罪构成：利用金融票据诈骗 + 数额较大 + 犯罪故意 + 非法占有目的 + 已满 16 周岁并具有责任能力的自然人或者单位】

票据诈骗行为的第 4 项、第 5 项规定特别强调行为人利用相应的票据骗取财物。

1. 签发空头支票不是为了骗取财物，而是为了延缓债务履行的，不成立本罪。

2. 先骗取他人货物，事后将空白支票交付给对方的，不应认定为本罪，只能认定为（合同）诈骗罪。

例如，甲谎称购买铝锭若干吨，与被害人约定货到付款。货到后，甲连夜将铝锭运走，其支付对方的转账支票经银行核查系空头支票。由于双方约定货到付款，被害人收到转账支票才处分了财产，故甲成立票据诈骗罪。但是，如果甲与被害人约定，每 10 天交货一次，按季度结账，但结账时甲支付空头支票，随即逃跑的，由于甲已经将铝锭骗到手，之后支付支票的行为系掩饰自己的先前行为以方便跑路，故仅成立诈骗罪，不成立票据诈骗罪。

四、金融凭证诈骗罪

第一百九十四条 第二款	【金融凭证诈骗罪】使用伪造、变造的委托收款凭证、汇款凭证、银行存单等其他银行结算凭证的，依照前款的规定处罚。

【犯罪构成：利用伪造、变造的金融凭证诈骗 + 数额较大 + 犯罪故意 + 非法占有目的 + 已满 16 周岁并具有责任能力的自然人或者单位】

金融凭证诈骗罪要求行为人使用伪造、变造的金融凭证；如果冒用他人真实有效的金融凭证骗取他人财物的，成立诈骗罪。如果在伪造、变造的金融凭证与真实有效的金融凭证之间存在认识错误的，则在诈骗罪的范围内重合，成立诈骗罪。

五、信用卡诈骗罪

第一百九十六条[1]	【信用卡诈骗罪】有下列情形之一，进行信用卡诈骗活动，数额较大的，处五年以下有期徒刑或者拘役，并处二万元以上二十万元以下罚金；数额巨大或者有其他严重情节的，处五年以上十年以下有期徒刑，并处五万元以上五十万元以下罚金；数额特别巨大或者有其他特别严重情节的，处十年以上有期徒刑或者无期徒刑，并处五万元以上五十万元以下罚金或者没收财产： （一）使用伪造的信用卡，或者使用以虚假的身份证明骗领的信用卡的； （二）使用作废的信用卡的； （三）冒用他人信用卡的； （四）恶意透支的。 前款所称恶意透支，是指持卡人以非法占有为目的，超过规定限额或者规定期限透支，并且经发卡银行催收后仍不归还的行为。 【盗窃罪】盗窃信用卡并使用的，依照本法第二百六十四条的规定定罪处罚。

【犯罪构成：利用信用卡诈骗的四种行为类型 + 数额较大 + 犯罪故意 + 非法占有目的 + 已满 16 周岁并具有责任能力的自然人】

（一）危害行为

1. 行为手段：信用卡。即由商业银行或者其他金融机构发行的具有消费支付、信用贷款、转账结算、存取现金等全部功能或者部分功能的电子支付卡（扩大解释），包括借记卡与贷记卡。

（1）微信账户、支付宝账户不属于信用卡，而是属于第三方支付平台。如果行为人直接登录第三方支付平台或者利用他人已经关联的信用卡非法获取资金，或者行为人在获得他人信用卡信息后，将他人信用卡与第三方支付平台绑定，非法获取资金的，由于行为人没有使用他人信用卡的姓名、卡号、密码等内容，而是使用第三方支付平台的相关资料，故其行为不属于“冒用他人信用卡”方式的信用卡诈骗罪，而是成立盗窃罪。

（2）“花呗”“打白条”不属于信用卡。冒用他人花呗账户购物消费或者使用他人账户打白条购物消费，如果需要平台工作人员处分财产的，均成立贷款诈骗罪；如果只需要平台程序自动确认，而不需要人工确认的，则成立盗窃罪。

例如，甲非法登录乙的支付宝账户并擅自更改密码，通过花呗购买电脑，花费 2 万元。如果不需要通过花呗工作人员的处分行为，而是通过机器程序非法占有公司资金，则甲成立盗窃罪（机器不能被骗）。如果需要花呗工作人员基于认识错误处分财产，则

---

[1] 本条为 2005 年 2 月 28 日全国人大常委会《刑法修正案（五）》第 2 条所修订。这一修订是在 1997 年《刑法》原条文的基础上，在第 196 条第 1 款第 1 项中增加了“使用以虚假的身份证明骗领的信用卡的”的规定。

甲不成立盗窃罪，而是诈骗类型的犯罪：首先，甲的行为不成立信用卡诈骗罪，因为蚂蚁花呗属于小额信贷，甲没有利用信用卡或者也没有利用信用卡信息资料骗取资金。其次，甲冒用乙的名义与花呗服务商签订合同，骗取花呗资金，触犯诈骗罪与合同诈骗罪；但花呗服务商属于小额贷款公司，甲骗取资金触犯特殊法条贷款诈骗罪，故应以贷款诈骗罪论处。

（3）社保卡（人力资源和社会保障部门发放的在定点医院、药店就医购药时在 POS 机上刷卡使用的电子卡，具有一定的存取款、转银联消费等功能）不属于信用卡。非法对医疗机构收费员使用他人社保卡支付医药费的，成立诈骗罪；在自助机上支付使用他人社保卡支付药费的，成立盗窃罪。

2. 行为方式。信用卡诈骗罪属于诈骗罪的特殊法条，需要满足诈骗罪的行为结构。

（1）使用伪造的信用卡，或者使用以虚假的身份证明骗领的信用卡，骗取财物。

①“使用”。即按照信用卡的通常使用方法予以利用的行为，而且仅限于对自然人使用（这是诈骗犯罪构造的基本要求）。如果在 ATM 机上使用并取得财物的，成立盗窃罪。但利用伪造的信用卡私下质押担保骗取他人财物的，不属于这里的“使用”，不成立信用卡诈骗罪，应认定为（合同）诈骗罪。

②“伪造的信用卡”。其中“伪造”包括“变造”信用卡（如磁条内的信息被变更的信用卡）。

③牵连犯。如果先伪造信用卡，再使用伪造的信用卡骗取财物的，成立伪造金融票证罪与信用卡诈骗罪，属于牵连犯，从一重罪处罚；如果先以虚假身份证明骗领信用卡，再使用其骗取财物的，成立妨害信用卡管理罪与信用卡诈骗罪，属于牵连犯，从一重罪处罚。

（2）使用作废的信用卡，骗取财物。

其中“使用”行为，仅限于对自然人使用，在机器上使用作废的信用卡取得财物的，成立盗窃罪。

（3）冒用他人信用卡，骗取财物。

“冒用”，即非持卡人以持卡人名义使用合法持卡人的信用卡进而骗取财物（有观点主张，这里的“他人信用卡”不限于真实有效的信用卡）。

①“冒用”以违反合法持卡人的意志为前提，如果征得持卡人同意使用其信用卡的，不构成犯罪。

②使用自己名义下的信用卡的，不属于“冒用他人信用卡”。

例 1：乙错误汇款至甲的银行卡中，甲无权取钱，也无权消费，故甲至 ATM 机上取出现金的，成立盗窃罪；甲至商场刷卡消费的，成立诈骗罪。

例 2：甲将自己的借记卡出卖给了乙，后从手机短信得知借记卡汇入了存款，便重新以自己的身份证件补办借记卡，进而取得卡内乙的存款的，甲不成立信用卡诈骗罪，因为该卡属于甲的借记卡；甲也不成立盗窃罪，因为银行职员具有处分他人银行债权的权限；甲成立诈骗罪，因为甲欺骗银行职员，使其为自己补办银行卡，从而将卡内银行的债权转移给了甲。

③“冒用他人信用卡”包括：拾得他人信用卡并使用的；骗取他人信用卡并使

用的；窃取、收买、骗取或者以其他非法方式获取他人信用卡信息资料，并通过互联网、通讯终端等使用的；其他冒用他人信用卡的情形。

按照司法解释，“冒用”包含在ATM机上使用；按照刑法理论，只有对人使用骗取财物，才属于“冒用”。

司法解释	1. 抢劫信用卡后，无论对人还是对机器使用，均按照抢劫罪论处。
	2. 盗窃信用卡（实体卡）并使用的，法律拟制为盗窃罪。
	3. 以其他非法手段获取他人（真实有效的）信用卡，无论针对ATM机使用还是对人使用，都属于“冒用他人信用卡”方式的信用卡诈骗罪。
刑法理论	1. 抢劫信用卡后使用，符合“压制反抗、强行取财”的，成立抢劫罪；否则，对人使用的，成立信用卡诈骗罪，对机器使用的，成立盗窃罪。
	2. 盗窃信用卡并使用的，法律拟制为盗窃罪。
	3. 以其他非法手段获取他人（真实有效的）信用卡，对人使用的，成立信用卡诈骗罪，对机器使用的，成立盗窃罪。

④冒用他人信用卡，不需要行为人现实持有他人的信用卡本身。

例如，甲窃取了乙的身份证和借记卡，记下借记卡号后将其偷偷放回原处。随后，甲持乙的身份证并冒充乙向银行挂失，银行工作人员信以为真，但甲没有要求银行工作人员为其补办新卡，而是让银行工作人员将乙卡内1万元转入自己的另一借记卡。甲的行为属于冒用他人信用卡骗取财物，成立信用卡诈骗罪。

（4）恶意透支。

①恶意透支属于真正身份犯，仅针对真实有效的信用卡的合法持卡人而言。如果以虚假身份证明骗领信用卡后再加以使用，进而骗取财物的，不属于恶意透支，而属于“使用以虚假身份证明骗领的信用卡”的情形；如果是非法持卡人恶意透支骗取财物的，属于“冒用他人信用卡”的情形。

②透支行为仅限于对人实施，故在ATM机上透支取现的，可能成立盗窃罪。

③持卡人以非法占有为目的，超过规定限额或者规定期限透支，并且经发卡银行两次有效催收后超过3个月仍不归还的，属于“恶意透支”。

第一，按照行为与责任同时存在的原则，“以非法占有为目的”存在于恶意透支时，事后产生该目的的，不成立信用卡诈骗罪。“非法占有目的”的常见表现：明知没有还款能力而大量透支，无法归还的；肆意挥霍透支的资金，无法归还的；透支后逃匿、改变联系方式，逃避银行催收的；抽逃、转移资金，隐匿财产，逃避还款的；使用透支的资金进行违法犯罪活动的；其他非法占有资金，拒不归还的行为。

第二，“有效催收”，是指在透支超过规定限额或者规定期限后进行；催收应当采用能够确认持卡人收悉的方式，但持卡人故意逃避催收的除外；两次催收至少间隔三十日；符合催收的有关规定或者约定。

第三，“经发卡银行催收后仍不归还”不属于违法要素，也不是责任要素，而是客观处罚条件。如果担保人归还本息，视为归还。

3. 危害结果。成立犯罪，要求“数额较大”，即5000元以上；恶意透支的，数额在5万元以上（恶意透支的数额，是指持卡人拒不归还的数额或者尚未归还的数额，不包括复利、滞纳金、手续费等发卡银行收取的费用）。

（二）责任内容

罪过形式为故意，并且以非法占有为目的（属于不成文的构成要件要素）。

（三）特殊规定

盗窃信用卡并使用的，依照盗窃罪的规定定罪处罚。

1.“盗窃”。表明该条款仅适用于盗窃信用卡的情形，不适用于诈骗、敲诈勒索、抢夺、抢劫的情形。单纯盗窃他人真实有效的信用卡不使用的，不成立信用卡诈骗罪（可能成立妨害信用卡管理罪），通常也不成立盗窃罪；如果携带凶器盗窃、入户盗窃、扒窃信用卡的，即使没有使用，也成立盗窃罪（在这种情形中，盗窃信用卡并使用的行为仅成立盗窃罪，不能数罪并罚）。

2.“信用卡”。指他人持有的信用卡，原则上不包括伪造的、作废的信用卡。

（1）明知伪造或作废的信用卡。如果明知是伪造或作废的信用卡而盗窃并对ATM机使用的，本来就成立盗窃罪，不适用本条款；如果对自然人使用的，应认定为信用卡诈骗罪（使用伪造的信用卡、使用作废的信用卡）。

（2）事实认识错误。如果误将伪造、作废的信用卡当作真实的信用卡盗窃后对人使用，骗取财物的，客观上是信用卡诈骗罪的违法行为，主观故意具有盗窃和信用卡诈骗的双重属性，属于抽象的事实认识错误，按照信用卡诈骗罪定罪处罚。

3.“使用”行为

（1）使用的财产范围。侵犯的财产只能是信用卡里面记载的财产。如果盗窃并使用信用卡后又恶意透支的，由于恶意透支侵犯了新的法益，故应按盗窃罪与信用卡诈骗罪（冒用他人信用卡的）数罪并罚。

（2）使用的对象范围。即这里的“使用”是否包括对机器使用，还是仅指对人使用。

观点一认为，这里的“使用”既包括在ATM机上使用，还包括对人使用。前者本来就成立盗窃罪，该法条属于注意规定，换言之，即使没有本条款规定，这种情形也成立盗窃罪；后者本来成立信用卡诈骗罪，但法律将其规定为盗窃罪，属于法律拟制。

观点二认为，这里的“使用”仅限于对人使用，故该条款属于法律拟制。而盗窃他人信用卡后在机器上使用的，直接根据《刑法》第264条定罪量刑，而不需要引用《刑法》第196条第3款。

注意

无论采取哪种观点，下属命题都正确：“即使没有《刑法》第196条第3款的规定，盗窃信用卡后在ATM机上取钱的行为，也成立盗窃罪。”换言之，无论按照观点一还是观点二，该行为都成立盗窃罪；无论有无该法条，该行为都成立盗窃罪。

（3）使用的主体范围。这里的“使用”包括盗窃者本人使用，还包括利用不知情的第三者使用（间接正犯）。

①如果盗窃者利用不知情的第三者或者不负责任的第三者使用，利用者成立盗窃罪间接正犯。

②如果第三者明知是他人盗窃的信用卡而使用的，也成立盗窃罪的共犯（承继的共犯）。

③如果第三者误以为是他人捡拾的信用卡而对人使用的，成立信用卡诈骗罪；如果在 ATM 机上使用的，成立信用卡诈骗罪（司法解释）或者盗窃罪（刑法理论）。

例 1：甲盗窃信用卡后交给乙，乙知道真相而使用的，甲与乙均成立盗窃罪。因为乙虽然没有就盗窃信用卡与甲通谋，但既然乙在使用时明知信用卡为甲盗窃所得，那么，就应认为乙使用甲盗窃的信用卡的行为，是《刑法》第 196 条第 3 款所规定的盗窃罪的一部分，故乙与甲构成《刑法》第 196 条第 3 款所规定的盗窃罪的（承继）共犯。

例 2：甲盗窃信用卡后，对乙谎称系自己捡拾的信用卡，让乙使用，乙信以为真，在商场刷卡消费 2 万元。甲成立盗窃罪，乙成立信用卡诈骗罪，二者具有共犯关系。

（四）特约商户职员的关联行为

1. 盗窃罪。特约商户职员利用工作之便，在顾客使用信用卡购物、消费结算时，私下重复刷卡，非法占有顾客信用卡账户内资金的行为，成立盗窃罪。如果收银员明知顾客冒用他人信用卡，仍然让顾客刷卡消费的，由于收银员未被骗，顾客行为不成立信用卡诈骗罪，但收银员与顾客可能成立盗窃罪的共犯。

2. 信用卡诈骗罪。特约商户职员在捡拾顾客信用卡后，伪造客户签单，购买商品或者消费的，成立信用卡诈骗罪。

3. 贪污罪或者职务侵占罪。捡拾信用卡的特约商户职员接收到发卡银行止付通知后，假冒他人签名，自己向自己购物的，由于不存在被骗者与处分人，而且遭受财产损失的是特约商户，根据主体身份的不同，应认定为职务侵占罪或贪污罪。

六、保险诈骗罪

第一百九十八条	【保险诈骗罪】有下列情形之一，进行保险诈骗活动，数额较大的，处五年以下有期徒刑或者拘役，并处一万元以上十万元以下罚金；数额巨大或者有其他严重情节的，处五年以上十年以下有期徒刑，并处二万元以上二十万元以下罚金；数额特别巨大或者有其他特别严重情节的，处十年以上有期徒刑，并处二万元以上二十万元以下罚金或者没收财产： （一）投保人故意虚构保险标的，骗取保险金的； （二）投保人、被保险人或者受益人对发生的保险事故编造虚假的原因或者夸大损失的程度，骗取保险金的； （三）投保人、被保险人或者受益人编造未曾发生的保险事故，骗取保险金的； （四）投保人、被保险人故意造成财产损失的保险事故，骗取保险金的； （五）投保人、受益人故意造成被保险人死亡、伤残或者疾病，骗取保险金的。 有前款第四项、第五项所列行为，同时构成其他犯罪的，依照数罪并罚的规定处罚。

续表

第一百九十八条	单位犯第一款罪的，对单位判处罚金，并对其直接负责的主管人员和其他直接责任人员，处五年以下有期徒刑或者拘役；数额巨大或者有其他严重情节的，处五年以上十年以下有期徒刑；数额特别巨大或者有其他特别严重情节的，处十年以上有期徒刑。 保险事故的鉴定人、证明人、财产评估人故意提供虚假的证明文件，为他人诈骗提供条件的，以保险诈骗的共犯论处。
第一百八十三条	【职务侵占罪】保险公司的工作人员利用职务上的便利，故意编造未曾发生的保险事故进行虚假理赔，骗取保险金归自己所有的，依照本法第二百七十一条的规定定罪处罚。 【贪污罪】国有保险公司工作人员和国有保险公司委派到非国有保险公司从事公务的人员有前款行为的，依照本法第三百八十二条、第三百八十三条的规定定罪处罚。

【犯罪构成：主体为投保人、被保险人或者受益人 + 对象为商业保险金 + 五种保险诈骗行为类型 + 数额较大 + 犯罪故意 + 非法占有目的 + 已满 16 周岁并具有责任能力的自然人或者单位】

（一）行为主体

真正身份犯，其主体必须具备投保人、被保险人或者受益人的身份（教唆犯、帮助犯不要求具备该身份），包括自然人和单位。

1. 保险公司的工作人员利用职务上的便利，故意编造未曾发生的保险事故进行虚假理赔，骗取保险金归自己所有的，以职务侵占罪定罪处罚。国有保险公司工作人员和国有保险公司委派到非国有公司从事公务的人员实施上述行为的，以贪污罪定罪处罚。

2. 保险事故的鉴定人、证明人、财产评估人故意提供虚假的证明文件，为他人诈骗保险金提供条件的行为，如果符合《刑法》第 229 条（提供虚假证明文件罪）的规定，属于保险诈骗罪与提供虚假证明文件罪的想象竞合犯，应以保险诈骗罪的共犯论处。除此之外，其他人故意提供虚假的证明文件，为他人诈骗保险金提供条件的，只要符合刑法总则规定的共犯成立条件，也应以保险诈骗罪的共犯论处。

（二）行为对象

即“保险金”，但仅限于商业保险金，不包括社会保障性质的保险金。

1. 如果以欺诈、伪造证明材料或者其他手段骗取养老、医疗、工伤、失业、生育等社会保险金或者其他社会保障待遇的，属于《刑法》第 266 条规定的诈骗公私财物的行为，成立诈骗罪。

2. 如果保险公司工作人员骗取客户保费的，不成立保险诈骗罪，成立诈骗罪。

（三）行为类型

1. 投保人故意虚构保险标的，骗取保险金。包括恶意复保险、隐瞒保险危险骗取保险金以及将他人财产谎称为自己的财产而投保的行为等。

例如，甲承包了 2000 亩山地后，全部转承包给李某等人种植苹果。李某等人不愿意投保，甲担心一旦发生自然灾害，李某等人不能交纳承包费，自己会遭受财产损失，便以个人名义将2000亩山地上的苹果投保，并按照规定支付了保险费。后来因发生冰雹，保险公司对甲进行了理赔，甲将保险公司赔付的保险金全部据为己有。甲的行为虽然形式上符合“虚构保险标的”，但保险公司不存在损失，甲不成立保险诈骗罪。

2. 投保人、被保险人或者受益人对发生的保险事故编造虚假的原因或者夸大损失的程度，骗取保险金。包括编造虚假原因，将非保险事故谎称为保险事故，从而骗取保险金的，或者对已经发生的保险事故所造成的损失作夸大陈述、申报（以少报多、以小报大）。

3. 投保人、被保险人或者受益人编造未曾发生的保险事故，骗取保险金。即在没有发生保险事故的情况下捏造保险事故。

4. 投保人、被保险人故意造成财产损失的保险事故，骗取保险金。故意造成财产损失的保险事故，包括作为和不作为。

5. 投保人、受益人故意造成被保险人死亡、伤残或者疾病，骗取保险金。

（1）被保险人、投保人、受益人为同一人时，投保人自伤、自残或者故意造成自己疾病，骗取保险金的，成立保险诈骗罪。

（2）将他人作为被保险人的替身而杀害，然后骗取保险金的，不属于“故意造成被保险人死亡，骗取保险金”，而属于“编造未曾发生的保险事故，骗取保险金”，应当数罪并罚。如果杀害他人之后并未向保险公司理赔的，则只成立故意杀人罪，不成立保险诈骗罪（预备）。

注意

如果行为不符合法定的行为类型与诈骗罪构造，则不成立保险诈骗罪：没有利用保险合同的行为、保险公司不可能存在损失的行为。例如，甲为其汽车投了盗抢险，后来该车被抢，甲为了避免说明义务，谎称该车被盗，从而获取了20万元保险金。由于保险公司不存在损失，甲的行为无罪。

（四）数额较大

数额较大：个人进行保险诈骗，数额在1万元以上的；单位进行保险诈骗，数额在5万元以上的。

（五）责任内容

罪过形式为故意。行为人必须具有非法获取保险金的目的，这属于不成文的构成要件要素。

（六）犯罪形态

1. 虚构保险标的、造成保险事故等行为，只是为诈骗保险金创造了前提条件，属于预备行为。

2. 骗取保险金是保险诈骗罪的实行行为。到保险公司索赔的行为或者提出支付保险金的请求的行为，属于“着手”。行为人已经着手实施保险诈骗行为，但由于其意志以外的原因未能获得保险赔偿的，属于犯罪未遂。

3. 实际骗得保险金为既遂。但保险公司工作人员识破骗局，为配合警方抓捕犯罪人的需要而交付保险金的，行为人仅成立保险诈骗罪未遂。

（七）罪数问题

1. 制造保险事故骗取保险金

（1）投保人、被保险人故意造成财产损失的保险事故，投保人、受益人故意造成被保险人死亡、伤残或者疾病，骗取保险金的，同时构成其他犯罪（如故意杀人罪、故意伤害罪、故意毁坏财物罪、放火罪等）的，依照数罪并罚的规定处罚。

（2）如果行为人制造保险事故后尚未进行保险理赔申请的，成立其他犯罪与保险诈骗罪（预备），属于想象竞合犯，不能数罪并罚。

2. 保险诈骗罪与诈骗罪、合同诈骗罪的关系

（1）一般认为，保险诈骗罪是诈骗罪、合同诈骗罪的特殊法条，应当优先适用。但是，因保险诈骗罪法定最高刑为 15 年有期徒刑，而诈骗罪与合同诈骗罪法定最高刑为无期徒刑，故保险诈骗数额特别巨大的，为充分评价案件事实，应认定保险诈骗罪与诈骗罪、合同诈骗罪属于想象竞合关系，从一重罪处罚。

（2）保险诈骗行为中同时存在普通诈骗行为的，应认定为想象竞合犯。

例如，某日，甲醉酒驾驶机动车追尾赵某的汽车，致使赵某当场死亡，双方车辆损坏。甲向保险公司投保了交强险、车辆损失险等多种车险，如果获得保险赔偿，赔付额应为 80 万元（其中交强险赔付额为 20 万元）。由于醉酒驾驶发生交通事故属于保险人责任免除范围，甲便让乙顶替自己，向公安机关和保险公司谎称乙为肇事司机，后从保险公司获得了 80 万元的赔偿。本案中，就交强险赔付额 20 万元，保险公司代为向赵某家属赔偿，但保险公司有权向甲追偿。甲的行为导致保险公司放弃了向甲追偿 20 万元的权利（免除债务），故甲对这 20 万元成立诈骗罪，对剩余的 60 万元成立保险诈骗罪，二者属于想象竞合犯。[1]

练练手

1. 甲、乙两人合谋窃取丙的银行卡取出现金后平分。乙偷窥到丙的银行卡密码后告诉甲。两人乘丙醉酒之机盗取丙的银行卡，甲持银行卡到 ATM 机取钱，乙为其望风，甲发现卡内有 7 万元，取出 2 万元，向乙声称卡内只有 1 万元，分给乙 5000 元。乙信以为真，一周后，甲独自到 ATM 机取出剩余的 5 万元。关于本案，下列选项正确的是？[2]

A. 乙对丙构成盗窃罪，盗窃数额为 1 万元

B. 甲对丙构成盗窃罪，盗窃数额为 7 万元

C. 甲对乙构成诈骗罪，诈骗数额为 3 万元

D. 乙对丙构成盗窃罪，盗窃数额为 2 万元

---

〔1〕 交强险是由保险公司对被保险机动车发生道路交通事故造成受害人（不包括本车人员和被保险人）的人身伤亡、财产损失，在责任限额内予以赔偿的强制性责任保险。根据《机动车交通事故责任强制保险条例》第 22 条、第 23 条的规定，醉酒驾驶造成第三者财产损失的，保险公司不承担赔偿责任；但交通事故被害人的死亡赔偿金，属于对受害人人身权利救济的范畴，保险公司对此类损失应承担赔偿责任。保险公司对第三者进行人身损害赔偿后，有权向致害人追偿。

〔2〕 答案：BD。

2. 关于信用卡诈骗罪，下列哪些选项是错误的？[1]

A. 以非法占有目的，用虚假身份证明骗领信用卡后又使用该卡的，应以妨害信用卡管理罪与信用卡诈骗罪并罚

B. 根据司法解释，在自动柜员机（ATM 机）上擅自使用他人信用卡的，属于冒用他人信用卡的行为，构成信用卡诈骗罪

C. 透支时具有归还意思，透支后经发卡银行两次催收，超过 3 个月仍不归还的，属于恶意透支，成立信用卡诈骗罪

D.《刑法》第 196 条第 2 款规定，盗窃信用卡并使用的，以盗窃罪论处。与此相应，拾得信用卡并使用的，就应以侵占罪论处

第六节　妨害税收征管罪

一、概述

第二百一十一条	【单位犯本节之罪的处罚】单位犯本节第二百零一条、第二百零三条、第二百零四条、第二百零七条、第二百零八条、第二百零九条规定之罪的，对单位判处罚金，并对其直接负责的主管人员和其他直接责任人员，依照各该条的规定处罚。
第二百一十二条	【追缴税款、所骗取的出口退税款优先原则】犯本节第二百零一条至第二百零五条规定之罪，被判处罚金、没收财产的，在执行前，应当先由税务机关追缴税款和所骗取的出口退税款。

1. 单位主体。除了《刑法》第 202 条规定的抗税罪，单位可以成立本节其他犯罪。

2. 税款追缴。犯本节规定之罪，被判处罚金、没收财产的，在执行前，应当先由税务机关追缴税款和所骗取的出口退税款。

二、逃税罪

第二百零一条[2]	【逃税罪】纳税人采取欺骗、隐瞒手段进行虚假纳税申报或者不申报，逃避缴纳税款数额较大并且占应纳税额百分之十以上的，处三年以下有期徒刑或者拘役，并处罚金；数额巨大并且占应纳税额百分之三十以上的，

[1] 答案：ACD。

[2] 本条为2009年2月28日全国人大常委会《刑法修正案（七）》第3条所修正。1997年《刑法》原条文为："纳税人采取伪造、变造、隐匿、擅自销毁账簿、记账凭证，在账簿上多列支出或者不列、少列收入，经税务机关通知申报而拒不申报或者进行虚假的纳税申报的手段，不缴或者少缴应纳税款，偷税数额占应纳税额的百分之十以上不满百分之三十并且偷税数额在一万元以上不满十万元的，或者因偷税被税务机关给予二次行政处罚又偷税的，处三年以下有期徒刑或者拘役，并处偷税数额一倍以上五倍以下罚金；偷税数额占应纳税额的百分之三十以上并且偷税数额在十万元以上的，处三年以上七年以下有期徒刑，并处偷税数额一倍以上五倍以下罚金。扣缴义务人采取前款所列手段，不缴或者少缴已扣、已收税款，数额占应缴税额的百分之十以上并且数额在一万元以上的，依照前款的规定处罚。对多次犯有前两款行为，未经处理的，按照累计数额计算。"

续表

第二百零一条	处三年以上七年以下有期徒刑，并处罚金。 扣缴义务人采取前款所列手段，不缴或者少缴已扣、已收税款，数额较大的，依照前款的规定处罚。 对多次实施前两款行为，未经处理的，按照累计数额计算。 有第一款行为，经税务机关依法下达追缴通知后，补缴应纳税款，缴纳滞纳金，已受行政处罚的，不予追究刑事责任；但是，五年内因逃避缴纳税款受过刑事处罚或者被税务机关给予二次以上行政处罚的除外。

【犯罪构成：主体为纳税人、扣缴义务人 + 逃税行为 + 数额较大（扣缴义务人）且占应纳税额 10% 以上（纳税人）+ 犯罪故意 + 已满 16 周岁并具有责任能力的自然人或者单位】

（一）不法

逃税罪的构成要件包括两种行为主体、三种手段行为、一种目的行为、两个情节要求。

1. 行为主体。“纳税人”与“扣缴义务人”，即逃税罪为身份犯。

（1）教唆、帮助纳税人或者扣缴义务人实施逃税行为的，以逃税罪的共犯论处。

（2）税务机关的工作人员与纳税人或者扣缴义务人相勾结，共同实施逃税行为的，成立逃税罪的共犯；其行为同时触犯徇私舞弊不征、少征税款罪的，属于想象竞合犯，从一重罪论处。

2. 手段行为

（1）采取欺骗、隐瞒手段进行虚假纳税申报；

（2）经税务机关通知申报而不申报（限制解释）；

（3）纳税人缴纳税款后，采取假报出口等欺骗方法，骗取所缴纳的税款。

3. 目的行为。即逃避缴纳税款，包括不缴或者少缴应纳税款或已扣、已收税款，以及不符合退税条件却通过虚假手段取得退税款。行为人实施了伪造、变造、隐匿、擅自销毁账簿、记账凭证等行为，但并未逃税的，不成立本罪。

4. 犯罪情节。逃避缴纳税款数额较大（5 万元以上）并且占应纳税额 10% 以上。

（1）《刑法》第 204 条第 2 款规定的缴纳税款后骗取所缴纳的税款成立逃税罪的，除了要求数额较大外，也要求骗取所缴纳的税款占应纳税额 10% 以上。

（2）扣缴义务人构成逃税罪的，只要求不缴或者少缴已扣、已收税款，数额较大（5 万元以上），不要求占应缴税款 10% 以上。

5. 犯罪数额。多次实施逃税，未经处理的，数额累计计算。其中“未经处理”，是指纳税人或者扣缴义务人在 5 年内多次实施逃税行为未经处理的。

（二）责任

罪过形式为故意。故漏税、避税行为不成立犯罪。

（三）处罚阻却事由

在《刑法》第 201 条第 4 款中，“本文”属于逃税罪的处罚阻却事由（对已经成立的犯罪阻止发动刑罚权的事由)，“但书”属于处罚阻却事由的限制规定。

《刑法》第 201 条第 1 款规定的纳税人逃税，经税务机关依法下达追缴通知后，补缴应纳税款，缴纳滞纳金，已受行政处罚的，不予追究刑事责任；但是，5 年内因逃避缴纳税款受过刑事处罚或者被税务机关给予二次以上行政处罚的除外。该规定属于处罚阻却事由，但书部分属于处罚阻却事由的例外规定。《刑法》第 204 条第 2 款规定的逃税罪类推适用上述规定。

三、骗取出口退税罪

第二百零四条	【骗取出口退税罪】以假报出口或者其他欺骗手段，骗取国家出口退税款，数额较大的，处五年以下有期徒刑或者拘役，并处骗取税款一倍以上五倍以下罚金；数额巨大或者有其他严重情节的，处五年以上十年以下有期徒刑，并处骗取税款一倍以上五倍以下罚金；数额特别巨大或者有其他特别严重情节的，处十年以上有期徒刑或者无期徒刑，并处骗取税款一倍以上五倍以下罚金或者没收财产。 【逃税罪】【骗取出口退税罪】纳税人缴纳税款后，采取前款规定的欺骗方法，骗取所缴纳的税款的，依照本法第二百零一条的规定定罪处罚；骗取税款超过所缴纳的税款部分，依照前款的规定处罚。

【犯罪构成：没有缴纳税款的人骗取出口退税行为 + 数额较大 + 犯罪故意 + 已满 16 周岁并具有责任能力的自然人或者单位】

1. 骗取出口退税罪的成立，要求行为人没有缴纳税款。如果纳税人缴纳税款后，采取假报出口等欺骗方法，骗取所缴纳的税款的，成立逃税罪。对于骗取税款超过所缴纳的税款部分，则应认定为骗取出口退税罪，与逃税罪实行并罚。

2. 想象竞合。实施骗取出口退税犯罪，同时构成虚开增值税专用发票罪等其他犯罪的，属于想象竞合犯，依照刑法处罚较重的规定定罪处罚。

四、虚开增值税专用发票、用于骗取出口退税、抵扣税款发票罪

第二百零五条[1]	【虚开增值税专用发票、用于骗取出口退税、抵扣税款发票罪】虚开增值税专用发票或者虚开用于骗取出口退税、抵扣税款的其他发票的，处三年以下有期徒刑或者拘役，并处二万元以上二十万元以下罚金；虚开的税款数额较大或者有其他严重情节的，处三年以上十年以下有期徒刑，并处五万元以上五十万元以下罚金；虚开的税款数额巨大或者有其他特别严重情节的，处十年以上有期徒刑或者无期徒刑，并处五万元以上五十万元以下罚金或者没收财产。 单位犯本条规定之罪的，对单位判处罚金，并对其直接负责的主管人员

〔1〕 2011 年 2 月 25 日全国人大常委会《刑法修正案（八）》第 32 条删除了 1997 年《刑法》本条原第 2 款“有前款行为骗取国家税款，数额特别巨大，情节特别严重，给国家利益造成特别重大损失的，处无期徒刑或者死刑，并处没收财产”的规定，从而废除了本条犯罪的死刑。

续表

第二百零五条	和其他直接责任人员，处三年以下有期徒刑或者拘役；虚开的税款数额较大或者有其他严重情节的，处三年以上十年以下有期徒刑；虚开的税款数额巨大或者有其他特别严重情节的，处十年以上有期徒刑或者无期徒刑。 虚开增值税专用发票或者虚开用于骗取出口退税、抵扣税款的其他发票，是指有为他人虚开、为自己虚开、让他人为自己虚开、介绍他人虚开行为之一的。
第二百一十条	【盗窃罪】盗窃增值税专用发票或者可以用于骗取出口退税、抵扣税款的其他发票的，依照本法第二百六十四条的规定定罪处罚。 【诈骗罪】使用欺骗手段骗取增值税专用发票或者可以用于骗取出口退税、抵扣税款的其他发票的，依照本法第二百六十六条的规定定罪处罚。

【犯罪构成：虚开专用发票的行为 + 犯罪故意 + 已满 16 周岁并具有责任能力的自然人或者单位】

1. 本罪属于抽象的危险犯。为他人虚开、为自己虚开、让他人为自己虚开、介绍他人虚开专用发票的行为，这四种行为都属于实行行为。

例 1： 甲、乙双方以相同的数额相互为对方虚开增值税发票，并且已按规定缴纳税款，不具有骗取国家税款的主观目的与现实可能的，不认定为本罪。

例 2： 行为人代开的发票与实际经营活动相对应，没有而且不可能骗取国家税款的，或者行为人为了虚增公司业绩，所虚开的增值税专用发票没有抵扣联的，不认定为本罪。

2. 实施骗取出口退税罪、逃税罪等，同时构成虚开增值税专用发票、用于骗取出口退税、抵扣税款发票罪的，属于想象竞合，择一重罪定罪处罚。

五、抗税罪

第二百零二条	【抗税罪】以暴力、威胁方法拒不缴纳税款的，处三年以下有期徒刑或者拘役，并处拒缴税款一倍以上五倍以下罚金；情节严重的，处三年以上七年以下有期徒刑，并处拒缴税款一倍以上五倍以下罚金。

【犯罪构成：暴力、威胁方法拒不缴纳税款的行为 + 犯罪故意 + 已满 16 周岁并具有责任能力的自然人】

1. 行为方式。暴力、威胁方法是抗税罪的手段行为，拒不缴纳税款是抗税罪的目的行为，故抗税罪是作为与不作为相结合的犯罪。其中的“暴力”包括对人暴力和对物暴力，不同于劫持航空器罪、抢劫罪里面的“暴力”。

2. 想象竞合实施抗税行为致人重伤、死亡，构成故意伤害罪、故意杀人罪的，分别依照故意伤害罪、故意杀人罪定罪处罚（想象竞合犯）。

六、逃避追缴欠税罪

第二百零三条	【逃避追缴欠税罪】纳税人欠缴应纳税款，采取转移或者隐匿财产的手段，致使税务机关无法追缴欠缴的税款，数额在一万元以上不满十万元的，处三年以下有期徒刑或者拘役，并处或者单处欠缴税款一倍以上五倍以下罚金；数额在十万元以上的，处三年以上七年以下有期徒刑，并处欠缴税款一倍以上五倍以下罚金。

【犯罪构成：欠税的纳税人 + 转移或者隐匿财产 + 致使税务机关无法追缴欠缴的税款 + 犯罪故意 + 已满 16 周岁并具有责任能力的自然人或者单位】

七、伪造、出售伪造的增值税专用发票罪

第二百零六条	【伪造、出售伪造的增值税专用发票罪】伪造或者出售伪造的增值税专用发票的，处三年以下有期徒刑、拘役或者管制，并处二万元以上二十万元以下罚金；数量较大或者有其他严重情节的，处三年以上十年以下有期徒刑，并处五万元以上五十万元以下罚金；数量巨大或者有其他特别严重情节的，处十年以上有期徒刑或者无期徒刑，并处五万元以上五十万元以下罚金或者没收财产。 单位犯本条规定之罪的，对单位判处罚金，并对其直接负责的主管人员和其他直接责任人员，处三年以下有期徒刑、拘役或者管制；数量较大或者有其他严重情节的，处三年以上十年以下有期徒刑；数量巨大或者有其他特别严重情节的，处十年以上有期徒刑或者无期徒刑。

【犯罪构成：伪造或者出售伪造的增值税专用发票 + 犯罪故意 + 已满 16 周岁并具有责任能力的自然人或者单位】

本罪中的“伪造”包括有形伪造与无形伪造，还包括变造行为。

八、非法出售增值税专用发票罪

第二百零七条	【非法出售增值税专用发票罪】非法出售增值税专用发票的，处三年以下有期徒刑、拘役或者管制，并处二万元以上二十万元以下罚金；数量较大的，处三年以上十年以下有期徒刑，并处五万元以上五十万元以下罚金；数量巨大的，处十年以上有期徒刑或者无期徒刑，并处五万元以上五十万元以下罚金或者没收财产。

【犯罪构成：非法出售行为 + 对象为增值税专用发票 + 犯罪故意 + 已满 16 周岁并具有责任能力的自然人或者单位】

练练手

①纳税人逃税，经税务机关依法下达追缴通知后，补缴应纳税款，缴纳滞纳金，已

受行政处罚的，一律不予追究刑事责任

②纳税人逃避追缴欠税，经税务机关依法下达追缴通知后，补缴应纳税款，缴纳滞纳金，已受行政处罚的，应减轻或者免除处罚

③纳税人以暴力方法拒不缴纳税款，后主动补缴应纳税款，缴纳滞纳金，已受行政处罚的，不予追究刑事责任

④扣缴义务人逃税，经税务机关依法下达追缴通知后，补缴应纳税款，缴纳滞纳金，已受行政处罚的，不予追究刑事责任

关于上述观点的正误判断，下列哪些选项是错误的？[1]

A. 第①句正确，第②③④句错误

B. 第①②句正确，第③④句错误

C. 第①③句正确，第②④句错误

D. 第①②③句正确，第④句错误

第七节　侵犯知识产权罪

一、单位主体

第二百二十条[2]	【单位犯本节之罪的处罚】单位犯本节第二百一十三条至第二百一十九条之一规定之罪的，对单位判处罚金，并对其直接负责的主管人员和其他直接责任人员，依照本节各该条的规定处罚。

二、假冒注册商标罪，销售假冒注册商标的商品罪

第二百一十三条[3]	【假冒注册商标罪】未经注册商标所有人许可，在同一种商品、服务上使用与其注册商标相同的商标，情节严重的，处三年以下有期徒刑，并处或者单处罚金；情节特别严重的，处三年以上十年以下有期徒刑，并处罚金。

〔1〕答案：ABCD。

〔2〕本条为2020年12月26日全国人大常委会《刑法修正案（十一）》第24条所修正，增加了“二百一十九条之一”的规定。

〔3〕本条为2020年12月26日全国人大常委会《刑法修正案（十一）》第17条所修正，修改了法定刑。原法条为：“未经注册商标所有人许可，在同一种商品上使用与其注册商标相同的商标，情节严重的，处三年以下有期徒刑或者拘役，并处或者单处罚金；情节特别严重的，处三年以上七年以下有期徒刑，并处罚金。”

续表

第二百一十四条[1]	【销售假冒注册商标的商品罪】销售明知是假冒注册商标的商品，违法所得数额较大或者有其他严重情节的，处三年以下有期徒刑，并处或者单处罚金；违法所得数额巨大或者有其他特别严重情节的，处三年以上十年以下有期徒刑，并处罚金。

【假冒注册商标罪的犯罪构成：假冒注册商标行为 + 情节严重 + 犯罪故意 + 已满 16 周岁并具有责任能力的自然人或者单位】

【销售假冒注册商标的商品罪的犯罪构成：销售行为 + 对象为假冒注册商标的商品 + 违法所得数额较大或者情节严重 + 犯罪故意 + 已满 16 周岁并具有责任能力的自然人或者单位】

（一）假冒注册商标罪的不法内容

1. “未经注册商标所有人许可”。如果经过注册商标所有人许可而在同一种商品、服务上使用该注册商标的，不成立犯罪；即使行为人没在商品、服务上标明被许可人的名称和商品产地（违反《商标法》第 40 条第 2 款），也不成立犯罪。

2. “同一种商品、服务”。即名称相同的商品以及名称不同但指同一事物的商品、服务。

3. “使用”。即将注册商标或者假冒的注册商标用于商品、商品包装或者容器以及产品说明书、商品交易文书，或者将注册商标或者假冒的注册商标用于广告宣传、展览以及其他商业活动等行为。

4. “相同的商标”。即与被假冒的注册商标完全相同，或者与被假冒的注册商标在视觉上基本无差别、足以对公众产生误导的商标。

（二）罪数问题

1. 犯假冒注册商标罪，又销售该假冒注册商标的商品，构成犯罪的，应以假冒注册商标罪定罪处罚。犯假冒注册商标罪，又销售明知是他人的假冒注册商标的商品，构成犯罪的，应当数罪并罚。

2. 行为人实施侵犯知识产权犯罪，同时构成生产、销售伪劣商品犯罪的，从一重罪论处，不能数罪并罚。

[1] 本条为 2020 年 12 月 26 日全国人大常委会《刑法修正案（十一）》第 18 条所修正，将“销售金额”修改为“违法所得”，并修改了法定刑。原法条为：“销售明知是假冒注册商标的商品，销售金额数额较大的，处三年以下有期徒刑或者拘役，并处或者单处罚金；销售金额数额巨大的，处三年以上七年以下有期徒刑，并处罚金。”

三、侵犯著作权罪，销售侵权复制品罪

第二百一十七条〔1〕	【侵犯著作权罪】以营利为目的，有下列侵犯著作权或者与著作权有关的权利的情形之一，违法所得数额较大或者有其他严重情节的，处三年以下有期徒刑，并处或者单处罚金；违法所得数额巨大或者有其他特别严重情节的，处三年以上十年以下有期徒刑，并处罚金： （一）未经著作权人许可，复制发行、通过信息网络向公众传播其文字作品、音乐、美术、视听作品、计算机软件及法律、行政法规规定的其他作品的； （二）出版他人享有专有出版权的图书的； （三）未经录音录像制作者许可，复制发行、通过信息网络向公众传播其制作的录音录像的； （四）未经表演者许可，复制发行录有其表演的录音录像制品，或者通过信息网络向公众传播其表演的； （五）制作、出售假冒他人署名的美术作品的； （六）未经著作权人或者与著作权有关的权利人许可，故意避开或者破坏权利人为其作品、录音录像制品等采取的保护著作权或者与著作权有关的权利的技术措施的。
第二百一十八条〔2〕	【销售侵权复制品罪】以营利为目的，销售明知是本法第二百一十七条规定的侵权复制品，违法所得数额巨大或者有其他严重情节的，处五年以下有期徒刑，并处或者单处罚金。

【犯罪构成：侵犯著作权行为 + 违法所得数额较大或者情节严重 + 犯罪故意 + 以营利为目的 + 已满 16 周岁并具有责任能力的自然人或者单位】

【犯罪构成：销售行为 + 对象为侵权复制品 + 违法所得数额巨大或者情节严重 + 犯罪故意 + 以营利为目的 + 已满 16 周岁并具有责任能力的自然人或者单位】

1. 目的犯，即“以营利为目的”。

（1）如果出于教学、研究等非营利目的复制他人作品的，不构成犯罪；单纯制作假冒他人署名的美术作品，不出售、不交付给他人，不具有营利目的的，不构成犯罪。

（2）除销售外，具有下列情形之一的，可以认定为“以营利为目的”：

①以在他人作品中刊登收费广告、捆绑第三方作品等方式直接或者间接收取费用的。

②通过信息网络传播他人作品，或者利用他人上传的侵权作品，在网站或者网页上

---

〔1〕本条为2020年12月26日全国人大常委会《刑法修正案（十一）》第20条所修正，修改了法定刑，增加了行为方式。原法条为：“以营利为目的，有下列侵犯著作权情形之一，违法所得数额较大或者有其他严重情节的，处三年以下有期徒刑或者拘役，并处或者单处罚金；违法所得数额巨大或者有其他特别严重情节的，处三年以上七年以下有期徒刑，并处罚金：（一）未经著作权人许可，复制发行其文字作品、音乐、电影、电视、录像作品、计算机软件及其他作品的；（二）出版他人享有专有出版权的图书的；（三）未经录音录像制作者许可，复制发行其制作的录音录像的；（四）制作、出售假冒他人署名的美术作品的。”

〔2〕本条为2020年12月26日全国人大常委会《刑法修正案（十一）》第21条所修正，提高了法定刑。原法条为：“以营利为目的，销售明知是本法第二百一十七条规定的侵权复制品，违法所得数额巨大的，处三年以下有期徒刑或者拘役，并处或者单处罚金。”

提供刊登收费广告服务，直接或者间接收取费用的。

③以会员制方式通过信息网络传播他人作品，收取会员注册费或者其他费用的。

④其他利用他人作品牟利的情形。

2. "未经著作权人许可""未经表演者许可"。即没有得到著作权人或者表演权人授权或者伪造、涂改著作权人或者表演权人授权许可文件或者超出授权许可范围的情形。但是，有证据证明权利人放弃权利、涉案作品的著作权不受我国著作权法保护，或者著作权保护期限已经届满的除外。

3. "复制发行"。对于"复制发行"，理论上存在不同的理解：

（1）观点一。"复制发行"是指复制且发行，故仅有复制行为或者仅有发行行为的，不能成立侵犯著作权罪；仅有复制行为或者仅有发行行为的，只能成立侵犯著作权罪的未遂犯。这种观点不当缩小了处罚范围，不利于保护著作权。

（2）观点二。"复制发行"是指单纯的"复制"，即复制行为构成侵犯知识产权罪，发行行为成立销售侵权复制品罪。这种解释将"复制发行"限制解释为单纯的"复制"，违背文理解释的逻辑；而且导致更严重的发行行为处罚更轻。

（3）观点三。"复制发行"是指复制或者发行以及复制且发行的行为，包括通过信息网络向公众传播他人文字作品、音乐、电影、电视、录像作品、计算机软件及其他作品的行为。其中"发行"包括侵权产品的持有人通过广告、征订等方式推销侵权产品的行为。这种解释有利于保护著作权，但导致《刑法》第218条成为废条。这是司法解释的观点。[1]

（4）观点四。"复制发行"是指复制或者发行以及复制且发行的行为。但对"发行"应作限制解释，即指批量销售或者大规模销售（但不限于第一次销售），而将《刑法》第218条规定的销售侵权复制品罪中的"销售"理解为零售。这既符合"发行"在日常用语中的含义（即不需要按照《著作权法》的规定解释），也能协调《刑法》第217条与第218条的关系，使两罪的处罚相均衡。

例如，甲未经录音制品制作人许可出租其作品。虽然著作权中的发行权仅包括出售和赠予两种方式，而不包括出租（另行规定为出租权），但著作权的该规定不能成为解释刑法的理由。由于发行的本质在于传播作品，既然赠予就可以评价为发行，出租当然更可以评价为发行，故甲的行为成立侵犯著作权罪。

4. 罪数与关联犯罪

（1）犯侵犯著作权罪，又销售该侵权复制品，构成犯罪的，应以侵犯著作权罪定罪处罚；犯侵犯著作权罪，又销售明知是他人的侵权复制品，构成犯罪的，应当数罪并罚。

（2）非法出版、复制、发行他人作品，侵犯著作权构成犯罪的，以侵犯著作权罪定罪处罚；经营非法出版物的，以非法经营罪定罪处罚。

---

〔1〕参见2011年1月10日最高人民法院、最高人民检察院、公安部《关于办理侵犯知识产权刑事案件适用法律若干问题的意见》第12条；2007年4月5日最高人民法院、最高人民检察院《关于办理侵犯知识产权刑事案件具体应用法律若干问题的解释（二）》第2条；2004年12月8日最高人民法院、最高人民检察院《关于办理侵犯知识产权刑事案件具体应用法律若干问题的解释》第11条。

（3）制作、出售假冒他人署名的美术作品，侵犯了他人的署名权，出售该作品的行为同时触犯诈骗罪的，属于想象竞合犯，应从一重罪论处。

四、侵犯商业秘密罪

第二百一十九条[1]	【侵犯商业秘密罪】有下列侵犯商业秘密行为之一，情节严重的，处三年以下有期徒刑，并处或者单处罚金；情节特别严重的，处三年以上十年以下有期徒刑，并处罚金： （一）以盗窃、贿赂、欺诈、胁迫、电子侵入或者其他不正当手段获取权利人的商业秘密的； （二）披露、使用或者允许他人使用以前项手段获取的权利人的商业秘密的； （三）违反保密义务或者违反权利人有关保守商业秘密的要求，披露、使用或者允许他人使用其所掌握的商业秘密的。 明知前款所列行为，获取、披露、使用或者允许他人使用该商业秘密的，以侵犯商业秘密论。 本条所称权利人，是指商业秘密的所有人和经商业秘密所有人许可的商业秘密使用人。

【犯罪构成：四种侵犯商业秘密行为类型 + 对象为商业秘密 + 情节严重 + 犯罪故意 + 已满 16 周岁并具有责任能力的自然人或者单位】

1. 危害行为

（1）以盗窃、贿赂、欺诈、胁迫、电子侵入或者其他不正当手段获取权利人的商业秘密的。

（2）披露、使用或者允许他人使用以上述第一种手段获取的权利人的商业秘密。

（3）违反保密义务或者违反权利人有关保守商业秘密的要求，披露、使用或者允许他人使用其所掌握的商业秘密。

（4）明知前述第（1）种至第（3）种违法行为，而获取、披露、使用或者允许他人使用该商业秘密的。

注意

实施第（1）种和第（2）种行为的人，是无权知悉商业秘密内容的人；实施第（3）种行为的人，是已经合法知悉他人商业秘密内容的人；实施第（4）种行为的人属于第三人。捡拾他人商业秘密再使用的，不成立犯罪。

2. 以盗窃、利诱、胁迫或者其他不正当手段获取他人商业秘密，再使用该商业秘密

〔1〕本条为2020年12月26日全国人大常委会《刑法修正案（十一）》第22条所修正，提高了法定刑。原法条为："有下列侵犯商业秘密行为之一，给商业秘密的权利人造成重大损失的，处三年以下有期徒刑或者拘役，并处或者单处罚金；造成特别严重后果的，处三年以上七年以下有期徒刑，并处罚金：（一）以盗窃、利诱、胁迫或者其他不正当手段获取权利人的商业秘密的；（二）披露、使用或者允许他人使用以前项手段获取的权利人的商业秘密的；（三）违反约定或者违反权利人有关保守商业秘密的要求，披露、使用或者允许他人使用其所掌握的商业秘密的。明知或者应知前款所列行为，获取、使用或者披露他人的商业秘密的，以侵犯商业秘密论。本条所称商业秘密，是指不为公众所知悉，能为权利人带来经济利益，具有实用性并经权利人采取保密措施的技术信息和经营信息。本条所称权利人，是指商业秘密的所有人和经商业秘密所有人许可的商业秘密使用人。"

制造产品并假冒他人注册商标的，应以侵犯商业秘密罪和假冒注册商标罪并罚。单纯非法使用他人商业秘密制造产品并假冒他人注册商标的，也应当数罪并罚。

3. 侵犯商业秘密罪的行为同时触犯为境外窃取、刺探、收买、非法提供国家秘密、情报罪，境外窃取、刺探、收买、非法提供商业秘密罪，非法获取国家秘密罪，故意泄露国家秘密罪，职务侵占罪的，属于想象竞合犯，从一重罪处罚。

五、为境外窃取、刺探、收买、非法提供商业秘密罪

第二百一十九条之一[1]	为境外的机构、组织、人员窃取、刺探、收买、非法提供商业秘密的，处五年以下有期徒刑，并处或者单处罚金；情节严重的，处五年以上有期徒刑，并处罚金。

【犯罪构成：窃取、刺探、收买、向境外非法提供行为 + 对象为商业秘密 + 犯罪故意 + 为境外窃取、刺探、收买的目的 + 已满16周岁并具有责任能力的自然人或者单位】

1. 商业秘密的唯一所有人为境外的机构、组织、人员窃取、刺探、收买、非法提供商业秘密的，不成立本罪。

2. “窃取”：包含抢夺、抢劫行为（扩大解释，当然解释），“刺探”包含诈骗、敲诈勒索行为，“收买”不包含出卖，但出卖属于“非法提供”。

3. “为境外”：相对于窃取、刺探、收买，属于主观目的；相对于非法提供，属于客观事实。

4. 罪数。以窃取、刺探、收买方法为境外获取商业秘密的，属于侵犯商业秘密罪与为境外窃取、刺探、收买、非法提供商业秘密的法条竞合。

练练手

下列关于侵犯商业秘密罪的说法哪些是正确的？[2]

A. 窃取权利人的商业秘密，给其造成重大损失的，构成侵犯商业秘密罪

B. 捡拾权利人的商业秘密资料而擅自披露，给其造成重大损失的，构成侵犯商业秘密罪

C. 明知对方窃取他人的商业秘密而购买和使用，给权利人造成重大损失的，构成侵犯商业秘密罪

D. 使用采取利诱手段获取权利人的商业秘密，给权利人造成重大损失的，构成侵犯商业秘密罪

---

[1] 本条为2020年12月26日全国人大常委会《刑法修正案（十一）》第23条所增加。

[2] 答案：ACD。

第八节　扰乱市场秩序罪

一、单位主体

第二百三十一条	【单位犯本节之罪的处罚】单位犯本节第二百二十一条至第二百三十条规定之罪的，对单位判处罚金，并对其直接负责的主管人员和其他直接责任人员，依照本节各该条的规定处罚。

二、损害商业信誉、商品声誉罪

第二百二十一条	【损害商业信誉、商品声誉罪】捏造并散布虚伪事实，损害他人的商业信誉、商品声誉，给他人造成重大损失或者有其他严重情节的，处二年以下有期徒刑或者拘役，并处或者单处罚金。

【犯罪构成：捏造并散布损害他人商业信誉、商品声誉的虚伪事实＋造成重大损失或者情节严重＋犯罪故意＋已满16周岁并具有责任能力的自然人或者单位】

1. 危害行为。捏造并散布虚伪事实。其中“捏造行为”属于预备行为，“散布行为”才是实行行为，故没有捏造但故意散布虚伪事实的，也成立本罪。客观上不存在虚伪事实的，也不成立犯罪。

2. 危害结果。损害他人的商业信誉、商品声誉，造成重大损失或者情节严重。其中“他人”必须是特定的、具体的人，不仅包括竞争对方，也包括其他生产者与经营者；不仅包括个人，而且包括单位。

例1：甲在纸条上写着“某啤酒厂的啤酒罐里有一具尸体，大家不要买某啤酒厂的啤酒”，然后放入抽屉。这种单纯捏造虚伪事实的行为不可能侵害他人的商业信誉与商品声誉，不成立犯罪。

例2：甲某日在地上捡了一张纸条，上面写着：“某啤酒厂的啤酒罐里有一具尸体。”甲明知是假的，仍然向社会公众大声宣读该纸条，导致某啤酒厂遭受重大损失。甲的行为成立损害商业信誉、商品声誉罪。

3. 罪过形式为故意。（1）如果没有商业诽谤的故意，听信他人传谣，而散布虚伪事实乃至对虚伪事实进行某种程度的加工的行为，不成立本罪。（2）消费者及新闻单位对经营者的产品质量、服务质量进行合理批评、评论的，不成立犯罪。

三、虚假广告罪

第二百二十二条	【虚假广告罪】广告主、广告经营者、广告发布者违反国家规定，利用广告对商品或者服务作虚假宣传，情节严重的，处二年以下有期徒刑或者拘役，并处或者单处罚金。

【犯罪构成：广告主、广告经营者、广告发布者 + 违反国家规定的虚假广告行为 + 情节严重 + 犯罪故意 + 已满 16 周岁并具有责任能力的自然人或者单位】

1. 虚假广告，即对商品或者服务的夸大失实的宣传，足以使消费者对商品或者服务产生误解。但广告通常具有夸大性质，消费者也认识到了广告的夸大性质，故具有夸大性质的广告不属于虚假广告。

例如，广告的内容极为抽象时（谎称某种产品“性能优良、经久耐用”），通常不能使一般人陷入认识错误；广告的内容比较具体时（将某种野山椒说成是抗癌物质），就足以使一般人陷入认识错误。

2. 虚假广告罪与诈骗罪。利用虚假广告骗取他人财物，成立诈骗罪的，属于虚假广告罪与诈骗罪的想象竞合犯，从一重罪处罚。

四、串通投标罪

第二百二十三条	【串通投标罪】投标人相互串通投标报价，损害招标人或者其他投标人利益，情节严重的，处三年以下有期徒刑或者拘役，并处或者单处罚金。 投标人与招标人串通投标，损害国家、集体、公民的合法利益的，依照前款的规定处罚。

【犯罪构成：投标人相互串通投标报价 + 损害招标人或者其他投标人利益 + 情节严重/投标人与招标人串通投标 + 损害国家、集体、公民的合法利益 + 犯罪故意 + 已满 16 周岁并具有责任能力的自然人或者单位】

两种行为类型。(1) 投标人相互串通投标报价，损害招标人或者其他投标人利益，情节严重的行为。(2) 投标人与招标人串通投标，损害国家、集体、公民的合法利益的行为。

注意

串通拍卖的行为不成立串通投标罪。

五、合同诈骗罪

第二百二十四条	【合同诈骗罪】有下列情形之一，以非法占有为目的，在签订、履行合同过程中，骗取对方当事人财物，数额较大的，处三年以下有期徒刑或者拘役，并处或者单处罚金；数额巨大或者有其他严重情节的，处三年以上十年以下有期徒刑，并处罚金；数额特别巨大或者有其他特别严重情节的，处十年以上有期徒刑或者无期徒刑，并处罚金或者没收财产： （一）以虚构的单位或者冒用他人名义签订合同的； （二）以伪造、变造、作废的票据或者其他虚假的产权证明作担保的； （三）没有实际履行能力，以先履行小额合同或者部分履行合同的方法，诱骗对方当事人继续签订和履行合同的； （四）收受对方当事人给付的货物、货款、预付款或者担保财产后逃匿的； （五）以其他方法骗取对方当事人财物的。

【犯罪构成：在签订、履行合同过程中骗取对方当事人财物 + 数额较大 + 犯罪故意 + 非法占有目的 + 已满16周岁并具有责任能力的自然人或者单位】

1. 第（四）种行为方式仅限于行为人在收受对方当事人给付的货物、货款、预付款或者担保财产之前便存在非法占有目的，而且对方之所以给付货物、货款、预付款或者担保财产，是由于行为人的诈骗行为所致。

（1）如果行为人收受对方当事人给付的货物、货款、预付款或者担保财产之后，才产生非法占有目的，但仅仅是逃匿，而没有采取虚构事实、隐瞒真相的手段使对方免除其债务的，属于单纯逃债的行为，不成立犯罪；如果继续欺骗对方处分财产的，则对之后取得的财产成立合同诈骗罪。

（2）如果行为人收受对方并未转移所有权的财产后逃匿的，则成立侵占罪。

2. 罪过形式为故意，要求具有非法占有目的。

（1）非法占有目的既可以存在于签订合同之时，也可以存在于履行合同的过程中。

（2）产生非法占有目的后并未实施诈骗行为的，不能成立合同诈骗罪。

（3）是否具有非法占有目的，首先要考察行为人是否采取了刑法所规定的欺骗手段，其次综合考虑行为前、行为过程中以及行为后的各种情节。下列情形可以认定为具有非法占有目的：挥霍对方当事人交付的货物、货款、预付款、定金或者保证金，致使上述款物无法返还的；使用对方当事人的货物、货款、预付款、定金或者保证金进行违法犯罪活动的；合同签订后，以支付部分货款、开始履行合同为诱饵，骗取全部货物后，在合同规定的期限内或者双方约定的付款期限内，无正当理由拒不支付其余货款的；收到对方货款后，不按合同规定或双方约定组织货源，而是用于冒险投资的等等。

3. 罪数问题

（1）合同诈骗罪与普通诈骗罪是一种特别法条与普通法条的法条竞合关系，故利用合同骗取他人财物，没有达到司法解释所规定的合同诈骗罪数额较大（2万元以上）的标准但达到普通诈骗罪数额较大标准（3000元以上）的，应认定为普通诈骗罪。

（2）行为人与他人签订合同，收到他人货款后提供伪劣商品的，一般应认定为生产、销售伪劣商品的犯罪。

六、组织、领导传销活动罪

第二百二十四条之一[1]	【组织、领导传销活动罪】组织、领导以推销商品、提供服务等经营活动为名，要求参加者以缴纳费用或者购买商品、服务等方式获得加入资格，并按照一定顺序组成层级，直接或者间接以发展人员的数量作为计酬或者返利依据，引诱、胁迫参加者继续发展他人参加，骗取财物，扰乱经济社会秩序的传销活动的，处五年以下有期徒刑或者拘役，并处罚金；情节严重的，处五年以上有期徒刑，并处罚金。

[1] 本条为2009年2月28日全国人大常委会《刑法修正案（七）》第4条所增设。

【犯罪构成：组织、领导诈骗型传销活动+犯罪故意+已满16周岁并具有责任能力的自然人或者单位】

1. 组织、领导诈骗型传销活动的行为。故单纯参与传销的行为不成立本罪，但可能成立非法经营罪。

（1）在原始型传销活动（以销售商品的数量作为计酬或者返利依据）中，组织、领导者与其他参与人员的行为可能构成非法经营罪。

（2）在诈骗型传销活动（以发展人员的数量作为计酬或者返利依据）中，参与人员的行为可能成立集资诈骗等犯罪（其中组织者、领导者是诈骗犯罪的主犯，参与人员可能是诈骗犯罪的从犯或者胁从犯）。

2. “骗取财物”，是对诈骗型传销组织（或者活动）的描述，即只有当行为人组织、领导的传销活动具有“骗取财物”的性质时，才成立组织、领导传销活动罪。如果组织、领导诈骗型传销活动的行为，同时触犯集资诈骗等罪的，不属于法条竞合关系，而是属于想象竞合犯，从一重罪论处。

3. 犯组织、领导传销活动罪，并实施故意伤害、非法拘禁、敲诈勒索、妨害公务等犯罪行为的，应当数罪并罚。

七、非法经营罪

第二百二十五条[1]	【非法经营罪】违反国家规定，有下列非法经营行为之一，扰乱市场秩序，情节严重的，处五年以下有期徒刑或者拘役，并处或者单处违法所得一倍以上五倍以下罚金；情节特别严重的，处五年以上有期徒刑，并处违法所得一倍以上五倍以下罚金或者没收财产： （一）未经许可经营法律、行政法规规定的专营、专卖物品或者其他限制买卖的物品的； （二）买卖进出口许可证、进出口原产地证明以及其他法律、行政法规规定的经营许可证或者批准文件的； （三）未经国家有关主管部门批准非法经营证券、期货、保险业务的，或者非法从事资金支付结算业务的； （四）其他严重扰乱市场秩序的非法经营行为。

【犯罪构成：扰乱市场秩序的非法经营行为+情节严重+犯罪故意+已满16周岁并具有责任能力的自然人或者单位】

刑法条文规定了四种危害行为。

司法解释规定的行为表现：

1. 非法买卖外汇。在国家规定的交易场所以外非法买卖外汇、扰乱市场秩序、情节严重的（如果属于“非法从事资金支付结算业务的”，适用《刑法》第225条第3项）。

---

〔1〕本条第3项为2009年2月28日全国人大常委会《刑法修正案（七）》第5条所修正，增加了“非法从事资金支付结算业务的”的规定。该项原规定为1999年12月25日全国人大常委会《刑法修正案》第8条所增设。原1997年《刑法》第3项被《刑法修正案》改为现在的第4项。

2. 经营非法出版物。违反国家规定，出版、印刷、复制、发行严重危害社会秩序和扰乱市场秩序的非法出版物（构成其他较重犯罪的除外），情节严重的。

3. 擅自经营国际电信业务。违反国家规定，采取租用国际专线、私设转接设备或者其他方法，擅自经营国际电信业务或者涉港澳台电信业务进行营利活动，扰乱电信市场管理秩序，情节严重的。

4. 组织、领导传销活动罪之外的传销行为。实施《刑法》第224条之一组织、领导传销活动罪以外的传销或者变相传销行为，扰乱市场秩序，情节严重的，以非法经营罪论处。同时构成其他犯罪的，依照处罚较重的规定定罪处罚。

5. 非法生产经营"瘦肉精"。(1) 未取得药品生产、经营许可证件和批准文号，非法生产、销售盐酸克仑特罗等禁止在饲料和动物饮用水中使用的药品，扰乱药品市场秩序，情节严重的，以非法经营罪论处；(2) 在生产、销售的饲料中添加盐酸克仑特罗等禁止在饲料和动物饮用水中使用的药品，或者销售明知是添加有该类药品的饲料，情节严重的，以非法经营罪论处。

6. 非法经营食盐。违反国家有关盐业管理规定，非法生产、储运、销售食盐，扰乱市场秩序，情节严重的，以非法经营罪论处。

7. 传染病疫情等灾害期间哄抬物价。违反国家在预防、控制突发传染病疫情等灾害期间有关市场经营、价格管理等规定，哄抬物价、牟取暴利，严重扰乱市场秩序，违法所得数额较大或者有其他严重情节的，以非法经营罪定罪，依法从重处罚。在疫情防控期间，违反国家有关市场经营、价格管理等规定，囤积居奇，哄抬疫情防控急需的口罩、护目镜、防护服、消毒液等防护用品、药品或者其他涉及民生的物品价格，牟取暴利，违法所得数额较大或者有其他严重情节，严重扰乱市场秩序的，依照《刑法》第225条第4项的规定，以非法经营罪定罪处罚。

8. 擅自经营互联网等业务。对于违反国家规定，擅自设立互联网上网服务营业场所，或者擅自从事互联网上网服务经营活动，情节严重，构成犯罪的，以非法经营罪论处。

9. 擅自发行、销售彩票。未经国家批准擅自发行、销售彩票，构成犯罪的，以非法经营罪论处。

10. 非法使用POS机。(1) 违反国家规定，使用销售点终端机具（POS机）等方法，以虚构交易、虚开价格、现金退货等方式向信用卡持卡人直接支付现金，情节严重的，以非法经营罪定罪处罚。(2) 持卡人以非法占有为目的，采用上述方式恶意透支，应当追究刑事责任的，以信用卡诈骗罪定罪处罚。

11. 非法经营烟草制品。未经烟草专卖行政主管部门许可，无生产许可证、批发许可证、零售许可证，而生产、批发、零售烟草制品，情节严重的，以非法经营罪定罪处罚（对此应适用《刑法》第225条第1项）。

12. 违反国家规定，未经依法核准擅自发行基金份额募集基金，情节严重的，以非法经营罪定罪处罚；中介机构非法代理买卖非上市公司股票，成立犯罪的，以非法经营罪论处。

13. 非法生产、销售非食品原料、添加剂。以提供给他人生产、销售食品为目的，违反国家规定，生产、销售国家禁止用于食品生产、销售的非食品原料，情节严重的，或者违反国家规定，生产、销售国家禁止生产、销售、使用的农药、兽药，饲料、饲料添加剂，或者饲料原料、饲料添加剂原料，情节严重的，以非法经营罪定罪处罚；同时又构成生产、销售伪劣产品罪，生产、销售伪劣农药、兽药罪等其他犯罪的，依照处罚较重的规定定罪处罚。

14. 非法设置生猪屠宰场。违反国家规定，私设生猪屠宰厂（场），从事生猪屠宰、销售等经营活动，情节严重的，以非法经营罪定罪处罚；同时又构成生产、销售不符合安全标准的食品罪，生产、销售有毒、有害食品罪等其他犯罪的，依照处罚较重的规定定罪处罚。

15. 以营利为目的的“网络水军”行为。违反国家规定，以营利为目的，通过信息网络有偿提供删除信息服务，或者明知是虚假信息，通过信息网络有偿提供发布信息等服务，扰乱市场秩序，情节严重的，以非法经营罪定罪处罚。

16. 非法生产、销售“黑广播”“伪基站”、无线电干扰器等无线电设备，情节严重的，成立非法经营罪。

17. 生产、销售不符合药用要求的非药品原料、辅料。以提供给他人生产、销售药品为目的，违反国家规定，生产、销售不符合药用要求的非药品原料、辅料，情节严重的，依照非法经营罪定罪处罚。

18. 非法生产、销售具有赌博功能的电子设施、设备与软件。以提供给他人开设赌场为目的，违反国家规定，非法生产、销售具有退币、退分、退钢珠等赌博功能的电子游戏设施、设备或者其专用软件，情节严重的，以非法经营罪定罪处罚。

19. 非法贩卖能够使人形成瘾癖的麻醉药品或者精神药品。出于医疗目的，违反有关药品管理的国家规定，非法贩卖国家规定管制的能够使人形成瘾癖的麻醉药品或者精神药品，扰乱市场秩序，情节严重的，以非法经营罪论处。

20. 非法发放高利贷。违反国家规定，未经监管部门批准，或者超越经营范围，以营利为目的，经常性地向社会不特定对象（两年内10次以上）发放贷款（超过36%的实际年利率），扰乱金融市场秩序，情节严重的，以非法经营罪定罪处罚。

（1）为从事非法放贷活动，实施擅自设立金融机构、套取金融机构资金高利转贷、骗取贷款、非法吸收公众存款等行为，构成犯罪的，应当择一重罪处罚。

（2）为强行索要因非法放贷而产生的债务，实施故意杀人、故意伤害、非法拘禁、故意毁坏财物、寻衅滋事等行为，构成犯罪的，应当数罪并罚。

21. 非法经营兴奋剂物质。违反国家规定，未经许可经营兴奋剂目录所列物质，涉案物质属于法律、行政法规规定的限制买卖的物品，扰乱市场秩序，情节严重的，以非法经营罪定罪处罚。

八、强迫交易罪

第二百二十六条[1]	【强迫交易罪】以暴力、威胁手段，实施下列行为之一，情节严重的，处三年以下有期徒刑或者拘役，并处或者单处罚金；情节特别严重的，处三年以上七年以下有期徒刑，并处罚金： （一）强买强卖商品的； （二）强迫他人提供或者接受服务的； （三）强迫他人参与或者退出投标、拍卖的； （四）强迫他人转让或者收购公司、企业的股份、债券或者其他资产的； （五）强迫他人参与或者退出特定的经营活动的。

【犯罪构成：以暴力、威胁手段强迫交易的行为 + 情节严重 + 犯罪故意 + 已满 16 周岁并具有责任能力的自然人或者单位】

1. 强迫借贷。以暴力、胁迫手段强迫他人借贷，属于《刑法》第 226 条第 2 项规定的“强迫他人提供或者接受服务”，情节严重的，以强迫交易罪追究刑事责任。（1）强迫借贷行为同时构成故意伤害罪等其他犯罪的，属于想象竞合犯，依照处罚较重的规定定罪处罚。（2）以非法占有为目的，以借贷为名采用暴力、胁迫手段获取他人财物，符合《刑法》第 263 条或者第 274 条规定的，以抢劫罪或者敲诈勒索罪追究刑事责任。

2. 强迫交易罪与抢劫罪、敲诈勒索罪之间并不是对立关系，符合强迫交易罪的犯罪构成时，并不当然排除抢劫罪、敲诈勒索罪的成立。强迫交易罪的行为同时触犯抢劫罪、敲诈勒索罪或者故意伤害罪等，属于想象竞合犯，应从一重罪论处。

九、提供虚假证明文件罪

第二百二十九条[2] 第一、二款	【提供虚假证明文件罪】承担资产评估、验资、验证、会计、审计、法律服务、保荐、安全评价、环境影响评价、环境监测等职责的中介组织的人员故意提供虚假证明文件，情节严重的，处五年以下有期徒刑或者拘役，并处罚金；有下列情形之一的，处五年以上十年以下有期徒刑，并处罚金： （一）提供与证券发行相关的虚假的资产评估、会计、审计、法律服务、保荐等证明文件，情节特别严重的；

---

〔1〕本条为 2011 年 2 月 25 日全国人大常委会《刑法修正案（八）》第 36 条所修正。1997 年《刑法》原条文为：“以暴力、威胁手段强买强卖商品、强迫他人提供服务或者强迫他人接受服务，情节严重的，处三年以下有期徒刑或者拘役，并处或者单处罚金。”

〔2〕本条第 1 款、第 2 款为 2020 年 12 月 26 日全国人大常委会《刑法修正案（十一）》第 25 条所修正，增加了加重情节的规定，增加了想象竞合犯的规定。原法条为：“承担资产评估、验资、验证、会计、审计、法律服务等职责的中介组织的人员故意提供虚假证明文件，情节严重的，处五年以下有期徒刑或者拘役，并处罚金。前款规定的人员，索取他人财物或者非法收受他人财物，犯前款罪的，处五年以上十年以下有期徒刑，并处罚金。”

续表

第二百二十九条 第一、二款	（二）提供与重大资产交易相关的虚假的资产评估、会计、审计等证明文件，情节特别严重的； （三）在涉及公共安全的重大工程、项目中提供虚假的安全评价、环境影响评价等证明文件，致使公共财产、国家和人民利益遭受特别重大损失的。 有前款行为，同时索取他人财物或者非法收受他人财物构成犯罪的，依照处罚较重的规定定罪处罚。

【犯罪构成：中介组织或者人员 + 提供虚假证明文件的行为 + 情节严重 + 犯罪故意 + 已满16周岁并具有责任能力的自然人或者单位】

1. 行为主体：真正身份犯，包括中介组织的人员与中介组织（《刑法》第231条）。

2. 拟制规定（有的主张是牵连犯）：实施提供虚假证明文件罪的行为，同时索取他人财物或者非法收受他人财物构成犯罪的，依照处罚较重的规定定罪处罚。

3. 共犯问题：明知他人实施（金融）诈骗犯罪而为其提供虚假证明文件的，成立提供虚假证明文件罪与相应（金融）诈骗犯罪的想象竞合犯，以重罪（金融）诈骗犯罪论处。

练练手

对下列与扰乱市场秩序罪相关的案例的判断，哪一选项是正确的？[1]

A. 甲所购某名牌轿车行驶不久，发动机就发生故障，经多次修理仍未排除。甲用牛车拉着该轿车在闹市区展示。甲构成损害商品声誉罪

B. 广告商乙在拍摄某减肥药广告时，以肥胖的郭某当替身拍摄减肥前的画面，再以苗条的影视明星刘某做代言人夸赞减肥效果。事后查明，该药具有一定的减肥作用。乙构成虚假广告罪

C. 丙按照所在企业安排研发出某关键技术，但其违反保密协议将该技术有偿提供给其他厂家使用，获利400万元。丙构成侵犯商业秘密罪

D. 章某因房地产开发急需资金，以高息向丁借款500万元，且按期归还本息。丁尝到甜头后，多次发放高利贷，非法获利数百万元。丁构成非法经营罪

---

〔1〕 答案：C。

第十五章

侵犯公民人身权利、民主权利罪

第一节 侵犯生命、健康的犯罪

一、故意杀人罪

第二百三十二条	【故意杀人罪】故意杀人的，处死刑、无期徒刑或者十年以上有期徒刑；情节较轻的，处三年以上十年以下有期徒刑。

【犯罪构成：杀人行为＋对象为人＋死亡危险或者死亡（既遂）＋犯罪故意＋已满12周岁并具有责任能力的自然人】

（一）构成要件要素

1. 行为对象为人。尸体不能成为本罪的对象。按照文理解释，这里的“人”包括自己和他人，故自杀行为也属于违法行为（不负刑事责任）；故按照这种理解，教唆、帮助他人自杀的，也成立故意杀人罪。

2. 危害行为：“杀人”，即直接或者间接作用于人的肌体，使人的生命在自然死亡时期之前终结。杀人方式既可以是作为，也可以是不作为；既可以是物理的方式，也可以是心理的方法。注意：故意杀人的行为也符合故意伤害的构成要件。

3. 危害结果：死亡危险或者死亡。杀人行为导致死亡结果的，成立故意杀人既遂；没有导致死亡结果的，成立故意杀人未遂、中止或者预备。

4. 违法阻却事由。杀人行为必须具有非法性。

（1）依法执行命令枪决罪犯、符合法定条件的正当防卫杀人等行为，阻却违法性，不构成故意杀人罪。

（2）积极的安乐死（为免除患者的痛苦，而提前结束其生命的行为）、尊严死不阻却行为的违法性，但消极安乐死不成立犯罪。

5. 罪过形式为“故意”。如果行为人误以为自己是在实施正当防卫行为，则属于假想防卫，不成立故意杀人罪。法定年龄为“已满12周岁”。

（二）法律拟制

1. 非法拘禁使用暴力致人死亡的（《刑法》第238条），应以故意杀人罪论处。

2. 刑讯逼供或暴力取证致人死亡的（《刑法》第247条），或者虐待被监管人致人死亡的（《刑法》第248条），应以故意杀人罪论处。

3. 聚众“打砸抢”致人死亡的（《刑法》第289条），应以故意杀人罪论处。

4. 聚众斗殴致人死亡的（《刑法》第292条第2款），（对首要分子或者积极参加者）应以故意杀人罪论处。

（三）自杀关联行为

1. 相约自杀：二人以上相互约定自愿共同自杀。

（1）甲、乙相约自杀身亡的，都不负刑事责任。

（2）甲、乙相约各自实施自杀行为，乙死亡，甲自杀未逞的，甲也不负刑事责任。

（3）甲、乙相约自杀，甲杀死乙后自杀未逞的，甲成立故意杀人罪（可从轻处罚）。

2. 引起他人自杀：行为人所实施的某种行为引起他人自杀身亡。

（1）正当行为、错误行为或者轻微违法行为引起他人自杀的，不成立犯罪。

（2）严重违法行为引起他人自杀身亡，可认为情节严重而追究刑事责任（如诽谤罪）。

（3）犯罪行为引起他人自杀身亡，如果不成立故意杀人罪，可按先前的犯罪行为定罪并从重处罚。

（4）少数结果加重犯包括自杀的，按照结果加重犯的法定刑处罚，如暴力干涉婚姻自由行为、虐待行为引起被害人自杀的。

3. 教唆或帮助自杀。当教唆、帮助（与共同犯罪中的教唆、帮助不是等同概念）自杀的行为，具有间接正犯性质时，成立故意杀人罪。

（1）欺骗不能理解死亡意义的儿童或者精神病患者等人，使其自杀的，属于故意杀人罪的间接正犯。

（2）凭借某种权势或利用某种特殊关系，以暴力、威胁或者其他心理强制方法，使他人自杀身亡的，成立故意杀人罪的间接正犯。

（3）行为人教唆自杀的行为使被害人对法益的有无、程度、情况等产生错误，其对死亡的同意无效时，也应认定为故意杀人罪。

例如，医生欺骗患者说：“你最多只能活三个月，而且一周后开始剧烈疼痛。”进而使其自杀的，患者对自杀的同意无效，对医生应认定为故意杀人罪。

（4）对自杀者具有救助义务的人故意不救助被害人的，可能成立不作为的故意杀人罪。

例如，8岁孩子在家自杀，其母甲看到后不闻不问，导致孩子被送往医院之后抢救无效死亡的，甲成立不作为的故意杀人罪（根据案情，结合场合、是否有其他人在场、对甲的救助行为的依赖程度，可能成立遗弃罪、不作为的故意杀人罪或者过失致人死亡罪）。

二、过失致人死亡罪

第二百三十三条	过失致人死亡的，处三年以上七年以下有期徒刑；情节较轻的，处三年以下有期徒刑。本法另有规定的，依照规定。

【犯罪构成：致人死亡的行为 + 死亡结果 + 犯罪过失 + 已满 16 周岁并具有责任能力的自然人】

1. 过失致人死亡罪中的“人”仅限于他人，不包括自己。

2. 过失致人死亡罪与故意杀人罪之间并非对立关系，而是特殊关系，即在行为人对死亡结果具有预见可能性的情况下，不能证明行为人希望或者放任死亡结果发生的，就只能认定为过失致人死亡罪。

3. 刑法分则某些条文规定的过失犯罪，如失火罪、过失爆炸罪、交通肇事罪等等，往往发生过失致人死亡的结果，这些犯罪与过失致人死亡罪之间属于法条竞合关系，优先适用其他犯罪。实施抢劫、强奸等暴力犯罪时，过失致人死亡的，成立相应犯罪的结果加重犯，这属于特殊法条，按照其他犯罪的结果加重犯论处。

例如，乙让自己的妹妹甲给自己买一瓶农药，准备少喝一点农药，佯装自杀，以便吓唬丙。但乙在喝农药时不小心喝多了，丙发现后立即将乙送往医院，但乙因抢救无效而死亡。由于导致乙死亡的原因是乙自己喝农药的行为，其行为不符合过失致人死亡罪的构成要件，甲没有参与符合构成要件的行为；甲的行为也不符合间接正犯的条件，故甲不成立过失致人死亡罪。

三、故意伤害罪

第二百三十四条	【故意伤害罪】故意伤害他人身体的，处三年以下有期徒刑、拘役或者管制。 犯前款罪，致人重伤的，处三年以上十年以下有期徒刑；致人死亡或者以特别残忍手段致人重伤造成严重残疾的，处十年以上有期徒刑、无期徒刑或者死刑。本法另有规定的，依照规定。

【犯罪构成：伤害行为（侵犯生理机能的健全）+ 对象为他人身体 + 轻伤以上结果 + 犯罪故意 + 已满 16 周岁（轻伤）/已满 14 周岁（重伤或者死亡）/已满 12 周岁（致人死亡或者以特别残忍手段致人重伤并造成严重残疾）并具有责任能力的自然人】

（一）犯罪构成

1. 伤害行为。即非法损害他人身体健康（侵害他人生理机能）的行为。

（1）行为方式包含作为与不作为、有形与无形方式（如故意以性行为等方式使他人染上严重疾病等）。

（2）未经本人同意摘取其器官，或者摘取不满 18 周岁的人的器官，或者强迫、欺骗他人捐献器官，符合故意伤害罪构成要件的，依照故意伤害罪论处。

2. 行为对象。即他人身体。

（1）伤害自己身体的，不成立故意伤害罪；教唆、帮助他人伤害其身体的，不成立教唆犯、帮助犯。但军人为了逃避军事义务，在战时自伤身体的，以《刑法》第 434 条战时自伤罪论处；教唆、帮助他人战时自伤的，成立教唆犯、帮助犯。

（2）他人身体不包括假肢、假发与假牙，但已经成为身体组成部分的人工骨、镶人的牙齿，属于身体的一部分。

（3）毁坏尸体或者伤害胎儿身体的，不成立故意伤害罪。

3. 危害结果。包括轻伤、重伤与伤害致死。

（1）故意伤害轻伤的，成立犯罪。①故意伤害行为导致轻伤结果的情形（成立故意伤害罪既遂，包含故意轻伤并导致轻伤与意图重伤却导致轻伤两种情形）；②意图重伤但未导致任何结果的情形（同时适用未遂的处罚规定）。

（2）单纯故意轻伤害未遂的，一般不成立犯罪。

4. 违法阻却事由

（1）因正当防卫、紧急避险而伤害他人，因治疗上的需要经患者同意为其截肢，体育运动项目中规则所允许的伤害等，阻却违法性，不成立犯罪。

（2）被害人承诺。①基于他人承诺伤害他人身体的，轻伤结果承诺有效，不成立犯罪（故二人相互斗殴，导致轻伤的，不成立犯罪，也不成立正当防卫）；重伤结果，原则上承诺无效，成立故意伤害罪。②年满 18 周岁的被害人为了保护另一重大法益而基于真实意志承诺伤害的（如采取合法途径将器官移植给患者），其承诺有效。

5. 罪过形式为故意

（1）殴打的意思不属于伤害的故意。如果仅具有殴打意图，旨在造成被害人暂时的肉体疼痛或者轻微的神经刺激，则不能认定行为人具有伤害的故意，即使造成他人轻伤的，也不应认定为故意伤害罪。基于同样的道理，在殴打行为偶然导致他人死亡的情况下，不应认定为故意伤害致人死亡。

（2）同时伤害。即二人以上没有意思联络而同时伤害他人的情形，不成立共犯。

第一，如果没有造成伤害结果的，都不构成犯罪。

第二，如果造成了轻伤结果，但证据表明该轻伤由一人行为所致，却不能证明该轻伤为何人造成时，都不成立犯罪。

第三，如果造成了重伤结果，但证据表明该重伤由一人行为所致，却不能辨认该重伤为何人造成时，都成立故意伤害罪（适用《刑法》第 234 条第 1 款法定刑）未遂。

第四，如果造成了轻伤或者重伤，并能认定各自的行为造成了何种伤害的，应当分别定罪处罚。

6. 责任能力与法定年龄。

（1）故意伤害致人轻伤的主体必须已满 16 周岁并具有辨认控制能力的自然人；

（2）故意伤害致人重伤或者死亡的主体是已满 14 周岁具有辨认控制能力的自然人；

（3）已满 12 周岁不满 14 周岁的未成年人故意伤害致人死亡或者以特别残忍的手段致人重伤并造成严重残疾的，经最高人民检察院核准的，应当追究刑事责任。

（二）法律拟制

1. 非法拘禁使用暴力致人伤残的（《刑法》第 238 条），以故意伤害罪论处。

2. 刑讯逼供或暴力取证致人伤残的（《刑法》第 247 条），或者虐待被监管人致人伤残的（《刑法》第 248 条），以故意伤害罪论处。

3. 聚众“打砸抢”致人伤残的（《刑法》第 289 条），以故意伤害罪论处。

4. 聚众斗殴致人重伤的（《刑法》第 292 条），对首要分子与积极参加者以故意伤害罪论处。

5. 非法组织或强迫他人出卖血液造成伤害（要求重伤以上结果）的（《刑法》第 333 条），以故意伤害罪论处。

（三）加重情节

1. 致人重伤。故意伤害行为导致了他人重伤的结果。（1）行为人具有轻伤故意，但过失造成重伤。（2）行为人具有重伤故意，造成了重伤结果。

例如，在承继的共犯中，甲已经着手对被害人实施伤害行为，乙中途参与伤害行为，导致被害人重伤，但不能证明该重伤结果由谁的行为引起时（不能证明该重伤是在乙参与之前形成还是参与之后形成），甲的行为成立故意伤害罪既遂，乙的行为属于故意伤害罪未遂；如果导致被害人轻伤的，则甲的行为成立故意伤害（既遂）罪，乙的行为无罪。

2. 致人死亡。属于典型的结果加重犯。

（1）客观表现。一方面，客观上要求伤害行为与死亡结果之间具有直接性因果关系，即要么是伤害行为直接造成死亡结果，要么是伤害行为造成了伤害结果，进而由伤害结果引起死亡。另一方面，死亡结果必须是伤害行为所包含的致人死亡危险的直接现实化。

（2）行为对象。死亡结果发生的对象，不要求与故意伤害的对象具有同一性，应根据行为人对死亡者的死亡是否具有预见可能性以及有关事实认识错误的处理原则，认定是否属于伤害致死。

（3）罪过心理。主观上要求行为人对死亡具有预见可能性。如果行为人不存在预见的可能，则死亡结果属于意外事件。

3. 以特别残忍手段致人重伤造成严重残疾。特别残忍手段、致人重伤、造成严重残疾三个条件，必须同时具备。如果行为人出于杀人故意以特别残忍的手段杀人但没有造成死亡结果，只是致人重伤造成严重残疾的，属于故意杀人罪未遂与本项犯罪的想象竞合犯，适用本项规定的法定刑处罚，不再适用未遂犯的处罚规定。

（四）罪数问题

1. “本法另有规定的，依照规定”，是对法条竞合的规定。关于故意杀人罪与故意伤害罪的关系，刑法理论存在两种学说：

（1）学说一，又称对立理论，认为杀人行为不包含伤害行为，杀人故意排除伤害故意，生命法益不同于生理机能健全法益。

（2）学说二，又称单一理论，认为杀人行为必然包含伤害行为，杀人故意必然包含伤害故意，生命法益本身也是属于身体健康法益。

单一理论具有合理性，属于刑法理论的通说，因为任何杀人既遂都必然经过了伤害过程，任何杀人未遂也必然造成了伤害结果或者具有造成伤害结果的危险性。由于杀人包含伤害，杀人既遂与伤害是特别关系的法条竞合，所以，对于故意杀人既遂的，适用故意杀人罪的规定，而不适用故意伤害致死的规定。

例1：查不清甲的攻击行为是杀人还是伤害行为。根据学说一，甲无罪；根据学说二，甲成立故意伤害罪。

例2：乙以杀人故意、丙以伤害故意共同攻击李某，查不清楚是谁的行为导致李某死亡（而且仅有一个致命伤）。根据学说一，乙、丙不成立共犯，对李某的死亡都不负刑事责任；根据学说二，乙、丙成立（故意伤害罪的）共犯，对李某的死亡结果都负刑事责任。

例3：丁先以伤害故意、后以杀人故意对王某实施暴力行为，不能查清楚是前行为还是后行为导致王某死亡。根据学说一，丁对王某的死亡不负刑事责任；根据学说二，丁至少成立故意伤害（致死）罪。

例4：①甲、乙系好友。某日，甲告诉乙打算杀丙，乙让甲不要太极端，将丙打残即可。甲觉得乙说得非常有道理，就将丙打成重伤。②甲到乙家找乙的儿子丙寻仇，当场准备杀死丙，乙为了让甲不要杀丙，哀求甲砍断丙的手，饶丙一命。在这两个案件中，由于甲有杀人故意，而杀人故意包含伤害故意，故乙并未教唆甲故意伤害，乙不成立故意伤害罪的教唆犯。但在案件①中，乙强化了甲伤害的故意，成立故意伤害罪的帮助犯；在案件②中，乙并未强化甲的犯罪故意，而是为保护丙的生命而降低法益侵犯危险性的行为，不属于危害行为，不成立犯罪。

2. 想象竞合。强奸罪、抢劫罪致人重伤的，属于结果加重犯，行为人对加重结果至少具有过失；如果行为人对重伤结果持故意的，为了发挥想象竞合犯的明示功能，应当认定成立强奸罪或者抢劫罪的结果加重犯与故意伤害罪的想象竞合犯，从一重罪（强奸罪或者抢劫罪）论处。

（五）司法实践中故意伤害罪认定中存在的问题

1. 不能将正当防卫行为认定为相互斗殴的行为，进而认定为故意伤害罪。

例：(1) 乙与甲基于某种原因发生争吵，乙先对甲实施暴力，甲还手将乙打成轻伤。(2) 乙与甲发生争吵时，乙试图对甲实施暴力，甲警告乙说："你不要动手，否则我对你不客气！"但乙仍然先动手对甲实施暴力，甲反击造成乙轻伤。(3) 乙与甲发生争吵或者矛盾，甲得知乙将要对自己实施不法侵害后作了适当准备，在乙对甲实施侵害时，甲反击造成乙轻伤。甲、乙不属于相互斗殴，甲的行为不构成故意伤害罪，而是正当防卫。

2. 不能将正当防卫行为认定为防卫过当的行为，进而认定为故意伤害罪。

（1）认定正当防卫时，不能过分要求手段相适应；更不能认为，只要不法侵害者没有使用刀具等凶器，而防卫人使用了刀具等工具，造成不法侵害者伤害的，就以防卫过当为由认定为故意伤害罪。而且对不法侵害（包括违反《治安管理处罚法》的不法侵害）进行防卫造成不法侵害人轻伤时，无论如何都不成立防卫过当（不属于"重大损害"）。

（2）认定正当防卫时，应当正确理解《刑法》第20条第1款与第3款的关系。不能认为，只要不法侵害不属于《刑法》第20条第3款规定的情形，防卫行为造成了不法侵害者伤亡，就认定为防卫过当，进而认定为故意伤害罪。

（3）认定正当防卫时，不能忽视抓捕过程中新的暴力侵害，不能仅将防卫行为及其造成的损害与不法侵害人先前的不法侵害进行对比，导致将正当防卫认定为防卫过当，进而认定为故意伤害罪。

3．无论采取行为无价值论的立场还是采取结果无价值论的立场，对基于被害者承诺造成轻伤害的，被害人对轻伤害的承诺有效，行为人的行为不成立故意伤害罪；但被害人对重伤害的承诺无效，行为人成立故意伤害罪。相互斗殴致人轻伤时，完全符合被害人承诺的条件，所以，当一方造成另一方轻伤害时，因被害人承诺而阻却行为的违法性，不应以故意伤害罪论处。[1]

4．成立故意伤害罪要求行为人具有伤害的故意，即对伤害结果具有认识和希望或放任的态度。

（1）如果仅具有殴打意图，旨在造成被害人暂时的肉体疼痛或者轻微的神经刺激，则不能认定行为人具有伤害的故意，即使造成他人轻伤的，也不应认定为故意伤害罪。基于同样的道理，在殴打行为偶然导致他人死亡的情况下，不应认定为故意伤害致人死亡。

（2）如果行为人所实施的行为，在通常情况下不会造成他人身体伤害的结果，只是由于某种偶然因素造成伤害结果的，原则上要否认行为人具有伤害故意。其中的通常情况，包括被害人的年龄、体质、健康状态等身体状况，行为人使用的打击工具、打击部位、打击强度、打击次数等等。

例1：①甲、乙均为青年人，二人发生争吵时，甲因乙的话语不当而打了乙一耳光，打击的强度并不大，却造成了乙的轻伤。②A、B均为中年人，二人发生争吵时，A向B的小腿踢了一脚，B的身体往前倾斜，膝盖着地导致骨折形成轻伤。在上述案例中，甲、A的行为通常不会导致伤害结果，伤害结果难以预见，故甲、A不成立故意伤害罪。

例2：甲、乙发生争吵，彼此推了对方一下，乙轻伤，甲轻微伤。在通常情况下，用手将他人推一下，即使他人倒地，也不会形成轻伤；本案中乙的身体状况也没有特别之处。故难以认定甲具有“明知自己的行为会发生他人身体伤害的结果，并且希望或者放任他人身体受伤害”的故意。所以，甲对乙的轻伤仅有过失，但过失致人轻伤的行为并不成立犯罪，甲无罪。

例3：甲、乙是亲戚，在劳动过程中发生争执，在争夺劳动工具铁锹过程中致使乙头部轻伤。证人丙证实：“乙去夺甲手里的铁锹，因为甲的腿装有假肢，夺不过乙，就松开了，乙拿着铁锹因用力大，铁锹头就碰他自己头上了。”甲没有伤害故意，充其量为过失，而过失轻伤无罪。

---

〔1〕相互斗殴不成立正当防卫，并非因为双方缺乏防卫意识，也非因为双方都是非法的，而是因为斗殴时双方都承诺了轻伤害，放弃了法的保护，故斗殴双方的行为都不属于违法行为，双方都不可能成立正当防卫，即“斗殴无防卫”。

四、组织出卖人体器官罪

第二百三十四条之一[1]	【组织出卖人体器官罪】组织他人出卖人体器官的，处五年以下有期徒刑，并处罚金；情节严重的，处五年以上有期徒刑，并处罚金或者没收财产。 【故意伤害罪、故意杀人罪】未经本人同意摘取其器官，或者摘取不满十八周岁的人的器官，或者强迫、欺骗他人捐献器官的，依照本法第二百三十四条、第二百三十二条的规定定罪处罚。 【盗窃、侮辱尸体罪】违背本人生前意愿摘取其尸体器官，或者本人生前未表示同意，违反国家规定，违背其近亲属意愿摘取其尸体器官的，依照本法第三百零二条的规定定罪处罚。

【犯罪构成：组织他人出卖人体器官的行为（侵犯生理机能的健全）+犯罪故意+已满16周岁并具有责任能力的自然人】

1. 行为对象：人体器官。即丧失后会侵害被害人的身体健康的人体组织，包括心脏、肺脏、肝脏、肾脏、膜腺、眼角膜、皮肤、肢体、骨头等的全部或者一部分，但血液、骨髓、脂肪、细胞不属于器官。仅限于活体的器官，不包括尸体的器官。

2. "他人"。即被组织者，包括任何他人。被组织出卖人体器官者属于本罪的被害人，不成立本罪的共犯。

3. 危害行为：组织他人出卖人体器官，即经营人体器官的出卖或者以招募、雇佣（供养器官提供）、介绍、引诱等手段使他人出卖人体器官的行为。

（1）组织行为的认定不要求达到集团犯或者组织犯的程度，只要行为人所从事的行为中包含了组织出卖的内容（如从事人体器官买卖的中介行为）即可。

（2）使用强迫、欺骗手段组织他人出卖人体器官的，同时触犯本罪与故意杀人罪或者故意伤害罪，属于狭义的包括一罪，从一重罪论处。

（3）出卖者直接将自己的器官出卖给他人的，不成立本罪；单纯购买人体器官的行为，也不成立犯罪；为了购买而组织他人出卖的，成立本罪；出卖者因器官价格被欺骗的，行为人仍然成立本罪。

4. 危害结果。只要本罪属于侵犯他人身体健康的犯罪，故对被摘取人体器官的出卖者的身体造成了伤害结果，就成立本罪的既遂。

5. 违法阻却事由。因禁止器官交易，故合法捐献器官的承诺有效，通过非法途径捐献器官的，承诺无效；显然，出卖器官者对器官出卖的承诺无效。

6. 罪过形式为故意，不要求牟利目的。

7. 未经本人同意摘取其器官，或者摘取不满18周岁的人的器官，或者强迫、欺骗他人捐献器官的，成立故意伤害罪或者故意杀人罪；如果同时构成组织出卖人体器官罪的，属于狭义的包括一罪，从一重罪处罚。

欺骗他人捐献器官，成立故意伤害罪的有：（1）谎称切除阑尾，事实上将被害人的

---

[1] 本条为2011年2月25日全国人大常委会《刑法修正案（八）》第37条所增设。

肾脏摘出后移植给他人的；（2）对被害人谎称捐献的器官会自己再生，被害人因此而同意捐献器官的；（3）谎称仅摘取某器官的一部分但事实上摘取了大部分的；（4）甲欺骗乙捐献器官给他人，乙出于人道主义目的同意捐献器官，事实上甲将乙的器官出卖给他人的；（5）甲欺骗乙，声称其子女需要移植角膜，乙献出了角膜，但甲将乙的角膜改作他用的；（6）谎称被害人的肝脏患有恶性肿瘤，必须切除部分肝脏，否则会死亡，被害人同意后，行为人摘取或者让他人摘取被害人的部分肝脏用于移植的。

五、过失致人重伤罪

第二百三十五条	【过失致人重伤罪】过失伤害他人致人重伤的，处三年以下有期徒刑或者拘役。本法另有规定的，依照规定。

【犯罪构成：致人重伤的行为 + 重伤结果 + 犯罪过失 + 已满 16 周岁并具有责任能力的自然人】

1. 过失致人轻伤，不成立犯罪。
2. 行为人具有轻伤故意，但过失造成他人重伤的，成立故意伤害（重伤）罪。
3. 过失行为当场致人重伤，但因抢救无效死亡的，成立过失致人死亡罪。

六、遗弃罪

第二百六十一条	【遗弃罪】对于年老、年幼、患病或者其他没有独立生活能力的人，负有扶养义务而拒绝扶养，情节恶劣的，处五年以下有期徒刑、拘役或者管制。

【犯罪构成：负有扶养义务的人 + 遗弃行为（不作为）+ 对象为没有独立生活能力的人 + 情节恶劣 + 犯罪故意 + 已满 16 周岁并具有责任能力的自然人】

1. 行为对象。即“年老、年幼、患病或者其他没有独立生活能力的人”，其本质是没有独立生活能力。包括严重的酩酊者、因吸毒而缺乏生活能力的人、手脚被捆绑的人、事故的受伤者、溺水者以及其他生命、身体陷入危险境地的人。

2. 行为主体。即“负有扶养义务的人”。（1）遗弃罪的行为对象与行为主体之间不要求具有亲属关系，也不限于婚姻家庭成员之间。（2）扶养义务的来源非常广泛：孤儿院、养老院、精神病院、医院的管理人员，对所收留的孤儿、老人、精神病人、患者具有扶养义务；将他人的未成年子女带往外地乞讨的人，对该未成年人具有扶养义务；先前行为使他人生命、身体处于危险状态的人，具有扶养义务。

3. 危害行为。即“拒绝扶养”，表现为使他人生命、身体产生危险，以及在他人生命、身体处于危险状态时不予救助，其实质是使年老、年幼、患病或者其他没有独立生活能力的人不能得到扶养。

例如，甲与其母乙在寒冷冬夜从外地步行回家。年迈的乙无力行走，累倒在路上，甲有能力救助却不予救助，而是独自回家。乙在次日被人发现时已经冻死。甲对处于危险境地的母亲乙不予救助，其行为成立遗弃罪。

4. 情节恶劣。遗弃行为过失致人重伤或者死亡的，其行为触犯遗弃罪与过失致人重伤罪或者过失致人死亡罪的，属于狭义的包括的一罪，从一重罪论处。

5. 违法阻却事由。经被害人有效承诺的遗弃行为，一般阻却违法性（儿童承诺绝对无效）。例如，老人让其子女将其送往外地乞讨的，子女的行为不构成遗弃罪。

6. 遗弃罪与故意杀人罪的关系。遗弃罪是对被扶养人生命、身体健康具有抽象危险的行为，故意杀人罪是对被害人生命具有侵犯的紧迫危险的行为。如果遗弃行为同时成立故意杀人罪的，属于想象竞合犯，应以重罪故意杀人罪论处。

例如，行为人将行动不便的老人带到火车站等行人较多的场所的，只能认定为遗弃罪；如果行为人将行动不便的老人带往悬崖边上扔下不管的，则应认定为故意杀人罪；如果行为人对家庭成员负有扶养义务而拒绝扶养，故意造成家庭成员死亡的，触犯故意杀人罪与遗弃罪，从一重罪论处。

练练手

1. 关于故意杀人罪、故意伤害罪的判断，下列哪一选项是正确的？[1]

A. 甲的父亲乙身患绝症，痛苦不堪。甲根据乙的请求，给乙注射过量镇静剂致乙死亡。乙的同意是真实的，对甲的行为不应以故意杀人罪论处

B. 甲因口角，捅乙数刀，乙死亡。如甲不顾乙的死伤，则应按实际造成的死亡结果认定甲构成故意杀人罪，因为死亡与伤害结果都在甲的犯意之内

C. 甲谎称乙的女儿丙需要移植肾脏，让乙捐肾给丙。乙同意，但甲将乙的肾脏摘出后移植给丁。因乙同意捐献肾脏，甲的行为不成立故意伤害罪

D. 甲征得乙（17周岁）的同意，将乙的左肾摘出，移植给乙崇拜的歌星。乙的同意有效，甲的行为不成立故意伤害罪

2. 甲以伤害故意砍乙两刀，随即心生杀意又砍两刀，但四刀中只有一刀砍中乙并致其死亡，且无法查明由前后四刀中的哪一刀造成死亡。关于本案，下列哪些选项是错误的？[2]

A. 不管是哪一刀造成致命伤，都应认定为一个故意杀人罪既遂

B. 不管是哪一刀造成致命伤，只能分别认定为故意伤害罪既遂与故意杀人罪未遂

C. 根据日常生活经验，应推定是后两刀中的一刀造成致命伤，故应认定为故意伤害罪未遂与故意杀人罪既遂

D. 根据存疑时有利于被告人的原则，虽可分别认定为故意伤害罪未遂与故意杀人罪未遂，但杀人与伤害不是对立关系，故可按故意伤害（致死）罪处理本案

---

〔1〕 答案：B。
〔2〕 答案：ABC。

第二节 侵犯性自由的犯罪

一、强奸罪

第二百三十六条[1]	【强奸罪】以暴力、胁迫或者其他手段强奸妇女的，处三年以上十年以下有期徒刑。 奸淫不满十四周岁的幼女的，以强奸论，从重处罚。 强奸妇女、奸淫幼女，有下列情形之一的，处十年以上有期徒刑、无期徒刑或者死刑： （一）强奸妇女、奸淫幼女情节恶劣的； （二）强奸妇女、奸淫幼女多人的； （三）在公共场所当众强奸妇女、奸淫幼女的； （四）二人以上轮奸的； （五）奸淫不满十周岁的幼女或者造成幼女伤害的； （六）致使被害人重伤、死亡或者造成其他严重后果的。

【犯罪构成：暴力、胁迫或者其他手段行为与强行奸淫的目的行为 + 对象为妇女 + 犯罪故意 + 已满 14 周岁并具有责任能力的自然人】

（一）法益内容

1. 幼女的性的不可侵犯权。

2. 妇女的性的自己（主）决定权。包括是否性交的决定权，还包括性交对象、时间、人数、方式、地点等方面的决定权。

例如，甲与卖淫女乙约定“包夜服务”，乙与甲性交后借故离开，甲追回乙后，使用暴力强行性交的，甲成立强奸罪。如果乙没有离开，甲使用暴力强行与之性交的，甲也成立强奸罪。但是，甲在乙熟睡时与之性交的，不成立强奸罪。

（二）犯罪构成

1. 行为主体。即已满 14 周岁，具有辨认控制能力的自然人。强奸罪不属于亲手犯，也不是身份犯。

（1）强奸罪的单独的直接正犯只能是男子，妇女可以成为强奸罪的教唆犯、帮助犯、间接正犯与共同正犯。

（2）婚内强奸。①从文理解释的角度，“婚内强奸”即丈夫强行与妻子发生性关系的，也符合强奸罪的成立条件；但基于刑事政策等原因，“婚内强奸”通常不以强奸

---

〔1〕 本条第 3 款为 2020 年 12 月 26 日全国人大常委会《刑法修正案（十一）》第 26 条所修正，增加了加重情节第 5 项的规定，第 3 项增加了“奸淫幼女”。原法条为：“强奸妇女、奸淫幼女，有下列情形之一的，处十年以上有期徒刑、无期徒刑或者死刑：（一）强奸妇女、奸淫幼女情节恶劣的；（二）强奸妇女、奸淫幼女多人的；（三）在公共场所当众强奸妇女的；（四）二人以上轮奸的；（五）致使被害人重伤、死亡或者造成其他严重后果的。”

罪论处，而是根据案情可能认定为其他犯罪。例如，故意伤害罪、虐待罪、非法拘禁罪等。②丈夫教唆、帮助他人强奸妻子的，丈夫与他人共同轮奸妻子的，或者丈夫当众强行与妻子性交的，应以强奸罪论处。

2. 行为对象。"妇女"，即任何女性，不限于已满14周岁的少女与成年妇女。

（1）妇女使用暴力、胁迫等手段强行与男子性交的，以及男子强行与其他男子实施非自然性交的（如口交、肛交），不成立强奸罪，而是成立强制猥亵、侮辱罪。

（2）《刑法》第236条第1款与第2款不是排他的择一关系，而是基本条款与特别条款的关系。例如，甲误将幼女当作成年女性而强奸的，不属于奸淫幼女的情形，但成立强奸罪的基本犯。

3. 危害行为。"以暴力、胁迫或者其他手段强奸妇女"。包含手段行为与目的行为，其中手段行为要求达到使妇女明显难以反抗的程度；否则不成立强奸罪。

（1）暴力。即对被害妇女本人行使不法有形力。①其内容包括故意致人重伤的暴力，还包括致使被害人死亡的暴力。如果同时构成故意伤害罪、故意杀人罪与强奸罪（结果加重犯），则属于想象竞合犯。②其对象仅限于被强奸的妇女，如果针对其他人或者针对阻止其实施强奸行为的第三者实施暴力，则构成强奸罪与故意伤害罪等，应当并罚。

（2）胁迫。即为了使被害妇女产生恐惧心理，而以恶害相通告的行为。①胁迫的内容、手段、方式多样，但行为人以加害自己相通告的，不属于胁迫。②通过第三者胁迫或者书面胁迫时，由于不存在紧迫的危险，不能认定为强奸罪的着手。③利用教养关系、从属关系、职务权利等特定关系进行胁迫而使妇女不敢反抗，进而与妇女发生性交的，成立强奸。

（3）其他手段。按照同类解释规则，指采用暴力、胁迫以外的使被害妇女不知抗拒、难以反抗、不敢反抗或者不能抗拒的手段，要求"其他手段"与暴力、胁迫具有相同的强制性质；否则不成立强奸罪。如果行为人欺骗妇女，使妇女丧失了自我决定能力而"同意"性交的，成立强奸罪；如果欺骗手段并未影响妇女行使性自己决定权，妇女明确意识到自己与对方实施性交行为，行为人不成立强奸罪。

例如，医生向四处求医无效的女患者谎称只有通过和自己性交才能治疗其疾病，妇女别无选择而"同意"的，医生成立强奸罪；但是，导演面试女演员时向对方提出性要求，并声称这是潜规则，女演员同意的，导演不成立强奸罪。

（4）强奸行为。即目的行为，指男女之间的性交行为。如果实施性交以外的猥亵行为，不构成强奸罪；性器官结合（插入说）为强奸罪既遂标准。

4. 违法阻却事由。已满14周岁的女性承诺有效（但行为人可能成立负有照护职责人员性侵罪），但幼女与患有精神病或先天痴呆症的妇女，缺乏正常的认识能力与意志能力，其承诺无效。

5. 罪过形式为故意，过失强奸不成立犯罪。

例如，行为人误以为是自己的妻子或者情妇而实施性交行为的，不成立强奸罪；但对方发现不是自己的丈夫或情夫而拒绝时，行为人以暴力、胁迫等方法继续实施性交行为的，成立强奸罪。

（三）特殊类型

奸淫幼女的，属于强奸罪的特殊类型，应当从重处罚。

1. 客观行为：与不满14周岁的幼女性交。

2. 主观故意：行为人具有奸淫幼女的故意，即明知对象是或者可能是不满14周岁的幼女或者不管女方是否是幼女，而决意实施奸淫行为（包括直接故意与间接故意）。

（1）知道或者应当知道对方是不满14周岁的幼女，而实施奸淫等性侵害行为的，应当认定行为人“明知”对方是幼女。对于不满12周岁的被害人实施奸淫等性侵害行为的，应当认定行为人“明知”对方是幼女。

（2）如果行为人合理地认为13周岁的幼女已满14周岁，即没有认识到被害人是幼女，使用暴力、胁迫手段强行与之性交的，应认定为普通强奸。

（3）如果行为人确实不知对方是不满14周岁的幼女，双方自愿发生性关系，造成严重后果的，不成立强奸罪。

（4）如果行为人知道或者应当知道幼女被他人强迫卖淫而仍与其发生性关系的，均以强奸罪论处。介绍、帮助他人奸淫幼女、猥亵儿童的，以强奸罪、猥亵儿童罪的共犯论处。

3. 已满14周岁不满16周岁的人偶尔与幼女发生性关系，情节轻微、未造成严重后果的，不认为是犯罪。

（四）加重情节

1. “强奸妇女、奸淫幼女情节恶劣的”。即加重情节之外其他恶劣情节，例如直播强奸过程。

2. “强奸妇女、奸淫幼女多人的”。“多人”指三人以上。

3. “在公共场所当众强奸妇女、奸淫幼女”。（1）在不特定或者众人可能看到、感觉到的公共场所强奸妇女、奸淫幼女，但不要求他人是否实际看到。（2）这里的“众”指其他人，不包括共同犯罪的行为人。

4. “二人以上轮奸的”。即二男以上在同一段时间内，共同对同一妇女（或幼女）连续地轮流或同时强奸（或奸淫）的行为。属于强奸罪的共同正犯类型。

（1）轮奸的成立不要求奸淫主体均达到法定年龄和具有责任能力。

（2）存在片面的轮奸。例如，甲将丙女打晕后实施了奸淫行为，随后让没有参加前行为的乙强奸了昏迷的丙女。无论乙是否知道甲已经强奸丙女，乙对甲之前的强奸行为都不负责任，乙仅承担普通强奸的责任，但甲应对乙的强奸行为承担共同正犯的责任，对甲适用轮奸的法定刑。

（3）轮奸属于加重构成要件，不属于量刑规则，故存在轮奸未遂。例如，甲、乙共谋轮奸，共同压制被害人反抗后，乙自动放弃奸淫行为而离开现场，甲继续实施强奸时因意志以外的原因未得逞的，甲构成轮奸未遂与强奸未遂的想象竞合，乙是轮奸中止与强奸未遂的想象竞合。

（4）轮奸的犯罪分子也可能属于从犯。例如，甲、乙共谋轮奸丁女，丙知情后将被害人骗到现场但自己不实施奸淫行为的，甲、乙、丙属于轮奸的情形，对丙应认定为从犯。

5. “奸淫不满十周岁的幼女或者造成幼女伤害的”。要求行为对象不满10周岁，而且只要对象为不满10周岁的幼女，直接推定行为人具有奸淫不满10周岁幼女的故意；其中“伤害”包含“轻伤或者重伤”。

6. “致使被害人重伤、死亡或者造成其他严重后果的”。

（1）“致使被害人重伤、死亡”，属于结果加重犯，是指强奸行为导致被害人性器官严重损伤，或者造成其他严重伤害，甚至当场死亡或者经抢救无效死亡。

①其中强奸行为既包括强奸手段行为（暴力、胁迫或者其他手段），还包括强奸的目的行为（奸淫行为）。

②包括强奸行为故意或者过失导致被害妇女重伤、死亡的情形；如果同时成立故意伤害罪、故意杀人罪的，属于想象竞合犯。

（2）“其他严重后果”，属于量刑规则。按同类解释规则，包括引起被害妇女事后自杀、精神失常，或者强奸女精神病患者或者幼女致使其怀孕等。

（3）罪数问题。

①对于强奸犯出于报复、灭口等动机，在实施强奸的过程中或强奸后，杀死或者伤害被害人的，分别成立强奸罪与故意杀人罪或故意伤害罪，数罪并罚。

②行为人先故意杀害妇女，然后再实施奸尸或者其他侮辱行为的，成立故意杀人罪与侮辱尸体罪，数罪并罚。

③行为人为了强奸妇女，以杀人的故意对妇女实施足以致人死亡的暴力，在妇女死亡后奸尸或者对尸体实施其他侮辱行为，则前行为成立故意杀人罪与强奸（未遂）罪的想象竞合犯，后行为成立侮辱尸体罪，数罪并罚。

④行为人为了强奸妇女，以杀人的故意对妇女实施足以致人死亡的暴力，在妇女昏迷期间奸淫妇女，成立故意杀人罪与强奸罪的想象竞合犯。

（五）关联犯罪

1. 拐卖妇女、儿童又奸淫被拐卖妇女、幼女的，属于结合犯，成立拐卖妇女、儿童罪，属于加重情节。

2. 强奸后迫使被害妇女卖淫的，成立强奸罪与强迫卖淫罪，数罪并罚；强迫卖淫后又强奸被害妇女的，成立强迫卖淫罪与强奸罪，数罪并罚。

3. 已满14周岁不满16周岁的人实施上述1、2情形的，只成立强奸罪，对拐卖妇女、儿童和强迫卖淫的行为不负刑事责任。

4. 收买被拐卖的妇女、儿童又强奸被害妇女的，绑架后强奸被害人的，组织、运送偷越国（边）境又强奸被害人的，均应数罪并罚。

二、负有照护职责人员性侵罪

第二百三十六条之一[1]	对已满十四周岁不满十六周岁的未成年女性负有监护、收养、看护、教育、医疗等特殊职责的人员，与该未成年女性发生性关系的，处三年以下有期

[1] 本条为2020年12月26日全国人大常委会《刑法修正案（十一）》第27条所增加。

续表

第二百三十六条之一	徒刑；情节恶劣的，处三年以上十年以下有期徒刑。 有前款行为，同时又构成本法第二百三十六条规定之罪的，依照处罚较重的规定定罪处罚。

【犯罪构成：负有照护职责的人员 + 对象为已满 14 周岁不满 16 周岁的女性 + 发生性关系的行为 + 犯罪故意 + 已满 16 周岁并具有责任能力的自然人】

1. 行为主体。即对已满 14 周岁不满 16 周岁的未成年女性负有监护、收养、看护、教育、医疗等特殊职责的人员。

注意

行为人只有对少女的身心健康成长具有实质性的看护、指导作用的职责，或者说行为人因为法律、行政法规、条例等对少女的健康成长具有某一方面的“职责”，使得少女在相关领域对行为人形成比较稳定的依赖关系时，行为人才能成为本罪的行为主体。这属于限制解释。

2. 行为对象：已满 14 周岁不满 16 周岁的未成年女性（不包含已满 14 周岁未满 16 周岁的男少年）。其中“已满 14 周岁”仅是界限要素。例如，负有照护职责的人员误以为 13 周岁的幼女已满 14 周岁而基于自愿发生性关系的，成立本罪。

3. 行为内容：发生性关系。其中“性关系”指狭义的性交行为，不包括其他猥亵行为，也不要求行为人实施暴力、胁迫或者其他手段行为。

4. 罪过形式为故意。即要求行为人认识到行为对象是已满 14 周岁不满 16 周岁的未成年女性，而且要求行为人认识到二者之间具有监护、收养、看护、教育、医疗等特殊关系。

5. 罪数问题。如果行为人实施本罪行为，同时触犯强奸罪的，属于想象竞合犯，从一重罪处罚。

三、强制猥亵、侮辱罪

第二百三十七条[1]	【强制猥亵、侮辱罪】以暴力、胁迫或者其他方法强制猥亵他人或者侮辱妇女的，处五年以下有期徒刑或者拘役。 聚众或者在公共场所当众犯前款罪的，或者有其他恶劣情节的，处五年以上有期徒刑。 【猥亵儿童罪】猥亵儿童的，处五年以下有期徒刑；有下列情形之一的，处五年以上有期徒刑：

〔1〕 本条第 3 款为 2020 年 12 月 26 日全国人大常委会《刑法修正案（十一）》第 26 条所修正，增加了加重情节的规定。原法条为：“猥亵儿童的，依照前两款的规定从重处罚。”本条第 1 款、第 2 款为 2015 年 8 月 29 日全国人大常委会《刑法修正案（九）》第 13 条所修正，增加“强制威胁他人”的规定与“其他恶劣情节”的加重情形，原法条为：“（第 1 款）以暴力、胁迫或者其他方法强制猥亵妇女或者侮辱妇女的，处五年以下有期徒刑或者拘役。（第 2 款）聚众或者在公共场所当众犯前款罪的，处五年以上有期徒刑。”

续表

第二百三十七条	（一）猥亵儿童多人或者多次的； （二）聚众猥亵儿童的，或者在公共场所当众猥亵儿童，情节恶劣的； （三）造成儿童伤害或者其他严重后果的； （四）猥亵手段恶劣或者有其他恶劣情节的。

【犯罪构成：暴力、胁迫或者其他方法行为与强制猥亵、侮辱的目的行为＋对象为他人＋犯罪故意＋已满16周岁并具有责任能力的自然人】

1. 行为主体。不同于强奸罪，男子与妇女都可以成为强制猥亵、侮辱罪的教唆犯、帮助犯、间接正犯、共同正犯与直接正犯。如果丈夫违背妻子意志，公然猥亵、侮辱妻子的，也可能成立本罪。

2. 手段行为。“暴力、胁迫或者其他方法”，与强奸罪手段行为含义相同，要求具有强制性，否则不成立犯罪。

例：①甲通过聊天工具，以揭发乙的隐私相威胁，要求乙拍摄自己的裸体照片、淫秽视频发给甲。乙因害怕隐私被发到网上，就按照甲的要求，将自己拍摄的自己的淫秽视频和裸体照片发给了甲。②甲以揭发隐私相威胁，使妇女乙裸体与自己即时视频，让乙进行各种淫秽表演给自己即时观看。在案件①中，甲并未强制猥亵乙，事后观看视频的行为不属于猥亵，故甲不成立强制猥亵、侮辱罪；在案件②中，甲强迫乙自己猥亵自己，甲即时观看的，属于强制猥亵妇女的行为，成立强制猥亵、侮辱罪。

3. 目的行为。“强制猥亵他人”“侮辱妇女”，即违背他人意志或者违背妇女意志，侵害他人或者妇女（广义的）性的自己决定权，但不以公然实施为前提。公然强制猥亵他人、侮辱妇女的，可能同时构成侮辱罪与强制猥亵、侮辱罪，属于想象竞合犯，按照重罪强制猥亵、侮辱罪论处。

（1）针对男性实施的强制猥亵、侮辱行为包括发生狭义的性交行为。

（2）针对妇女实施的强制猥亵、侮辱行为，一般不包含狭义的性交行为。强制猥亵、侮辱妇女与（普通）强奸罪都是侵犯妇女性的自己决定权的犯罪，二者不是对立关系，而是特别关系，即强奸行为也是强制猥亵、侮辱行为的一种，但由于刑法特别规定了强奸罪，所以，对强奸行为不再认定为强制猥亵、侮辱罪。

4. 行为对象。即（猥亵）“他人”、（侮辱）“妇女”，属于记述的构成要件要素，包括男性和女性。故意猥亵儿童的，成立特殊法条规定的猥亵儿童罪。

5. 罪过形式为故意，不要求特定目的或者内心倾向。如果行为人误将男性当作妇女猥亵、侮辱的，或者误将妇女当作男性猥亵、侮辱的，不影响犯罪故意的认定，仍然成立强制猥亵、侮辱罪。

6. 加重情节。聚众或者在公共场所当众强制猥亵他人、侮辱妇女的，或者有其他恶劣情节。强制猥亵、侮辱他人致人重伤、死亡的，原则上成立故意伤害罪、故意杀人罪与强制猥亵、侮辱罪的想象竞合犯。

四、猥亵儿童罪

【犯罪构成：猥亵行为＋对象为儿童＋犯罪故意＋已满16周岁并具有责任能力的自

然人】

1. 危害行为。“猥亵”，即不要求使用暴力、胁迫或者其他强制手段实施猥亵儿童的行为。

（1）如果儿童为幼女，男性具有奸淫故意与奸淫行为的，成立强奸罪。

（2）如果儿童为幼男，妇女对之实施性交行为或者其他猥亵行为的，成立猥亵儿童罪。

（3）行为人以满足性刺激为目的，以诱骗、强迫或者其他方法要求儿童拍摄裸体、敏感部位照片、视频等供其观看，严重侵害儿童人格尊严和心理健康的，构成猥亵儿童罪。

例1：甲每次在家中浏览淫秽视频网站时，都让自己10岁的女儿一同观看；甲的妻子乙发现后也不阻止。本案中，甲成立作为方式的猥亵儿童罪，乙成立不作为方式的猥亵儿童罪，甲、乙成立共犯。

例2：甲利用网络胁迫13周岁的乙，让乙猥亵了一名15周岁的少年丙。本案中，乙表面上是加害人，实际上是被害人，甲针对乙成立猥亵儿童罪；由于乙没有达到法定年龄，不成立犯罪。

例3：甲穿着短裤在沙发上躺着看电视，邻居家5岁的幼女乙前来玩耍。乙掏出甲的生殖器出来玩弄，甲没有实施任何动作，也没有制止乙的行为。本案中，乙主动实施的行为引发的对乙的法益的危险，发生在甲的支配领域（发生在甲的家中和甲的身体上），甲有阻止义务，故甲成立不作为方式的猥亵儿童罪。

2. 行为对象。“儿童”，即对象必须是儿童（不满14周岁的男童和女童）。

3. 罪过形式为故意，即要求行为人认识到对方是或者可能是儿童。

（1）将不满14周岁的幼女当作已满14周岁的少女或者妇女强制猥亵、侮辱的，属于抽象的事实认识错误，成立强制猥亵、侮辱罪。

（2）将已满14周岁的男性当作儿童而强制猥亵的，成立强制猥亵、侮辱罪；将不满14周岁的男童当作已满14周岁的男性而强制猥亵的，成立强制猥亵、侮辱罪。

（3）将男童当作女童猥亵的，或者将女童当作男童猥亵的，属于具体事实认识错误中的对象错误，不影响猥亵儿童罪的成立。

4. 加重情节

（1）猥亵儿童多人或者多次的。其中“多人”要求“三人以上”，“多次”要求“三次以上”，要求每次行为均成立猥亵儿童罪。

（2）聚众猥亵儿童的，或者在公共场所当众猥亵儿童，情节恶劣的。注意：这里表述的是两种方式，“聚众猥亵儿童”与“在公共场所当众猥亵儿童，情节恶劣”。

（3）造成儿童伤害或者其他严重后果的。其中“伤害”包括轻伤、重伤以及过失致人死亡；如果同时构成故意伤害罪、故意杀人罪的，属于想象竞合犯，从一重罪论处；如果猥亵儿童后故意杀人的，应当数罪并罚。

（4）猥亵手段恶劣或者有其他恶劣情节的。

练练手

关于强奸罪及相关犯罪的判断，下列哪些选项是正确的？[1]

A. 甲欲强奸某妇女遭到激烈反抗，一怒之下卡住该妇女喉咙，致其死亡后实施奸淫行为。甲的行为构成强奸罪的结果加重犯

B. 乙为迫使妇女王某卖淫而将王某强奸，对乙的行为应以强奸罪与强迫卖淫罪实行数罪并罚

C. 丙在组织他人偷越国（边）境过程中，强奸了被组织的妇女李某。丙的行为虽然触犯了组织他人偷越国（边）境罪与强奸罪，但只能以组织他人偷越国（边）境罪定罪量刑

D. 丁在拐卖妇女的过程中，强行奸淫了该妇女。丁的行为虽然触犯了拐卖妇女罪与强奸罪，但根据《刑法》规定，只能以拐卖妇女罪定罪量刑

第三节　侵犯人身自由的犯罪

一、非法拘禁罪

第二百三十八条	【非法拘禁罪】非法拘禁他人或者以其他方法非法剥夺他人人身自由的，处三年以下有期徒刑、拘役、管制或者剥夺政治权利。具有殴打、侮辱情节的，从重处罚。 【非法拘禁罪】【故意伤害罪】【故意杀人罪】犯前款罪，致人重伤的，处三年以上十年以下有期徒刑；致人死亡的，处十年以上有期徒刑。使用暴力致人伤残、死亡的，依照本法第二百三十四条、第二百三十二条的规定定罪处罚。 为索取债务非法扣押、拘禁他人的，依照前两款的规定处罚。 国家机关工作人员利用职权犯前三款罪的，依照前三款的规定从重处罚。

【犯罪构成：非法剥夺人身自由的行为＋对象为他人＋结果为剥夺人身自由＋犯罪故意＋已满16周岁并具有责任能力的自然人】

（一）法益内容

1. “现实的自由说”（限定说）认为，非法拘禁罪属于侵害犯，只有侵犯了他人现实的身体活动自由，才成立非法拘禁罪。故针对熟睡者、烂醉者、婴儿等，不成立非法拘禁罪。此为通说。

2. “可能的自由说”（非限定说）认为，非法拘禁罪属于危险犯，只要他人具有可能的、潜在的自由，即使因一时的原因而丧失行动自由或者昏迷无意识者，也可以成为非法拘禁罪的对象。

---

〔1〕答案：BD。

例如，将入睡的人反锁在房间，在其醒来之前又将锁打开的，按照现实的自由说，该行为不成立非法拘禁罪；但按照可能的自由说，该行为成立非法拘禁罪。

（二）犯罪构成

1. 行为对象。“他人”，是具有身体活动自由的自然人，并且认识到自己被剥夺自由的事实，但不要求认识到有人对自己实施非法拘禁罪。

2. 危害行为。“拘禁”，即剥夺他人人身自由，属于继续犯（持续犯）。

（1）行为方式。包括作为与不作为（如超期羁押）、有形与无形（将妇女洗澡时的换洗衣服拿走，使其基于羞耻心无法走出浴室）的方式。

（2）具体方法。包括直接拘束他人身体（如捆绑他人四肢，使用手铐拘束他人双手）与间接拘束他人身体（如将他人监禁于一定场所，使其不能或明显难以离开、逃出），还包括使用暴力、胁迫或者利用被害人恐惧心理剥夺其人身自由的方法（如使被害人进入货车车厢后高速行驶，使之不敢轻易跳下车）。

（3）犯罪形态。开始实施剥夺他人自由的行为，为着手；实际剥夺他人人身自由，为既遂。

3. 违法阻却事由。（1）依法强制治疗精神病患者；（2）公民扭送人犯；（3）依法采取拘留、逮捕的行为；（4）为了防止凶暴的醉汉危害他人的生命或身体，不得已拘束其身体的；（5）被害人基于真实的自由意志，嘱托或同意将自己置于特定场所的。

4. 罪过形式为故意，但不要求以出卖、勒索财物为目的。（1）如果以非法绑架、扣留他人的方法勒索财物的，成立绑架罪。（2）如果以出卖为目的非法绑架妇女、儿童的，成立拐卖妇女、儿童罪。（3）如果收买被拐卖的妇女、儿童后，非法剥夺其人身自由的，数罪并罚。

（三）从重处罚情节

1. “具有殴打、侮辱情节的，从重处罚”，这是一项基本规定，应当适用于《刑法》第238条第2、3、4款。

（1）如果行为人非法拘禁他人，使用超出非法拘禁以外的暴力致人伤残、死亡的，法律拟制为故意伤害罪、故意杀人罪，不再适用“具有殴打情节的，从重处罚”的规定；如果该暴力同时属于侮辱情节的，也不能适用“具有侮辱情节的，从重处罚”的规定，否则违反了禁止重复评价的原则；如果还有暴力行为以外的其他侮辱方式，则应适用“具有侮辱情节的，从重处罚”的规定。

（2）如果侮辱行为构成强制猥亵、侮辱罪或者侮辱罪，应当数罪并罚。

2. 国家机关工作人员利用职权犯非法拘禁罪的，依照相关规定从重处罚。

（四）结果加重犯

“致人重伤的”“致人死亡的”，要求非法拘禁行为本身致被害人重伤、死亡。

1. 客观上非法拘禁行为与重伤、死亡结果之间必须具有直接的因果关系。

（1）行为人在实施基本行为之后或之时，被害人自杀、自残、自身过失等造成死亡、伤残结果的，不成立结果加重犯。

（2）由于非法拘禁会引起警方的解救行为，故正常的解救行为造成被害人伤亡的，应将伤亡结果归责于非法拘禁者，成立结果加重犯；如果警方判断失误，导致其解救行为造成被拘禁者伤亡的，则不成立结果加重犯。

2. 主观上行为人对重伤、死亡结果必须具有预见可能性。如果行为人明知其非法拘禁的行为会导致被害人轻伤、重伤、死亡，而实施该行为，并致人轻伤、重伤、死亡的，成立非法拘禁罪与故意伤害罪、故意杀人罪的想象竞合犯。

3. 非法拘禁罪结果加重犯的认定，不要求非法拘禁行为构成既遂为前提。例如，甲意图非法拘禁乙，在强行拉拽时导致乙摔倒在地，经抢救无效而死亡的，应认定为非法拘禁罪（未遂），属于"致人死亡"的结果加重犯。

（五）特别条款

"使用暴力致人伤残、死亡的"，按照故意伤害罪、故意杀人罪定罪处罚。

1. 通说认为，这属于法律拟制，而非注意规定。非法拘禁的行为人使用超出非法拘禁以外的暴力致人伤残、死亡，即使其没有伤害、杀人的故意，也应认定为故意伤害罪、故意杀人罪；但是，要求行为人对伤残、死亡必须具有预见可能性（过失）。如果行为人非法拘禁后故意伤害、故意杀人的，则应以非法拘禁罪与故意杀人罪或者故意伤害罪并罚。

例如，(1) 甲唆使乙非法拘禁丙，乙非法拘禁行为本身致使丙死亡的，即使甲嘱咐乙别把丙弄死了，甲、乙也均成立非法拘禁罪的结果加重犯。(2) 甲唆使乙非法拘禁丙，并指使乙对丙实施暴力致使丙死亡的，甲、乙均成立法律拟制的故意杀人罪既遂。(3) 甲唆使乙非法拘禁丙，并指使乙对丙实施杀人行为的，甲、乙均成立非法拘禁罪与故意杀人罪的共犯，应当并罚。(4) 甲唆使乙非法拘禁丙，乙使用其他暴力致使丙死亡的，乙成立法律拟制的故意杀人罪一罪，甲仅成立非法拘禁罪的基本犯。(5) 甲唆使乙非法拘禁丙，乙之后又故意杀害丙的，乙成立非法拘禁罪与故意杀人罪，应当并罚；甲成立非法拘禁罪的基本犯。

2. 不同观点认为，使用暴力致人伤残、死亡，只有原本就符合故意伤害罪、故意杀人罪的犯罪构成的，刑法才明文规定仅以故意伤害罪、故意杀人罪追究刑事责任，而不再认定非法拘禁罪。即将该规定理解为非法拘禁罪与故意伤害罪、故意杀人罪的结合犯。

例如，刘某欠赵某债务，杨某提议拘禁刘某要其还钱，赵某遂将刘某拘禁。刘某声称你们把我拘禁了我怎么还钱，就是你们把我放出来我也不会还的。拘禁刘某两日后，杨某提议把刘某的大拇指砍掉，赵某同意，造成刘某重伤。

本案中，赵某、杨某为索取债务非法拘禁刘某后，故意伤害刘某致其重伤。其行为性质取决于如何理解《刑法》第238条第2款后半段规定的性质。

(1) 观点一认为，非法拘禁"使用暴力致人伤残、死亡的"，是指非法拘禁后，使用超出非法拘禁之外的其他暴力行为，过失致人伤残、死亡。对此，刑法将全案拟制为故意伤害罪、故意杀人罪。相应地，如果非法拘禁之后故意伤害、故意杀人的，不符合上述规定，应当以非法拘禁罪与故意伤害罪或者故意杀人罪数罪并罚。按照这种观点，杨某唆使赵某为索取债务而非法拘禁刘某，赵某成立非法拘禁罪的正犯，杨某成立非法拘禁罪的教唆犯。之后杨某又故意唆使赵某重伤刘某的，赵某成立故意伤害（重伤）罪的正犯，杨某成立故意伤害（重伤）罪的教唆犯，均应与非法拘禁罪数罪并罚。

（2）观点二认为，非法拘禁“使用暴力致人伤残、死亡的”，是指非法拘禁后，故意伤害、杀害被害人，致使被害人伤残死亡的，即刑法将非法拘禁后故意伤害（重伤）、故意杀人（既遂）的情形结合为故意伤害罪、故意杀人罪一罪。按照该观点，赵某、杨某非法拘禁被害人刘某后，故意重伤害刘某的，不能以非法拘禁罪与故意伤害罪数罪并罚，而应适用《刑法》第238条第2款后半段规定，仅以故意伤害罪一罪论处。

观点一更具有合理性。《刑法》第238条第2款后半段的规定是为了预防行为人非法拘禁后对被害人使用暴力行为，为了防止更严重的危害结果的发生，因此，非法拘禁后的暴力过失致人伤残、死亡的，刑法拟制为更严重的故意伤害罪、故意杀人罪。非法拘禁后故意伤害、故意杀人的，其后的行为本来就成立故意伤害罪、故意杀人罪；倘若这时候全案仅成立故意伤害罪、故意杀人罪，则无法评价非法拘禁罪的行为，这样对案件事实做不到完整、全面的评价，做不到罪刑相适应，不利于预防犯罪。

（六）关联犯罪

“为索取债务非法扣押、拘禁他人的”，适用《刑法》第238条第1、2款的规定，而不适用抢劫罪、绑架罪的规定。换言之，为索取债务非法扣押、拘禁他人，有殴打、侮辱情节的，从重处罚；拘禁行为致人重伤、死亡的，成立非法拘禁罪的结果加重犯；使用暴力致人伤残、死亡的，应认定为故意伤害罪、故意杀人罪等。

1. 行为原因：“为索取债务”。按照相关司法解释，“债务”包括高利贷、赌债等法律不予保护的债务，但必须是双方都认可的债务，而非单方主张的债务。按照司法解释和刑法理论的主流观点，这不是单纯的主观目的，而是指客观原因。

2. 客观行为：“非法扣押、拘禁”。

（1）索取合法债务。①如果行为人为索取合法债务，而非法扣押、拘禁他人的，成立非法拘禁罪。②如果以杀害、重大伤害相威胁索取合法债务，无论针对本人还是其家属索要财物，仅成立非法拘禁罪，不成立抢劫罪或者绑架罪。

（2）索取非法债务。①如果为索取法律不予保护的债务，而非法扣押、拘禁他人，但不以杀害、伤害等相威胁，声称只要还债便放人的，也成立非法拘禁罪。②如果以杀害、重大伤害相威胁索取赌债等非法债务，针对本人实施的，还是成立非法拘禁罪，不成立抢劫罪（司法解释规定，为索取赌债而强取对方财物的，不成立抢劫罪等财产犯罪；但是，其不当方式成立犯罪的，按照相关犯罪定罪处罚）。③如果以杀害、重大伤害被害人相威胁，针对被害人家属等第三者实施索债行为的，可能成立绑架罪。

（3）索取单方债务。如果以杀害、重大伤害相威胁索取单方面主张的债务，针对本人实施压制反抗强行取财的，成立抢劫罪；针对其家属等第三者实施索债行为的，成立绑架罪。

3. 行为对象：“他人”。包括债务人本人，以及与债务人有共同财产关系、扶养、抚养关系的第三者。故意制造骗局使他人欠债，然后以索债为由扣押被害人作为人质，要求被害人近亲属偿还债务的，成立绑架罪。如果先前行为构成诈骗罪，则与绑架罪属于牵连犯。

二、绑架罪

第二百三十九条[1]	【绑架罪】以勒索财物为目的绑架他人的，或者绑架他人作为人质的，处十年以上有期徒刑或者无期徒刑，并处罚金或者没收财产；情节较轻的，处五年以上十年以下有期徒刑，并处罚金。 犯前款罪，杀害被绑架人的，或者故意伤害被绑架人，致人重伤、死亡的，处无期徒刑或者死刑，并处没收财产。 以勒索财物为目的偷盗婴幼儿的，依照前两款的规定处罚。

【犯罪构成：绑架他人作为人质的行为 + 对象为他人 + 结果为实际控制人质 + 犯罪故意 + 勒索财物等目的以及利用被害人家属对被害人人身安危担忧的意思 + 已满 16 周岁并具有责任能力的自然人】

（一）犯罪构成

本罪法益是被绑架人在本来的生活场所的安全与行动自由（通说）。不同观点认为，绑架罪既侵犯他人人身自由，还侵犯他人财产，属于复合法益。

1. 行为对象。“他人”，即任何他人，包括妇女、儿童和婴幼儿乃至行为人的子女或者父母，但不包括自己。例如，甲向自己的父母谎称被他人绑架，向其父母索要财物的，不成立绑架罪，成立诈骗罪与敲诈勒索罪的想象竞合犯。

2. 危害行为。“绑架”行为，即使用暴力、胁迫或者麻醉方法控制被害人（达到压制他人反抗的程度），使被害人处于行为人或第三者的实力支配下的行为（绑架不要求使被害人离开原来的生活场所）。

（1）注意规定。以勒索财物为目的，偷盗婴幼儿的，成立绑架罪（《刑法》第 239 条第 3 款）。偷盗婴幼儿的，根据行为人目的不同，分别成立不同犯罪：如果以勒索财物为目的的，成立绑架罪；如果以出卖为目的的，成立拐卖儿童罪；如果不能证明上述目的的，成立拐骗儿童罪。即拐骗儿童罪与拐卖儿童罪、绑架罪并非对立关系，而是普通法条与特殊法条的关系。

（2）绑架行为本身包含非法拘禁的行为，或者说绑架行为可以评价为非法拘禁的行为，故成立绑架罪的，不再认定为非法拘禁罪。

（3）谎称绑架他人，向其家属勒索财物的，因未实施绑架行为，不成立绑架罪，但成立诈骗罪与敲诈勒索罪的想象竞合犯。

---

[1] ①本条第 2 款为 2015 年 8 月 29 日全国人大常委会《刑法修正案（九）》第 14 条所修正，删除了“绑架致使被绑架人死亡”的结果加重犯规定，增加了“故意伤害被绑架人，致人重伤、死亡的”的结合犯规定，结合犯的法定刑起点降为无期徒刑；原法条为“犯前款罪，致使被绑架人死亡或者杀害被绑架人的，处死刑，并处没收财产”。②本条为 2009 年 2 月 28 日全国人大常委会《刑法修正案（七）》第 6 条所修正。在 1997 年《刑法》原条文的基础上，增加了“情节较轻的，处五年以上十年以下有期徒刑，并处罚金”的规定，并将原条文中“致使被绑架人死亡或者杀害被绑架人”的规定单立为第 2 款。

3. 危害结果

（1）只要行为人开始实施以实力控制他人的行为，就是绑架罪的着手。

（2）一旦以实力控制他人，绑架罪就已经既遂（这是通说的立场。少数说的观点认为，绑架罪的既遂要求勒索到财物）。

（3）绑架既遂之后，绑架行为仍在持续存在（继续犯），他人以共犯意思参与绑架行为本身的，成立绑架罪的共犯。

4. 罪过形式为故意。要求行为人以勒索财物或满足其他不法要求为目的，并且具有利用被绑架人的近亲属或其他人对被绑架人安危的忧虑的意思。该目的属于主观的超过要素，不需要客观化或现实化。

（1）如果绑架他人是为了直接向被绑架人索取财物，可能构成抢劫罪。

（2）如果行为人以实力控制被害人后，让被害人告知其近亲属自己被绑架的事实，无论被害人是否告知其近亲属真相的，行为人都成立绑架罪。

例如，甲等三人冒充警察，向实施了盗窃行为的乙谎称执行逮捕任务，将乙带到某宾馆房间，并声称如果乙的家人交付3万元取保候审保证金，就可以放乙回家。乙遂给其家人打电话告知此事，后来乙发现甲等人并非警察，但未吭声；其家人次日去公安局打听情况，发现并无此事，遂报警。本案中，甲等人冒充警察将乙关押时，存在利用被害人家属对被害人人身安危担忧的意思，成立绑架罪（与招摇撞骗罪的想象竞合犯）。

（3）如果行为人以实力控制被害人后，让被害人隐瞒被控制的事实向近亲属打电话索要财物的，不成立绑架罪，可能成立抢劫、非法拘禁等罪。

5. 法定年龄。本罪主体要求已满16周岁。

（1）已满14周岁不满16周岁的人实施绑架行为的，不以犯罪论处；如果故意杀害被绑架人的，或者故意伤害被绑架人，致使其死亡、重伤的，成立故意杀人罪或者故意伤害罪，而非绑架罪。

（2）已满12周岁不满14周岁的人实施绑架行为的，不以犯罪论处；如果故意杀害被绑架人的，或者故意伤害被绑架人，致使其死亡的，可能以故意杀人罪或者故意伤害（致死）罪追究刑事责任。

（二）结合犯

1. 犯绑架罪（既遂或者未遂），故意伤害被绑架人，致使其重伤、死亡的，属于结合犯，不存在未遂的问题；如果致使其轻伤的，应当数罪并罚。

2. 犯绑架罪，故意杀害被绑架人的，属于结合犯，要求在绑架的机会中又独立于绑架之外杀人，包括绑架既遂后故意杀害被绑架人和着手绑架后既遂前杀害被绑架人。但是，行为人释放人质之后再杀害或者伤害被绑架人的，不属于结合犯，应当数罪并罚。

（1）共犯。没有参与实施绑架的人参与杀害被绑架者的，仅成立故意杀人罪。

（2）故意犯罪形态。绑架杀害被绑架人，因意志以外的原因未得逞的。此为通说。

例如，甲绑架乙，故意杀害乙，但因意志以外的原因未导致乙死亡的，其处理意见包括以下分歧：

①观点一认为，这种情形成立“绑架杀害被绑架人”既遂，不适用未遂的规定。该

观点明显不合理。

②观点二认为，这种情形成立“绑架杀害被绑架人”，同时适用未遂的处罚规定。该观点虽然结论具有一定合理性，但不适应现行刑法的规定。

③观点三认为，要成立“绑架杀害被绑架人”，必须要求杀害被绑架人既遂。

第一，如果因意志以外的原因，仅导致被绑架人轻伤的，成立绑架罪与故意杀人罪（未遂），数罪并罚。

第二，如果因意志以外的原因仅导致被绑架人重伤的，由于故意杀人罪与故意伤害罪之间属于法条竞合关系，其行为属于“犯绑架罪，故意伤害致使被绑架人重伤”的结合犯，以绑架罪一罪论处。

第三，如果因意志以内的原因未导致被害人死亡，仅导致被害人重伤的，其行为成立绑架罪，属于“犯绑架罪，故意伤害致人重伤”的结合犯；同时，考虑到中止杀人行为，可以酌情从宽处罚；如果仅导致轻伤或者连轻伤都不存在的，则成立绑架罪与故意杀人罪中止，数罪并罚。

观点三具有合理性。一方面，可以和“绑架故意伤害被绑架人致使其重伤或者死亡”的情形做到罪刑相适应；另一方面，有利于合理解决绑架杀人中止的问题。而且从字面理解来看，法条适用“杀害”而非“杀人”也表明其不包含未遂的情形。

（三）罪数问题

1. 想象竞合

（1）绑架行为本身过失致使被绑架人重伤、死亡的，成立绑架罪与过失致人重伤罪、过失致人死亡罪的想象竞合犯。

（2）绑架后过失行为导致被绑架人死亡的，成立绑架罪与过失致人死亡罪，应当数罪并罚。

（3）绑架后实施其他暴力行为，过失致使被绑架人死亡的，适用《刑法》第238条第2款的规定，法律拟制为故意杀人罪。

例如，甲（15周岁）绑架乙后，使用暴力致使乙死亡，但甲既无杀人故意也无伤害故意。对于甲的行为性质，存在不同处理意见：

观点一认为，甲绑架乙，但未达到刑事法定年龄，不负刑事责任；同理，甲对之后的过失致人死亡行为，也不负刑事责任。

观点二认为，按照当然解释，绑架行为也符合非法拘禁的构成要件。按照《刑法》第238条第2款后半段的规定，非法拘禁后使用暴力（过失）致人死亡的，法律将全案拟制为故意杀人罪。因此，甲的行为应当适用该规定，成立故意杀人罪。因甲15周岁，不得适用死刑，应当从轻或者减轻处罚。该观点更具有合理性：上下文协调一致、符合刑法规定的目的、能够实现罪刑相适应原则，也能更好地预防犯罪。

2. 数罪并罚。行为人绑架既遂后，在绑架行为持续进行中又独立于绑架行为之外，对被绑架人实施强奸、强制猥亵、侮辱、抢劫、盗窃等其他犯罪行为，应以绑架罪与其他犯罪数罪并罚。

3. 诈骗罪与敲诈勒索罪。（1）行为人杀死被害人后，谎称绑架，向其家属勒索钱财的，成立故意杀人罪、诈骗罪与敲诈勒索罪（后两罪属于想象竞合犯）；（2）行为人绑架被害人后杀死被害人，谎称绑架，向其家属勒索钱财的，成立绑架罪、诈骗罪与敲诈勒索罪（后两罪属于想象竞合犯）。

4. 非法拘禁罪。行为人为索取债务而将他人作为人质，所索取的数额明显超出债务数额的，或者为索取债务而将他人作为人质，提出其他不法要求，并以杀害或者伤害相威胁的，属于绑架罪与非法拘禁罪的想象竞合犯，从一重罪论处。

5. 共同犯罪。（1）行为人在他人的绑架行为持续进行中参与犯罪的，如果行为人参与了关押、控制被害人的行为，则成立绑架罪的共犯；（2）如果行为人没有参与关押、控制被害人的行为，只是参与勒索财物的行为，则仅成立敲诈勒索罪，双方在敲诈勒索罪范围内成立共犯。

6. 敲诈勒索罪与抢劫罪。（1）如果行为人绑架他人后勒索了数额较大的财物，同时符合敲诈勒索罪的构成要件的，属于牵连犯，从一重罪论处，不能数罪并罚。（2）如果绑架后对第三者的行为超出了勒索的程度而另构成抢劫罪的，应当数罪并罚。（3）如果绑架行为同时触犯抢劫罪的，属于想象竞合犯。

例1： 甲绑架了乙的儿子丙后，前往乙的住处，以杀害丙相威胁，要求乙交付财物的，成立绑架罪与抢劫罪，应当数罪并罚。

例2： 甲将路人乙女的孩子突然抱起，将刀架在孩子的脖子上，威胁乙女交付财物，否则杀害孩子的，甲成立绑架罪与抢劫罪，属于想象竞合犯，从一重罪论处。

例3： 甲绑架丙后，向丙的家人乙勒索到数额较大以上的财物。关于甲的行为性质，存在以下观点：

观点一：甲绑架丙，构成绑架罪既遂，之后勒索财物的行为属于绑架罪的应有内容，不构成新的犯罪。该观点将绑架罪理解为财产犯罪，并不合理。

观点二：甲绑架丙，构成绑架罪既遂；之后勒索财物的行为构成敲诈勒索罪，与绑架罪应当并罚。该观点将绑架罪理解为侵犯人身犯罪，与侵犯财产犯罪分别评价，具有合理性。但该观点无视绑架与敲诈勒索之间通常的手段目的关系，不合理。

观点三：甲绑架丙，构成绑架罪既遂；之后勒索财物的行为构成敲诈勒索罪。二者之间具有类型性的牵连关系，成立牵连犯。该观点尊重绑架罪的行为性质，全面评价了案件事实，同时考虑到了两个犯罪之间通常的手段目的关系，具有合理性。

三、拐卖妇女、儿童罪

第二百四十条	【拐卖妇女、儿童罪】拐卖妇女、儿童的，处五年以上十年以下有期徒刑，并处罚金；有下列情形之一的，处十年以上有期徒刑或者无期徒刑，并处罚金或者没收财产；情节特别严重的，处死刑，并处没收财产： （一）拐卖妇女、儿童集团的首要分子； （二）拐卖妇女、儿童三人以上的； （三）奸淫被拐卖的妇女的； （四）诱骗、强迫被拐卖的妇女卖淫或者将被拐卖的妇女卖给他人迫使其卖淫的；

续表

第二百四十条	（五）以出卖为目的，使用暴力、胁迫或者麻醉方法绑架妇女、儿童的； （六）以出卖为目的，偷盗婴幼儿的； （七）造成被拐卖的妇女、儿童或者其亲属重伤、死亡或者其他严重后果的； （八）将妇女、儿童卖往境外的。 拐卖妇女、儿童是指以出卖为目的，有拐骗、绑架、收买、贩卖、接送、中转妇女、儿童的行为之一的。

【犯罪构成：拐卖行为＋对象为妇女、儿童＋犯罪故意＋以出卖为目的＋已满16周岁并具有责任能力的自然人】

（一）犯罪构成

拐卖妇女、儿童罪的法益是被拐卖者在本来的生活状态下的身体安全与行动自由。

1. 行为对象：妇女与儿童。

（1）出卖捡拾的婴儿的，或者以贩卖牟利为目的“收养”子女的，或者将亲生或收养的子女当作商品出卖的，成立拐卖儿童罪。

（2）医疗机构、社会福利机构等单位的工作人员以非法获利为目的，将所诊疗、护理、抚养的儿童贩卖给他人的，以拐卖儿童罪论处。

（3）拐卖已满14周岁的男性公民的行为，不成立本罪，符合其他犯罪构成的，可按其他犯罪（非法拘禁罪、故意伤害罪、侮辱罪等）论处，不能简单地认为无罪。

2. 危害行为：“拐卖”行为，即拐骗、绑架、收买、贩卖、接送、中转妇女、儿童的行为。这些行为都属于正犯行为。

（1）以出卖为目的强抢儿童，或者捡拾儿童后予以出卖，应当以拐卖儿童罪论处。以抚养为目的偷盗婴幼儿或者拐骗儿童，之后予以出卖的，以拐卖儿童罪论处。

（2）拐卖妇女、儿童罪的行为属于继续犯。在卖出妇女、儿童之前，他人知道真相而阻碍国家机关工作人员解救的，成立本罪共犯，而不成立阻碍国家机关工作人员解救被收买的妇女、儿童罪。

3. 危害结果

（1）以出卖为目的，拐骗、绑架、收买、接送、中转妇女、儿童时，只要使被害人转移至行为人或第三者的实力支配范围内，即为既遂。

（2）出卖捡拾的儿童的，出卖亲生子女的，收买被拐卖的妇女、儿童后才产生出卖犯意进而出卖妇女、儿童的，以出卖了被害人为既遂标准。

4. 违法阻却事由。行为得到了已满18周岁的妇女具体承诺，阻却构成要件符合性，不成立本罪。拐卖儿童的，即使征得儿童或者儿童父母同意的，承诺无效，成立拐卖儿童罪。

例如，征得妇女同意，将妇女带往某地使之成为人妻的，即使从对方处收受了财物，也不属于“拐卖”行为；行为人征得妇女同意，将其介绍至卖淫场所，获取组织卖淫者给付的介绍费的，只成立协助组织卖淫罪，而不成立拐卖妇女罪。

5. 罪过形式为故意，而且要求“以出卖为目的”。拐骗儿童，无法证明行为人具有出卖儿童的目的的，成立拐骗儿童罪；以勒索财物为目的绑架妇女、儿童的，成立绑架罪；无法证明行为人具有出卖的目的而收买被拐卖的妇女、儿童的，成立收买被拐卖的妇女、儿童罪。

（1）“出卖目的”不等于营利目的，故行为人实际上是否获利，不影响本罪的成立，如为了报复他人而贩卖妇女、儿童的，也成立本罪。

（2）行为人在妇女、儿童之间出现认识错误的，适用对象错误的处理原则，按照法定符合说，不影响本罪的成立，按照客观对象确定罪名。

（二）加重情节

1. 拐卖妇女、儿童集团的首要分子。其中的“首要分子”既非定罪身份，也非量刑身份，而是属于支配性共谋共同正犯，不要求亲手实施拐卖行为。

2. 拐卖妇女、儿童三人以上。其中“三人以上”包含三人，包括妇女三人或者儿童三人或者妇女、儿童共三人的情形。如果针对同一被害人实施多个不同拐卖行为的，仅认定为一人。

3. 奸淫被拐卖的妇女的

（1）其中“妇女”包括幼女，但不能包括男童。

（2）其中“奸淫”指犯罪分子在拐卖过程中，与被害妇女性交的行为。故强制猥亵、侮辱被拐卖的妇女或者儿童的，分别成立强制猥亵、侮辱罪或者猥亵儿童罪，与拐卖妇女、儿童罪并罚。

（3）已满14周岁不满16周岁的人拐卖妇女、儿童的，不成立犯罪；但是，如果在拐卖妇女、儿童的过程中强奸妇女或者奸淫幼女的，则按照强奸罪定罪处罚。

4. 诱骗、强迫被拐卖的妇女卖淫或者将被拐卖的妇女卖给他人迫使其卖淫。

（1）属于结合犯，结合了引诱卖淫罪、引诱幼女卖淫罪、强迫卖淫罪与协助组织卖淫罪的行为。先引诱、强迫妇女卖淫，再拐卖妇女的，应当数罪并罚。

（2）除了《刑法》第240条第1款规定的第3、4项情形，拐卖妇女、儿童，又对被拐卖的妇女、儿童实施故意杀害、伤害、猥亵、侮辱等行为，构成其他犯罪的，应当数罪并罚。

（3）拐卖男童后又引诱、强迫男童卖淫的，则应当以引诱卖淫罪、强迫卖淫罪与拐卖儿童罪数罪并罚。

5. 以出卖为目的，使用暴力、胁迫或者麻醉方法绑架妇女、儿童的。

6. 以出卖为目的，偷盗婴幼儿。对婴幼儿采取欺骗、利诱等手段使其脱离监护人或者看护人的，属于“偷盗婴幼儿”（当然解释）。不满1周岁为婴儿，1周岁以上不满6周岁的为幼儿。

7. 造成被拐卖的妇女、儿童或者其亲属重伤、死亡或者其他严重后果。即由于犯罪分子拐卖妇女、儿童的行为，直接、间接造成被拐卖的妇女、儿童或者其亲属重伤、死亡或者其他严重后果的。如果故意杀害、伤害被害人的，应以拐卖妇女、儿童罪与故意杀人罪数罪并罚。

例如，甲欲绑架女大学生乙卖往外地，乙强烈反抗，甲将乙打成重伤，并多次对乙实施强制猥亵行为。甲尚未将乙卖出便被公安人员抓获。甲为控制妇女乙而将乙打伤的行为不另成立故意伤害罪，属于拐卖妇女罪的加重情形；之后实施的强制猥亵行为不属于奸淫的范畴，单独成立强制猥亵、侮辱罪，与拐卖妇女罪并罚。

8. 将妇女、儿童卖往境外。其中“境外”包括港、澳、台地区。将外国妇女卖往中国境内的，也属于“将妇女、儿童卖往境外的”。实施本罪，同时又组织被拐卖的妇女、儿童偷越（国）边境的，应当数罪并罚。

四、收买被拐卖的妇女、儿童罪

第二百四十一条[1]	【收买被拐卖的妇女、儿童罪】收买被拐卖的妇女、儿童的，处三年以下有期徒刑、拘役或者管制。 【强奸罪】收买被拐卖的妇女，强行与其发生性关系的，依照本法第二百三十六条的规定定罪处罚。 【非法拘禁罪】【强迫劳动罪】【故意伤害罪】【侮辱罪】收买被拐卖的妇女、儿童，非法剥夺、限制其人身自由或者有伤害、侮辱等犯罪行为的，依照本法的有关规定定罪处罚。 收买被拐卖的妇女、儿童，并有第二款、第三款规定的犯罪行为的，依照数罪并罚的规定处罚。 【拐卖妇女、儿童罪】收买被拐卖的妇女、儿童又出卖的，依照本法第二百四十条的规定定罪处罚。 收买被拐卖的妇女、儿童，对被买儿童没有虐待行为，不阻碍对其进行解救的，可以从轻处罚；按照被买妇女的意愿，不阻碍其返回原居住地的，可以从轻或者减轻处罚。
第二百四十二条	【妨害公务罪】以暴力、威胁方法阻碍国家机关工作人员解救被收买的妇女、儿童的，依照本法第二百七十七条的规定定罪处罚。 【聚众阻碍解救被收买的妇女、儿童罪】聚众阻碍国家机关工作人员解救被收买的妇女、儿童的首要分子，处五年以下有期徒刑或者拘役；其他参与者使用暴力、威胁方法的，依照前款的规定处罚。

【犯罪构成：收买行为 + 对象为被拐卖的妇女、儿童 + 犯罪故意 + 已满 16 周岁并具有责任能力的自然人】

（一）犯罪构成

1. 行为对象：“被拐卖的妇女、儿童”。

（1）如果对方“放鸽子”，即男女合伙诈骗的，由于不存在行为对象，属于不可罚的不能犯，不成立犯罪（结果无价值论的立场）。

（2）收买已满 14 周岁的男性的，不成立本罪。

---

〔1〕本条为 2015 年 8 月 29 日全国人大常委会《刑法修正案（九）》第 15 条所修正，修改内容为提高收买人的刑事责任，原法条为：“收买被拐卖的妇女、儿童，按照被买妇女的意愿，不阻碍其返回原居住地的，对被买儿童没有虐待行为，不阻碍对其进行解救的，可以不追究刑事责任。”

2. 危害行为。“收买”，即行为人用金钱或者其他财物，作为被拐卖的妇女、儿童的代价，将妇女、儿童买归自己支配的行为。

（1）这里的“收买”不同于拐卖妇女、儿童罪中的“收买”行为。后者以出卖妇女、儿童为目的，而前者不要求（或无法证明）具有出卖妇女、儿童的目的。但是，这两个犯罪并非对立关系，只要收买了被拐卖的妇女、儿童的，一定符合收买被拐卖的妇女、儿童罪的构成要件；但如果查明行为人具有出卖目的的，则以特殊法条拐卖妇女、儿童罪论处。

（2）帮助收买被拐卖的妇女、儿童的，成立收买被拐卖的妇女、儿童罪的共犯，而不成立拐卖妇女、儿童罪的共犯。

（3）出于结婚目的收买被拐卖的妇女，或者出于抚养目的收买被拐卖的儿童，涉及多名家庭成员、亲友参与的，对其中起主要作用的人员应当依法追究刑事责任。

（4）司法解释规定，明知他人收买被拐卖的妇女、儿童，仍然向其提供被收买妇女、儿童的户籍证明、出生证明或者其他帮助的，以收买被拐卖的妇女、儿童罪的共犯论处，但是，收买人未被追究刑事责任的除外。[1]

（二）罪数问题

1. 收买被拐卖的妇女，强行与其发生性关系的，或者行为人又实施非法拘禁、（以限制人身自由的方法）强迫劳动、故意伤害、侮辱或者强制猥亵等犯罪行为的，应当依法定罪处罚，与收买被拐卖的妇女、儿童罪数罪并罚。注意：其中“性关系”指狭义的性交行为（平义解释）。

2. 行为人为了收买妇女、儿童，而教唆或者帮助他人拐卖妇女、儿童（超出了收买行为的范围），然后又收买了该被拐卖的妇女、儿童的，构成拐卖妇女、儿童罪的共犯与收买被拐卖的妇女、儿童罪，应当数罪并罚。对此，有新观点认为，这种情形应当认定为包括的一罪，从一重罪论处（通说）。

但是，如果行为人仅实施收买行为，没有实施拐卖的共犯行为的，仅成立收买被拐卖的妇女、儿童罪一罪。**例如，甲得知乙是人贩子，想到自己的表弟丙没有妻子，便对乙说：“你下次弄到人后我给你联系卖。”后乙两次拐卖妇女，将第二次拐骗的妇女带到甲家，甲与其表弟丙将该女买下给丙做妻子。在本案中，由于甲的行为并没有超出收买的范围，故不应认定为拐卖妇女罪的共犯。**

3. 以暴力、威胁方法阻碍国家机关工作人员解救被收买的妇女、儿童的，成立妨害公务罪。如果阻碍国家机关工作人员解救已被拐骗、绑架但尚未被出卖（未被收买）的妇女、儿童，则构成拐卖妇女、儿童罪的共犯。

（三）法律拟制

收买被拐卖的妇女、儿童又出卖的，以拐卖妇女、儿童罪论处。

1. 其中的“收买”指不具有（或无法证明）出卖目的的“收买”，即收买被拐卖的

---

〔1〕司法解释采取了最极端从属性说的观点。但是，按照理论界的通说限制从属性说，只要收买人（正犯）实施了收买被拐卖的妇女、儿童的行为，就意味着其实施了符合构成要件的违法行为，即使其具备责任阻却事由或者处罚阻却事由因而未被追究刑事责任，但只要共犯不具备责任阻却事由与处罚阻却事由，就应当定罪处罚。

妇女、儿童罪中的收买，不同于《刑法》第240条拐卖妇女、儿童罪中的“收买”（具有出卖目的）。

2. 如果行为人收买被拐卖的妇女、儿童后，对其实施了强奸、非法拘禁、引诱卖淫等行为，后来又将其出卖的，仅成立拐卖妇女、儿童罪，不能数罪并罚，因为拐卖妇女、儿童罪的行为包括了非法拘禁行为，法定刑升格情节中包括了强奸、引诱卖淫等行为。

3. 如果行为人在收买被拐卖的妇女、儿童后实施了拐卖妇女、儿童罪不能包含的其他犯罪行为（如故意伤害，强制猥亵、侮辱等行为），即使又出卖的，也应认定为拐卖妇女、儿童罪与故意伤害罪等罪，数罪并罚。

（四）从宽处罚情节

收买被拐卖的妇女、儿童，对被买儿童没有虐待行为，不阻碍对其进行解救的，可以从轻处罚；按照被买妇女的意愿，不阻碍其返回原居住地的，可以从轻或者减轻处罚。

练练手

1. 甲为要回30万元赌债，将乙扣押，但2天后乙仍无还款意思。甲等5人将乙押到一处山崖上，对乙说：“3天内让你家人送钱来，如今天不答应，就摔死你。”乙勉强说只有能力还5万元。甲刚说完“一分都不能少”，乙便跳崖。众人慌忙下山找乙，发现乙已坠亡。关于甲的行为定性，下列哪些选项是错误的？[1]

A. 属于绑架致使被绑架人死亡

B. 属于抢劫致人死亡

C. 属于不作为的故意杀人

D. 成立非法拘禁，但不属于非法拘禁致人死亡

2. 甲男（15周岁）与乙女（16周岁）因缺钱，共同绑架富商之子丙，成功索得50万元赎金。甲担心丙将来可能认出他们，提议杀丙，乙同意。乙给甲一根绳子，甲用绳子勒死丙。关于本案的分析，下列哪些选项是正确的？[2]

A. 甲、乙均触犯故意杀人罪，因而对故意杀人罪成立共同犯罪

B. 甲、乙均触犯故意杀人罪，对甲以故意杀人罪论处，但对乙应以绑架罪论处

C. 丙系死于甲之手，乙未杀害丙，故对乙虽以绑架罪定罪，但对乙不能适用“杀害被绑架人”的规定

D. 对甲以故意杀人罪论处，对乙以绑架罪论处，与二人成立故意杀人罪的共同犯罪并不矛盾

3. 关于拐卖妇女罪，下列哪些说法是正确的？[3]

A. 甲欲拐卖妇女，将妇女控制后，没有找到买家，构成拐卖妇女罪未遂

B. 乙欲拐卖妇女，将妇女控制后，没有找到买家，便与妇女以夫妻名义共同生活，仍构成拐卖妇女罪

---

〔1〕 答案：ABC。
〔2〕 答案：ABD。
〔3〕 答案：BC。

C. 丙收买被拐卖的妇女后，将其关押，剥夺其人身自由，后又想卖掉，并将其卖掉，仅以拐卖妇女罪论处即可

D. 成年妇女王某欲离开原居住地，向丁谎称自己卖身救母，需要50万元。丁支付王某50万元，将王某带回家。丁不构成收买被拐卖的妇女罪

第四节　其他侵犯人身权利、民主权利的犯罪

一、诬告陷害罪

第二百四十三条	【诬告陷害罪】捏造事实诬告陷害他人，意图使他人受刑事追究，情节严重的，处三年以下有期徒刑、拘役或者管制；造成严重后果的，处三年以上十年以下有期徒刑。 国家机关工作人员犯前款罪的，从重处罚。 不是有意诬陷，而是错告，或者检举失实的，不适用前两款的规定。

【犯罪构成：诬告陷害行为+对象为他人+情节严重+犯罪故意+意图使他人受刑事追究的目的+已满16周岁并具有责任能力的自然人】

（一）行为表现

捏造事实诬告陷害：其中“捏造事实”属于预备行为，“诬告陷害”是实行行为，故行为人知道系他人捏造的事实而进行诬告陷害的，也可能成立犯罪。

1. 诬告必须是自发地、主动地进行，如果在司法机关调查取证时作虚假陈述的，不成立本罪，可能成立伪证罪等。

2. 告发内容必须是虚假，如果偶然是客观事实的，不成立本罪。但将轻罪事实捏造为重罪事实予以告发的，属于诬告陷害行为。

3. 告发行为足以引起公安、司法机关刑事追究活动，如果虚假告发他人违反《治安管理处罚法》的，不成立诬告陷害罪。但将轻罪事实捏造为重罪事实予以告发的，或者使犯一罪的人受到数罪追究可能的，或者犯罪人被追究刑事责任后诬告他人与自己成立共犯的，属于诬告陷害行为。

4. 必须向有刑事追究权力的机关（包括监察委）告发，才成立本罪；如果向媒体等单位告发，可能成立诽谤罪。

5. 征得他人同意或者经他人请求而诬告他人犯罪的，阻却违法性，不成立诬告陷害罪。由于生命的承诺无效，故诬告他人犯罪可能判处死刑的，仍然成立诬告陷害罪。如果诬告陷害行为导致他人被错判死刑的，应以诬告陷害罪与故意杀人罪（间接正犯）的想象竞合犯论处。

（二）行为对象：他人

1. 虚告自己犯罪的，不成立本罪；如果司法机关做调查时，声称自己实施犯罪行为的，可能成立包庇罪。

2. 虚告虚无人的，不成立本罪，但告发足以使司法机关确认对象的，就成立本罪。

3. 诬告没有达到刑事法定年龄或者没有责任能力的人犯罪的，成立本罪。

4. 由于所有单位犯罪都要处罚负责任的自然人，故诬告单位犯罪的，成立本罪。

（三）既遂标准

只要诬告行为达到使司法机关可能采取刑事追究活动的程度（即符合立案标准）就既遂，不要求事实上采取了刑事追究活动，更不要求判处刑罚。

（四）情节严重

通常指足以引起公安、司法机关的刑事追究活动。

例如，乙犯轻罪盗窃罪，甲捏造事实诬告乙犯重罪抢劫罪的，甲成立诬告陷害罪。但是，乙犯了轻罪盗窃罪，甲告发后司法机关不立案、不受理，于是甲为了使司法机关能追究乙轻罪的刑事责任，就告发乙犯了重罪抢劫罪的，甲不成立诬告陷害罪。

（五）责任形式

故意。如果过失诬告陷害他人的，不成立犯罪，所以，错告或检举失实的，不成立犯罪。其中"意图使他人受刑事追究"是主观目的，但不等于"意图使他人受刑罚处罚"。

（六）从重处罚

国家机关工作人员犯诬告陷害罪。

二、强迫劳动罪

第二百四十四条[1]	【强迫劳动罪】以暴力、威胁或者限制人身自由的方法强迫他人劳动的，处三年以下有期徒刑或者拘役，并处罚金；情节严重的，处三年以上十年以下有期徒刑，并处罚金。 明知他人实施前款行为，为其招募、运送人员或者有其他协助强迫他人劳动行为的，依照前款的规定处罚。 单位犯前两款罪的，对单位判处罚金，并对其直接负责的主管人员和其他直接责任人员，依照第一款的规定处罚。

【犯罪构成：直接或者间接强迫劳动的行为 + 对象为他人 + 犯罪故意 + 已满 16 周岁并具有责任能力的自然人或者单位】

（一）直接强迫劳动行为

行为人使用暴力、威胁或者限制人身自由的方法强迫他人劳动。

1. 手段行为："以暴力、威胁或者限制人身自由的方法"。

（1）其中"暴力""威胁"，是指广义的暴力、胁迫，不要求达到压制被害人反抗的程度。如果强迫劳动的行为同时成立故意伤害罪的，属于想象竞合犯。

（2）其中"限制人身自由"，是指将他人的人身自由控制在一定范围、一定限度内的方法（如不准他人外出，不准他人参加社交活动等）；如果采取剥夺人身自由的方法（如将他

---

〔1〕本条为2011年2月25日全国人大常委会《刑法修正案（八）》第38条所修正。1997年《刑法》原条文为："用人单位违反劳动管理法规，以限制人身自由方法强迫职工劳动，情节严重的，对直接责任人员，处三年以下有期徒刑或者拘役，并处或者单处罚金。"

人长时间关闭在车间里）强迫劳动的，则成立非法拘禁罪与强迫劳动罪的想象竞合犯。

2. 目的行为。即“强迫他人劳动”。其中“他人”不限于单位职工，包括任何他人。其中“强迫劳动”是指违反被害人意愿迫使其从事劳动，包括强迫他人从事不同类型的劳动，从事超强度、超体力、超时间的劳动，从事体力劳动或者脑力劳动等。行为人是否提供劳动报酬，不影响本罪的成立。

3. 既遂标准。强迫行为使被害人开始从事其不愿意从事的劳动的，成立本罪既遂。

4. 违法阻却事由。监狱强制犯人劳动的，企业、事业单位依法对职工的劳动作严格要求的，不成立犯罪。

（二）间接强迫劳动行为

即协助强迫劳动。这属于帮助犯的量刑规则（量刑的正犯化），而非帮助犯的正犯化。

1. 应当按照帮助犯的成立条件判断是否符合该条款。其成立犯罪以被害人被他人强迫劳动为前提，而行为人（协助强迫劳动者）与强迫劳动者具有共犯关系；如果被害人没有被他人强迫劳动的，行为人（协助强迫劳动者）不成立本罪。

例如，甲明知乙将要或者正在强迫他人劳动，便采取发短信的方式为乙招募人员，但乙没有接收甲招募的人员，或者没有强迫这些人员劳动的，乙没有实施强迫劳动的行为，甲的行为既没有直接也没有间接侵犯他人劳动自由，故不成立犯罪。

2. 对此，不再适用《刑法》第27条关于从犯（帮助犯）的处罚规定，而是直接适用《刑法》第244条第1款的处罚规定。

三、雇用童工从事危重劳动罪

第二百四十四条之一[1]	【雇用童工从事危重劳动罪】违反劳动管理法规，雇用未满十六周岁的未成年人从事超强度体力劳动的，或者从事高空、井下作业的，或者在爆炸性、易燃性、放射性、毒害性等危险环境下从事劳动，情节严重的，对直接责任人员，处三年以下有期徒刑或者拘役，并处罚金；情节特别严重的，处三年以上七年以下有期徒刑，并处罚金。 有前款行为，造成事故，又构成其他犯罪的，依照数罪并罚的规定处罚。

【犯罪构成：雇佣童工从事危重劳动的行为＋对象为童工＋犯罪故意＋已满16周岁并具有责任能力的自然人或者单位】

1. 行为对象。童工，即未满16周岁的未成年人（其承诺无效）。

2. “雇用”行为包括雇佣、使用（或利用），即包括不支付劳动报酬的情形。

3. 情节严重。雇用童工在爆炸性、易燃性、放射性、毒害性等危险环境下从事劳动的，必须“情节严重”。

4. 罪数问题。雇用童工从事危重劳动，造成事故，又构成重大责任事故罪等，应当数罪并罚。雇用童工从事危重劳动，又以暴力、威胁或者限制人身自由方法强迫其劳动的，应当数罪并罚。

---

[1] 本条为2002年12月28日全国人大常委会《刑法修正案（四）》第4条所增设。

四、非法搜查罪、非法侵入住宅罪

第二百四十五条	【非法搜查罪】【非法侵入住宅罪】非法搜查他人身体、住宅，或者非法侵入他人住宅的，处三年以下有期徒刑或者拘役。 司法工作人员滥用职权，犯前款罪的，从重处罚。

（一）非法搜查罪

【犯罪构成：非法搜查行为 + 对象为他人身体、住宅 + 犯罪故意 + 已满 16 周岁并具有责任能力的自然人】

（二）非法侵入住宅罪

【犯罪构成：非法侵入行为 + 对象为他人住宅 + 犯罪故意 + 已满 16 周岁并具有责任能力的自然人】

1. 不法要素

（1）“非法”。即不经住宅主人同意，又没有法律根据，或不依法定程序强行侵入。同时也意味着存在违法阻却事由。

（2）“侵入”。即以侵害他人住宅安宁的形式进入（侵害安宁说），侵入行为属于继续犯，开始侵入他人住宅时为着手，行为人身体的全部进入住宅时是侵入既遂。传统刑法理论认为，经权利人要求退去而拒不退去的，也属于非法侵入住宅的表现形式（不作为方式），但这种解释至少是扩大解释甚至是类推解释。

（3）“他人住宅”。即不是行为人生活在其中的他人住宅。“住宅”属于规范的构成要件要素，包括供人起居寝食之用的场所以及用于日常生活所占居的场所。

2. 从重处罚情节。司法工作人员滥用职权，犯非法搜查或者非法侵入住宅罪的，从重处罚。

3. 罪数问题

（1）非法侵入他人住宅后进行杀人、伤害、强奸等犯罪活动的，属于牵连犯，从一重罪处罚。

（2）入户抢劫或者入户盗窃的，仅认定为抢劫罪、盗窃罪，不实行并罚。

（3）非法侵入住宅后非法搜查住宅的，从一重罪处罚。

五、刑讯逼供罪、暴力取证罪

第二百四十七条	【刑讯逼供罪】【暴力取证罪】【故意伤害罪】【故意杀人罪】司法工作人员对犯罪嫌疑人、被告人实行刑讯逼供或者使用暴力逼取证人证言的，处三年以下有期徒刑或者拘役。致人伤残、死亡的，依照本法第二百三十四条、第二百三十二条的规定定罪从重处罚。

【刑讯逼供罪的犯罪构成：主体为司法工作人员 + 刑讯逼供行为 + 对象为犯罪嫌疑

人、被告人＋犯罪故意＋逼取口供的目的＋已满16周岁并具有责任能力的自然人】

【暴力取证罪的犯罪构成：主体为司法工作人员＋暴力取证行为＋对象为证人＋犯罪故意＋逼取证人证言的目的＋已满16周岁并具有责任能力的自然人】

（一）行为主体

“司法工作人员”，即指有侦查、检察、审判、监管职责的工作人员。故刑讯逼供罪与暴力取证罪属于真正的身份犯。一般公民与司法工作人员伙同刑讯逼供、暴力取证的，成立刑讯逼供罪、暴力取证罪的共犯。

（二）刑讯逼供罪的不法内容

1. 行为对象。即“犯罪嫌疑人、被告人”。其中“被告人”只能是刑事案件的被告人，“犯罪嫌疑人”是指被公安、司法机关作为嫌疑人对待或者被采取刑事追诉手段的人。犯罪嫌疑人、被告人的行为是否成立犯罪，不影响刑讯逼供罪的成立。

2. 危害行为。即刑讯逼供。“刑讯”意味着行为人必须实施了肉刑或者变相肉刑的行为，但只是诱供、指供或者佯装刑讯的，不成立刑讯逼供罪。“逼供”意味着必须逼迫犯罪嫌疑人、被告人做出某种供述（口供或者书面陈述），但使用肉刑或变相肉刑并不逼取供述的，不属于刑讯逼供行为。

3. 违法阻却事由。（1）法令行为。根据法律规定与实际需要，对犯罪嫌疑人、被告人使用械具进行审问的，阻却违法性。（2）正当防卫。犯罪分子绑架被害人后，将人质藏匿在危险场所，不及时营救就会有生命危险的，或者恐怖犯罪分子将定时炸弹藏匿公共场所，具有爆炸的紧迫危险，一般人或者司法工作人员使用暴力迫使犯罪分子说出藏匿地点的，属于针对持续犯的正当防卫。

（三）暴力取证罪的不法内容

1. 行为对象。即“证人”，包括狭义的证人、被害人、鉴定人、不具有作证资格的人、不知道案件真相的人、民事诉讼和行政诉讼中的证人。

2. 危害行为。即暴力逼取证人证言。（1）“暴力”，是指对证人使用有形力的一切方法，其程度没有限定。如果没有实施暴力行为，而是以暴力相威胁的，不成立暴力取证罪。（2）“逼取证人证言”，是指强迫证人做出证言（口头或书面陈述），包括逼取证人提供证言、提供有利于当事人的证言或者不利于当事人的证言。（3）暴力取证行为同时触犯伪证罪、徇私枉法罪的，属于想象竞合犯，从一重罪论处。

（四）法律拟制

“致人伤残、死亡的”，依照故意伤害罪、故意杀人罪定罪并从重处罚。

1. 其中“伤残”，仅指重伤或残废，不包括轻伤（如果造成轻伤的，仍以刑讯逼供罪或者暴力取证罪论处）；“致人死亡”，是指由于刑讯逼供或者暴力取证行为致使被害人当场死亡或者经抢救无效死亡，原则上不包含被害人自杀的情形。

2. 数罪并罚。如果司法工作人员先实施刑讯逼供或者暴力取证行为已经构成犯罪，后产生杀人、伤害故意并杀害、伤害被害人的，成立刑讯逼供罪或者暴力取证罪与故意杀人罪、故意伤害罪数罪并罚。

六、虐待被监管人罪

第二百四十八条	【虐待被监管人罪】【故意伤害罪】【故意杀人罪】监狱、拘留所、看守所等监管机构的监管人员对被监管人进行殴打或者体罚虐待，情节严重的，处三年以下有期徒刑或者拘役；情节特别严重的，处三年以上十年以下有期徒刑。致人伤残、死亡的，依照本法第二百三十四条、第二百三十二条的规定定罪从重处罚。 监管人员指使被监管人殴打或者体罚虐待其他被监管人的，依照前款的规定处罚。

【犯罪构成：主体为监管人员＋殴打或者体罚虐待行为＋对象为被监管人＋情节严重＋犯罪故意＋已满16周岁并具有责任能力的自然人】

1. 行为主体。即“监管人员”，包括监狱、拘留所、看守所、缉捕戒毒所、收容教养所等监管机构的监管人员，还包括检察院与法院在押解途中、提讯或者开庭审理期间行使监管职责的司法警察。

2. 行为对象。即“被监管人”，包括被拘留、逮捕的犯罪嫌疑人、被告人，被判处拘役、徒刑、死刑的犯罪人，以及被强制戒毒人员、被收容教养人员、被行政拘留人员、被司法拘留人员等。

3. 危害行为。即“殴打或者体罚虐待”，要求是在行为主体执行职务的过程中实施。其中“体罚虐待”包含体罚、虐待以及既体罚也虐待。如果对被监管的女性实施性虐待，同时触犯强奸罪，强制猥亵、侮辱罪的，属于想象竞合犯，从一重罪论处。

4. 违法阻却事由。在犯人可能有逃跑、暴行或其他危险性行为的时候，经批准使用械具的，以及依法对犯人给予禁闭处罚的，属于合法行为，不成立本罪。

5. 法律拟制。“致人伤残、死亡的”，依照故意伤害罪、故意杀人罪定罪并从重处罚。

6. 监管人员指使被监管人殴打或者体罚虐待其他被监管人，情节严重的，成立虐待被监管人罪。如果致人伤残、死亡的，成立故意伤害罪、故意杀人罪。

七、暴力干涉婚姻自由罪

第二百五十七条	【暴力干涉婚姻自由罪】以暴力干涉他人婚姻自由的，处二年以下有期徒刑或者拘役。 犯前款罪，致使被害人死亡的，处二年以上七年以下有期徒刑。 第一款罪，告诉的才处理。

【犯罪构成：暴力干涉他人婚姻自由的行为＋犯罪故意＋已满16周岁并具有责任能力的自然人】

1. 以暴力干涉他人婚姻自由。仅有干涉行为而没有实施暴力的，不构成本罪；仅以暴力相威胁进行干涉的，也不构成本罪；暴力极为轻微的（如打一耳光），不能视为本罪的暴力行为。其中“婚姻自由”包括结婚自由与离婚自由。

2. 结果加重犯：暴力干涉婚姻自由，致使被害人死亡。包括行为人在实施暴力干涉婚姻自由行为的过程中过失导致被害人死亡，以及因暴力干涉婚姻自由而直接引起被害人自杀身亡。其中“被害人”，仅限于受到暴力干涉的被害人，而不包括其他人。

（1）如果行为人长期以暴力干涉婚姻自由，只要其中一次属于故意杀人或故意重伤行为，则构成暴力干涉婚姻自由罪与故意杀人罪或故意伤害罪，实行数罪并罚。

（2）如果行为人以故意杀人、故意重伤、非法拘禁等方法干涉他人婚姻自由的，属于想象竞合犯，从一重罪处断。

3. 暴力干涉婚姻自由罪的基本情形（《刑法》第 257 条第 1 款）属于亲告罪，但《刑法》第 257 条第 2 款规定的结果加重犯则不属于亲告罪。

八、虐待罪

第二百六十条[1]	【虐待罪】虐待家庭成员，情节恶劣的，处二年以下有期徒刑、拘役或者管制。 犯前款罪，致使被害人重伤、死亡的，处二年以上七年以下有期徒刑。 第一款罪，告诉的才处理，但被害人没有能力告诉，或者因受到强制、威吓无法告诉的除外。

【犯罪构成：虐待行为 + 对象为家庭成员 + 情节恶劣 + 犯罪故意 + 已满 16 周岁并具有责任能力的自然人】

1. 行为对象。即“家庭成员”，要求虐待人与被虐待人之间存在一定的亲属关系或收养关系。如果能够将保姆、雇员或者同居者评价为事实上的家庭成员的，也属于“家庭成员”。

2. 危害行为。即“虐待”，表现为肉体上的摧残与精神上的折磨。表现方式可能有作为或者不作为，还可能同时包含了作为与不作为，但单纯的不作为难以成立虐待罪（单纯的有病不予治疗、不提供饮食等行为，可能构成遗弃罪）。

3. 结果加重犯：虐待致使被害人重伤、死亡。

（1）虐待行为过失导致被害人重伤或者死亡的；或者因虐待致使被害人不堪忍受而自残、自杀，导致重伤或者死亡的，属于虐待“致使被害人重伤、死亡”，应当以虐待罪定罪处罚。如果行为人故意造成被害人伤害或死亡的，应认定为构成故意伤害罪或故意杀人罪。

（2）在情节恶劣的经常性虐待过程中，其中一次产生伤害或杀人故意，进而实施伤害或杀人行为的，则构成虐待罪与故意伤害罪或故意杀人罪，数罪并罚。

4. 亲告罪。只有《刑法》第 260 条第 1 款规定的情形才属于告诉才处理的犯罪，《刑法》第 260 条第 2、3 款规定的结果加重犯情形不属于亲告罪的范围。

---

〔1〕本条第 3 款为 2015 年 8 月 29 日全国人大常委会《刑法修正案（九）》第 18 条所修正，增加了“但被害人没有能力告诉，或者因受到强制、威吓无法告诉的除外”。

九、虐待被监护、看护人罪

第二百六十条之一[1]	【虐待被监护、看护人罪】对未成年人、老年人、患病的人、残疾人等负有监护、看护职责的人虐待被监护、看护的人，情节恶劣的，处三年以下有期徒刑或者拘役。 单位犯前款罪的，对单位判处罚金，并对其直接负责的主管人员和其他直接责任人员，依照前款的规定处罚。 有第一款行为，同时构成其他犯罪的，依照处罚较重的规定定罪处罚。

【犯罪构成：虐待行为＋对象为被监护人、看护人＋情节恶劣＋犯罪故意＋已满16周岁并具有责任能力的自然人或者单位】

1. 行为主体。"负有监护、看护职责的人"，如孤儿院、养老院、医院等机构的工作人员，以及受雇请照顾患者、儿童的人，包括单位。

2. 行为对象。"未成年人、老年人、患病的人、残疾人等"，包括一切处于他人监护、看护中的人，通常是没有独立生活能力的人或者独立生活能力低下的人。

3. 罪数问题。实施虐待被监护、看护人的行为，同时构成其他犯罪，从一重罪处罚。行为同时触犯虐待被监护、看护人罪与虐待罪，成立想象竞合。同理，虐待行为致使被害人重伤、死亡的，成立虐待被监护、看护人罪与过失致人重伤罪或者过失致人死亡罪的想象竞合犯。

十、拐骗儿童罪

第二百六十二条	【拐骗儿童罪】拐骗不满十四周岁的未成年人，脱离家庭或者监护人的，处五年以下有期徒刑或者拘役。

【犯罪构成：拐骗行为＋对象为儿童＋犯罪故意＋已满16周岁并具有责任能力的自然人】

拐骗儿童罪的法益是未成年人的人身自由与身体安全，而非监护权，故监护人可以成为本罪的共犯。

1. 危害行为：拐骗儿童。表现为蒙骗、利诱，但将儿童偷走、抢走的行为也成立本罪（平义解释）。从收买者、拐骗者、拐卖者处拐骗儿童的，成立拐骗儿童罪。

2. 责任。罪过形式为故意，不具有或者不能证明具有出卖或者勒索财物等目的。如果证明行为人以出卖为目的拐骗儿童的，成立拐卖儿童罪。如果行为人以勒索财物或者满足其他不法要求为目的，以暴力、胁迫等手段控制儿童作为人质的，成立绑架罪。

3. 罪数问题。（1）拐骗儿童的行为本身导致儿童伤害的，属于想象竞合犯。（2）以抚养为目的偷盗婴幼儿或者拐骗儿童，之后予以出卖的，属于包括的一罪，应以重罪拐卖儿童罪论处。

---

〔1〕本条第3款为2015年8月29日全国人大常委会《刑法修正案（九）》第19条所增设。

十一、组织未成年人进行违反治安管理活动罪

第二百六十二条之二[1]	【组织未成年人进行违反治安管理活动罪】组织未成年人进行盗窃、诈骗、抢夺、敲诈勒索等违反治安管理活动的，处三年以下有期徒刑或者拘役，并处罚金；情节严重的，处三年以上七年以下有期徒刑，并处罚金。

【犯罪构成：组织进行盗窃等违反治安管理活动行为＋对象为未成年人＋犯罪故意＋已满16周岁并具有责任能力的自然人】

行为人组织未成年人进行盗窃、诈骗、抢夺、敲诈勒索等活动，未成年人盗窃、诈骗、抢夺、敲诈勒索的财物数额较大或者巨大时，同时触犯本罪与盗窃、诈骗、抢夺、敲诈勒索等罪的教唆犯或者间接正犯，属于想象竞合犯；如果明显属于两个不同的行为，则可能数罪并罚。

十二、侮辱罪、诽谤罪

第二百四十六条[2]	【侮辱罪】【诽谤罪】以暴力或者其他方法公然侮辱他人或者捏造事实诽谤他人，情节严重的，处三年以下有期徒刑、拘役、管制或者剥夺政治权利。 前款罪，告诉的才处理，但是严重危害社会秩序和国家利益的除外。 通过信息网络实施第一款规定的行为，被害人向人民法院告诉，但提供证据确有困难的，人民法院可以要求公安机关提供协助。

（一）侮辱罪

【犯罪构成：公然侮辱行为＋对象为他人＋情节严重＋犯罪故意＋已满16周岁并具有责任能力的自然人】

1. 行为内容。即“暴力或者其他方法侮辱”。其中“侮辱”行为，属于规范的构成要件要素，是指对他人予以轻蔑的价值判断的表示。“暴力”行为，是指使用强力败坏他人的名誉。“其他方法”，是指非暴力的动作侮辱、言辞侮辱或者文字、图画侮辱。进行侮辱的事实本身是否真实，无关紧要。

2. 行为表现形式。即“公然”，是指采用不特定或者多数人可能知悉的方式对他人进行侮辱，不要求必然发生在公共场所或者被害人在场，只要不特定的人或者多数人可能知悉，即使实际上没有知悉，也不影响本罪的成立。

注意

公然是对侮辱行为的要求，而非对侮辱结果的要求。

3. 行为对象。即“他人”，必须是特定的人，要求具体、确定。法人也不能成为本

[1] 本条为2009年2月28日全国人大常委会《刑法修正案（七）》第8条所增设。
[2] 本条第3款为2015年8月29日全国人大常委会《刑法修正案（九）》第16条所增加。

罪对象。

4. 违法阻却事由。散布有损他人名誉的真实事实，保护公共利益的，阻却违法性。

5. 侮辱罪与强制猥亵、侮辱罪的关系。侮辱罪的法益是他人的名誉，强制猥亵、侮辱罪的法益是他人的（广义的）性的自己决定权。公然对他人实施的强制猥亵、侮辱行为，既损坏了他人的名誉，触犯了侮辱罪，也侵害了更为重要的法益即他人的（广义的）性的自己决定权，触犯了强制猥亵、侮辱罪，属于想象竞合犯，应以重罪强制猥亵、侮辱罪论处。

（二）诽谤罪

【犯罪构成：诽谤行为＋对象为他人＋情节严重＋犯罪故意＋已满16周岁并具有责任能力的自然人】

1. 危害行为。“捏造事实”属于预备行为，将捏造的事实予以散布才是诽谤的实行行为。故明知是损害他人名誉的虚假事实而散布的，也属于诽谤。换言之，捏造事实诽谤他人是指“利用捏造的事实诽谤他人”或者“以捏造的事实诽谤他人”，而非指“先捏造事实、后诽谤他人”。

2. 散布对象。行为人捏造他人的犯罪事实，如果向不特定或者多数人散布以败坏他人名誉的，属于诽谤；如果向公安、司法等机关告发的，属于诬告陷害。

3. 诽谤罪与侮辱罪。诽谤罪中行为人散布的必须是损害他人名誉的虚假事实，而侮辱罪既可以不用具体事实，也可以用真实事实损害他人名誉。但诽谤罪中所散布的事实必须足以使人信以为真，否则不是诽谤，可能成立侮辱。

例如，数落他人长着“猪脑袋”的，骂他人是“狐狸精”的，骂他人全家均为“婊子”所生的，属于侮辱行为。

（三）亲告罪

1. 侮辱罪、诽谤罪属于告诉才处理的犯罪，但是严重危害社会秩序和国家利益的除外。

2. 通过信息网络实施《刑法》第246条第1款规定的行为（即告诉才处理的情形），被害人向人民法院告诉，但提供证据确有困难的，人民法院可以要求公安机关提供协助。

十三、侵犯公民个人信息罪

第二百五十三条之一[1]	【侵犯公民个人信息罪】违反国家有关规定，向他人出售或者提供公民个人信息，情节严重的，处三年以下有期徒刑或者拘役，并处或者单处罚金；情节特别严重的，处三年以上七年以下有期徒刑，并处罚金。

[1] 本条为2015年8月29日全国人大常委会《刑法修正案（九）》第17条所修改，第1款将本罪主体改为一般主体，第2款对特殊主体作了从重处罚的规定，第3款作为本罪的一种实行行为表现。原法条为“（第1款）国家机关或者金融、电信、交通、教育、医疗等单位的工作人员，违反国家规定，将本单位在履行职责或者提供服务过程中获得的公民个人信息，出售或者非法提供给他人，情节严重的，处三年以下有期徒刑或者拘役，并处或者单处罚金。（第2款）窃取或者以其他方法非法获取上述信息，情节严重的，依照前款的规定处罚。（第3款）单位犯前两款罪的，对单位判处罚金，并对其直接负责的主管人员和其他直接责任人员，依照各该款的规定处罚。”

续表

第二百五十三条之一	违反国家有关规定，将在履行职责或者提供服务过程中获得的公民个人信息，出售或者提供给他人的，依照前款的规定从重处罚。 窃取或者以其他方法非法获取公民个人信息的，依照第一款的规定处罚。 单位犯前三款罪的，对单位判处罚金，并对其直接负责的主管人员和其他直接责任人员，依照各该款的规定处罚。

【犯罪构成：非法出售、提供或者获取行为 + 对象为公民个人信息 + 情节严重 + 犯罪故意 + 已满 16 周岁并具有责任能力的自然人或者单位】

（一）不法要素

1. “违反国家有关规定”。即违反法律、行政法规、部门规章有关公民个人信息保护的规定。

2. “公民个人信息”。即以电子或者其他方式记录的能够单独或者与其他信息结合识别特定自然人身份或者反映特定自然人活动情况的各种信息，包括姓名、身份证件号码、通信通讯联系方式、住址、账号密码、财产状况、行踪轨迹等。其本质为能够独立或者结合其他信息识别自然人身份或者行踪，不包括匿名化处理后不能识别自然人身份的信息。

（1）包含：使用人脸识别技术处理的人脸信息以及基于人脸识别技术生成的人脸信息；服务提供者专门发给特定手机号码的数字、字母等单独或者其组合构成的验证码。

（2）不包含：与死者或者单位相关的信息；企业工商登记等信息中所包含的手机、电话号码等信息，需明确用途；公司购买、使用的手机、电话号码等信息。

3. “非法出售或者提供公民个人信息”。即向特定人非法出售或者提供公民个人信息，以及通过信息网络或者其他途径发布公民个人信息，包括未经被收集者同意，将合法收集的公民个人信息向他人提供，但是经过处理无法识别特定个人且不能复原的除外。

4. “窃取或者以其他方法非法获取公民个人信息”。即违反国家有关规定，通过购买、收受、交换等方式获取公民个人信息，或者在履行职责、提供服务过程中收集公民个人信息。

5. “情节严重”。成立本罪要求“情节严重”。

（二）罪数

1. 设立用于实施非法获取、出售或者提供公民个人信息违法犯罪活动的网站、通讯群组，情节严重的，以非法利用信息网络罪定罪处罚；同时构成侵犯公民个人信息罪的，依照侵犯公民个人信息罪定罪处罚。

2. 侵犯公民个人信息并利用该信息诈骗财物的，以侵犯公民个人信息罪与诈骗罪并罚。

3. 明知他人意图杀害被害人，而非法提供被害人个人信息给他人，致使他人杀害被害人的，行为人成立侵犯公民个人信息罪与故意杀人罪（帮助犯）的想象竞合犯；他人成立侵犯公民个人信息罪与故意杀人罪，应当并罚。

十四、侵犯通信自由罪

第二百五十二条	【侵犯通信自由罪】隐匿、毁弃或者非法开拆他人信件，侵犯公民通信自由权利，情节严重的，处一年以下有期徒刑或者拘役。

【犯罪构成：隐匿、毁弃或者非法开拆行为 + 对象为他人信件 + 情节严重 + 犯罪故意 + 已满 16 周岁并具有责任能力的自然人】

1. 行为对象。即“他人信件”。

（1）信件包括特定人向特定人转达意思、表达感情、记载事实的文书、语音（包括电子邮件、微信、QQ 中的语音等）。非法截获、篡改、删除他人电子邮件或者其他数据资料，侵犯公民通信自由和通信秘密构成犯罪的，以侵犯通信自由罪论处。

（2）他人所有的信件（要求发件人或者收件人中至少一方是自然人），不包括单位之间公函（隐匿、毁弃、非法开拆单位信函的，可能成立毁灭国家机关公文罪、故意泄露国家秘密罪或者无罪）；而且不要求通过邮政局投递。

（3）根据信件的性质，隐匿、毁弃的对象包括明信片，但对明信片不可能非法开拆。

2. 危害行为。即“隐匿、毁弃或者非法开拆”。

（1）“隐匿”是指妨害权利人发现信件的一切行为。

（2）“毁弃”是指妨害信件本来效用的一切行为。

（3）“非法开拆”是指擅自使他人信件内容处于第三者（指发件人与收件人以外的人，包括行为人）可能知悉的状态的一切行为，但不要求第三者已经知悉信件的内容。

3. 违法阻却事由。根据有权机关的合法指示，扣押他人信件的，阻却违法性。

4. 想象竞合。非法开拆他人信件，侵犯公民通信自由权利，情节严重，并从中窃取数额较大财物的，成立侵犯通信自由罪与盗窃罪的想象竞合犯。

5. 数罪并罚。非法开拆他人信件，侵犯公民通信自由权利，情节严重，并从中窃取汇票或汇款支票，冒名骗取汇兑款数额较大的，认定为侵犯通信自由罪和金融诈骗犯罪，数罪并罚。

十五、重婚罪

第二百五十八条	【重婚罪】有配偶而重婚的，或者明知他人有配偶而与之结婚的，处二年以下有期徒刑或者拘役。

【犯罪构成：有配偶而重婚或者明知他人有配偶而重婚的行为 + 犯罪故意 + 已满 16 周岁并具有责任能力的自然人】

1.“有配偶而重婚”。其中“有配偶”指男子有妻、女子有夫，其夫妻关系（包括登记婚与事实婚形成的夫妻关系）处于存续期间。其中“重婚”包括再次登记婚与事实婚。在我国，同性婚姻不成立重婚；有配偶的人变性后与他人再结婚的，一般不认定为重婚。

2. “明知他人有配偶而与之结婚的”。其中“明知”是对犯罪故意的强调，要求相婚者明知他人有配偶而与之结婚（登记婚或者事实婚）。

3. 罪过形式为故意。重婚罪属于继续犯，其追诉时效应从解除重婚关系之日起开始计算。

4. 期待可能性。结婚后因遭受自然灾害外流谋生，或者因配偶长期外出下落不明，造成家庭生活严重困难，又与他人形成事实婚姻的；因强迫、包办婚姻或因婚后受虐待外逃，或者已婚妇女在被拐卖后，与他人形成事实婚姻的，由于受客观条件所迫，不具有期待可能性，阻却责任，不成立重婚罪。如果妇女又与他人前往婚姻登记机关登记结婚的，则具有期待可能性。

十六、破坏军婚罪

第二百五十九条	【破坏军婚罪】明知是现役军人的配偶而与之同居或者结婚的，处三年以下有期徒刑或者拘役。 【强奸罪】利用职权、从属关系，以胁迫手段奸淫现役军人的妻子的，依照本法第二百三十六条的规定定罪处罚。

【犯罪构成：同居或者结婚行为 + 对象为现役军人的配偶 + 犯罪故意 + 已满 16 周岁并具有责任能力的自然人】

1. “现役军人的配偶”，指现役军人的妻子或丈夫，不包括未婚夫或者未婚妻。

2. “同居”，指在一定时期内与现役军人的配偶姘居且共同生活，包括公开与秘密同居两种情况。同居不同于结婚与通奸。

3. “结婚”，指与现役军人的配偶登记结婚或者形成事实婚姻。这种破坏军婚罪的行为，与重婚罪不是对立关系，而是法条竞合关系。如果重婚行为符合破坏军婚罪的犯罪构成，应以破坏军婚罪论处。

4. 罪过形式为故意。破坏军婚罪属于继续犯，其追诉时效应从解除重婚关系之日起开始计算。

5.《刑法》第 259 条第 2 款关于强奸罪的规定属于注意规定，故只有当行为符合《刑法》第 236 条规定的强奸罪的犯罪构成时，才能适用《刑法》第 236 条以强奸罪论处。

练练手

1. 关于刑讯逼供罪的认定，下列哪些选项是错误的?〔1〕

A. 甲系机关保卫处长，采用多日不让小偷睡觉的方式，迫其承认偷盗事实。甲构成

---

〔1〕 答案：ACD。

刑讯逼供罪

B. 乙系教师，受聘为法院人民陪审员，因庭审时被告人刘某气焰嚣张，乙气愤不过，一拳致其轻伤。乙不构成刑讯逼供罪

C. 丙系检察官，为逼取口供殴打犯罪嫌疑人郭某，致其重伤。对丙应以刑讯逼供罪论处

D. 丁系警察，讯问时佯装要实施酷刑，犯罪嫌疑人因害怕承认犯罪事实。丁构成刑讯逼供罪

2. 下列哪种情形构成诬告陷害罪？[1]

A. 甲为了得到提拔，便捏造同事曹某包养情人并匿名举报，使曹某失去晋升机会

B. 乙捏造“文某明知王某是实施恐怖活动的人而向其提供资金”的事实，并向公安部门举报

C. 丙捏造同事贾某受贿10万元的事实，并写成500份传单在县城的大街小巷张贴

D. 丁匿名举报单位领导王某贪污救灾款50万元。事后查明，王某只贪污了救灾款5000元

3. 关于侮辱罪与诽谤罪的论述，下列哪些选项是错误的？[2]

A. 为寻求刺激在车站扒光妇女衣服，引起他人围观的，触犯强制猥亵、侮辱罪，未触犯侮辱罪

B. 为报复妇女，在大街上边打妇女边骂“狐狸精”，情节严重的，应以侮辱罪论处，不以诽谤罪论处

C. 捏造他人强奸妇女的犯罪事实，向公安机关和媒体告发，意图使他人受刑事追究，情节严重的，触犯诬告陷害罪，未触犯诽谤罪

D. 侮辱罪、诽谤罪属于亲告罪，未经当事人告诉，一律不得追究被告人的刑事责任

---

〔1〕 答案：B。
〔2〕 答案：ACD。

第十六章
侵犯财产罪

第一节 财产犯罪的基本结构

一、侵犯财产罪中的“财产”与“财物”

（一）财产

关于财产的理解，存在三种观点：法律的财产说（强调民事权利）、经济的财产说（强调经济价值）与法律的·经济的财产说（法秩序保护的具有经济价值的利益）。主流观点为以经济财产说为基础的折中说，认为只要造成了值得法秩序保护的经济损失，就存在财产损失。但是，造成他人经济损失的行为挽回了更大的或者同等法益，不存在财产损失；单纯使他人免除非法债务的，不存在财产损失。

1. 拒不支付劳动报酬罪：法益内容为他人获得劳动报酬的财产性权利。

2. 故意毁坏财物罪与侵占罪：法益内容为他人对财物的所有权。

3. 转移占有类型的财产犯罪：存在所有权说和修正的占有说（通说）的分歧。

4. 职务侵占罪：如果认为职务侵占罪是侵占罪的特殊法条，则其法益为单位财产的所有权（占有以外的其他权能）；如果认为侵占罪是取得型犯罪的特殊法条，则其法益为单位对资金的合法占有。

5. 挪用资金罪：如果行为人没有事实上支配单位资金，其法益为单位对资金的占有权与使用权；如果行为人事实上支配单位资金，其法益为单位资金的使用权。

（二）“财物”

1. 财物的特点。除拒不支付劳动报酬罪以外，“财物”具有三个特点：具有管理可能性，具有转移可能性，具有价值性。

2. 财物的内容。包括：

（1）有体物、无体物与财产性利益（包括债权的取得，债务的免除，债务清偿的暂缓、债务的延期履行，用益物权、担保物权的取得，使用银行卡的利益）。[1]例如，甲将存有50万元的银行卡行贿给乙，事后挂失后补办银行卡，将50万元取走的，甲盗窃了乙占有的使用银行卡的利益，成立盗窃罪。

（2）具有交换价值（客观价值）与使用价值（主观价值）的财物。

---

〔1〕 在我国当前背景下，骗取债务的延期履行或者提前履行的，难以认定为犯罪。

（3）动产与不动产可以成为多数财产犯罪的对象，但有的财产犯罪的对象不能包括不动产（如抢夺罪、挪用资金罪）。

（4）违禁品。

（5）葬祭物属于死者家属占有。

（6）安装在人体上的假肢、假牙属于财物，从人体分离出来的器官、血液、脂肪等属于财物。

（7）债权凭证（要区分债权凭证本身与债权）。有的债权凭证本身属于财物，如国库券等；有的债权凭证属于财产性利益，如存折、存单、汇款单等（债权凭证本身价值较小）。故针对债权凭证犯罪的认定，要求被害人遭受了财产损失，否则难以认定为犯罪。如骗取国库券的，以国库券票面金额为准计算犯罪数额；骗取汇款单本身难以认定为犯罪，如果之后使用汇款单骗取现金的，以取得的现金（财物）作为犯罪数额，成立诈骗罪。

（8）具有财物三特征的虚拟财产等。

二、侵犯财产罪的结构

侵犯财产罪分为三大类：毁坏财物的犯罪（毁弃罪）、取得财物的犯罪（取得罪）与不履行债务的犯罪（拒不支付劳动报酬罪）。

（一）非法占有目的

1. 意义。毁弃罪与取得罪区分的关键是行为人侵犯财产时是否具有非法占有目的。如果行为人侵犯财产时具有非法占有目的，成立取得型犯罪，即非法占有目的是取得型犯罪的（不成文的）主观构成要件要素；如果行为人没有非法占有目的，则成立毁坏型犯罪或者无罪。

2. 概念。非法占有（不法所有）目的，是指排除权利人、将他人的财物作为自己的所有物进行支配，并遵从财物的用途进行利用、处分的意思。非法占有目的由“排除意思”与“利用意思”构成：前者的机能主要在使盗窃罪、诈骗罪与一时使用他人财物的不可罚的盗用行为、骗用行为相区别；后者的机能主要在使盗窃罪、诈骗罪与故意毁坏财物罪相区别。

（1）排除意思。即达到了可罚程度的妨害他人利用财产的意思，或者说，排除意思是引起可罚的法益侵害（妨害利用）的意思。

例1：甲盗用他人汽车，到达目的地后将其抛弃的，甲虽然只有一时使用财物的意思，但不仅没有返还的意思，还具有在使用后毁弃、放置的意思，即具有持续性地侵害他人对财物的利用可能性的意思，应认定存在排除意思，成立盗窃罪。

例2：世界杯期间，甲将乙为了观看足球比赛而买的电视机（价值1万元）窃取以便自己观看，世界杯结束以后归还的，由于财物是被权利人利用以达到其目的的工具，对财产的保护更重要的是对权利人利用财产的保护，故甲具有排除乙对其财物的利用可能性的意思，成立盗窃罪。

例3：甲为了伪装退货、取得商品对价，而从超市拿出商品的，或者乙骗取他人手机，以便短时间内让被害人用金钱赎回的，由于权利人占有财物是为了利用财物的价值，对财物的保护实质上是为了保护权利人对财物价值的享有，甲、乙具有排除权利人对其财物的价值的占有与利用的意思，甲成立盗窃罪、乙成立诈骗罪。

例4：甲以无偿帮助乙卖电话卡为名，从乙处拿走面值100元的IP卡100张。甲将卡上的密码条割开，记下密码后将封条恢复原状。甲将IP卡内的话费转入其正在使用的IP卡内，然后将IP卡退回给乙，事后案发。甲具有消耗IP卡中的价值的意思，事实上也消耗了IP卡中的价值，对作为所有权内容的利益造成了重大侵害，甲具有非法占有目的，成立诈骗罪。

例5：甲见一辆出租车上无人，钥匙还插在启动锁孔上，便迅速打开车门坐在驾驶座上，启动马达。在旁边聊天的车主乙听到声响，立即跑到驾驶室门边，呵斥甲熄火下车，并抢握方向盘和争夺汽车钥匙，阻止甲开车。甲加大油门，强行把汽车开走。10小时后，甲因操作不当，撞上立交桥下的水泥大柱，车子在事故中断成两截。事后，甲对警察说他开车是用来“玩一玩”，不想长期占有。

观点一认为，甲未经过车主同意把车开走，侵占他人汽车的使用权，主观目的是“玩一玩”，没有非法占有目的，而且汽车不办理过户手续就不能享有所有权，因此，甲的行为不构成犯罪。该观点无视侵犯他人财产的事实，缺陷明显。

观点二认为，虽然甲实施了盗窃行为，但没有非法占有目的，应以之后的行为认定为故意毁坏财物罪。这种观点将不可罚的事后行为作为独立的犯罪行为处罚，将基本犯罪行为搁置一边，缺陷明显。

观点三认为，甲趁车主不备，溜进车内启动汽车，在车主发现并上前制止的时候，公然强行将汽车开走，缺乏归还汽车的意思，具有永久占有的意思，即具有非法占有他人汽车的主观目的，构成抢夺罪。该观点坚持具有永久占有财物的意思才具有非法占有目的，解释欠妥（该观点坚持抢夺是“乘人不备、公然夺取”、盗窃是秘密窃取的观念）。

观点四认为，由于出租车司机对于出租车的利用必要性相当大，即使甲只想开车“玩一玩”，具有归还的意思，但其预定归还的时间（使用时间）不会少于10小时，而且其行为导致出租车毁坏，故甲具有侵害车主相当程度的利用可能性的意思，具有非法占有目的。根据盗窃罪的认定是否要求秘密窃取，会得出不同结论：如果公然取得财物成立抢夺、秘密窃取才成立盗窃的话，甲成立抢夺罪；如果完全违背对方意志取得对方占有的财物成立盗窃（而且不符合抢劫、抢夺成立条件）的话，甲成立盗窃罪。之后导致汽车毁坏，属于不可罚的事后行为，不成立犯罪。

（2）利用意思。即遵从财物可能具有的用法、用途进行利用、处分的意思。

例1：甲男基于某种癖好窃取女式内衣以便收藏的，由于利用意思不限于遵从财物的经济用途进行利用、处分的意思，故甲仍然具有利用意思，成立盗窃罪。

例2：甲为了燃柴取暖而窃取他人家具的，或者甲骗取他人钢材后作为废品卖给废品回收公司的，由于利用意思不限于遵从财物的本来用途进行利用、处分的意思，故甲仍然具有利用意思，成立盗窃罪。

例3：（1）甲意图将乙的电视机抱到院子里摔坏，但刚将电视机抱起，电视机滑落在地被摔坏，成立故意毁坏财物罪既遂（犯罪构成的提前实现）。(2) 甲意图将乙的电视机抱到院子里摔坏，刚出乙的家门，甲发现乙回家，赶紧将电视机抱到自己家单纯予以放置，事后案发的，成立故意毁坏财物罪既遂。(3) 甲意图将乙的电视机抱到院子里摔坏，刚出乙的家门，甲发现乙回家，赶紧将电视机抱到自己家，事后予以积极利用的，成立侵占罪，之前故意毁坏财物的行为属于不可罚的事前行为。

例 4：甲杀人后为避免公安机关识别被害人身份，将被害人钱包等物丢弃的。在具有毁坏、隐匿的意思的同时还具有其他动机，而该动机不能评价为具有遵从财物可能具有的用途进行利用、处分的意思时，不能认定具有利用意思。故甲没有非法占有目的。

例 5：甲取走与自己珍藏的高价邮票相同而属于乙所有的邮票，并加以毁弃，而使自己所有的邮票成为世界上唯一的邮票，以提高其交易价格。该案处理意见存在两种观点：观点一认为，甲具有非法占有目的，成立盗窃罪。在具有毁坏、隐匿的意思的同时还具有其他动机，而该动机能够评价为遵从财物可能具有的用途进行利用、处分的意思时，应认定具有利用意思。本案中的甲不只是单纯毁坏他人邮票，而且具有利用他人邮票价值的意思，应肯定其具有利用意思。观点二认为，甲没有非法占有目的，成立故意毁坏财物罪。甲的行为虽是为了实现其经济利益，但毁坏行为使得原物不再存在，赚取更多钱财的目的仍然必须依靠自己手中的邮票而不是被毁坏的邮票来实现，经济利益不能再负载于被毁坏的邮票身上，行为本身不具有不法取得意图，而只有毁坏故意。

3. 非法占有的目的，既包括使行为人自己非法占有的目的，也包括使第三者（包括单位）非法占有的目的。这里的“第三者”，要求与行为人有一定关系，而非任何第三者。

例如，甲在超市将商品扔出窗外，让过路的路人捡走的，甲没有非法占有目的，不成立盗窃罪，只成立故意毁坏财物罪。

4. 判断标准。非法占有目的属于主观要素，但是否“非法”，必须进行客观判断，而不是以行为人的内心想法为标准。

（二）占有

根据是否转移占有，又可以将取得财物的犯罪分为转移占有的犯罪（如抢劫罪、抢夺罪、盗窃罪、诈骗罪、敲诈勒索罪）与不转移占有的犯罪（如侵占罪）。行为人侵犯他人财物时，财物属于他人占有还是属于行为人自己占有，成为区分转移占有型犯罪与不转移占有型犯罪的关键。

1. 财物的占有状况。作为财产犯罪对象的他人财物，存在三种占有状况。

(1) 他人占有的财物。行为人要想非法取得这种财物，必须实施转移占有的行为（这种情形中“取得”就是“转移占有”的意思）。转移占有的行为方式不同，成立的具体罪名也不同，如抢劫罪、抢夺罪、盗窃罪、诈骗罪、敲诈勒索罪。这类犯罪的共性：对象为他人占有的财物，行为为转移财物占有的行为，结果为取得财物。

(2) 代为保管物。即行为人合法占有他人所有的财物。行为人要想取得这种财物，不需要实施转移占有的行为（因为行为人已经合法占有该财物），而是实施的变占有为所有的行为（这种情形中的“取得”是“变占有为所有”的意思）。实施变占有为所有行为的，成立侵占罪（普通侵占）。这类犯罪的共性：对象为代为保管物，行为为变占有为所有，结果为不法所有。

（3）遗忘物和埋藏物。即脱离他人占有但为他人所有的财物。对于这种财物，行为人单纯建立占有关系（如捡拾遗忘物）并不成立犯罪，但行为人随后实施变占有为所有行为，则侵犯了被害人财产，可以成立犯罪（这种情形的“取得”是“变占有为所有”的意思）。实施变占有为所有行为的，成立侵占罪（脱离占有物侵占）。这类犯罪的共性：对象为遗忘物或者埋藏物（脱离占有物），行为为变占有为所有，结果为不法所有。

注意

“代为保管物”“遗忘物”“埋藏物”是为了区分盗窃罪与侵占罪的表面的构成要件要素，即针对遗忘物、埋藏物等，不可能成立盗窃罪。就此而言，盗窃罪等与侵占罪是对立关系。但是，如果误将他人占有的财物当作遗忘物而据为己有的，属于抽象事实认识错误，成立侵占罪。就此而言，侵占罪属于取得型犯罪的兜底罪名。

2. 占有的概念。占有是指事实上的支配，不仅包括物理支配范围内的支配，而且包括社会观念上可以推知财物的支配人的状态。

（1）占有主体。刑法上的占有是指“人”的占有，仅限于自然人占有，不包括单位占有，也不包括机器占有（即不承认财物占有财物）。

（2）占有事实。刑法上的占有重在事实上的支配、控制，包括物理的支配、控制与社会观念上的支配、控制。物理支配越强，就越少考虑观念支配；物理支配越弱，就更多考虑观念支配。

（3）占有意思。占有意思往往只是对认定占有起补充作用，即当事实上难以认定权利人控制或者支配财物，但权利人具有强烈的占有意思的情形，也属于权利人占有。例如，甲不慎从阳台上将钱包掉在公用道路上后，一直在阳台上看守着钱包，应认定甲仍然占有该钱包。

3. 占有判断的各种表现。占有的判断，包括是否存在占有以及谁占有两个方面。

（1）他人身体或者身体部位现实控制的财物，属于他人直接控制的财物。但如果只是他人占有的辅助者，则不占有该财物，财物仍然属于权利人占有。

例如，同行的秘书、助理替上司提着的公文包，属于上司占有，而非秘书、助理占有。再如，在车站、码头、材料批发市场等公共场所替他人搬运行李、货物至站外、车上的，行李、货物属于权利人占有。

（2）没有现实地握有，但处于他人事实支配和控制的财物，属于他人占有的财物。

例如，他人住宅内、车内、信箱内、锁具、工具箱内的财物，属于他人占有的财物。再如，住在宾馆的行为人穿着的宾馆提供的睡衣，顾客试穿在身上的商店里的衣服，都属于他人占有的财物。

（3）根据社会观念推知他人事实上支配的财物。

例如，他人门前放置的包裹、外卖或者停放的没有上锁的自行车；他人停在路边的汽车（不管是否已经锁门）；在他人门上、窗户上的任何财物；他人果园里的果实、鱼塘里的水产品、地里的农作物；房主将房屋租给他人居住，约定不得转移、使用的衣柜内财物；大学生在食堂购买饭菜或者在图书馆、自修室等场所为了自习，用以占座的自己的书包、电脑、钱包或其他财物；具有回到原处的能力或习性的宠物；故意隐藏在野外并知道其所在位置的财物、权利人知道他人难以发现的特定场所的财物等等，都属于相应的权利人占有。再如，发生海难，货主或者运输者即使离开，但沉船或者船上的货物仍然属于货主或者运输者占有；火灾、水灾、地震、战争的发生（特殊的自然事件）不改变原来的占有关系，但水灾将财物冲入河中，这些漂流物则属于脱离占有的财物（遗忘物）。又如，装有他人遗忘财物的公交车进入车库后，该遗忘物由公司管理者占有。

（4）他人短暂遗忘或者短暂离开，但处于他人支配力所能涉及范围的财物，都属于他人占有的财物。

例如，在餐馆、商场、路边、广场、酒店大堂、银行大厅、公交车、火车、地铁、民航飞机、车站机场等公共场合落下物品，权利人短暂离开或者遗忘，仍然属于权利人占有。如果权利人已经离开一段时间，属于脱离占有的财物（遗忘物）。

（5）财物转移为建筑物的管理者或者第三者占有。只有一定的管理者才能进入的场所中遗留的财物，属于管理者占有。但是公共汽车、大型客轮、火车中货架上遗留的财物，丧失了占有，属于遗忘物。

例如，游人向公园水池内投掷的硬币，属于公园管理者占有；旅客遗忘在旅馆房间的财物，属于旅馆管理者占有；甲遗忘在乙家或者乙车上的财物，属于乙占有；乘客遗忘在小型出租车内的财物，如果乘客已经离开，则该财物转归出租车司机占有（如果乘客刚下车，则仍然属于乘客占有）。

（6）在特定场所，所有人、占有人在场的，无论财物放在哪里，都属于所有人、占有人占有，而不属于场所的管理者占有。

例如，乘坐飞机的乘客的随身行李，无论放在飞机的哪个位置，都属于乘客占有。再如，甲到乙家做客期间，甲的包裹或者财物，总是属于甲占有，而不属于乙占有。

（7）死者的占有。包含四种情形：

①行为人以抢劫故意杀害他人后，当场取得他人财物的，成立抢劫（致人死亡）罪（同时成立故意杀人罪，属于想象竞合犯）。

②行为人出于其他目的在他人家中等特定场合杀害他人后，产生非法占有他人财物的意思，取得死者的财物，因财物属于他人占有，故行为人成立盗窃罪，与故意杀人罪并罚。

③行为人在野外等场所杀人，事后回到现场或者路过的无关第三者从死者身上取得财物，成立侵占罪，行为人之前行为另行成立故意杀人罪。

④行为人在野外等场合杀人后，临时起意取得尸体身上财物，取得财物的行为成立什么犯罪，存在理论分歧：[1]

观点一（死者占有肯定说）认为，被害人死后对财物的占有继续进行，对行为人利

---

〔1〕 当然，如果在死者家里杀人的，死者身上的财物可以评价为死者家人占有，行为人临时起意拿走该财物的，成立盗窃罪。所以这里讨论的不同观点，系针对野外杀人而言。

用被害人死亡的状态取得财物的连串行为，应作整体把握，故取走死者财物的行为成立盗窃罪。

观点二（死者的生前占有说）认为，死者生前的占有在其死亡不久之际还在延续，杀人者临时起意取走财物的行为就是侵害占有的行为，成立盗窃罪。但要符合以下条件：取得财物者就是先前侵害被害人的行为人；取得财物的行为与先前的侵害行为时间间隔极短，几乎同时存在；取得财物与先前的侵害行为几乎在同一场所。

观点三（继承人占有说）认为，继承人自动占有了死者身上的财物，故行为人临时起意拿走死者身上的财物，或者事后回到现场拿走财物，抑或第三者经过现场拿走财物的，都成立盗窃罪。

观点四（死者占有否定说）认为，占有是“人”的占有，占有主体死亡，其对财物的占有自动消失；但该财物自动转归死者继承人所有（非占有），属于遗忘物。故无论是杀人者临时起意拿走财物，还是事后回到现场拿走财物，抑或第三者路过拾取死者身上财物的，都成立侵占罪。

（8）对于存款来说，存款凭证属于财物，由存款人占有；存款债权本身属于存款人占有；存款债权指向的现金本身属于银行管理者占有。

例如，甲侵入银行计算机系统，将乙存款债权中的金钱转移至自己的存折上，由于之前存款债权属于乙占有，所以甲成立盗窃罪。

①在收款人领取无正当原因的汇款时，收款人只是事实上占有了存款债权，而没有占有银行现金；由于收款人对存款债权的事实上的占有属于不当得利，应当返还，所以，不能承认收款人具有取款的正当权利，其不返还存款债权的行为本身成立侵占罪。

②针对无正当原因的汇款，行为人领取现金的行为应当另行评价：

第一，错误汇款的收款人对存款债权的侵占，并不妨碍其后领取现金的行为成立诈骗罪（从银行柜台取款）或者盗窃罪（在 ATM 机上取钱）。

第二，诈骗犯骗取他人汇款后又从银行领取现金的行为，同样成立诈骗罪（从银行柜台取款）或者盗窃罪（在 ATM 机上取钱），前后犯罪属于包括的一罪（择一重罪论处）；无通谋的第三者从银行领取他人诈骗所得汇款的行为，成立诈骗罪（从银行柜台取款）或者盗窃罪（在 ATM 机上取钱），同时成立掩饰、隐瞒犯罪所得罪的，属于想象竞合犯。

例 1： 乙由于操作失误，将自己的存款打入甲的储蓄卡，由于甲事实上占有银行债权，故甲拒不返还银行债权的行为成立侵占罪；之后甲又利用其储蓄卡从自动取款机上将该款项取出的，由于现金本身属于银行管理者占有，故甲成立盗窃罪，对甲应择一重罪论处。

例 2： 甲欺骗他人，他人将款项汇入甲的储蓄卡，甲从银行取出现金的，甲前一行为成立诈骗罪，后一行为成立诈骗罪（从银行柜台取款）或者盗窃罪（在 ATM 机上取款），因被害人只有一个财产损失，属于包括的一罪，从一重罪论处。如果甲担心受到处罚而放弃取款念头时，第三者唆使甲取款的，第三者成立诈骗罪或者盗窃罪的教唆犯。

例 3：甲将自己的储蓄卡交给他人使用（无电信诈骗的通谋），在他人实施电信诈骗后，通过挂失领取现金的，甲不成立侵占罪，但甲针对前一诈骗犯取得的存款债权成立掩饰、隐瞒犯罪所得罪，针对银行占有的现金则构成诈骗罪，二者属于想象竞合犯。

例 4：甲明知诈骗犯（误）将诈骗所得汇入自己的储蓄卡，仍然从银行领取现金的，如果甲从银行柜台取款的，成立诈骗罪；如果甲在 ATM 机上取款的，成立盗窃罪。

例 5：乙欠甲 1 万元，乙为了还款，将自己 10 万元的储蓄卡交给甲（乙没有现金），让甲自己取 1 万元，但甲却在自动取款机上取走 10 万元据为己有。由于现金属于银行管理者占有，甲对 9 万元成立盗窃罪；如果甲在银行柜台或者商场刷卡消费了另外 9 万元的，成立信用卡诈骗罪（属于冒用他人信用卡的情形）。

（9）当存在上下主从关系的时候，财物原则上属于上位者占有，其他人最多不过是占有的辅助者。对一些特殊情形，即使承认共同占有，但其中一方将财物非法占为己有的，也成立盗窃罪。

例 1：将与他人共同经营的果园的水果偷摘卖掉的，侵犯他人的占有，成立盗窃罪。

例 2：单位会计和司机出去收账，收到的现金属于会计占有，而非司机占有。即使会计下车吃饭或者上洗手间，放在车里的现金也是属于会计占有。如果司机驾车逃跑，将现金据为己有的，成立盗窃罪。

例 3：公司、企业或者其他单位的保安是否占有公司财物，要根据具体情形判断：原则上来说，保安负责单位的日常秩序，不占有公司财产；但如果保安的具体职责是负责看管仓库的货物，则保安占有该货物。

（10）封缄物。关于封缄物的占有问题，刑法理论存在不同观点：委托人占有说、受托人占有说与区分说。其中区分说是通说，即整体由受托人占有，内容物为委托人占有。受托人不法取得封缄物整体的，如果不能认定其占有内容物的，成立侵占罪；如果能够认定已经不法占有内容物的，成立盗窃罪。当然，如果直接取出其中的内容物，非法占为己有的，成立盗窃罪。

（11）运输中的财物（非封缄物），如果所有权人安排了押运员，财物由所有权人占有（根据情形，也可能由押运员占有，或者所有权人与押运员共同占有）；如果没有安排押运员，需要根据运输距离、财物的种类、移动的难易程度、所有权人是否控制行车路线等进行判断，运输距离越短、财物的移动难度越大、所有权人对行车路线控制越强，就越容易认定所有权人占有。

（三）夺取与交付

转移占有的犯罪分为夺取型即完全违背对方的意志取得财物的犯罪（抢劫、抢夺、盗窃）与交付型即基于对方瑕疵的意思取得财产的犯罪（诈骗、敲诈勒索）。

1. 完全违背对方意志取得他人占有的财物的犯罪：抢劫罪、抢夺罪、盗窃罪。

（1）如果实施足以压制对方反抗的手段强行劫取财物的行为，成立抢劫罪。

（2）如果直接夺取他人紧密占有的数额较大的财物、具有导致被害人伤亡可能性的行为，成立抢夺罪。

（3）其他完全违背对方意志取得他人占有的财物的行为，成立盗窃罪。

2. 基于对方瑕疵的意思取得财产的犯罪：诈骗罪、敲诈勒索罪。

（1）如果实施使对方陷入处分财产的错误认识的欺骗行为骗取他人财产的，成立诈骗罪。

（2）如果实施使他人陷入恐惧心理进而处分财产的恐吓行为的，成立敲诈勒索罪。

（3）诈骗罪与敲诈勒索罪之间可能存在想象竞合犯的情形；诈骗罪与盗窃罪虽然属于对立关系，但也有可能成立想象竞合犯的情形。

（四）利用职务之便的财产犯罪

如果行为人利用自己或者其下属在公司、企业或者其他单位主管、管理、经营、经手单位财物或者资金的便利，将其据为己有或者挪用资金归个人使用的，则成立职务侵占罪（具有非法占有目的）或者挪用资金罪。单位挪用特定款物的，成立挪用特定款物罪；如果挪作个人使用的，成立挪用公款罪，从重处罚。

注意

职务侵占罪（贪污罪）是取得型财产犯罪的特殊法条，应当优先适用；如果不成立职务侵占罪（贪污罪），则根据取得财产的方式认定为普通财产犯罪。

练练手

1. 甲、乙、丙商定后，在淘宝店买了30部手机。收到手机后，甲等三人将手机主板换下，换上废旧主板，利用7天无理由的退货规则，从店主处退回货款10万元。关于甲等三人的刑事责任，下列哪一选项是正确的？[1]

A. 针对手机主板构成盗窃罪

B. 针对手机整体构成诈骗罪

C. 针对手机主板构成诈骗罪

D. 针对退货款构成诈骗罪

2. 某快递公司快递员甲在分拣包裹的过程中，把不属于自己负责的传送带上的包裹，放入自己的快递车内，然后离开公司送货途中，拆开包裹，据为己有。下列哪些选项是正确的？[2]

A. 甲没有利用职务上的便利，其行为构成盗窃罪

B. 认定甲没有利用职务上的便利的理由在于，甲取走该包裹时，该包裹并不处于其经手、管理过程中

C. 甲利用了职务上的便利，其行为构成职务侵占罪

D. 认定甲利用了职务上的便利的理由在于，甲系该单位的员工，且其工作就是收取快递包裹

---

〔1〕答案：D。

〔2〕答案：AB。

第二节 不履行债务的财产犯罪与毁坏型财产犯罪

一、拒不支付劳动报酬罪

第二百七十六条之一[1]	【拒不支付劳动报酬罪】以转移财产、逃匿等方法逃避支付劳动者的劳动报酬或者有能力支付而不支付劳动者的劳动报酬，数额较大，经政府有关部门责令支付仍不支付的，处三年以下有期徒刑或者拘役，并处或者单处罚金；造成严重后果的，处三年以上七年以下有期徒刑，并处罚金。 单位犯前款罪的，对单位判处罚金，并对其直接负责的主管人员和其他直接责任人员，依照前款的规定处罚。 有前两款行为，尚未造成严重后果，在提起公诉前支付劳动者的劳动报酬，并依法承担相应赔偿责任的，可以减轻或者免除处罚。

【犯罪构成：拒不支付劳动报酬的行为（不作为）+对象为劳动报酬+数额较大+经政府有关部门责令支付仍不支付+犯罪故意+已满16周岁并具有责任能力的自然人或者单位】

1. 行为方式。拒不支付劳动报酬罪属于纯正的不作为犯，是指行为人有能力支付劳动报酬而不支付，经政府有关部门责令支付仍不支付的行为。如果行为人转移财产、逃匿或者声称拒不支付劳动报酬，但在经政府有关部门责令支付后即支付劳动报酬的，不成立本罪。其中“政府有关部门责令”不包括劳动行政部门个别人的口头或者电话责令。

2. 行为对象。即“劳动报酬”，包括劳动者依照《劳动法》和《劳动合同法》等法律的规定应得的工资、奖金、津贴、补贴、延长工作时间的工资报酬及特殊情况下支付的工资等。

3. 危害结果。要求“数额较大”，即拒不支付1名劳动者3个月以上的劳动报酬且数额在5000元至2万元以上的，或者拒不支付10名以上劳动者的劳动报酬且数额累计在3万元至10万元以上的。

4. 从宽处罚情节。拒不支付劳动者的劳动报酬，尚未造成严重后果的：(1) 如果在刑事立案前支付劳动者的劳动报酬，并依法承担相应赔偿责任的，可以认定为情节显著轻微危害不大，不认为是犯罪。(2) 如果在提起公诉前支付劳动者的劳动报酬，并依法承担相应赔偿责任的，可以减轻或者免除刑事处罚。(3) 如果在一审宣判前支付劳动者的劳动报酬，并依法承担相应赔偿责任的，可以从轻处罚。

5. 罪数问题。(1) 如果行为人不支付劳动报酬，法院判决或者裁定行为人应当支付劳动报酬，行为人仍不支付的，不同于“经政府有关部门责令支付仍不支付劳动报酬”，

---

[1] 本条为2011年2月25日全国人大常委会《刑法修正案（八）》第41条所增设。

只应成立拒不执行判决、裁定罪。(2) 如果行为人不支付劳动报酬，由政府有关部门责令后仍不支付，后来经法院判决支付劳动报酬，行为人仍不执行判决、裁定的，成立拒不支付劳动报酬罪与拒不执行判决、裁定罪的想象竞合犯，从一重罪论处。

二、故意毁坏财物罪

第二百七十五条	【故意毁坏财物罪】故意毁坏公私财物，数额较大或者有其他严重情节的，处三年以下有期徒刑、拘役或者罚金；数额巨大或者有其他特别严重情节的，处三年以上七年以下有期徒刑。

【犯罪构成：毁坏行为 + 对象财物 + 数额较大或者情节严重 + 犯罪故意 + 已满16周岁并具有责任能力的自然人】

(一) 不法与责任

故意毁坏公私财物，数额较大或者情节严重的，成立故意毁坏财物罪。其中“公私财物”包括国家、单位或者他人所有的财物（动产和不动产）。其中“数额较大”以5000元为起点（毁坏公私财物3次以上或者纠集3人以上公然毁坏公私财物等，也应追究刑事责任）。

本罪为故意犯罪，过失毁坏他人财物的，不成立犯罪。

(二) 毁坏的理解

关于“毁坏”的含义，在刑法理论上存在不同学说。

1. 物质的毁弃说（物理的毁弃说）。即从物质上（物理上）破坏、毁损财物的一部或者全部，因而侵害财物本来的效用的行为，才是毁坏。这种观点不当缩小了处罚范围。

2. 效用侵害说。即凡是有害财物的效用的行为，都属于毁坏。一般的效用侵害说认为，有损财物的效用的一切行为，都是毁坏；本来的用法侵害说认为，毁坏是指物质性地损害财物的全体或者一部分，或者使财物达到不能遵从其本来的用法进行使用的状态的行为。

主流观点：一般的效用侵害说。按照该观点，财物效用的丧失或者减少不仅包括财物本身的丧失以及被害人对财物占有的丧失，而且包括因为物理上、客观上或者心理上、感情上的缘故而导致财物的效用丧失或减少的情形。毁坏财物的具体表现：

(1) 没有非法占有目的而单纯剥夺他人对财物的占有（如单纯藏匿他人财物的行为）；

(2) 需要花费劳力恢复的混合财物行为（如将菜油和食用油混合，将不同等级、价格的绿豆混合的行为）；

(3) 使财物价值降低的改变外观的行为（如向他人的美术作品泼洒脏物的，涂黑他人的广告牌内容的行为）；

(4) 消耗他人物品，可能成立盗窃罪（如擅自吃掉他人食物，擅自燃放他人的烟花爆竹），也可能成立故意毁坏财物罪（如向他人传真机发送大量垃圾广告，耗费他人油墨和纸张）；

（5）间接的物质损害（如将他人衣服浸泡在屎堆里，将粪便投入他人餐具，从而使他人不再使用衣服、餐具的行为）；

（6）间接对财物施加影响而妨害财物效用行使（如使他人鱼池里的鱼游失的，将他人鸟笼里的鸟放飞的，将他人的戒指扔入海中的）；

（7）贱卖他人财物（如低价抛售他人股票的）。

练练手

下列哪些选项成立故意毁坏财物罪（不考虑数额和情节）？[1]

A. 将他人项链夺走后直接扔到大海深处的

B. 将他人鸟笼里的名贵鹦鹉放跑的

C. 将他人的名表藏匿，使得他人无法使用的

D. 将他人的酒私自喝完的

第三节　不需要转移占有的取得型财产犯罪·侵占罪

第二百七十条	【侵占罪】将代为保管的他人财物非法占为己有，数额较大，拒不退还的，处二年以下有期徒刑、拘役或者罚金；数额巨大或者有其他严重情节的，处二年以上五年以下有期徒刑，并处罚金。 将他人的遗忘物或者埋藏物非法占为己有，数额较大，拒不交出的，依照前款的规定处罚。 本条罪，告诉的才处理。

【犯罪构成：对象为代为保管物或者遗忘物、埋藏物＋变占有为所有的行为＋针对代为保管物的侵占要求行为人是保管他人财物的人＋数额较大＋犯罪故意＋不法所有的目的＋已满16周岁并具有责任能力的自然人】

侵占罪包括侵占委托物（委托物侵占、普通侵占）与侵占脱离占有物（脱离占有物侵占）。委托物侵占的法益是财物的所有权以及委托关系，侵占脱离占有物的法益是所有权。

（一）普通侵占

1. 行为主体。真正的身份犯，其主体是代为保管他人财物的人。

2. 行为对象。即代为保管的他人财物，指行为人受委托占有（合法占有）他人所有的财物。

（1）这里的“财物”必须是他人所有的财物，对于行为人自己所有的财物，不可能成立侵占罪。

（2）这里的“财物”必须是行为人事实上占有的财物。其中“事实上的占有”只要行为人对财物具有事实上的支配即可，不要求物理上控制该财物；但占有辅助者并没有占有他人的财物，故占有辅助者取走他人所有的财物的，成立盗窃罪。

---

[1] 答案：ABC。

例如，在车站、店铺或者其他公共场所，当他人说了一声“帮我看管一下”时，行为人没有“代为保管”他人财物，财物仍然是权利人占有。

例如，将身份证借给他人办理银行卡用以存款的，占有该款项；不动产的名义登记人占有该不动产；提单的持有人占有提单所记载的财物。因此，行为人将自己占有的他人提单私自处理给其他人的，成立侵占罪；如果行为人没有使用提单，骗取运输公司工作人员，或者到运输公司仓库窃取该财物的，成立诈骗罪或者盗窃罪。

（3）占有以具有委托关系为前提。

①代为保管的现金。刑法上通常不承认“占有即所有”的观念。如果将现金作为特定物（封缄物）交由行为人管理的，或者基于特定用途而交由行为人管理的，或者拒不退还保管的他人现金的，只要证明行为人以不法所有的目的将现金据为己有的，均成立侵占罪。

②所有权保留。

例如，a. 甲分期付款从乙处购买商品（约定在付清货款前所有权归属于乙），后来甲私自将该货物卖与他人，然后逃跑的，甲成立侵占罪。如果甲具有付清货款的意思，则缺乏侵占罪的故意与目的，而不成立犯罪。b. 甲分期付款从乙处购买商品（约定在付清货款前所有权归属于乙），后来乙私自将该货物拿走的，乙成立盗窃罪。c. 乙将财物质押给甲，乙将该财物盗走的，乙成立盗窃罪；甲在债务履行期满之前擅自将该财物出售的，甲成立侵占罪。

③代为保管的不法原因给付物。基于不法原因而委托给付的财物，能否成为侵占罪的对象，刑法理论上对此存在不同学说：

肯定说认为，虽然被害人在民法上没有返还请求权，但并没有因此丧失财物的所有权，相对于行为人而言，该财物仍然属于“自己占有的他人财物”；即使上述委托关系在民法上不受保护，也不影响侵占罪的成立。

否定说认为，一方面，被害人对该财物没有权利请求返还，故可以认为该财物所有权已经不属于被害人，而且该财物也不能认为属于国家所有，因此，行为人没有将“他人财物”据为己有。另一方面，如果将行为人的行为认定为犯罪，则破坏了法秩序的统一性，违反了刑法的谦抑性；侵占罪不只是侵犯财产，还有破坏委托信任关系的一面，而被害人的委托与行为人的收受之间，并不存在法律上的委托信任关系。

④代为保管的赃物。窝藏或者代为销售的赃物能否成为委托物侵占的对象？例如，甲为盗窃犯，将其盗窃的财物委托乙窝藏或者代为销售，但乙知道真相却将该财物据为己有或者将销售后所得的现金据为己有。

肯定说认为，乙即使接受的是盗窃犯的委托，但受委托占有的财物仍然属于他人的财物；乙事实上占有该财物，乙将该财物据为己有，符合侵占罪的构成要件，成立侵占罪。

否定说认为，乙虽然接受甲的委托，但甲不属于财物的所有权人，故乙与甲不存在值得保护的委托关系，乙不成立委托物侵占。相对于原所有者而言，赃物属于脱离占有物（遗忘物），乙将该财物据为己有，属于针对遗忘物的侵占；但是，乙将遗忘物据为己有的行为被完全评价为赃物犯罪，即赃物犯罪吸收了侵占遗忘物的行为，仅以赃物犯罪论处。当然，如果乙不知是赃物而据为己有，则仅成立侵占脱离占有物（原所有人的遗忘物）的侵占罪。

3. 危害行为。变占有为所有，即将自己暂时占有的他人财物不法转变为自己所有的财物，或者以财物的所有人自居，享受财物的所有权的内容，实现其不法所有的意图。行为方式既可以是作为，也可以是不作为。

注意

（1）"拒不退还"与"非法占为己有"表达的是一个含义，即将自己占有的他人财物变为自己所有的财物。（2）取得后的侵占。行为人通过盗窃等转移财物的行为取得他人财物后，拒不归还的，属于共罚的事后行为，不成立侵占罪。

例如，将自己代为保管的财物出卖、赠与、消费、抵偿债务；将自己名义上的他人存款取出自用；行为人侵占他人财物，事后即使赔偿被害人损失或者退还的，也属于侵占；将代为保管的或者租用的他人汽车予以改装或者涂改颜色的。但是，单纯损坏财物的行为，不属于侵占，应认定为故意毁坏财物罪。

4. 危害结果。成立本罪要求数额较大（1 万元以上）。

5. 罪过形式为故意，要求具有非法占有的目的（不成文的构成要件要素）。

（二）脱离占有物侵占

脱离占有物侵占，是指将他人的遗忘物或者埋藏物非法据为己有的行为。其对象是遗忘物或者埋藏物；其行为也是侵占行为，"拒不交出"是对"非法占为己有"的强调，而非独立要素。

1. "遗忘物"。即非基于他人本意而脱离他人占有，偶然（即不是基于委托关系）由行为人占有或者占有人不明的财物。三个要点：（1）权利人依然坚持财物的所有权；（2）权利人事实上不占有财物；（3）行为人占有财物不是基于和权利人之间的委托关系，而且权利人占有财物不成立转移占有的取得型犯罪。

例如，他人因为认识错误而交付行为人的财物，邮局误投的邮件，楼下飘落的衣物，河流中的漂流物，死者身上的财物等，只要他人没有放弃所有权的，都属于遗忘物。

2. "埋藏物"。即埋于地下或者藏于他物之中的，他人（包括国家、单位）所有但并未占有，偶然由行为人发现的财物。

（1）在既不属于国家所有又所有人不明的情况下，根据存疑时有利于被告人的原则，不得以侵占罪论处。

（2）只要行为人在实施侵占行为时所有人明确即可，如果行为人据为己有后才查明所有人的，不成立侵占罪。

（3）他人有意埋藏于特定地下，且具有占有意思的财物，属于他人占有的财物，而非埋藏物，行为人不法取得该财物的，成立盗窃罪。

（三）亲告罪

侵占罪，属于告诉才处理的犯罪。如果侵占的是国家所有的财物，则应由主管机关提出自诉或者由检察院提起公诉。

练练手

不计数额，下列哪一选项构成侵占罪?[1]

A. 甲是个体干洗店老板，洗衣时发现衣袋内有钱，将钱藏匿

B. 乙受公司委托外出收取货款，隐匿收取的部分货款

C. 丙下飞机时发现乘客钱包掉在座位底下，捡起钱包离去

D. 丁是宾馆前台服务员，客人将礼品存于前台让朋友自取。丁见久无人取，私吞礼品

第四节 夺取型财产犯罪·盗窃罪、抢夺罪与抢劫罪

一、盗窃罪

第二百六十四条[2]	【盗窃罪】盗窃公私财物，数额较大的，或者多次盗窃、入户盗窃、携带凶器盗窃、扒窃的，处三年以下有期徒刑、拘役或者管制，并处或者单处罚金；数额巨大或者有其他严重情节的，处三年以上十年以下有期徒刑，并处罚金；数额特别巨大或者有其他特别严重情节的，处十年以上有期徒刑或者无期徒刑，并处罚金或者没收财产。
第二百六十五条	【盗窃罪】以牟利为目的，盗接他人通信线路、复制他人电信码号或者明知是盗接、复制的电信设备、设施而使用的，依照本法第二百六十四条的规定定罪处罚。

【犯罪构成：违反权利人意志转移财物占有的行为 + 对象为他人占有的财物 + 数额较大或多次盗窃、入户盗窃、携带凶器盗窃、扒窃 + 犯罪故意 + 非法占有目的 + 已满16周岁并具有责任能力的自然人】

（一）转移占有类型犯罪的法益内容

存在所有权说与修正的占有说之争。后者为主流观点：首先是财产所有权及其他财产权，其次是需要通过法定程序恢复应有状态的占有（包括违禁品的占有）；但在相对于本权者的情况下，如果这种占有没有与本权者相对抗的合理理由，相对于本权者恢复权利的行为而言，则不是财产犯罪的法益。盗窃毒品等违禁品，应当按照盗窃罪处理的，根据情节轻重量刑。

---

〔1〕 答案：A。

〔2〕 本条为2011年2月25日全国人大常委会《刑法修正案（八）》第39条所修订。本次修订增加了“入户盗窃、携带凶器盗窃、扒窃”成立盗窃罪的规定，并删除了1997年《刑法》原条文中“盗窃金融机构，数额特别巨大”或者“盗窃珍贵文物，情节严重”的“处无期徒刑或者死刑，并处没收财产”的规定，从而彻底废除了盗窃罪的死刑。

情形	行为人	行为对象	结论
1	第三者	被害人所有并占有的财物	第三者成立盗窃罪
2	第三者	非所有权人合法占有的财物	第三者成立盗窃罪
3	第三者	非所有权人非法占有的财物	第三者成立盗窃罪
4	所有人	他人合法占有的财物	所有人成立盗窃罪
5	所有人	他人非法占有财物	所有人无罪
6	原本的合法占有者	所有权人擅自取回的财物	原本的合法占有者无罪
7	原本的合法占有者	非法占有的财物	原本的合法占有者无罪
8	第三者	他人占有的违禁品	第三者成立盗窃罪

（二）不法要素

1. 行为对象。盗窃罪的对象是他人占有的财物（不成文的构成要件要素），对于自己占有的他人财物不可能成立盗窃罪。“他人占有”属于规范的构成要件要素。对犯罪所得及其产生的收益实施盗窃、抢劫、诈骗、抢夺等行为，构成犯罪的，分别以盗窃罪、抢劫罪、诈骗罪、抢夺罪等定罪处罚。

例如，某超市举办限时抢购活动，只要顾客在指定时间购买某种商品，就只需要花费正常价格的10%。在活动期间，乙将所有该种商品放进了自己的购物车，排在乙身后的甲为了能低价购买该商品，强行将乙购物车内部分商品放入了自己的购物车，而去柜台结账。由于在大型超市，顾客结账前，购物车内的商品都属于超市占有，而非打算购物的顾客占有，故甲拿走乙购物车内的货物没有侵害任何法益，不成立财产犯罪。

（1）以下情形也成立盗窃罪：

①盗窃信用卡并使用的；

②盗窃增值税专用发票或者可以用于骗取出口退税、抵扣税款的其他发票的；

③以牟利为目的（为了出售、出租、自用、转让等谋取经济利益的行为），盗接他人通信线路、复制他人电信码号或者明知是盗接、复制的电信设备、设施而使用的；

④将电信卡非法充值后使用，造成电信资费损失数额较大的；

⑤盗用他人公共信息网络账号、密码上网，造成他人电信资费损失数额较大的；

⑥邮政工作人员私自开拆、隐匿、毁弃邮件、电报，而窃取财物的（从重处罚）；

⑦利用计算机病毒等破坏性程序非法占有他人财物，成立盗窃罪的。

（2）刑法把盗窃一些特定对象的情形规定为特殊犯罪，按照其他犯罪定罪处罚；如果同时符合盗窃罪构成要件的，不排除属于想象竞合犯，从一重罪处罚。例如，盗窃枪支、弹药、尸体、公文、印章的，盗伐林木的，同时成立盗窃罪的，属于想象竞合犯。当然，如果存在抽象的事实认识错误的，按照事实认识错误的原理处理。

（3）单纯使他人产生债务的行为，不符合盗窃的特征。但之后向被害人主张债权的行为，可能成立诈骗罪。

例如，甲伪造一张欠条，内容为乙欠甲10万元现金的；乙原本欠甲1万元，并留有欠条给甲，甲将欠条上的“1万元”改为“10万元”的；甲伪造银行存单、变造银行存折使自己的银行债权增加的。在上述案件中，甲单纯使自己债权增加的行为，没有导致对方损失，不成立盗窃罪；但如果甲拿着所谓的“债权凭证”，向被害人主张权利的，可能成立诈骗罪。

2. 危害行为。盗窃行为，是指违反被害人的意志（不成文的构成要件要素），将他人占有的财物转移为自己或第三者（包括单位）占有。

（1）盗窃行为的认定要求排除他人对财物的支配，建立新的支配关系。故单纯排除他人对财物的支配（如将他人饲养的鸟放走），不属于盗窃行为。

（2）盗窃行为不要求秘密进行，公开窃取的行为也属于盗窃。我国传统刑法理论坚持认为，盗窃罪要求秘密窃取。

（3）盗窃行为可以亲手实施，可以间接实施，可以利用无责任能力的人实施（间接正犯），还可以利用机器、装置、动物或者被害人的举动实施。

（4）盗窃行为可能使用欺骗方法，只要该欺骗行为并不具有使对方基于认识错误处分财产的性质，例如通过“调包”“调虎离山”式的欺骗取得他人占有的财物，仍然成立盗窃罪。

例1：甲利用信息网络，诱骗他人点击虚假链接而实际通过预先植入的计算机程序窃取财物的，成立盗窃罪；但是，虚构可供交易的商品或者服务，欺骗他人点击付款链接而骗取财物构成犯罪的，以诈骗罪定罪处罚。

例2：甲冒充银行客服发送短信，称乙手机银行即将失效，需重新验证。乙信以为真，按短信提示输入银行卡号、密码等信息后，又将收到的编号为165231的“验证码”输入手机页面。后乙发现，其实是将165231元汇入了甲账户。甲将乙作为工具加以利用，实现了转移乙财产的目的，甲成立盗窃罪。

例3：行为人将他人从室内骗至室外，然后进入室内窃取财物的；行为人伪装成顾客，到商店试穿高档西服，然后逃走的；在商场购物时拿过售货员递过的货物就逃跑的；出租车司机趁乘客下车还没来得及拿走财物的时候迅速驾车离开现场的；在首饰店假装购物而调换首饰的，由于行为人没有欺骗对方进而使对方陷入错误认识处分财物，故不成立诈骗罪，仅成立盗窃罪。

（5）一般认为，盗窃行为不可能针对不动产本身；但针对产权证书可以实施盗窃，或者对不动产的产权建立新的事实上的占有，视为对财产性利益的盗窃。盗用他人房屋等不动产的，行为人虽然取得了财产利益，但他人并未减少或者丧失财产性利益，行为人不成立盗窃罪。同理，逃债行为、逃费行为也不成立盗窃罪。

例如，甲违反产权人的意志，将产权人乙的不动产谎称为自己的不动产出卖给第三人丙的，甲对乙成立盗窃罪，对丙成立诈骗罪，属于想象竞合犯，从一重罪论处。

（6）行为人通过盗窃行为建立新的支配的财物与被害人丧失占有的财物必须具有同一性。

例如，甲持乙的信用卡从自动取款机中取出现金的，其盗窃的是银行的现金，而非乙的债权；甲盗窃他人不记名、不挂失的债权凭证（如购物卡、中奖彩票、国库券等）并使用的，仅成立盗窃罪，按照债权凭证的票面数额认定盗窃数额，其使用的行为不成立诈骗罪。

（7）盗窃罪是对个别财产的犯罪，即是对被害人的个别财产进行侵害的犯罪。只要行为使被害人丧失了个别财产，即使同时使被害人获得了相应的利益，也成立犯罪。如果转移占有的行为得到了被害人的承诺或者推定的承诺，因没有违反被害人的意志，不成立盗窃。

例如，甲进入乙的办公室盗窃乙价值4000元的手机，并放了4500元现金在乙的办公桌上。由于甲盗窃手机的行为违反了乙的意志，乙对手机的占有是值得刑法保护的。甲自愿给乙4500元现金的行为，不能阻却其违反被害人意志的窃取行为的违法性。但是，使用假币取得自动售货机里面的货物的，成立使用假币罪与盗窃罪的想象竞合犯。

（8）盗窃行为要求违反被害人意志，是指违反被害人有关盗窃罪的保护法益的意志。

①“被害人”。通常指占有者（包括儿童和精神病患者，只能是自然人，而不能是单位），而不必是所有权人；但所有权人的财产权利处于优越地位的，应以所有权人为准认定。例如，甲将财物租赁给乙，约定丢失后需要3倍赔偿，故甲一直希望有人将该财物偷走，之后丙果真盗窃了该财物的，丙的盗窃行为违反了占有者乙的意志，丙成立盗窃罪。但是，如果乙盗窃了甲的财物，甲指使丙从乙处将该财物盗走的，因甲的财产权利优越于乙，故甲、丙均不成立盗窃罪。

②“意志”。即被害人与法益保护相关的、一般人可以接受的意志，而非任何意志。例如，乙利用自动售货机贩卖香烟，并标明“未满18周岁不得购买香烟”，但17周岁的甲利用该自动售货机购买香烟的，不成立盗窃罪，因甲并没有违反乙“禁止不付对价而取得香烟”这一有关盗窃罪的保护法益的意志。

③“违反”。即未得到被害人同意。如果被害人有明确的同意或者推定的同意的，不存在“违反被害人意志”。

例如，甲去商店买手机时，店员不在场，甲将标价4000元的手机拿走，同时放了4000元现金在柜台里。由于甲的行为并不违反被害人的意志，故不成立盗窃罪。

3. 行为类型。数额较大、多次盗窃、入户盗窃、携带凶器盗窃、扒窃。

（1）“数额较大”。通常1000元至3000元以上为数额较大，3万元至10万元以上为数额巨大，30万元至50万元以上为数额特别巨大。盗窃违禁品的，不计算数额，按照情节轻重量刑。

（2）“多次盗窃”。指2年内盗窃3次以上，即从任何时间开始起算的2年内盗窃3次以上，之后盗窃的数额应当累计计算。多次盗窃不以每次盗窃既遂为前提，也不要求行为人实施的每一次盗窃行为均已构成盗窃罪，但至少要求有值得刑法保护的财物。

例1：甲2年内共盗窃4次，每次盗窃100元，之后被公安机关发现。甲的行为属于“多次盗窃”，成立盗窃罪。

例2：乙2年内共盗窃4次，每次盗窃100元，未被公安机关发现。乙去公安机关投案，交代了自己4次盗窃的事实。乙的行为属于“多次盗窃”，成立盗窃罪。

例3：丙2年内共盗窃4次，每次盗窃100元，未被公安机关发现。丙去公安机关投案，仅交代自己盗窃2次。公安机关对丙进行了罚款处理。事后，公安机关发现丙还有

2 次盗窃没有交代。丙的行为属于“多次盗窃”，成立盗窃罪（但罚款可能折抵罚金）。

例 4：丁盗窃 2 次，每次盗窃 100 元，被公安机关拘留 10 天。2 年内又盗窃 2 次的，丁的行为属于“多次盗窃”，成立盗窃罪（但拘留应当折抵刑期）。

（3）“入户盗窃”。即非法进入供他人家庭生活、与外界相对隔离的住所盗窃。入户盗窃并不是非法侵入住宅罪与盗窃罪的结合犯或者牵连犯。合法进入他人住宅后盗窃的，不应认定为入户盗窃；只要是非法进入他人住宅并实施盗窃的，即使非法进入住宅时没有盗窃的故意，也属于入户盗窃。在户外为入户盗窃的正犯望风的，是入户盗窃的共犯。

注意

《刑法》第 263 条规定的入户抢劫是抢劫罪的加重情节，但入户盗窃属于成立盗窃罪的方式之一，不是盗窃罪的从重情节或者加重情节。对于入户抢夺的，应以入户盗窃论处。

（4）“携带凶器盗窃”。即携带枪支、爆炸物、管制刀具等国家禁止个人携带的器械盗窃，或者为了实施违法犯罪携带其他足以危害他人人身安全的器械盗窃。这里的“凶器”不等于犯罪工具，包括液体（如硫酸）与凶猛动物（如藏獒）。“携带凶器”，不要求向被害人显示或者使用，也不要求具有随时利用的可能性，只要能评价为将凶器带在身上或者置于身边即可。共同盗窃的场合，只要有人携带凶器，他人知情的，共犯人均属于“携带凶器盗窃”；如果其他共犯人不知情的，其他共犯人不属于“携带凶器盗窃”。

注意

《刑法》第 267 条第 2 款的规定（携带凶器抢夺的，成立抢劫罪）属于法律拟制，以抢劫罪论处；而携带凶器盗窃的，属于成立盗窃罪的方式之一，不是盗窃罪的从重情节或者加重情节，更不成立抢劫罪。

（5）“扒窃”。即在公共场所或者公共交通工具上盗窃他人随身携带的财物，不要求携带凶器实施，不要求窃取数额较大的财物，不限于扒窃体积微小的财物（包括身边的自行车、行李架上的行李包裹等），不需要行为具有惯常性，不限于秘密窃取，包括公开扒窃。

例如，甲手持 POS 机靠近被害人口袋里的银行卡，利用银行卡免密功能盗刷他人银行卡，获得小额存款债权的，属于扒窃方式的盗窃罪。

（三）责任

罪过形式为故意，而且具有非法占有的目的（不成文的构成要件要素）。

1. 认识内容。盗窃故意要求行为人认识到盗窃罪的相关客观违法事实。例如，认识到自己窃取的是他人占有的财物（只要行为人认识到了被法官评价为他人占有的前提事实即可）。

（1）如果不属于多次盗窃、入户盗窃、携带凶器盗窃、扒窃的，还要求行为人认识到数额较大、巨大乃至特别巨大，才能成立犯罪或者适用相应的加重情节。

（2）入户盗窃的情形还要求行为人认识到入“户”。非法进入后发现是“户”而继续盗窃的，属于入户盗窃。

（3）携带凶器盗窃的，还要求行为人认识到自己携带凶器进行盗窃。

（4）扒窃的，要求行为人认识到在公共场所或者公共交通工具上窃取他人占有的财物。

（5）不要求行为人认识到“多次”盗窃。

2. 期待可能性下降。偷拿家庭成员或者近亲属的财物，获得谅解的，一般可以不认为是犯罪；追究刑事责任的，应当酌情从宽。

（四）故意犯罪形态

1. 着手。当盗窃行为具有使他人丧失财产的紧急危险时，属于盗窃罪的着手。盗窃未遂，具有下列情形之一的，应当依法追究刑事责任：以数额巨大的财物为盗窃目标的；以珍贵文物为盗窃目标的；其他情节严重的情形。

2. 既遂。对于普通盗窃来说，只要行为人取得（控制）了财物，即行为人事实上占有了财物（建立了新的支配关系），就是盗窃既遂。按照司法解释，盗窃既有既遂，又有未遂，分别达到不同量刑幅度的，依照处罚较重的规定处罚；达到同一量刑幅度的，以盗窃罪既遂处罚。

（1）行为人取得财物，不要求转移财物的场所，也不要求行为人藏匿了财物。

（2）一般来说，只要被害人丧失了对财物的控制，就应认定行为人取得了财物。

（3）在认定盗窃罪的既遂与未遂时，必须根据财物的性质、形状、体积大小、被害人对财物的占有状态、行为人的窃取样态等进行判断。就小型财物来说，只要行为人将其置于其个人专属领域，就成立既遂；就大型财物来说，只有行为人将其搬出被害人的房屋等，才能认定为既遂。

（4）如果行为人所取得的财物极为低廉时，不应认定为盗窃既遂，即不能认为只要行为人盗窃了财物就是既遂，还要求“数额较大”。

（5）间接正犯的盗窃，只要被利用者控制了财物，即使利用者还没有控制财物，也属于既遂。

（6）对于多次盗窃、入户盗窃、携带凶器盗窃、扒窃的，也应以行为人取得了值得刑法保护的财物为既遂标准。多次盗窃、入户盗窃但分文未取的，或者携带凶器盗窃、扒窃但取得的是不值得刑法保护的物品的，只能认定为盗窃未遂。

例 1： 甲以不法所有为目的，从汽车上将乙的皮箱扔到偏僻路段，打算中途下车再捡回该财物的，即使甲拾取时发现皮箱被人捡走，甲也属于犯罪既遂。

例 2： 甲到乙家做客，将乙的戒指藏在乙家阳台上花盆的泥土里，以便事后找机会取走的，属于犯罪既遂。

例 3： 甲在商店行窃，将体积很小的戒指等财物夹在腋下、放入口袋、藏入怀中的，属于犯罪既遂。但对冰箱等体积很大的财物而言，通常将其搬出商店才能认定为既遂。

例 4： 甲盗窃某工厂内的财物（任何人可以随意出入该工厂），将财物搬出原来的仓库、车间时就属于既遂；但若出入大门必须经过检查的，则只有将财物搬出大门外才是既遂。

例 5： 甲盗窃某公司财务室，将保险柜撬开后，发现其中只有 100 元现金，没有其他财物，甲仍然取走 100 元现金后逃走的，成立盗窃罪未遂。

（五）盗窃罪与侵占罪的关系

侵占罪与盗窃罪的关键区别在于行为人侵犯财产时财物究竟由谁占有、是否脱离占有。

1. 盗窃罪只能是盗窃他人占有的财物，对自己占有的财物不可能成立盗窃罪；委托物侵占只能是侵占自己占有的他人财物，侵占脱离占有物只能是侵占遗忘物或者埋藏物。

2. 误将他人占有的财物当作遗忘物非法据为己有的，客观上符合盗窃罪的构成要件，主观上具有侵占的故意，属于抽象的事实认识错误，应成立侵占罪。

例 1：（1）乙乘坐出租车，下车后准备到后备箱提取行李，出租车司机甲驾车迅速离开获取乙行李的，由于甲开车逃离时财物仍然属于乙占有，甲成立盗窃罪。

（2）乙乘坐出租车，下车后正在整理自己的财物时，乘客甲发现车内有一部名贵手机，迅速上车，吩咐出租车司机驾车离开，甲获取该手机的，由于乙在车旁，车内乙的手机属于乙占有，甲成立盗窃罪。

（3）乙乘坐出租车，下车后将名贵手机落在车上，两小时后，乘客甲发现该手机后将其拿走的，对乙来说，其手机属于遗忘物，但落在出租车内，自动转归出租车司机占有（无论司机发现与否），故甲成立盗窃罪。

（4）乙乘坐出租车，下车后将名贵手机落在车上，晚上出租车司机甲清理出租车，发现该手机，据为己有的，由于司机已经占有乙的手机，故司机甲成立侵占罪。

例 2： 乙将自己的现金 10 万元存到甲的信用卡中，后来甲将 10 万元取出据为己有的，乙与甲存在现金的保管关系，甲从自己卡里取出 10 万元的行为不成立犯罪，但之后将其据为己有、拒不归还的行为成立侵占罪。如果乙要求甲取款，甲拒不取款的，甲也成立侵占罪。

例 3： 乙给自己的手机充值时，不小心将 1 万元话费充到了甲的手机上，甲明知有人往自己的手机里误充了 1 万元，仍多次拨打国际长途电话，将话费全部用完。本案中，甲不成立犯罪，因为他人充错话费，不能妨碍甲自己正常使用手机。如果之后乙找到甲，要求甲返还 1 万元话费，甲拒不返还的，可能成立侵占罪。

（六）罪数问题

1. 如果行为人入户盗窃、携带凶器盗窃或者扒窃他人的身份证、护照等值得刑法保护的物品，并利用该身份证、护照等实施诈骗等犯罪的，成立盗窃罪与诈骗罪，不属于牵连犯，应当数罪并罚。

2. 盗窃既遂后，行为人以此财物继续骗取被害人其他财物的，成立盗窃罪与诈骗罪，因被害人仅有一个财产损失，属于狭义的包括一罪，从一重罪论处；如果行为人以此财物作担保骗取第三者财物的，成立盗窃罪和诈骗罪，数罪并罚。

3.（1）盗窃他人财物后，在他人要求返还时，使用暴力、胁迫手段迫使他人免除返还义务的，如果符合事后抢劫的成立要件，按事后抢劫论处；（2）不符合事后抢劫的成立条件的，应认定为对财产性利益的抢劫罪；由于实质上指向的是同一财产，属于狭义的包括一罪，仅认定为抢劫罪，不实行并罚。

4. 盗窃手机后使用他人支付宝、微信账户在机器上购物，或者将他人支付宝、微信账户中的债权转移到自己的微信、支付宝中的，存在两个盗窃行为，前一行为是盗窃手机，后一行为是盗窃支付宝、微信中的财产。

例如，甲私自打开刘某手机，发现其微信账户没有余额，也没有绑定信用卡，遂将刘某的信用卡绑定了该微信账户，将信用卡中的1万元转入刘某微信账户，然后再将1万元转入自己微信账户。

对于甲的行为性质，通说认为甲的行为成立盗窃罪。理由如下：首先，甲将刘某的信用卡绑定在刘某的微信账户的行为，不可能造成刘某财产损失，不成立犯罪。其次，甲将刘某信用卡中的1万元转入刘某微信账户的行为也没有造成财产损失，不成立犯罪。最后，甲将刘某微信账户中的1万元转入自己微信账户侵犯了刘某的财产性利益，属于违反刘某意志转移财产性利益的行为，成立盗窃罪。该行为不成立信用卡诈骗罪，因为甲并未利用刘某的信用卡信息或者信用卡本身作为犯罪手段而骗取他人财物。

不同观点认为，甲的行为成立信用卡诈骗罪，因为甲通过绑定刘某的信用卡，最终取得的是信用卡内财产，属于冒用他人信用卡信息资料获取银行债权的情形。该观点一方面有对"冒用他人信用卡"作类推解释的嫌疑；另一方面有将预备行为理解为实行行为的嫌疑。

二、抢夺罪

第二百六十七条[1]	【抢夺罪】抢夺公私财物，数额较大的，或者多次抢夺的，处三年以下有期徒刑、拘役或者管制，并处或者单处罚金；数额巨大或者有其他严重情节的，处三年以上十年以下有期徒刑，并处罚金；数额特别巨大或者有其他特别严重情节的，处十年以上有期徒刑或者无期徒刑，并处罚金或者没收财产。 携带凶器抢夺的，依照本法第二百六十三条的规定定罪处罚。

【犯罪构成：违反权利人意志当场直接夺取行为 + 对象为他人紧密占有的财物 + 数额较大或多次抢夺 + 犯罪故意 + 非法占有目的 + 已满16周岁并具有责任能力的自然人】

（一）犯罪构成

1. 行为对象。抢夺对象是他人紧密占有的财物（通常指与身体部位直接或者间接接触的财物）。

2. 危害行为。抢夺行为是指当场直接夺取他人紧密占有的数额较大的财物，或者多次抢夺，而且具有导致被害人伤亡可能性的行为。

（1）抢夺行为不要求乘人不备、公然夺取。但传统刑法理论认为，抢夺就是乘人不

---

〔1〕本条为2015年8月29日全国人大常委会《刑法修正案（九）》第20所修订。本次修订增加了"或者多次抢夺的"规定。

备、公然夺取他人财物。

（2）抢夺行为内容为直接夺取他人紧密占有的财物。包括对人暴力（但达到足以压制对方反抗的，则成立抢劫罪）与对物暴力（即突然夺取，包括乘人不备而突然夺取，或者在他人来不及夺回时而夺取，或者制造他人不能夺回的机会而夺取）。

（3）抢夺行为不要求在不特定人或者多数人面前实施，完全可能在仅有行为人和被害人的场所实施。

（4）抢夺行为的本质至少要求具有导致被害人伤亡的一般可能性。

3. 危害结果与情节。要求抢夺数额较大或者多次抢夺，才成立犯罪。

（1）其中“多次抢夺”，应指 2 年内 3 次以上。

（2）其中“数额较大”，按照司法解释，通常指 1000 元以上 3000 元以下。

（3）其中“其他严重情节”，包括抢夺行为导致他人重伤或者引起他人自杀的情形。

（4）其中“其他特别严重情节”，包括抢夺行为导致他人死亡的情形。

注意

第一，抢夺致人重伤、死亡时，不要求财产法益的被害人与身体、生命法益的被害人是同一人。例如，乙拿着同行者丙的手机玩耍，甲抢夺乙手中的手机，导致乙倒地身亡的，本案中手机依然属于丙占有和所有，故甲抢夺罪侵犯的财产法益被害人是丙，侵犯的生命法益的被害人是乙，甲属于抢夺致人死亡。

第二，抢夺行为过失致人重伤后，行为人为窝藏赃物、抗拒抓捕或者毁灭罪证而当场使用暴力或者以暴力相威胁的，成立抢夺致人重伤与事后抢劫的想象竞合，不能认定为抢劫致人重伤。

4. 罪过形式为故意，要求具有非法占有目的（不成文的构成要件要素）。

（二）法律拟制

携带凶器抢夺的，法律拟制为抢劫罪。

（三）关联犯罪

1. 抢夺罪与抢劫罪

（1）抢夺罪与抢劫罪不是对立关系，抢劫罪行为符合抢夺罪的构成要件，二者是特别关系。不能说“成立抢夺罪，只能是对物暴力行为，不能包含对人暴力行为”；正确的说法是“成立抢夺罪，不要求其行为达到足以压制被害人反抗的程度，但达到了足以压制被害人反抗程度的，成立抢劫罪”。

（2）驾驶机动车、非机动车夺取他人财物，具有下列情形之一的，应当以抢劫罪定罪处罚：①夺取他人财物时因被害人不放手而强行夺取的；②驾驶车辆逼挤、撞击或者强行逼倒他人夺取财物的；③明知会致人伤亡仍然强行夺取并放任造成财物持有人轻伤以上后果的。

2. 抢夺罪与盗窃罪

（1）观点一（传统观点）认为，抢夺罪与盗窃罪是对立关系。换言之，抢夺罪要求乘人不备、公然夺取，而盗窃罪要求秘密窃取，故凡是公然非法获取他人财物的，不成立盗窃罪，而成立抢夺罪（或者抢劫罪）。

（2）观点二认为，抢夺罪与盗窃罪并不是非此即彼的对立关系，抢夺行为都符合盗窃行为的特征，但盗窃行为不一定符合抢夺行为的特征，即二者是特别关系，抢夺罪是特殊法条，盗窃罪是普通法条。对于违背对方意志取得对方占有的财物的犯罪，究竟成立抢劫罪、抢夺罪还是盗窃罪，按照以下思路分析：如果能评价为“压制反抗、强行取得财物”的，则成立抢劫罪；否则，再判断是否属于“直接夺取他人紧密占有的财物、具有导致伤亡的可能性”的，如果得出肯定结论，就成立抢夺罪，否则，成立盗窃罪。故盗窃罪是违背对方意志取得财物类型犯罪的兜底罪名。

例 1：用绳子等套住被害人自行车后轮，趁被害人下车查看时，迅速拿走其放在自行车车筐中的提包的，由于取得财物的行为整体上具有致人伤亡的可能性，成立抢夺罪。

例 2：被害人被路边的铁链绊倒，钱包也随之落在离其身边 3 米多远的地上，看到这一情形的甲拾起钱包后逃走的，甲非法取得离开被害人身体的财物，成立盗窃罪。

例 3：扒窃他人衣服口袋里的财物的，虽然财物属于被害人紧密占有，但行为不可能致人伤亡，成立盗窃罪。

例 4：甲深夜偷偷进入 76 岁的孤寡老太太乙房中，企图窃取财物。甲翻找财物时，声响惊醒了乙，乙不敢阻拦，只是苦苦哀求不要拿走她的财物。甲见状对乙置之不理，继续翻找钱物，最后找出现金 200 元拿走的，成立盗窃罪（入户盗窃）。

三、抢劫罪

第二百六十三条	【抢劫罪】以暴力、胁迫或者其他方法抢劫公私财物的，处三年以上十年以下有期徒刑，并处罚金；有下列情形之一的，处十年以上有期徒刑、无期徒刑或者死刑，并处罚金或者没收财产： （一）入户抢劫的； （二）在公共交通工具上抢劫的； （三）抢劫银行或者其他金融机构的； （四）多次抢劫或者抢劫数额巨大的； （五）抢劫致人重伤、死亡的； （六）冒充军警人员抢劫的； （七）持枪抢劫的； （八）抢劫军用物资或者抢险、救灾、救济物资的。
第二百六十七条第二款	携带凶器抢夺的，依照本法第二百六十三条的规定定罪处罚。
第二百六十九条	犯盗窃、诈骗、抢夺罪，为窝藏赃物、抗拒抓捕或者毁灭罪证而当场使用暴力或者以暴力相威胁的，依照本法第二百六十三条的规定定罪处罚。
第二百八十九条	聚众“打砸抢”，致人伤残、死亡的，依照本法第二百三十四条、第二百三十二条的规定定罪处罚。毁坏或者抢走公私财物的，除判令退赔外，对首要分子，依照本法第二百六十三条的规定定罪处罚。

【犯罪构成：使用暴力、胁迫或者其他方法压制反抗的手段行为 + 强行取得财物的目的行为 + 对象为他人占有的财物 + 犯罪故意 + 非法占有目的 + 已满 14 周岁并具有责任能力的自然人】

（一）不法要素

法益是他人财产，普通抢劫罪同时侵犯了他人的意思活动自由，加重抢劫还会侵犯他人生命、身体健康。

1. 手段行为。“暴力、胁迫或者其他方法”，要求对人实施，并达到足以压制对方的反抗，但不要求事实上压制了对方的反抗，更不要求具有危害人身安全的性质。

（1）“暴力”。最狭义的暴力。

①行为内容为对被害人不法行使有形力，使其不能反抗，包括殴打、捆绑、伤害、禁闭等，还包括故意杀害被害人的情形，即彻底压制对方反抗（同时触犯故意杀人罪）。

②行为必须针对人实施（不包括对物暴力），具体包括财物的直接持有者、保管者、有权处分财物的人以及其他妨碍行为人劫取财物的人（包括财物的辅助占有者或者协助占有、管理财物的人、财物占有者的家人、有一定看管能力的儿童）。

例如，乙将摩托车停在楼下后，没有取走钥匙就上楼取东西，无关的丙站在摩托车旁。路经此地的甲误以为丙是车主，使用暴力将丙打成轻伤，骑着摩托车逃走。按照主观联系说，甲成立抢劫罪未遂与盗窃罪既遂，并罚；按照客观联系说，甲成立故意伤害（轻伤）罪与盗窃罪既遂，并罚。

③行为程度要求足以抑制对方的反抗，但不要求事实上抑制了对方的反抗，更不要求具有危害人身安全的性质。

④抢劫罪中的“暴力”手段不同于强奸罪中的“暴力”手段：二者在内容、对象、程度上都存在差别。

（2）“胁迫”。最狭义的胁迫。

①胁迫方式。没有限定，包括语言或者动作、手势等等。

②胁迫内容。刑法理论的通说要求以当场立即对人使用暴力相威胁，并达到足以抑制对方反抗的程度。因此，以将来实施暴力相威胁的，以及以当场立即实现损毁名誉、毁坏财物等非暴力内容进行威胁的，原则上不成立抢劫罪，可以成立敲诈勒索罪（如实施足以压制反抗的胁迫行为，事实上并未压制反抗而取得财物的，成立抢劫罪与敲诈勒索罪的想象竞合犯）。胁迫者是否真正具有当场加害意思和加害能力，不影响胁迫的成立，只要其胁迫内容使被害人以为行为人会实现胁迫内容即可。

（3）“其他方法”。即暴力、胁迫之外的其他足以压制对方反抗的行为。①采用药物、酒精使被害人暂时丧失自由意志，然后劫走财物，成立抢劫罪。②将具有反抗能力和意思的人反锁在房间，将其他房间的财物拿走的，成立抢劫罪。

> **注意**
> 没有实施足以压制对方反抗的行为，绝对不成立抢劫罪。单纯利用被害人不能反抗的状态取走财物的，仅成立盗窃罪。

2. 目的行为。“抢劫公私财物”，即违反被害人的意志将财物转移给自己或者第三者占有，要求行为人以暴力、胁迫等强制手段压制被害人的反抗与夺取财产之间必须存在因果关系。

（1）行为对象。抢劫罪的对象既可以是动产，也可以是不动产，也可能是财产性利益。记载权利的凭证（例如，银行存折、借条、支票、股票、汇款单、火车票等）属于有体物，可能成为抢劫罪的对象。行为人为索取债务，使用暴力、以暴力相威胁等手段的，一般不以抢劫罪定罪处罚。构成故意伤害、非法拘禁等其他犯罪的，依照其他犯罪定罪处罚。

例1：使用暴力手段当场非法占有、控制他人房屋的（针对不动产的抢劫）；使用暴力手段迫使他人将不动产过户给自己的（针对财产性利益的抢劫）；使用暴力手段迫使他人当场写出免除债务的承诺书或者收条的。

例2：乙女担心涉嫌犯罪的前男友连累自己，将150万元打入现任男友甲的账户，表示等事情过后再将钱取回。甲账户原有1万元，之后在乙不知情的情况下，取走了100万元用于自己购车、还债。甲担心乙要回钱，就将乙杀害，并取走乙身上5000元现金与手机。甲抢劫了150万元的财产性利益与5000元现金、手机，成立抢劫（致人死亡）罪与故意杀人罪既遂的想象竞合犯。

例3：甲乘坐出租车后，出租车司机乙要求甲支付车费，甲对乙使用暴力，迫使司机放弃车费的，或者制服乙后扬长而去的，属于抢劫出租车司机债权的行为，成立抢劫罪。

（2）强取财物，即违反被害人的意志将财物转移给自己或者第三者占有。包括：行为人自己直接夺取、取走被害人占有的财物；迫使被害人交付（处分）财物；实施暴力、胁迫等强制行为，趁被害人没有注意财物时取走其财物；在使用暴力、胁迫等行为之际，被害人由于害怕而逃走，将身边财物遗留在现场，行为人取走该财物。

（3）因果关系。行为人以暴力、胁迫等强制手段压制被害人的反抗，与夺取财产之间必须存在因果关系（压制反抗、强行取财）。只要能够肯定这种因果关系，就成立抢劫罪既遂，而不限于“当场”取得财物；如果不能肯定这种因果关系，即使当场取得财物，也不能认定为强取财物。至于被害人是否知道行为人取走自己的财物，不影响抢劫罪的认定。

例1：甲以抢劫故意实施暴力，导致被害人逃跑时失落财物，甲在追赶时拾得该财物的，不属于强取财物，认定为抢劫罪未遂与侵占罪（或者盗窃罪）。

例2：实施的暴力、胁迫等行为虽然足以抑制反抗，但实际上没有抑制对方的反抗，对方基于怜悯心而交付财物的，只成立抢劫罪未遂。

例3：为取得财物殴打被害人，趁被害人外出就医而取走财物的，不属于“压制反抗、强行取财”，故不成立抢劫罪，应认定为故意伤害罪与盗窃罪。

例4：甲明知被害人当时身无分文，但使用严重暴力，压制其反抗，迫使对方次日交付财物的，应认定为抢劫罪（视对方次日是否交付成立抢劫罪既遂或者未遂）。

例5：甲在乙的住宅内向乙的饮料中投放安眠药，打算两小时后进入住宅取得财物。但乙喝了饮料后外出听法考讲座，甲再次进入乙无人的住宅取走乙的财物。甲成立抢劫罪未遂与盗窃罪（并罚）。

例 6： 甲进入乙家，将乙卧室房门反锁（足以压制乙反抗）。在甲拿走乙财物的过程中，乙一直在睡觉且没醒来。甲成立抢劫罪未遂与盗窃罪（并罚）。如果在甲搬运财物的过程中，乙醒来但不能走出房间制止甲的行为，则甲的行为成立抢劫罪既遂。

例 7： 甲以非法占有为目的，将乙打晕后取走其财物的，即使乙当时不知道甲取走财物，但甲的行为满足“压制反抗、强行取财”的结构，成立抢劫罪。

（4）对象转化。

第一，抢劫对象变更的，存在不同观点。

例如，甲为抢劫乙的手镯而打晕乙，仅取走乙的项链。甲的行为性质存在不同观点：

观点一认为，按照主观说（具体符合说），甲实施暴力行为时仅针对手镯具有抢劫故意，但中止了抢劫手镯的行为，故成立针对手镯的抢劫罪中止；之后另起犯意，利用被害人不知、不能反抗之际取走其项链的，成立盗窃罪，与抢劫罪中止并罚。

观点二认为，按照客观说（法定符合说），抢劫罪是侵犯财产的犯罪，而财产利益不属于专属法益，应当统一评价。甲以抢劫财物的故意，实施了足以压制反抗的暴力行为，在压制乙反抗后强行取得了乙占有的财物，无论取得何种财物，都应当认定为抢劫罪既遂一罪。

第二，当行为人针对特定财物实施抢劫行为，而被害人对该特定财物并没有丧失反抗能力时，行为人乘机取得被害人没有防备、没有保护的其他财物的，对其他财物应认定为盗窃。

例如，甲入户后以暴力相威胁要进入被害人乙的卧室强取财物，乙将甲堵在卧室门外。甲乘乙未注意时，顺手将客厅桌上的手机装入自己口袋后逃离现场。甲的行为成立（入户）抢劫罪未遂与（入户）盗窃罪既遂，应当数罪并罚。

（二）责任要素

罪过形式为故意，而且具有非法占有目的（不成文的构成要件要素）。其主体为已满14周岁具有辨认与控制能力的人。行为人出于其他目的实施暴力、胁迫行为，使被害人失去了反抗能力后，产生非法占有目的，进而取财的，分以下情形定性：

1. 为取财而实施新的暴力、胁迫行为的，成立抢劫罪。如果先前行为压制反抗后，行为人产生取得财物的意思，要求被害人将财物交给自己的，应认定为胁迫行为，成立抢劫罪；如果被害人恳求不要取走财物，但行为人仍然取走财物的，成立抢劫罪。

2. 共同强奸、猥亵过程中，在压制被害人反抗后，一人强奸、猥亵，而另一人取走财物的，成立抢劫罪；在被害人被捆绑时，产生犯意取走财物的，成立抢劫罪；在暴力行为已经压制反抗，且能评价为仍在持续进行中，再取走财物的，成立抢劫罪。

3. 行为人在持续暴力过程中，被害人主动提出给钱，行为人才停止暴力的，只要能评价为存在“如果不给钱就继续实施暴力”的胁迫，就成立抢劫罪。如果暴力、胁迫行为已经压制反抗但并未持续，被害人主动提出给钱，而行为人提出了数额要求的，可以评价为胁迫，成立抢劫罪；但行为人单纯拿走被害人提供的财物的，不成立抢劫罪。

例如，甲以强奸故意对乙女实施暴力，乙为了避免被强奸，主动将财物交给甲，甲接受财物后放弃强奸念头的，不成立抢劫罪，只成立强奸罪中止（取得财物的行为可能成立侵占罪)。如果甲为了获取更多的财物，继续以强奸相威胁进而获取财物，成立强奸罪与抢劫罪（并罚)。

4. 暴力、胁迫行为已经压制反抗，然后产生取财的意图，行为人单纯在被害人意识到、未意识到或者误以为对方没有意识到的情况下取得财物的，不成立抢劫罪；暴力行为致人昏迷或者死亡，然后产生非法占有财物的意图，进而取走财物的，不成立抢劫罪。根据财物是否属于他人占有，分别认定为盗窃罪或者侵占罪。

例如，以强奸故意使用暴力，在被害妇女昏迷后发现了财物进而取得该财物的，不管强奸行为是否既遂，均应认定成立强奸罪与盗窃罪（并罚)。

（三）法律拟制

1. 携带凶器抢夺的，以抢劫罪定罪处罚（《刑法》第267条第2款)。“携带凶器抢夺”，是指行为人随身携带枪支、爆炸物、管制刀具等国家禁止个人携带的器械进行抢夺或者为了实施犯罪而携带其他器械进行抢夺的行为。这种情形适用于已满14周岁未满16周岁的未成年人。

（1）该法条属于法律拟制，而非注意规定。如果没有本条文，“携带凶器抢夺的”，不成立抢劫罪。

（2）“抢夺”，即行为人的行为必须符合抢夺罪的构成要件。

（3）“凶器”，分为性质上的凶器与用法上的凶器（扩大解释)，即指具有杀伤力的器物。综合考虑以下几个方面判断器物是否具有杀伤力：

①物品的杀伤机能的高低。某种物品的杀伤机能越高，被认定为凶器的可能越大。例如，塑料制成的手枪、匕首等，不能认定为凶器。

②物品供杀伤他人使用的可能性大小。如果行为人所携带的物品属于违法犯罪人通常用于违法犯罪的物品，则可能被认定为凶器。

③根据一般社会观念判断该物品所具有的对生命、身体的危险感的程度。例如，系着领带抢夺的，或者开着汽车抢夺的，领带、汽车不属于凶器。具有杀伤力的液体（如硫酸)、凶猛动物（藏獒）等属于凶器。

④物品被携带的可能性大小。根据一般人的观念，在当时的情况下，行为人携带凶器是否具有合理性。例如，一般人在马路上行走时，不会携带菜刀、杀猪刀、铁棒、铁锤、斧头、锋利的石块等，携带这些物品抢夺的，应认定为携带凶器抢夺。

（4）“携带”，是指在从事日常生活的住宅或者居室以外的场所，将某种物品带在身上或者置于身边附近，将其置于现实的支配之下的行为。携带不同于持有，后者指事实上的支配关系，不要求行为人现实上可以时时刻刻地予以支配。

①携带凶器在客观上具有随时可能使用或当场能够及时使用的特点，即具有随时使用的可能性。

②使随从者（以随从者在现场为前提，但不以随从者与行为人具有共同故意为前提）实施携带行为的，仍属于携带凶器。

③携带凶器的认定不要求行为人对被害人使用或者显示凶器，也不要求行为人向被害人暗示自己携带着凶器，否则可能直接根据《刑法》第263条的规定认定为抢劫罪。

换言之，行为人在携带凶器而又没有对人使用凶器的情况下抢夺他人财物的，才属于携带凶器抢夺。

例如，行为人携带管制刀具尾随他人，乘他人不注意时，使用管制刀具将他人背着的背包带划断，取得他人背包及其中财物的，成立抢劫罪（属于携带凶器抢夺）。

④主观方面要求行为人具有准备使用的意识。如果行为人并不是为了违法犯罪而携带某种物品，实施抢夺时也没有准备使用的意识，不属于携带凶器抢夺。

2. 事后抢劫。又称准抢劫（传统理论称之为转化型抢劫），是指犯盗窃、诈骗、抢夺罪，为窝藏赃物、抗拒抓捕或者毁灭罪证而当场使用暴力或者以暴力相威胁的行为（《刑法》第269条）。

（1）前提行为："犯盗窃、诈骗、抢夺罪"。

①只要行为人着手实行的盗窃、诈骗、抢夺行为（不包括预备行为），具有取得数额较大财物的危险性，行为人主观上具有盗窃、诈骗、抢夺数额较大财物的故意，不管是既遂还是未遂，无论所取得的财物数额大小，在共犯中不管是实行犯还是教唆犯、帮助犯，都符合"犯盗窃、诈骗、抢夺罪"的条件。多次盗窃（抢夺）、入户盗窃、携带凶器盗窃、扒窃的情形不需要取得数额较大的危险性，但要求有成立犯罪的可能。

例如，甲多次盗窃他人财物，但每次都未达到数额较大的标准。甲在第三次盗窃他人财物时被人发现，为了窝藏赃物而当场对他人实施暴力行为的，由于甲第三次盗窃行为本身不成立盗窃罪，故甲为窝藏赃物而当场实施暴力的，不成立（转化）抢劫罪。如果甲第三次盗窃行为成立盗窃罪，则甲为窝藏赃物而当场实施暴力的，成立（转化）抢劫罪。当然，即使甲第三次盗窃行为不成立盗窃罪，但甲为窝藏三次盗窃的赃物而当场实施暴力的，成立（转化）抢劫罪。

②其中"盗窃、诈骗、抢夺罪"仅限于《刑法》第264条的盗窃罪、第266条的诈骗罪、第267条的抢夺罪，但特殊类型的盗窃、诈骗、抢夺的犯罪事实可能符合这里"盗窃、诈骗、抢夺罪"的犯罪构成，一般的抢劫行为也符合盗窃罪的犯罪构成。其他可以评价为盗窃、诈骗、抢夺罪的行为，与《刑法》第264、266、267条规定的普通盗窃、诈骗、抢夺罪是法条竞合关系还是想象竞合关系，在所不问。如果某种行为不能评价为侵犯财产的盗窃、诈骗、抢夺罪，则不能成立事后抢劫罪。

例1：盗伐林木的甲为了窝藏赃物而当场使用暴力的，成立事后抢劫罪（与盗伐林木罪的想象竞合犯），这并非将《刑法》第269条所规定的"犯盗窃罪"扩大到（或类推到）"犯盗伐林木罪"，而是因为盗伐林木的行为完全符合《刑法》第264条规定的盗窃罪的成立要件，成立盗窃罪。但是，如果甲盗窃、抢夺国家机关公文、证件、印章的，由于公文、证件、印章的财产价值微薄，不可能评价为刑法上的盗窃罪、抢夺罪，故甲不成立事后抢劫罪。

例2：甲盗窃、抢夺枪支、弹药、爆炸物，出于窝藏赃物等目的而当场使用暴力或者以暴力相威胁的，成立事后抢劫罪（枪支、弹药、爆炸物属于财物范畴）与盗窃、抢夺枪支、弹药、爆炸物罪，属于想象竞合犯，从一重罪论处。该行为不能评价为（事后）抢劫枪支、弹药、爆炸物罪。

例3：甲到某公司财务室抢劫，将出纳乙打成轻伤，取得3000元。甲在逃跑中，将抓捕自己的保安丙打成重伤。本案中，甲以非法占有为目的，使用暴力行为压制乙的反抗强行取得财物的行为，成立抢劫罪。之后为抗拒抓捕而将丙打伤的行为性质，存在不同观点：

观点一认为，甲成立抢劫罪的基本犯与故意伤害（重伤）罪，应当并罚。理由如下：甲先前行为成立抢劫罪的基本犯，而抢劫行为不能被评价为盗窃，即不能对甲适用《刑法》第269条的规定。故只能对甲的行为以普通抢劫与故意伤害两罪论处，数罪并罚，对甲可能判处的刑罚为3年以上20年以下有期徒刑。

观点二认为，甲的行为成立（事后）抢劫（致人重伤）罪与故意伤害（轻伤）罪，应当并罚。理由如下：盗窃与抢劫不是对立关系而是包容关系，即按照当然解释，抢劫行为也符合盗窃的构成要件，故甲的行为符合事后抢劫的构成要件，成立抢劫罪，属于抢劫致人重伤的情形，适用“10年以上有期徒刑、无期徒刑或者死刑，并处罚金或者没收财产”的法定刑。甲先前行为成立故意伤害（轻伤）罪，应当数罪并罚。如此，才能实现刑法的公平正义，做到罪刑相适用。

③“犯盗窃、诈骗、抢夺罪”的行为主体是否必须已满16周岁，存在理论分歧。

否定说（司法解释的立场）认为，根据2006年1月11日最高人民法院《关于审理未成年人刑事案件具体应用法律若干问题的解释》第10条的规定，已满14周岁不满16周岁的人盗窃、诈骗、抢夺他人财物，为窝藏赃物、抗拒抓捕或者毁灭罪证，当场使用暴力，故意伤害致人重伤或者死亡，或者故意杀人的，应当分别以故意伤害罪或者故意杀人罪定罪处罚。

肯定说（刑法理论的观点）认为，已满14周岁不满16周岁的人应当对事后抢劫承担刑事责任。事后抢劫与普通抢劫具有等质性，事后抢劫属于抢劫罪的一种类型；既然《刑法》第17条规定已满14周岁不满16周岁的人应当对抢劫罪负刑事责任，当然就应对事后抢劫负刑事责任。其判断方法是，先判断行为本身是否符合事后抢劫的构成要件与违法性，再判断责任；在行为具备事后抢劫罪的构成要件符合性与违法性的前提下，只要行为具备事后抢劫罪的有责性，即应认定为事后抢劫罪。

（2）客观行为：“当场使用暴力或者以暴力相威胁”。

①“当场”。当暴力、胁迫与盗窃等行为具有时间与空间上的紧密性时，才能认定为“当场”。

一方面，“当场”具体表现为：行为人实施盗窃、诈骗、抢夺行为的现场以及被人追捕的整个过程与现场。实施欺骗行为的当场，以及取得财物（被害人交付财物）的当场，行为人出于窝藏赃物等目的实施暴力或者胁迫行为的，成立事后抢劫罪。

另一方面，下列情形不应当认定为“当场”：行为人实施盗窃等行为后，离开现场一段时间后，基于其他原因再回到盗窃等行为现场时，被警察、被害人等发现的；行为人实施盗窃等行为后，离开现场一定距离，基于其他原因偶然被警察或者被害人等发现的；行为人实施盗窃等行为，当场被人发现因而被追捕，在行为人摆脱追捕后，又被偶然发现的。

②“暴力或者以暴力相威胁”：等同于普通抢劫的“暴力”“胁迫”手段。事后抢劫的“着手”以开始实施暴力或以暴力相威胁的行为为标准。

第一，暴力、胁迫需出于故意实施：如果过失实施暴力致使被害人伤亡的，不成立事后抢劫罪，也不属于抢劫致人重伤、死亡。例如，甲扒窃张某的钱包，张某紧追不舍。甲为了摆脱张某，遂跨越很高的跨栏，导致跨栏倒塌，刚好砸到后面追赶的张某，致使张某死亡。由于甲的过失暴力致使张某死亡，故甲的行为不属于事后抢劫，仅成立盗窃罪与过失致人死亡罪，应当并罚。

第二，暴力、威胁的程度要求：即使行为人的行为不会导致被害人身体伤害或者死亡，但只要属于暴力或者以暴力相威胁，并且足以压制被害人的反抗，就能成立事后抢劫罪。但单纯持所盗窃的刀具等逃窜，或者单纯持原本持有的凶器逃跑的，不属于“以暴力相威胁”。对于以摆脱的方式逃脱抓捕，暴力强度较小，未造成轻伤以上后果的，可不认定为“使用暴力”，不以抢劫罪论处。

第三，暴力、威胁的对象范围：“他人”。一方面，暴力或者以暴力相威胁的对象只能是“人”，而不能是财物。另一方面，暴力或者以暴力相威胁的对象必须是其他人，不能是行为人自己。通常表现为对抓捕者或者阻止其窝藏赃物、毁灭罪证的人使用暴力或者以暴力相威胁。但是，如果行为人犯盗窃等罪后，虽然出于窝藏赃物等目的威胁他人，但如果并没有特定的威胁对象时，不应认定为事后抢劫罪。

（3）主观目的：“为了窝藏赃物、抗拒抓捕或者毁灭罪证”。目的是否实现不影响事后抢劫罪的成立与既遂的认定。

注意

如果行为人针对自己以为会抓捕或者阻止自己的人实施暴力或者以暴力相威胁的，是否成立抢劫罪，存在分歧。

观点一认为，“为了”表达的是目的，则只要行为人主观上具有为了窝藏赃物、抗拒抓捕或者毁灭罪证的意图，就可能成立（事后）抢劫罪，不要求暴力或者暴力相威胁的对象是财物原有的占有者、管理者或者抓捕者。该观点重视该法条的法律拟制性。

观点二认为，“为了”表达的是客观原因，只有客观上有人抓捕行为人、追回赃物或者保护罪证，才能认定行为人可能成立（事后）抢劫罪，即要求暴力或者暴力相威胁的对象是财物原有的占有者、管理者或者抓捕者。该观点重视该规定与普通抢劫之间有责的不法的等价性。

例如，赵某前往王某家盗窃电脑，下楼时误将李某当作王某，为了窝藏赃物，将李某打成轻伤，事后查明，李某是前往王某家贴小广告的。如何认定赵某的行为性质，取决于如何理解《刑法》第269条的规定。

观点一认为，《刑法》第269条属于法律拟制，将“为窝藏赃物、抗拒抓捕或者毁灭罪证”理解为主观目的，不要求暴力或者暴力相威胁的对象是财物原有的占有者、管理者或者抓捕者。赵某盗窃财物后，主观上出于抗拒抓捕的目的而当场对他人实施了暴力行为，即使客观上没有抓捕行为存在，其行为也符合《刑法》第269条的规定，应以（事后）抢劫罪论处。

观点二认为，《刑法》第269条虽然是特别规定，但必须与一般抢劫罪具有违法和责任的等价性，即要求暴力或者暴力相威胁的对象是财物原有的占有者、管理者或者抓捕者，行为人出于抗拒该抓捕的原因而当场实施暴力的，才可能成立（事后）抢劫罪。赵某盗窃财物后虽然对李某实施了暴力行为，但李某在客观上没有抓捕行为，赵某的行为与一般抢劫没有等价性，不属于《刑法》第269条规定的情形，不成立抢劫罪，应以盗窃罪与故意伤害（轻伤）罪数罪并罚。

①如果行为人在实行盗窃、诈骗、抢夺过程中，尚未取得财物时被他人发现，为了非法取得财物，而使用暴力或者以暴力相威胁的，应直接适用《刑法》第263条认定为普通抢劫罪，而不适用《刑法》第269条。

②如果行为人为了迫使他人不对自己实施抓捕等行为，以加害自己（如自杀、自伤）相通告的，不成立事后抢劫。

③成立事后抢劫，不要求行为人使用暴力或者以暴力相威胁时必须具有非法占有目的。

④“窝藏赃物”中的“赃物”与先前所取得的“赃物”必须具有同一性。如果行为人先前仅盗窃了甲的财物，为窝藏乙的财物而当场实施暴力或者胁迫行为的，不成立事后抢劫罪。

⑤“毁灭罪证”，是指妨碍证据显现、使证据的证明价值减少或者消灭的一切行为。

第一，行为人犯盗窃等罪后，当场为了灭口而杀害被害人。观点一认为，行为人成立盗窃罪与故意杀人罪，应当数罪并罚。观点二认为，行为人为灭口实施的杀人行为，属于毁灭罪证的行为，成立事后抢劫罪。同时触犯了故意杀人罪，属于想象竞合犯，由于抢劫致人死亡的法定刑重于故意杀人罪（主刑法定刑一致，但抢劫罪“并处罚金或者没收财产”），故对该行为应以事后抢劫罪论处。

第二，行为人抢劫后为灭口而杀害被害人的，司法解释认为行为人成立抢劫罪与故意杀人罪，应当数罪并罚。

（4）事后抢劫罪的共犯认定与典型案例。

例1：甲邀约乙为自己的盗窃望风。甲入室行窃，乙在门外望风，但甲在盗窃时为抗拒抓捕而当场对被害人A实施暴力，乙对此并不知情。甲、乙（在盗窃罪的范围内）成立共犯关系，甲成立事后抢劫罪，乙成立盗窃罪，属于从犯，应当从轻、减轻或者免除处罚。如果仅乙为抗拒抓捕而对他人实施暴力的，乙成立事后抢劫罪，甲成立盗窃罪。如果甲在盗窃时为抗拒抓捕而当场对被害人实施暴力，乙知情但并没有阻止甲的行为，也没有离开现场，而是继续望风。甲、乙成立事后抢劫的共犯，乙不属于片面的共犯。

例2：甲盗窃了被害人A的财物，A当场发现并抓捕甲以便夺回被盗财物；甲为了窝藏赃物，在逃跑的过程中对A实施暴力，没有参与盗窃行为的乙知情后，与甲共同对A实施暴力。乙的行为不只是单纯的暴力行为，而是同时起到了使甲的盗窃行为成为事后抢劫的实行行为的作用，故乙与甲成立事后抢劫的共犯。

例3：甲单独入室盗窃被发现后逃离现场（盗窃既遂）。在甲逃离的过程中，知道真相的乙为了使甲逃避抓捕、窝藏赃物或者毁灭罪证，而对抓捕者A实施暴力。甲对此不知情。甲不成立事后抢劫罪，仅成立盗窃罪；乙不属于承继的共犯，不成立盗窃罪，不成立事后抢劫罪（没有实施盗窃等行为），而是成立窝藏罪、掩饰隐瞒犯罪所得罪或者帮助毁灭证据罪。如果乙的行为导致被害人A伤亡，因而触犯故意伤害罪、故意杀人罪的，则是故意伤害罪、故意杀人罪与窝藏罪等犯罪的想象竞合犯。

例4：甲与乙共同入室盗窃。乙在里屋行窃，甲在外屋行窃。适逢室主A回家，甲为了抗拒抓捕，对A实施暴力，将A打晕。乙知情但没有参与实施暴力。乙不成立事后抢劫的共犯，不能认为乙的“在场”本身就是对甲的暴力行为的帮助。只有当乙为甲的暴力现实地提供了物理的或者心理帮助时（如提供工具、鼓掌、喊“打得好”等），才可以认定为事后抢劫的共犯。

例5：甲盗窃被被害人A发现，在甲逃跑和A抓捕的途中，知道真相的乙，唆使甲对A实施暴力，以便逃避抓捕。甲接受乙的教唆，对A实施了暴力。在甲犯盗窃罪而没有打算当场对被害人A实施暴力的情况下，乙唆使甲实施暴力，实际上是唆使甲实施较盗窃更重的事后抢劫罪，因而成立事后抢劫的共犯（教唆犯）。

例6：17周岁的甲与13周岁的乙共谋盗窃，甲入室行窃，乙在门外望风，被他人发现后，甲、乙为抗拒抓捕而当场实施暴力，乙的行为致人重伤。甲与乙构成事后抢劫的共同犯罪，甲应对重伤结果负责；由于乙具有责任阻却事由（没有达到法定年龄），仅追究甲抢劫罪（致人重伤）的责任。

3. 在实行聚众“打砸抢”行为过程中，毁坏或者抢走公私财物的，对首要分子应认定为抢劫罪（《刑法》第289条）。这种情形适用于已满14周岁未满16周岁的未成年人。其中“抢走”仅指抢夺，而不包括抢劫。如果实施抢劫行为的，则直接按照《刑法》第263条的规定认定为抢劫罪。其中“首要分子”是指组织、领导、策划或者指挥聚众“打砸抢”的行为人，而不包括一般参加者。

（四）故意犯罪形态

1. 着手。只要行为人开始实施足以压制他人反抗程度的暴力、胁迫或者其他方法行为，就是着手。

2. 既遂标准。刑法理论存在两种不同观点。

（1）司法解释的观点。具备劫取财物或者造成他人轻伤以上后果两者之一的，均属抢劫既遂；既未劫取财物，又未造成他人人身伤害后果的，属抢劫未遂。《刑法》第263条规定的八种处罚情节中除“抢劫致人重伤、死亡的”这一结果加重情节之外，其余七种处罚情节同样存在既遂、未遂问题。

（2）刑法理论的观点。抢劫罪是侵犯财产罪，应以行为人取得（控制）被害人财物为既遂标准；造成轻伤但未取得财物的，依然属于抢劫未遂。“抢劫数额巨大的”，不存在未遂；其他法定刑升格情形，也存在未遂问题。在事后抢劫中，先前的盗窃既遂时，才成立事后抢劫的既遂。

（五）关联犯罪

1. 抢劫罪与故意杀人罪

（1）只要出于非法占有财物的目的而实施杀人行为，且其后取得财物与杀人之间具有意思关联，即可认定为抢劫罪（同时成立故意杀人罪，属于想象竞合犯）。行为人为劫取财物而预谋故意杀人，或者在劫取财物过程中，为制服被害人反抗而故意杀人的，以抢劫罪与故意杀人罪的想象竞合犯论处。

（2）因其他原因故意实施杀人行为致人死亡，然后产生非法占有财物的意图，进而取得财物的，根据财物是否属于他人占有，成立故意杀人罪与盗窃罪或者侵占罪并罚。

（3）抢劫财物后，为了灭口而杀害他人的，成立抢劫罪与故意杀人罪，应当数罪并罚。

（4）为继承遗产而杀害被继承人或者其他继承人的，成立故意杀人罪，不成立抢劫罪。

2. 抢劫罪与绑架罪

（1）绑架罪只能是向被绑架人的近亲属或者其他有关人勒索财物；抢劫罪是直接迫使被绑架人交付财物，而不是向第三者勒索财物。

（2）行为人使用暴力、胁迫手段非法扣押被害人或者迫使被害人离开日常生活处所后，仍然向该被害人勒索财物的，成立抢劫罪。

（3）在行为人控制被害人索要财物的情形下，究竟成立绑架罪还是抢劫罪，不以实际向谁索要财物为准，而是以行为人控制被害人时打算向谁索要财物为准：如果控制被害人时打算向被害人本人索要财物的，成立抢劫罪；如果控制被害人时打算将被害人作为人质意图向第三者索要财物的，成立绑架罪。

（4）绑架过程中又当场劫取被害人随身携带财物，同时触犯绑架罪和抢劫罪的，从一重罪处罚；绑架被害人，在实际控制被害人之后，又强行劫取被害人财物的，成立绑架罪与抢劫罪，应当并罚。

（5）行为人控制被害人后，以杀害被害人相威胁，要求在场的被害人的家属交付财物的，行为人成立绑架罪（针对被害人）与抢劫罪（针对家属）的想象竞合犯，从一重罪论处。

3. 抢劫罪和其他犯罪

（1）抢劫违禁品后又以违禁品实施其他犯罪的，应以抢劫罪与具体实施的其他犯罪实行数罪并罚。

（2）行为人冒充正在执行公务的人民警察“抓赌”“抓嫖”，实施没收赌资或者罚款的行为，构成犯罪的，以招摇撞骗罪从重处罚；在实施上述行为中使用暴力或者暴力威胁的，以抢劫罪定罪处罚。行为人冒充治安联防队员“抓赌”“抓嫖”，实施没收赌资或者罚款的行为，构成犯罪的，以敲诈勒索罪定罪处罚；在实施上述行为中使用暴力或者暴力威胁的，以抢劫罪定罪处罚。

（六）法定刑升格条件

1. 入户抢劫

（1）“户”，指家庭住所（限制解释），具有功能特征（供他人家庭生活）与场所特征（与外界相对隔离）。①集体宿舍、旅店宾馆、临时搭建工棚等，如果不能评价为家庭住所的，不应认定为“户”。②对于部分时间从事经营、部分时间用于生活起居的场所，行为人在非营业时间强行入内抢劫或者以购物等为名骗开房门入内抢劫的，应认定为“入户抢劫”。③对于部分用于经营、部分用于生活且之间有明确隔离的场所，行为人进入生活场所实施抢劫的，应认定为“入户抢劫”；如场所之间没有明确隔离，行为人在营业时间入内实施抢劫的，不认定为“入户抢劫”，但在非营业时间入内实施抢劫的，应认定为“入户抢劫”。

（2）“入户抢劫”，要求具有非法性入户，而且暴力、胁迫等抢劫行为必须发生在户内。

①“入户抢劫”不同于“在户内抢劫”。合法入户后，临时起意实施抢劫，或者临时起意实施盗窃、诈骗等犯罪而转化为抢劫的，不应认定为“入户抢劫”。

②以侵害户内人员的人身、财产为目的，入户后实施抢劫，包括入户实施盗窃、诈骗等犯罪而转化为抢劫的，应当认定为“入户抢劫”。如果被害人发现后追赶，出户之后行为人使用暴力或者以暴力相威胁的，不属于“入户抢劫”（属于事后抢劫）。

（3）只有当行为人对入“户”具有认识时，才能适用入户抢劫的法定刑。行为虽然客观上符合入户抢劫的条件，但行为人对入“户”没有认识的，只能适用普通抢劫罪的法定刑。

例1：丙将自己的新买的一套房子装修后准备出租。甲、乙谎称租房，丙陪同甲、乙去看房。进了出租房之后，甲、乙使用事先准备好的凶器，抢劫了丙身上财物。该房虽然有生活设施，但丙没有在其内居住，也没有出租给他人居住，即无人现实居住，故不属于入户抢劫中的“户”。

例2：甲、乙、丙路经某村废弃厂房，听到院内有狗叫，决定将狗打死以便出卖。狗叫声惊醒了住在院子里的被害人丁，甲、乙、丙将丁控制住后将狗拖走卖掉。事后查明，被害人丁的院落原为废旧工厂，面积约1000平方米，但丁于年前买下，作为夫妻共同生活居住的场所。甲、乙、丙虽客观上入户抢劫，但没有认识到“户”的存在，故不能适用入户抢劫的法定刑。

2. 在公共交通工具上抢劫

（1）“公共交通工具”，要求具有公共性与运营性，包括从事旅客运输的各种公共汽车，大、中型出租车，火车，地铁，轻轨，轮船，飞机等，不含小型出租车。

①对于虽不具有商业营运执照，但实际从事旅客运输的大、中型交通工具，可认定为“公共交通工具”。

②接送职工的单位班车、接送师生的校车等大、中型交通工具，视为“公共交通工具”。

（2）“在公共交通工具上抢劫”，既包括在处于运营状态的公共交通工具上对旅客及司售、乘务人员实施抢劫，也包括拦截运营途中的公共交通工具对旅客及司售、乘务人员实施抢劫，但不包括在未运营的公共交通工具上针对司售、乘务人员实施抢劫。以暴力、胁迫或者麻醉等手段对公共交通工具上的特定人员实施抢劫的，一般应认定为“在公共交通工具上抢劫”。

（3）劫持汽车之后，再抢劫车内乘客财物的，以劫持汽车罪与抢劫罪（在公共交通工具上抢劫），数罪并罚。

3. 抢劫银行或者其他金融机构

（1）抢劫银行或者其他金融机构的经营资金、有价证券和客户的资金等，不包括办公用品。

（2）明知是正在使用中的运钞车（运钞车里面装有银行或者其他金融机构的经营资金、有价证券和客户的资金）而抢劫的，属于“抢劫银行或者其他金融机构”；否则，只能认定为普通抢劫。

4. 多次抢劫或者抢劫数额巨大的。其中“多次”指三次以上，以行为人实施的每一次抢劫行为均已构成犯罪为前提。其中“数额巨大”是指5000元以上2万元以下；抢劫博物馆、重要文物的，属于抢劫数额巨大。

5. 抢劫致人重伤、死亡

（1）这属于典型的结果加重犯。其对象包括财物的占有者、所有者、阻止行为人取得财物的人。对象错误、打击错误的情形不影响结果加重犯的判断。

（2）行为人对重伤、死亡结果既可以是过失，也可以是故意。同时成立故意伤害罪、故意杀人罪的，属于想象竞合犯，从一重罪论处。

（3）抢劫手段行为与强取财物的行为中的任何行为导致被害人重伤、死亡的，都属于抢劫致人重伤、死亡；在事后抢劫中，暴力等行为导致抓捕者等人重伤、死亡的，也属于致人重伤、死亡。

（4）基本行为以外的行为造成所谓严重结果的，不成立结果加重犯。

例1：下列情形不属于“抢劫致人死亡的”：甲在抢劫后的逃跑行为致其他人死亡的；甲抢劫后在逃走的过程中偶然遇见以前的仇人而将其杀害的；甲、乙在抢劫过程中因为意见分歧而相互杀伤的；发生在一般场所的胁迫行为导致被害人逃跑，被害人在逃跑过程中偶然摔伤或者摔死的；行为人使用凶器胁迫被害人，被害人在夺取凶器时手臂碰在其他坚硬物体上造成重伤的。

例2：下列情形属于“抢劫致人死亡的”：甲冬日深夜抢劫王某财物，为压制王某的反抗将其刺成重伤并取财后离去。三小时后，王某被冻死的；乙抢劫妇女高某财物，路人曾某上前制止，乙用自制火药枪将曾某打死的；丙盗窃邱某家财物准备驾车离开时被邱某发现，邱某站在车前阻止丙离开，丙开车将邱某撞死后逃跑的；胁迫行为导致被害人精神失常或者精神病突发而死亡的；在危险的路段或场所，胁迫行为造成被害人因逃避而摔伤或者摔死的。

例3：甲闯入乙经营的小卖部，打算杀人后取财。甲对乙实施了严重暴力，乙昏迷，甲误以为乙死亡，就将小卖部洗劫一空。此时，甲想毁尸灭迹，临时起意放火焚烧小卖部。事后证明：乙不是死于甲的暴力行为，而是被火烧死。本案属于事前故意的情形，甲抢劫杀人的行为与死亡之间存在因果关系，故甲成立抢劫罪（抢劫致人死亡）既遂与故意杀人罪的想象竞合犯，之后的行为成立放火罪，应当数罪并罚。

6. 冒充军警人员抢劫

（1）冒充军人或警察抢劫，要求足以使他人误以为是军警人员，包括军人和警察相互冒充的，即此种警察或者军人冒充彼种警察或者军人的。

（2）司法解释认为，军警人员利用自身的真实身份实施抢劫的，不认定为“冒充军警人员抢劫”，但应依法从重处罚。

7. 持枪抢劫

使用枪支或者向被害人显示持有、佩带的枪支进行抢劫。

(1) 其中“枪”是指能发射子弹的真枪，不包括仿真手枪与其他假枪；不要求枪中装有子弹。

(2) 其中“持枪抢劫”要求行为人必须显示或者使用枪支抢劫。**例如，因携带枪支抢夺而成立抢劫罪的，不属于持枪抢劫。**

8. 抢劫军用物资或者抢险、救灾、救济物资

(1) 其中“军用物资”仅限于武装部队（包括武警部队）使用的物资，不包括公安警察使用的物资。

(2) 其中“抢险、救灾、救济物资”是指已确定用于或者正在用于抢险、救灾、救济的物资。

(3) 行为人明知是“军用物资或者抢险、救灾、救济物资”。如果出现事实认识错误的，按照认识错误的理论处理。

练练手

1. 关于盗窃罪的认定，下列结论哪些是正确的?〔1〕

A. 甲因饮酒过量醉卧街头。乙向围观群众声称甲系其好友，将甲扶于无人之处，掏走甲身上1000余元离去。乙的行为构成盗窃罪

B. 甲与乙在火车上相识，下车后同到一饭馆就餐。乙殷勤劝酒，将甲灌醉，掏走甲身上1000余元离去。乙的行为构成盗窃罪

C. 甲去一餐馆吃晚饭，时值该餐馆打烊，服务员已下班离去，只有老板乙在清账理财。在甲再三要求之下，乙无奈亲自下厨准备饭菜。甲趁机将厨房门反锁，致乙欲出不能，只能从递菜窗口眼看着甲打开柜台抽屉拿走1000余元离去。甲的行为构成盗窃罪

D. 甲在街头出售报纸时发现乙与一摊主因买东西发生纠纷，其携带的箱子（内有贵重物品）放在身旁的地上，甲便提起该箱子悄悄溜走。乙发现后紧追不舍。为摆脱乙的追赶，甲将手中剩余的几张报纸卷成一团扔向乙，击中乙脸，乙受惊吓几乎滑倒。随之又追，终于抓住甲。甲的行为构成盗窃罪

2. 张某出于报复动机将赵某打成重伤，发现赵某丧失知觉后，临时起意拿走了赵某的钱包，钱包里有1万元现金，张某将其占为己有。关于张某取财行为的定性，下列哪一选项是正确的?〔2〕

A. 构成抢劫罪

B. 构成抢夺罪

C. 构成盗窃罪

D. 构成侵占罪

3. 犯盗窃、诈骗、抢夺罪，事后使用暴力的，转化成抢劫罪（《刑法》第269条）。

---

〔1〕 答案：AD。

〔2〕 答案：C。

下列哪一说法是正确的?[1]

A. 转化型抢劫罪的着手，应以前行为“盗窃、诈骗、抢夺罪”的着手为准

B. 成立《刑法》第269条的转化型抢劫，要求前行为“盗窃、诈骗、抢夺罪”必须达到“数额较大”

C. 成立《刑法》第269条的转化型抢劫，要求前行为必须是盗窃罪、诈骗罪、抢夺罪，行为人实施诸如盗窃类型的犯罪，如盗伐林木罪，不能转化为抢劫罪

D. 如果没有《刑法》第269条的规定，盗窃后使用暴力抗拒抓捕的，不成立抢劫罪

第五节　基于对方瑕疵的意思取得财产的犯罪·诈骗罪、敲诈勒索罪

一、诈骗罪

第二百六十六条	【诈骗罪】诈骗公私财物，数额较大的，处三年以下有期徒刑、拘役或者管制，并处或者单处罚金；数额巨大或者有其他严重情节的，处三年以上十年以下有期徒刑，并处罚金；数额特别巨大或者有其他特别严重情节的，处十年以上有期徒刑或者无期徒刑，并处罚金或者没收财产。本法另有规定的，依照规定。

【犯罪构成：诈骗行为+具有处分财产权限的被骗人陷入认识错误+被骗人基于错误认识处分财产+被害人遭受财产损失+行为人或者第三者取得财产+犯罪故意+非法占有目的+已满16周岁并具有责任能力的自然人】

（一）行为结构

行为人实施欺骗行为→对方（受骗者）产生（或继续维持）错误认识→被骗人对方基于错误认识处分财产→行为人或第三者取得财产→被害人遭受财产损害。

1. 欺骗行为。即通过虚构事实或者隐瞒真相，或者其他使对方陷入处分财产的认识错误的行为。

（1）行为方式与表现多样。包括语言、文字欺骗或者明示或默示的虚假举动表示，作为或者不作为。其中不作为表现为，行为人有告知某种事实的义务，但不履行这种义务，使对方陷入错误认识或者继续陷入错误认识，进而利用这种认识错误取得财产的。但是，如果行为人实施欺骗行为强化对方认识错误的，则属于作为方式的诈骗。

例1：身体健全的甲打扮成残疾人在路边乞讨的，或者甲持作废的外币交给负责兑换的职员的，或者减少机动车里程数后将机动车出卖给他人的，属于作为的诈骗行为。

例2：甲明知乙错将自己当作丙，并将要把财物交付给自己，甲仍然出示有关身份证件欺骗乙，谎称自己就是丙的，甲的行为属于作为方式的诈骗罪。

例3：出卖不动产时隐瞒不动产被抵押的事实的，或者首饰店将真金首饰与镀金首

[1] 答案：D。

饰并陈橱窗，顾客将镀金首饰当作真金首饰而提出购买，店员不履行告知义务，以真金首饰价格出售镀金首饰的，属于不作为的诈骗。

例4： 作者乙与出版社签订出版合同，约定出版社按照印数码洋的12%支付稿酬给作者乙。出版社实际印刷5万册，但其负责人甲声称仅印刷了1万册，并按照1万册支付了稿酬的，甲属于不作为的诈骗。

例5： 集邮爱好者甲收集了一枚高仿真的清代邮票。某日，甲向前来欣赏自己收藏邮票的乙吹嘘该邮票为真品。乙动心后提出高价购买，甲同意后以高价将邮票卖给了乙的，甲属于不作为的诈骗。

（2）欺骗行为的内容特定。即为“使对方产生处分财产的错误认识并作出行为人所希望的财产处分行为”。例如，没有购买车票的甲趁列车员乙不注意而溜进列车车厢的，或者甲将乙骗出户外后乘机入户取得乙的财物的，甲并没有欺骗乙处分财产，故甲的行为不属于诈骗行为（前者无罪，后者构成盗窃罪）。

①通过“调虎离山”“调包”类型的欺骗行为，取得对方占有的财物，不成立诈骗罪，而是成立盗窃罪。

例1： 乙女听说甲男能将10元变成100元，便将家里的2000元现金交给甲，让甲当场将2000元变成2万元。甲用红纸包着2000元钱，随后“变”来“变”去，趁机调换了红纸包，然后将调换过的红纸包交给乙，让乙2小时后再打开看。乙2小时后打开，发现红纸包内是餐巾纸。甲的行为构成盗窃罪。

例2： 甲与乙一起乘火车旅行。火车在某车站仅停2分钟，但甲欺骗乙说：“本站停车12分钟”，乙信以为真，下车购物。乙刚下车，火车便发车了。甲立即将乙的财物转移至另一车厢，然后在下一站下车后携物潜逃。甲的行为构成盗窃罪。

②通过“调包”方式取得自己已经占有他人所有的财物的，属于变占有为所有的行为，成立侵占罪。

例如，甲谎称为乙装裱名画，在占有名画之后携带名画潜逃的，成立诈骗罪；甲当着乙面为乙装裱名画，趁乙打盹之际，用赝品调换名画的，由于乙在场，还占有其名画，故甲“调包”的行为成立盗窃罪；甲在为乙装裱名画时产生了非法占有的目的，几天后将一赝品当作原画归还乙的，甲成立侵占罪。

③典型的欺骗行为表现为就事实进行诈骗。其中“事实”包括自然事实和行为、身份、能力等，甚至还包括内心的确信认知、主观目的等心理事实。

例1： 甲大量发送如下内容的短信：“直接将款汇到工商银行622712345678×××刘少侠就可以了。来电号码131××××××××。”接收到短信的人多数不予理睬，但仍有极少数人因此而转账。虽然短信内容真实，但甲的行为仍然属于欺骗行为，即该行为使得极少数应当处分给刘少侠财产的被害人因被骗而处分财物，故甲的行为成立诈骗罪。

例2： 甲女通过网聊认识了乙男，在数次见面后，甲主动提出将来嫁给乙，同时要求乙为其购买名贵戒指。待乙购买戒指并送给甲后，甲随之逃之夭夭。甲就未来事实或者内心意思进行了欺骗，成立诈骗罪。

注意

能否对价值判断进行诈骗，存在否定说与肯定说的分歧。按照肯定说，将驽马声称为骏马而骗取财物的，成立诈骗罪；但是声称健身品能够延年益寿，劝诱他人购买的，因其未达到值得处罚的程度，而不成立诈骗罪。

（3）欺骗行为的程度。欺骗行为必须达到足以使对方产生错误认识的程度。

①即使欺骗行为不足以使一般人陷入认识错误，但足以使欺骗对象产生认识错误的，也属于欺骗行为。

例1： 甲冒充孙中山、蒋介石、李宗仁或者张学良等近现代历史名人，骗取缺乏相应常识的被害人财物的，属于欺骗行为。

例2： 售楼工作人员声称基于刚性需求，房价还会大涨，进而劝说他人购买住房，但后来由于房价调控政策坚定有力，房价大跌的，不属于欺骗行为。

②对自己出卖的商品进行一般性夸张，处于一般商业惯例许可或者社会容忍范围内，而交易本身还有讨价还价余地的，不具有使他人处分财产的具体危险，不是欺骗行为。

例1： 甲声称自己出售的某时尚手机市场价格3万元（实际4000元），打折后以1万元出售的，不属于欺骗行为。

例2： 某城中村拆迁，按规定，有该村户口的老人会有更多补偿。甲为了获取更多补偿款，经商议，甲与妻子乙离婚，并与其丈母娘丙办理了结婚手续。因丙没有工作，甲因此多获取了10万元的补偿款。之后，甲、丙离婚，甲、乙又复婚。本案中，所有婚姻状态都是合法的，故甲等人的行为不属于欺骗行为。

③形式虚假但内容真实的，不属于欺骗行为。

例1： 甲向乙出借了10万元，但未让乙写借条，之后甲伪造借条向法院起诉，以让乙还钱的，甲既不成立诈骗罪，也不成立虚假诉讼罪。

例2： 甲为公司垫付了10万元办公经费，但相关发票丢失，甲通过虚构其他业务的方式从公司报销了10万元的，不成立诈骗罪。

（4）诈骗行为的着手。开始实施欺骗行为，是诈骗罪的着手。

2. 欺骗行为使对方（被骗者）产生错误认识或者维持、强化了对方的错误认识，即使被骗者在判断上有一定的错误，也不妨碍欺骗行为的成立。

（1）被骗者的资格。被骗者是具有处分财产的权限或者处于可以处分财产地位的人，但不必是财物的所有人或占有人。

①被骗者只能是具有一定行为能力的自然人，但不能包括没有处分能力的幼儿、严重精神病患者、机器、动物。注意：如果利用未成年人的智虑浅薄或者他人的心神耗弱，使之交付财物，或者不法取得财产性利益或者使他人取得的，存在盗窃罪与诈骗罪的分歧，通说认为成立诈骗罪，因为这种被害人具有大体的真假观念，能够陷入错误认识而处分财产，同时也就具有处分意识。

②单位可以成为被害人，但在单位中具有处分财产权限的自然人才可能是“被骗人”。

③被骗者不限于特定的人。广告主、广告经营者、广告发布者就不存在真实的商品

或者服务而进行虚假宣传，骗取财物的，构成诈骗罪；即使真实存在商品或者服务，也可能触犯诈骗罪与虚假广告罪，属于想象竞合。

（2）三角诈骗。在诈骗罪中，被骗人与处分财产的人必须是同一人。当被骗人与被害人属于同一人时，则是二者间的诈骗；当诈骗罪中被骗人与被害人不是同一人时，就是三角诈骗。

①三角诈骗的情形与盗窃罪的间接正犯在结构上相同，区别在于被骗人（财产处分人）是否具有处分被害人财产的权限或者地位。

第一，如果被骗人具有处分被害人财产的权限或者地位，则行为人是基于对方有瑕疵的意思取得对方的财产，成立诈骗罪（行为人直接欺骗被骗人的场合是直接正犯；利用他人作为工具欺骗被骗人的场合则是间接正犯）。

第二，如果被骗人没有处分被害人财产的权限或者地位，则行为人是完全违背对方的意志取得他人占有的财物，成立盗窃罪（间接正犯）。

②处分权限并非民法意义上的处分所有权的权限，而是指转移财物占有的权限（对债权来说，只要具有可以免除对方债务的权限即可）。

③处分权限的来源既可以根源于法律、法规的规定，也可以源于社会生活长期形成的惯例、事实。因此，被骗人是否具有处分权限，要结合社会生活内容具体分析、判断。

④诉讼诈骗是典型的三角诈骗。行为人以提起民事诉讼为手段，提供虚假的陈述、出示虚假的证据，使法院作出有利于自己的判决，从而获得财产的行为，成立诈骗罪。当然，在民事诉讼中，被告人提供虚假的证据，使得法官被骗后作出判决，免除了被告的债务的，也属于诉讼诈骗。

例1： 甲欺骗受托人乙，乙将受骗内容转告给委托人（财产所有人）丙，丙误信欺骗内容，从而将财物处分给甲的，乙不是被骗人，丙才是被骗人与被害人，故甲的行为属于二者间的诈骗罪。

例2： 甲作为民事诉讼被告，在诉讼中提供虚假民事证据，使得法官判决其胜诉，从而免除其民事债务的，法官是被骗人，原告方是被害人，甲的行为属于三角诈骗方式的诈骗罪。

例3： 甲在散会前，发现丙去洗手间并将提包放在座位上。正好此时散会，清洁工乙随即进入会议室打扫卫生，甲遂对乙说："麻烦将我的提包递给我。"乙信以为真，将丙的提包递给了甲的，乙是被骗人，但乙没有处分权限，甲的行为成立盗窃罪。

例4： 甲明知丙错误汇款给自己，仍然持卡去商场购物，将该笔款项消费完毕的，商场收银员是被骗人，丙是被害人，甲的行为属于三角诈骗方式的诈骗罪。

例5： 甲把商户的支付宝二维码换成自己的二维码，商户直到月底结款的时候才发现，顾客付款时实际上将货款支付给了甲。甲通过这种手段共收取了50万元。本案中，顾客在付款时不存在民事过错，商户无权要求顾客再次付款，故商户遭受了财产损失，属于财产犯罪的被害人。观点一认为，顾客从一开始就没有将自己的银行债权转移给商户占有，甲不可能盗窃商户占有的银行债权，故甲对银行债权不可能成立盗窃罪；但甲利用不能处分商家货款请求权的顾客取得了商家占有的货款请求权，成立盗窃罪的间接正犯。观点二认为，甲欺骗顾客使其处分了自己的财产，致使商家遭受财产损失，即甲的行为与商户的损失之间存在刑法上的因果关系，甲的行为成立诈骗罪，属于三角诈骗。

（3）欺骗行为与被骗人处分财产的错误认识之间必须具有因果关系。

①如果欺骗行为没有使对方产生错误认识，对方出于怜悯、不堪烦扰等原因交付财物的，或者为抓住诈骗者的把柄在警方安排下交付财物的，欺骗行为和财物转移之间的因果关系欠缺，只可能构成诈骗罪未遂。

②被骗人对行为人所诈称的事项有所怀疑仍然处分财产的，也不影响诈骗罪（既遂）的成立。例如，甲谎称出售张大千真迹，售价10万元。乙觉得不可能这么低价，抱着将信将疑、捡漏的心思，购买了该画，经鉴定，果真是“赝品”，价值100元。甲的行为成立诈骗罪既遂。

③对于文物、古董、书画的交易，只要行为人没有实施欺骗行为，即使没有告诉对方真相的，也不成立诈骗，因为该领域需要从事交易的人自身具备相应的专业知识，对方没有提醒并告知真相的义务。

④被骗人被骗后，却因处分错误，将财产处分给第三人的，虽然欺骗行为与财产损失存在因果关系（条件关系），但不符合诈骗罪所要求的财产侵犯结构，行为人并没有因此而取得财产，故行为人仅承担诈骗罪未遂的责任。

3. 被骗人基于认识错误处分了财产。这属于诈骗罪中不成文的构成要件要素。

（1）其中“处分财产”不限于民法意义上的处分财产（处分财产所有权），而意味着将被害人的财产转移为行为人占有，或者说使行为人或第三者取得被害人的财产。表现方式有：直接交付财产、承诺行为人取得财产、承诺转移财产性利益、承诺免除行为人的债务等，其行为模式表现为作为、不作为或者容忍方式。

（2）行为人实施欺骗行为，使他人放弃财物，行为人拾取该财物的，或者行为人欺骗他人，称其财物价值低廉，进而要求对方低价卖给自己的，也成立诈骗罪。

（3）成立诈骗罪是否要求被骗人具有处分意思，理论上存在不同观点。

①处分意思不要说（观点一）认为，诈骗罪的成立只要客观上有处分行为即可，不以处分意思为必要。这种观点会导致诈骗罪成立范围很宽，而盗窃罪成立范围很窄。

②处分意思必要说认为，诈骗罪的成立不仅要求被骗者客观上有处分财产的行为，而且还要求主观上有处分财产的意识（意思）。在坚持处分意思必要说的前提下，就处分意思的内容不同，又分为严格论者与缓和论者。

严格论者（观点二）主张，处分者除了有把财产或者财产性利益的占有转移给对方的认识之外，还必须对处分财物的内容，包括交付的对象、数量、价值等有全面的认识。这种观点会导致盗窃罪成立范围极宽，而成立诈骗罪的范围很窄。

缓和论者（观点三）主张，被骗者处分财产时认识到自己将某种财产转移给行为人或第三者占有，不要求对财产的数量、价格等具有完全的认识，但要求认识到财物的性质、种类，才能认定为诈骗罪，否则，只能成立盗窃罪。这种观点遵从了盗窃罪、诈骗罪区分的本质要求：诈骗罪是行为人基于对方有瑕疵的认识处分财产进而取得财产的犯罪，盗窃罪是完全违背对方意志取得财产的犯罪。这是当前法考中的主流观点。

例1： 甲在超市内撕下低档数码相机的条形码，贴到高档数码相机的包装盒上，拿到收款台后一声不吭，收银员只收取了低档相机的货款。

例2： 乙将超市内的两个照相机盒打开，将其中的一个照相机盒中的塑料泡沫取出，将两个照相机装入一个盒内，拿到收款台后一声不吭，收银员只收取了一个照相机的货款。

例3： 丙将超市内的方便面箱子打开后，拿出两袋方便面，装入一台照相机，拿到收款台一声不吭，收银员只收取了一箱方便面的货款。

例4： 丁在李某家作客时，发现其书架上名为《盗窃罪与诈骗罪比较研究》一书中夹有一张珍贵邮票，丁便声称将该书借给自己看几天。李某忘记了该书中夹有邮票，便将该书借给丁。丁把该书拿回家后，将邮票取走，随后归还该书。

按照处分意思不要说，甲、乙、丙、丁均构成诈骗罪；按照处分意思必要说中的严格论观点，甲、乙、丙、丁均构成盗窃罪；按照处分意思必要说中的缓和论观点，甲、乙成立诈骗罪，丙、丁成立盗窃罪。

4. 行为人或第三者获得财产，包括积极财产的增加与消极财产的减少。

（1）作为诈骗罪财产性利益的对象，其内容必须是财产权本身，而且具有管理可能性、转移可能性（例如存款债权）。

①劳务本身不是财产性利益，但基于劳务或服务产生的财产权是财产性利益。

②以欺诈、伪造证明材料或者其他手段骗取养老、医疗、工伤、失业、生育等社会保险金或者其他社会保障待遇的，属于《刑法》第266条规定的诈骗公私财物的行为。

③非学生使用伪造的学生证购买半价火车票，数额较大的，以诈骗罪论处。

④以使用为目的，伪造停止流通的货币，或者使用伪造的停止流通的货币的，以诈骗罪定罪处罚。

⑤以非法占有为目的，采用自我交易方式，虚构提供服务事实，骗取互联网公司垫付费用及订单补贴，数额较大的行为，应认定为诈骗罪。

例1： 甲诈称自己急病，使邻居开车将自己送往医院的行为，不成立诈骗罪；但乘坐交通工具之后，使用欺骗手段使提供运输的人免除交通费用的，属于骗取了财产性利益。

例2： 使用伪造、变造、盗窃的武装部队车辆号牌，骗免养路费、通行费等各种规费，数额较大的，成立诈骗罪。

例3： 使用欺骗手段骗取增值税专用发票或者可以用于骗取出口退税、抵扣税款的其他发票的，成立诈骗罪（《刑法》第210条第2款）。

例4： 以虚假、冒用的身份证件办理入网手续并使用移动电话，造成电信资费损失数额较大的，成立诈骗罪。

（2）取得利益同时导致他人遭受财产损失的，才能认定该利益为财产性利益。如果行为人获得了财产性利益，但被害人并未处分财产的，不成立诈骗罪。

例如，下列案件虽然行为人获得了利益，但被害人并未处分财物，不成立诈骗罪：在事先提交入场券才能进入演唱会的情况下，行为人使用欺骗方法进入演唱会观看演出的；在高速公路上驾驶机动车，不经过收费站，而是通过破坏路边栅栏跑掉，逃避收费的；经过收费站时，假装掏钱付费，在收费人员提前打开栏杆时开车逃跑的。

（3）行为人或者第三者取得的财产与被害人处分的财产必须具有同一性，即素材的同一性（但不要求数额相等）。

例1：甲入户盗窃乙的银行存折后，冒充乙从银行柜台取款的，成立盗窃罪（针对存折本身）与诈骗罪（针对银行的现金）并罚，不能认定为甲盗窃了乙的现金，也不能认定甲骗取了乙的现金，乙损失的是存折与债权而非现金，甲也没有将乙的债权转移为自己占有，故甲不成立针对债权的盗窃。

例2：乙将车钥匙忘在超市的收银台上，收银员丙发现后问是谁的，甲谎称是自己的，丙将车钥匙交给甲后，甲将乙的车开走据为己有。本案中，丙不可能对车有处分权，最多对车钥匙有处分权，故甲对车钥匙成立诈骗（没有达到“数额较大”），对车本身成立盗窃。

例3：甲谎称需要资金开发果业，以其林权作抵押，向小贷公司借款1000万元，随即用于炒期货，全部亏损。甲明知自己没有归还能力，又骗小贷公司解除抵押，再用林权向农业银行贷款1000万元用于炒期货，全部亏损。甲针对小贷公司成立骗取贷款罪（针对贷款）与诈骗罪（针对抵押权），由于小贷公司只有一个财产损失，属于狭义的包括一罪，从一重罪诈骗罪论处，并与贷款诈骗罪（针对农业银行的贷款）数罪并罚。

5. 被害人遭受财产损失，而且数额较大。

（1）要成立诈骗既遂，就要求欺骗行为导致被害人遭受数额较大的财产损失；在未遂情况下，则要求有导致财产损失的紧迫危险（诈骗未遂，以数额巨大的财物为诈骗目标的，或者具有其他严重情节的，应当定罪处罚）。其中“数额较大”，要求3000元至1万元以上。诈骗罪的财产损失并不是整体的财产损失，也就是不需要将失去的财产和获得的所谓的补偿予以抵消，诈骗罪的损失应当是个别财产的损失。

（2）诈骗不法原因给付物的，成立诈骗罪。

例如，甲将白纸冒充假币出卖给A的，或者乙将面粉冒充毒品出卖给B的，成立诈骗罪；但A不成立任何犯罪，属于不可罚的不能犯。

（3）即使行为人提供了相当的给付，但受骗者的交换目的基本未能实现（包括给付缺乏双方约定的重要属性的物品）时，成立诈骗罪。

例如，欺骗他人得了肝炎，进而将药品卖给他人的，成立诈骗罪；谎称他人手指坏死，需要截肢，进而将他人手指截肢并取得相应的“手术费”的，成立故意伤害罪与诈骗罪，应当数罪并罚。

（4）行为人实施欺骗行为，导致受骗者就所交付财产的用途、财产的接受者存在法益关系的认识错误时，即使受骗者没有期待相当给付，也应认为存在财产损失，行为人的行为成立诈骗罪。

例1：声称将募捐的钱交给灾民，但事实上将募捐的钱交给父母的，成立诈骗罪。但为了让对方多捐款，而谎称其他人都捐款数额较大，致使对方也捐款数额巨大的，该行为不成立诈骗罪。

例2：酒吧安排男性员工在网上充当女性跟男子聊天，在男子同意见面之后，酒吧老板就安排女服务员以见面为由、约男子到酒吧消费。女服务员故意点了很多高档饮食饮品，狠狠敲了这位男子一笔。由于男子来酒吧只是为了与女服务员见面，其支付饮食费用的目的得以实现，不存在财产损失，行为人不成立诈骗罪。

例3：演唱会的主办者甲谎称演唱会的收益会全部捐献给慈善机构，于是很多观众出于做公益的目的买了票。但最后，甲却把收益据为己有。由于观众交付财产的社会目的没有实现，就应当认为观众存在财产损失，甲成立诈骗罪。

（5）通过欺骗方法使他人免除非法债务的，不存在财产损失。

例如，甲原本没有支付嫖宿费的意思，欺骗卖淫女使之提供性服务的，不成立诈骗罪；甲原本打算支付嫖资，与对方实施性行为后，又采取欺骗手段使对方免收嫖资的，不成立诈骗罪；甲向卖淫女支付了嫖资后，使用欺骗手段骗回嫖资的，成立诈骗罪。

（6）以欺骗方法取得对方合法占有的自己所有的财物的，应认定为诈骗罪。

①以欺骗方法取得对方不法占有的自己所有的财物的，不成立诈骗罪。

②具有从对方取得财产的正当权利（如享有到期且无抗辩理由的债权）的人，为了实现其权利而使用了欺骗手段的，不成立诈骗罪。

③如果对方盗窃了行为人的此财物，而行为人采取欺骗方法骗取了对方的彼财物的，则成立诈骗罪。

（二）责任内容

罪过责任形式为故意，并要求具有非法占有目的。

（三）特殊类型的诈骗行为

1. 找钱诈骗。即在交易过程中单纯利用对方的错误取得财物的行为。“找钱诈骗”是否成立诈骗罪，存在否定说与肯定说的分歧，其中否定说是通说：一方面，行为人取得财产并非其欺骗行为使对方陷入错误认识而处分财产；另一方面，行为人没有义务保护对方的财产。当然，如果之后被害人找到行为人，要求其归还，行为人拒不归还的，可能成立侵占罪；如果行为人欺骗对方，使对方误以为并没有多处分财产给自己，从而免除行为人返还义务的，则属于作为的诈骗。

2. 赌博诈骗。以赌博为名骗取他人财物的（赌博圈套），应当认定为诈骗罪。

3. 无钱食宿。

（1）行为人原本没有支付饮食、住宿费用的意思，而伪装具有支付费用的意思，欺骗对方，使对方提供饮食、住宿，数额较大的，成立诈骗罪（骗取食物）。

（2）行为人原本具有支付饮食、住宿费用的意思，但在饮食、住宿后，产生了不支付费用的意思，欺骗老板免除自己债务的，成立诈骗罪（骗取财产性利益，即餐费请求权）。

（3）行为人原本具有支付饮食、住宿费用的意思，但在饮食、住宿后，产生了不支付费用的意思，直接跳窗逃走的，由于被害人并没有因此而免除行为人的债务，即没有处分行为，故行为人不成立诈骗罪，而是属于单纯逃债的行为，不成立犯罪。

（4）行为人在餐后产生了不支付费用的意思，声称送走朋友后回来付款而趁机逃走的，有观点认为，由于被害人没有免除债务，没有处分行为，也没有处分意识，行为人也不成立诈骗罪（通说）。但也有不同观点认为，这种情形被骗人存在处分行为和处分意思，行为人成立诈骗罪。

4. 二重买卖。

（1）甲将自己所有的动产或不动产出卖给乙，之后又将该动产或不动产出卖给丙，并将动产转移给丙或将不动产登记于丙的名下的，甲对乙或者丙都不成立诈骗罪。

（2）甲已经将动产转移给乙或将不动产登记于乙的名下，然后将动产或不动产又出卖给丙，丙将对价交付给甲的，由于丙存在财产损失，故甲的行为构成诈骗罪；倘若丙是恶意的，则甲、丙可能构成侵占罪的共犯。

5. 买短乘票，乘长途车。例如，甲购买了从北京到石家庄的高铁票，但一直乘坐到广州，在广州站欺骗工作人员，谎称高铁票丢失，工作人员信以为真，就予以放行的，甲的行为成立诈骗罪，而非盗窃罪。

6. “套路贷”。

“套路贷”，是对以非法占有为目的，假借民间借贷之名，诱使或迫使被害人签订“借贷”或变相“借贷”“抵押”“担保”等相关协议，通过虚增借贷金额、恶意制造违约、肆意认定违约、毁匿还款证据等方式形成虚假债权债务，并借助诉讼、仲裁、公证或者采用暴力、威胁以及其他手段非法占有被害人财物的相关违法犯罪活动的概括性称谓。

（1）实施“套路贷”过程中，未采用明显的暴力或者威胁手段，其行为特征从整体上表现为以非法占有为目的，通过虚构事实、隐瞒真相骗取被害人财物的，一般以诈骗罪定罪处罚。

（2）对于在实施“套路贷”过程中多种手段并用，构成诈骗罪、敲诈勒索罪、非法拘禁罪、虚假诉讼罪、寻衅滋事罪、强迫交易罪、抢劫罪、绑架罪等多种犯罪的，应当根据具体案件事实，区分不同情况，依照《刑法》及有关司法解释的规定数罪并罚或者择一重处。

（四）关联犯罪

1. 法条竞合。“本法另有规定的，依照规定”，属于法条竞合的适用原则。刑法理论通说认为，金融诈骗罪、合同诈骗罪的法条与诈骗罪是特别法条与普通法条的关系，根据特别法条优于普通法条的原则，对符合特殊诈骗罪构成要件的行为，应认定为特殊的诈骗罪。

（1）如果行为人实施特殊诈骗行为，但又不符合特殊诈骗罪的构成要件，而符合普通诈骗罪的构成要件的，则以普通诈骗罪论处。

例如，甲驾驶车辆发生交通事故致乙伤残，与此案无关的赵某先花钱向乙买断赔偿请求权，让乙先取得一部分“补偿”。随后，赵某与鉴定人员串通，扩大伤残范围，从保险公司骗领高额赔偿的，因赵某不具有保险诈骗罪的身份，也不属于受益人，仅成立诈骗罪。

（2）如果认定为特殊类型的诈骗罪，但不能全面、完整评价案件的不法内容的，应当认定为诈骗罪与特殊类型的诈骗犯罪的想象竞合犯。最典型的就是保险诈骗数额特别巨大，按照合同诈骗罪或者诈骗罪应当判处无期徒刑的，应当认定为想象竞合犯。

（3）诈骗罪行为同时触犯销售伪劣产品罪、使用假币罪、招摇撞骗罪、侵犯著作权罪的，不属于法条竞合，而是想象竞合。

2. 诈骗罪与民事欺诈。二者不是对立关系，而是特殊与一般的关系：符合诈骗罪构成要件的行为，都是民事欺诈行为；但民事欺诈行为是否成立诈骗罪，取决于是否符合诈骗罪的犯罪构成。

例1：不具备购买经济适用房的条件，利用虚假资料骗购经济适用房的，成立诈骗罪。数额可按经济适用房与商品房的差价计算。

例2：将无产权或者小产权房冒充有产权或者大产权房出卖的，成立诈骗罪。

例3：将使用多年的汽车冒充新车出售的，成立诈骗罪。

例4：将普通酒冒充名牌酒出售的，成立诈骗罪（有可能同时构成销售伪劣产品罪）。

3. 诈骗罪与盗窃罪的关系。

观点一（通说）认为，诈骗罪与盗窃罪是对立关系。就同一个对象和法益而言，一个行为不可能同时触犯盗窃罪与诈骗罪，故盗窃罪与诈骗罪是对立关系；但是，如果一个行为侵害两个对象和法益的，针对不同对象，可能分别成立盗窃罪与诈骗罪，属于想象竞合犯。

观点二（少数说）认为，诈骗罪与盗窃罪是法条竞合关系。诈骗罪属于盗窃罪的间接正犯，即行为人利用被害人取得被害人的财物。换言之，所有诈骗罪都是符合盗窃罪的犯罪构成要件。

（1）盗窃罪与诈骗罪区分的关键在于，行为人是否实施了足以使对方产生处分财产的认识错误的欺骗行为（行为人未取得财产的情形），或者被害人是否基于认识错误而处分财产（行为人取得财产的情形）。

例如，甲将乙约在某餐厅吃饭时，声称需要借打乙的手机。乙将手机递给甲后，甲假装拨打电话，并谎称信号不好，一边与“电话中的对方”通话，一边往餐厅外走，然后趁机逃走。即使甲拿着手机，但并不占有该手机，乙没有转移占有的行为和意识，甲完全违反乙的意志取得乙占有的手机，成立盗窃罪，而非诈骗罪。

（2）“欺骗”没有处分能力的幼儿、重度精神病患者或者自动取款机、自动售货机等，取得财物的，对方不可能被骗而处分财物，成立盗窃罪，不成立诈骗罪。注意：在自然人利用机器处理事务时，即机器只是自然人处分财产的辅助手段，行为人的欺骗行为导致自然人产生认识错误进而处分财产的，成立诈骗罪。

（3）通过“调包”或者“调虎离山”式的欺骗，转移对方注意力，或者造成对方占有财物的迟缓状态，更容易接触对方占有的财物，从而完全违反对方意志，取得对方占有的财物，成立盗窃罪，而非诈骗罪。

例如，当被害人基于处分意思将财物处分给行为人占有之后，行为人通过调包方式“退还”财物的，成立诈骗罪。

再如，甲让乙交付5万元彩礼给自己，之后用白纸调换了彩礼，将其退还给乙，并声称彼此不合适而终结恋爱关系的，如果甲一开始就有非法占有目的，则取得彩礼就为诈骗罪既遂，之后退还“彩礼”属于诈骗财产性利益（返还请求权）的行为，属于狭义的包括一罪（仅侵犯一个财产利益）；如果甲取得5万元彩礼后才产生非法占有目的，则之后退还“彩礼”的行为属于诈骗财产性利益（返还请求权）的行为，成立诈骗罪。

（4）三角诈骗和盗窃罪的间接正犯的区分，主要看被骗人是否具有处分被害人财产的权限和地位：如果被骗人具有处分权限，则行为人成立三角诈骗方式的诈骗罪；否则，行为人可能成立盗窃罪的间接正犯。

（5）将他人的财物当作自己的财物出卖给第三者的，针对他人财物成立盗窃罪，针对第三者的财产，可能成立诈骗罪，属于盗窃罪与诈骗罪的想象竞合。

例1： 甲见外地人乙来本地买树，便将同村丙家（在外地打工）价值5万元的活树卖给乙。本案中，甲没有处分权却擅自出卖丙的所有物，让不知情的乙搬走，属于利用没有故意的间接正犯的情形，针对丙家的活树成立盗窃罪。甲取得乙的财产是否成立诈骗罪，取决于乙是否存在损失。按照无权处分完全有效说，乙获取树木有效，没有财产损失，则甲不成立诈骗罪；如果按照无权处分无效说，甲的处分行为无效，乙存在财产损失，甲成立诈骗罪；按照无权处分效力待定说，乙是否存在损失，取决于丙事后是否追认甲的处分行为。但是，乙支付了对价但取得了存在瑕疵的财物，其交易目的没有实现，存在损失，甲当然成立诈骗罪。换言之，在本案中，甲的行为成立诈骗罪与盗窃罪的想象竞合。

例2： 甲伪造相关证件将乙的不动产盗卖给不知情的丙，对乙的不动产（产权）成立盗窃罪，对丙的购房款成立诈骗罪，属于想象竞合犯。如果丙知情，则甲、丙成立盗窃罪的共犯。

（6）窃取他人所有的财物后，利用所盗窃的财物骗取财物所有者的其他财物的，触犯盗窃罪与诈骗罪两罪，由于被害人最终仅有一个财产损失，属于狭义的包括一罪，从一重罪处罚。

例如，①甲租用丙的汽车后产生非法占有目的，于是伪造各种资料，谎称该车为自己所有将其出售给乙的，甲对丙的汽车成立侵占罪，对乙成立诈骗罪，数罪并罚（如果不能认定出售之前的行为是侵占，则属于想象竞合犯）。②甲以非法占有目的租用丙的汽车，随后伪造资料，谎称该车为自己所有将其出售给乙的，甲对乙、丙均成立诈骗罪，数额累计计算。③甲欺骗乙用其不动产为自己的“借款”担保，然后以非法占有目的从丙处骗取借款后潜逃，丙事后向乙追偿借款本息的，甲针对乙的财产性利益成立诈骗罪，针对丙的现金也成立诈骗罪，属于狭义的包括一罪，仅侵犯一个财产，从一重罪论处。

（7）窃取电力的行为成立盗窃罪，骗免电费的行为成立诈骗罪。

例如，甲正常大量用电后，在电力公司人员即将按电表收取电费时，产生不缴或少缴电费的想法，使用不法手段将电表显示数调至极小额度，使收费人员误以为行为人没有用电，从而免除行为人的电费缴纳义务的，成立诈骗罪（诈骗对象不是电力本身，而是电费请求权）。但甲为了不缴或者少缴电费，事先采用不法手段，使电表停止运行的，成立盗窃罪（盗窃对象是电力本身）。

4. 侵占罪与诈骗罪的关系。

（1）行为人出于非法占有目的，欺骗被害人，使其将财物交付给行为人“代为保管”，进而非法占为己有的，成立诈骗罪。

（2）行为人接受委托代为保管他人财物，非法将财物占为己有后，在被害人请求返还时，虚构财物被盗等理由，使被害人免除行为人的返还义务。该行为的评价存在不同理论：

观点一认为，该情形行为人仅成立侵占罪，之后欺骗对方的行为属于不可罚的事后行为，因为该行为仅侵害了被害人的同一法益，事后的欺骗行为属于为了确保对同一侵占物的不法占有而实施的不可罚的事后行为，故不另成立诈骗罪。

观点二认为，与单纯骗免债务的行为构成诈骗罪相比，对上述行为仅以侵占罪论处，明显不协调，因此，后面的欺骗行为所获得的是财产性利益，不属于不可罚的事后行为，成立诈骗罪，与侵占罪之间属于包括的一罪，应从一重罪论处。

二、敲诈勒索罪

第二百七十四条〔1〕	【敲诈勒索罪】敲诈勒索公私财物，数额较大或者多次敲诈勒索的，处三年以下有期徒刑、拘役或者管制，并处或者单处罚金；数额巨大或者有其他严重情节的，处三年以上十年以下有期徒刑，并处罚金；数额特别巨大或者有其他特别严重情节的，处十年以上有期徒刑，并处罚金。

【犯罪构成：敲诈勒索行为＋具有处分财产权限的被恐吓人陷入恐惧心理＋被恐吓人基于恐惧心理处分财产＋被害人遭受财产损失＋行为人或者第三者取得财产＋犯罪故意＋非法占有目的＋已满16周岁并具有责任能力的自然人】

（一）不法要素

行为构造：对他人实行威胁→对方产生恐惧心理→对方基于恐惧心理处分财产→行为人或第三者取得财产→被害人遭受财产损失。

1. 敲诈行为。即向对方实施一定暴力或者胁迫，要求其处分财产的行为。

（1）程度。暴力或者胁迫不要求达到足以压制他人反抗的程度，只要足以使人产生恐惧心理即可；如果暴力或者以暴力相威胁的行为达到了足以压制他人反抗的程度，则构成抢劫罪。

（2）暴力对象包括被害人或者第三者（形成了对被害人的胁迫）；行为人加害自己身体的行为，形成了对被害人的恐吓时，也可能成立敲诈勒索罪；但是，单纯加害自己的行为，不成立敲诈勒索罪。

（3）胁迫，是指以恶害相通告，以使对方产生恐惧心理，使对方清楚不交付财物就会招致恶害。这种恶害，只要足以使人产生恐惧心理即可。

①“胁迫”对象包括交付财物的被害人或者与被害人有密切关系的第三人，如果所通知的被加害人与对方没有任何关系，不可能使对方产生恐惧心理的，则不成立敲诈勒索罪。

②“胁迫”手段多样，包括明示、暗示，语言、文字、手势、动作，直接告知或者

---

〔1〕本条为2011年2月25日全国人大常委会《刑法修正案（八）》第40条所修正。1997年《刑法》原条文为：“敲诈勒索公私财物，数额较大的，处三年以下有期徒刑、拘役或者管制；数额巨大或者有其他严重情节的，处三年以上十年以下有期徒刑。”

第三者转达，利用自己曾经犯罪的经历、从事特定职业（如新闻记者）、担任某种职务等身份实行威胁。

③“胁迫”内容不要求具有违法性，以形式上合法的内容非法勒索他人钱财的，也成立敲诈勒索罪。例如，以检举揭发对方的犯罪行为相威胁，索取对方财物的，成立敲诈勒索罪。其恶害内容不要求能真实地实现，也不要求行为人具有实现恶害的真实意思。

④“胁迫”内容的实现包括由行为人自己实现或者由第三者实现；但声称由第三者实现时，行为人必须使对方知道行为人能够影响第三者，或者让对方推测到行为人能影响第三者，否则，可能只成立诈骗罪。在这种情况下，不要求行为人与第三者有共谋关系。例如，卖淫女赵某向嫖娼者钱某（著名影星）谎称，有知情人士找到自己索要巨额封口费，否则就会将钱某嫖娼事实公之于众。钱某遂给了赵某一笔巨款，以让其转交给所谓的知情人士做封口费，但实际上却是赵某自己从中获利。赵某的行为仅成立诈骗罪，而不成立敲诈勒索罪。

（4）单纯使被害人产生困惑的行为，不成立敲诈勒索罪。例如，拾得他人贵重财物后告知对方，如果不给5000元酬谢费就不返还的，不成立犯罪；如果声称不给报酬就毁坏的，成立敲诈勒索罪；如果后来不还，拿着该财物逃跑的，成立侵占罪。

2. 被胁迫者产生恐惧心理。

（1）处分财产的人必须是被胁迫者，但被胁迫者与财产被害人不一定是同一人（即三角恐吓，要求被胁迫者必须具有处分被害人财产的权能或地位）。

（2）如果胁迫行为完全没有使对方产生恐惧心理，对方基于怜悯心或者其他原因交付财产给行为人的，只可能构成敲诈勒索罪未遂。

例如，甲敲诈乙使其产生恐惧心理，乙报警后，警察为了逮捕甲而让乙前往约定地点交付财物的，甲成立敲诈勒索未遂；如果由于警察失误，导致甲取得了财物的，甲成立敲诈勒索罪未遂与侵占罪或盗窃罪。

（3）如果被胁迫者产生恐惧心理，但误将财产处分给第三人的，虽然行为人的恐吓行为与被害人的财产损失之间存在因果关系，但行为人并未因此而取得该财物的，仅成立敲诈勒索罪未遂。

3. 处分财产。强调财产转移的最终事实，包括被胁迫者直接交付财产，与被迫容忍、默许行为人取得财产。敲诈勒索罪的着手为开始实施胁迫行为之时；行为人排除被害人对财产的占有，将财产设定为自己或第三者占有时，即为既遂。

（1）敲诈勒索公私财物价值2000元至5000元以上、3万元至10万元以上、30万元至50万元以上的，应当分别认定为“数额较大”“数额巨大”“数额特别巨大”。

（2）“多次敲诈勒索”，是指2年内敲诈勒索3次以上，不要求每次达到数额较大。

（二）责任内容

罪过形式为故意，要求行为人具有非法占有目的。

（三）关联犯罪

1. 权利行使与敲诈勒索罪

（1）以胁迫手段取得对方不法占有的自己所有的财物的，不成立敲诈勒索罪。但是，如果对方盗窃了行为人的此财物，行为人采取胁迫手段取得对方的彼财物的，成立敲诈勒索罪，因为行为人无权取得对方的彼财物。

（2）债权人为了实现到期债权，对债务人实施胁迫的，不成立财产犯罪；但当债务人一方具有值得保护的利益，或者债权的内容未确定，行为人使用胁迫手段取得财物或者胁迫手段获取的财物明显超出债权范围的，可能成立敲诈勒索罪。

（3）损害赔偿请求权的行使，原则上不成立敲诈勒索罪。换言之，只要行为人具有损害赔偿请求权，即使方法不当，也不能成立敲诈勒索罪；即使行为人索要巨额财产的，也不成立犯罪。当然，其不当方式构成其他犯罪的，按照其他犯罪（例如非法拘禁罪等）论处。

例如，甲在某火锅店底料中吃出避孕套，要求商家精神损害赔偿数额巨大甚至数额特别巨大的，不成立敲诈勒索罪。但是，甲以加害商家的生命、身体、财产等相要挟，而且所要求的赔偿数额明显超过应当赔偿的数额的，那就应该以敲诈勒索罪论处。

（4）行为人向有关部门反映权利受侵害的事实，有关部门主动提出给予赔偿或者补偿，行为人接受赔偿或者补偿的，不成立任何犯罪。

2. 敲诈勒索罪与抢劫罪

敲诈勒索罪与抢劫罪之间是法条竞合关系。敲诈勒索罪的成立，不要求暴力、胁迫手段达到足以压制他人反抗的程度；如果暴力、胁迫手段达到足以压制他人反抗的程度，就以抢劫罪论处。

（1）下述说法错误："抢劫罪是以足以压制他人反抗程度的暴力、胁迫手段强取财物，敲诈勒索罪只能是以没有达到足以压制他人反抗程度的暴力、胁迫取得财物。"

（2）下述说法正确："敲诈勒索罪的成立，不要求暴力、胁迫手段达到足以压制他人反抗的程度；如果暴力、胁迫手段达到足以压制他人反抗的程度，则以抢劫罪论处。"

例1：甲为抢劫财物对乙实施足以压制其反抗手段行为，乙并未被压制反抗，仍基于一定恐惧心理交付财物的，甲成立抢劫罪未遂与敲诈勒索罪既遂的想象竞合犯。

例2：甲对同班同学乙说："站住！把你的iPhone12交出来！不然我告诉你妈你未通过法考！"乙因害怕而交付手机的，甲成立敲诈勒索罪。但是，彪形大汉甲手持凶器，在深夜无人的巷子胁迫柔弱女子乙说："站住！把手机交出来！"甲的威胁行为足以压制被害人反抗，成立抢劫罪。

例3：甲背着炸药进入银行后威胁工作人员说："我包里装着炸药，给我20万元现金，否则我就引爆！"甲成立抢劫罪。但是，甲对乙说："你不给我1万块，我就把你没修过图的照片全放到网上！"甲成立敲诈勒索罪而非抢劫罪。

3. 敲诈勒索罪与绑架罪

二者区分的关键是行为人是否实际上绑架了他人。如果实施绑架行为，向被绑架人的近亲属等勒索了财物的，成立绑架罪与敲诈勒索罪，属于牵连犯，从一重罪论处。

例如，甲、乙合谋后，由与丙相识的甲将丙骗往外地游玩，乙给丙的家属打电话，声称已经"绑架"了丙，借以要求"赎金"的，不成立绑架罪，而成立敲诈勒索罪（与诈骗罪属于想象竞合）。

4. 诈骗罪与敲诈勒索罪

二者区分的关键：行为人实施的是欺骗行为还是敲诈勒索行为，被骗人或者被恐吓人是陷入错误认识还是恐惧心理。

（1）行为人仅实施欺骗行为，被害人陷入认识错误并产生恐惧心理而处分财产的，应认定为诈骗罪。

例如，甲对乙谎称其得罪了丙，丙要找人对其报复，并称对方需要2万元钱，甲声称自己可以出面“摆平”此事，乙在感到害怕的情况下，将2万元钱交给甲的，甲的行为成立诈骗罪。

（2）行为人仅实施胁迫行为，被害人虽陷入一定的认识错误，但完全或主要基于恐惧心理处分财产的，应认定为敲诈勒索罪。

例如，甲、乙经过某村时，对村主任说：“你的儿子得罪了我们，我们和黑社会的头是哥们，如果不交出赔偿费，我们就叫黑社会的哥们砍下他的手臂。”村主任听后害怕，问要交多少钱。甲说只要3000元就够了，村主任急忙回家拿出3000元交给甲。甲、乙的行为只是敲诈行为，而非使对方陷入处分财产的错误认识进而处分财产的诈骗行为，所以只成立敲诈勒索罪。

（3）行为同时具有欺骗与胁迫性质，被害人仅陷入认识错误并基于认识错误处分财产，而没有产生恐惧心理的，应认定为诈骗罪。

（4）行为同时具有欺骗与胁迫性质，对方仅产生恐惧心理并基于恐惧心理处分财产，而没有陷入认识错误的，应认定为敲诈勒索罪。

例如，行为人甲本为已满16周岁的少女，在自愿与乙男发生性交后，声称自己是幼女，如果乙不给付2000元，就向司法机关告发或将此事告诉乙的妻子。乙明知甲不可能是幼女，但因恐惧甲的告发会给自己带来各种麻烦，于是向甲交付2000元。甲的行为具有诈骗和敲诈的性质，但被害人只有恐惧心理，没有错误认识，所以甲的行为只成立敲诈勒索罪。

（5）行为同时具有欺骗与胁迫性质，被害人既陷入认识错误又产生恐惧心理，进而处分财产的，成立诈骗罪与敲诈勒索罪，从一重罪论处。

例如，甲将王某杀害后，又以王某被绑架为由，向其亲属索要钱财。甲除构成故意杀人罪外，还构成敲诈勒索罪与诈骗罪的想象竞合犯。

练练手

1. 某法院将扣押的车辆放在停车场，甲对该停车场的保管员乙谎称自己是法院的人，受法院的委托过来把车开走。保管员乙信以为真，并收取了甲给的保管费后，让甲把汽车开走。下列哪一说法是错误的？[1]

A. 甲的行为构成诈骗罪，保管员乙对该车辆有处分权

B. 甲的行为成立盗窃罪，保管员乙对该车辆没有处分权

C. 如果甲是该车辆的所有权人，甲通过欺骗方式骗回自己所有的汽车的，若坚持财

---

〔1〕 答案：B。

产罪的保护法益为财产所有权，甲的行为不成立诈骗罪

D. 如果甲是该车辆的所有权人，甲通过欺骗方式骗回自己所有的汽车的，若坚持财产罪的保护法益为财产占有权，甲的行为成立诈骗罪

2. 诈骗罪的成立，要求被骗人具有处分意识和处分行为。按照这种观点，下列选项中，行为人的哪些行为成立诈骗罪？[1]

A. 甲虚构了购车发票、车辆行驶证，然后将租借的汽车当成自己所有的汽车，质押给受害人，向受害人借款20万元后逃匿的

B. 乙正常用电后发现用电量太大，通过技术措施将电表的电量减少5000度以便少交电费，收费员不知情，少收了乙5000度电费款的

C. 丙请人吃饭后产生逃单意思，经过收银台时对收银员说："将客人送到门口就来买单"，收银员未吭声，丙趁机逃跑的

D. 丁在商店购物，趁无人时将一箱饮料打开，拿出一瓶普通的饮料，放入一瓶高档的白酒，收银员只按普通的饮料收了货款的

3. 关于敲诈勒索罪的判断，下列哪些说法是正确的？[2]

A. 甲将王某杀害后，又以王某被绑架为由，向其亲属索要钱财。甲除构成故意杀人罪外，还构成敲诈勒索罪与诈骗罪的想象竞合犯

B. 饭店老板乙以可乐兑水冒充洋酒销售，向实际消费数十元的李某索要数千元。李某不从，乙召集店员对其进行殴打，致其被迫将钱交给乙。乙的行为构成抢劫罪而非敲诈勒索罪

C. 职员丙被公司辞退，要求公司支付10万元补偿费，否则会将所掌握的公司商业秘密出卖给其他公司使用。丙的行为构成敲诈勒索罪

D. 丁为谋取不正当利益送给国家工作人员刘某10万元。获取不正当利益后，丁以告发相要挟，要求刘某返还10万元。刘某担心被告发，便还给丁10万元。对丁的行为应以行贿罪与敲诈勒索罪实行并罚

第六节 利用职务之便实施的侵犯财产罪

一、职务侵占罪

第二百七十一条[3]	【职务侵占罪】公司、企业或者其他单位的工作人员，利用职务上的便利，将本单位财物非法占为己有，数额较大的，处三年以下有期徒刑或者拘役，并处罚金；数额巨大的，处三年以上十年以下有期徒刑，并处罚金；数额特别巨大的，处十年以上有期徒刑或者无期徒刑，并

〔1〕 答案：AB。

〔2〕 答案：ABCD。

〔3〕 本条第1款为2020年12月26日全国人大常委会《刑法修正案（十一）》第29条所修正，修改了法定刑，并增加了无期徒刑的规定。原法条为："公司、企业或者其他单位的人员，利用职务上的便利，将本单位财物非法占为己有，数额较大的，处五年以下有期徒刑或者拘役；数额巨大的，处五年以上有期徒刑，可以并处没收财产。"

续表

第二百七十一条	处罚金。 【贪污罪】国有公司、企业或者其他国有单位中从事公务的人员和国有公司、企业或者其他国有单位委派到非国有公司、企业以及其他单位从事公务的人员有前款行为的，依照本法第三百八十二条、第三百八十三条的规定定罪处罚。

【犯罪构成：公司、企业或者其他单位的工作人员 + 利用职务上的便利将本单位财物非法据为己有的行为 + 数额较大 + 犯罪故意 + 非法占有目的 + 已满 16 周岁并具有责任能力的自然人】

（一）不法要素

1. 行为主体。本罪是身份犯，其主体为“公司、企业或者其他单位的人员”，即事实上从事公司、企业或者其他单位事务的人。

（1）第 2 款的规定属于注意规定，而非法律拟制。国有公司、企业或者其他国有单位中从事公务的人员和国有公司、企业或者其他国有单位委派到非国有公司、企业以及其他单位从事公务的人员，利用职务上的便利，将单位财物非法据为己有的，或者受国家机关、国有公司、企业、事业单位、人民团体委托，管理、经营国有财产的非国家工作人员，将自己管理的国有财产非法据为己有的，成立贪污罪。

（2）国家机关、国有公司、企业、事业单位中并未从事公务的非国家工作人员，可以成为职务侵占罪的行为主体。行为人与公司、企业或者其他单位的人员勾结，利用公司、企业或者其他单位人员的职务便利，共同将该单位财物非法占为己有，数额较大的，以职务侵占罪共犯论处。

（3）村民委员会等村基层组织人员，利用职务便利侵吞集体财产的，以职务侵占罪论处；但是如果在协助人民政府从事行政管理工作时，利用职务上的便利侵占公共财物的，则成立贪污罪。

（4）对村民小组组长利用职务上的便利，将村民小组集体财产非法占为己有，数额较大的行为，以职务侵占罪定罪处罚。

（5）在国有资本控股、参股的股份有限公司中从事管理工作的人员，除受国家机关、国有公司、企业、事业单位委派从事公务的以外，不属于国家工作人员。其利用职务上的便利，将本单位财物非法占为己有，数额较大的，应当以职务侵占罪论处。

（6）一人公司里的其他工作人员，可以成为本罪主体。股东自己将公司财物据为己有，不宜认定为职务侵占罪；但通过将公司财产据为己有而逃避债务的，可能成立其他犯罪（如诈骗罪等）。

2. 危害行为。利用职务上的便利，将本单位财物非法占为己有，数额较大。

“职务侵占行为”的含义在当前理论界存在两种解读。

（1）传统理论（贪污行为说）认为，职务侵占行为实际上就是公司、企业、单位人员的贪污行为，而不只是狭义的侵占行为（侵占罪中的“侵占”）。即行为人利用自己主管、管理、经营、经手单位财物的便利条件，将基于职务管理的单位财物非法占为己有

（属于侵占行为），以及利用职务之便的窃取、骗取等行为。这种观点认为职务侵占罪是侵占罪、盗窃罪或者诈骗罪等取得型犯罪的特殊法条。

（2）新的理论（侵占行为说）认为，狭义的侵占行为才能构成职务侵占罪，即只有将基于职务或者业务所占有的本单位财物非法据为己有的，才可能成立职务侵占罪。“利用职务上的便利”不是指占为己有或者据为己有的行为本身利用了职务上的便利，而是指据为己有的财物是基于行为人的职务（或业务）所占有的本单位财物。从立法体例上看，《刑法》第271条的规定承接第270条侵占罪的规定，不同于第382条贪污罪的规定。按照这种解释，公司、企业或者其他单位的人员利用职务上的便利窃取、骗取本单位财物的，原则上成立盗窃罪、诈骗罪。这种观点认为职务侵占罪只是侵占罪的特殊法条。

例1： 单位出纳将其基于职务便利而占有的单位资金据为己有的，成立职务侵占罪；但是，出纳利用这种便利条件，进入工厂车间，偷走了工厂的一些原材料去变卖的，成立盗窃罪。

例2： 单位仓库的保管员（包括负责保管工作的保安）将仓库中的单位财物非法据为己有的，成立职务侵占罪；但是，公司采购员为企业采购了产品，公司财务让他提供销售单位的账号，采购员把自己的账号提供给了财务，公司财务将货款打到了采购员的账号上的，采购员成立诈骗罪。

例3： 注意以下案件：

单位司机在运输过程中，将车内封缄的单位财物据为己有的，原则上成立盗窃罪。

单位司机在运输途中将单位车辆据为己有的，成立盗窃罪。

建筑工人将工地上的单位财物据为己有的，成立盗窃罪。

银行或者其他单位的保安将单位财物据为己有的，成立盗窃罪。

快递公司员工在分拣作业过程中，利用暂时接触、经手邮包的便利条件窃取邮包后将里面财物据为己有的，成立盗窃罪。

单位员工欺骗单位会计、出纳，虚报申领出差费用的，成立诈骗罪。

保险员虚构保险合同骗取保险公司奖励款的，单位销售人员虚报销售业绩骗取单位奖励款的，成立诈骗罪。

3. 行为对象。即“本单位财物”，包括单位现存的财物和确定的收益。

例1： 网络公司游戏项目管理中心运输部经理（负责对服务器、游戏软件进行维护和游戏环境更新），修改游戏数据创造游戏武器、装备，贩卖给游戏玩家，将贩卖所得据为己有的，成立职务侵占罪。

例2： 受彩票发行机构委托，在彩票投注站代为销售福利彩票的非国家工作人员，以不交纳彩票投注金的方式擅自打印并获得彩票的，成立职务侵占罪。

例3： 行为人利用职务上的便利，将公司持有的股份或者将为公司代持的股份变更为自己的股份的，成立职务侵占罪；行为人利用职务上的便利，将其他自然人股东持有的股份变更为自己持有的股份的，不成立职务侵占罪，可能成立盗窃罪、诈骗罪或者侵占罪。

例4： 行为人利用职务上的便利将原本可以由单位承揽的业务变为个人承揽，利用业余时间完成承揽合同获取利益的，不成立职务侵占罪。

4. 犯罪数额。数额较大以 3 万元为起点，数额巨大要求 100 万元以上。

（二）责任内容

罪过形式为故意，必须以非法占有为目的。

二、挪用资金罪

第二百七十二条[1]	【挪用资金罪】公司、企业或者其他单位的工作人员，利用职务上的便利，挪用本单位资金归个人使用或者借贷给他人，数额较大、超过三个月未还的，或者虽未超过三个月，但数额较大、进行营利活动的，或者进行非法活动的，处三年以下有期徒刑或者拘役；挪用本单位资金数额巨大的，处三年以上七年以下有期徒刑；数额特别巨大的，处七年以上有期徒刑。 【挪用公款罪】国有公司、企业或者其他国有单位中从事公务的人员和国有公司、企业或者其他国有单位委派到非国有公司、企业以及其他单位从事公务的人员有前款行为的，依照本法第三百八十四条的规定定罪处罚。 有第一款行为，在提起公诉前将挪用的资金退还的，可以从轻或者减轻处罚。其中，犯罪较轻的，可以减轻或者免除处罚。

【犯罪构成：公司、企业或者其他单位的工作人员 + 利用职务上的便利挪用本单位资金归个人使用的行为 + 犯罪故意 + 已满 16 周岁并具有责任能力的自然人】

1. 行为主体。挪用资金罪的主体为“公司、企业或者其他单位的工作人员”，与职务侵占罪的主体相同。

2. 利用职务上的便利。即利用自己主管、管理、经营、经手单位资金的便利条件。

3. 危害行为。挪用本单位资金归个人使用或者借贷给他人。

（1）其中的“归个人使用”包括以下三种情形：将本单位资金供本人、亲友或者其他自然人使用的；以个人名义将本单位资金供其他单位使用的；个人决定以单位名义将本单位资金供其他单位使用，谋取个人利益的。

（2）其中的“他人”包括自然人与法人等单位。挪用资金构成犯罪的，分为三种情形：

①“进行非法活动的”，要求数额 6 万元以上，原则上没有时间要求。200 万元以上的，属于数额巨大。对于挪用单位资金进行非法活动同时构成其他犯罪的，应当以挪用资金罪与挪用公款罪数罪并罚。

②“虽未超过 3 个月，但数额较大、进行营利活动的”，要求数额 10 万元以上；400 万元以上的，属于数额巨大。

③“数额较大、超过 3 个月未还的”，要求数额较大 10 万元以上；400 万元以上的，

---

[1] 本条第 1 款、第 3 款为 2020 年 12 月 26 日全国人大常委会《刑法修正案（十一）》第 30 条所修正、增加，修改了法定刑，并增加了第 3 款从宽处罚的规定。原法条第 1 款为：“公司、企业或者其他单位的工作人员，利用职务上的便利，挪用本单位资金归个人使用或者借贷给他人，数额较大、超过三个月未还的，或者虽未超过三个月，但数额较大、进行营利活动的，或者进行非法活动的，处三年以下有期徒刑或者拘役；挪用本单位资金数额巨大的，或者数额较大不退还的，处三年以上十年以下有期徒刑。”

属于数额巨大。其中“超过3个月未还的”，是指从挪用之日起经过了3个月还没有归还；如果在3个月之内归还，则不成立本罪。

注意

在累计计算犯罪数额时，进行非法活动、营利活动的数额可以评价为进行其他活动的数额，但要满足后者的其他成立条件。

4. 罪过形式为故意，不要求非法占有目的，否则成立职务侵占罪。如果行为人挪用单位资金后，由于某种原因转化为主观上不愿意归还，则行为性质转化为职务侵占罪。

三、挪用特定款物罪

第二百七十三条	【挪用特定款物罪】挪用用于救灾、抢险、防汛、优抚、扶贫、移民、救济款物，情节严重，致使国家和人民群众利益遭受重大损害的，对直接责任人员，处三年以下有期徒刑或者拘役；情节特别严重的，处三年以上七年以下有期徒刑。

【犯罪构成：挪用特定款物归公用的行为＋情节严重并致使国家和人民群众利益遭受重大损害＋犯罪故意＋非法占有目的＋单位犯罪（处罚已满16周岁并具有责任能力的自然人）】

1. 单位犯罪。本罪属于单位犯罪，但只处罚负责任的主管人员和直接责任人员。

2. 危害行为。其中“挪用”只限于由有关单位改变专用款物用途，不包括挪作个人使用，否则，应认定为挪用公款罪从重处罚。

3. 行为对象。挪用失业保险基金与下岗职工基本生活保障资金的，也属于挪用救济款物。

注意

对于挪用退休职工养老保险金的行为，构成犯罪时，不能以挪用特定款物罪追究刑事责任，而应当按照行为人身份的不同，分别以挪用资金罪或者挪用公款罪追究刑事责任。

练练手

下列哪些行为应以职务侵占罪论处？[1]

A. 甲系某村民小组的组长，利用职务上的便利，将村民小组集体财产非法据为己有，数额达到5万元

B. 乙为村委会主任，利用协助乡政府管理和发放救灾款物之机，将5万元救灾款非法据为己有

C. 丙是某国有控股公司部门经理，利用职务上的便利，将本单位的5万元公款非法据为己有

D. 丁与某私营企业的部门经理李某内外勾结，利用李某职务上的便利，共同将该单位的5万元资金非法据为己有

[1] 答案：ACD。

第十七章

妨害社会管理秩序罪

第一节　扰乱公共秩序罪

一、妨害公务罪，袭警罪

第二百七十七条[1]	【妨害公务罪】以暴力、威胁方法阻碍国家机关工作人员依法执行职务的，处三年以下有期徒刑、拘役、管制或者罚金。 以暴力、威胁方法阻碍全国人民代表大会和地方各级人民代表大会代表依法执行代表职务的，依照前款的规定处罚。 在自然灾害和突发事件中，以暴力、威胁方法阻碍红十字会工作人员依法履行职责的，依照第一款的规定处罚。 故意阻碍国家安全机关、公安机关依法执行国家安全工作任务，未使用暴力、威胁方法，造成严重后果的，依照第一款的规定处罚。 【袭警罪】暴力袭击正在依法执行职务的人民警察的，处三年以下有期徒刑、拘役或者管制；使用枪支、管制刀具，或者以驾驶机动车撞击等手段，严重危及其人身安全的，处三年以上七年以下有期徒刑。

（一）妨害公务罪

【犯罪构成：使用暴力、威胁方法阻碍执行职务的行为（妨害安全工作的不需要暴力、威胁手段）+对象为国家机关工作人员+犯罪故意+已满16周岁并具有责任能力的自然人】

《刑法》第277条第1款到第4款分别规定了四种类型的妨害公务行为，其指向的对象分别为国家机关工作人员、全国人大和地方人大代表、红十字会工作人员、执行安全工作的国家安全机关和公安机关。

1. “以暴力、威胁方法”，要求足以阻碍国家机关工作人员执行职务，不要求客观上已经阻碍了国家机关工作人员执行职务。其中“暴力”是广义的暴力，包括对人、对物行使不法有形力。故意阻碍国家安全机关、公安机关依法执行国家安全工作任务，未使用暴力、威胁方法，造成严重后果的，也成立妨害公务罪。

---

〔1〕本条第5款为2020年12月26日全国人大常委会《刑法修正案（十一）》第31条所修正，并增加了加重情节。原法条为：“暴力袭击正在依法执行职务的人民警察的，依照第一款的规定从重处罚。”

本条第5款为2015年8月29日全国人大常委会《刑法修正案（九）》第21条所增设。

2.“阻碍依法执行职务”。其中“依法执行职务”属于规范的构成要件要素，需要同时符合下面三个条件：职务行为必须在一般职务权限之内；执行职务的主体具有实施职务行为的具体职务权限；职务行为必须符合法律上的重要条件、方式和程序。

注意

“以暴力、威胁方法阻碍依法执行职务”不是指“对依法执行职务的人实施暴力或者威胁”，而是指“通过使用暴力、威胁方法使得执行职务的人不能或者难以依法执行职务”。显然，妨害公务罪是具体危险犯。

例1： 税务人员从事税收征管工作，就是一般的职务权限，而公安人员从事税收工作就超越了一般职务权限。

例2： 逮捕犯人，必须符合刑事诉讼法规定有关逮捕的条件、方式与程序，否则的话，就是非法逮捕。

例3： 在警察处理完双方争端后，其中一方认为处理不公正，踢了警察一脚后逃走的，由于公务行为已经处理完毕，他没有使得执行公务的人不能或者难以执行职务，那就不能认定为妨害公务罪，如果伤害行为造成轻伤以上结果的，可以认定为故意伤害罪。

3. 罪过形式为故意，要求行为人必须明知国家机关工作人员正在依法执行职务，而故意以暴力、胁迫方法予以阻碍。依法执行公务的对方（如被逮捕者）实施的一般暴力、胁迫行为，不具有期待可能性，故不成立妨害公务罪。此外，依法执行公务的对方所实施的摆脱、挣脱行为也不属于妨害公务的行为。

4. 罪数问题

（1）数罪并罚。行为人先前行为构成犯罪，在国家机关工作人员依法查处时，对国家机关工作人员实施暴力、胁迫行为构成妨害公务罪的，应当数罪并罚。例如，以暴力、胁迫方法抗拒缉私的，应以走私罪和妨害公务罪实行数罪并罚。

（2）想象竞合。如果妨害公务的行为属于其他犯罪的手段，则从一重罪论处。例如，暴力行为致人伤亡，或者抢夺依法执行职务的司法工作人员的枪支等，成立妨害公务罪与故意伤害罪或者抢夺枪支罪，属于想象竞合犯，从一重罪论处。

（3）特殊规定。①走私、贩卖、运输、制造毒品，以暴力抗拒检查、拘留、逮捕，情节严重的，属于走私、贩卖、运输、制造毒品罪的加重情节。如果以威胁手段抗拒检查、拘留、逮捕，成立妨害公务罪的，与走私、贩卖、运输、制造毒品罪并罚。②在组织、运送他人偷越国（边）境中以暴力、胁迫方法抗拒检查的，属于组织他人偷越国（边）境或者运送他人偷越国（边）境的加重情节；如果对检查人员进行杀害、伤害的，数罪并罚。

（二）袭警罪

【犯罪构成：暴力袭击的行为 + 对象为正在依法执行职务的人民警察 + 犯罪故意 + 已满16周岁并具有责任能力的自然人】

1. 本罪与妨害公务罪属于法条竞合关系。成立本罪以行为符合妨害公务罪的构成要件为前提，因此，袭警罪的成立要求通过暴力袭警妨碍警察正在执行的职务。如果仅以威胁手段阻碍人民警察依法执行职务的，成立妨害公务罪。

2. 袭警罪行为同时构成故意伤害罪、故意杀人罪的，属于想象竞合犯，从一重罪论处。

二、招摇撞骗罪

第二百七十九条	【招摇撞骗罪】冒充国家机关工作人员招摇撞骗的，处三年以下有期徒刑、拘役、管制或者剥夺政治权利；情节严重的，处三年以上十年以下有期徒刑。 冒充人民警察招摇撞骗的，依照前款的规定从重处罚。

【犯罪构成：冒充国家机关工作人员招摇撞骗+犯罪故意+已满16周岁并具有责任能力的自然人】

（一）冒充国家机关工作人员

1. 具体表现：非国家机关工作人员冒充国家机关工作人员（离职的国家机关工作人员冒充在职的国家机关工作人员），此种国家机关工作人员冒充彼种国家机关工作人员，职务低的国家机关工作人员冒充职务高的国家机关工作人员或者相反的情形，以及冒充已被撤销的国家机关的工作人员，足以使对方信以为真。

2. 冒充军人招摇撞骗：成立《刑法》第372条规定的冒充军人招摇撞骗罪。

（二）招摇撞骗

1. 招摇撞骗，是指以假冒的身份进行炫耀、欺骗（不要求骗取某种利益）。

2. 如果假冒国家机关工作人员给他人好处的，单纯声称自己是国家机关工作人员的，或者为与对方恋爱或与对方结婚，仅向对方声称自己是国家机关工作人员的，不成立犯罪。

（三）罪数

冒充国家机关工作人员骗取数额较大、巨大或者特别巨大财物的，是招摇撞骗罪与诈骗罪的想象竞合犯，从一重罪论处。

三、针对公文、证件、印章的犯罪

第二百八十条[1]	【伪造、变造、买卖国家机关公文、证件、印章罪】【盗窃、抢夺、毁灭国家机关公文、证件、印章罪】伪造、变造、买卖或者盗窃、抢夺、毁灭国家机关的公文、证件、印章的，处三年以下有期徒刑、拘役、管制或者剥夺政治权利，并处罚金；情节严重的，处三年以上十年以下有期徒刑，

[1] 本条第3款为2015年8月29日全国人大常委会《刑法修正案（九）》第22条所修改，增加了罚金刑的规定，扩大了第3款犯罪的成立范围；原法条为："（第1款）伪造、变造、买卖或者盗窃、抢夺、毁灭国家机关的公文、证件、印章的，处三年以下有期徒刑、拘役、管制或者剥夺政治权利；情节严重的，处三年以上十年以下有期徒刑。（第2款）伪造公司、企业、事业单位、人民团体的印章的，处三年以下有期徒刑、拘役、管制或者剥夺政治权利。（第3款）伪造、变造居民身份证的，处三年以下有期徒刑、拘役、管制或者剥夺政治权利；情节严重的，处三年以上七年以下有期徒刑。"

续表

第二百八十条	并处罚金。 【伪造公司、企业、事业单位、人民团体印章罪】伪造公司、企业、事业单位、人民团体的印章的，处三年以下有期徒刑、拘役、管制或者剥夺政治权利，并处罚金。 【伪造、变造、买卖身份证件罪】伪造、变造、买卖居民身份证、护照、社会保障卡、驾驶证等依法可以用于证明身份的证件的，处三年以下有期徒刑、拘役、管制或者剥夺政治权利，并处罚金；情节严重的，处三年以上七年以下有期徒刑，并处罚金。

（一）伪造、变造、买卖国家机关公文、证件、印章罪

【犯罪构成：伪造、变造、买卖国家机关的公文、证件、印章行为 + 犯罪故意 + 已满16周岁并具有责任能力的自然人】

1. 其中“公文”包含书面公文与官方网站发布的公文，还包括公文复印件；“证件”包括机动车牌证及机动车入户、过户、验证的有关证明文件，但民用机动车号牌不算；“印章”包括印形与印影，但仅仅为了表达意思而非证明人或单位的同一性的省略文书（如法院判决书上加盖的“本件与原件核对无误”的骑缝章），不属于印章。

2. 选择性行为方式。

（1）“伪造”，包括有形伪造（没有制作权限的人制作）与无形伪造（有制作权限的人擅自制作）。伪造的公文、证件、印章与原本（原物）不要求完全相同，如印章原名“某省某县人民检察院”，而行为人伪造的印章名为“某省某县检察院”或“某省某县人民检察院”；也不要求有对应的真实的国家机关印章。

（2）“变造”是指对真实的国家机关公文、证件、印章进行加工，改变其非本质内容的行为；如果改变本质部分，则属于伪造。

（3）“买卖”包括购买、出卖或者买来再卖的行为。买卖伪造、变造的国家机关公文、证件、印章的，也成立买卖国家机关公文、证件、印章罪。

3. 罪数问题。伪造、变造、买卖国家机关的公文、证件、印章后，又利用该公文、证件、印章实施其他犯罪（如诈骗罪）的，属于牵连犯，从一重罪论处。

（二）盗窃、抢夺、毁灭国家机关公文、证件、印章

【犯罪构成：盗窃、抢夺、毁灭行为 + 对象为真实的国家机关的公文、证件、印章 + 犯罪故意 + 已满16周岁并具有责任能力的自然人】

1. 行为对象。盗窃、抢夺、毁灭的必须是国家机关真实的公文、证件或者印章；否则，不成立犯罪（不可罚的不能犯）。

2. 法益侵犯性。如果盗窃、抢夺、毁灭行为对公文、证件的证明作用并不发生任何影响的，不构成犯罪。例如，盗窃、抢夺、毁灭当事人持有的判决书的，不成立犯罪。

3. 罪数问题

（1）盗窃、抢夺武装部队的公文、证件、印章的，成立盗窃、抢夺武装部队公文、证件、印章罪（特殊法条）。毁灭武装部队的公文、证件、印章的，成立毁灭国家机关

公文、证件、印章罪。多次盗窃或者抢夺民用机动车号牌的，以盗窃罪、抢夺罪论处。

（2）盗窃、抢夺国家机关公文、证件、印章后，利用其招摇撞骗、诈骗等，成立其他犯罪的，应当数罪并罚。

（三）伪造公司、企业、事业单位、人民团体印章罪

【犯罪构成：伪造公司、企业、事业单位、人民团体印章的行为 + 犯罪故意 + 已满 16 周岁并具有责任能力的自然人】

1. 伪造高等院校印章制作学历、学位证明的行为，应当以伪造事业单位印章罪定罪处罚。明知是伪造高等院校印章制作的学历、学位证明而贩卖的，以伪造事业单位印章罪的共犯论处（应以事先通谋为前提）。

2. 对伪造高等院校印章制作学生证的，以伪造事业单位印章罪论处。对明知是伪造高等院校印章制作的学生证而贩卖的，以伪造事业单位印章罪的共犯论处（应以事先通谋为前提）。对使用伪造的学生证购买半价火车票，数额较大的，以诈骗罪论处。

（四）伪造、变造、买卖身份证件罪

【犯罪构成：伪造、变造、买卖身份证明的行为 + 犯罪故意 + 已满 16 周岁并具有责任能力的自然人】

1. 其中"身份证件"，必须由国家机关制作、在外部具有证明身份作用的证件，并记载有姓名、照片以及其他必须具备的内容，具体包括居民身份证、护照、社会保障卡、驾驶证等。但不包括国家机关制作、仅在内部具有证明作用的证件，如工作证、出入证等。

2. 法条竞合。伪造、变造、买卖身份证件罪是伪造、变造、买卖国家机关证件罪的特殊法条，其目的是限制处罚范围。

（1）凡是符合伪造、变造、买卖身份证件罪的构成要件的，即使也符合伪造、变造、买卖国家机关证件罪的构成要件，也应以特殊法条伪造、变造、买卖身份证件罪论处。

（2）盗窃、抢夺身份证件的行为不成立盗窃、抢夺国家机关证件罪；但是，由于居民身份证具有重要的使用价值，所以，入户盗窃、携带凶器盗窃、扒窃身份证件或者多次盗窃、抢夺身份证件的，成立盗窃罪、抢夺罪。

3. 罪数问题。伪造、变造、买卖国家机关的公文、证件、印章后，又利用该公文、证件、印章实施其他犯罪（如诈骗罪、代替考试罪、组织考试作弊罪）的，属于牵连犯，从一重罪论处。

四、冒名顶替罪

第二百八十条之二[1]	【冒名顶替罪】盗用、冒用他人身份，顶替他人取得的高等学历教育入学资格、公务员录用资格、就业安置待遇的，处三年以下有期徒刑、拘役或者管制，并处罚金。

[1] 本条为2020年12月26日全国人大常委会《刑法修正案（十一）》第32条所增设。

续表

第二百八十条之二	组织、指使他人实施前款行为的，依照前款的规定从重处罚。 国家工作人员有前两款行为，又构成其他犯罪的，依照数罪并罚的规定处罚。

【犯罪构成：冒名顶替取得高等学历教育入学资格、公务员录用资格、就业安置待遇的行为/组织、指使他人实施前述行为＋犯罪故意＋已满16周岁并具有责任能力的自然人】

1. 两种行为类型

（1）盗用、冒用他人身份，顶替他人取得的高等学历教育入学资格、公务员录用资格、就业安置待遇。第一，如果冒名顶替取得参军资格或者事业单位岗位的，不成立本罪。第二，如果被顶替人同意行为人使用其身份，顶替其取得这三种资格、待遇的，双方成立本罪共犯。第三，伪造身份证明后冒名顶替构成犯罪的，构成伪造身份证件罪与冒名顶替罪，属于牵连犯，从一重罪伪造身份证件罪论处。

（2）组织、指使他人实施冒名顶替的，从重处罚。这是共谋共同正犯的规定，而非对教唆犯的规定。

2. 罪数问题

国家工作人员实施冒名顶替行为，同时索取、收受贿赂的，应当以冒名顶替罪与受贿罪并罚。但是，国家工作人员的冒名顶替行为同时构成滥用职权罪的，属于想象竞合犯，从一重罪论处。

五、非法获取国家秘密罪

第二百八十二条第一款	【非法获取国家秘密罪】以窃取、刺探、收买方法，非法获取国家秘密的，处三年以下有期徒刑、拘役、管制或者剥夺政治权利；情节严重的，处三年以上七年以下有期徒刑。

【犯罪构成：窃取、刺探、收买行为＋对象为国家秘密＋犯罪故意＋已满16周岁并具有责任能力的自然人】

1. 危害行为："窃取、刺探、收买"。将抢夺、抢劫国家秘密的行为解释为"窃取"国家秘密，属于当然解释。

2. 犯罪关联：（1）如果行为人为境外机构、组织、人员窃取、刺探、收买国家秘密的，成立《刑法》第111条规定的为境外窃取、刺探、收买国家秘密罪。（2）如果行为人实施窃取、刺探、收买国家秘密的行为时，没有非法提供给境外机构、组织、人员的故意，但非法获取国家秘密之后，非法提供给境外机构、组织或人员的，属于包括的一罪，按照《刑法》第111条规定的窃取、刺探、收买国家秘密罪论处，不能数罪并罚。

六、考试作弊相关犯罪

第二百八十四条之一[1]	【组织考试作弊罪】在法律规定的国家考试中，组织作弊的，处三年以下有期徒刑或者拘役，并处或者单处罚金；情节严重的，处三年以上七年以下有期徒刑，并处罚金。 为他人实施前款犯罪提供作弊器材或者其他帮助的，依照前款的规定处罚。 【非法出售、提供试题、答案罪】为实施考试作弊行为，向他人非法出售或者提供第一款规定的考试的试题、答案的，依照第一款的规定处罚。 【代替考试罪】代替他人或者让他人代替自己参加第一款规定的考试的，处拘役或者管制，并处或者单处罚金。

（一）组织考试作弊罪

【犯罪构成：在法律规定的国家考试中组织作弊的行为 + 犯罪故意 + 已满 16 周岁并具有责任能力的自然人】

1. “法律规定的国家考试”，仅限于全国人民代表大会及其常务委员会制定的法律所规定的考试。

下列考试属于“法律规定的国家考试”：普通高等学校招生考试、研究生招生考试、高等教育自学考试、成人高等学校招生考试等国家教育考试；中央和地方公务员录用考试；国家统一法律职业资格考试、国家教师资格考试、注册会计师全国统一考试、会计专业技术资格考试、资产评估师资格考试、医师资格考试、执业药师职业资格考试、注册建筑师考试、建造师执业资格考试等专业技术资格考试；其他依照法律由中央或者地方主管部门以及行业组织的国家考试。以上考试涉及的特殊类型招生、特殊技能测试、面试等考试，也属于“法律规定的国家考试”。

2. “组织考试作弊”，是指组织、策划、指挥考试作弊。组织行为不限于集团形式或者聚众形式，也包括个人组织他人进行考试作弊的行为。

组织考试作弊，在考试开始之前被查获，但已经非法获取考试试题、答案或者具有其他严重扰乱考试秩序情形的，应当认定为组织考试作弊罪既遂。

例如，行为人为特定的应考人寻找替考者，而没有组织多人替考的，不成立组织考试作弊罪，但可能成立代替考试罪的共犯；但行为人在不特定的应考人与替考者之间从事中介服务的，成立组织考试作弊罪。

再如，在普通高等学校招生、公务员录用等法律规定的国家考试涉及的体育、体能测试等体育运动中，组织考生非法使用兴奋剂的，以组织考试作弊罪定罪处罚。明知他人实施前述犯罪而为其提供兴奋剂的，依照共犯论处。

---

[1] 本条为 2015 年 8 月 29 日全国人大常委会《刑法修正案（九）》第 25 条所增设。对于 2015 年 10 月 31 日以前组织考试作弊，为他人组织考试作弊提供作弊器材或者其他帮助，以及非法向他人出售或者提供考试试题、答案，根据修正前《刑法》应当以非法获取国家秘密罪，非法生产、销售间谍专用器材罪或者故意泄露国家秘密罪等追究刑事责任的，适用修正前《刑法》的有关规定。但是，根据修正后《刑法》第 284 条之一的规定处罚较轻的，适用修正后《刑法》的有关规定。

3. 帮助行为量刑的正犯化。为组织作弊提供作弊器材或者其他帮助的，按组织考试作弊罪的法定刑处罚。该规定不是典型的帮助犯的正犯化，只是帮助犯量刑的正犯化，即适用正犯的法定刑，而不适用刑法总则关于从犯的处罚规定。因此，如果被帮助者没有实施组织考试作弊的行为，或者帮助行为并未起到物理或者心理的帮助效果，按照共犯从属性原则，帮助者不成立犯罪。

（二）非法出售、提供试题、答案罪

【犯罪构成：非法出售、提供试题、答案的行为 + 犯罪故意 + 已满 16 周岁并具有责任能力的自然人】

1. 危害行为：非法出售、提供试题、答案。

（1）为实施考试作弊行为，行为人向任何参加法律规定的国家考试的人员、亲友或者其他相关人员提供试题、答案的，无论后者是否利用行为人所出售、提供的试题、答案，不影响本罪的成立。

（2）成立本罪，要求行为人所提供的试题、答案是真实的，而不是虚假的，但只要求部分真实，故部分虚假时不影响本罪的成立。

（3）出售、提供试题、答案的行为应在考试前或者考试过程中，考试结束后出售、提供试题、答案的，不成立本罪。

2. 罪数问题

（1）行为人向组织作弊的人员提供试题、答案的，同时触犯了本罪与组织考试作弊罪，属于包括的一罪，宜按本罪论处。

（2）行为同时触犯泄露国家秘密罪的，属于想象竞合，从一重罪处罚。

（3）以窃取、刺探、收买方法非法获取法律规定的国家考试的试题、答案，又组织考试作弊或者非法出售、提供试题、答案，以非法获取国家秘密罪和组织考试作弊罪或者非法出售、提供试题、答案罪数罪并罚。

（4）设立用于实施考试作弊的网站、通讯群组或者发布有关考试作弊的信息，情节严重的，以非法利用信息网络罪定罪处罚；同时构成组织考试作弊罪，非法出售、提供试题、答案罪，非法获取国家秘密罪等其他犯罪的，属于想象竞合犯，从一重罪处罚。

（三）代替考试罪

【犯罪构成：代替他人或者让他人代替自己参加考试的行为 + 犯罪故意 + 已满 16 周岁并具有责任能力的自然人】

代替他人考试的人（替考人）与让他人代替自己参加考试的人（应考人）通常是对向犯，属于共同正犯（为特定的应考人寻找替考人的，成立共犯）。但存在例外情形。例如，应考人丙因生病住院不能参加考试，丙的父亲乙让甲代替丙参加考试，但丙并不知情。此时，甲是代替考试，乙不是“让他人代替自己参加考试”，而是“代替他人参加考试”的教唆犯，而丙不成立犯罪。

七、与计算机信息系统相关联的犯罪

（一）非法侵入计算机信息系统罪

第二百八十五条[1]	【非法侵入计算机信息系统罪】违反国家规定，侵入国家事务、国防建设、尖端科学技术领域的计算机信息系统的，处三年以下有期徒刑或者拘役。 【非法获取计算机信息系统数据、非法控制计算机信息系统罪】违反国家规定，侵入前款规定以外的计算机信息系统或者采用其他技术手段，获取该计算机信息系统中存储、处理或者传输的数据，或者对该计算机信息系统实施非法控制，情节严重的，处三年以下有期徒刑或者拘役，并处或者单处罚金；情节特别严重的，处三年以上七年以下有期徒刑，并处罚金。 【提供侵入、非法控制计算机信息系统程序、工具罪】提供专门用于侵入、非法控制计算机信息系统的程序、工具，或者明知他人实施侵入、非法控制计算机信息系统的违法犯罪行为而为其提供程序、工具，情节严重的，依照前款的规定处罚。 单位犯前三款罪的，对单位判处罚金，并对其直接负责的主管人员和其他直接责任人员，依照各该款的规定处罚。

【犯罪构成：非法侵入的行为+对象为国家事务、国防建设、尖端科学技术领域的计算机信息系统+犯罪故意+已满16周岁并具有责任能力的自然人或者单位】

（二）非法获取计算机信息系统数据、非法控制计算机信息系统罪

【犯罪构成：非法侵入并获取计算机信息系统数据或者非法控制计算机信息系统的行为+情节严重+犯罪故意+已满16周岁并具有责任能力的自然人或者单位】

（三）提供侵入、非法控制计算机信息系统程序、工具罪

【犯罪构成：提供侵入、非法控制计算机信息系统程序、工具的行为+情节严重+犯罪故意+已满16周岁并具有责任能力的自然人或者单位】

（四）破坏计算机信息系统罪

第二百八十六条[2]	【破坏计算机信息系统罪】违反国家规定，对计算机信息系统功能进行删除、修改、增加、干扰，造成计算机信息系统不能正常运行，后果严重的，处五年以下有期徒刑或者拘役；后果特别严重的，处五年以上有期徒刑。 违反国家规定，对计算机信息系统中存储、处理或者传输的数据和应用程序进行删除、修改、增加的操作，后果严重的，依照前款的规定处罚。

〔1〕本条第4款为2015年8月29日全国人大常委会《刑法修正案（九）》第26条所增设。
〔2〕本条第4款为2015年8月29日全国人大常委会《刑法修正案（九）》第27条所增设。

续表

第二百八十六条	故意制作、传播计算机病毒等破坏性程序，影响计算机系统正常运行，后果严重的，依照第一款的规定处罚。 单位犯前三款罪的，对单位判处罚金，并对其直接负责的主管人员和其他直接责任人员，依照第一款的规定处罚。
第二百八十七条	【利用计算机实施有关犯罪的规定】利用计算机实施金融诈骗、盗窃、贪污、挪用公款、窃取国家秘密或者其他犯罪的，依照本法有关规定定罪处罚。

【犯罪构成：违反国家规定，对计算机信息系统功能进行删除、修改、增加、干扰，造成计算机信息系统不能正常运行，后果严重的行为/违反国家规定，对计算机信息系统中存储、处理或者传输的数据和应用程序进行删除、修改、增加的操作，后果严重的行为/故意制作、传播计算机病毒等破坏性程序，影响计算机系统正常运行，后果严重的行为＋犯罪故意＋已满16周岁并具有责任能力的自然人或者单位】

1. 第287条属于注意规定，而非法律拟制。对于利用计算机病毒等破坏性程序非法占有他人财物的或者实施其他犯罪的，应当依照刑法的有关规定定罪处罚。例如，利用计算机病毒盗窃财物的，应认定为盗窃罪；利用计算机病毒实施金融诈骗的，应认定为金融诈骗罪。

2. 利用信息网络实施的犯罪行为

（1）通过修改路由器、浏览器设置、锁定主页或者弹出新窗口等技术手段，强制网络用户访问指定网站的“DNS劫持”行为，属于破坏计算机信息系统，后果严重的，构成破坏计算机信息系统罪。

（2）冒用购物网站买家身份进入网站内部评价系统删改购物评价，属于对计算机信息系统内存储数据进行修改操作，应当认定为破坏计算机信息系统的行为。

（3）智能手机终端，应当认定为刑法保护的计算机信息系统。锁定智能手机导致不能使用的行为，可认定为破坏计算机信息系统。

（4）超出授权范围使用账号、密码登录计算机信息系统，属于侵入计算机信息系统的行为；侵入计算机信息系统后下载其储存的数据，可以认定为非法获取计算机信息系统数据。

（5）网络域名具备法律意义上的财产属性，盗窃网络域名可以认定为盗窃行为。

（6）以非法占有为目的，采用自我交易方式，虚构提供服务事实，骗取互联网公司垫付费用及订单补贴，数额较大的行为，应认定为诈骗罪。

（五）非法利用信息网络罪

第二百八十七条之一[1]	【非法利用信息网络罪】利用信息网络实施下列行为之一，情节严重的，处三年以下有期徒刑或者拘役，并处或者单处罚金：

〔1〕本条为2015年8月29日全国人大常委会《刑法修正案（九）》第29条所增设。

续表

第二百八十七条之一	（一）设立用于实施诈骗、传授犯罪方法、制作或者销售违禁物品、管制物品等违法犯罪活动的网站、通讯群组的； （二）发布有关制作或者销售毒品、枪支、淫秽物品等违禁物品、管制物品或者其他违法犯罪信息的； （三）为实施诈骗等违法犯罪活动发布信息的。 单位犯前款罪的，对单位判处罚金，并对其直接负责的主管人员和其他直接责任人员，依照第一款的规定处罚。 有前两款行为，同时构成其他犯罪的，依照处罚较重的规定定罪处罚。

【犯罪构成：设立用于违法犯罪活动的网站、通讯群组的行为/发布有关违法犯罪信息的行为/为实施违法犯罪活动发布信息的行为 + 情节严重 + 犯罪故意 + 已满 16 周岁并具有责任能力的自然人或者单位】

1. 其中"违法犯罪"：包括犯罪行为和属于刑法分则规定的行为类型但尚未构成犯罪的违法行为。利用信息网络发布招嫖违法信息，情节严重的，以非法利用信息网络罪定罪处罚。同时构成介绍卖淫罪的，依照处罚较重的规定定罪处罚。

2. 罪数问题

实施非法利用信息网络的行为，同时构成其他犯罪（例如诈骗罪、传授犯罪方法罪、贩卖毒品罪、贩卖淫秽物品罪、传播淫秽物品牟利罪等）的，属于想象竞合犯，从一重罪处罚。

（六）帮助信息网络犯罪活动罪

第二百八十七条之二[1]	【帮助信息网络犯罪活动罪】明知他人利用信息网络实施犯罪，为其犯罪提供互联网接入、服务器托管、网络存储、通讯传输等技术支持，或者提供广告推广、支付结算等帮助，情节严重的，处三年以下有期徒刑或者拘役，并处或者单处罚金。 单位犯前款罪的，对单位判处罚金，并对其直接负责的主管人员和其他直接责任人员，依照第一款的规定处罚。 有前两款行为，同时构成其他犯罪的，依照处罚较重的规定定罪处罚。

【犯罪构成：为他人利用信息网络实施犯罪提供互联网接入、服务器托管、网络存储、通讯传输等技术支持或者提供广告推广、支付结算等帮助的行为 + 情节严重 + 犯罪故意 + 已满 16 周岁并具有责任能力的自然人或者单位】

1. 帮助行为量刑的正犯化

第 1 款规定并没有将帮助犯正犯化，只是对特定的帮助犯规定了量刑规则，即量刑的正犯化。

（1）为他人犯罪提供互联网技术支持的行为依然是帮助行为，其成立犯罪以正犯实施了符合构成要件的不法行为为前提。例如，甲明知乙可能要实施网络诈骗，便主动为

---

〔1〕本条为 2015 年 8 月 29 日全国人大常委会《刑法修正案（九）》第 29 条所增设。

乙提供互联网技术支持，但乙最后根本没有实施网络诈骗犯罪的，甲不成立帮助信息网络犯罪活动罪。

（2）教唆他人实施上述帮助行为的，不成立教唆犯，仅成立帮助犯；单纯帮助他人实施帮助行为的，而没有对正犯结果起作用的，不受处罚。例如，甲明知乙正在实施网络诈骗犯罪，便暗中为乙提供互联网技术支持，乙虽然实施了网络诈骗犯罪，但却对甲提供的技术不知情，也没有利用甲所提供的技术的，甲不成立帮助信息网络犯罪活动罪。

（3）对于实施本款行为构成本罪的行为人不得依照刑法总则第27条的规定从轻、减轻处罚或者免除处罚，只能依据第287条之二第1款的法定刑处罚。

2. 想象竞合犯

同一行为成立帮助信息网络犯罪活动罪，同时触犯其他犯罪的，属于想象竞合犯，从一重罪论处（《刑法》第287条之二第3款）。其中“同时构成相关犯罪”，应作限制解释，是指法定刑高于本条第1款法定刑的犯罪，而不包括法定刑低于本条第1款的犯罪。[1]

八、聚众扰乱社会秩序罪

第二百九十条第一款[2]	【聚众扰乱社会秩序罪】聚众扰乱社会秩序，情节严重，致使工作、生产、营业和教学、科研、医疗无法进行，造成严重损失的，对首要分子，处三年以上七年以下有期徒刑；对其他积极参加的，处三年以下有期徒刑、拘役、管制或者剥夺政治权利。

【犯罪构成：聚众扰乱社会秩序的行为＋情节严重＋致使工作、生产、营业和教学、科研、医疗无法进行＋造成严重损失＋犯罪故意＋已满16周岁并具有责任能力的自然人】

仅首要分子与其他积极参加者成立本罪。

九、聚众扰乱公共场所秩序、交通秩序罪

第二百九十一条	【聚众扰乱公共场所秩序、交通秩序罪】聚众扰乱车站、码头、民用航空站、商场、公园、影剧院、展览会、运动场或者其他公共场所秩序，聚众堵塞交通或者破坏交通秩序，抗拒、阻碍国家治安管理工作人员依法执行职务，情节严重的，对首要分子，处五年以下有期徒刑、拘役或者管制。

---

〔1〕①由于本罪行为是提供互联网技术的帮助行为，如果某种行为完全符合其他犯罪的共同正犯，就不属于帮助行为，就不再适用第287条之二第3款的规定。②同时构成其他犯罪的，必须是一个行为。如果数个行为中，一个行为触犯第287条之二第1款的规定，一个触犯其他犯罪的，应当数罪并罚。③同一行为触犯第287条之二第1款的规定，同时构成另一犯罪的从犯时，需要比较法定刑轻重和量刑情节，按照处罚较重的犯罪处罚。注意：适用第287条之二第1款的，不得适用总则从犯的规定，但适用其他犯罪处理的，应当适用总则关于从犯的处罚规定，但不得低于第287条之二第1款规定的法定刑。④同一行为触犯第287条之二第1款的规定，同时构成另一犯罪的共同正犯，另一共同正犯法定刑高于第287条之二第1款的法定刑的，按照另一犯罪共同正犯论处。例如，甲提供互联网技术支持的行为，与利用网络诈骗的乙成立共同正犯，骗取数额巨大或者特别巨大的财物的，对甲应以诈骗罪论处。

〔2〕本条第1款为2015年8月29日全国人大常委会《刑法修正案（九）》第31条所修改，增加了“医疗”二字。本条第3款、第4款为2015年8月29日全国人大常委会《刑法修正案（九）》第31条所增设。

【犯罪构成：聚众扰乱公共场所秩序/聚众堵塞交通或者破坏交通秩序/抗拒、阻碍国家治安管理工作人员依法执行职务的行为＋情节严重＋犯罪故意＋已满16周岁并具有责任能力的自然人】

1．本罪仅处罚首要分子。

2．“跳楼秀”“跳桥秀”。聚众扰乱公共场所秩序、交通秩序罪中“众”事实上也是实施扰乱行为的主体，只是刑法没将其作为处罚对象。因此，行为人为了实现某种目的，而采取假装跳楼、跳桥等手段，吸引众人围观的，这种行为虽然客观上引起了多数人的聚集，严重扰乱公共场所秩序与交通秩序，但围观的人并不是被聚集起来扰乱社会秩序的人。故“跳楼秀”“跳桥秀”不符合“聚众”特征，不成立本罪。

十、编造、故意传播虚假恐怖信息罪，编造、故意传播虚假信息罪

第二百九十一条之一[1]	【投放虚假危险物质罪】【编造、故意传播虚假恐怖信息罪】投放虚假的爆炸性、毒害性、放射性、传染病病原体等物质，或者编造爆炸威胁、生化威胁、放射威胁等恐怖信息，或者明知是编造的恐怖信息而故意传播，严重扰乱社会秩序的，处五年以下有期徒刑、拘役或者管制；造成严重后果的，处五年以上有期徒刑。 【编造、故意传播虚假信息罪】编造虚假的险情、疫情、灾情、警情，在信息网络或者其他媒体上传播，或者明知是上述虚假信息，故意在信息网络或者其他媒体上传播，严重扰乱社会秩序的，处三年以下有期徒刑、拘役或者管制；造成严重后果的，处三年以上七年以下有期徒刑。

（一）编造、故意传播虚假恐怖信息罪

【犯罪构成：编造、故意传播虚假恐怖信息的行为＋严重扰乱社会秩序＋犯罪故意＋已满16周岁并具有责任能力的自然人】

1．编造与故意传播都是本罪的实行行为。“编造”是指编造虚假恐怖信息，向特定人或者少数人传达的情形（倘若并不将该信息传达他人的，不成立犯罪）；“故意传播”是指故意向不特定人或者多数人传达虚假恐怖信息的情形。

2．其中“虚假恐怖信息”，是指以发生爆炸威胁、生化威胁、放射威胁、劫持航空器威胁、重大灾情、重大疫情等严重威胁公共安全的事件为内容，可能引起社会恐慌或者公共安全危机的不真实信息。例如，谎称在高铁上安放有爆炸装置的，属于虚假恐怖信息。但传播即将发生地震、严重传染病或者洪灾等虚假信息的，不成立本罪。

3．“严重扰乱社会秩序”，指引起了公众的严重恐慌，导致公安机关花费大量人力、物力排除虚假物质或者消除影响等。

（1）对于编造、故意传播虚假恐怖信息，引起公众恐慌，或者致使航班无法正常起

---

[1] ①本条第2款为2015年8月29日全国人大常委会《刑法修正案（九）》第32条所增设。②本条第1款为2001年12月29日全国人大常委会《刑法修正案（三）》第8条所增设。

降，破坏民航正常运输秩序的，应当认定为“严重扰乱社会秩序”。

（2）单纯使特定人员产生恐惧心理的恐吓、胁迫行为，没有严重扰乱社会秩序的，不成立本罪。

例如，甲向警察声称：“如果不解决我的问题，我就在超市安放炸弹。”该行为不成立本罪。但是，甲向警察谎称：“你们不解决我的问题，我已经在超市安放了炸弹。”该行为可以成立本罪。

（二）编造、故意传播虚假信息罪

【犯罪构成：编造、故意在信息网络或者其他媒体上传播虚假险情、疫情、灾情、警情的行为 + 严重扰乱社会秩序 + 犯罪故意 + 已满 16 周岁并具有责任能力的自然人】

十一、高空抛物罪

第二百九十一条之二[1]	从建筑物或者其他高空抛掷物品，情节严重的，处一年以下有期徒刑、拘役或者管制，并处或者单处罚金。 有前款行为，同时构成其他犯罪的，依照处罚较重的规定定罪处罚。

【犯罪构成：从建筑物或者其他高空抛掷物品的行为 + 情节严重 + 犯罪故意 + 已满 16 周岁并具有责任能力的自然人】

1. 危害行为：高空抛物。其中“高空”，是指高于基准面，能够利用自由落体运动危及人身、财产安全的空间，要求垂直高度差 3 米左右（建筑物 2 楼）。包括建筑物、山上、树上、巨轮、飞艇、热气球、明知井底有人作业而从井口扔下砖块等。其中“抛掷物品”，有意使物品从空中落下，包括直接从空中丢下物品与将物品抛到空中使其落下。按照字面含义，从地面上抛掷物品，使其从高空坠落的，不属于高空抛物。其中“物品”没有限定，不论是危险物品还是普通物品，也不论物品的体积大小与重量轻重。

2. 罪数问题。为杀害、伤害特定人员而从高空抛掷物品的，成立高空抛物罪与故意杀人罪、故意伤害罪的想象竞合犯。

十二、聚众斗殴罪

第二百九十二条	【聚众斗殴罪】聚众斗殴的，对首要分子和其他积极参加的，处三年以下有期徒刑、拘役或者管制；有下列情形之一的，对首要分子和其他积极参加的，处三年以上十年以下有期徒刑： （一）多次聚众斗殴的； （二）聚众斗殴人数多，规模大，社会影响恶劣的； （三）在公共场所或者交通要道聚众斗殴，造成社会秩序严重混乱的； （四）持械聚众斗殴的。 【故意伤害罪】【故意杀人罪】聚众斗殴，致人重伤、死亡的，依照本法第二百三十四条、第二百三十二条的规定定罪处罚。

---

[1] 本条为 2020 年 12 月 26 日全国人大常委会《刑法修正案（十一）》第 33 条所增设。

【犯罪构成：聚众斗殴行为 + 首要分子与积极参加者 + 犯罪故意 + 已满 16 周岁并具有责任能力的自然人】

1. “聚众斗殴”，属于必要的共犯。其中“聚众”是对斗殴方式的要求，而非独立的行为，即要求多人参与，但不要求双方都是三人以上；故两人之间斗殴的，不成立聚众斗殴罪。其中“斗殴”包括双方斗殴或者多方斗殴。聚众斗殴行为不要求事先聚集多人后再进行斗殴，即本罪行为并非复行为犯。

2. 本罪只有首要分子（组织、策划、指挥者）和其他积极参加者才成立本罪，一般参加者不成立本罪，更不能按照总则共犯的原则对其定罪处罚。对首要分子和积极参加者的教唆犯，应当按照总则的规定追究刑事责任。

3. “聚众斗殴，致人重伤、死亡的”，按照故意伤害罪、故意杀人罪定罪处罚。该规定属于法律拟制，而非注意规定。其中“人”包括对方成员与本方成员。

（1）该规定仅适用于直接造成死亡的斗殴者和首要分子，对其他参与者不适用该规定；倘若不能查明死亡原因，仅对首要分子适用该规定。

（2）参与斗殴的行为人以杀人故意杀害他人的，直接适用《刑法》第 232 条认定为故意杀人罪；如果杀人之外的斗殴行为还构成聚众斗殴罪的，则应当数罪并罚。

（3）聚众斗殴致人轻伤或者造成他人财产损失，同时触犯故意伤害罪或者故意毁坏财物罪的，属于想象竞合犯，从一重罪论处。

十三、寻衅滋事罪

第二百九十三条[1]	【寻衅滋事罪】有下列寻衅滋事行为之一，破坏社会秩序的，处五年以下有期徒刑、拘役或者管制： （一）随意殴打他人，情节恶劣的； （二）追逐、拦截、辱骂、恐吓他人，情节恶劣的； （三）强拿硬要或者任意损毁、占用公私财物，情节严重的； （四）在公共场所起哄闹事，造成公共场所秩序严重混乱的。 纠集他人多次实施前款行为，严重破坏社会秩序的，处五年以上十年以下有期徒刑，可以并处罚金。

【犯罪构成：四种寻衅滋事行为 + 破坏社会秩序 + 犯罪故意 + 已满 16 周岁并具有责任能力的自然人】

（一）不法类型

1. 随意殴打他人，情节恶劣

（1）该规定保护的是社会一般交往中的个人的身体安全。随意殴打家庭成员或者基于特殊原因在私人场所殴打特定个人的，不成立犯罪。

（2）其中“殴打”是指直接对他人身体而非物体行使有形力的行为（不要求接触身

〔1〕本条为 2011 年 2 月 25 日全国人大常委会《刑法修正案（八）》第 42 条所修正。本次修正增设了第 2 款，将本罪的法定最高刑提高至 10 年有期徒刑，并在原第 1 条第 2 项中增加了“恐吓他人”的规定。

体），不要求造成伤害的危险或者结果，也不要求聚众实施。其中“随意”一般意味着殴打的理由、对象、方式等明显异常，缺乏合理性与自我控制。

（3）随意殴打行为导致他人伤亡，同时构成故意伤害罪、故意杀人罪的，属于想象竞合犯，从一重罪论处。例如，随意殴打他人造成他人重伤的，应认定为故意伤害罪。寻衅滋事致人死亡的，应视客观行为性质与主观心理状态，认定为故意杀人罪或者过失致人死亡罪。

2. 追逐、拦截、辱骂、恐吓他人，情节恶劣

（1）该规定保护的是公民在公共生活、公共活动中的行动自由、名誉与意思活动自由。缺乏多人在场的辱骂他人行为，不成立本罪。

（2）其中“追逐”指妨害他人停留在一定场所的行为；“拦截”指阻止他人转移场所的行为；“辱骂”指以言语对他人予以轻蔑的价值判断；“恐吓”指以恶害相通告的行为。利用信息网络辱骂、恐吓他人，情节恶劣，破坏社会秩序的，以寻衅滋事罪定罪处罚。

（3）寻衅滋事行为同时构成侮辱罪、非法拘禁罪等，属于想象竞合犯，从一重罪论处。

3. 强拿硬要或者任意损毁、占用公私财物，情节严重

（1）该规定保护的是与财产有关的社会生活的安宁和平稳。

（2）其中“强拿硬要”是指违反他人意志强行取得他人财物（包括财产性利益）的行为，不要求达到足以压制反抗的程度，包括夺取和迫使他人交付；“任意”强调的是不具有合法根据和理由，用以限制损毁和占用行为；“损毁财物”指使公私财物的使用价值减少或者丧失的行为；“占用公私财物”指不当、非法使用公私财物的行为，不要求非法占有目的。

（3）实施寻衅滋事行为，同时符合故意毁坏财物罪、敲诈勒索罪、抢夺罪、抢劫罪等罪的构成要件的，依照处罚较重的犯罪定罪处罚。例如，强拿硬要行为符合抢劫罪构成要件的，应认定为抢劫罪。

4. 在公共场所起哄闹事，造成公共场所秩序严重混乱

（1）该规定保护的是不特定人或者多数人在公共场所从事活动的自由与安全。

（2）其中“公共场所”指不特定人或者多数人可以自由出入的场所。“起哄闹事”指用语言、举动等方式，扰乱公共场所秩序，使公共场所的活动不能顺利进行；要求具有煽动性、蔓延性、扩展性；不包括单纯影响公共场所局部活动的行为（如因争抢座位而斗殴）。不要求多人共同实施。

（3）同时成立聚众扰乱公共场所秩序、交通秩序罪的，属于想象竞合犯。

（4）编造虚假信息，或者明知是编造的虚假信息，在信息网络上散布，或者组织、指使人员在信息网络上散布，起哄闹事，造成公共秩序严重混乱的，依照《刑法》第293条第1款第4项的规定，以寻衅滋事罪定罪处罚（2013年9月6日两高《关于办理利用信息网络实施诽谤等刑事案件适用法律若干问题的解释》第5条第2款）。

注意

2015年《刑法修正案（九）》新增编造、故意传播虚假信息罪，该罪法定刑轻于寻衅滋事罪。合理的观点认为：对于上述行为，刑法独立成罪，不能再认定为寻衅滋事罪，否则罪刑不相适应；刑法规定属于限制性规定，故编造、故意传播其他虚假信息的不构成犯罪；上述司法解释与刑法规定矛盾，应当宣布失效。

（二）责任要素

罪过形式为故意，不需要寻求精神刺激、填补精神上的空虚、发泄不良情绪等流氓动机。

注意

（1）行为人因日常生活中的偶发矛盾纠纷，借故生非，实施寻衅滋事行为的，成立寻衅滋事罪，但是矛盾系由被害人故意引发或者被害人对矛盾激化负有主要责任的除外。（2）行为人因婚恋、家庭、邻里、债务等纠纷，实施殴打、辱骂、恐吓他人或者损毁、占用他人财物等行为的，一般不认定为寻衅滋事，但经有关部门批评制止或者处理处罚后，继续实施前列行为，破坏社会秩序的除外。

十四、黑社会性质组织相关犯罪

第二百九十四条[1]	【组织、领导、参加黑社会性质组织罪】组织、领导黑社会性质的组织的，处七年以上有期徒刑，并处没收财产；积极参加的，处三年以上七年以下有期徒刑，可以并处罚金或者没收财产；其他参加的，处三年以下有期徒刑、拘役、管制或者剥夺政治权利，可以并处罚金。 【入境发展黑社会组织罪】境外的黑社会组织的人员到中华人民共和国境内发展组织成员的，处三年以上十年以下有期徒刑。 【包庇、纵容黑社会性质组织罪】国家机关工作人员包庇黑社会性质的组织，或者纵容黑社会性质的组织进行违法犯罪活动的，处五年以下有期徒刑；情节严重的，处五年以上有期徒刑。 犯前三款罪又有其他犯罪行为的，依照数罪并罚的规定处罚。 黑社会性质的组织应当同时具备以下特征： （一）形成较稳定的犯罪组织，人数较多，有明确的组织者、领导者，骨干成员基本固定； （二）有组织地通过违法犯罪活动或者其他手段获取经济利益，具有一定的经济实力，以支持该组织的活动；

〔1〕本条为2011年2月25日全国人大常委会《刑法修正案（八）》第43条所修正。本次修正的要点之一是吸收了全国人大常委会《关于〈刑法〉第294条第1款的解释》的内容，明确了黑社会性质的组织的特征。1997年《刑法》原条文为：“（第1款）组织、领导和积极参加以暴力、威胁或者其他手段，有组织地进行违法犯罪活动，称霸一方，为非作恶，欺压、残害群众，严重破坏经济、社会生活秩序的黑社会性质的组织的，处三年以上十年以下有期徒刑；其他参加的，处三年以下有期徒刑、拘役、管制或者剥夺政治权利。（第2款）境外的黑社会组织的人员到中华人民共和国境内发展组织成员的，处三年以上十年以下有期徒刑。（第3款）犯前两款罪又有其他犯罪行为的，依照数罪并罚的规定处罚。（第4款）国家机关工作人员包庇黑社会性质的组织，或者纵容黑社会性质的组织进行违法犯罪活动的，处三年以下有期徒刑、拘役或者剥夺政治权利；情节严重的，处三年以上十年以下有期徒刑。”

续表

第二百九十四条	（三）以暴力、威胁或者其他手段，有组织地多次进行违法犯罪活动，为非作恶，欺压、残害群众； （四）通过实施违法犯罪活动，或者利用国家工作人员的包庇或者纵容，称霸一方，在一定区域或者行业内，形成非法控制或者重大影响，严重破坏经济、社会生活秩序。

（一）黑社会性质组织

1. 组织特征。黑社会性质组织不仅有明确的组织者、领导者，骨干成员基本固定，而且组织结构较为稳定，并有比较明确的层级和职责分工。

2. 经济特征。一定的经济实力是黑社会性质组织坐大成势，称霸一方的基础。

3. 行为特征。暴力性、胁迫性和有组织性是黑社会性质组织行为方式的主要特征，但有时也会采取一些其他手段。

4. 危害性特征。称霸一方，在一定区域或者行业内，形成非法控制或者重大影响，从而严重危害经济、社会生活秩序，是黑社会性质组织的本质特征，也是黑社会性质组织区别于一般犯罪集团的关键所在。黑社会性质组织是否有国家工作人员充当“保护伞”，即是否要求国家工作人员参与犯罪或者为犯罪活动提供非法保护，不影响黑社会性质组织的认定。

（二）组织、领导、参加黑社会性质组织罪

【犯罪构成：组织、领导、参加黑社会性质的组织的行为 + 犯罪故意 + 已满 16 周岁并具有责任能力的自然人】

1. 本罪属于必要共犯中的集团共同犯罪。其中组织者、领导者、积极参加者与一般参加者都成立犯罪，但不能适用总则关于共犯人的处罚原则，因为分则条文已经为其创设了不同的法定刑。对于参加黑社会性质的组织，没有实施其他违法犯罪活动的，或者受蒙蔽、胁迫参加黑社会性质的组织，情节轻微的，可以不作为犯罪处理。

注意

对于在黑社会性质组织形成、发展过程中已经退出的组织者、领导者，或者在加入黑社会性质组织之后逐步发展成为组织者、领导者的犯罪分子，应对其本人参与及其实际担任组织者、领导者期间该组织所犯的全部罪行承担刑事责任。

2. 故意的认定。在认定黑社会性质组织的成员时，并不要求其主观上认为自己参加的是黑社会性质组织，只要其知道或者应当知道该组织具有一定规模，且是以实施违法犯罪为主要活动的，即可认定。

3. 组织、领导、参加黑社会性质的组织本身就成立犯罪（属于实行犯），如果又实施其他犯罪的（例如，故意伤害罪、贩卖毒品罪、强迫卖淫罪的等等），应当数罪并罚。

（三）包庇、纵容黑社会性质组织罪

【犯罪构成：主体为国家机关工作人员 + 包庇黑社会性质的组织/纵容黑社会性质的组织进行违法犯罪活动的行为 + 犯罪故意 + 已满 16 周岁并具有责任能力的自然人】

1. 行为主体：国家机关工作人员，而非“国家工作人员”。

2. 危害行为。

(1)“包庇”，是指国家机关工作人员为使黑社会性质组织及其成员逃避查禁，而通风报信，隐匿、毁灭、伪造证据，阻止他人作证、检举揭发，指使他人作伪证，帮助逃匿，或者阻挠其他国家机关工作人员依法查禁等行为。

第一，“包庇”行为，不要求相关国家机关工作人员利用职务便利。利用职务便利包庇黑社会性质组织的，酌情从重处罚。

第二，包庇、纵容黑社会性质组织，事先有通谋的，以具体犯罪的共犯论处。

(2)“纵容”，是指国家机关工作人员不依法履行职责，放纵黑社会性质组织进行违法犯罪活动的行为。

(3) 有查禁犯罪活动职责的国家机关工作人员，向犯罪分子通风报信、提供便利，帮助犯罪分子逃避处罚的，成立帮助犯罪分子逃避处罚罪。

3. 罪数。犯组织、领导、参加黑社会性质组织罪或者包庇、纵容黑社会性质组织罪又有其他犯罪行为的，依照数罪并罚的规定处罚。

十五、传授犯罪方法罪

第二百九十五条[1]	【传授犯罪方法罪】传授犯罪方法的，处五年以下有期徒刑、拘役或者管制；情节严重的，处五年以上十年以下有期徒刑；情节特别严重的，处十年以上有期徒刑或者无期徒刑。

【犯罪构成：传授犯罪方法的行为 + 犯罪故意 + 已满 16 周岁并具有责任能力的自然人】

1. 对同一犯罪内容同时实施教唆行为与传授犯罪方法的，或者用传授犯罪方法的手段使他人产生犯罪决意的，或者为实现所教唆的犯罪，教唆者又传授犯罪方法的，属于想象竞合犯，从一重罪论处。

2. 行为人分别对不同对象实施教唆行为与传授犯罪方法，或者向同一对象教唆此罪而传授彼罪的犯罪方法，则应数罪并罚。

十六、赌博罪、开设赌场罪

第三百零三条[2]	【赌博罪】以营利为目的，聚众赌博或者以赌博为业的，处三年以下有期徒刑、拘役或者管制，并处罚金。

[1] 本条为2011年2月25日全国人大常委会《刑法修正案（八）》第44条所修正。废除本条的死刑是本次修正的引人注目之处。1997年《刑法》原条文为：“传授犯罪方法的，处五年以下有期徒刑、拘役或者管制；情节严重的，处五年以上有期徒刑；情节特别严重的，处无期徒刑或者死刑。”

[2] 本条第2款、第3款为2020年12月26日全国人大常委会《刑法修正案（十一）》第36条所修正、增加。原法条第2款为：“开设赌场的，处三年以下有期徒刑、拘役或者管制，并处罚金；情节严重的，处三年以上十年以下有期徒刑，并处罚金。”本条为2006年6月29日全国人大常委会《刑法修正案（六）》第18条所修正。1997年《刑法》原条文为：“以营利为目的，聚众赌博、开设赌场或者以赌博为业的，处三年以下有期徒刑、拘役或者管制，并处罚金。”

续表

第三百零三条	【开设赌场罪】开设赌场的，处五年以下有期徒刑、拘役或者管制，并处罚金；情节严重的，处五年以上十年以下有期徒刑，并处罚金。 【组织参与国（境）外赌博罪】组织中华人民共和国公民参与国（境）外赌博，数额巨大或者有其他严重情节的，依照前款的规定处罚。

（一）赌博罪

【犯罪构成：聚众赌博/以赌博为业的行为 + 犯罪故意 + 以营利为目的 + 已满 16 周岁并具有责任能力的自然人】

1. 两种行为："聚众赌博"（纠集多人从事赌博）与"以赌博为业"（将赌博作为职业或者兼业）。只是单纯参加赌博的行为，不成立赌博罪。

2. 赌博圈套

（1）行为人设置圈套诱骗他人参赌获取钱财，属赌博行为，构成犯罪的，应当以赌博罪定罪处罚。如果使用欺骗方法获取钱财，胜负并不取决于偶然的，不属于赌博，而是诈骗罪行为；如果该行为人的其他赌博行为已构成赌博罪，则应将赌博罪与诈骗罪实行并罚。

（2）参赌者识破骗局要求退还所输钱财，设赌者又使用暴力或者以暴力相威胁，拒绝退还的，应以赌博罪从重处罚；致参赌者伤害或者死亡的，应以赌博罪和故意伤害罪或者故意杀人罪，依法实行数罪并罚。

（二）开设赌场罪

【犯罪构成：开设赌场的行为 + 犯罪故意 + 以营利为目的 + 已满 16 周岁并具有责任能力的自然人】

1. 危害行为。即开设赌场。包括开设线下赌场与线上赌场，包括开设临时性赌场与长期性赌场，还包括我国公民在我国领域外周边地区开设赌场，以吸引我国公民为主要客源的情形。

（1）以营利为目的，通过邀请人员加入微信群的方式招揽赌客，根据竞猜游戏网站的开奖结果等方式进行赌博，设定赌博规则，利用微信群进行控制管理，在一段时间内持续组织网络赌博活动的，属于"开设赌场"。

（2）以营利为目的，通过邀请人员加入微信群，利用微信群进行控制管理，以抢红包方式进行赌博，在一段时间内持续组织赌博活动的行为，属于"开设赌场"。

2. 共犯行为

（1）明知他人利用赌博机开设赌场，具有下列情形之一的，以开设赌场罪的共犯论处：提供赌博机、资金、场地、技术支持、资金结算服务的；受雇参与赌场经营管理并分成的；为开设赌场者组织客源，收取回扣、手续费的；参与赌场管理并领取高额固定工资的；提供其他直接帮助的。

（2）对受雇佣为赌场从事接送参赌人员、望风看场、发牌坐庄、兑换筹码等活动的人员，除参与赌场利润分成或者领取高额固定工资的以外，一般不追究刑事责任，可由公安机关依法给予治安管理处罚。

3. 关联犯罪

通过赌博或者为国家工作人员赌博提供资金的形式实施行贿、受贿行为，构成犯罪的，依照刑法关于贿赂犯罪的规定定罪处罚。

练练手

1. 关于妨害公务罪，下列哪些说法是错误的？〔1〕

A. 在抢险救灾期间，使用暴力、威胁手段阻碍红十字会工作人员依法履行救助职责的，成立妨害公务罪

B. 走私淫秽物品过程中，使用暴力、威胁手段抗拒缉私的，成立走私淫秽物品罪与妨害公务罪，应当数罪并罚

C. 走私毒品过程中，使用暴力、威胁手段抗拒检查、拘留或者逮捕的，成立走私毒品罪与妨害公务罪，属于牵连犯

D. 组织他人偷越国（边）境，使用暴力手段抗拒检查，将检查人员打成重伤的，成立组织他人偷越国（边）境罪与故意伤害罪，属于想象竞合犯

2. 关于帮助信息网络犯罪活动罪，下列哪些说法是正确的？〔2〕

A. 甲明知赵某可能要实施网络诈骗行为，便主动为赵某提供互联网技术支持，但赵某最后没有实施网络诈骗犯罪的，甲不成立帮助信息网络犯罪活动罪

B. 乙明知钱某正在实施网络诈骗犯罪，便暗中为钱某提供互联网技术支持，钱某虽然实施了网络诈骗犯罪，但却对乙提供的技术不知情，也没有利用乙所提供的技术的，乙成立帮助信息网络犯罪活动罪未遂

C. 丙发现孙某私下传播淫秽物品牟利，遂在微信朋友圈内转发信息的，丙成立帮助信息网络犯罪活动罪

D. 丁误以为李某在互联网上组织他人卖淫，而为其提供了技术支持等帮助的，但李某实际上是利用信息网络实施诈骗犯罪的，丁成立帮助信息网络犯罪活动罪

3. 关于黑社会性质组织犯罪的认定问题，下列哪些说法是正确的？〔3〕

A. 黑社会性质组织是犯罪集团，具有犯罪集团的一般属性

B. 黑社会性质组织所从事的危害行为，既包括犯罪行为，又包括违法行为

C. 组织、领导、参加黑社会性质组织罪，既包括组织、领导、参加黑社会性质组织的行为，又包括在该黑社会性质组织统一策划、指挥下从事的其他犯罪行为

D. 具有国家工作人员的非法保护，是认定黑社会性质组织的必要条件

---

〔1〕 答案：CD。
〔2〕 答案：AD。
〔3〕 答案：AB。

第二节　妨害司法活动犯罪

一、伪证罪

第三百零五条	【伪证罪】在刑事诉讼中，证人、鉴定人、记录人、翻译人对与案件有重要关系的情节，故意作虚假证明、鉴定、记录、翻译，意图陷害他人或者隐匿罪证的，处三年以下有期徒刑或者拘役；情节严重的，处三年以上七年以下有期徒刑。

【犯罪构成：限于刑事诉讼＋主体为证人、鉴定人、记录人、翻译人＋对与案件有重要关系的情节作虚假证明、鉴定、记录、翻译的行为＋犯罪故意＋意图陷害他人或者隐匿罪证的目的＋已满16周岁并具有责任能力的自然人】

1. “在刑事诉讼中”，即伪证罪行为发生的时空环境，通常指立案侦查后、审判终结前，但根据案情，可适当提前（扩大解释）。如果在诉讼前作虚假告发，意图使他人受刑事追究的，成立诬告陷害罪。

2. 行为主体。“证人、鉴定人、记录人、翻译人”。其中“证人”包括被害人（在非亲告罪中，被害人否认法益侵害事实的，也可能成立伪证罪），还包括在排除非法证据和涉及自首、立功认定等场合的相关侦查人员、监管人员、检查人员。

3. 危害行为。对与案件有重要关系的情节，作虚假证明、鉴定、记录、翻译。

（1）“案件”指刑事案件。

（2）“重要关系”指足以对案件结论（实体与程序结论）有影响（如是否构成犯罪、犯罪的性质、罪行的轻重、量刑的轻重等）。

（3）“虚假证明”是指违反证人的记忆与实际体验且不符合客观事实的陈述。①如果违反证人的记忆与实际体验但符合客观事实，就不可能妨害司法活动，不成立伪证罪。②伪证行为包括作为与不作为（部分陈述，部分沉默，使整体虚假的，属于不作为的伪证罪）。③证人知道案件真相，但单纯保持沉默而不作任何陈述的，不成立伪证罪，因为“不作证”不等于“虚假证明”。

4. 伪证罪属于故意犯罪，还要求行为人存在意图陷害他人或者隐匿罪证的意图。犯罪嫌疑人、被告人教唆证人等为自己作伪证的，不认定为伪证罪的共犯，属于没有期待可能性的行为。

5. 罪数问题

（1）诬告陷害导致他人被立案侦查，然后在刑事诉讼中故意作虚假证明，意图陷害他人的，应当实行数罪并罚。例如，甲知道邻居张某因故意伤害罪被立案侦查后，主动向公安机关举报张某曾经抢劫自己1000元的事实，但事后证明该举报属于虚假事实。甲成立诬告陷害罪，不成立伪证罪。如果甲还对张某的故意伤害罪作伪证的，则以诬告陷害罪与伪证罪并罚。

（2）同一证人就同一事实在两次询问程序中做相反证明的，必然有一次构成伪证罪。如果先作伪证，但在整体陈述终了之前对前面的虚假证明进行订正的，不成立伪证罪。

二、妨害作证罪

第三百零七条	【妨害作证罪】以暴力、威胁、贿买等方法阻止证人作证或者指使他人作伪证的，处三年以下有期徒刑或者拘役；情节严重的，处三年以上七年以下有期徒刑。 【帮助毁灭、伪造证据罪】帮助当事人毁灭、伪造证据，情节严重的，处三年以下有期徒刑或者拘役。 司法工作人员犯前两款罪的，从重处罚。

【犯罪构成：以暴力、威胁、贿买等手段行为 + 阻止证人作证或者指使他人作伪证的目的行为 + 犯罪故意 + 已满 16 周岁并具有责任能力的自然人】

1. “以暴力、威胁、贿买等方法”。此为手段行为。按照同类解释规则，其他方法必须与暴力、威胁、贿买方法等质。

（1）犯罪嫌疑人、被告人采取一般的嘱托、请求、劝诱等方法阻止他人作证或者指使他人作伪证的，因缺乏期待可能性，不以妨害作证罪论处。如果犯罪嫌疑人、被告人采取暴力、威胁、贿买等方法阻止他人作证或者指使他人作伪证的，具有期待可能性，应认定为妨害作证罪。

（2）共犯人采取一般的请求、利诱方法阻止同案犯作供述或者指使同案犯作虚假供述的（如同案犯之间的串供行为），缺乏期待可能性，不成立犯罪。如果以暴力、威胁、贿买等方法阻止同案犯作供述，或者指使同案犯作虚假供述的，构成妨害作证罪。

2. “阻止证人作证或者指使他人作伪证”。此为目的行为。

（1）其中“证人”不限于狭义的证人，还包括被害人、鉴定人、翻译人。这里的“翻译人”限于对证人证言、被害人陈述的翻译等；否则，以暴力、威胁、贿买等方法阻止翻译人、记录人从事一般性翻译、记录的，不认定为妨害作证罪（不能妨害司法活动的客观公正性）。

（2）其中“他人”范围非常广泛，包括狭义的证人、被害人、鉴定人、翻译人以及不知道案件真相的人。

（3）犯罪形态。行为人以暴力、威胁、贿买等方法阻止证人作证或者指使他人作伪证，但证人依然作证、他人未作伪证的，成立妨害作证罪未遂。行为人客观上阻止了证人作证或者使他人作出了伪证，才成立妨害作证罪既遂。

3. 罪数问题。妨害作证的行为同时构成妨害作证罪、行贿罪、徇私枉法罪、暴力取证罪或者伪证罪的教唆犯的，属于想象竞合犯，从一重罪论处。

三、帮助毁灭、伪造证据罪

【犯罪构成：帮助其他当事人毁灭、伪造证据的行为 + 情节严重 + 犯罪故意 + 已满 16 周岁并具有责任能力的自然人】

1．“证据”。仅限于他人的刑事诉讼证据。

（1）包括证据与证据资料，而不限于狭义的、已经查证属实的、作为定案根据的证据（扩大解释）。

（2）隐匿证人与被害人的，或者迫使证人、被害人改变证言的，成立妨害作证罪。

（3）当事人为自己毁灭、伪造证据的，不成立帮助毁灭、伪造证据罪。当事人教唆第三者为自己（当事人）毁灭、伪造证据的，第三者接受教唆实施了毁灭、伪造证据行为的，成立帮助毁灭、伪造证据罪；当事人教唆他人为自己毁灭、伪造证据的，不成立犯罪。

2．“帮助”。属于实行行为，不同于共犯中的帮助行为。下列行为都属于帮助毁灭、伪造证据的正犯行为：

（1）行为人单独为当事人毁灭、伪造证据的；

（2）行为人与当事人共同毁灭、伪造证据的；

（3）行为人为当事人毁灭、伪造证据提供各种便利条件的；

（4）行为人唆使当事人毁灭、伪造证据的。

3．“毁灭、伪造证据，情节严重”。其中“毁灭”证据，是指妨碍证据显现、使证据的价值减少、消失的一切行为。隐匿证据属于毁灭证据。其中“伪造”证据，是指制作出不真实的证据；变造证据属于伪造证据。

注意

（1）帮助当事人毁灭、伪造证据的行为，既可以发生在诉讼过程中，也可以发生在诉讼活动开始之前。（2）刑事案件中，帮助毁灭、伪造证据罪的成立，不以当事人的行为构成犯罪为前提，但要求当事人的行为具有犯罪的嫌疑。

4．被害人承诺无效。刑事诉讼中，即使经过犯罪嫌疑人同意，帮助其毁灭无罪证据或者伪造不利于犯罪嫌疑人的证据，也妨害了刑事司法的客观公正性，成立帮助毁灭证据罪。

5．罪过形式为故意，不要求行为人具有使当事人逃避或减轻法律责任的目的。在帮助当事人伪造证据的场合，行为人必须具有使用证据的意思，即具有将证据交付当事人或者司法机关，使伪造的证据在诉讼中发挥作用的意思。

四、虚假诉讼罪

第三百零七条之一	【虚假诉讼罪】以捏造的事实提起民事诉讼，妨害司法秩序或者严重侵害他人合法权益的，处三年以下有期徒刑、拘役或者管制，并处或者单处罚金；情节严重的，处三年以上七年以下有期徒刑，并处罚金。 单位犯前款罪的，对单位判处罚金，并对其直接负责的主管人员和其他直接责任人员，依照前款的规定处罚。 有第一款行为，非法占有他人财产或者逃避合法债务，又构成其他犯罪的，依照处罚较重的规定定罪从重处罚。 司法工作人员利用职权，与他人共同实施前三款行为的，从重处罚；同时构成其他犯罪的，依照处罚较重的规定定罪从重处罚。

【犯罪构成：以捏造的事实提起民事诉讼的行为＋妨害司法秩序或者严重侵害他人合法权益＋犯罪故意＋已满16周岁并具有责任能力的自然人或者单位】

1. 危害行为：“以捏造的事实提起民事诉讼”。在刑事自诉、行政诉讼中以捏造的事实向法院提起虚假刑事自诉或者行政诉讼的，不成立本罪。但在附带民事诉讼中实施本罪行为，成立本罪。

2. 故意犯罪。如果行为人误以为自己享有债权等利益而提起民事诉讼的，不成立虚假诉讼罪。

3. 想象竞合犯

实施虚假诉讼行为，非法占有他人财产或者逃避合法债务，又构成诈骗罪，职务侵占罪，拒不执行判决、裁定罪，贪污罪等犯罪的，依照处罚较重的规定定罪从重处罚。

（1）行为人通过伪造证据等方法提起民事诉讼欺骗法官，导致法官作出错误判处，使得他人交付财物或者处分财产，行为人非法占有他人财产或者逃避合法债务的，属于三角诈骗，成立诈骗罪，与虚假诉讼罪属于想象竞合犯。

（2）行为人没有提起民事诉讼，而是作为民事被告提供虚假证据欺骗法官，导致法官作出错误判决，进而非法占有他人财产或者逃避合法债务的，仅成立诈骗罪。

（3）司法工作人员利用职权，与他人共同实施《刑法》第307条之一前三款行为的，从重处罚；同时构成滥用职权罪，民事枉法裁判罪，执行判决、裁定滥用职权罪等犯罪的，依照处罚较重的规定定罪从重处罚。

注意

行为人提起虚假民事诉讼，法官没有受骗却作出枉法裁判的，导致被害人遭受财产损失的，法官成立民事枉法裁判罪与盗窃罪（或者敲诈勒索罪）的想象竞合犯，从一重罪处罚。如果行为人与法官不存在勾结的，则行为人成立虚假诉讼罪与盗窃罪的想象竞合犯，从一重罪处罚；如果行为人与法官存在勾结的，则行为人成立虚假诉讼罪、盗窃罪与民事枉法裁判罪共犯的想象竞合犯，从一重罪论处。

五、窝藏、包庇罪

第三百一十条	【窝藏、包庇罪】明知是犯罪的人而为其提供隐藏处所、财物，帮助其逃匿或者作假证明包庇的，处三年以下有期徒刑、拘役或者管制；情节严重的，处三年以上十年以下有期徒刑。 犯前款罪，事前通谋的，以共同犯罪论处。

【犯罪构成：对象为犯罪的人＋窝藏、包庇行为＋犯罪故意＋已满16周岁并具有责任能力的自然人】

窝藏、包庇罪属于选择性罪名，属于抽象的危险犯。

1. 行为对象。“犯罪的人”。认定窝藏、包庇罪，以被窝藏、包庇的人的行为构成犯罪为前提。被窝藏、包庇的人实施的犯罪事实清楚，证据确实、充分，但尚未到案、尚未依法裁判或者因不具有刑事责任能力依法未予追究刑事责任的，不影响窝藏、包庇罪的认定。但是，被窝藏、包庇的人归案后被宣告无罪的，应当依照法定程序宣告窝藏、包庇行为人无罪。

注意

（1）包庇走私、贩卖、运输、制造毒品的犯罪分子的，成立包庇毒品犯罪分子罪（特殊法条）。（2）国家机关工作人员包庇黑社会性质的组织或者成员的，成立包庇黑社会性质组织罪。（3）有查禁犯罪活动职责的国家机关工作人员，向犯罪分子通风报信、提供便利，帮助犯罪分子逃避处罚的，成立帮助犯罪分子逃避处罚罪。

2. 危害行为。

（1）窝藏行为。“为其提供隐藏处所、财物，助其逃匿”。窝藏行为的本质是妨害公安、司法机关发现犯罪的人，或者说使公安、司法机关不能或者难以发现犯罪的人。

①其中“帮助”不是共犯意义上的帮助，而是本罪的实行行为。因此，即使犯罪人没有打算逃匿，也没有逃匿行为，但行为人使犯罪人昏迷后将其送至外地的，或者劝诱、迫使犯罪人逃匿的，也属于“帮助其逃匿”。

②其中“帮助其逃匿”应限于直接使犯罪人的逃匿更为容易的行为，而非任何帮助行为。

以下行为属于窝藏行为：为犯罪的人提供房屋或者其他可以用于隐藏的处所的；为犯罪的人提供车辆、船只、航空器等交通工具，或者提供手机等通信工具的；为犯罪的人提供金钱的；其他为犯罪的人提供隐藏处所、财物，帮助其逃匿的情形。

以下行为不属于窝藏行为：受已经逃匿于外地的犯罪人之托，向犯罪人妻子提供金钱，使犯罪人安心逃匿的；明知犯罪人逃匿，而向其提供管制刀具的；犯罪人意欲自首而行为人劝诱其不自首的；配偶等单纯陪同犯罪人潜逃并在外地共同生活的。

③保证人在犯罪的人取保候审期间，协助其逃匿，或者明知犯罪的人的藏匿地点、联系方式，但拒绝向司法机关提供的，对保证人以窝藏罪定罪处罚。

（2）包庇行为。“作假证明包庇的”。包庇行为是指为帮助犯罪人逃避刑事追究，或者帮助其获得从宽处罚，向公安、司法机关提供虚假证明掩盖犯罪的行为。

①“作假证明”意味着只能以作为方式实施，即包庇行为不可能以不作为方式实施。故单纯的知情不举行为，或者知道犯罪事实，在公安、司法机关调查取证时，单纯不提供证言的，都不构成窝藏、包庇罪。

②常见的包庇行为包括：故意顶替犯罪的人欺骗司法机关的；故意向司法机关作虚假陈述或者提供虚假证明，以证明犯罪的人没有实施犯罪行为，或者犯罪的人所实施行为不构成犯罪的；故意向司法机关提供虚假证明，以证明犯罪的人具有法定从轻、减轻、免除处罚情节的；其他作假证明包庇的行为。

3. 罪过形式为故意。

（1）在开始实施窝藏、包庇行为时明知是犯罪人的，成立本罪；在开始实施窝藏、包庇行为时不明知是犯罪人，但发现对方是犯罪人后仍然继续实施窝藏、包庇行为的，成立本罪。行为人将犯罪的人所犯之罪误认为其他犯罪的，不影响“明知”的认定。

（2）犯罪的人自己窝藏、逃匿的，缺乏期待可能性，不成立本罪。犯罪的人教唆他人对自己实施窝藏、包庇的，不成立本罪，但他人成立窝藏、包庇罪。共同犯罪人之间互相实施的窝藏、包庇行为，不成立窝藏、包庇罪，但对共同犯罪以外的犯罪人实施窝藏、包庇行为的，以所犯共同犯罪和窝藏、包庇罪并罚。

4. 实施窝藏、包庇行为，事前通谋的，以共同犯罪论处。在这种情况下，即使共同犯罪所犯之罪的法定刑低于窝藏、包庇罪的法定刑，也应以共同犯罪论处。

5. 法律拟制。旅馆业、饮食服务业、文化娱乐业、出租汽车业等单位的人员，在公安机关查处卖淫、嫖娼活动时，为违法犯罪分子通风报信，情节严重的，成立窝藏、包庇罪。该规定属于法律拟制。但对于公安机关查处其他不构成犯罪的行为时，为被查处者通风报信的，不成立本罪。

6. 罪数。（1）为帮助同一个犯罪的人逃避刑事处罚，实施窝藏、包庇行为，又实施洗钱行为，或者掩饰、隐瞒犯罪所得及其收益行为，或者帮助毁灭证据行为，或者伪证行为的，依照处罚较重的犯罪定罪，并从重处罚，不实行数罪并罚。（2）同一行为成立包庇罪和伪证罪的，属于狭义的包括的一罪，从一重罪论处。

六、掩饰、隐瞒犯罪所得、犯罪所得收益罪

第三百一十二条[1]	【掩饰、隐瞒犯罪所得、犯罪所得收益罪】明知是犯罪所得及其产生的收益而予以窝藏、转移、收购、代为销售或者以其他方法掩饰、隐瞒的，处三年以下有期徒刑、拘役或者管制，并处或者单处罚金；情节严重的，处三年以上七年以下有期徒刑，并处罚金。 单位犯前款罪的，对单位判处罚金，并对其直接负责的主管人员和其他直接责任人员，依照前款的规定处罚。

【犯罪构成：对象为犯罪所得、犯罪所得收益 + 掩饰、隐瞒的行为 + 犯罪故意 + 已满16周岁并具有责任能力的自然人或者单位】

掩饰、隐瞒犯罪所得、犯罪所得收益罪是选择性罪名。

1. 行为对象。即犯罪所得及其产生的收益。其中"犯罪所得"，是指通过犯罪直接得到的赃款、赃物（犯罪所得的赃物，狭义的赃物）；"产生的收益"，是指利用犯罪所得的赃物获得的利益（广义的赃物），包括上游犯罪的行为人对犯罪所得进行处理后得到的孳息、租金等。犯罪工具，被拐卖的妇女、儿童，非法获取的公民个人信息，不属于"犯罪所得"；明知是伪造的货币、走私的毒品、盗窃的枪支而持有的，优先认定为持有假币罪，掩饰、隐瞒、窝藏毒品罪，非法持有枪支罪。

（1）其中"犯罪"，是指已经既遂或者虽然未遂但已经终结的犯罪；如果行为人在本犯犯罪行为持续过程中故意参与的，成立共同犯罪。

例如，得知乙受委托占有丙的财物，乙与甲共谋将该财物出卖给他人的，乙与甲构

---

〔1〕 本条第1款为2006年6月29日全国人大常委会《刑法修正案（六）》第19条所修正。1997年《刑法》原款条文为："明知是犯罪所得的赃物而予以窝藏、转移、收购或者代为销售的，处三年以下有期徒刑、拘役或者管制，并处或者单处罚金。"本条第2款为2009年2月28日全国人大常委会《刑法修正案（七）》第10条所增设。

成侵占罪的共犯。再如，甲不法处分自己占有的他人财物，乙在明知的情况下而购买的，甲、乙不成立共犯，乙可能成立掩饰、隐瞒犯罪所得、犯罪所得收益罪。

（2）认定掩饰、隐瞒犯罪所得、犯罪所得收益罪，以上游犯罪事实成立为前提：①上游犯罪尚未依法裁判，但查证属实的，或者②上游犯罪事实经查证属实，但因行为人未达到刑事责任年龄等原因依法不予追究刑事责任的，或者③上游犯罪的本犯死亡的，或者④针对他人掩饰、隐瞒的犯罪所得及其收益的，均可以成立掩饰、隐瞒犯罪所得、犯罪所得收益罪。

（3）掩饰、隐瞒犯罪所得及其产生的收益的数额，应当以实施掩饰、隐瞒行为时为准。收购或者代为销售财物的价格高于其实际价值的，以收购或者代为销售的价格计算。

2. 危害行为。采用任何方法，使司法机关难以发现赃物或者难以分辨赃物性质的行为。

（1）“窝藏、转移”行为，必须基于本犯的意思，故对犯罪所得及其产生的收益实施盗窃、抢劫、诈骗、抢夺等行为，构成犯罪的，分别以盗窃罪、抢劫罪、诈骗罪、抢夺罪等定罪处罚。

（2）“代为销售”，包括在本犯与购买人之间斡旋的行为，以及主观上不是为了本犯的被害人的利益而将赃物出卖给本犯的被害人的行为。

（3）行为人帮助本犯实施掩饰、隐瞒犯罪所得及其产生的收益的，本犯不成立犯罪，行为人成立赃物罪的共犯，即本罪的从犯。

（4）没有妨碍司法的行为，不能认定为掩饰、隐瞒的行为。例如，明知是他人盗窃的原油，而为其进行质量鉴定的行为，或者明知是他人受贿所得房屋，而为其装修的，不属于掩饰、隐瞒的行为。

3. 行为主体。本犯（原犯罪的正犯、教唆犯与帮助犯）实施赃物犯罪行为的，具有违法性，但不具有期待可能性，不成立本罪。行为人将替本犯窝藏的赃物据为己有的，成立赃物犯罪，不另成立侵占罪；但诈骗他人犯罪所得赃物的，成立诈骗罪。

4. 罪过形式为故意。法条中的“明知”是对犯罪故意的强调，包括明知肯定是赃物与明知可能是赃物。

（1）行为人不知是赃物而保管的，不成立犯罪；但知道真相后继续保管的，成立本罪。

（2）事前与盗窃、抢劫、诈骗、抢夺等犯罪分子通谋，掩饰、隐瞒犯罪所得及其产生的收益的，以盗窃、抢劫、诈骗、抢夺等犯罪的共犯论处。

5. 掩饰、隐瞒犯罪所得、犯罪所得收益，同时构成其他犯罪的，依照处罚较重的规定定罪处罚。例如，代为销售他人盗窃的文物，成立掩饰、隐瞒犯罪所得罪与倒卖文物罪的想象竞合犯。再如，洗钱罪是对特定上游犯罪所得及其收益掩饰、隐瞒其来源和性质的行为，而掩饰、隐瞒犯罪所得、犯罪所得收益罪是对犯罪所得及其产生的收益本身的掩饰与隐瞒。在一个行为同时触犯本罪与洗钱罪的情况下，属于想象竞合犯，应以重罪洗钱罪论处。

6. 隐瞒真相而出售赃物的行为，对善意购买者是否成立诈骗罪？根据是否承认赃物的善意取得，出售赃物等行为会得出不同结论。（1）学说一。否认赃物的善意取得，即所有权人有权追回赃物。在这种情形，善意购买赃物者存在损失，行为人成立诈骗罪。（2）学说二。承认赃物的善意取得，即不追缴善意取得的赃物。在这种情形，善意购买者不存在财产损失，行为人不可能成立诈骗罪。

七、拒不执行判决、裁定罪

第三百一十三条[1]	【拒不执行判决、裁定罪】对人民法院的判决、裁定有能力执行而拒不执行，情节严重的，处三年以下有期徒刑、拘役或者罚金；情节特别严重的，处三年以上七年以下有期徒刑，并处罚金。 单位犯前款罪的，对单位判处罚金，并对其直接负责的主管人员和其他直接责任人员，依照前款的规定处罚。

【犯罪构成：主体负有应当执行人民法院判决、裁定的义务+能执行而不执行的行为+情节严重+犯罪故意+已满16周岁并具有责任能力的自然人或者单位】

1. 行为主体。包括自然人和单位。被执行人、协助执行义务人、担保人等负有执行义务的人对人民法院的判决、裁定有能力执行而拒不执行，情节严重的，以拒不执行判决、裁定罪处罚。

2. 人民法院的判决、裁定。即人民法院依法作出的具有执行内容并已发生法律效力的判决、裁定，包括人民法院为依法执行支付令、生效的调解书、仲裁裁决、公证债权文书等所作的裁定。注意：这里的“判决、裁定”，不包括人民法院的调解书。

3. 危害行为。有能力执行而拒不执行判决、裁定，属于纯正不作为犯。其时间从判决、裁定发生法律效力时起算。

4. 想象竞合。暴力抗拒人民法院执行判决、裁定，杀害、重伤执行人员的，同时触犯妨害公务罪、故意伤害罪、故意杀人罪的，属于想象竞合犯，从一重罪论处。

八、非法处置查封、扣押、冻结的财产罪

第三百一十四条	【非法处置查封、扣押、冻结的财产罪】隐藏、转移、变卖、故意毁损已被司法机关查封、扣押、冻结的财产，情节严重的，处三年以下有期徒刑、拘役或者罚金。

【犯罪构成：隐藏、转移、变卖、故意毁损的行为+对象为已被司法机关查封、扣押、冻结的财产+情节严重+犯罪故意+已满16周岁并具有责任能力的自然人】

想象竞合。行为人（包括财产的原所有人）以非法占有为目的，非法处置已被查封、扣押或者冻结的财产，或者故意毁坏该财产的，同时符合本罪与侵犯财产罪的犯罪构成的，属于想象竞合犯，从一重罪论处。

---

〔1〕本条为2015年8月29日全国人大常委会《刑法修正案（九）》第39条所修正，增加了加重法定刑和单位犯罪；原法条为：“对人民法院的判决、裁定有能力执行而拒不执行，情节严重的，处三年以下有期徒刑、拘役或者罚金。”

九、破坏监管秩序罪

第三百一十五条	【破坏监管秩序罪】依法被关押的罪犯，有下列破坏监管秩序行为之一，情节严重的，处三年以下有期徒刑： （一）殴打监管人员的； （二）组织其他被监管人破坏监管秩序的； （三）聚众闹事，扰乱正常监管秩序的； （四）殴打、体罚或者指使他人殴打、体罚其他被监管人的。

【犯罪构成：主体为依法被关押的罪犯 + 破坏监管秩序的行为 + 情节严重 + 犯罪故意 + 已满 16 周岁并具有责任能力的自然人】

1. 行为主体。“依法被关押的罪犯”，即依法被关押的已决犯，不包括依法被关押的被告人、犯罪嫌疑人。

2. 破坏监管秩序的行为，同时构成其他犯罪的（如故意伤害罪），则属于本罪与其他犯罪（如故意伤害罪）的想象竞合犯，从一重罪处罚。

十、脱逃罪

第三百一十六条第一款	【脱逃罪】依法被关押的罪犯、被告人、犯罪嫌疑人脱逃的，处五年以下有期徒刑或者拘役。

【犯罪构成：主体为依法被关押的罪犯、被告人、犯罪嫌疑人 + 脱逃行为 + 犯罪故意 + 已满 16 周岁并具有责任能力的自然人】

1. 行为主体。本罪属于真正的身份犯，主体包括依法被关押的罪犯（已决犯）、被告人与犯罪嫌疑人（未决犯），不同于破坏监管秩序罪的主体（仅限于已决犯）。未被关押的人可以成立本罪的共犯（教唆犯或者帮助犯）。

注意

确实无罪的人单纯脱逃的，不成立脱逃罪（成立紧急避险或者缺乏期待可能性）；确实无罪的人采用暴力等方法脱逃构成犯罪的，也应从轻处罚（期待可能性降低）。

2. 危害行为。“脱逃”，即逃离关押场所，包括作为与不作为方式。行为人摆脱了监管机关与监管人员的实力支配（控制）时，属于脱逃既遂。行为人逃出关押场所后，尚明显处于被监管人员追捕的过程中，属于脱逃未遂。

例如，被关押的犯罪嫌疑人甲、乙共谋脱逃，甲成功脱逃，乙被抓回的，甲、乙成立共犯，均属于犯罪既遂。

3. 罪过形式为故意，且出于逃避监管机关的监管的目的。但不要求永久性或长期性逃避监管的目的，出于一时性逃避劳动改造的目的而脱逃的，也成立本罪。

练练手

1. 关于妨害司法活动的犯罪，下列哪些说法是正确的？[1]

A. 甲诬告陷害赵某犯强奸罪，并在诉讼过程中作虚假证明，意图陷害赵某的，甲成立诬告陷害罪与伪证罪，应当数罪并罚

B. 乙在刑事诉讼过程中作证，起先作了虚假证明，但在整体的陈述终了之前对前面的虚假证明进行修正的，成立伪证罪

C. 丙（国家工作人员）利用职务之便伪造民事证据提起民事诉讼，将公共财物非法据为己有的，丙成立虚假诉讼罪和贪污罪的想象竞合犯

D. 丁作为民事被告，在诉讼中提供虚假证据欺骗法官，导致法官作出错误判决，进而逃避他人合法债务的，丁成立虚假诉讼罪与诈骗罪的想象竞合犯

2. 关于窝藏、包庇罪的说法，下列哪一选项是正确的？[2]

A. 甲因窝藏被警方通缉的赵某而被定罪量刑，但事后证明赵某不成立犯罪的，甲的窝藏罪判决依然有效

B. 乙为取保候审的犯罪嫌疑人钱某的保证人，明知钱某逃匿后的藏匿地点而拒绝向司法机关提供的，乙成立包庇罪

C. 丙明知18周岁的孙某涉嫌抢劫罪，而向司法机关证明孙某仅有16周岁的，丙成立包庇罪

D. 丁与李某共同杀害他人后主动投案，声称自己独自杀人的，丁成立包庇罪

第三节　妨害国（边）境管理罪与妨害文物管理罪

一、组织他人偷越国（边）境罪

第三百一十八条	【组织他人偷越国（边）境罪】组织他人偷越国（边）境的，处二年以上七年以下有期徒刑，并处罚金；有下列情形之一的，处七年以上有期徒刑或者无期徒刑，并处罚金或者没收财产： （一）组织他人偷越国（边）境集团的首要分子； （二）多次组织他人偷越国（边）境或者组织他人偷越国（边）境人数众多的； （三）造成被组织人重伤、死亡的； （四）剥夺或者限制被组织人人身自由的； （五）以暴力、威胁方法抗拒检查的； （六）违法所得数额巨大的； （七）有其他特别严重情节的。 犯前款罪，对被组织人有杀害、伤害、强奸、拐卖等犯罪行为，或者对检查人员有杀害、伤害等犯罪行为的，依照数罪并罚的规定处罚。

[1] 答案：AC。
[2] 答案：C。

【犯罪构成：组织他人偷越国（边）境的行为＋犯罪故意＋已满16周岁并具有责任能力的自然人】

1. 组织行为

（1）领导、策划、指挥他人偷越国（边）境或者在首要分子指挥下，实施拉拢、引诱、介绍他人偷越国（边）境等行为。

（2）组织他人通过虚构事实、隐瞒真相等方式掩盖非法出入境目的，骗取出入境边防检查机关核准出入境的，或者组织依法限定在我国边境地区停留、活动的人员，违反国（边）境管理法规，非法进入我国非边境地区的。

注意

既组织又运送的，如果被运送者与被组织者具有同一性，则成立组织他人偷越国（边）境罪；否则，应当数罪并罚。被组织者非法出境或者入境是本罪的既遂标志。以组织他人偷越国（边）境为目的，招募、拉拢、引诱、介绍、培训偷越国（边）境人员，策划、安排偷越国（边）境行为，在他人偷越国（边）境之前或者偷越国（边）境过程中被查获的，以组织他人偷越国（边）境罪（未遂）论处。

2. 加重情节

（1）“造成被组织人重伤、死亡的”，指组织偷越国（边）境的行为过失导致被组织人重伤、死亡。

（2）“剥夺或者限制被组织人人身自由的”，指剥夺和限制被组织人人身自由的情形，包括被组织人愿意被剥夺自由的情形。

（3）“以暴力、威胁方法抗拒检查的”，即单纯以暴力、威胁方法抗拒检查的情形。对此，不再认定为妨害公务罪。

3. 数罪并罚。在组织他人偷越国（边）境过程中，对被组织人有故意杀害、故意伤害、强奸、拐卖等犯罪行为，或者对检查人员有故意杀害、故意伤害等犯罪行为的，依照数罪并罚的规定处罚。

二、运送他人偷越国（边）境罪

第三百二十一条	【运送他人偷越国（边）境罪】运送他人偷越国（边）境的，处五年以下有期徒刑、拘役或者管制，并处罚金；有下列情形之一的，处五年以上十年以下有期徒刑，并处罚金： （一）多次实施运送行为或者运送人数众多的； （二）所使用的船只、车辆等交通工具不具备必要的安全条件，足以造成严重后果的； （三）违法所得数额巨大的； （四）有其他特别严重情节的。 在运送他人偷越国（边）境中造成被运送人重伤、死亡，或者以暴力、威胁方法抗拒检查的，处七年以上有期徒刑，并处罚金。 犯前两款罪，对被运送人有杀害、伤害、强奸、拐卖等犯罪行为，或者对检查人员有杀害、伤害等犯罪行为的，依照数罪并罚的规定处罚。

【犯罪构成：运送他人偷越国（边）境的行为＋犯罪故意＋已满16周岁并具有责任能力的自然人】

1. 加重情节。在运送他人偷越国（边）境中过失造成被运送人重伤、死亡，或者以暴力、威胁方法抗拒检查的，不再认定为过失致人重伤罪、过失致人死亡罪、妨害公务罪，而是按照本罪的加重情节论处。

2. 数罪并罚。在运送他人偷越国（边）境过程中，对被运送人实施故意杀害、伤害、强奸、拐卖等犯罪行为，或者对检查人员实施故意杀害、伤害等犯罪行为的，应当数罪并罚。

三、偷越国（边）境罪

第三百二十二条[1]	【偷越国（边）境罪】违反国（边）境管理法规，偷越国（边）境，情节严重的，处一年以下有期徒刑、拘役或者管制，并处罚金；为参加恐怖活动组织、接受恐怖活动培训或者实施恐怖活动，偷越国（边）境的，处一年以上三年以下有期徒刑，并处罚金。

【犯罪构成：偷越国（边）境的行为＋情节严重＋犯罪故意＋已满16周岁并具有责任能力的自然人】

1. 偷越行为

（1）没有出入境证件出入国（边）境或者逃避接受边防检查的；

（2）使用伪造、变造、无效的出入境证件出入国（边）境的；

（3）使用他人出入境证件出入国（边）境的；

（4）使用以虚假的出入境事由、隐瞒真实身份、冒用他人身份证件等方式骗取的出入境证件出入国（边）境的；

（5）采用其他方式非法出入国（边）境的。

2. 加重情节。为参加恐怖活动组织、接受恐怖活动培训或者实施恐怖活动，偷越国（边）境的，属于加重情节。其中“为参加恐怖活动组织、接受恐怖活动培训或者实施恐怖活动”是对主观目的的描述。如果偷越国（边）境后实施了其他犯罪的，应当数罪并罚。

3. 想象竞合。如果由于实施其他犯罪行为而偷越国（边）境的，属于想象竞合犯，从一重罪论处。例如，走私犯罪人偷越国（边）境的，按走私犯罪与偷越国（边）境罪想象竞合处理，以重罪走私犯罪论处。

---

〔1〕本条为2015年8月29日全国人大常委会《刑法修正案（九）》第40条所修正，增加了“为参加恐怖活动组织、接受恐怖活动培训或者实施恐怖活动，偷越国（边）境的”的规定；原法条为：“违反国（边）境管理法规，偷越国（边）境，情节严重的，处一年以下有期徒刑、拘役或者管制，并处罚金。”

四、故意损毁文物罪

第三百二十四条第一款	【故意损毁文物罪】故意损毁国家保护的珍贵文物或者被确定为全国重点文物保护单位、省级文物保护单位的文物的，处三年以下有期徒刑或者拘役，并处或者单处罚金；情节严重的，处三年以上十年以下有期徒刑，并处罚金。

【犯罪构成：损毁行为＋对象为特定文物＋犯罪故意＋已满16周岁并具有责任能力的自然人】

五、倒卖文物罪

第三百二十六条	【倒卖文物罪】以牟利为目的，倒卖国家禁止经营的文物，情节严重的，处五年以下有期徒刑或者拘役，并处罚金；情节特别严重的，处五年以上十年以下有期徒刑，并处罚金。 单位犯前款罪的，对单位判处罚金，并对其直接负责的主管人员和其他直接责任人员，依照前款的规定处罚。

【犯罪构成：倒卖行为＋对象为国家禁止经营的文物＋情节严重＋犯罪故意＋以牟利为目的＋已满16周岁并具有责任能力的自然人或者单位】

1. “倒卖”，是指出售或者为出售而收购、运输、储存《文物保护法》规定的“国家禁止买卖的文物”。

2. 盗窃珍贵文物后出售的，属于“倒卖”文物，成立盗窃罪与倒卖文物罪，应当数罪并罚。

六、盗掘古文化遗址、古墓葬罪

第三百二十八条[1]第一款	【盗掘古文化遗址、古墓葬罪】盗掘具有历史、艺术、科学价值的古文化遗址、古墓葬的，处三年以上十年以下有期徒刑，并处罚金；情节较轻的，处三年以下有期徒刑、拘役或者管制，并处罚金；有下列情形之一的，处十年以上有期徒刑或者无期徒刑，并处罚金或者没收财产： （一）盗掘确定为全国重点文物保护单位和省级文物保护单位的古文化遗址、古墓葬的； （二）盗掘古文化遗址、古墓葬集团的首要分子； （三）多次盗掘古文化遗址、古墓葬的； （四）盗掘古文化遗址、古墓葬，并盗窃珍贵文物或者造成珍贵文物严重破坏的。

〔1〕本条为2011年2月25日全国人大常委会《刑法修正案（八）》第45条所修正。废除本条的死刑是本次修正的引人注目之处。

【犯罪构成：盗掘行为 + 对象为古文化遗址、古墓葬 + 犯罪故意 + 已满 16 周岁并具有责任能力的自然人】

1. “盗掘”包括盗窃与损毁。实施盗掘行为，已损害古文化遗址、古墓葬的历史、艺术、科学价值的，应当认定为盗掘古文化遗址、古墓葬罪既遂。公开盗掘的，也属于“盗掘”。

2. “盗掘古文化遗址、古墓葬，并盗窃珍贵文物或者造成珍贵文物严重破坏的”，属于加重情节。

（1）盗掘古文化遗址、古墓葬后，盗窃其中的珍贵文物的，成立盗掘古文化遗址、古墓葬罪（加重情节），不再成立盗窃罪。

（2）在盗掘古文化遗址、古墓葬的过程中，故意或者过失造成古文化遗址、古墓葬中的珍贵文物等毁坏的，成立盗掘古文化遗址、古墓葬罪（加重情节），不再成立故意或者过失毁损文物罪；但在盗掘古文化遗址、古墓葬后，故意毁坏古文化遗址、古墓葬中的珍贵文物或者名胜古迹的，则应实行数罪并罚。

七、抢夺、窃取国有档案罪

第三百二十九条	【抢夺、窃取国有档案罪】抢夺、窃取国家所有的档案的，处五年以下有期徒刑或者拘役。 【擅自出卖、转让国有档案罪】违反档案法的规定，擅自出卖、转让国家所有的档案，情节严重的，处三年以下有期徒刑或者拘役。 有前两款行为，同时又构成本法规定的其他犯罪的，依照处罚较重的规定定罪处罚。

【犯罪构成：抢夺、窃取行为 + 对象为国有档案 + 犯罪故意 + 已满 16 周岁并具有责任能力的自然人】

1. 由于抢劫行为符合抢夺、窃取的要件，故抢劫国有档案的，也应认定为本罪（当然解释）；如果所抢劫的档案属于财物，则是本罪与抢劫罪的想象竞合犯，从一重罪论处。

2. 犯本罪又构成刑法规定的其他犯罪的，属于想象竞合犯，从一重罪论处。例如，盗窃属于国家秘密的国家档案的，触犯了窃取国有档案罪与非法获取国家秘密罪，应从一重罪论处。

练练手

关于妨碍国（边）境管理犯罪，下列哪些说法是正确的？[1]

A. 甲为参加恐怖活动组织偷越国（边）境，之后顺利参加了恐怖组织的，成立偷越国（边）境罪与参加恐怖组织罪，应当并罚

B. 甲拐卖妇女李某卖往境外，甲在组织其偷越国（边）境过程中强奸了李某的，甲

[1] 答案：AD。

成立拐卖妇女罪、组织他人偷越国（边）境罪与强奸罪，应当数罪并罚

C. 甲在运送他人偷越国（边）境时，暴力抗拒检查，将检查人员打成重伤的，成立运送他人偷越国（边）境罪与故意伤害罪，属于牵连犯

D. 甲驾驶汽车偷越国（边）境走私汽车出境的，成立走私普通货物、物品罪与偷越国（边）境罪，属于想象竞合犯

第四节 危害公共卫生罪与破坏环境资源保护罪

一、医疗事故罪

第三百三十五条	【医疗事故罪】医务人员由于严重不负责任，造成就诊人死亡或者严重损害就诊人身体健康的，处三年以下有期徒刑或者拘役。

【犯罪构成：主体为医务人员＋医疗过程中严重不负责任的行为＋造成就诊人死亡或者严重损害就诊人身体健康的结果＋犯罪过失＋已满16周岁并具有责任能力的自然人】

二、非法行医罪

第三百三十六条第一款	【非法行医罪】未取得医生执业资格的人非法行医，情节严重的，处三年以下有期徒刑、拘役或者管制，并处或者单处罚金；严重损害就诊人身体健康的，处三年以上十年以下有期徒刑，并处罚金；造成就诊人死亡的，处十年以上有期徒刑，并处罚金。

【犯罪构成：主体为未取得医生执业资格的人＋非法行医的行为＋情节严重＋犯罪故意＋已满16周岁并具有责任能力的自然人】

1. 行为主体。即“未取得医生执业资格的人”。本罪属于消极的身份犯。具有医生执业资格的人，教唆或者帮助没有取得医生执业资格的人非法行医的，成立非法行医罪的共犯。

具有下列情形之一的，属于“未取得医生执业资格的人非法行医”：

（1）未取得或者以非法手段取得医师资格从事医疗活动的人。

（2）被依法吊销医师执业证书期间从事医疗活动的人。

（3）未取得乡村医生执业证书，从事乡村医疗活动的人。

（4）家庭接生员实施家庭接生以外的医疗行为的人。

（5）被辞退或者离退休的医生，其执业证书自动失效。

2. 危害行为。即“非法行医”，是指非法从事诊断、治疗、医务护理工作，属于典型的职业犯。不具有医生执业资格的人，没有反复、继续实施的意思，偶尔为特定人医治疾病的，不成立非法行医罪。

（1）实施非法行医犯罪，同时构成生产、销售、提供假药罪，生产、销售、提供劣药罪，诈骗罪等其他犯罪的，属于想象竞合犯，依照刑法处罚较重的规定定罪处罚。

（2）被害人承诺无效。被害人（患者及其家属）的承诺不阻却非法行医的违法性。

3. 罪过形式：故意，不要求营利的目的（职业犯）。故未取得医生执业资格的人免费为他人行医，情节严重的，应认定为非法行医罪。

4. 结果加重犯："造成就诊人死亡"。（1）如果非法行医行为系造成就诊人死亡的直接、主要原因的，属于"造成就诊人死亡"。（2）如果非法行医行为并非造成就诊人死亡的直接、主要原因的，可不认定为"造成就诊人死亡"。但是，根据案件情况，可以认定为《刑法》第336条第1款规定的"情节严重"。

三、妨害传染病防治罪

第三百三十条[1]	【妨害传染病防治罪】违反传染病防治法的规定，有下列情形之一，引起甲类传染病以及依法确定采取甲类传染病预防、控制措施的传染病传播或者有传播严重危险的，处三年以下有期徒刑或者拘役；后果特别严重的，处三年以上七年以下有期徒刑： （一）供水单位供应的饮用水不符合国家规定的卫生标准的； （二）拒绝按照疾病预防控制机构提出的卫生要求，对传染病病原体污染的污水、污物、场所和物品进行消毒处理的； （三）准许或者纵容传染病病人、病原携带者和疑似传染病病人从事国务院卫生行政部门规定禁止从事的易使该传染病扩散的工作的； （四）出售、运输疫区中被传染病病原体污染或者可能被传染病病原体污染的物品，未进行消毒处理的； （五）拒绝执行县级以上人民政府、疾病预防控制机构依照传染病防治法提出的预防、控制措施的。 单位犯前款罪的，对单位判处罚金，并对其直接负责的主管人员和其他直接责任人员，依照前款的规定处罚。 甲类传染病的范围，依照《中华人民共和国传染病防治法》和国务院有关规定确定。

【犯罪构成：违反传染病防治法的规定的五种行为+引起传染病传播或者有传播严重危险+犯罪故意+已满16周岁并具有责任能力的自然人或者单位】

〔1〕本条第1款为2020年12月26日全国人大常委会《刑法修正案（十一）》第37条所修正。原法条为："违反传染病防治法的规定，有下列情形之一，引起甲类传染病传播或者有传播严重危险的，处三年以下有期徒刑或者拘役；后果特别严重的，处三年以上七年以下有期徒刑：（一）供水单位供应的饮用水不符合国家规定的卫生标准的；（二）拒绝按照卫生防疫机构提出的卫生要求，对传染病病原体污染的污水、污物、粪便进行消毒处理的；（三）准许或者纵容传染病病人、病原携带者和疑似传染病病人从事国务院卫生行政部门规定禁止从事的易使该传染病扩散的工作的；（四）拒绝执行卫生防疫机构依照传染病防治法提出的预防、控制措施的。"

四、非法组织卖血罪，强迫卖血罪

第三百三十三条	【非法组织卖血罪】【强迫卖血罪】非法组织他人出卖血液的，处五年以下有期徒刑，并处罚金；以暴力、威胁方法强迫他人出卖血液的，处五年以上十年以下有期徒刑，并处罚金。 有前款行为，对他人造成伤害的，依照本法第二百三十四条的规定定罪处罚。

【非法组织卖血罪犯罪构成：非法组织出卖血液的行为 + 对象为不特定他人或者多个他人 + 犯罪故意 + 已满16周岁并具有责任能力的自然人】

【强迫卖血罪犯罪构成：以暴力、威胁方法强迫出卖血液的行为 + 对象为他人 + 犯罪故意 + 已满16周岁并具有责任能力的自然人】

1. “非法组织他人出卖血液”中的“他人”必须是不特定人或者多人，劝诱特定个人出卖血液的，不成立非法组织卖血罪。

2. “以暴力、威胁方法强迫他人出卖血液”中的“他人”包括多人以及特定个人。如果使用暴力组织他人出卖血液的，以强迫卖血罪论处。

3. 非法组织他人卖血，对他人造成伤害的，以故意伤害罪定罪处罚。其中的“他人”应指卖血者，而不包括血液的输入者；其中的“伤害”限于重伤。

（1）非法组织出卖血液，造成他人轻伤的，成立非法组织卖血罪与故意伤害罪，属于想象竞合犯。如果造成重伤的，应认定为故意伤害罪，适用重伤害的法定刑；如果行为致人死亡，则认定为故意伤害致死，适用故意伤害致人死亡的法定刑。

（2）如果组织艾滋病患者、乙型肝炎患者、丙型肝炎患者等出卖血液，并将血液提供给其他人，另触犯故意杀人罪、故意伤害罪、以危险方法危害公共安全罪的，应当并罚。

五、危害珍贵、濒危野生动物罪，非法狩猎罪

第三百四十一条[1]	【危害珍贵、濒危野生动物罪】非法猎捕、杀害国家重点保护的珍贵、濒危野生动物的，或者非法收购、运输、出售国家重点保护的珍贵、濒危野生动物及其制品的，处五年以下有期徒刑或者拘役，并处罚金；情节严重的，处五年以上十年以下有期徒刑，并处罚金；情节特别严重的，处十年以上有期徒刑，并处罚金或者没收财产。 【非法狩猎罪】违反狩猎法规，在禁猎区、禁猎期或者使用禁用的工具、方法进行狩猎，破坏野生动物资源，情节严重的，处三年以下有期徒刑、拘役、管制或者罚金。 【非法猎捕、收购、运输、出售陆生野生动物罪】违反野生动物保护管理法规，以食用为目的非法猎捕、收购、运输、出售第一款规定以外的在野外环境自然生长繁殖的陆生野生动物，情节严重的，依照前款的规定处罚。

[1] 本条第3款为2020年12月26日全国人大常委会《刑法修正案（十一）》第41条所增加。

续表

第三百四十六条	【单位犯本节之罪的处罚】单位犯本节第三百三十八条至第三百四十五条规定之罪的，对单位判处罚金，并对其直接负责的主管人员和其他直接责任人员，依照本节各该条的规定处罚。

（一）危害珍贵、濒危野生动物罪

【犯罪构成：非法猎捕、杀害、收购、运输、出售行为＋对象为国家重点保护的珍贵、濒危野生动物及其制品＋犯罪故意＋已满16周岁并具有责任能力的自然人或者单位】

1. 行为对象：国家重点保护的珍贵、濒危野生动物及其制品。对此，应做实质解释，需判断行为是否侵害或者威胁了珍贵、濒危野生动物资源。

2. 危害行为：选择性罪名，包含非法猎捕、杀害、收购、运输、出售行为。

（1）"猎捕"，指一切捕捉、获得珍贵、濒危野生动物的行为。

（2）"杀害"，指非法剥夺珍贵、濒危野生动物的生命。故意伤害珍贵、濒危野生动物的，成立故意毁坏财物罪；但杀害珍贵、濒危野生动物未遂的，应认定为非法杀害珍贵、濒危野生动物罪（未遂）。

（3）"收购"，指以营利、自用等为目的的购买行为，包括知道或者应当知道是国家重点保护的珍贵、濒危野生动物及其制品，为食用或者其他目的而非法购买的行为。

（4）"运输"，指采用携带、邮寄、利用他人、使用交通工具等方法进行运送的行为。认定运输行为，取决于运输的珍贵、濒危野生动物的来源是否合法。

（5）"出售"，指出卖和以营利为目的的加工利用行为。

注意

猎捕、杀害等行为存在违法阻却事由，例如紧急避险。

3. 罪数问题。

（1）使用爆炸、投毒等危险方法破坏野生动物资源，成立危害珍贵、濒危野生动物罪，同时成立爆炸罪、投放危险物质罪的，属于想象竞合犯，从一重罪论处。

（2）非法猎捕、杀害行为同时触犯盗窃罪的，属于想象竞合犯，应从一重罪论处。

（3）实施非法猎捕、杀害国家重点保护的珍贵、濒危野生动物的，又以暴力、威胁方法抗拒查处，构成妨害公务罪的，应当数罪并罚。

（二）非法狩猎罪

【犯罪构成：非法在禁猎区、禁猎期或者使用禁用的工具、方法进行狩猎的行为＋破坏野生动物资源＋情节严重＋犯罪故意＋已满16周岁并具有责任能力的自然人或者单位】

1. 非法狩猎罪的成立对行为时间、地点、方式、方法有特殊要求。

2. 非法狩猎行为同时触犯危害珍贵、濒危野生动物罪的，属于想象竞合犯；如果明显属于不同行为分别触犯两罪的，应当数罪并罚。

3. 非法狩猎行为同时触犯盗窃罪的，从一重罪论处。

六、盗伐林木罪，滥伐林木罪

第三百四十五条 第一、二款	【盗伐林木罪】盗伐森林或者其他林木，数量较大的，处三年以下有期徒刑、拘役或者管制，并处或者单处罚金；数量巨大的，处三年以上七年以下有期徒刑，并处罚金；数量特别巨大的，处七年以上有期徒刑，并处罚金。 【滥伐林木罪】违反森林法的规定，滥伐森林或者其他林木，数量较大的，处三年以下有期徒刑、拘役或者管制，并处或者单处罚金；数量巨大的，处三年以上七年以下有期徒刑，并处罚金。

（一）盗伐林木罪

【犯罪构成：盗伐行为 + 对象为森林或者其他林木 + 数量较大 + 犯罪故意 + 已满 16 周岁并具有责任能力的自然人或者单位】

本罪法益为林业资源，故只要林木被砍伐，就是本罪既遂。

1. 行为对象：森林或者其他林木。“森林”，指大面积的原始森林或者人造林，包括防护林、用材林、经济林、薪炭林和特殊用途林等；“林木”，指小面积的树林和零星树木。

（1）将国家、集体或者他人所有并且已经伐倒的树木窃为己有，以及窃取他人房前屋后、自留地种植的零星树木，已经枯死、病死的林木的，成立盗窃罪。

（2）非法实施采种、采脂、挖笋、掘根、剥树皮等行为，牟取经济利益数额较大的，成立盗窃罪；同时构成其他犯罪的，从一重罪论处。

2. 危害行为：盗伐。即擅自砍伐森林或者其他林木。

（1）擅自砍伐国家、集体、他人所有或者他人承包经营管理的森林或者其他林木。

（2）擅自砍伐本单位或者本人承包经营管理的森林或者其他林木。

（3）在林木采伐许可证规定的地点以外采伐国家、集体、他人所有或者他人承包经营管理的森林或者其他林木。

3. 数量较大：以 2 至 5 立方米或者幼树 100 至 200 株为起点。1 年内盗伐林木，未经处理的，数量累计计算。盗伐林木，未达到盗伐林木罪“数量较大”的要求，但符合盗窃罪构成要件的，成立盗窃罪。

4. 罪过形式为故意。盗伐林木罪，是否要求非法占有目的，存在两种观点。

观点一：要求非法占有目的，认为盗伐林木罪是盗窃罪的特殊法条。如果以毁坏为目的或者其他意图擅自砍伐国家、集体或者他人的林木的，成立故意毁坏财物罪。

观点二：不要求非法占有目的，认为盗伐林木罪是故意毁坏财物罪的特殊法条，因为盗伐林木罪是侵犯林业资源犯罪。

5. 罪数问题。盗伐林木行为同时触犯盗窃罪的，属于想象竞合犯，从一重罪论处。盗伐林木，为窝藏赃物、抗拒抓捕或者毁灭罪证而当场使用暴力或者以暴力相威胁的，由于盗伐林木的行为符合盗窃罪的犯罪构成，故成立事后抢劫罪，与盗伐林木罪属于想象竞合犯。

（二）滥伐林木罪

【犯罪构成：滥伐行为＋对象为森林或者其他林木＋数量较大＋犯罪故意＋已满16周岁并具有责任能力的自然人或者单位】

1. 滥伐行为。

（1）未经林业行政主管部门及法律规定的其他主管部门批准并核发林木采伐许可证，或者虽持有林木采伐许可证，但违反林木采伐许可证规定的时间、数量、树种或者方式，任意采伐本单位所有或者本人所有的森林或者其他林木。

（2）超过林木采伐许可证规定的数量采伐他人所有的森林或者其他林木的。〔1〕

注意

（1）滥伐属于自己所有的林木的，也成立滥伐林木罪；但滥伐自己所有的枯死、病死林木的，不得以犯罪论处。（2）林木权属争议一方在林木权属确权之前，擅自砍伐森林或者其他林木，数量较大的，以滥伐林木罪论处。

2. 数量较大。以10至20立方米或者幼树500至1000株为起点。

3. 罪数问题。盗伐林木罪与滥伐林木罪是法条竞合关系，其中盗伐林木罪是特殊法条，滥伐林木罪是普通法条。

七、污染环境罪

第三百三十八条〔2〕	【污染环境罪】违反国家规定，排放、倾倒或者处置有放射性的废物、含传染病病原体的废物、有毒物质或者其他有害物质，严重污染环境的，处三年以下有期徒刑或者拘役，并处或者单处罚金；情节严重的，处三年以上七年以下有期徒刑，并处罚金；有下列情形之一的，处七年以上有期徒刑，并处罚金： （一）在饮用水水源保护区、自然保护地核心保护区等依法确定的重点保护区域排放、倾倒、处置有放射性的废物、含传染病病原体的废物、有毒物质，情节特别严重的； （二）向国家确定的重要江河、湖泊水域排放、倾倒、处置有放射性的废物、含传染病病原体的废物、有毒物质，情节特别严重的； （三）致使大量永久基本农田基本功能丧失或者遭受永久性破坏的； （四）致使多人重伤、严重疾病，或者致人严重残疾、死亡的。 有前款行为，同时构成其他犯罪的，依照处罚较重的规定定罪处罚。

〔1〕有观点认为该行为应认定为盗伐林木。参见张明楷：《刑法学》（第六版），法律出版社2021年版，第1502页。

〔2〕本条为2020年12月26日全国人大常委会《刑法修正案（十一）》第40条所修正，增加了加重情节的规定，并增加了想象竞合的规定。原法条为："违反国家规定，排放、倾倒或者处置有放射性的废物、含传染病病原体的废物、有毒物质或者其他有害物质，严重污染环境的，处三年以下有期徒刑或者拘役，并处或者单处罚金；后果特别严重的，处三年以上七年以下有期徒刑，并处罚金。"

本条为2011年2月25日全国人大常委会《刑法修正案（八）》第46条所修正。1997年《刑法》原条文为："违反国家规定，向土地、水体、大气排放、倾倒或者处置有放射性的废物、含传染病病原体的废物、有毒物质或者其他危险废物，造成重大环境污染事故，致使公私财产遭受重大损失或者人身伤亡的严重后果的，处三年以下有期徒刑或者拘役，并处或者单处罚金；后果特别严重的，处三年以上七年以下有期徒刑，并处罚金。"

【犯罪构成：非法排放、倾倒或者处置有害物质的行为 + 严重污染环境 + 犯罪故意 + 已满 16 周岁并具有责任能力的自然人或者单位】

实施本罪行为，同时触犯投放危险物质罪等其他犯罪的，属于想象竞合犯，从一重罪处罚。

八、非法捕捞水产品罪

第三百四十条	【非法捕捞水产品罪】违反保护水产资源法规，在禁渔区、禁渔期或者使用禁用的工具、方法捕捞水产品，情节严重的，处三年以下有期徒刑、拘役、管制或者罚金。

【犯罪构成：非法在禁渔区、禁渔期或者使用禁用的工具、方法进行捕捞水产品的行为 + 破坏野生动物资源 + 情节严重 + 犯罪故意 + 已满 16 周岁并具有责任能力的自然人或者单位】

练练手

1. 医生甲退休后，擅自为人看病 2 年多。某日，甲为乙治疗，需注射青霉素。乙自述以前曾注射过青霉素，甲便未做皮试就给乙注射青霉素，乙因青霉素过敏而死亡。关于本案，下列哪些选项是错误的?[1]

A. 以非法行医罪的结果加重犯论处

B. 以非法行医罪的基本犯论处

C. 以过失致人死亡罪论处

D. 以医疗事故罪论处

2. 关于盗伐林木罪，下列哪些选项是错误的?[2]

A. 甲盗伐本村村民张某院落外面的零星树木，如果盗伐数量较大，构成盗伐林木罪

B. 乙在林区盗伐珍贵林木，数量较大，如同时触犯其他法条构成其他犯罪，应数罪并罚

C. 丙将邻县国有林区的珍贵树木移植到自己承包的林地精心养护使之成活的，不属于盗伐林木

D. 丁在林区偷扒数量不多的具有药用价值的树皮，致使数量较大的林木枯死的，构成盗伐林木罪

---

〔1〕 答案：BCD。

〔2〕 答案：ABC。

第五节 走私、贩卖、运输、制造毒品罪

一、走私、贩卖、运输、制造毒品罪

第三百四十七条	【走私、贩卖、运输、制造毒品罪】走私、贩卖、运输、制造毒品，无论数量多少，都应当追究刑事责任，予以刑事处罚。 走私、贩卖、运输、制造毒品，有下列情形之一的，处十五年有期徒刑、无期徒刑或者死刑，并处没收财产： （一）走私、贩卖、运输、制造鸦片一千克以上、海洛因或者甲基苯丙胺五十克以上或者其他毒品数量大的； （二）走私、贩卖、运输、制造毒品集团的首要分子； （三）武装掩护走私、贩卖、运输、制造毒品的； （四）以暴力抗拒检查、拘留、逮捕，情节严重的； （五）参与有组织的国际贩毒活动的。 走私、贩卖、运输、制造鸦片二百克以上不满一千克、海洛因或者甲基苯丙胺十克以上不满五十克或者其他毒品数量较大的，处七年以上有期徒刑，并处罚金。 走私、贩卖、运输、制造鸦片不满二百克、海洛因或者甲基苯丙胺不满十克或者其他少量毒品的，处三年以下有期徒刑、拘役或者管制，并处罚金；情节严重的，处三年以上七年以下有期徒刑，并处罚金。 单位犯第二款、第三款、第四款罪的，对单位判处罚金，并对其直接负责的主管人员和其他直接责任人员，依照各该款的规定处罚。 利用、教唆未成年人走私、贩卖、运输、制造毒品，或者向未成年人出售毒品的，从重处罚。 对多次走私、贩卖、运输、制造毒品，未经处理的，毒品数量累计计算。
第三百五十五条	【非法提供麻醉药品、精神药品罪】【贩卖毒品罪】依法从事生产、运输、管理、使用国家管制的麻醉药品、精神药品的人员，违反国家规定，向吸食、注射毒品的人提供国家规定管制的能够使人形成瘾癖的麻醉药品、精神药品的，处三年以下有期徒刑或者拘役，并处罚金；情节严重的，处三年以上七年以下有期徒刑，并处罚金。向走私、贩卖毒品的犯罪分子或者以牟利为目的，向吸食、注射毒品的人提供国家规定管制的能够使人形成瘾癖的麻醉药品、精神药品的，依照本法第三百四十七条的规定定罪处罚。 单位犯前款罪的，对单位判处罚金，并对其直接负责的主管人员和其他直接责任人员，依照前款的规定处罚。
第三百五十六条	【毒品犯罪再犯的处罚】因走私、贩卖、运输、制造、非法持有毒品罪被判过刑，又犯本节规定之罪的，从重处罚。

续表

第三百五十七条	【毒品的概念、数量计算】本法所称的毒品，是指鸦片、海洛因、甲基苯丙胺（冰毒）、吗啡、大麻、可卡因以及国家规定管制的其他能够使人形成瘾癖的麻醉药品和精神药品。 毒品的数量以查证属实的走私、贩卖、运输、制造、非法持有毒品的数量计算，不以纯度折算。

【犯罪构成：走私、贩卖、运输、制造毒品的行为 + 犯罪故意 + 已满 16 周岁并具有责任能力的自然人或者单位（已满 14 周岁的人对贩卖毒品负刑责）】

（一）不法要素

1. 行为主体。包括自然人和单位。在自然人主体中，已满 14 周岁不满 16 周岁具有辨认、控制能力的人，可以成为贩卖毒品罪的主体；走私、运输、制造毒品罪的主体必须是已满 16 周岁，具有辨认、控制能力的人。

2. 毒品。走私、贩卖、运输、制造毒品罪是为了保护公众健康，无论数量多少，都应当追究刑事责任，但其他毒品犯罪，要求数量较大。

（1）选择性罪名。①对同一宗毒品实施了两种以上犯罪行为并有相应确凿证据的，应当按照所实施的犯罪行为的性质并列确定罪名，毒品数量不重复计算，不实行数罪并罚。②对不同宗毒品分别实施了不同种犯罪行为的，应对不同行为并列确定罪名，累计毒品数量，不实行数罪并罚。罪名不以行为实施的先后、毒品数量或者危害大小排列，一律以刑法条文规定的顺序表述。

（2）毒品数量累计计算。多次走私、贩卖、运输、制造毒品，未经处理的，毒品数量累计计算。①对于同一种毒品，毒品的数量以查证属实的走私、贩卖、运输、制造、非法持有毒品的数量计算，不以纯度折算。②走私、贩卖、运输、制造、非法持有两种以上毒品的，可以将不同种类的毒品分别折算为海洛因的数量（鸦片 20：1 海洛因，可卡因、冰毒 1：1 海洛因），以折算后累加的毒品总量作为量刑的根据。

3. 行为类型。

（1）“走私”，即非法运输、携带、邮寄毒品进出国（边）境。包括瞒关、绕关与间接走私（在领海、内海运输、收购、贩卖国家禁止进出口的毒品，以及直接向走私毒品的犯罪人购买毒品）。

注意

既遂标准。走私毒品，如果陆路输入的，以逾越国境线、使毒品进入国内领域内的时刻为既遂；如果海路或者航空输入的，以装载毒品的船舶到达本国港口或航空器到达本国领土内时为既遂。

（2）“贩卖”，即有偿转让（交付）毒品的行为；如果是无偿转让毒品（如赠与等），则不属于贩卖毒品。

①购买行为。《刑法》第 347 条仅规定了贩卖毒品罪，而没有规定购买毒品罪，故单纯购买毒品的行为并不属于刑法的规制对象；但为了出卖而购买毒品的，属于贩卖毒品罪的预备行为（可能同时触犯非法持有毒品罪）。

②与贩卖相关联的行为定性。

第一，吸食者之间相互交换毒品的，不成立贩卖毒品罪。

第二，贩毒者之间为了调剂各自的毒品种类和数量而相互交易毒品的，成立贩卖毒品罪。

第三，为了“蹭吸”（共同吸毒）或者单纯帮助吸毒者代购、代买毒品的，不成立贩卖毒品罪，可能成立非法持有毒品罪。

第四，代购仅用于吸食的毒品，在交通、食宿等必要开销之外收取“介绍费”“劳务费”，或者以贩卖为目的收取部分毒品作酬劳的，属于变相加价贩卖毒品，成立贩卖毒品罪。

第五，为吸毒者寻找、联系贩卖者的，不成立贩卖毒品；为贩毒者寻找、联系上游毒贩或者下游吸毒者的，成立贩卖毒品的共犯。

③既遂标准。贩卖以毒品实际上转移给买方为既遂，转移毒品后行为人是否已经获取了利益，并不影响既遂的成立。

（3）“运输”，即采用携带、邮寄、利用他人或者使用交通工具等方法在我国领域内转移毒品。

①刑法理论认为，只有与走私、贩卖、制造毒品具有关联性的运输行为，才能认定为运输毒品。故为了自己吸食、注射而将毒品从此地带往彼地的，不应认定为运输。但准司法解释（2015 年《全国法院毒品犯罪审判工作座谈会纪要》）认为，吸毒者在运输毒品过程中被查获，没有证据证明其是为了实施贩卖毒品等其他犯罪，毒品数量达到较大以上的，以运输毒品罪定罪处罚；行为人为吸毒者代购毒品，在运输过程中被查获，没有证据证明托购者、代购者是为了实施贩卖毒品等其他犯罪，毒品数量达到较大以上的，对托购者、代购者以运输毒品罪的共犯论处。

②故意犯罪形态。为运输而开始搬运毒品，是运输毒品罪的着手；因行为人意志以外的原因未能使毒品离开原处或者说未能转移毒品存放地的，属于未遂；运输毒品行为使毒品离开原处或者转移了存放地的，则为既遂。

（4）“制造”，即使用毒品原植物制作成毒品的行为与以改变毒品成分和效用为目的的加工、配制行为。

①分装毒品（即将毒品进行分割，并装入一定的容器，即量的精制）属于制造毒品的行为（扩大解释）。

②常见的制造毒品的行为：

第一，将毒品以外的物作为原料，提取或制作成毒品。

第二，毒品的精制，即去掉毒品中的不纯物，使其成为纯毒品或纯度更高的毒品。

第三，使用化学方法或者其他方法将一种毒品变为另一种毒品。

第四，非法按照一定的处方针对特定人的特定情况调制毒品。

但是，为便于隐蔽运输、销售、使用、欺骗购买者，或者为了增重，对毒品掺杂使假，添加或者去除其他非毒品物质，不属于制造毒品的行为。

③既遂标准。已经制造出粗制毒品或者半成品的，以制造毒品罪的既遂论处。客观上具有制造出毒品的具体危险，事实上未能制造出毒品的，应以犯罪未遂处理。

（5）特殊规定。

第一，以牟利为目的，向吸食、注射毒品的人有偿提供国家规定管制的能够使人形成瘾癖的麻醉药品或者精神药品的，应认定为贩卖毒品罪。

第二，明知是走私、贩卖毒品的犯罪人，而向其提供国家规定管制的能够使人形成瘾癖的麻醉药品或者精神药品的，不管是有偿提供还是无偿提供，都成立走私、贩卖毒品罪。[1]

（二）责任内容

罪过形式为故意，不要求以营利为目的。要求行为人认识到自己走私、贩卖、运输、制造的是（确定是或者可能是）毒品，但不要求行为人认识到毒品的名称、化学成分、效用等具体性质。行为人对毒品种类的认识产生错误时，不影响故意犯罪的成立。

（三）从重情节

1. 利用、教唆未成年人走私、贩卖、运输、制造毒品，或者向未成年人出售毒品的，从重处罚。这属于法定从重处罚情节。《刑法》第 347 条第 6 款的规定是对《刑法》第 29 条的重申，属于特殊法条。

2. 毒品犯罪的特别再犯制度。因走私、贩卖、运输、制造、非法持有毒品罪被判过刑，又犯本节规定之罪的，从重处罚。对于符合累犯条件的，必须适用总则关于累犯的条款。不满 18 周岁的人犯罪的，不成立累犯；按照当然解释的解释理由，对不满 18 周岁的犯罪人，也不能适用第 356 条的规定。这也属于有利于行为人的类推解释。

（四）关联犯罪

1. 行为人在一次走私活动中，既走私毒品又走私其他货物、物品的，应按走私毒品罪和构成的其他走私罪，实行数罪并罚。

2. 行为人在生产、销售的食品中掺入微量毒品的，应视性质与情节，认定为生产、销售有毒、有害食品罪或欺骗他人吸毒罪，不认定为贩卖毒品罪。

3. 盗窃、抢夺、抢劫毒品的，应当分别以盗窃罪、抢夺罪或者抢劫罪定罪，但不计犯罪数额，根据情节轻重予以定罪量刑。盗窃、抢夺、抢劫毒品后又实施其他毒品犯罪的，对盗窃罪、抢夺罪、抢劫罪和所犯的具体毒品犯罪分别定罪，依法数罪并罚。

（五）共同犯罪

1. 受雇于同一雇主同行运输毒品，但受雇者之间没有共同犯罪故意，或者虽然明知他人受雇运输毒品，但各自的运输行为相对独立，既没有实施配合、掩护他人运输毒品的行为，又分别按照各自运输的毒品数量领取报酬的，不应认定为共同犯罪。

2. 受雇于同一雇主分段运输同一宗毒品，但受雇者之间没有犯罪共谋的，也不应认定为共同犯罪。

---

〔1〕 明知是走私、贩卖毒品的犯罪人，而向其提供麻醉药品或者精神药品的，根据共犯从属性原理，如果接受提供的人仅实施了走私、贩卖毒品的预备行为，则提供者的行为成立走私、贩卖毒品罪的预备犯与非法提供麻醉药品、精神药品罪的既遂犯，从一重罪论处；如果接受提供的人已经着手实行走私、贩卖毒品行为而未得逞，则提供者的行为成立走私、贩卖毒品罪的未遂犯与非法提供麻醉药品、精神药品罪的既遂犯，从一重罪论处。

3. 雇用他人运输毒品的雇主，及其他对受雇者起到一定组织、指挥作用的人员，与各受雇者分别构成运输毒品罪的共同犯罪，对运输的全部毒品数量承担刑事责任。

二、非法持有毒品罪

第三百四十八条	【非法持有毒品罪】非法持有鸦片一千克以上、海洛因或者甲基苯丙胺五十克以上或者其他毒品数量大的，处七年以上有期徒刑或者无期徒刑，并处罚金；非法持有鸦片二百克以上不满一千克、海洛因或者甲基苯丙胺十克以上不满五十克或者其他毒品数量较大的，处三年以下有期徒刑、拘役或者管制，并处罚金；情节严重的，处三年以上七年以下有期徒刑，并处罚金。

【犯罪构成：非法持有毒品的行为 + 数量较大 + 犯罪故意 + 已满 16 周岁并具有责任能力的自然人】

1. 走私、贩卖、运输、制造毒品的行为包含非法持有毒品的内容，行为人因为走私、贩卖、运输、制造毒品而非法持有毒品的，成立走私、贩卖、运输、制造毒品罪，不再认定为非法持有毒品罪。

2. 盗窃、抢夺、抢劫毒品的，成立盗窃罪、抢夺罪或者抢劫罪（不计犯罪数额，根据情节轻重量刑），不另认定为非法持有毒品罪；但行为人盗窃财物后才发现是毒品，进而非法持有毒品或者贩卖毒品的，应以盗窃罪与非法持有毒品罪或者贩卖毒品罪并罚。

三、包庇毒品犯罪分子罪，窝藏、转移、隐瞒毒品、毒赃罪

第三百四十九条	【包庇毒品犯罪分子罪】【窝藏、转移、隐瞒毒品、毒赃罪】包庇走私、贩卖、运输、制造毒品的犯罪分子的，为犯罪分子窝藏、转移、隐瞒毒品或者犯罪所得的财物的，处三年以下有期徒刑、拘役或者管制；情节严重的，处三年以上十年以下有期徒刑。 缉毒人员或者其他国家机关工作人员掩护、包庇走私、贩卖、运输、制造毒品的犯罪分子的，依照前款的规定从重处罚。 犯前两款罪，事先通谋的，以走私、贩卖、运输、制造毒品罪的共犯论处。

（一）包庇毒品犯罪分子罪

【犯罪构成：包庇行为 + 对象为走私、贩卖、运输、制造毒品的犯罪分子 + 犯罪故意 + 已满 16 周岁并具有责任能力的自然人】

1. 其中“走私、贩卖、运输、制造毒品的犯罪分子”只要求存在相应违法事实即可，不要求相关犯罪人一定承担刑事责任。

2. 该罪属于特殊的包庇罪，不再认定为《刑法》第 310 条规定的包庇罪。即本罪与包庇罪属于特殊法条与一般法条的关系。

（二）窝藏、转移、隐瞒毒品、毒赃罪

【犯罪构成：窝藏、转移、隐瞒行为+对象为走私、贩卖、运输、制造毒品的毒品或者犯罪所得财物+犯罪故意+已满16周岁并具有责任能力的自然人】

1.“窝藏”毒品的行为同时触犯非法持有毒品罪的，属于狭义的包括一罪，从一重罪处罚。

2.“转移”毒品、毒赃是指为使走私、贩卖、运输、制造毒品的犯罪分子逃避法律追究而转移毒品、毒赃；如果为了贩卖等而转移毒品，应认定为运输毒品罪。

3.“隐瞒”毒品、毒赃是指为走私、贩卖、运输、制造毒品的犯罪分子隐瞒毒品的来源、去向、存放地、毒品犯罪所得的财物的行为。

4.本罪是一种特殊的赃物罪，不再认定为《刑法》第312条规定的赃物犯罪（法条竞合关系）；但是，如果本罪行为同时触犯《刑法》第191条规定的洗钱罪，则属于想象竞合犯，从一重罪处罚。

（三）从重情节

缉毒人员或者其他国家机关工作人员掩护、包庇走私、贩卖、运输、制造毒品的犯罪分子的，成立包庇毒品犯罪分子罪，从重处罚。如果掩护走私、贩卖、运输、制造毒品行为本身的，成立共犯。

（四）共同犯罪

包庇毒品犯罪分子或者窝藏、转移、隐瞒毒品、毒赃，事先通谋的，以走私、贩卖、运输、制造毒品罪的共犯论处。该规定属于注意规定，而非法律拟制。

四、非法生产、买卖、运输制毒物品、走私制毒物品罪

第三百五十条[1]	【非法生产、买卖、运输制毒物品、走私制毒物品罪】违反国家规定，非法生产、买卖、运输醋酸酐、乙醚、三氯甲烷或者其他用于制造毒品的原料、配剂，或者携带上述物品进出境，情节较重的，处三年以下有期徒刑、拘役或者管制，并处罚金；情节严重的，处三年以上七年以下有期徒刑，并处罚金；情节特别严重的，处七年以上有期徒刑，并处罚金或者没收财产。 明知他人制造毒品而为其生产、买卖、运输前款规定的物品的，以制造毒品罪的共犯论处。 单位犯前两款罪的，对单位判处罚金，并对其直接负责的主管人员和其他直接责任人员，依照前两款的规定处罚。

〔1〕本条第1款、第2款为2015年8月29日全国人大常委会《刑法修正案（九）》第41条所修改，增设非法生产、运输制毒物品罪，并按情节较重、情节严重、情节特别严重重新设置了法定刑。原法条为：“（第1款）违反国家规定，非法运输、携带醋酸酐、乙醚、三氯甲烷或者其他用于制造毒品的原料或者配剂进出境的，或者违反国家规定，在境内非法买卖上述物品的，处三年以下有期徒刑、拘役或者管制，并处罚金；数量大的，处三年以上十年以下有期徒刑，并处罚金。（第2款）明知他人制造毒品而为其提供前款规定的物品的，以制造毒品罪的共犯论处。”

【犯罪构成：非法生产、买卖、运输、走私行为+对象为制毒物品+犯罪故意+已满16周岁并具有责任能力的自然人或者单位】

五、非法种植毒品原植物罪

第三百五十一条	【非法种植毒品原植物罪】非法种植罂粟、大麻等毒品原植物的，一律强制铲除。有下列情形之一的，处五年以下有期徒刑、拘役或者管制，并处罚金： （一）种植罂粟五百株以上不满三千株或者其他毒品原植物数量较大的； （二）经公安机关处理后又种植的； （三）抗拒铲除的。 非法种植罂粟三千株以上或者其他毒品原植物数量大的，处五年以上有期徒刑，并处罚金或者没收财产。 非法种植罂粟或者其他毒品原植物，在收获前自动铲除的，可以免除处罚。

【犯罪构成：非法种植毒品原植物行为+犯罪故意+已满16周岁并具有责任能力的自然人】

六、引诱、教唆、欺骗他人吸毒罪，强迫他人吸毒罪

第三百五十三条	【引诱、教唆、欺骗他人吸毒罪】引诱、教唆、欺骗他人吸食、注射毒品的，处三年以下有期徒刑、拘役或者管制，并处罚金；情节严重的，处三年以上七年以下有期徒刑，并处罚金。 【强迫他人吸毒罪】强迫他人吸食、注射毒品的，处三年以上十年以下有期徒刑，并处罚金。 引诱、教唆、欺骗或者强迫未成年人吸食、注射毒品的，从重处罚。

（一）引诱、教唆、欺骗他人吸毒罪

【犯罪构成：引诱、教唆、欺骗他人吸食、注射毒品的行为+犯罪故意+已满16周岁并具有责任能力的自然人】

引诱、教唆、欺骗他人吸毒是本罪的实行行为，而非教唆或者帮助行为。

1. 其中“引诱、教唆”是指在他人本无吸食、注射毒品意愿的情况下，引起他人产生吸食、注射毒品的意愿或者欲望的行为。

2. 其中“欺骗”是指隐瞒真相或者制造假象，使他人吸食、注射毒品的行为。在食品中掺用罂粟壳的，成立欺骗他人吸毒罪。

（二）强迫他人吸毒罪

【犯罪构成：强迫他人吸食、注射毒品的行为+犯罪故意+已满16周岁并具有责任能力的自然人】

1. “强迫他人吸食、注射毒品的”，是指使用暴力、威胁等生理强制或心理强制方

法，迫使他人吸食、注射毒品的行为。既遂标准为他人已经吸食、注射毒品。

2. 强迫他人吸食毒品造成他人身体伤害或者死亡的，属于本罪与故意伤害罪、故意杀人罪的想象竞合犯，从一重罪论处。

七、容留他人吸毒罪

第三百五十四条	【容留他人吸毒罪】容留他人吸食、注射毒品的，处三年以下有期徒刑、拘役或者管制，并处罚金。

【犯罪构成：容留他人吸食、注射毒品的行为＋犯罪故意＋已满16周岁并具有责任能力的自然人】

容留他人吸食、注射毒品，是指允许他人在自己事先管理、支配的场所吸食、注射毒品或者为他人吸食、注射毒品提供场所的行为。

1. 房主出租房屋后，发现他人在房屋内吸食、注射毒品的，不成立本罪；主人发现客人在自己家里吸毒，不予制止的，成立本罪，即本罪包含不作为。

2. 容留他人吸食、注射毒品并出售毒品的，或者贩卖毒品后又容留他人吸食、注射毒品的，成立贩卖毒品罪与容留吸毒罪，应当数罪并罚。容留近亲属吸食、注射毒品，情节显著轻微危害不大的，不作为犯罪处理；需要追究刑事责任的，可以酌情从宽处罚。

练练手

1. 关于毒品犯罪，下列哪些选项是正确的？[1]

A. 明知他人实施毒品犯罪而为其居间介绍，代购代卖的，即使没有牟利目的，也成立贩卖毒品罪

B. 为便于隐蔽运输，对毒品掺杂使假的行为，或者为了销售，去除毒品中的非毒品物质的行为，不成立制造毒品罪

C. 甲认为自己管理毒品不安全，将数量较大的毒品委托给乙保管时，甲、乙均成立非法持有毒品罪

D. 行为人对同一宗毒品既走私又贩卖的，量刑时不应重复计算毒品数量

2. 关于毒品犯罪，下列哪些选项是错误的？[2]

A. 甲明知乙走私毒品而购买了较大数量的毒品用于自己吸食的，成立非法持有毒品罪

B. 缉毒人员甲明知乙走私毒品而为其作掩护的，成立包庇毒品犯罪分子罪

C. 甲明知乙盗窃毒品而为其藏匿的，成立窝藏毒品罪与非法持有毒品罪的想象竞合犯

D. 甲发现与自己合租一套房子的乙在房屋内吸毒而不予理睬的，成立容留吸毒罪

---

〔1〕答案：ABCD。
〔2〕答案：ABCD。

第六节 组织、强迫、引诱、容留、介绍卖淫罪与制作、贩卖、传播淫秽物品罪

一、组织卖淫罪，强迫卖淫罪，协助组织卖淫罪

第三百五十八条[1]	【组织卖淫罪】【强迫卖淫罪】组织、强迫他人卖淫的，处五年以上十年以下有期徒刑，并处罚金；情节严重的，处十年以上有期徒刑或者无期徒刑，并处罚金或者没收财产。 组织、强迫未成年人卖淫的，依照前款的规定从重处罚。 犯前两款罪，并有杀害、伤害、强奸、绑架等犯罪行为的，依照数罪并罚的规定处罚。 【协助组织卖淫罪】为组织卖淫的人招募、运送人员或者有其他协助组织他人卖淫行为的，处五年以下有期徒刑，并处罚金；情节严重的，处五年以上十年以下有期徒刑，并处罚金。
第三百六十一条	【特定单位的人员组织、强迫、引诱、容留、介绍卖淫的处理规定】旅馆业、饮食服务业、文化娱乐业、出租汽车业等单位的人员，利用本单位的条件，组织、强迫、引诱、容留、介绍他人卖淫的，依照本法第三百五十八条、第三百五十九条的规定定罪处罚。 前款所列单位的主要负责人，犯前款罪的，从重处罚。
第三百六十二条	【窝藏、包庇罪】旅馆业、饮食服务业、文化娱乐业、出租汽车业等单位的人员，在公安机关查处卖淫、嫖娼活动时，为违法犯罪分子通风报信，情节严重的，依照本法第三百一十条的规定定罪处罚。

（一）组织卖淫罪

【犯罪构成：组织他人卖淫的行为＋犯罪故意＋已满16周岁并具有责任能力的自然人】

1．“组织”，表现为设置卖淫场所或者变相卖淫场所，控制卖淫者，招揽嫖娼者，或者没有固定的卖淫场所，但通过控制卖淫人员，有组织地进行卖淫活动。

（1）在组织卖淫犯罪活动中，对被组织卖淫的人有引诱、容留、介绍卖淫行为的，

---

〔1〕①《刑法》第358条为2015年8月29日全国人大常委会《刑法修正案（九）》第42条所修改，废除了死刑规定，增加了数罪并罚的规定，重新设置了法定刑。原法条为：“（第1款）组织他人卖淫或者强迫他人卖淫的，处五年以上十年以下有期徒刑，并处罚金；有下列情形之一的，处十年以上有期徒刑或者无期徒刑，并处罚金或者没收财产：（一）组织他人卖淫，情节严重的；（二）强迫不满十四周岁的幼女卖淫的；（三）强迫多人卖淫或者多次强迫他人卖淫的；（四）强奸后迫使卖淫的；（五）造成被强迫卖淫的人重伤、死亡或者其他严重后果的。（第2款）有前款所列情形之一，情节特别严重的，处无期徒刑或者死刑，并处没收财产。（第3款）为组织卖淫的人招募、运送人员或者有其他协助组织他人卖淫行为的，处五年以下有期徒刑，并处罚金；情节严重的，处五年以上十年以下有期徒刑，并处罚金。”②《刑法》第358条第3款为2011年2月25日全国人大常委会《刑法修正案（八）》第48条所修订，1997年《刑法》原条文第3款为“协助组织他人卖淫的，处五年以下有期徒刑，并处罚金；情节严重的，处五年以上十年以下有期徒刑，并处罚金。”

依照处罚较重的规定定罪处罚。

（2）对被组织卖淫的人以外的其他人有引诱、容留、介绍卖淫行为的，应当分别定罪，实行数罪并罚。

2.“他人”，包括男性和女性，要求卖淫人员三人以上。

3.“卖淫”，是指以营利为目的，满足不特定对方（不限于异性）的性欲的行为，包括与不特定的对方发生性交和从事其他猥亵活动。

4. 虽然卖淫要求以营利为目的，但对组织者不要求以营利为目的。

5. 既遂标准。即被组织者实施了卖淫行为。

6. 组织卖淫罪仅存在正犯和教唆犯，如果帮助行为值得处罚，则以协助组织卖淫罪论处。

（二）强迫卖淫罪

【犯罪构成：强迫他人卖淫的行为 + 犯罪故意 + 已满 16 周岁并具有责任能力的自然人】

1. 本罪既遂标准为被强迫者实施了卖淫行为。组织卖淫者强迫他人卖淫的，仅成立组织卖淫罪；但被组织者与被强迫者不具有同一性时，应当数罪并罚。

2. 强迫他人与特定的个人性交或者从事猥亵活动的，成立强奸罪，强制猥亵、侮辱罪等。

3. 如果强迫男子与妇女性交，强迫行为没有造成伤害，妇女愿意发生性交时，该强迫行为可能成立强制猥亵、侮辱罪。

4. 数罪并罚。组织卖淫、强迫卖淫，并实施了杀害、伤害、强奸、绑架等犯罪行为的，依照数罪并罚的规定处罚。协助组织卖淫行为人参与实施上述行为的，以共同犯罪论处。

（三）协助组织卖淫罪

【犯罪构成：为组织卖淫的人招募、运送人员或者有其他协助组织他人卖淫行为的行为 + 犯罪故意 + 已满 16 周岁并具有责任能力的自然人】

1. 帮助行为的正犯化。本罪行为并非帮助犯的绝对正犯化，而是部分帮助行为正犯化。在正犯没有实施组织卖淫的行为时，取决于协助行为本身是否严重侵害了社会管理秩序。

2. 同类解释规则。“其他协助组织他人卖淫行为”必须与招募、运送人员具有同质性。例如，在组织卖淫中充当打手的行为；但是，如果打手参与强迫卖淫的，成立强迫卖淫罪。

3.“为组织卖淫的人”。表明协助组织卖淫行为成立犯罪与否，以客观上存在已经组织、正在组织或者将要组织卖淫的人为前提。

4. 特定主体。旅馆业、饮食服务业、文化娱乐业、出租汽车业等单位的人员，利用本单位的条件，组织、强迫、引诱、容留、介绍他人卖淫的，也成立组织卖淫罪，强迫卖淫罪，引诱、容留、介绍卖淫罪，引诱幼女卖淫罪等。上述单位主要负责人实施这些犯罪的，从重处罚。

5. 法律拟制。旅馆业、饮食服务业、文化娱乐业、出租汽车业等单位的人员，在公安机关查处卖淫、嫖娼活动时，为违法犯罪分子通风报信，情节严重的，成立窝藏、包庇罪。但是，如果行为人针对吸毒等其他一般违法分子通风报信的，不适用该规定，不成立窝藏、包庇罪。

二、引诱、容留、介绍卖淫罪，引诱幼女卖淫罪

第三百五十九条	【引诱、容留、介绍卖淫罪】引诱、容留、介绍他人卖淫的，处五年以下有期徒刑、拘役或者管制，并处罚金；情节严重的，处五年以上有期徒刑，并处罚金。 【引诱幼女卖淫罪】引诱不满十四周岁的幼女卖淫的，处五年以上有期徒刑，并处罚金。

【引诱、容留、介绍卖淫罪的犯罪构成：引诱、容留、介绍他人卖淫的行为＋犯罪故意＋已满16周岁并具有责任能力的自然人】

【引诱幼女卖淫罪的犯罪构成：引诱幼女卖淫的行为＋犯罪故意＋已满16周岁并具有责任能力的自然人】

1. 引诱卖淫罪中的“他人”，包括男性与女性，但故意引诱幼女卖淫的，成立引诱幼女卖淫罪。

（1）引诱幼女卖淫罪与引诱卖淫罪不是对立关系，而是特殊法条与普通法条之间的法条竞合关系。

（2）行为人故意引诱幼女卖淫，又容留、介绍该幼女卖淫的，应当数罪并罚。

（3）被引诱卖淫的人员中既有不满14周岁的幼女，又有其他人员的，分别以引诱幼女卖淫罪和引诱卖淫罪定罪，实行并罚。

2. 刑法仅处罚引诱、容留、介绍卖淫的行为。单纯“引诱嫖娼”“介绍嫖娼”的，不成立犯罪。

3. 引诱、容留、介绍他人卖淫罪与引诱幼女卖淫罪的成立，不要求以营利为目的。

三、传播性病罪

第三百六十条〔1〕	【传播性病罪】明知自己患有梅毒、淋病等严重性病卖淫、嫖娼的，处五年以下有期徒刑、拘役或者管制，并处罚金。

【犯罪构成：主体为患有严重性病的人＋卖淫、嫖娼的行为＋犯罪故意＋已满16周岁并具有责任能力的自然人】

1. 行为主体。真正的身份犯，即客观上“患有梅毒、淋病等严重性病的人”。

2. 故意犯罪。要求行为人明知自己患有梅毒、淋病等严重性病，但不要求行为人确

---

〔1〕 本条为2015年8月29日全国人大常委会《刑法修正案（九）》第43条所修改，删除了第2款嫖宿幼女罪的规定，原法条为：“嫖宿不满十四周岁的幼女的，处五年以上有期徒刑，并处罚金。”

实知道自己所患的性病种类。

3. 本罪属于抽象危险犯，传播性病行为是否实际造成他人患上严重性病的后果，不影响本罪的成立。

（1）行为人明知自己患有艾滋病或者感染艾滋病病毒而卖淫、嫖娼的，以传播性病罪定罪，从重处罚。具有下列情形之一，致使他人感染艾滋病病毒的，以故意伤害（重伤）罪论处：明知自己感染艾滋病病毒而卖淫、嫖娼的；明知自己感染艾滋病病毒，故意不采取防范措施而与他人发生性关系的。

（2）严重性病患者以传染性病的意图卖淫、嫖娼的，同时触犯其他犯罪的，属于想象竞合犯。如果多次卖淫、嫖娼，其中一次导致伤害结果的，应当数罪并罚。

四、制作、复制、出版、贩卖、传播淫秽物品牟利罪

第三百六十六条	【单位犯本节规定之罪的处罚】单位犯本节第三百六十三条、第三百六十四条、第三百六十五条规定之罪的，对单位判处罚金，并对其直接负责的主管人员和其他直接责任人员，依照各该条的规定处罚。
第三百六十七条	【淫秽物品的界定】本法所称淫秽物品，是指具体描绘性行为或者露骨宣扬色情的诲淫性的书刊、影片、录像带、录音带、图片及其他淫秽物品。 有关人体生理、医学知识的科学著作不是淫秽物品。 包含有色情内容的有艺术价值的文学、艺术作品不视为淫秽物品。
第三百六十三条第一款	【制作、复制、出版、贩卖、传播淫秽物品牟利罪】以牟利为目的，制作、复制、出版、贩卖、传播淫秽物品的，处三年以下有期徒刑、拘役或者管制，并处罚金；情节严重的，处三年以上十年以下有期徒刑，并处罚金；情节特别严重的，处十年以上有期徒刑或者无期徒刑，并处罚金或者没收财产。

【犯罪构成：制作、复制、出版、贩卖、传播行为 + 对象为淫秽物品 + 犯罪故意 + 以牟利为目的 + 已满 16 周岁并具有责任能力的自然人或者单位】

1. 本罪属于选择性罪名，有五种行为表现。实施任何一种行为都成立犯罪；实施多种行为的，也仅成立一罪。每种行为方式的既遂标准独立判断。例如，行为人以牟利为目的复制淫秽物品后，在贩卖、传播前销毁的，应认定为复制淫秽物品牟利罪既遂。

2. 行为人以牟利、传播为目的，从境外走私淫秽物品，然后在境内贩卖、传播走私入境的淫秽物品的，侵犯了两个法益，符合两罪的犯罪构成；不存在吸收关系，但属于类型性的牵连关系，属于牵连犯。

五、传播淫秽物品罪

第三百六十四条	【传播淫秽物品罪】传播淫秽的书刊、影片、音像、图片或者其他淫秽物品，情节严重的，处二年以下有期徒刑、拘役或者管制。

续表

第三百六十四条	【组织播放淫秽音像制品罪】组织播放淫秽的电影、录像等音像制品的，处三年以下有期徒刑、拘役或者管制，并处罚金；情节严重的，处三年以上十年以下有期徒刑，并处罚金。 制作、复制淫秽的电影、录像等音像制品组织播放的，依照第二款的规定从重处罚。 向不满十八周岁的未成年人传播淫秽物品的，从重处罚。

【犯罪构成：传播行为 + 对象为淫秽物品 + 犯罪故意 + 已满 16 周岁并具有责任能力的自然人或者单位】

1. 传播淫秽物品罪与传播淫秽物品牟利罪属于法条竞合关系。前者为普通法条，后者为特殊法条。传播淫秽物品罪，不要求具有牟利目的；如果行为人具有牟利目的，则成立传播淫秽物品牟利罪。

2. 具有牟利目的的人利用没有牟利目的（但有传播故意）的人传播淫秽物品的，成立共同犯罪，具有牟利目的的人成立传播淫秽物品牟利罪（间接正犯），没有牟利目的的人成立传播淫秽物品罪。

练练手

甲以牟利为目的复制淫秽物品后，又将其销毁。关于甲的行为，下列哪一说法是正确的？[1]

A. 甲的行为成立复制淫秽物品牟利罪的既遂

B. 甲的行为成立复制淫秽物品牟利罪的犯罪中止

C. 甲的行为不构成犯罪，因为甲没有牟利

D. 甲的行为不构成犯罪，因为甲没有将该物品传播出去

〔1〕 答案：A。

第十八章
贪污贿赂罪

第一节　贪污类型的犯罪

一、贪污罪

第三百八十二条	【贪污罪】国家工作人员利用职务上的便利，侵吞、窃取、骗取或者以其他手段非法占有公共财物的，是贪污罪。 受国家机关、国有公司、企业、事业单位、人民团体委托管理、经营国有财产的人员，利用职务上的便利，侵吞、窃取、骗取或者以其他手段非法占有国有财物的，以贪污论。 与前两款所列人员勾结，伙同贪污的，以共犯论处。
第三百八十三条〔1〕	【贪污罪的处罚】对犯贪污罪的，根据情节轻重，分别依照下列规定处罚： （一）贪污数额较大或者有其他较重情节的，处三年以下有期徒刑或者拘役，并处罚金。 （二）贪污数额巨大或者有其他严重情节的，处三年以上十年以下有期徒刑，并处罚金或者没收财产。 （三）贪污数额特别巨大或者有其他特别严重情节的，处十年以上有期徒刑或者无期徒刑，并处罚金或者没收财产；数额特别巨大，并使国家和人民利益遭受特别重大损失的，处无期徒刑或者死刑，并处没收财产。 对多次贪污未经处理的，按照累计贪污数额处罚。 犯第一款罪，在提起公诉前如实供述自己罪行、真诚悔罪、积极退赃，避免、减少损害结果的发生，有第一项规定情形的，可以从轻、减轻或者免除处罚；有第二项、第三项规定情形的，可以从轻处罚。 犯第一款罪，有第三项规定情形被判处死刑缓期执行的，人民法院根据犯罪情节等情况可以同时决定在其死刑缓期执行二年期满依法减为无期徒刑后，终身监禁，不得减刑、假释。

〔1〕本条为2015年8月29日全国人大常委会《刑法修正案（九）》第44条所修改，按贪污数额、贪污情节重新设置了贪污罪的法定刑，并增设了第3款、第4款（终身监禁）的规定；原法条为：“对犯贪污罪的，根据情节轻重，分别依照下列规定处罚：（一）个人贪污数额在十万元以上的，处十年以上有期徒刑或者无期徒刑，可以并处没收财产；情节特别严重的，处死刑，并处没收财产。（二）个人贪污数额在五万元以上不满十万元的，处五年以上有期徒刑，可以并处没收财产；情节特别严重的，处无期徒刑，并处没收财产。（三）个人贪污数额在五千元以上不满五万元的，处一年以上七年以下有期徒刑；情节严重的，处七年以上十年以下有期徒刑。个人贪污数额在五千元以上不满一万元，犯罪后有悔改表现、积极退赃的，可以减轻处罚或者免予刑事处罚，由其所在单位或者上级主管机关给予行政处分。（四）个人贪污数额不满五千元，情节较重的，处二年以下有期徒刑或者拘役；情节较轻的，由其所在单位或者上级主管机关酌情给予行政处分。对多次贪污未经处理的，按照累计贪污数额处罚。”

续表

第三百九十四条	【贪污罪】国家工作人员在国内公务活动或者对外交往中接受礼物，依照国家规定应当交公而不交公，数额较大的，依照本法第三百八十二条、第三百八十三条的规定定罪处罚。
第一百八十三条第二款	【贪污罪】国有保险公司工作人员和国有保险公司委派到非国有保险公司从事公务的人员有前款行为的，依照本法第三百八十二条、第三百八十三条的规定定罪处罚。
第二百七十一条第二款	【贪污罪】国有公司、企业或者其他国有单位中从事公务的人员和国有公司、企业或者其他国有单位委派到非国有公司、企业以及其他单位从事公务的人员有前款行为的，依照本法第三百八十二条、第三百八十三条的规定定罪处罚。

【犯罪构成：主体为国家工作人员 + 利用职务上的便利 + 侵吞、窃取、骗取或者其他手段行为 + 对象为公共财物 + 犯罪故意 + 非法占有目的或者不法所有目的 + 已满16周岁并具有责任能力的自然人】

贪污罪与侵占罪、盗窃罪、诈骗罪是特别法条与普通法条的法条竞合关系：国家工作人员利用职务之便取得单位公共财物的，成立贪污罪；否则，成立一般的财产犯罪。

（一）行为主体

"国家工作人员"，本罪属于真正的身份犯。

1. 国家机关、国有公司、企业、事业单位、人民团体中从事公务的人员或者上述机关、单位委派到其他单位从事公务的人员。

（1）国有保险公司的工作人员和国有保险公司委派到非国有保险公司从事公务的人员利用职务上的便利，故意编造未曾发生的保险事故进行虚假理赔，骗取保险金归自己所有的，以贪污罪追究刑事责任。

（2）国有公司、企业或者其他国有单位中从事公务的人员和国有公司、企业或者其他国有单位委派到非国有公司、企业以及其他非国有单位从事公务的人员，利用职务上的便利，将本单位财物非法占为己有的，以贪污罪追究刑事责任。

2. 协助人民政府从事行政管理工作的村民委员会等基层组织人员。

3. 伪造国家机关公文、证件成为的国家工作人员。如果成立伪造国家机关公文、证件罪和相应的贪污罪、受贿罪、挪用公款罪等的，应当数罪并罚。

4. 受国家机关、国有公司、企业、事业单位、人民团体委托管理、经营国有财产的人员属于国家工作人员。其中"受委托管理、经营国有财产"是指因承包、租赁、聘用等而管理、经营国有财产。按照司法解释，该规定属于法律拟制，即这种人员仅在贪污罪中被视为国家工作人员，在其他犯罪中不属于国家工作人员。

5. 国家工作人员在国内公务活动或者对外交往中接受礼物，依照国家规定应当交公而不交公，数额较大的，以贪污罪追究刑事责任。

6. 与国家工作人员共同贪污的，以共犯论处。"以共犯论处"通常是以贪污罪的共犯论处，但由于共犯是不法形态，以共犯论处主要意味着应当将公共财物损失的结果归属于一般公民的行为，而共犯对正犯的罪名不具有从属性，故一般公民完全可能同时构成贪污罪的共犯与盗窃罪、诈骗罪的正犯，属于想象竞合犯。

7. 经国家出资企业中负有管理、监督国有资产职责的组织批准或者研究决定，代表其在国有控股、参股公司及其分支机构中从事组织、领导、监督、经营、管理工作的人员，应当认定为国家工作人员。

（二）利用职务上的便利

即利用职务上主管、管理、经营、经手公共财物的权力及方便条件，既包括利用本人职务上主管、管理公共财物的职务便利，也包括利用职务上有隶属关系的其他国家工作人员的职务便利。

1. 如果只是利用与职务无关仅因工作关系熟悉作案环境或易于接近作案目标、凭工作人员身份容易进入某些单位等便利条件非法占有公共财物的，不成立贪污罪。

2. 即使行为人利用了职务上的便利非法占有公共财物的，不一定成立贪污罪。只有当国家工作人员现实地对公共财物享有支配权、决定权，或者对具体支配财物的人员处于领导、指示、支配地位，进而利用了职务上的便利的，才成立贪污罪。

例 1： 在甲单位征用土地的过程中，土地管理局的工作人员乙与被征用土地的农民丙相勾结，由丙多报土地上的庄稼数，乙加盖土地管理局的印章予以证实，进而从甲单位多领补偿款的，不成立贪污罪，仅成立诈骗罪。

例 2： 村民甲谎称危房翻新，村主任乙代其填写虚假材料并以村主任名义签字同意后上报镇政府，从镇政府骗取 2 万元的危房补助金给甲。乙从事扶贫管理工作，虽然属于国家工作人员，也利用了职务上的便利，但不成立贪污罪，甲、乙二人仅成立诈骗罪的共犯。

例 3： 派出所户籍警察甲收取李某 5 万元后，伪造国家机关证件，将李某及其子女共计 5 人的户口，由拆迁占地范围外迁移到拆迁占地范围内，同时出具虚假户口资料，从而骗取了国家拆迁安置人头补偿款 50 万元的，甲成立伪造国家机关证件罪、滥用职权罪与诈骗罪的想象竞合犯，与受贿罪应当数罪并罚。

（三）取得行为：侵吞、窃取、骗取或者以其他手段非法占有公共财物

1. “侵吞”，即侵占（变占有为所有），是指将自己因为职务而占有、管理的公共财物据为己有或者使第三者所有（包括事实上的与法律上的处分）。国家工作人员在国内公务活动或者对外交往中接受礼物，依照国家规定应当交公而不交公，数额较大的，以贪污罪论处。

例如，财会人员收款不入账而据为己有，执法人员将罚没款据为己有，管理人员将自己管理的公共财物变卖后占有所变卖的款项，等等。

2. “窃取”，只有当行为人与他人共同占有公共财物时，行为人利用职务上的便利窃取该财物的，才属于贪污罪中的“窃取”。

例 1： 国有企业保险箱的钥匙和密码分别由甲、乙保管，而且须同时使用才能打开保险箱，甲利用自己掌握的钥匙打开保险箱取走里面的财物的，属于利用职务之便的“窃取”。

例 2：国有加油站的负责人甲下班时把现金锁入加油站的铁柜后，深夜砸开铁柜取走现金，而不使用自己手中的钥匙的，属于利用职务之便的“侵吞”而非“窃取”。

3.“骗取”，即假借职务上的合法形式，采用欺骗手段，使具有处分权的受骗人产生认识错误，进而取得公共财物。

（1）传统理论认为，国家工作人员谎报出差费用或者多报出差费用骗取公款的，成立贪污罪。

（2）主流观点认为，这种行为并没有利用职务上的便利，应成立诈骗罪。

例如，《刑法》第 183 条第 2 款规定的情形。国有保险公司工作人员和国有保险公司委派到非国有保险公司从事公务的人员，利用职务上的便利，故意编造未曾发生的保险事故进行虚假理赔，骗取保险金归自己所有的，成立骗取方式的贪污罪。

4.“其他手段”，即除侵吞、窃取、骗取以外的其他利用职务之便的手段，如将公车登记为自己所有，将公款存入自己的私人存折，将公物作为私有物予以支配，将公款赠与他人，将公物变卖等。当然，“其他手段”不包括单纯毁坏公共财物的行为。

例如，甲是某国有房地产公司负责人。在该公司承建的某房地产项目竣工后，甲交给该公司 10 万元定金，预定了一套公寓。两年后，由于房价大涨，该公寓市价由500 万元上涨到 1000 万元，公司将该公寓出售后，甲让公司将其中的 500 万元作为“损失费”交给自己。本案中，公司出售公寓所得的 1000 万元属于公司所得财产，甲将其据为己有的行为成立贪污罪。

注意

（1）贪污罪中的侵吞行为，必然符合侵占罪的犯罪构成；贪污中的窃取行为，必然符合盗窃罪的犯罪构成；贪污罪中的骗取行为，必然符合诈骗罪的犯罪构成；但符合侵占罪、盗窃罪、诈骗罪的犯罪构成的行为，却不一定符合贪污罪的犯罪构成。

（2）对构成贪污罪的行为，以贪污罪论处，不再以侵占罪、盗窃罪与诈骗罪论处。国家工作人员利用职务上的便利，窃取、骗取公共财物，如果不符合贪污罪的构成要件而不成立贪污罪，但达到盗窃罪、诈骗罪的数额起点的，应认定为盗窃罪、诈骗罪。

（四）行为对象

即公共财物，不限于国有财物，但不包含公民私人所有的财物。但是，在国有单位运输、管理中的个人财物，视为公共财物。

1.“公共财物”不要求单位的占有具备合法性，如贪污国家机关非法征收的款项的，贪污国有企业收受的回扣的，贪污国有公司合同诈骗所取得的财物的，贪污单位小金库财物的，都应认定为贪污罪。

2. 受国家机关、国有公司、企业、事业单位、人民团体委托管理、经营国有财产的人员成立贪污罪必须是非法占有了国有财物。

3. 要求数额较大或者有其他较重情节。“数额较大”要求 3 万元以上，或者数额 1 万元以上并有其他较重情节。

4. 贪污罪以行为人是否实际控制财物作为区分既遂与未遂的标准。对于行为人利用职务上的便利，实施了虚假平账等贪污行为，但公共财物尚未实际转移，或者尚未被行为人控制就被查获的，应当认定为贪污未遂。

例1：妻子乙让在某国有银行上班的丈夫甲将自家10万元现金存入该银行，作为银行柜台人员的甲为了拿回一个存款凭证，先将10万元存入银行，然后利用自己的职务之便将该存款在电脑上销掉，将该10万元用于其他投资项目。由于10万元属于甲、乙夫妻之间的共同财产，甲对此享有支配权，可以将甲的行为视为利用家庭财产投资的行为，故甲的行为不成立犯罪。

例2：某小学施工后欠乙15万元工程款，乙找校长甲多次索要无果。后来甲对乙说"有人出8万元买你的债"，乙意识到甲只愿意支付8万元，无奈之下乙只好将15万元的债权折价为8万元。之后，甲将差价7万元非法据为己有。如果甲先从学校拿出15万元，迫使对方放弃7万元的，应当认定为索贿方式的受贿罪；如果甲与乙说好只支付8万元，之后甲从学校拿走7万元的，应当认定为贪污罪。

（五）责任内容

罪过形式为故意，并具有非法占有目的（窃取或者骗取行为）或者不法所有目的（侵吞行为），该目的包括使自己占有或者使第三者或者其他单位占有的目的。

例如，甲所在的国有公司需要向乙购进一批原材料，乙报价单价10元，但是因为乙的妻子是甲的儿子的班主任，于是甲利用职权把乙的报价提高到单价30元，致使国有公司多向乙支出100万元。甲具有非法占有目的，成立贪污罪。

（六）处罚问题

1. 共犯数额。在共同贪污中，个人贪污数额，不是泛指整个共同犯罪的数额，也不是指分赃数额，而是指个人应当承担责任的数额。对此，应根据刑法总则关于各共犯人承担责任的原则确定。

2. 累计数额。对于多次贪污未经处理的，按照累计贪污数额处罚。这里的未经处理，是指由于某种原因，既没有受过刑事处罚，也没有受过行政处理的情况。

3. 从宽处罚情节。犯贪污罪的犯罪分子，在提起公诉前如实供述自己罪行、真诚悔罪、积极退赃，避免、减少损害结果的发生：（1）如果贪污数额较大或者有其他较重情节的，可以从轻、减轻或者免除处罚；（2）如果贪污数额（特别）巨大或者有其他（特别）严重情节的，可以从轻处罚。

4. 从严处罚情节。犯贪污罪的犯罪分子，如果因为数额特别巨大，并使国家和人民利益遭受特别重大损失，而被判处死刑缓期执行的，人民法院根据犯罪情节等情况可以同时决定在其死刑缓期执行二年期满依法减为无期徒刑后，终身监禁，不得减刑、假释。

二、挪用公款罪

第三百八十四条	【挪用公款罪】国家工作人员利用职务上的便利，挪用公款归个人使用，进行非法活动的，或者挪用公款数额较大、进行营利活动的，或者

续表

第三百八十四条	挪用公款数额较大、超过三个月未还的，是挪用公款罪，处五年以下有期徒刑或者拘役；情节严重的，处五年以上有期徒刑。挪用公款数额巨大不退还的，处十年以上有期徒刑或者无期徒刑。 挪用用于救灾、抢险、防汛、优抚、扶贫、移民、救济款物归个人使用的，从重处罚。

【犯罪构成：主体为国家工作人员 + 利用职务上的便利 + 挪用公款归个人使用的行为 + 对象为公款 + 犯罪故意 + 已满 16 周岁并具有责任能力的自然人】

挪用公款罪的法益是公款的占有权、使用权、收益权以及职务行为的廉洁性。

（一）行为主体

国家工作人员，但不包括受委托管理、经营国有财产的人员（即不包括《刑法》第 382 条第 2 款规定的人员）。

1. 共犯。①挪用公款给他人使用，使用人与挪用人共谋，指使或者参与策划取得挪用款的，以挪用公款罪的共犯定罪处罚。②使用人只是单纯提出、要求借用公款的，不认定为挪用公款罪的共犯。③即使使用人具有诈骗故意的，也不影响国家工作人员成立挪用公款罪。

2. 因挪用公款索取、收受贿赂构成犯罪的，或者挪用公款进行非法活动构成其他犯罪的，应当数罪并罚。

3. 明知他人使用公款进行犯罪活动，而挪用公款后给他人使用的，应以挪用公款罪与其他犯罪数罪并罚。但是，挪用公款的行为与帮助他人犯罪的行为系同一行为的，属于想象竞合犯，从一重罪论处。

例如，明知他人使用公款用于贩卖毒品，而将公款挪用出来后再交给他人，他人实施贩卖毒品行为的，成立挪用公款罪的正犯与贩卖毒品罪的帮助犯，数罪并罚。但是，行为人利用职务之便，从单位账户直接将公款转给贩卖毒品的他人的，成立挪用公款罪的正犯与贩卖毒品罪的帮助犯，属于想象竞合犯。

（二）利用职务上的便利

即利用职务权力与地位所形成的主管、管理、经营、经手公款或特定款物的便利条件。

（三）挪用公款归个人使用

1. 挪用，是指未经合法批准，或者违反财经纪律，擅自使公款脱离单位的行为。行为人挪用之后是否使用该公款，不影响挪用公款的认定。

例如，国有公司会计甲，为了帮助银行工作人员乙完成存款任务，擅自将公款从 A 银行转入 B 银行，户名依然为该国有公司的，因公款未脱离国有公司控制，甲的行为不属于“挪用”。

2. 公款，包括用于救灾、抢险、防汛、优抚、扶贫、移民、救济的款物，失业保险基金和下岗职工基本生活保障资金，公有国库券（公款不等于现金）、金融凭证、有价证券等。

3. “归个人使用”，是指将公款供本人、亲友或者其他自然人使用的；以个人名义将公款供其他单位使用的；个人决定以单位名义将公款供其他单位使用，谋取个人利益的。[1]但是，经单位领导集体研究决定将公款给个人使用，或者单位负责人为了单位的利益，决定将公款给个人使用的，不以挪用公款罪定罪处罚。

例如，乙向某银行申请贷款1000万元，但不符合贷款条件，银行行长甲（国家工作人员）与乙、丙共谋，将丙作为借款人贷出1000万元后给乙使用。乙使用两个月后，将1000万元归还给甲的个人账户。因贷款期为1年，甲便以个人名义将1000万元借给其他人使用，贷款到期时，甲通过其他方式归还了1000万元。由于乙实际归还了贷款，甲之后将其挪用的，成立挪用公款罪，与违法发放贷款罪应当并罚。

（四）公款用途

根据挪用公款的用途的不同，法律规定了不同的数额和时间条件。

1. 进行非法活动。挪用公款归个人使用，进行赌博、走私等非法活动的，以挪用公款3万元为定罪的数额起点，没有时间要求。挪用公款给他人使用，不知道使用人将公款用于非法活动，数额较大、超过3个月未还的，构成挪用公款罪；明知使用人将公款用于非法活动的，应当认定为挪用人挪用公款进行非法活动。

2. 进行营利活动。挪用公款数额较大，归个人进行营利活动的，以挪用公款5万元为“数额较大”的起点，不受挪用时间和是否归还的限制。挪用公款给他人使用，不知道使用人将公款用于营利活动，数额较大、超过3个月未还的，构成挪用公款罪；明知使用人将公款用于营利活动的，应当认定为挪用人挪用公款进行营利活动。

3. 进行其他活动。挪用公款归个人使用，数额较大、超过3个月未还的，以挪用公款5万元为“数额较大”的起点。例如，国有公司经理甲为了借钱给好友赵某，提前4个月给施工单位支付了应付的100万元工程款，再指使施工单位借给赵某100万元的，甲的行为属于“挪用公款进行其他活动，超过3个月未还”的情形，成立挪用公款罪。

注意

（1）对挪用公款罪的三种用途的认定，原则上应根据客观的使用性质予以判断。如果案发时一直没有利用公款的，认定为“挪用公款归个人使用，进行非法活动、营利活动以外的其他活动的情形”。这并不意味着“使用”行为是挪用公款罪的构成要件要素；相反，使用行为只是确认用途的资料与根据。

例如，甲让国有公司出纳乙挪用公款给自己注册公司，乙以为甲需要5000万元，于是挪出5000万元打到了甲的个人账户，但甲实际只需要2000万元，甲马上将3000万元打回了乙所在公司的账户。本案中，乙的行为属于挪用公款进行营利活动，数额为2000万元，另外的3000万元属于挪用公款进行其他活动，由于在三个月内

---

〔1〕对于行为人逃避财务监管，或者与使用人约定以个人名义进行，或者借款、还款都以个人名义进行，将公款给其他单位使用的，应认定为“以个人名义”。“个人决定”既包括行为人在职权范围内决定，也包括超越职权范围决定。“谋取个人利益”，既包括行为人与使用人事先约定谋取个人利益实际尚未获取的情况，也包括虽未事先约定但实际已获取了个人利益的情况。其中的“个人利益”，既包括不正当利益，也包括正当利益；既包括财产性利益，也包括非财产性利益，但这种非财产性利益应当是具体的实际利益，如升学、就业等。

归还，故不成立犯罪。

（2）如果多次挪用公款进行不同用途的，重行为的数额可以计算在轻行为的数额之中（要求轻行为满足成立犯罪的所有条件），但轻行为的数额不能计算在重行为的数额之中；三个月之内归还的数额不能计算在“超过三个月未还”的挪用数额中。

例1：甲挪用公款2万元进行非法活动，挪用公款3万元进行营利活动，挪用公款4万元进行其他活动，均超过3个月未还。甲挪用公款进行“非法活动”“营利活动”的数额都可以评价为进行“其他活动”的数额，即可以不考虑非法性、营利性，而是视为进行其他活动，故甲的行为属于挪用公款9万元进行其他活动。

例2：甲挪用公款2万元进行非法活动，挪用公款3万元进行营利活动，应认定甲挪用公款5万元进行营利活动。

例3：甲挪用公款1万元进行非法活动，3个月内归还；挪用公款2万元进行营利活动，3个月内归还；挪用公款3万元进行其他活动，超过3个月未还。甲的行为不成立挪用公款罪。

（3）只要挪用公款已经成立犯罪，就应当累计犯罪数额。

司法解释规定：“多次挪用公款，并以后次挪用的公款归还前次挪用的公款，挪用公款数额以案发时未还的实际数额认定。”该规定以前次的挪用不构成挪用公款罪为前提，如果前次的挪用行为已经构成挪用公款罪，就应当累计挪用数额。

注意

挪用公款存入银行、用于集资、购买股票、国债等，属于挪用公款进行营利活动。所获取的利息、收益等违法所得，应当追缴，但不计入挪用公款的数额。

例1：国有公司出纳甲第一次挪用公款5万元超过3个月未还，4个月后第二次挪用公款5万元归还了第一次的5万元，第二次的挪用超出了3个月后没有归还就案发的，甲成立挪用公款罪，犯罪数额为10万元，而非5万元。

例2：A公司负责人甲与B国有公司负责人乙（国家工作人员）共谋，以将国有公司公款出借给A公司的名义挪用B国有公司公款1000万元，其中400万元由甲用于支付购房款，600万元由乙用于炒股，4个月后归还。甲、乙二人挪用公款进行其他活动，超过3个月未还，成立挪用公款罪，数额均为1000万元。

（五）责任内容

罪过形式为故意。如果国家工作人员具有非法占有目的，以贪污罪论处。

1. 挪用公款罪与贪污罪之间并非非此即彼的对立关系，而是包容关系。换言之，贪污罪行为一般也符合挪用公款罪的犯罪构成。在行为人将公款转移给个人占有时，即使不能查明行为人是否具有归还的意思，也能够认定为挪用公款罪；反之，只要查明行为人具有非法占有目的，就应认定为贪污罪。

2. 对于下列行为，应以贪污罪论处：

（1）携带挪用的公款潜逃的，对其携带挪用的公款部分，以贪污罪定罪处罚。

（2）挪用公款后采取虚假发票平账、销毁有关账目等手段，使所挪用的公款已难以反映在单位财务账目上，且没有归还行为的，以贪污罪定罪处罚。

（3）截取单位收入不入账，非法占有，使所占有的公款难以反映在单位财务账目上，且没有归还行为的，以贪污罪定罪处罚。

（4）有证据证明行为人有能力归还所挪用的公款而拒不归还，并隐瞒挪用的公款去向的，以贪污罪定罪处罚。

3. 追诉期限。挪用公款归个人使用，进行非法活动的，或者挪用公款数额较大、进行营利活动的，犯罪的追诉期限从挪用行为实施完毕之日起计算；挪用公款数额较大、超过三个月未还的，犯罪的追诉期限从挪用公款罪成立之日起计算（超过三个月未还之时）。

（六）加重情节

挪用公款数额巨大不退还的，属于加重情节，即挪用公款数额巨大，因客观原因在一审宣判前不能退还的。如果证明其有非法占有目的的（如有能力归还所挪用的公款而拒不归还，并隐瞒挪用的公款去向的），则成立贪污罪。

（七）从重处罚情节

挪用用于救灾、抢险、防汛、优抚、扶贫、移民、救济款物归个人使用的，成立挪用公款罪，从重处罚。这种情形要求挪用特定款物归个人使用，如果挪用特定款物归公用的，则成立挪用特定款物罪。

三、私分国有资产罪

第三百九十六条第一款	【私分国有资产罪】国家机关、国有公司、企业、事业单位、人民团体，违反国家规定，以单位名义将国有资产集体私分给个人，数额较大的，对其直接负责的主管人员和其他直接责任人员，处三年以下有期徒刑或者拘役，并处或者单处罚金；数额巨大的，处三年以上七年以下有期徒刑，并处罚金。

【犯罪构成：主体为国家机关、国有公司、企业、事业单位、人民团体＋以单位名义非法将国有资产集体私分给个人的行为＋数额较大＋犯罪故意＋单位犯罪（负责任的自然人要求已满16周岁并具有责任能力）】

贪污罪与私分国有资产罪的不法程度一致，不同的是责任程度。只有当行为人出于相对公平的利他动机，并且对国有资产进行相对公平地私分时，才能认定为私分国有资产罪。

1. 将国有资产私分给单位全体成员的，属于私分国有资产；将国有资产分配给单位部分成员的情况下，如果分配根据具有相对的合理性的，属于私分国有资产。

2. 基于利己的考量而将国有资产分配给个人的，原则上成立贪污罪。

3. 单位负责人的行为可能成立私分国有资产罪与贪污罪，应当数罪并罚。

例如，国有公司总经理甲通过集体决定按照工资比例私分国有资产给员工，但同时决定单位领导的分配比例明显高于其他员工，高出部分成立贪污罪，与私分国有资产罪数罪并罚；国有公司总经理甲将国有资产分配给承担单位额外工作任务的人员，同时分配给没有承担该项工作的其他人员的，成立私分国有资产罪与贪污罪，应当数罪并罚。

四、巨额财产来源不明罪

第三百九十五条[1] 第一款	【巨额财产来源不明罪】国家工作人员的财产、支出明显超过合法收入，差额巨大的，可以责令该国家工作人员说明来源，不能说明来源的，差额部分以非法所得论，处五年以下有期徒刑或者拘役；差额特别巨大的，处五年以上十年以下有期徒刑。财产的差额部分予以追缴。

【犯罪构成：主体为国家工作人员＋不能说明超过合法收入的财产来源的行为＋犯罪故意＋已满16周岁并具有责任能力的自然人】

1. 本罪主体为国家工作人员。如果夫妻双方均为国家工作人员，家庭财产明显超过合法收入，差额巨大时，有关机关责令双方说明来源，而双方均不说明来源的，双方均成立本罪。

例如，甲做生意赚取了巨额财产，之后参加公务员考试，成为国家工作人员。在干部提拔时，有人举报甲拥有巨额财产。相关部门随后展开调查，责令甲说明来源，但甲拒不说明其来源。本案中，甲具有说明巨额财产来源的义务，故甲不说明来源的行为成立巨额财产来源不明罪。

2. “国家工作人员的财产、支出明显超过合法收入，差额巨大的”，不是本罪的实行行为，而是成立本罪的前提条件。

3. “不能说明来源”，属于本罪的实行行为，本罪属于真正的不作为犯罪。包括以下情况：行为人拒不说明财产来源；行为人无法说明财产的具体来源；行为人所说的财产来源经司法机关查证并不属实；行为人所说的财产来源因线索不具体等原因，司法机关无法查实，但能排除存在来源合法的可能性和合理性的。

4. 数罪并罚。(1) 行为人拥有巨额财产，本人不能说明其合法来源的，人民法院判决成立本罪；但司法机关后来查清了该巨额财产的来源，如果来源是合法的，原来的判决必须维持，不能更改。(2) 司法机关后来查清了该巨额财产的来源是非法的，也不能推翻原来的判决，应按非法来源的性质认定犯罪，与巨额财产来源不明罪按照《刑法》第70条“先并后减”原则数罪并罚。

练练手

1. 关于贪污罪，下列哪些选项是错误的？[2]

A. 政府拨款为某村修建公路，实际修筑了5公里路段，但该村村主任甲通过做假

---

〔1〕 本条第1款为2009年2月28日全国人大常委会《刑法修正案（七）》第14条所修正。1997年《刑法》原文第1款为：“国家工作人员的财产或者支出明显超过合法收入，差额巨大的，可以责令说明来源。本人不能说明其来源是合法的，差额部分以非法所得论，处五年以下有期徒刑或者拘役，财产的差额部分予以追缴。”

〔2〕 答案：ABC。

账，上报修筑了7公里公路，从而多领取了20万元归自己所有的，甲的行为成立贪污罪

B. 国有公司主管后勤的副总经理甲以设备陈旧过时为名，将其以废物出售给他人，造成单位损失100万元的，甲的行为成立贪污罪

C. 国有公司经理甲发现本公司正在洽谈的合同利益很大，能盈利100万元，遂停止与对方洽谈合作，私下指使其弟与对方签订协议，获利100万元的，甲的行为成立贪污罪

D. 公立医院院长甲从某药厂购进价值100万元的医疗设施，但甲只实际支付了80万元，药厂也没要求甲支付剩余货款，甲随后将剩余的20万元归自己的，甲的行为成立贪污罪

2. 关于挪用公款罪，下列哪些选项是正确的?[1]

A. 财政所所长甲挪用救灾款100万元用于炒股，由于股市行情不好，在一审宣判前无法归还的，成立挪用公款罪

B. 乙为赌博，指使国有公司出纳甲挪用公款10万元给自己，甲知道真相后挪用10万元给乙，但乙因故未赌博，一个月后案发，并退还公款的，甲、乙均不成立挪用公款罪

C. 国有公司出纳甲挪用公款1万元用于赌博，挪用3万元用于炒股，挪用4万元购买电脑，四个月后案发的，甲成立挪用公款罪，数额为8万元，属于进行非法活动、营利活动以外的其他活动

D. 国有公司出纳甲挪用公款10万元给乙用于贩卖毒品，乙贩卖毒品后将10万元归还甲，并分配贩卖毒品的利润10万元给甲的，甲成立挪用公款罪、贩卖毒品罪与受贿罪，数罪并罚

第二节 贿赂类型的犯罪

一、受贿罪

第三百八十五条	【受贿罪】国家工作人员利用职务上的便利，索取他人财物的，或者非法收受他人财物，为他人谋取利益的，是受贿罪。 国家工作人员在经济往来中，违反国家规定，收受各种名义的回扣、手续费，归个人所有的，以受贿论处。
第三百八十六条	【受贿罪的处罚】对犯受贿罪的，根据受贿所得数额及情节，依照本法第三百八十三条的规定处罚。索贿的从重处罚。
第三百八十八条	【(斡旋)受贿罪】国家工作人员利用本人职权或者地位形成的便利条件，通过其他国家工作人员职务上的行为，为请托人谋取不正当利益，索取请托人财物或者收受请托人财物的，以受贿论处。

〔1〕 答案：ABC。

【犯罪构成：主体为国家工作人员＋利用职务上的便利，索取他人财物的，或者非法收受他人财物，为他人谋取利益的行为＋犯罪故意＋已满16周岁并具有责任能力的自然人】

受贿罪的法益，是国家工作人员职务行为的不可收买性，即国家工作人员职务行为与财物的不可交换性。不可收买性包含两个方面的内容：一是职务行为的不可收买性本身；二是国民对职务行为不可收买性的信赖。

例1： 国家工作人员收受了他人交付的转账支票后，还没有提取现金的，或者收受购物卡后，还没有购物的，或者收受贿赂后，将贿赂用于公益事业的，都成立受贿既遂。

例2： 房产商乙对市长甲谎称丙（与甲发生了性关系）怀孕，而且丙提出要求甲支付其100万元，甲深感焦虑。乙又谎称会垫付50万元，但甲要找其他人再垫付50万元，等乙工程赚钱后再帮甲还上另外的50万元。甲遂打电话给丁，让丁借给乙50万元。之后甲利用职务之便帮乙拿到了工程，乙赚钱后将50万元还给了丁。本案中，乙没有给甲财物，甲也没有收受财物，故乙不成立行贿罪，甲也不成立受贿罪。

（一）行为主体

即国家工作人员，但不包括受委托、管理国有财产的人员（即不包括《刑法》第382条第2款规定的人员）。

1. 村民委员会等基层组织人员协助人民政府从事行政管理工作，利用职务上的便利实施受贿行为的，以受贿罪论处。

2. 国家工作人员利用职务上的便利为请托人谋取利益，并与请托人事先约定，在其离退休后或者离职后收受请托人财物，也成立受贿罪。

3. 一般公民与国家工作人员相勾结，伙同受贿的，以受贿罪的共犯论处，如国家工作人员的亲属教唆或者帮助国家工作人员受贿的，成立受贿罪的共犯。

（二）利用职务上的便利

即国家工作人员所索取或者收受的财物与其职务行为有关，是国家工作人员职务行为的不正当报酬。

1. 受贿罪中利用职务之便的含义不同于贪污罪中的利用职务之便。前者强调职务与贿赂的相关性，后者强调行为人基于职权、职责主管、管理、经营、经手公共财物的便利。

2. 担任单位领导职务的国家工作人员通过不属于自己主管的下级部门的国家工作人员的职务为他人谋取利益的，属于“利用职务之便”为他人谋取利益。

3. 国家工作人员在法律允许的范围内，利用业余时间，以自己的劳动为他人提供某种服务，从而获得报酬的（即使事后索要的），不成立受贿罪。但国家工作人员在业余时间，利用职务上的便利为他人谋取利益，进而获得报酬的，成立受贿罪。

（三）受贿行为

1. “索取他人财物的”。即要求、索要与勒索贿赂。索贿的，以利用职务之便实施了索要行为作为受贿罪成立条件，不要求“为他人谋取利益”。索取贿赂的，应当从重处罚。

2. “非法收受他人财物”。指在行贿人主动提供贿赂时，国家工作人员以将该贿赂作为自己的所有物的意思而接收、取得，并要求允诺为他人谋取利益。收受贿赂的，行为人收受他人财物，要求（承诺）为他人谋利益的，才可能成立犯罪。

注意

第三者收受贿赂。如果第三者明知行贿者所提供的财物为贿赂而接受的，则成立受贿罪的共犯。

3. 约定受贿（《刑法》第385条第2款）。国家工作人员在经济往来中，非法收取回扣、手续费归个人所有的，构成受贿罪。

4. 斡旋方式的受贿罪（《刑法》第388条）。即国家工作人员利用本人职权或者地位形成的便利条件，通过其他国家工作人员职务上的行为，为请托人谋取不正当利益，索取请托人财物或者收受请托人财物的行为。只要国家工作人员接受请托（承诺实施斡旋行为）并索取或者收受贿赂，即使还没有从事斡旋行为的（要求有从事斡旋行为的意思），或者斡旋行为被拒绝的，或者斡旋行为未成功的，都属于斡旋受贿的既遂。

5. 事后受贿。国家工作人员事先实施某种职务行为，为他人谋取利益时没有受贿的故意，事后（在职时）明知他人交付的财物是对自己职务行为的不正当报酬而予以收受的，成立受贿罪。

6. 国家工作人员收受单位财物的，成立受贿罪。

注意

“财物”，是指具有价值的可以管理的有体物、无体物以及财产性利益，包括货币、物品和财产性利益。财产性利益包括可以折算为货币的物质利益如房屋装修、债务免除等，以及需要支付货币的其他利益如会员服务、旅游等。后者的犯罪数额以实际支付或者应当支付的数额计算。

例如，国家工作人员在色情场所嫖宿或者接受其他性服务，由请托人支付费用的，或者请托人支付费用雇请卖淫者为国家工作人员提供性服务的，国家工作人员实际上收受了财产性利益，属于受贿。但是，请托人直接为国家工作人员提供性服务的，国家工作人员不成立受贿罪。

（四）为他人谋取利益

收受贿赂方式的受贿罪，还要求行为人“为他人谋取利益”。

1. 其中“他人”包括自然人和单位，“利益”包括正当和不正当利益。

2. “为他人谋取利益”的含义理论上存在三种学说。

（1）旧客观要件说认为，“为他人谋取利益”是指客观上有为他人谋取利益的行为，而不要求实际上使他人取得了利益。

（2）主观要素说认为，“为他人谋取利益”是指主观上为他人谋取利益的意图。

（3）新客观说认为，“为他人谋取利益”的认定，其最低要求是许诺为他人谋取利益。新客观说是通说，包括明示、暗示的许诺，包括直接对行贿人许诺和通过第三者对行贿人许诺，包括真实、虚假的许诺。

第一，国家工作人员无论事前受贿还是事后受贿，只要所实施的为他人谋取利益的行为构成其他犯罪，除刑法有特别规定的以外（《刑法》第229条第2款与第399条第4款），应当数罪并罚。

第二，虚假的许诺构成受贿罪的条件：收受财物后作虚假许诺，许诺的内容与国家工作人员的职务行为相关联，许诺行为导致财物与所许诺的职务行为之间形成了对价关系，使财物成为国家工作人员所许诺的“为他人谋取利益”的不正当报酬。

3. 为他人谋取利益的常见表现：

（1）实际或者承诺为他人谋取利益的；

（2）明知他人有具体请托事项的；

（3）履职时未被请托，但事后基于该履职事由收受他人财物的；

（4）国家工作人员索取、收受具有上下级关系的下属或者具有行政管理关系的被管理人员的财物价值3万元以上，可能影响职权行使的。

（五）责任内容

罪过形式为故意，主观上具有接受（包括索取）贿赂的意思，即具有将对方提供的财物作为自己的所有物的意思。

1. 如果没有接受贿赂的意思，事实上也没有接受的，不成立受贿罪；行为人根本不知道自己收受了财物，或者只是暂时收下，准备交给有关部门处理或者退还给行贿人的，也不成立受贿罪。

例如，国家工作人员明确表示拒绝请托人，但请托人强行将财物留下的，国家工作人员事后及时退还或者上交的，不成立受贿罪。在请托人给付财物时，国家工作人员内心拒绝，但由于病重等原因不能作出拒绝表示，事后及时退还或者上交的，不成立受贿罪。请托人在国家工作人员不知情的情况下，暗地里将财物置于国家工作人员支配的场所，国家工作人员事后及时退还或者上交的，不成立受贿罪。请托人将数额较大的财物伪装，国家工作人员误以为是价值微薄的小礼物接受了，国家工作人员事后发现真相，及时退还或者上交的，不成立受贿罪。

2. 国家工作人员出于贪污、受贿的故意，非法占有公共财物、收受他人财物之后，将赃款赃物用于单位公务支出或者社会捐赠的，不影响贪污罪、受贿罪的认定，但量刑时可以酌情考虑。

3. 特定关系人索取、收受他人财物，国家工作人员知道后未退还或者上交的，应当认定国家工作人员具有受贿故意，成立受贿罪，而特定关系人成立受贿罪的共犯。如果国家工作人员要求特定关系人退还或者上交所收受的财物，则国家工作人员不成立受贿罪，其特定关系人也不成立受贿罪的共犯。

例如，王某想向陈某行贿以谋求不正当利益，于是找了陈某的妻子赵某作为中间人，并给了赵某10万元作为好处费。后赵某向陈某提出王某的要求，陈某明确拒绝了王某的要求，并责令赵某退还10万元，赵某当场答应，但事后并没有将10万元退还，而是作为家庭开支继续使用。陈某不成立受贿罪，赵某也不成立受贿罪的共犯，也不成立利用影响力受贿罪。当然，如果陈某并未要求赵某归还或者上交，陈某、赵某则成立受贿罪的共犯。

（六）犯罪数额

1. 受贿数额3万元以上的，属于数额较大，成立受贿罪。如果受贿1万元以上，并具有下列情节之一的，成立受贿罪：（1）曾因贪污、受贿、挪用公款受过党纪、行政处分的；（2）曾因故意犯罪受过刑事追究的；（3）赃款赃物用于非法活动的；（4）拒不交代赃款、赃物去向或者拒不配合追缴工作，致使无法追缴的；（5）造成恶劣影响或者其他严重后果的；（6）多次索贿的；（7）为他人谋取不正当利益，致使公共财产、国家和人民利益遭受损失的；（8）为他人谋取职务提拔、调整的。

2. 对多次受贿未经处理的，累计计算受贿数额。国家工作人员利用职务上的便利为请托人谋取利益，前后多次收受请托人财物，受请托之前收受的财物数额在1万元以上的，应当一并计入受贿数额。

3. 国家工作人员不明知财物的具体价值而索取或者收受的，按照事后鉴定的财物数额计算。国家工作人员误以为是数额较大的财物才收受（如果数额巨大或者特别巨大则拒绝收受），即使事后鉴定财物价值数额巨大或者特别巨大的，只能适用数额较大的法定刑。收受毒品等违禁品的，可不计算数额，按照情节轻重选择法定刑。

4. 国家工作人员收受财产性利益的，应当按照获得财产性利益时的价值计算，而不应按行为人实际支出的成本计算。

例如，乙有求于国家工作人员甲的职务行为，乙在知道甲购买了一套住房后，为甲负责装修。在未做预算、未签订合同的情况下，乙让丙垫资装修，共花了200万元。乙告知甲后，甲只支付了100万元，乙表示余款不必再付。之后乙向丙另外支付了50万元的装修款，并向丙许诺今后会给丙介绍其他装修业务，丙也表示不要剩余的装修款。本案中，甲实际得到的是价值200万元的财产性利益，但仅支付了100万元，故受贿数额应为100万元，而非50万元。而且在甲仅支付100万元、乙表示余款不必再支付时，就意味着受贿罪既遂。

5. 如果国家工作人员“退还”财物后再索取或者收受的，根据案情，可能要累计计算数额。国家工作人员收受财物后所获得的孳息，不应计入受贿数额。

例1： 国家工作人员甲收受请托人30万元现金，承诺为其谋取利益，之后因风声很紧，甲担心被查处而悉数退还。过了一段时间，甲认为风声已过，遂向请托人索回已退还的30万元。原则上，甲的受贿数额应为60万元，而非30万元。

例2： 乙为谋取不正当利益，送给国家工作人员甲一套住房，但未办理产权转让手续。甲将其出租，共收取30万元租金，三年后才将该房屋产权登记在甲的妻子名下。甲受贿的数额应是三年前房屋的实际价值，租金30万元不计入受贿数额。如果当时因各种原因不能转让房屋，乙将房屋“借给”甲出租，三年来甲共收取租金30万元，然后乙将房屋送给甲，并办理产权转让登记的，甲受贿的数额应为30万元租金与办理产权登记时房屋价值的总和。

（七）关联犯罪

1. 受贿罪与敲诈勒索罪

（1）国家工作人员利用职务上的便利向请托人勒索财物的，成立受贿罪与敲诈勒索罪的想象竞合犯。

（2）如果行贿者因被勒索给予国家工作人员以财物，没有获得不正当利益的，不成立行贿罪。

2. 受贿罪与诈骗罪

（1）国家工作人员的家属，以通过国家工作人员的职务行为为他人谋取利益之名，骗取对方财物的，成立诈骗罪。

（2）在他人有求于国家工作人员的职务行为时，国家工作人员接受财物后，作出虚假承诺的，成立受贿罪。

（3）国家工作人员发现他人有求于国家工作人员的职务行为，声称为他人谋取利益并主动要求对方提供财物，成立受贿罪与诈骗罪的想象竞合犯。

3. 受贿罪与贪污罪

原则上二者具有对立关系，但可能存在受贿罪与贪污罪属于想象竞合的情形。

例 1： 国家工作人员甲对乙依法予以执行罚款，乙与甲讨价还价，仅交纳少量罚款，但额外给予甲一部分钱财的，乙成立行贿罪，甲成立受贿罪；如果乙以不开罚单为由，减少缴纳罚款，而甲将罚款私吞的，甲成立贪污罪，乙不成立犯罪。

例 2： 在乡长乙有求于县长甲的职务行为时，甲要求乡长乙从乡财政中拿出 50 万元给自己，甲成立贪污罪与受贿罪的想象竞合犯。

例 3： 某国有卫生院的院长甲向市公费医疗办公室申请拨款 50 万元。为能顺利获取拨款，甲找到公费医疗办公室主任乙与财政局主管科长丙，三人约定，只要卫生院获得拨款，甲将采取虚开发票的方式，将其中 20 万元分给乙、丙。后来，卫生院获得拨款，甲按照约定给予乙、丙 20 万元，两人均分。甲获取拨款与乙、丙的拨款决定不成立犯罪；甲获取拨款之后采取虚开发票方式将 20 万元给予乙、丙的行为成立贪污罪与行贿罪，数罪并罚；乙、丙收受贿赂的行为成立受贿罪共犯，数额 20 万元。如果乙、丙在拨款给卫生院之前就将 20 万元拿走的，或者甲原本申请拨款 30 万元，经甲、乙、丙协商后，决定多拨 20 万元，以便事后私分的，则甲、乙、丙成立针对财政局占有的公共财产的贪污罪（共犯）。

（八）受贿表现

1. 以交易形式收受贿赂。受贿数额按照交易时当地市场价格与实际支付价格的差额计算。

2. 收受干股（未出资而获得的股份）的受贿。进行了股权转让登记，或者相关证据证明股份发生了实际转让的，受贿数额按转让时股份价值计算，所分红利按受贿孳息处理。股份未实际转让，以股份分红名义获取利益的，实际获利数额应当认定为受贿数额。

3. 以开办公司等假合作名义受贿。

4. 假投资的受贿。受贿数额，以“收益”额或者以“收益”额与出资应得收益额的差额计算。

5. 假手赌博的受贿。

6. 特定关系人“挂名”领取薪酬的受贿。国家工作人员利用职务上的便利为请托人谋取利益，要求或者接受请托人以给特定关系人（即与国家工作人员有近亲属、情妇、情夫以及其他共同利益关系的人）安排工作为名，使特定关系人不实际工作却获取所谓薪酬的，以受贿论处。

7. 指使给予他人财物的受贿。

8. 收受贿赂物品未办理权属变更的受贿。

例如，某房地产公司董事会开会决定，每名董事享有以优惠价购买5套商品房的权利。该公司大股东乙将自己以优惠价购买一套商品房的资格转让给了自己的好友甲（国家工作人员），甲以八折价格购买了该商品房，比市场价节省了80万元。本案中，甲、乙之间不存在权钱交易，双方都不成立犯罪。

9. 国家工作人员受贿后，因自身或者与其受贿有关联的人、事被查处，为掩饰犯罪而退还或者上交的，成立受贿罪。国家工作人员收受请托人财物后及时退还或者上交的，不是受贿。不构成受贿罪的退还行为可能成立帮助毁灭证据罪。

10. 约定离职后受贿。国家工作人员利用职务上的便利为请托人谋取利益之前或者之后（但应限定为在职时），约定在其离职后收受请托人财物，并在离职后收受的，以受贿论处。国家工作人员利用职务上的便利为请托人谋取利益，离职前后连续收受请托人财物的，离职前后收受部分均应计入受贿数额。

（九）受贿罪共犯问题

1. 一般公民教唆或者帮助国家工作人员受贿的，成立受贿罪的教唆犯或者帮助犯，但不可能成立间接正犯或者共同正犯。

2. 国家工作人员的家属将收受他人财物的实情告知了国家工作人员，国家工作人员没有要求家属及时退还或者上交的，成立受贿罪的共犯；如果要求其家属及时退还或者上交，家属隐瞒真相没有退还或者上交的，国家工作人员不构成受贿罪，对其家属也不能以受贿罪论处。

3. 在请托人有求于国家工作人员的职务行为时，国家工作人员要求请托人将财物交付第三人时，如果第三人知道真相并接受财物的，应以受贿罪的共犯论处。

4. 国家工作人员将收受的房屋、汽车等登记在第三人名下时，第三人在登记前或者登记时知道真相并提供相关证件等帮助的，对第三人应以受贿罪的共犯论处。第三人事后才知道真相的，不成立受贿罪的共犯。

5. 国家工作人员索取、收受购物卡、储蓄卡、现金支票等之后，第三人帮助其将贿赂转变为现金或者其他财物的，因受贿行为已经既遂，故第三人的行为不成立受贿罪的共犯；如果第三人知道真相，则应以洗钱罪或者掩饰、隐瞒犯罪所得罪论处。

6. 国家工作人员与公司、企业等单位的工作人员（非国家工作人员）通谋，利用国家工作人员的职务便利，或者同时利用双方的职务便利，索取或者收受贿赂的，对双方均应认定为受贿罪。

二、单位受贿罪

第三百八十七条	【单位受贿罪】国家机关、国有公司、企业、事业单位、人民团体，索取、非法收受他人财物，为他人谋取利益，情节严重的，对单位判处罚金，并对其直接负责的主管人员和其他直接责任人员，处五年以下有期徒刑或者拘役。 前款所列单位，在经济往来中，在账外暗中收受各种名义的回扣、手续费的，以受贿论，依照前款的规定处罚。

【犯罪构成：主体为国家机关、国有公司、企业、事业单位、人民团体+索取、非法收受他人财物，为他人谋取利益的行为+情节严重+犯罪故意+单位犯罪（自然人负责任要求已满16周岁并具有责任能力）】

1．单位主体。本罪属于单位犯罪，包括国家机关、国有公司、企业、事业单位、人民团体。

2．为他人谋取利益。与受贿罪不同，单位受贿罪中索取贿赂、收受贿赂都要求为他人谋取利益，且情节严重。而且单位受贿罪不能以斡旋受贿方式实施。

3．约定受贿。国有单位在经济往来中，必须在账外暗中收受各种名义的回扣、手续费的，才以受贿论；如果正常收取回扣、手续费的，不成立犯罪。

三、行贿罪

第三百八十九条	【行贿罪】为谋取不正当利益，给予国家工作人员以财物的，是行贿罪。 在经济往来中，违反国家规定，给予国家工作人员以财物，数额较大的，或者违反国家规定，给予国家工作人员以各种名义的回扣、手续费的，以行贿论处。 因被勒索给予国家工作人员以财物，没有获得不正当利益的，不是行贿。
第三百九十条[1]	【行贿罪的处罚】对犯行贿罪的，处五年以下有期徒刑或者拘役，并处罚金；因行贿谋取不正当利益，情节严重的，或者使国家利益遭受重大损失的，处五年以上十年以下有期徒刑，并处罚金；情节特别严重的，或者使国家利益遭受特别重大损失的，处十年以上有期徒刑或者无期徒刑，并处罚金或者没收财产。 行贿人在被追诉前主动交待行贿行为的，可以从轻或者减轻处罚。其中，犯罪较轻的，对侦破重大案件起关键作用的，或者有重大立功表现的，可以减轻或者免除处罚。

〔1〕本条为2015年8月29日全国人大常委会《刑法修正案（九）》第45条所修改，增设了罚金，对减轻处罚或者免除处罚作了从严规定。原法条为：“（第1款）对犯行贿罪的，处五年以下有期徒刑或者拘役；因行贿谋取不正当利益，情节严重的，或者使国家利益遭受重大损失的，处五年以上十年以下有期徒刑；情节特别严重的，处十年以上有期徒刑或者无期徒刑，可以并处没收财产。（第2款）行贿人在被追诉前主动交待行贿行为的，可以减轻处罚或者免除处罚。”

续表

第三百九十三条[1]	【单位行贿罪】【行贿罪】单位为谋取不正当利益而行贿，或者违反国家规定，给予国家工作人员以回扣、手续费，情节严重的，对单位判处罚金，并对其直接负责的主管人员和其他直接责任人员，处五年以下有期徒刑或者拘役，并处罚金。因行贿取得的违法所得归个人所有的，依照本法第三百八十九条、第三百九十条的规定定罪处罚。

【犯罪构成：给予国家工作人员财物的行为 + 为谋取不正当利益 + 犯罪故意 + 已满16周岁并具有责任能力的自然人】

（一）危害行为

给予国家工作人员以财物，是行贿罪的客观行为。国家工作人员实际收受了财物，为行贿既遂。

1. 主动行贿。为了利用国家工作人员的职务行为（包括利用国家工作人员的斡旋行为），主动给予国家工作人员以财物（包括向斡旋受贿者给予财物）。

2. 被索取贿赂。在有求于国家工作人员的职务行为时，由于国家工作人员的索取而给予国家工作人员以财物。但根据《刑法》第389条第3款的规定，因被勒索给予国家工作人员以财物，没有获得不正当利益的，不是行贿。这属于消极的构成要件要素的规定。

例1：国家工作人员甲向乙索取贿赂，乙为了能优先获取项目审批，只好给予甲财物。在甲审批项目之前案发，甲被司法机关逮捕，乙也被关押，但检察机关根据《刑法》第389条第3款的规定释放了乙。后来，由于证据问题，甲被无罪释放。甲回到原岗位之后，又利用职务之便为乙谋取了不正当利益。本案中，应以行贿罪对乙再次抓捕，定罪处罚。如果甲被开除公职之后，利用人际关系，将先前对乙的承诺予以兑现的，则乙不成立行贿罪。

例2：如果证据不能证明国家工作人员索贿，就只能认定国家工作人员收受贿赂；如果不能证明行贿者主动行贿，或者不能否认行贿人被索贿，只能认定行贿者被索取或者被勒索贿赂。上述结论并不矛盾，因为对行贿、受贿双方都应该坚持存疑时有利于行为人的原则。

3. 约定行贿。在经济往来中，违反国家规定，给予国家工作人员以财物，数额较大的，或者违反国家规定，给予国家工作人员以各种名义的回扣、手续费的，以行贿论处。

4. 事后行贿。在国家工作人员利用职务上的便利为自己谋取利益时或者为自己谋取利益之后，给予国家工作人员以财物，作为职务行为的报酬。

5. 单位行贿但谋取个人利益。

---

〔1〕本条为2015年8月29日全国人大常委会《刑法修正案（九）》第49条所修改，增设了“并处罚金”；原法条为：“单位为谋取不正当利益而行贿，或者违反国家规定，给予国家工作人员以回扣、手续费，情节严重的，对单位判处罚金，并对其直接负责的主管人员和其他直接责任人员，处五年以下有期徒刑或者拘役。因行贿取得的违法所得归个人所有的，依照本法第三百八十九条、第三百九十条的规定定罪处罚。”

6. 犯罪数额。为谋取不正当利益，向国家工作人员行贿，数额在3万元以上的，成立行贿罪。行贿数额在1万元以上不满3万元，情节严重的，成立行贿罪。

（二）责任内容

罪过形式上为故意，要求“为谋取不正当利益”。“为谋取不正当利益”包含客观上已经谋取了不正当利益，以及虽然还没有谋取不正当利益，但具有谋取不正当利益的目的。

例如，公司负责人甲以“谋取不正当利益”的目的，向有关国家工作人员乙提出要求，并给予乙10万元现金，但乙随后发现，该公司完全符合获得国家补贴的条件。甲的行为不符合行贿罪的主观要素，不成立行贿罪。

（三）从宽情节

行贿人在被追诉前主动交待行贿行为的，可以从轻或者减轻处罚。其中，犯罪较轻的，对侦破重大案件起关键作用的，或者有重大立功表现的，可以减轻或者免除处罚。其中“被追诉前”指检察机关对行贿人的行贿行为刑事立案前。

1. 行贿人被追诉后如实供述自己罪行的，依照《刑法》第67条第3款的规定（坦白），可以从轻处罚；因其如实供述自己罪行，避免特别严重后果发生的，可以减轻处罚。

2. 因行贿人在被追诉前主动交待行贿行为而破获相关受贿案件的，对行贿人不适用《刑法》第68条关于立功的规定，依照《刑法》第390条第2款的规定，可以从轻或者减轻处罚。

3. 如果行为人在被追诉后揭发受贿人与其行贿无关的其他犯罪行为，查证属实的，依照《刑法》第68条关于立功的规定，可以从轻、减轻或者免除处罚。

4. 如果行为人在被追诉前主动交代行贿行为，揭发受贿人与其行贿无关的其他犯罪行为，查证属实，成立重大立功的，则可以减轻或者免除处罚；如果仅成立一般立功的，则既适用《刑法》第390条第2款的规定（可以从轻或者减轻处罚），同时适用《刑法》第68条关于立功的规定。

（四）罪数问题

1. 行贿人谋取不正当利益的行为构成其他犯罪的，原则上应当与行贿犯罪数罪并罚。

2. 如果行贿犯罪与其他犯罪是同一行为的，属于想象竞合犯。

3. 就未经行政许可而构成犯罪的行政犯而言，行贿人通过行贿取得许可后从事相应行为的，不得认定为其他犯罪。例如，通过行贿取得专营、专卖资格或者非法行医的，成立行贿罪；通过行贿取得药品经营资格，但销售假药的，应当数罪并罚。

四、利用影响力受贿罪

第三百八十八条之一[1]	【利用影响力受贿罪】国家工作人员的近亲属或者其他与该国家工作人员关系密切的人，通过该国家工作人员职务上的行为，或者利用该国家工作人员

〔1〕本条为2009年2月28日全国人大常委会《刑法修正案（七）》第13条所增设。

续表

第三百八十八条之一	职权或者地位形成的便利条件，通过其他国家工作人员职务上的行为，为请托人谋取不正当利益，索取请托人财物或者收受请托人财物，数额较大或者有其他较重情节的，处三年以下有期徒刑或者拘役，并处罚金；数额巨大或者有其他严重情节的，处三年以上七年以下有期徒刑，并处罚金；数额特别巨大或者有其他特别严重情节的，处七年以上有期徒刑，并处罚金或者没收财产。 离职的国家工作人员或者其近亲属以及其他与其关系密切的人，利用该离职的国家工作人员原职权或者地位形成的便利条件实施前款行为的，依照前款的规定定罪处罚。

【犯罪构成：国家工作人员的特定关系人利用国家工作人员的影响/离职的国家工作人员利用原职权或者地位的影响/离职的国家工作人员的特定关系人利用离职的国家工作人员职权或者地位的影响 + 索取、收受请托人财物的行为 + 为请托人谋取不正当利益 + 数额较大或者情节严重 + 犯罪故意 + 已满 16 周岁并具有责任能力的自然人】

（一）国家工作人员的近亲属或者其他与该国家工作人员关系密切的人利用影响力受贿

成立利用影响力受贿罪既遂，要求国家工作人员至少许诺了为请托人谋取不正当利益，但不要求国家工作人员对行为主体的行为内容知情。

（二）离职的国家工作人员或者其近亲属以及其他与其关系密切的人利用影响力受贿

只要离职的国家工作人员许诺为请托人谋取不正当利益，即可成立犯罪既遂；而且不要求国家工作人员对行为主体的行为内容知情。

五、对有影响力的人行贿罪

第三百九十条之一[1]	【对有影响力的人行贿罪】为谋取不正当利益，向国家工作人员的近亲属或者其他与该国家工作人员关系密切的人，或者向离职的国家工作人员或者其近亲属以及其他与其关系密切的人行贿的，处三年以下有期徒刑或者拘役，并处罚金；情节严重的，或者使国家利益遭受重大损失的，处三年以上七年以下有期徒刑，并处罚金；情节特别严重的，或者使国家利益遭受特别重大损失的，处七年以上十年以下有期徒刑，并处罚金。 单位犯前款罪的，对单位判处罚金，并对其直接负责的主管人员和其他直接责任人员，处三年以下有期徒刑或者拘役，并处罚金。

【犯罪构成：给予国家工作人员特定关系人、离职的国家工作人员及其特定关系人财物的行为 + 为谋取不正当利益 + 犯罪故意 + 已满 16 周岁并具有责任能力的自然人】

本罪与利用影响力受贿罪之间属于对向犯关系。

---

〔1〕 本条为 2015 年 8 月 29 日全国人大常委会《刑法修正案（九）》第 46 条所增设。

六、介绍贿赂罪

第三百九十二条[1]	【介绍贿赂罪】向国家工作人员介绍贿赂，情节严重的，处三年以下有期徒刑或者拘役，并处罚金。 介绍贿赂人在被追诉前主动交待介绍贿赂行为的，可以减轻处罚或者免除处罚。

【犯罪构成：向国家工作人员介绍贿赂的行为 + 情节严重 + 犯罪故意 + 已满 16 周岁并具有责任能力的自然人】

1. 介绍贿赂罪所介绍的受贿一方必须是国家工作人员，行贿方则无任何限定。

2. 介绍贿赂人在被追诉前主动交待介绍贿赂行为的，可以减轻处罚或者免除处罚。

3. 凡是行贿罪、受贿罪的帮助行为，都是行贿罪、受贿罪的共犯行为，分别认定为行贿罪与受贿罪，而不得认定为介绍贿赂罪。如果介绍贿赂行为同时对行贿、受贿起帮助作用，则属于一行为触犯数罪名，应从一重罪处罚（狭义的包括一罪）。

练练手

1. 根据《刑法》有关规定，下列哪些说法是正确的？[2]

A. 甲系某国企总经理之妻，甲让其夫借故辞退企业财务主管，而以好友陈某取而代之，陈某赠甲一辆价值 12 万元的轿车。甲构成犯罪

B. 乙系已离职的国家工作人员，请接任处长为缺少资质条件的李某办理了公司登记，收取李某 10 万元。乙构成犯罪

C. 丙系某国家机关官员之子，利用其父管理之便，请其父下属将不合条件的某企业列入政府采购范围，收受该企业 5 万元。丙构成犯罪

D. 丁系国家工作人员，在主管土地拍卖工作时向一家房地产公司通报了重要情况，使其如愿获得黄金地块。丁退休后，该公司为表示感谢，自作主张送与丁价值 5 万元的按摩床。丁构成犯罪

2. 关于受贿罪的判断，下列哪些选项是错误的？[3]

A. 公安局副局长甲收受犯罪嫌疑人家属 10 万元现金，允诺释放犯罪嫌疑人，因为局长不同意未成。由于甲并没有为他人谋取利益，所以不构成受贿罪

B. 国家机关工作人员乙在退休前利用职务便利为钱某谋取了不正当利益，退休后收受了钱某 10 万元。尽管乙与钱某事前并无约定，仍应以受贿罪论处

C. 基层法院法官丙受被告人孙某家属之托，请中级人民法院承办法官李某对孙某减轻处罚，并无减轻情节的孙某因此被减轻处罚。事后，丙收受孙某家属 10 万元现金。丙不具有制约李某的职权与地位，不成立受贿罪

---

〔1〕 本条第 1 款为 2015 年 8 月 29 日全国人大常委会《刑法修正案（九）》第 48 条所修正，增加了“并处罚金”的规定。

〔2〕 答案：ABCD。

〔3〕 答案：ABCD。

D. 海关工作人员丁收受10万元贿赂后徇私舞弊，放纵走私，触犯受贿罪和放纵走私罪。由于具有牵连关系，应从一重罪论处

3. 关于受贿相关犯罪的认定，下列哪些选项是正确的？[1]

A. 甲知道城建局长张某吸毒，以提供海洛因为条件请其关照工程招标，张某同意。甲中标后，送给张某50克海洛因。张某构成受贿罪

B. 乙系人社局副局长，乙父让乙将不符合社保条件的几名亲戚纳入社保范围后，收受亲戚送来的3万元。乙父构成利用影响力受贿罪

C. 国企退休厂长王某（正处级）利用其影响，让现任厂长帮忙，在本厂推销保险产品后，王某收受保险公司3万元。王某不构成受贿罪

D. 法院院长告知某企业经理赵某“如给法院捐赠500万元办公经费，你们那个案件可以胜诉”。该企业胜诉后，给法院单位账户打入500万元。应认定法院构成单位受贿罪

---

〔1〕答案：ABCD。

第十九章 渎职罪

一、滥用职权罪，玩忽职守罪

第三百九十七条	【滥用职权罪】【玩忽职守罪】国家机关工作人员滥用职权或者玩忽职守，致使公共财产、国家和人民利益遭受重大损失的，处三年以下有期徒刑或者拘役；情节特别严重的，处三年以上七年以下有期徒刑。本法另有规定的，依照规定。 国家机关工作人员徇私舞弊，犯前款罪的，处五年以下有期徒刑或者拘役；情节特别严重的，处五年以上十年以下有期徒刑。本法另有规定的，依照规定。

【滥用职权罪犯罪构成：主体为国家机关工作人员 + 滥用职权的行为 + 犯罪故意 + 已满 16 周岁并具有责任能力的自然人 + 致使公共财产、国家和人民利益遭受重大损失】

【玩忽职守罪犯罪构成：主体为国家机关工作人员 + 玩忽职守的行为 + 犯罪过失 + 已满 16 周岁并具有责任能力的自然人 + 致使公共财产、国家和人民利益遭受重大损失】

（一）不法

1. 行为主体。即国家机关工作人员，包括在国家各级立法机关、各级行政机关、各级司法机关、各级军事机关中从事公务的人员，不包括在国有公司、企业中从事公务的人员。

（1）在依照法律、法规规定行使国家行政管理职权的组织中从事公务的人员，或者在受国家机关委托代表国家机关行使职权的组织中从事公务的人员，或者虽未列入国家机关人员编制但在国家机关中从事公务的人员，在代表国家机关行使职权时，有渎职行为，构成犯罪的，依照刑法关于渎职罪的规定追究刑事责任。[1]

（2）国家机关负责人员违法决定，或者指使、授意、强令其他国家机关工作人员违法履行职务或者不履行职务，构成刑法分则第九章规定的渎职犯罪的，应当依法追究刑事责任。

（3）以“集体研究”形式实施的渎职犯罪，应当依照刑法分则第九章的规定追究国

---

〔1〕 关于渎职罪的行为主体，有三点需要说明：第一，并非任何国家机关的工作人员都可以成为任何渎职罪的主体，刑法的某些条文根据各种具体渎职罪的性质，对国家机关工作人员的范围进一步作出了限制。如徇私舞弊不征、少征税款罪的主体，必须是税务机关的工作人员。第二，故意泄露国家秘密罪、过失泄露国家秘密罪的主体可以是非国家机关工作人员。第三，对于军人违反职责的犯罪，在刑法有特别规定的情况下，应适用特别规定，不应认定为本章的渎职罪。参见张明楷：《刑法学》（第五版），法律出版社 2016 年版，第 1238—1239 页。

家机关负有责任的人员的刑事责任。对于具体执行人员，应当在综合认定其行为性质、是否提出反对意见、危害结果大小等情节的基础上决定是否追究刑事责任和应当判处的刑罚。

2. 滥用职权行为。不法行使职务上的权限的行为，即就属于国家机关工作人员一般职务权限的事项，以行使职权的外观，实施实质的、具体的违法、不当的行为。滥用职权主要表现为以下几种情形：

（1）超越职权，擅自决定或处理没有具体决定、处理权限的事项；

（2）玩弄职权，随心所欲地对事项作出决定或者处理；

（3）故意不履行应当履行的职责，或者任意放弃职责；

（4）以权谋私、假公济私，不正确地履行职责。

3. 玩忽职守行为。严重不负责任，不履行职责或者不正确履行职责的行为。

（1）不履行职责，是指行为人应当履行且有条件、有能力履行职责，但违背职责没有履行，其中包括擅离职守的行为。

（2）不正确履行职责，是指在履行职责的过程中，违反职责规定，马虎草率、粗心大意。

4. 致使公共财产、国家和人民利益遭受重大损失。

（1）其中“公共财产、国家和人民利益遭受重大损失”属于客观的超过要素，不要求行为人认识，但应有认识的可能性。立案后至提起公诉前持续发生的经济损失，应一并计入渎职犯罪造成的经济损失。

（2）以危害结果为条件的渎职犯罪的追诉期限，从危害结果发生之日起计算；有数个危害结果的，从最后一个危害结果发生之日起计算。

（二）责任

1. 滥用职权罪是故意犯罪（包括直接故意与间接故意），要求认识到国家机关工作人员的身份、滥用职权行为等内容。

2. 玩忽职守罪是过失犯罪，即应当预见自己国家机关工作人员身份、玩忽职守行为及其导致公共财产、国家和人民利益遭受重大损失的结果。[1]

（三）加重情节

“徇私舞弊”。其中“徇私”属于犯罪动机，是主观的超过要素，其中“舞弊”是指弄虚作假、玩弄职权的行为，属于客观的构成要件要素。

1.“徇私”，不仅包括徇个人之私，而且包括徇单位、集体之私。

（1）国家机关负责人员违法决定，或者指使、授意、强令其他国家机关工作人员违法履行职务或者不履行职务，构成刑法分则第九章规定的渎职犯罪的，应当依法追究刑事责任。

（2）以“集体研究”形式实施的渎职犯罪，应当依照刑法分则第九章的规定追究国

---

〔1〕行为人通常主观上是一种监督过失，主要表现为应当监督直接责任者却没有实施监督行为，导致了结果发生；或者应当确立完备的安全体制、管理体制，却没有确立这种体制，导致了结果发生。

家机关负有责任的人员的刑事责任。对于具体执行人员，应当在综合认定其行为性质、是否提出反对意见、危害结果大小等情节的基础上决定是否追究刑事责任和应当判处的刑罚。

2. “舞弊”。分为两种情形：

（1）分则条文规定了渎职行为的具体内容，舞弊只是渎职行为的同位语，并不具有超出具体渎职行为之外的特别含义。即舞弊只是对具体渎职行为的一种归纳与概括（绝大多数条文中的“舞弊”属于这种情形）。

（2）分则条文没有规定具体的渎职行为，舞弊成为具有特定含义的具体渎职行为（属于这种情形的有《刑法》第405条徇私舞弊发售发票、抵扣税款、出口退税罪，违法提供出口退税凭证罪与《刑法》第418条招收公务员、学生徇私舞弊罪）。

（四）法条竞合

“本法另有规定的，依照规定”，是指行为符合“另有规定”时，才依照“另有规定”定罪处罚。这是法条竞合的适用规则。

1. 国家机关工作人员的渎职行为，符合《刑法》第398条至第419条规定的特殊渎职罪的犯罪构成的，按照该特殊规定追究刑事责任。

2. 行为主体虽然是国家机关工作人员，但不符合《刑法》第398条至第419条规定的特殊渎职罪的主体要件，其行为符合《刑法》397条规定的犯罪构成的，应当适用《刑法》第397条，以滥用职权罪或者玩忽职守罪定罪量刑。

3. 行为主体具备《刑法》第398条至第419条规定的特殊渎职罪的特殊身份，但行为方式与结果不符合《刑法》第398条至第419条规定的特殊渎职罪的构成要件（实际上主要表现为不符合司法解释所确定的成立犯罪的标准），却符合《刑法》第397条规定的犯罪构成的，应当适用《刑法》第397条，以滥用职权罪或者玩忽职守罪定罪量刑。

例如，司法工作人员接到被非法拘禁的人或者其亲属的解救要求时或者接到他人的举报时，不进行解救，造成严重后果的行为，虽然不符合《刑法》第416条第1款规定的构成要件，但不能宣告无罪，而应适用《刑法》第397条来定罪量刑。

（五）想象竞合

1. 滥用职权的行为同时触犯窝藏罪、故意杀人、故意伤害、侵犯财产等犯罪的构成要件时，属于想象竞合犯，从一重罪处罚。

例如，警察甲逮捕正在哺乳婴儿的犯罪嫌疑人，明知该婴儿无人喂养而置之不理，最后导致婴儿饿死的，甲应成立故意杀人罪。

2. 国家机关工作人员实施渎职行为，放纵他人犯罪或者帮助他人逃避刑事处罚，构成犯罪的，依照渎职罪的规定定罪处罚。

（1）国家机关工作人员与他人共谋，利用其职务行为帮助他人实施其他犯罪行为，同时构成渎职犯罪和共谋实施的其他犯罪共犯的，依照处罚较重的规定定罪处罚。

（2）国家机关工作人员与他人共谋，既利用其职务行为帮助他人实施其他犯罪，又以非职务行为与他人共同实施该其他犯罪行为，同时构成渎职犯罪和其他犯罪的共犯的，依照数罪并罚的规定定罪处罚。

（六）滥用职权罪与玩忽职守罪的关系

二者不是对立关系，而是位阶关系。由于可以将故意评价为过失，而不能将过失评价为故意，故滥用职权的行为完全符合玩忽职守的犯罪构成，但玩忽职守的行为不符合滥用职权罪的犯罪构成。

例如，根据司法解释，滥用职权罪、玩忽职守罪要求造成经济损失30万元以上。国家机关工作人员甲，一次滥用职权行为造成他人财产直接经济损失10万元，一次玩忽职守行为造成他人财产直接经济损失25万元。如果主张故意和过失是对立关系，甲不成立犯罪；如果主张故意和过失是位阶关系，则可以将滥用职权行为评价为玩忽职守，成立玩忽职守罪（造成个人经济损失35万元），但不能将甲的行为评价为滥用职权罪。

二、故意泄露国家秘密罪

第三百九十八条	【故意泄露国家秘密罪】【过失泄露国家秘密罪】国家机关工作人员违反保守国家秘密法的规定，故意或者过失泄露国家秘密，情节严重的，处三年以下有期徒刑或者拘役；情节特别严重的，处三年以上七年以下有期徒刑。 非国家机关工作人员犯前款罪的，依照前款的规定酌情处罚。

【犯罪构成：泄露国家秘密的行为＋情节严重＋犯罪故意＋已满16周岁并具有责任能力的自然人】

1. 明知对方为境外机构、组织、人员，而向其泄露国家秘密的，成立为境外机构、组织、人员非法提供国家秘密罪；如果不知道对方是境外机构、组织、人员，而为其提供国家秘密的，属于抽象的事实认识错误，成立故意泄露国家秘密罪。

2. 单纯非法获取国家秘密的，不成立故意泄露国家秘密罪；非法获取国家秘密的人又故意泄露该国家秘密的，从一重罪论处。

3. 以盗窃的故意窃取了属于国家秘密的财物后，随意抛弃该财物，导致国家秘密被泄漏的，以盗窃罪与故意泄露国家秘密罪并罚。

三、徇私枉法罪，执行判决、裁定失职罪，执行判决、裁定滥用职权罪

第三百九十九条[1]	【徇私枉法罪】司法工作人员徇私枉法、徇情枉法，对明知是无罪的人而使他受追诉、对明知是有罪的人而故意包庇不使他受追诉，或者在刑事审判活动中故意违背事实和法律作枉法裁判的，处五年以下有期徒刑

〔1〕本条为2002年12月28日全国人大常委会《刑法修正案（四）》第8条所修正。1997年《刑法》原条文为："司法工作人员徇私枉法、徇情枉法，对明知是无罪的人而使他受追诉、对明知是有罪的人而故意包庇不使他受追诉，或者在刑事审判活动中故意违背事实和法律作枉法裁判的，处五年以下有期徒刑或者拘役；情节严重的，处五年以上十年以下有期徒刑；情节特别严重的，处十年以上有期徒刑。在民事、行政审判活动中故意违背事实和法律作枉法裁判，情节严重的，处五年以下有期徒刑或者拘役；情节特别严重的，处五年以上十年以下有期徒刑。司法工作人员贪赃枉法，有前两款行为的，同时又构成本法第三百八十五条规定之罪的，依照处罚较重的规定定罪处罚。"

续表

第三百九十九条	或者拘役；情节严重的，处五年以上十年以下有期徒刑；情节特别严重的，处十年以上有期徒刑。 【民事、行政枉法裁判罪】在民事、行政审判活动中故意违背事实和法律作枉法裁判，情节严重的，处五年以下有期徒刑或者拘役；情节特别严重的，处五年以上十年以下有期徒刑。 【执行判决、裁定失职罪】【执行判决、裁定滥用职权罪】在执行判决、裁定活动中，严重不负责任或者滥用职权，不依法采取诉讼保全措施、不履行法定执行职责，或者违法采取诉讼保全措施、强制执行措施，致使当事人或者其他人的利益遭受重大损失的，处五年以下有期徒刑或者拘役；致使当事人或者其他人的利益遭受特别重大损失的，处五年以上十年以下有期徒刑。 司法工作人员收受贿赂，有前三款行为的，同时又构成本法第三百八十五条规定之罪的，依照处罚较重的规定定罪处罚。

（一）徇私枉法罪

【犯罪构成：主体为司法工作人员＋利用职务之便的枉法行为（明知是无罪的人而使他受追诉/对明知是有罪的人而故意包庇不使他受追诉/在刑事审判活动中故意违背事实和法律作枉法裁判）＋犯罪故意＋徇私、徇情的动机＋已满16周岁并具有责任能力的自然人】

1．不法要素

（1）行为主体。司法工作人员，即有侦查、检察、审判、监管职责的工作人员（《刑法》第94条），包括司法机关专业技术人员。

①司法机关为了谋取某种利益，集体研究共同犯本罪的，应对直接负责的主管人员和其他直接责任人员以本罪论处。

②只有在具体案件中负有刑事追诉职责的司法工作人员，才能成为本罪的正犯。

（2）危害行为。本罪行为必须利用职务之便实施。

①对明知是无罪的人而使他受追诉，即对明知是没有犯罪事实或者其他依法不应当追诉的人，采取伪造、隐匿、毁灭证据或者其他隐瞒事实、违反法律的手段，进行立案、侦查、起诉或者审判。

②对明知是有罪的人而故意包庇不使他受追诉，即对明知是有犯罪事实需要进行追诉的人，采取伪造、隐匿、毁灭证据或者其他隐瞒事实、违反法律的手段，故意包庇使其不受立案、侦查、起诉、审判，或者在立案后，采取伪造、隐匿、毁灭证据或者其他隐瞒事实、违反法律的手段，应当采取强制措施而不采取强制措施，或者虽然采取强制措施，但中断侦查或者超过法定期限不采取任何措施，实际放任不管，以及违法撤销、变更强制措施，致使犯罪嫌疑人、被告人实际脱离司法机关侦控。对于明知是有罪的人，而故意不收集有罪证据，导致有罪证据消失，因“证据不足”不能认定有罪的，成立本罪。明知他人有罪，故意不收集其有罪证据，致使有罪证据消失，因“证据不足”不能认定有罪的，成立徇私枉法罪。

③在刑事审判活动中故意违背事实和法律作枉法裁判的，即重罪轻判、轻罪重判（包括刑事附带民事诉讼）。如果侦查、起诉人员采取伪造、隐匿、毁灭证据或者其他隐瞒事实、违反法律的手段，故意使罪重的人受较轻的追诉，或者使罪轻的人受较重的追诉，导致无过错的法官将重罪定为轻罪或者将轻罪定为重罪的，属于利用缺乏故意的行为（即利用法官无犯罪故意的审判行为）的间接正犯。

2. 责任内容

罪过形式为故意，而且必须出于徇私、徇情动机。其认定范围比较宽泛，只要排除了因法律水平不高、事实掌握不全而过失造成错判的，即可认定为“徇私枉法、徇情枉法”。

3. 想象竞合。司法工作人员徇私枉法的行为同时符合故意杀人罪、非法拘禁罪、妨害作证罪、帮助毁灭、伪造证据罪的，属于想象竞合犯，从一重罪论处。

（二）执行判决、裁定失职罪

【犯罪构成：主体为司法工作人员 + 执行判决、裁定玩忽职守的行为 + 致使当事人或者其他人的利益遭受重大损失 + 犯罪过失 + 已满 16 周岁并具有责任能力的自然人】

1. 行为表现。即在执行判决、裁定活动中，严重不负责任，不依法采取诉讼保全措施、不履行法定执行职责，或者违法采取保全措施、强制执行措施。

2. 罪过心理。本罪为过失犯罪，与玩忽职守罪属于特别关系。

（三）执行判决、裁定滥用职权罪

【犯罪构成：主体为司法工作人员 + 执行判决、裁定滥用职权的行为 + 致使当事人或者其他人的利益遭受重大损失 + 犯罪故意 + 已满 16 周岁并具有责任能力的自然人】

1. 行为表现。即在执行判决、裁定活动中，滥用职权，不依法采取诉讼保全措施、不履行法定执行职责，或者违法采取保全措施、强制执行措施的行为。

2. 罪过心理。本罪为故意犯罪，与滥用职权罪属于特别关系。

（四）《刑法》第 399 条第 4 款

司法工作人员收受贿赂，犯徇私枉法罪，民事、行政枉法裁判罪，执行判决、裁定失职罪，执行判决、裁定滥用职权罪，同时又构成受贿罪的，依照处罚较重的规定定罪处罚（《刑法》第 399 条第 4 款）。该条款属于特殊规定，即将数罪并罚的情形拟制为一罪。因此，除了《刑法》第 399 条第 4 款的情形之外，对于司法工作人员以及其他国家工作人员收受贿赂而实施其他犯罪的，应数罪并罚。

1. 先受贿，后枉法。只有当司法工作人员先收受贿赂，然后犯徇私枉法等罪的，才以一罪论处（文理解释）。

2. 先枉法，后受贿。在司法工作人员犯徇私枉法等罪后，明知对方的财物是自己违法的职务行为的不正当报酬而收受该财物的，应当实行数罪并罚。

3. 先索贿，后枉法。司法工作人员“索取贿赂”后有徇私枉法等行为的，原则上也不适用《刑法》第 399 条第 4 款。

四、私放在押人员罪，失职致使在押人员脱逃罪

第四百条	【私放在押人员罪】司法工作人员私放在押的犯罪嫌疑人、被告人或者罪犯的，处五年以下有期徒刑或者拘役；情节严重的，处五年以上十年以下有期徒刑；情节特别严重的，处十年以上有期徒刑。 【失职致使在押人员脱逃罪】司法工作人员由于严重不负责任，致使在押的犯罪嫌疑人、被告人或者罪犯脱逃，造成严重后果的，处三年以下有期徒刑或者拘役；造成特别严重后果的，处三年以上十年以下有期徒刑。

【私放在押人员罪的犯罪构成：主体为司法工作人员＋对象为在押的犯罪嫌疑人、被告人或者罪犯＋利用职务之便的私放行为＋犯罪故意＋已满16周岁并具有责任能力的自然人】

【失职致使在押人员脱逃罪的犯罪构成：主体为司法工作人员＋对象为在押的犯罪嫌疑人、被告人或者罪犯＋严重不负责任而致使对象脱逃的行为＋造成严重后果＋犯罪过失＋已满16周岁并具有责任能力的自然人】

（一）不法要素

1. 行为主体。即司法工作人员（真正的身份犯），包括工人等非监管机关在编监管人员在被监管机关聘用受委托履行监管职责的人员；未被公安机关正式录用，受委托履行监管职责的人员，以及受委派承担了监管职责的狱医。非司法工作人员帮助在押人员脱逃的，应以脱逃罪的共犯论处。

2. 行为对象。在押（包括在羁押场所和押解途中）的犯罪嫌疑人、被告人或者罪犯。不包括被行政拘留、司法拘留以及劳动教养的人员。

3. 危害行为。"私放"，即非法释放，包括作为与不作为，但必须与司法工作人员的职务具有关联性。

4. 违法阻却事由。（1）释放行为必须具有非法性，依法释放在押人员的，不成立犯罪。（2）不得已私自释放超期羁押的人员的，应阻却违法性，不成立私放在押人员罪。

（二）责任内容

私放在押人员罪是故意犯罪，失职致使在押人员脱逃罪是过失犯罪。二者不是对立关系，当无法证明是故意还是过失导致在押人员脱逃时，至少可以认定为失职致使在押人员脱逃罪。

五、徇私舞弊减刑、假释、暂予监外执行罪

第四百零一条	【徇私舞弊减刑、假释、暂予监外执行罪】司法工作人员徇私舞弊，对不符合减刑、假释、暂予监外执行条件的罪犯，予以减刑、假释或者暂予监外执行的，处三年以下有期徒刑或者拘役；情节严重的，处三年以上七年以下有期徒刑。

【犯罪构成：主体为司法工作人员＋对象为被关押的罪犯＋利用职务之便的非法减刑、假释、暂予监外执行的行为＋犯罪故意＋徇私、徇情动机＋已满16周岁并具有责任能力的自然人】

六、徇私舞弊不征、少征税款罪

第四百零四条	【徇私舞弊不征、少征税款罪】税务机关的工作人员徇私舞弊，不征或者少征应征税款，致使国家税收遭受重大损失的，处五年以下有期徒刑或者拘役；造成特别重大损失的，处五年以上有期徒刑。

【犯罪构成：主体为税务机关的工作人员＋不征、少征税款的行为＋致使国家税收遭受重大损失＋犯罪故意＋徇私、徇情动机＋已满16周岁并具有责任能力的自然人】

1. 责任内容。本罪为故意犯罪，过失行为不成立本罪，但可能成立玩忽职守罪。

2. 想象竞合。税务机关的工作人员与逃税、抗税、逃避追缴欠税等犯罪人相勾结不征、少征税款的，应认定为逃税等罪的共犯与徇私舞弊不征、少征税款罪的想象竞合犯，从一重罪（徇私舞弊不征、少征税款罪）论处。

3. 数罪并罚。税务机关工作人员索取、收受贿赂，不征或者少征税款，分别构成受贿罪和徇私舞弊不征、少征税款罪的，应当数罪并罚。

七、放纵走私罪

第四百一十一条	【放纵走私罪】海关工作人员徇私舞弊，放纵走私，情节严重的，处五年以下有期徒刑或者拘役；情节特别严重的，处五年以上有期徒刑。

【犯罪构成：主体为海关工作人员＋放纵走私的行为＋情节严重＋犯罪故意＋徇私、徇情动机＋已满16周岁并具有责任能力的自然人】

1. 作为行政执法人员的海关工作人员，发现走私犯罪，但徇私舞弊，既不将案件移交司法机关追究刑事责任，也不按《海关法》作出处理的，成立放纵走私罪。注意：作为司法工作人员的海关工作人员（如负责走私犯罪侦查的人员），发现他人行为构成走私犯罪，但故意包庇使其不受刑事追诉的，成立徇私枉法罪。

2. 实施放纵走私罪行为同时触犯走私罪并构成走私犯罪共犯的，属于想象竞合犯，从一重罪论处。海关工作人员收受贿赂又放纵走私的，应以受贿罪和放纵走私罪数罪并罚。

八、不解救被拐卖、绑架妇女、儿童罪

第四百一十六条第一款	【不解救被拐卖、绑架妇女、儿童罪】对被拐卖、绑架的妇女、儿童负有解救职责的国家机关工作人员，接到被拐卖、绑架的妇女、儿童及其家属的解救要求或者接到其他人的举报，而对被拐卖、绑架的妇女、儿童不进行解救，造成严重后果的，处五年以下有期徒刑或者拘役。

【犯罪构成：主体为负有解救职责的国家机关工作人员＋对象为被拐卖、绑架的妇女、儿童＋接到举报而不解救的行为＋造成严重后果＋犯罪故意＋已满16周岁并具有责任能力的自然人】

1. 行为对象。即“被拐卖、绑架的妇女、儿童”。其中“绑架”不是指《刑法》第239条绑架罪中的“绑架”，而是指《刑法》第240条第1款第5项的“绑架”（即拐卖妇女、儿童的一种情形）。其中“妇女、儿童”，包括拐卖过程中以及拐卖后被收买的妇女、儿童。

2. 危害行为。“不解救”是本罪实行行为，属于不作为犯罪。“接到被拐卖、绑架的妇女、儿童及其家属的解救要求或者接到其他人的举报”只是成立本罪的前提条件。

3. 共犯问题。国家机关工作人员与拐卖妇女、儿童的犯罪分子通谋，为后者拐卖妇女、儿童提供各种便利条件的，应认定为拐卖妇女、儿童罪的共犯。国家机关工作人员的行为同时触犯拐卖妇女、儿童罪与不解救被拐卖、绑架妇女、儿童罪，属于想象竞合犯，从一重罪论处。

九、帮助犯罪分子逃避处罚罪

第四百一十七条	【帮助犯罪分子逃避处罚罪】有查禁犯罪活动职责的国家机关工作人员，向犯罪分子通风报信、提供便利，帮助犯罪分子逃避处罚的，处三年以下有期徒刑或者拘役；情节严重的，处三年以上十年以下有期徒刑。

【犯罪构成：主体为负有查禁犯罪活动职责的国家机关工作人员＋对象为犯罪分子＋通风报信、提供便利，帮助犯罪分子逃避处罚的行为＋犯罪故意＋已满16周岁并具有责任能力的自然人】

（一）行为主体

对具体犯罪具有查禁职责的人员，不要求是对该犯罪具有刑事追诉权限的人员。

1. 如果具有刑事追诉职权的司法工作人员，在刑事追诉过程中，对明知是有罪的人而故意包庇使其不受追诉的，成立徇私枉法罪。

2. 具有刑事追诉职权的司法工作人员在刑事追诉过程之外使有罪的人不受追诉的，以及没有刑事追诉职权的司法工作人员帮助犯罪分子逃避处罚的，成立帮助犯罪分子逃避处罚罪。

3. 公安人员对盗窃、抢劫的机动车辆，非法提供机动车牌证或者为其取得机动车牌证提供便利，帮助犯罪分子逃避处罚的，成立帮助犯罪分子逃避处罚罪。

（二）行为对象

犯罪分子。包括已经被人民法院判处刑罚的犯罪分子以及有证据证明确实实施了犯罪行为的人，但不包括一般违法人员。

（三）危害行为

通风报信、提供便利。

1. 这属于帮助犯罪分子逃避处罚的典型表现，是对客观行为的例举规定，而非对客观行为的限制性规定。

2. “帮助犯罪分子逃避处罚”，属于实质行为，但“帮助”不是共同犯罪中的帮助行为，而是为了使犯罪分子逃避处罚所实施的实行行为，包括单独实施和与犯罪分子共同实施。

3. 帮助犯罪分子逃避处罚的行为应与行为主体的职责相关联，否则成立窝藏、包庇罪。

（四）想象竞合

负有查禁犯罪活动职责的国家机关工作人员帮助犯罪分子毁灭、伪造证据，帮助其逃避处罚的，属于帮助毁灭、伪造证据罪与帮助犯罪分子逃避处罚罪的想象竞合犯，从一重罪（帮助犯罪分子逃避处罚罪）论处。

十、徇私舞弊不移交刑事案件罪

第四百零二条	【徇私舞弊不移交刑事案件罪】行政执法人员徇私舞弊，对依法应当移交司法机关追究刑事责任的不移交，情节严重的，处三年以下有期徒刑或者拘役；造成严重后果的，处三年以上七年以下有期徒刑。

【犯罪构成：主体为行政执法人员 + 对依法应当移交司法机关追究刑事责任的不移交的行为 + 情节严重 + 故意犯罪 + 已满16周岁的自然人】

1. 主体：行政执法人员。司法工作人员明知他人有罪而故意包庇使其不受刑事追诉的，成立徇私枉法罪。

2. 行为：对依法应当移交司法机关追究刑事责任的不移交，情节严重的行为

3. 责任：故意犯罪。要求徇私动机（排除法律水平不高、事实掌握不全而过失不移交的情形）

4. 罪数：同时构成其他犯罪的，属于想象竞合犯；受贿后实施本罪行为的，数罪并罚。

练练手

1. 下列哪种行为可以构成玩忽职守罪?[1]

A. 在安全事故发生后，负有报告职责的人员不报或者谎报情况，贻误事故抢救，情节严重的

B. 国有公司工作人员严重不负责任，造成国有公司破产，致使国家利益遭受重大损失的

C. 负有环境保护监督管理职责的国家机关工作人员严重不负责任，导致发生重大环境污染事故，造成人身伤亡的严重后果的

D. 负有管理职责的国家机关工作人员发现他人非法从事天然气开采、加工等违法活

---

〔1〕 答案：D。

动而不予查封、取缔，致使国家和人民利益遭受重大损失的

2. 关于渎职罪，下列哪些选项是错误的？[1]

A. 省渔政总队验船师郑某，明知有8艘渔船存在套用船号等问题，按规定应注销，却为船主办理船检证书，船主领取国家柴油补贴640万元。郑某构成滥用职权罪

B. 刑警曾某办理冯某抢劫案，明知冯某被取保候审后未定期到派出所报到，曾某也未依法传唤冯某或将案件移送起诉或变更强制措施。其间，冯某再次犯罪。曾某构成徇私枉法罪

C. 律师于某担任被告人马某的辩护人，从法院复印马某贪污案的案卷材料，允许马某亲属朱某查阅。朱某随后游说证人，使数名证人向于某出具了虚假证明材料。于某构成故意泄露国家秘密罪

D. 公安局协警闫某，在协助抓捕行动中，向领导黑社会性质组织的李某通风报信，导致李某等主要犯罪分子潜逃。闫某构成帮助犯罪分子逃避处罚罪

3. 关于徇私枉法罪，下列哪些选项是正确的？[2]

A. 甲（警察）与犯罪嫌疑人陈某曾是好友，在对陈某采取监视居住期间，故意对其放任不管，导致陈某逃匿，司法机关无法对其追诉。甲成立徇私枉法罪

B. 乙（法官）为报复被告人赵某对自己的出言不逊，故意在刑事附带民事判决中加大赵某对被害人的赔偿数额，致使赵某多付10万元。乙不成立徇私枉法罪

C. 丙（鉴定人）在收取犯罪嫌疑人盛某的钱财后，将被害人的伤情由重伤改为轻伤，导致盛某轻判。丙不成立徇私枉法罪

D. 丁（法官）为打击被告人程某，将对程某不起诉的理由从“证据不足，指控犯罪不能成立”擅自改为“可以免除刑罚”。丁成立徇私枉法罪

---

〔1〕答案：BC。
〔2〕答案：ACD。

第二十章

危害国防利益罪与军人违反职责罪

一、阻碍军人执行职务罪

第三百六十八条第一款	【阻碍军人执行职务罪】以暴力、威胁方法阻碍军人依法执行职务的，处三年以下有期徒刑、拘役、管制或者罚金。

【犯罪构成：以暴力、威胁方法阻碍军人依法执行职务的行为 + 犯罪故意 + 已满 16 周岁并具有责任能力的自然人】

本罪是妨害公务罪的特殊法条。

二、冒充军人招摇撞骗罪

第三百七十二条	【冒充军人招摇撞骗罪】冒充军人招摇撞骗的，处三年以下有期徒刑、拘役、管制或者剥夺政治权利；情节严重的，处三年以上十年以下有期徒刑。

【犯罪构成：冒充军人招摇撞骗的行为 + 犯罪故意 + 已满 16 周岁并具有责任能力的自然人】

本罪是招摇撞骗罪的特殊法条。

三、盗窃、抢夺武装部队公文、证件、印章罪

第三百七十五条第一款	【伪造、变造、买卖武装部队公文、证件、印章罪】【盗窃、抢夺武装部队公文、证件、印章罪】伪造、变造、买卖或者盗窃、抢夺武装部队公文、证件、印章的，处三年以下有期徒刑、拘役、管制或者剥夺政治权利；情节严重的，处三年以上十年以下有期徒刑。

【犯罪构成：对象为武装部队公文、证件、印章 + 盗窃、抢夺行为 + 犯罪故意 + 已满 16 周岁并具有责任能力的自然人】

法条竞合。本罪与盗窃、抢夺国家机关公文、证件、印章罪（《刑法》第 280 条）是特别法条与普通法条的竞合关系，故只要是盗窃、抢夺武装部队的公文、证件、印章的，就认定为本罪，而不适用《刑法》第 280 条。但由于本条没有规定毁灭行为，故毁灭武装部队公文、证件、印章的，应适用《刑法》第 280 条的规定，认定为毁灭国家机关公文、证件、印章罪。

四、战时缓刑

第四百四十九条	【战时缓刑】在战时，对被判处三年以下有期徒刑没有现实危险宣告缓刑的犯罪军人，允许其戴罪立功，确有立功表现时，可以撤销原判刑罚，不以犯罪论处。

五、战时自伤罪

第四百三十四条	【战时自伤罪】战时自伤身体，逃避军事义务的，处三年以下有期徒刑；情节严重的，处三年以上七年以下有期徒刑。

【犯罪构成：主体为负有军事义务的人 + 战时自伤的行为 + 足以逃避军事义务 + 犯罪故意 + 已满 16 周岁并具有责任能力的自然人】

"自伤"，包括行为人亲手伤害自己，利用他人的故意或过失行为伤害自己，以及已受轻伤的情况下故意使自己变为重伤；当然，"自伤"不要求造成轻伤结果，但必须达到足以逃避军事义务的程度。

六、为境外窃取、刺探、收买、非法提供军事秘密罪

第四百三十一条[1] 第二款	【为境外窃取、刺探、收买、非法提供军事秘密罪】为境外的机构、组织、人员窃取、刺探、收买、非法提供军事秘密的，处五年以上十年以下有期徒刑；情节严重的，处十年以上有期徒刑、无期徒刑或者死刑。

【犯罪构成：对象为军事秘密 + 为境外窃取、刺探、收买、非法提供的行为 + 犯罪故意 + 已满 16 周岁并具有责任能力的自然人】

〔1〕 本条第 2 款为 2020 年 12 月 26 日全国人大常委会《刑法修正案（十一）》第 46 条所修改。原法条为："为境外的机构、组织、人员窃取、刺探、收买、非法提供军事秘密的，处十年以上有期徒刑、无期徒刑或者死刑。"

瑞达法考直属分校联系方式

北方分校

办公地址：北京市海淀区西三环北路72号世纪经贸大厦B座27层2700

上课地址：天津市武清区新源道18号奥蓝际德商务酒店（园区免费停车）

1. 客服值班电话：400－1660－360转1转1再转1；王老师：17343174185（同微信） 杨老师：17812032760（同微信）；2. 北京市面授及网课咨询：闫老师：15910626131（同微信） 卜老师：15901252307（同微信）；王老师：17810798753（同微信）；3. 天津市面授及网课咨询：王老师：17810798753（同微信）；4. 河北省面授及网课咨询：卜老师：15901252307（同微信）；5. 辽宁省面授及网课咨询：陈小龙老师：17810632673（同微信）；6. 吉林省面授及网课咨询：陈鸿丰老师：17810712815（同微信）；7. 黑龙江面授及网课咨询：陈鸿丰老师：17810712815（同微信）；8. 内蒙古面授及网课咨询：陈鸿丰老师：17810712815（同微信）；9. 河南省面授及网课咨询：陈小龙老师：17810632673（同微信）；10. 山西省、陕西省咨询：卜老师：15901252307（同微信）；11. 甘肃省、新疆区域咨询：闫老师：15910626131（同微信）；12. 青海省、宁夏区域咨询：杨老师：17812032760（同微信）

南京分校

客服值班电话：4001660360转1转1再转5

江苏、安徽、山东报名咨询：沙老师13812318935；办公地址：南京市鼓楼区新楼花马路66号南邮大厦1714室

上海分校

客服值班电话：4001660360转1转1再转2

1.（市区报名）上海市静安区汉中路158号汉中广场902室；地铁1号线、12号线、13号线汉中路站下。电话：021－52902865、021－52902869、18516307172（微信同号）陈老师、13738188215（微信同号）；2.（大学城报名）上海市松江区三新北路1800弄8号楼3002室（松江大学城六期）；上海海事大学、江西省报名咨询：13052397071（微信同号）余老师；3. 上海政法学院、上海商学院、华东理工、上师大、厦门报名咨询：13052393272（微信同号）陈老师；4. 上大、贤达、金融、衫达、海关、漳州、泉州咨询：13395718787（微信同号）李老师

杭州分校

客服值班电话：4001660360转1转1转4

1. 杭州分校报名咨询：0571－87756276、13738188215（微信同号）；地址：杭州市西湖区文二路195号（靠近教工路）耀江文欣大厦1503室；2. 浙大宁波理工、温州、嘉兴地区：梅老师13738188215（微信同号）；3. 下沙地区、杭州商学院、现科、浙大城院：梅老师13738188215（微信同号）；4. 万里学院、宁波科技学院、浙江工业大学、杭州师范大学：梅老师13738188215（微信同号）；5. 绍兴地区、金华地区、农林大学、警官学院、东方财经、科艺学院：谢老师15168367817（微信同号）

广州分校

客服值班电话：4001660360转1转1再转3

广州地址：广州市天河区广州大道北613号城光大厦700A－B

咨询热线：020－62875806　手机：17688466828

乘车路线：地铁天号线平架A出口（南洋长胜酒店方向）；公交：兴华路口站

1. 广技师、五邑大学、新华学院（林老师）：16624710323；2. 广外、广大、广警、北理、北师（李老师）：18124065249；3. 广海、岭师、广油、华农、中山电子（林华老师）：13922309460；4. 广应科、培正、华师（柳老师）：13602889765；5. 韶关学院、广东工业大学、广东财经大学、广州商学院、嘉应学院、惠州学院、肇庆学院、东莞理工学院城市学院（张老师）：18620087770

深圳分校

客服值班电话：4001660360转1转1再转6

深圳地址：深圳市福田区深南中路2016号兴华大厦B座829

咨询热线：0755－23964781，手机：13316856786

乘车路线：地铁科学馆站B口出前行150米

深圳大学、海南三亚学院、海南大学咨询：13311520165（王老师）

法考 免费课程听课流程

电脑听课流程

① 通过浏览器输入瑞达法考的网址进行搜索，进入瑞达法考官网首页。

https://www.ruidaedu.com

② 进入首页后向下滑动找到“热门课程”点击课程即可观看。

（提示：这里展现的是近期最新部分课程，观看更多请点击右边“更多精彩课程”进行观看）

③ 进入首页后，点击导航条上的“免费课堂”再点击课程即可观看。

（提示：您也可以根据专业/讲师/阶段/年份来找到对应课程进行观看）

首页　**免费课堂**　配套教材　瑞达讲师　面授班次　加盟分校　瑞达e学　最新资讯

APP手机听课流程（提示：图书封底扫二维码下载“瑞达法考APP”）

进入“瑞达法考APP”首页—公开课—点击课程—去学习—就可以听课啦！

（提示：没有注册的瑞宝请先进入“瑞达法考APP”我的—注册/登录—登录账号）

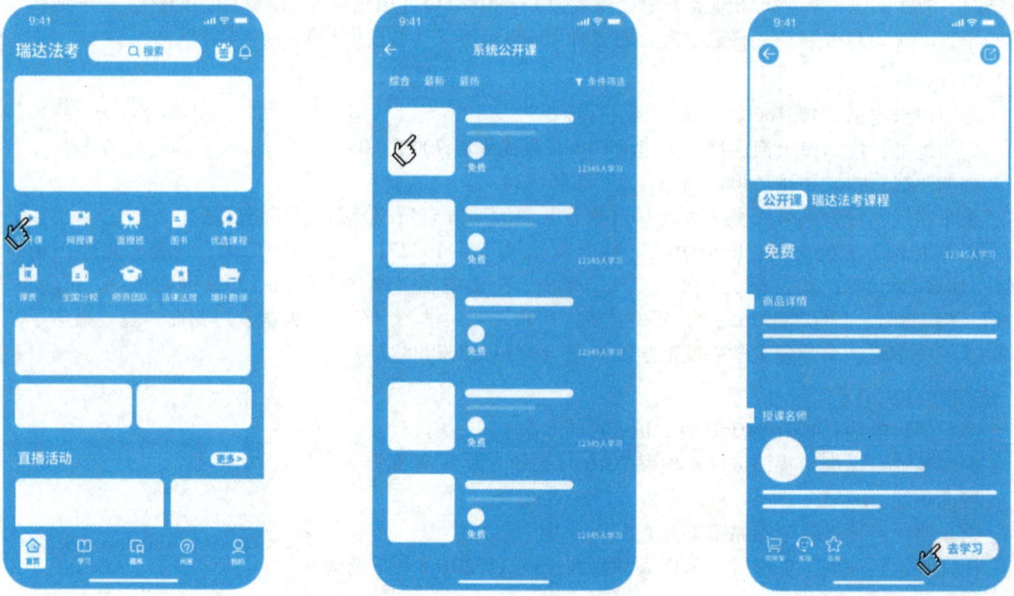